이단·사이비 백서
주의하라 분별하라

인사말

총회장 **김종혁** 목사

할렐루야! 총회 산하의 전국 교회와 성도들 위에 성삼위 하나님의 은총을 기원합니다.

우리 세대는 포스트모더니즘과 정보화, 세속화의 영향으로 하나님과 성경의 권위를 비롯한 기존의 권위와 전통을 부정하는 시대입니다. 성경의 절대적인 진리는 상대화되고 있습니다. 이러한 시대적 어려움 속에서 한국 교회는 지금도 이단과 사이비 집단의 유례없는 활동으로 심각한 피해를 입고 있습니다. 최근 이단들은 과거보다 훨씬 세련되고 교묘하게 정통으로 위장함으로써 성도들과 교회를 미혹합니다. 심지어 교회 안까지 침투하여 성도들을 유혹합니다. 고발과 고소로 교회와 기독교 단체들을 공격합니다.

복음의 순수성이 훼손되고 신학의 정체성은 흐려지고 있습니다. 이단은 성경의 진리를 왜곡하고 성도들을 미혹하며 가정을 파괴합니다. 우리 사회에 침투한 이단으로부터 교회와 성도들을 보호하는 예방의 길이 절실히 요청됩니다. 이러한 이단들의 발흥과 시대적 어려움 속에서 지혜롭고 현명하게 대처하는 용기와 성경에 기초한 기독교적 가치관이 필요한 시점입니다. 이단들에 대한 경각심과 철저한 대비책을 강구하여 이단에 대한 무지를 벗어날 수 있는 원동력을 찾아야 합니다.

금번 109회기 이단(사이비)피해대책조사연구위원회는 기존의 『2020 이단백서』를 수정 및 보완하도록 총회에 허락을 받았습니다. 그리고 그 결과물인 이단·사이비 백서 『주의하라 분별하라』를 발간하였습니다. 전문적인 식견과 신학적인 통찰로 깊이 있는 연구와 출판 제작에 참여해주신 집필위원들과 감수위원, 이단백서

출판위원회에 진심으로 감사를 드립니다. 이단·사이비 백서『주의하라 분별하라』는 이단에 대한 전반적인 고찰과 교회에 미치는 영향, 총회 결의사항, 회심자들의 간증을 통해 실제적인 정보를 제공합니다. 이단들의 활동이 더욱더 치밀하고 교리적인 혼란이 기승하는 이때 개혁신학의 가치인 오직 성경, 오직 은혜, 오직 믿음의 정신으로 진리를 수호하며 신앙을 굳건히 세우는 일에 실제적인 지침이 될 것입니다. 종교다원주의와 포스트모더니즘의 다양한 사조 속에서 진리인 하나님의 말씀은 지향해야 할 가치이자 영원한 믿음의 보루입니다.

특별히 이번 이단·사이비 백서『주의하라 분별하라』제작을 위해 물질과 기도로 후원해주신 전국의 많은 교회와 목회자, 성도님들께 진심으로 감사를 드립니다. 귀한 책자를 발간하도록 수고해주신 이단(사이비)피해대책조사연구위원장 설안선 목사님과 이단·사이비 백서 출판위원장 이정권 목사님, 수고해주신 이단백서 출판위원회와 위원들에게 진심으로 감사를 드립니다.

축사

총회총무 **박용규** 목사

할렐루야! 109회 총회 이단(사이비)피해대책조사연구위원회에서 이단·사이비 백서 『주의하라 분별하라』를 발간하게 된 것을 진심으로 축하드립니다.

지금까지 2,000년의 기독교 역사는 기독교 정통과 이단의 발흥이 끊임없이 다투며 반복되었습니다. 기독교의 이단들은 이방 종교와는 달리 기독교 안에서 발생하여 정통 교회를 혼란에 빠트립니다. 한국 교회도 예외는 아닙니다. 한국 교회의 끊임없는 분열과 분열된 교회와 교단들의 틈새에서 이단이 발생하면서 순수한 복음 전파와 구원의 방주로서의 기능이 상실되고 있습니다. 이단은 스스로 자기 변신을 시도하고 교회보다도 더 윤리적이고 순수한 모습으로 다가오고 있습니다. 이단은 성경을 자의적으로 해석하여 진리를 왜곡합니다. 성도들을 미혹하여 그들의 가정을 파괴하며, 교회에도 분열과 불안을 조성합니다. 이단들은 지금도 자신의 세력을 확장하기 위해 끊임없이 진화합니다. 이단들에 대한 무지와 잘못된 가르침을 구분하기 위한 바른 교리와 신학적 지침이 필요한 시점입니다. 이단으로부터 교회와 성도를 보호하기 위해서는 무엇보다 예방이 최선입니다. 효과적인 이단 예방을 위해서 목회자와 성도, 교회와 교단 차원의 적극적인 대처가 필요합니다.

본서는 크게 3부로 구성되었습니다. 1부는 교회 지도자들이나 교인들이 현혹되지 않도록 정통 개혁주의 신학적인 접근과 이단 문제를 제시합니다. 2부는 본 교단에서 지금까지 결의된 이단 관련 자료와 연구 보고입니다. 3부는 이단을 탈퇴한 회심자들의 간증문을 추가하였습니다. 이단·사이비 백서 『주의하라 분별하라』의 집필진들은 개혁신학적 구성을 토대로 이단 문제를 접근하였고, 목회·실천적으로 안전하고 건강한 바른 교훈을 담기 위해 심혈을 기울였습니다. 무엇보다 목회자들과 성도들에게 실제적인 도움이 되도록 현장의 생생한 목소리를 대변하였습니다. 본서가 바른 믿음을 가지고 이단의 유혹에 넘어가지 않도록 성경의 진리를 배우고 깨닫도록 돕는 지침서가 될 것을 확신합니다.

　이단·사이비 백서 『주의하라 분별하라』의 발간을 위해 수고를 아끼지 않고 협력해주신 총회 이단(사이비)피해대책조사연구위원회 위원장 설안선 목사님과 임원들, 이단백서 출판위원장 이정권 목사님과 편찬위원 여러분께 감사를 드립니다. 또한 실무로 협력해 주신 교육전도팀과 출판팀 관계자들에게도 심심한 감사의 인사를 드립니다. 본서가 현장에서 이단의 세력들과 맞서서 싸우고 있는 모든 목회자들과 성도들에게 꼭 필요한 교육 안내 교재가 되길 기대합니다.

발간사

이단(사이비)피해대책조사연구위원장 **설안선 목사**

    모든 인간은 '오늘'이라는 시간의 받침대 위에 삶의 흔적을 남깁니다. 이 받침대는 과거와 현재, 미래를 연결합니다. 성경은 "기억하라"(자카르, זכר)를 반복하며, 하나님의 은혜와 우리의 불순종을 기억할 때 신앙의 길이 바르게 세워진다고 말씀합니다.

    기독교 역사 또한 반드시 기억해야 할 치열한 영적 싸움의 연속입니다. 초대교회는 영지주의, 에비온주의, 마르시온주의 등 복음을 위협하는 이단에 맞서 사도적 권위로 복음을 수호했습니다. 교부 시대에는 아리우스의 주장을 분별하고 니케아 공의회를 통해 "그리스도는 하나님과 동일 본질이심"을 천명했습니다.

    오늘날 한국 교회 역시 다양한 모습으로 위장한 이단들에 의해 깊은 상처를 입고 있습니다. 여호와의 증인, 통일교, 안식교, 신천지, 하나님의 교회 등은 성경을 인용하면서도 왜곡된 해석으로 성도들을 미혹합니다. 문제는 우리가 정통 신앙의 교리를 충분히 알지 못한 채 이단의 도전에 무방비로 노출되고 있다는 점입니다.

    개혁교회는 성경이 정확무오한 하나님의 말씀임을 고백하며, 웨스트민스터 신앙고백과 대소요리문답으로 신앙의 체계를 세웠습니다. 그러나 교리 교육이 약화된 오늘날, 성도들은 자신이 믿는 바를 분명히 설명하지 못하고 있습니다. 이에 이단대책위원회는 절박한 마음으로 이단백서를 준비했습니다.

    이번 백서는 단순한 이단 정보가 아니라, 우리가 믿는 바를 교리적으로 정리하고 그 위에서 이단들의 비진리를 분별할 수 있도록 구성하였습니다. 진리와 거짓이 혼재된 포스트모던 시대, AI 챗봇과 유튜브 등 다양한 매체가 신앙을 흔드는 이 시대에, 본 백서가 교회를 지키는 울타리가 되기를 간절히 바랍니다.

무엇보다 이 백서가 발간되기까지 눈물로 중보하며 기도해 주시고, 물질로 헌신해 주신 전북 지역 교회들과 성도님들께 깊이 감사드립니다. 여러분의 믿음의 수고가 없었다면 이 사역은 불가능했을 것입니다. 또한 집필과 감수로 수고해 주신 위원들과 총회장님, 총무님께 감사를 드리며, 특별히 출판을 총괄한 이정권 목사님의 헌신에도 깊이 감사드립니다.

교회의 머리 되신 우리 주 예수 그리스도의 긍휼하심이 우리 총회와 한국 교회 위에 항상 함께하시기를 기도합니다.

편집후기

이단·사이비 백서 출판위원장 **이정권** 목사

    이단·사이비 백서 『주의하라 분별하라』의 출판은 단지 한 권의 책을 펴낸 일이 아닙니다. 이는 혼탁한 시대 속에서 한국 교회가 다시금 말씀으로 돌아가고, 이단과 사이비로부터 성도들의 영혼을 지켜내기 위한 절박한 몸부림이자, 총회가 감당한 신앙의 고백입니다. 이 백서를 통해 한국 교회가 바른 분별력을 회복하고, 진리 위에 굳건히 서기를 간절히 소망합니다.

    출판위원장으로서 백서 편집을 책임지며 느낀 것은 이 사역이 결코 가볍지 않다는 사실이었습니다. 다양한 이단들의 교리와 활동을 조사 및 분석하는 일은 단순한 정보 수집을 넘어 영적 분별력과 교단적 책임을 요하는 치열한 과정이었습니다. 때로는 외부의 도전과 내부의 피로가 겹쳐 마음이 무거울 때도 있었지만, 한국 교회를 위한 이 백서의 필요성을 기억하며 끝까지 견디게 하신 하나님의 은혜에 감사드립니다.

    이번 백서의 발간을 가능케 한 여러 손길들이 있었습니다. 특히 전북 지역 교회들의 기도와 물질적인 후원은 말로 다할 수 없는 감동이었습니다. 이름 없이 헌신하신 교회들과 성도들의 동역이 없었다면, 이 백서는 완성되지 못했을 것입니다. 조용히 중보하며 마음과 물질로 동참해 주신 그 사랑은 이 사역의 가장 든든한 기초였습니다. 하나님께서 그 헌신 위에 풍성한 은혜로 갚아주시길 기도합니다. 또한 집필과 감수로 수고해 주신 교수들과 위원들, 총회장님, 총무님, 총회출판팀에 진심으로 감사드립니다.

이 백서는 시작일 뿐입니다. 앞으로도 총회와 교회가 함께 힘을 모아 이단의 위협을 막아내고, 다음 세대에게 순전한 복음을 전하는 사역에 더욱 힘써야 할 것입니다. 출판위원장으로서 부족함 많은 이 사역을 감당케 하신 하나님께 영광을 돌리며, 이 백서를 통해 한국 교회가 다시 진리 위에 바로 서는 일에 조금이라도 기여할 수 있기를 바랄 뿐입니다.

사랑하는 자들아 영을 다 믿지 말고
오직 영들이 하나님께 속하였나 분별하라
많은 거짓 선지자가 세상에 나왔음이라

요한일서 4장 1절

― 목차 ―

인사말   총회장 **김종혁** 목사   · 4
축사   총회 총무 **박용규** 목사   · 6
발간사   이단(사이비)피해대책조사연구위원장 **설안선** 목사   · 8
편집후기   이단·사이비 백서 출판위원장 **이정권** 목사   · 10

I부 | 기독교와 이단

이단이란 무엇인가? 교회사적 고찰 _ 안인섭 교수   · 19
특별계시와 이단(말씀을 왜곡하는 이단) _ 김지호 교수   · 50
기독교 존립을 결정짓는 근본 교리인 '기독론'(예수님을 부인하는 이단)   · 83
                                    _ 박주석 교수
구원론과 이단(구원을 왜곡하는 이단) _ 박재은 교수   · 108
신약 성경의 교회론과 이단(교회를 허무는 이단) _ 이풍인 교수   · 133
개혁주의 신학에서 본 교회사 속 이단의 역사와 종말론 _ 조만준 목사   · 157
목회에 있어서 이단 대처 교육의 중요성 _ 한창호 목사   · 182
교회에 침투한 이단(교리 위반자) 대처 방안 · 교회법과 실정법 중심으로   · 213
                                    _ 소재열 목사
선교적 관점으로 본 이단 상담(이단 대처법) _ 진용식 목사   · 242

II부　이단·사이비 연구 자료

1. 가계저주론 · 261
2. 강덕섭 · 268
3. 관상기도 · 271
4. 구원파 · 274
5. 김기동(귀신파) · 279
6. 김계화(할렐루야기도원) · 287
7. 김용두 · 297
8. 김용의(순회선교단) · 311
9. 김풍일(김노아) · 314
10. 김형민(빛의 자녀교회) · 322
11. 나운몽(용문산기도원) · 324
12. 단 사상 · 326
13. 류광수(세계복음화전도협회) · 338
14. 몰몬교(예수그리스도후기성도교회) · 343
15. 박명호(한농복구회, 구 엘리야 복음선교원) · 346
16. 박무수(부산제일교회) · 351
17. 박윤식(평강제일교회, 구 대성교회) · 355
18. 박주형(새벧엘교회) · 357
19. 박철수(아시아교회) · 358
20. 박태선(한국천부교전도관부흥협회) · 362
21. 방춘희(김포 큰은혜기도원교회) · 366
22. 백남주 · 368
23. 빈야드 운동 · 370
24. 서달석(서울중앙침례교회) · 385
25. 서울·평강교회(곽성률, 구 장안교회) · 389
26. 세계신유복음선교회(원장 강은숙) · 392
27. 신사도 운동 · 395
28. 신옥주(은혜로교회) · 421
29. 심재웅(예수왕권세계선교회) · 427
30. 스베덴보리(Emanuel Swedenborg) · 431
31. 안상홍증인회(하나님의교회 세계복음선교협회) · 439
32. 안식교(제칠일안식일예수재림교회) · 448

33. 여호와의 증인(왕국회관) · 451
34. 예장합동혁신총회 · 454
    (남서울신학교)
35. 예태해 · 458
    (미국 엠마오선교교회)
36. 왕의 기도(손기철) · 461
37. 이만희 · 484
    (신천지예수교증거장막성전)
38. 이용도 · 495
39. 이유빈(예수전도협회) · 496
40. 이인규(세이연) · 501
41. 이장림(시한부종말론) · 506
42. 이재록(만민중앙교회) · 510
43. 이초석(예수중심교회) · 514
44. 이현래(대구교회) · 522
45. 이명범(레마선교회) · 536
46. 이송오(말씀보존학회) · 540

47. 인터콥(최바울) · 545
48. 임보라(퀴어성경주석) · 550
49. 전광훈 · 558
50. 전태식(진주 초대교회) · 573
51. 정동수(사랑침례교회) · 582
52. 정명석 · 612
    (JMS, 기독교복음선교회 CGM)
53. 조희성(영생교) · 630
54. 주종철(주안교회) · 632
55. 지방교회 · 637
56. 크리스챤신문 · 641
57. 통일교(문선명) · 644
58. 트레스 디아스(TD) · 647
59. 홍혜선 · 659
60. 황규학 · 666
61. 회심준비론 · 674
    (이동우, 이동훈)

III부 | 이단에서 복음으로

신천지 회심 간증 · 687
안상홍 하나님의 교회 회심 간증 · 696
JMS 회심 간증 · 706
JMS 회심 간증, 하나님의 은혜로 구원을 받다 · 709
안식교 회심 간증, 안식교 간판을 내리다 · 714
여호와의 증인 회심 간증 · 716
구원파 회심 간증 · 719
대순진리회 회심 간증 · 724
다락방 회심 간증 · 729
만민중앙교회 회심 간증 · 731

부록

이단(사이비)피해대책조사연구위원회 사역 소개 · 735
총회 이단·사이비 규정 지침서 · 741
이단(사이비)피해대책조사연구위원회 운영규칙 · 768
109회기 이단(사이비)피해대책조사연구위원회 조직 · 771
후원교회 및 단체 · 772

차례 CONTENTS

제1장 건설기계 기관

제1절 | 기관 주요부
- 01 기관 일반 … 20
- 02 기관의 주요 구성 및 작용 … 23

제2절 | 냉각장치
- 01 냉각 일반 … 31
- 02 냉각장치의 주요 구성 및 작용 … 32

제3절 | 윤활장치
- 01 윤활 일반 … 35
- 02 윤활장치의 주요 구성 및 작용 … 37

제4절 | 디젤연소실과 연료장치
- 01 디젤기관 일반 … 40
- 02 구성 및 작용 … 43

제5절 | 흡·배기장치 및 시동 보조장치
- 01 흡·배기장치 일반 … 47
- 02 구성 및 작용 … 48

건설기계 기관 출제예상문제 … 53

제2장 건설기계 전기

제1절 | 전기기초 및 축전지
- 01 전기기초 … 90
- 02 축전지 … 93

제2절 | 시동장치
- 01 기동 전동기 일반 … 97
- 02 구성 및 작용 … 98

제3절 | 충전장치
- 01 충전장치 일반 … 101
- 02 구성 및 작용 … 102

제4절 | 등화장치 및 냉·난방장치
- 01 등화장치 … 105
- 02 냉·난방장치 … 108

건설기계 전기 출제예상문제 … 112

제3장 건설기계 차체

제1절 | 동력전달장치
- 01 휠형 동력전달장치 … 128
- 02 크롤러형 동력전달장치 … 136

제2절 | 조향장치
- 01 조향장치 일반 … 140
- 02 구성 및 작용 … 143

제3절 | 제동장치
- 01 제동장치 일반 … 146
- 02 구성 및 작용 … 148

건설기계 차체 출제예상문제 … 153

제4장 건설기계 유압

제1절 | 유압의 기초
- 01 유압 일반 … 174
- 02 유압기호 및 용어 … 177

제2절 | 유압 기기 및 회로
- 01 유압 회로 … 182
- 02 유압 기기 … 185

건설기계 유압 출제예상문제 … 193

제5장 법규 및 안전관리

제1절 건설기계 관련법규
  01 건설기계 관리법 214

제2절 안전관리
  01 산업안전 224
  02 작업 및 화재안전 227

법규 및 안전관리 출제예상문제 234

제6장 천공기 작업장치

제1절 천공기
  01 천공기 작업장치 252
  02 항타 및 항발기(pile driver) 260
  03 시추기 263

천공기 작업장치 출제예상문제 266

제7장 CBT 대비 적중모의고사

제1회 적중모의고사 281
제2회 적중모의고사 290
제3회 적중모의고사 299
제4회 적중모의고사 308
제5회 적중모의고사 317

CHAPTER 01

Craftsman Construction Equipment Operator

건설기계 기관

Section 01 기관주요부
Section 02 냉각장치
Section 03 윤활장치
Section 04 디젤연소실과 연료장치
Section 05 흡·배기장치 및 시동보조장치
Section 06 건설기계 기관 출제예상문제

 # 이단이란 무엇인가? 교회사적 고찰

안인섭 교수 • 총신대 신대원

1. 서론

이단(heresy)은 헬라어 하이레시스(αἵρεσις, hairesis)에서 유래한 용어로, 역사적 기독교의 정통 교리에서 이탈한 사상 또는 집단을 의미한다. 이단은 이교(paganism)와 동일하지 않으며, 분파(schism)와도 구별된다. 이교는 기독교 외부의 종교적 체계를 가리키며, 분파는 근본 교리를 부정하기보다 교회 정치나 실천적 문제로 인해 분리된 집단을 말한다. 이에 반해, 이단은 교리적으로 정통 교회의 가르침에 도전하며, 자의적 해석과 독자적 교리를 주장함으로써 교회를 위협하는 존재이다.

기독교의 역사적 전개를 살펴보면, 정통 신앙은 오히려 다양한 이단적 도전들 속에서 더욱 선명하게 확립되어 왔음을 발견할 수 있다. 이는 사도행전 24:14이나 갈라디아서 5:20에서도 확인되듯, 이단에 대한 분별과 대응이 초대교회 시기부터 지속된 주제임을 보여준다. 이그나티우스, 이레니우스, 터툴리안 등 초기 교부들은 이단에 맞서 정통 교회의 신학적 기반을 세우는 데 힘썼으며, 그 전통은 교회사의 모든 시대를 관통하는 중요한 과제로 이어져 왔다.

본 논문에서는 이단의 개념과 발생 배경을 고찰하고, 교회사에 나타난 다양한 이단들의 유형을 역사적·신학적으로 분석하고자 한다. 특히 19세기 이후 미국에서 발생한 대표적인 이단들과 그 사상이 한국 교회에 유입되어 나타난 이단의 양상을 비판적으로 조명할 것이다. 이를 통해 현대 교회가 이단의 도전 앞에서도 흔들림 없이 정통 신앙을 지키며, 하나님 나라를 향한 여정에 충실할 수 있기를 기대한다.

2. 이단의 개념: 신학적 정의와 역사적 통찰

2.1. 이단과 정통 교회

기독교의 역사를 고찰해 보면, 정통 신앙은 언제나 이단의 도전 속에서 더욱 분명히 규정되어 왔다는 사실을 발견하게 된다. 예컨대, 초대교회의 대표적 이단자 마르시온(Marcion)은 구약 성경을 철저히 배격하고, 자신의 기준에 따라 축소된 신약 정경을 제시하였다. 그의 정경에는 누가복음을 축약한 복음서와 바울서신 10권만이 포함되어 있었다.[1] 정통 교회는 이러한 이단적 도전에 대응하면서, 신·구약 정경에 대한 기준을 더욱 공고히 세워 나갔다. 마찬가지로, 기독교 신앙의 핵심 교리 중 하나인 삼위일체론 역시 아리우스(Arius)와 네스토리우스(Nestorius) 등 이단 사상과의 논쟁을 통해 더욱 정밀하게 정립되었다.

이단의 역사는 정통 교회로 하여금 신앙의 본질을 재확인하고 고백하게 만든 도전의 역사였다.[2] 이러한 흐름은 16세기 종교개혁 이후, 특히 19세기 이후 미국에서 다양한 새로운 이단들의 출현과 함께 더욱 심화되었으며, 이는 이후 한국 교회에도 직접적인 영향을 미치게 되었다.

2.2. 이단에 대한 칼빈의 관점

종교개혁 시대 루터와 같은 1세대 종교개혁자들은 로마교회에서 이단으로 정죄되었음에도 불구하고 자신의 정체성을 4세기 정통-이단의 구조 속에서

---

1 P. 샤프, 『니케아 이전의 기독교』 in: 『필립 샤프 교회사 전집』 제2권, 이길상 역 (서울: 크리스챤다이제스트, 2005), 453-457.
2 안인섭, "JMS 이단에 대한 비판," 대한예수교 장로회 총회 이단대책 세미나 (2008).

정통으로 인식했다.³ 이런 경향은 칼빈과 같은 개혁파도 마찬가지였다.

2.2.1. 이단 규정 언어와 그 신학적 의미

16세기 종교개혁자 칼빈은 이단을 지칭할 때 격렬하고 정죄적인 언어를 사용하였다. 겉보기에 이러한 표현들은 감정적으로 격앙된 것처럼 보이지만, 그 이면에는 깊은 신학적 판단이 자리하고 있다. 그는 이단을 "미친 자들"(furiosi), "완고한 자들"(pertinaces), "약탈자들"(praedones), "독한 전염병"(pestis) 등으로 명명하였다.⁴ 이러한 수사적 표현은 단순한 도덕적 비난을 넘어서, 교회의 공동체성과 복음의 순수성을 해치는 자들에 대한 신학적 경계선 그 자체였다. 이는 고대 교부들의 전통적 언어와도 연결되며, 진리의 수호자로서 개혁자의 열정이 드러나는 지점이라 할 수 있다. 칼빈에 의하면 이단은 진리를 왜곡시키는 자들이며⁵, 교회의 화평과 통일을 파괴하는 자들이다.⁶ 그러나 동시에 칼빈은 이단의 배후에는 사탄이 있다고 보았기 때문에,⁷ 이단에 대해서 진리를 보호하기 위해서는 단호하게 대하면서도, 점잖고 부드러운 자세로 대응하라고 했다.⁸

2.2.2. 성경에 근거한 이단 판단: 'Sola Scriptura'의 원칙

칼빈은 이단을 규정함에 있어 주관적 감정이나 교권적 이해관계를 배제하고, 오직 성경(Sola Scriptura)에 입각하여 판단하였다. 그의 모든 분별의 기준은 개혁신학의 핵심 원리인 오직 성경에 기초하고 있었다. 이단은 하나님의 말씀에 무언가를 더하거나 빼거나 왜곡함으로써 복음을 타락시키는 자들이라 간주되었고, 이러한 기준은 그의 성경 주석, 설교, 그리고 『기독교 강요』 전반에 걸쳐 일관되게 적용되었다. 따라서 칼빈의 이단 판별은 개인적 견해

---

3 Carlotte Methuen, "History and Heresy in the Lutheran Reformation," *Reformation & Renaissance Review* Vol. 24, no. 1 (2022), 3-22.
4 이단에 대한 칼빈의 입장에 대한 학술적인 연구는 다음을 참조하시오. 정대훈, "칼빈의 타종교와 이단에 대한 이해," 총신대학교 석사학위(Th.M.) (2011).
5 John Calvin, *Commentary on Romans* (1540), 16:17.
6 John Calvin, *Commentary on Timothy, Titus, Philemon* (1549), *Tit.* 3:10.
7 John Calvin, 『신약 성경주석』 vol.4, 1 John (1551), 2:18.
8 칼빈, *Inst.* (1559) 1.13.21.

나 종교적 정치성과는 무관한, 철저히 계시 중심의 신학적 행위였다.

2.2.3. 이단과의 논쟁과 목회적 열정

주목할 점은, 칼빈이 이단과의 논쟁 자체에 대해서 일정한 거리두기를 시도했다는 점이다. 그는 신학적 논쟁이 자칫 불필요한 '악한 수다'(malus sermo)로 전락할 수 있음을 경고하였으며, 그 자체가 목적이 되어서는 안 된다고 보았다.[9] 그러나 동시에 그는 진리의 본질이 도전받는 상황에서는 신학적 논증을 회피하지 않았으며, 때로는 오랜 시간에 걸쳐 정면으로 논쟁을 감내하였다. 이는 칼빈의 논쟁이 단순한 지적 승부를 위한 것이 아니라, 목회적 열정과 교회에 대한 깊은 애정에 근거한 것임을 보여준다.

요약하자면 칼빈은 이단에 대한 규정과 대응에 있어 신학적 원리와 목회적 책임 사이의 균형을 모범적으로 제시하였다. 비록 그의 언어는 때로 격렬하고 단호하였지만, 그것은 감정의 폭발이 아닌 진리 수호자로서의 소명의 표현이었다. 그의 이단 판단은 오직 성경을 기준으로 하였으며, 모든 개혁신학의 논의처럼 계시 중심적 원리에 뿌리를 두고 있었다. 그는 또한 신학적 논쟁에 있어 불필요한 소모전을 경계하면서도, 진리가 위협받을 때에는 단호하게 대응하였다. 이처럼 칼빈의 태도는 오늘날 교회가 이단 문제를 다룰 때에도 여전히 유익한 통찰을 제공하며, 진리의 수호와 공동체의 일치를 함께 지향하는 신학적 지혜의 본보기로 평가될 수 있다.

2.3. 이단 판별의 신학적 기준

이단을 판별하는 데 있어 무엇보다 중심이 되는 것은 정통 교리에 대한 충실성과 성경 계시에 대한 올바른 이해이다. 초대교회 공의회와 개혁주의 전통이 고백해 온 핵심 교리들을 기초로 이단을 판별하는 신학적 기준은 성경의 권위에 대한 부정, 예수 그리스도의 대속에 대한 왜곡, 삼위일체 교리의 부정, 공교회에 대한 부정으로 요약될 수 있다. 따라서 정통 기독교 신앙의 본

---

9 John Calvin, *Commentary on Timothy, Titus, Philemon* (1549), *Tit*. 3:10.

질을 부정하거나 훼손하는 모든 시도는 단호히 거절되어야 한다. 이와 동시에 이단의 정체는 단지 교리의 문제에만 국한되지 않으며, 그들의 실천적 삶의 방식, 공동체 운영, 사회적 영향력 속에서도 드러난다. 그러므로 이단 판별은 반드시 윤리적 기준과 사회적 구조에 대한 평가를 수반해야 한다.[10] 그러므로 이단 판별은 단지 지식적 논쟁이 아니라, 복음 수호와 교회 보호를 위한 영적 책임이라고 할 수 있다. 동시에 이단은 사회적 고립과 윤리적 타락을 통해 교회의 거룩함과 성도의 삶을 병들게 하기에, 신학적, 윤리적, 사회적 전인적 관점에서의 분별력 회복이 필요하다. 개혁주의 교회는 이러한 이단적 현상에 맞서 하나님의 말씀에 기초한 교리 교육과 목회적 돌봄, 그리고 진리를 향한 공적 증언을 지속해 나가야 할 것이다.

2.4. 한국 교회와 이단

현재 한국 사회에서 범람하고 있는 이단들이 한국 교회의 신학적 미성숙을 돌아보게 하고 더 확고한 정통 개혁신학의 길로 나가도록 촉구하고 있다는 역사의 교훈을 경청할 필요가 있다. 작금에 한국 교회에 도전하고 있는 이단들은 크게 세가지 유형으로 분석할 수 있다.[11]

첫째는 외국, 주로 미국에서 수입된 이단의 유형이 있다. 대표적으로 여호와의 증인이나 몰몬교, 그리고 안식교 같은 종파가 이에 해당한다. 둘째로, 한국 사회에서 자생적으로 발생한 이단들이 있다. 한국 사회가 6.25 등 사회적 격변과 혼돈기를 경험할 때 발생된 통일교, 전도관, 그리고 장막성전 등을 꼽을 수 있다. 셋째로, 소위 제2세대 이단들(Second Generation)이라고 해서 외국에서 유입되거나 한국 내에서 자생적으로 발생한 이단에서 다시 파생된 2차적인 이단 종파를 들 수 있다. 이들은 현재 한국 교회와 사회 속에서 집요하게 그 활동을 펼치기 때문에 가장 문제시 되고 있는 그룹이라고 할 수 있

10　김영한, "이단-사이비에 관한 신학적 기준." http://www.reformanda.co.kr/theology/101795 (2025년 5월 31일 접속).
11　탁지일, 이단, 교회의 위기인가, 갱신의 기회인가?「제97차 한국 교회사학회/제17차 한국복음주의 역사신학회 공동 학술대회 자료집」(햇불 트리니티 신학대학원대학교, 2008), 1.

다. 구체적으로 살펴보자면, 안식교에서 영향을 받은 하나님의 교회와 장막성전에서 영향을 받은 신천지 교회가 있으며, 현재 본 논문이 다루고자 하는 JMS도 통일교에서 영향을 받은 이단이다.

3. 이단 발생의 배경

근현대에 발생하여 활발하게 활동하는 이단의 대부분은 주로 미국에서 유래한 것이다. 따라서 미국에서 큰 영향을 받아왔던 한국 교회는 이들 미국발 이단의 영향이 컸다. 역사적으로 볼 때 이단은 건강하지 못한 교회와 사회에서 독버섯처럼 발생했다.

3.1. 건강하지 못한 교회에서 이단이 발생했다

역사상 등장했던 이단들은 한결같이 교회 안에서 발생했다는 점에서 우리는 경각심을 갖게 된다. 한국의 개신교 역사를 일견해 보아도 우리는 유사한 인식을 얻게 된다. 한국의 정통 기독교 신앙은 한국인의 삶 속에 뿌리 깊게 자리하고 있었던 무속 신앙과의 긴장 속에서 형성되어 왔다. 이런 무속적 신앙 형태는 심지어 정통 기독교회가 미처 인식하고 있지 못하고 있는 중에 오히려 정통 기독교 신앙의 양태에 부정적인 영향을 주어 왔다고도 평가할 수 있을 것이다. 그리고 한국 교회에서 발생한 이단들의 많은 경우가 이런 부작용과 무관하지 않다는 점을 간과할 수 없을 것이다.

구체적으로 기존의 정통 교회가 어떤 측면에서 건강하지 못했을 때 이단이 등장했는지를 살펴 본다면 다음과 같이 분류할 수 있을 것이다.

3.1.1. 예수 그리스도가 중심인 교회가 아니라, 세속적인 가치관이 침투한 교회는 위험하다

이단에 빠지는 많은 경우가, 정통 교회의 지도자들에게서 상처를 받았거나 그리스도인들의 삶의 모습에 회의를 느끼는 사람들에게서 발생되고 있다.[12] 기존의 교회가 예수 그리스도의 몸으로서 예수 그리스도 중심적인 참된 교회상을 실현하지 못하고 있는 현실에 적지 않은 원인 제공이 있다고 할 수 있을 것이다.

3.1.2. 성경을 주관적이고 신비주의적으로 해석하는 것이 문제다

한국 교회는 네비우스 선교법이 적용된 초기 이래로 성경 사경회가 중심이 되어 성경을 중시하는 전통 속에서 발전해 왔다. 그러나 소위 영해라는 지극히 주관적이고 신비주의적인 방법으로 해석하는 오류를 자주 범해 왔으며, 이런 미숙한 전통 위에서 이단이 침투할 수 있는 가능성을 많이 열어주게 되었던 것이다. 즉 건강한 신앙을 가지지 못했을 때 이단이 생기게 된다.[13]

3.1.3. 기독교 역사에 대한 무관심과 무지는 위험하다

한국 교회의 역사는 서양에 비하면 그리 길지 못하기 때문에, 초대교회 이래로 중세와 종교개혁 시대를 거쳐 진행되어 온 교회의 역사에 비교적 깊은 인식을 갖지 못했던 것이 사실이다. 따라서 한국 교회가 복음을 역사적 기독교의 전통 위에서 해석할 것을 강조하고 실천하지 않았던 과거의 현실 속에서 이단 종파들이 등장할 수 있는 틈이 발생하게 되었던 것이다.

3.1.4. 이기적인 교회는 위험하다

한국에서 맹렬하게 활동하고 있는 이단들은 최근 그 선교의 전략을 새롭게 모색하고 있는데, 국내외의 활발한 사회 봉사 활동을 통해서 자신들의 이미지를 제고하고 있다는 점이다. 현대 사회는 교리적인 문제에 대해서는 깊이 관여하지 않으려고 하는 경향을 갖기 때문에 이단들이 역동적인 사회 봉사 활동을 벌이는 현상은 사회로부터 신용을 얻는 한 방편이 되고 있다.[14] 그러

---

12 cf. 대전광역시 기독교연합회 이단사이비대책위원회, 『우리 시대의 이단들』(서울: 두란노서원, 2007), 18~23.
13 민경배, "한국 교회사 속의 이단문제," 연세대학교 신과대학·연합신학대학원 연세대학교 연신원 목회자 하기 신학세미나 강의집 12: 87~91, 1992.)
14 탁지일, "이단, 교회의 위기인가, 갱신의 기회인가?," 1-3.

나 한국의 정통 교회는 수적으로는 많이 성장해 왔지만 아직도 사회적으로 깊은 신뢰를 구축했다고 말할 수 없으며 오히려 이기적인 그룹으로 비쳐지고 있다는 현실을 고려해 볼 때, 정통 개신교 교회들의 자기 개혁이 요청된다고 아니할 수 없을 것이다.

3.2. 건강하지 못한 사회에서 이단이 발생했다

일반적으로 살펴보면 이단은 그 사회가 도덕적으로 병들어 있고 건강하지 못할 때 발생해 왔다. 즉 사회가 구조적으로 정상적이지 못하고 경제적으로 혼란하고 안정되지 못할 경우에, 그리고 기존에 존재하던 종교가 그 순기능을 잘 감당하고 있지 못할 때 이단은 그 고개를 들어왔던 것이다.[15]

3.2.1. 미국의 이단 발생 배경

미국에 이단이 급격히 발생했던 19세기는 미국의 사회적 불안정과 가변성에 매우 컸던 시기였다. 이런 사회적 혼돈 속에서 여호와의 증인(Jehovah's Witness), 안식교(The Seventh-day Adventists), 몰몬교(Mormonism), 크리스찬 사이언스(The Science of Christ) 등이 생겨났다.

사회적 배경: 1819년 이후 미국의 경제불황과 1837년에 미국이 멕시코 전쟁에서 승리한 이후 미국 사회는 급격하게 다변화되었다. 1830년에는 미국 서부 샌프란시스코에서 금광이 발견 후 인구가 빠르게 서부로 이동되었다. 또한 미국의 남북전쟁(1861-65)은 국민의 정신과 사회를 양분시켰고 교회도 마찬가지였다. 1885년 이후에는 미국의 경제가 다시 침체되면서 가열찬 노동쟁의가 시작되었다. 이상과 같은 미국 사회의 혼란과 불안은 이단이 생겨날 수 있는 토양을 만들게 되었다.

---

15 심창섭, "이단의 정의, 판정 기준, 발생 원인, 특징, 그리고 대책에 대한 연구," 「총신 100만 연구논문집」(총신대학교, 2008), 13-18.

종교적 배경: 1800년대의 미국은 대각성 운동과 선교적 열매가 뛰어났던 시기였다. 그러나 종파를 막론하고 내부적으로 교회의 분열이 극도로 심화되었다. 미국 장로교회는 신파(New School)와 구파(Old School)로 분열되어 싸웠다. 감독교회(Episcopalianism)와 루터교회가 분열되어 서로 싸웠다. 심지어 로마 가톨릭은 1900년대 초에 20배나 급격히 확산했지만, 아일랜드계와 독일계 간에 치열한 분열이 있었다. 이런 교회적 혼돈의 상태는 이단이 창궐할 수 있는 공간을 만들게 되었다.

3.2.2. 한국의 이단 발생 배경

한국 교회의 경우로 초점을 좁혀 보아도 동일한 특징을 발견할 수 있다. 한국은 개신교가 들어왔던 시기에 일본의 식민지 지배를 받았고, 또 해방 후에도 남북으로 분단되어 같은 민족끼리 치열한 전쟁을 경험했다. 그 이후에도 냉전의 긴장 속에서 정치는 혼란했으며, 경제적 급성장의 이면에 독버섯처럼 자라났던 금전만능 사상의 팽배와 분배의 불균형이라는 사회적 문맥 속에서 한국의 이단들은 그 세력을 확장해 왔던 것이다.

사회적 배경: 일본의 식민지배 시기 후반기에 이단의 씨가 심겼는데 1933년의 이용도의 경우가 그 예라고 할 수 있다. 이후 1945년 해방된 이후 남북 분단과 6.25 전쟁, 그리고 냉전 시기에 이단의 줄기가 자라났다. 대표적으로 1950년대의 통일교와 전도관의 사례를 꼽을 수 있다. 군사정부 시절에는 경제적으로 급성장하면서 부의 불균형이 심화되었는데 이때 또한 이단이 창궐했다.

2000년대 이후로 접어들면서 한국은 경제적으로는 선진국 반열에 들어가게 되었는데, 사회적으로나 정치적으로 극단적 양극화의 현상이 심화되었다. 이때 이단들은 보수적 정치 세력과 결합하면서 한국 사회의 편향성을 역이용해 그 교세를 지속해서 확장해 왔다. 예를 들어 신천지와 같은 이단은 자신의 조직력과 자금력을 동원하여 정치적 우파를 지지하여 그들의 영향력을 증폭시키려고 시도하기도 했다. 코로나19 이후에 한국 사회가 온라인 시대로 들어가면서 이단들도 온라인 활동으로 그 세력을 더욱 강화하고 있다고 분석할 수 있다.

종교적 배경: 한국 교회가 성경적인 정통 교리를 귀하게 여기지 않고 신비적이고 주관적인 체험적 신앙을 더 중시했을 때 이단이 발생해 왔다. 이와 동시에 교회가 교회의 본질적 역할을 다하지 못하고 비본질적인 분쟁과 분열을 일삼고 계층화되며 영적으로나 물질적으로 타락했을 때 이단은 더욱 창궐했다. 한마디로 이단은 한국 교회의 세속화와 타락에 대해 실망하고 있던 성도들의 심리를 파고들었던 것이다.

4. 교회사에 나타난 이단

교회사를 살펴보면, 매우 역설적이지만 초대교회 이후부터 지속적으로 이단이 역사적 교회를 공격해 왔고, 여기에 맞서서 교회를 변호하는 과정에서 정통 신학이 정립되어 왔다는 점이 특징적이다. 특히 종교개혁 시대 이후에 정통 신학에 도전하던 각종 세력에 대해서 성경과 교부들의 신학으로 교회를 수호하면서 이단에 대한 명확한 기준을 세울 수 있었던 데에는 종교개혁자 칼빈의 공헌이 매우 컸다.

4.1. 성경에 대한 이단

4.1.1. 영지주의(Gnosticism)

영지주의는 초대교회의 정통적이고 성경적인 신앙을 저급하고 외적인 것으로 치부하면서, 오직 자신들만이 비밀스럽고 영적인 지식을(gnōsis) 소유하여 구원에 이를 수 있다고 주장한 이단적 운동이었다. 이들은 영혼과 육체를 이원적으로 대립시켰고, 물질세계를 악한 것으로, 오직 영적 세계만을 참된 실재로 간주하였다. 이러한 사상은 결과적으로 극단적인 주관주의와 반육체적 경건주의, 그리고 기독론과 구원론의 왜곡으로 이어졌다.

이에 대하여 정통 교회는 사도적 신앙의 객관적 기준을 확립할 필요성을 절감하였으며, 그 대응의 일환으로 창조, 성육신, 십자가, 부활 등 핵심 진리를 요약한 '사도신경'(Apostles' Creed)을 정립함으로써 영지주의적 도전에 맞섰다.

4.1.2. 마르시온주의(Marcionism)

초대교회의 마르시온주의는 구약 성경을 전면적으로 배격하고, 자신이 선정한 축소된 정경을 주장하였다. 마르시온은 누가복음에서 유대적 요소를 제거한 개정판과 바울서신 중 10권만을 정경으로 수용하였다. 이에 대해 정통 교회는 구약과 신약의 연속성을 강조하며, 정경의 범위와 기준을 더욱 분명히 세워 나갔고, 그 과정에서 신·구약 정경론의 기초가 확립되었다.

4.1.3. 급진 재세례파 열광주의(Spiritualists)

16세기 종교개혁 시대에 나타났던 이들은 성경의 문자를 초월해서 직접 계시를 주장했던 광신자들이었다. 종교개혁자 칼빈은 이들에 대해서 자신의 몽상에 사로잡힌 자들이라고 비판했다.[16]

4.1.4. 19세기 이후

19세기 미국에서 발생했던 몰몬교, 여호와의 증인, 그리고 한국의 박태선의 전도관, 통일교 등 성경 이외에 새로운 다른 계시를 주장하는 모든 현대 이단들이 여기에 속한다.[17]

4.2. 삼위일체 신앙에 대한 오류

4.2.1. 아리우스파(Arianism)

이들은 그리스도께서 피조물로서 창조된 존재라고 주장하였으며, 이는 곧 그리스도의 완전한 신성을 부정하는 이단적 주장이다. 그러나 성부와 성자는 본질상 동일하시며, 이와 같은 주장은 『기독교 강요』 1.13.4에서 칼빈이

---

[16] 칼빈, *Inst.*, 1.9.1.
[17] 김흥수, "이단 또는 한국적 기독교: 통일교, 전도관, 용문산기도원의 종교운동," 「종교와 문화」 23호 (2012): 15-36.

단호히 반박한 바 있다.[18] 오늘날 자신을 메시아로 자처하면서 그리스도의 구속 사역의 완전성을 부인하는 대부분의 현대 이단들은 이러한 사상에서 파생되었다고 볼 수 있다.

4.2.2. 양태론주의자(Modalistic Monarchianism)

대표적인 인물은 사벨리우스(Sabellius)이다. 그는 성부, 성자, 성령을 단일한 하나님의 세 양태(modes)로 보아 삼위(three persons or subsistences)를 부정하였으며, 이로 인해 삼위일체 교리에 반하는 양태론(modalism)으로 비판받았다.[19]

4.2.3. 칼빈 시대에는 세르베투스(Michael Servetus)가 있었으며, 칼빈 이후 시대에는 소시누스주의(Socinianism), 유니테리언(Unitarian) 등이 있었다

칼빈은 여기에 대해서 성부, 성자, 성령은 한 하나님이시지만 동시에 성자는 성부가 아니고, 성령도 성자가 아니시며, 각각 고유한 존재(peculiar subsistence)를 지니신다고 가르쳤다.[20] 따라서 우리는 순전한 교리에 대한 믿음을 왜곡시키는 비난에 대해서 반박할 수 있게 되었다.[21]

4.3. 기독론적 오류

4.3.1. 그리스도의 신성을 반대하는 이단

주로 양자론이 많다. 이들은 예수님은 원래 하나님의 아들이 아니었는데 하나님의 아들로 되셨다고 주장한다. 위에서 삼위일체에 대한 도전에서 다루었던 아리우스파도 영원 전에는 성자가 존재하지 않았다가 성자가 피조되었다고 주장했을 때 기독론적 이단에도 해당된다고 볼 수 있다.

에비온주의(Ebionites): 인간 예수가 세례를 받을 때 하나님의 능력이 임재해서

---

18 칼빈, *Inst.*, 1.13.4.
19 칼빈, *Inst.*, 1.13.4.
20 칼빈, *Inst.*, 1.13.5.
21 칼빈, *Inst.*, 1.13.29.

사역하게 되었다는 주장이다. 이들은 유대주의와 율법주의를 가지고 기독교를 극단적으로 유대주의화하려는 그룹이라고 할 수 있다.[22]

사모사타의 바울(Paul of Samosata)의 역동적 군주론(Dynamic Monarchianism): 이들은 인간 예수가 세례 요한에게 세례받을 때 하나님의 속성인 비위격적 로고스가 임해서 사역을 하셨다가 십자가에 달려 돌아가실 때 떠났다고 주장하는 이단이다.

알로기파(The Alogi): 인간 예수가 동정녀 탄생을 했지만 사람인 그리스도는 로고스가 아니셨다고 주장하는 이단이다. 칼빈 당대의 소시니우스주의(Socinianism)도 여기에 해당된다.

4.3.2. 그리스도의 인성을 반대하는 이단

가현설(docetism): 그리스도는 지상에서 몸이 있는 것처럼 보였을 뿐이지 실제로 육체를 소유하시지 않았다고 주장하는 이단이다. 그러나 그리스도는 우리와 같은 육체를 지니고 계셨기 때문에 이들은 오류다.[23]

아폴리나리우스주의(Apollinarianism): 이들은 그리스도의 인성의 온전함을 비판한다. 아폴리나리우스는 그리스도께서 영원한 영을 가지셨지만, 인간적 영혼은 없으셨고 그래서 절반만 하나님이시라고 주장한 것이다.[24]

4.3.3. 그리스도의 신성과 인성의 위격적 결합에서 오류가 있는 이단

유티케스주의(Eutychianism): 이들은 그리스도의 신성과 인성이 결합해서 두 성질이 하나의 본질을 형성했다고 주장하면서, 그리스도는 "신적인 몸"을 지녔다고 주장하는 이단이었다.

---

22 심창섭, 『기독교의 이단들』 총회교육국 (서울: 대한예수교장로회 총회출판부, 1997), 26-27.
23 칼빈, *Inst.*, 2.13.1, 2.; 4.17.25.; 1.12.1.
24 칼빈, *Inst.*, 2.15.12.

단성론주의(Monophysitism): 이들은 유티케스의 주장을 더 밀고 나가서 그리스도는 한 본성을 지녔다고 주장했던 이단이다.

네스토리우스주의(Nestorian): 네스토리우스주의는 그리스도의 신성과 인성이 그리스도 안에서 두 인격으로 존재한다고 주장했던 이단이다. 네스토리우스 자신의 주장이 네스토리우스주의자들과 같은지에 대해서 논란의 여지가 있다는 견해도 있다.[25] 칼빈은 네스토리우스주의에 대해서는 칼케돈주의에 근거해서 이단이라고 명확하게 밝히고 있다.[26] 네스토리우스주의를 따르자면 결국 그리스도가 두 명이 되고 마는 것이다.

세르베투스: 그는 유티케스와 유사하게 그리스도의 신성이 그리스도의 인성을 삼켰다고 주장하므로 이단이다.[27] 칼빈은 그리스도를 하나님도 아니고 인간도 아닌 중간적 존재라고 주장하는 것은 초대교회의 유티케스와 종교개혁 시대의 세르베투스의 주장이라고 강력하게 반박하고 있다.

극단적 케노시스(Kenosis)주의자: 지상의 예수는 신성을 전적으로 혹은 일부 비우셨다는 잘못된 주장을 폈던 19세기 중엽 독일의 신학자들에 의해서 강조되었다.

구자유주의(Old liberalism): 이들에 의하면 그리스도는 모범이 되는 인간일 뿐이며 참하나님이 아니시다.

---

25 이승구, "칼빈과 이단 문제: 이단 문제에 대한 칼빈 신학의 의의," 『칼빈과 이단』 (부산: 고신대학교 개혁주의학술원, 2009), 81. 각주 12.
26 칼빈, *Inst.*, 2.14.4, 5.
27 칼빈, *Inst.*, 4.17.29.

4.4. 성령론적 오류

4.4.1. 노바티아누스주의(Novatianism)
도덕적 삶을 극단적으로 강조하는 그룹으로, 칼빈도 이들을 지적하고 있다.[28]

4.4.2. 몬타누스파(Montanism)
성령의 새로운 시대를 강조하면서 영적인 황홀(ecstasy)를 강조하고 성례의 계시를 주장한다.

4.4.3. 종교개혁 시대 일부 급진 재세례파
구원받은 하나님의 자녀들은 죄가 없어졌기 때문에 육체의 정욕을 억제하려고 할 필요가 없고, 성령의 인도를 따르면 된다고 주장하는 자들이 있는데, 칼빈은 이것을 강력하게 비판한다.[29]

5. 19세기 미국에서 발생해서 한국에 전래된 이단

본 장에서는 19세기에 미국에서 시작되어 한국에 큰 영향을 미치고 있는 세 종류의 이단을 다루고자 한다. 그것은 곧 여호와의 증인, 몰몬교, 그리고 안식교다.

5.1. 여호와의 증인(Jehovah's Witnesses)

5.1.1. 여호와의 증인의 역사적 기원과 조직
한국에는 양심적 병역 거부나 비수혈 수술로 알려져 있는 여호와의 증인은 찰스 테즈 러셀(Charles Taze Russell, 1852-1916)에 의해 19세기 후반 미국 펜실베이니아에서 시작되었다. 러셀은 성경의 문자적 해석을 강조하며 당시의

---

28 칼빈, *Inst.*, 3.3.21.
29 칼빈, *Inst.*, 3.3.14.

교단주의와 전통적인 교리를 거부하고, 자신만의 종말론적 해석을 바탕으로 소그룹 성경 연구 모임을 조직하였다. 1879년 그는 「시온의 파수대와 그리스도의 임재를 선포하는 파수꾼」(Zion's Watch Tower and Herald of Christ's Presence)라는 잡지를 창간하였고, 이는 후일 여호와의 증인 문서 선교의 핵심 매체가 되었다.

러셀의 사후, 조셉 프랭클린 러더퍼드(Joseph Franklin Rutherford, 1869-1942)가 후계자로 등장하여 조직 개편을 단행하였으며, 1931년부터 공식적으로 '여호와의 증인'(Jehovah's Witnesses)이라는 명칭을 사용하기 시작하였다. 이 명칭은 이사야 43장 10절의 구절에서 유래한 것으로, 자신들을 여호와 하나님을 증언하는 유일한 참된 공동체로 간주함을 반영한다.[30]

현재 여호와의 증인은 세계 각국에 지부를 두고 있으며, 뉴욕 주 워릭(Warwick)에 본부를 두고 중앙 집권적인 구조를 유지하고 있다. 조직은 매우 엄격한 계층적 구조로 이루어져 있으며, '여호와의 증인의 통치체'(Governing Body)가 모든 교리적, 행정적 결정을 총괄한다. 이와 같은 구조는 여호와의 증인의 사상과 활동이 본부의 지침에 철저히 따르도록 함으로써, 조직의 일관성과 결속력을 유지하는 데 큰 역할을 하고 있다.

여호와의 증인이 한국에 소개된 것은 선교사 홀리스터 부부(1912년)와 맥켄지 부부(1915년)에 의해서다. 1921년 미국을 제외한 18개 지부 가운데 하나로 한국 지부가 창설되었으며, 전후 1952년에 「파수대」가 정부에 등록되어 발행을 시작하면서 활발히 활동했다.[31]

5.1.2. 여호와의 증인의 주요 교리 비판

여호와의 증인의 교리는 그 핵심 교리들, 즉 삼위일체론, 그리스도론, 그리고 구원론에 있어서 정통 기독교 신앙의 본질적 내용을 벗어나 있으며, 그 신학적 구조는 본질적으로 이단적이다. 여호와의 증인은 삼위일체 교리를 전면적으로 부정하며, 하나님은 오직 '여호와'라는 이름으로 계시는 단일한

---

30 심창섭, "서양교회사에 나타난 이단의 역사," 『기독교의 이단들』 총회교육국 편 (서울: 대한예수교 장로회총회, 1997), 50.
31 윤용복, "'여호와의 증인'의 역사와 특성," 『종교연구』 Vol. 47 (2007), 289-313.

인격체로만 존재한다고 주장한다. 이들에 의하면 예수 그리스도는 하나님의 첫 창조물로서 피조물에 해당하며, 성령은 인격적인 존재가 아니라 단지 하나님의 '활동력' 혹은 '힘'으로 간주된다. 이러한 주장은 정통적인 기독교의 삼위일체론과 정면으로 배치된다.[32] 칼빈도 『기독교 강요』에서 삼위일체 교리는 성경 전체에서 나타나는 하나님 자신의 존재 양식으로서, 성부, 성자, 성령이 본질상 동등하고 영원하다고 분명히 말하고 있다.[33]

여호와의 증인은 예수 그리스도의 참된 신성을 부정하며,[34] 예수 그리스도의 구속 사역이 구원에 충분하지 않다고 보고 신자의 반복적인 충성과 행위가 필수적이라고 주장한다. 그러나 개혁주의 신학은 구원이 전적으로 하나님의 은혜로 주어지는 선물이며, 오직 믿음을 통한 칭의가 구원의 핵심임을 분명히 한다.[35]

5.2. 몰몬교(예수그리스도후기성도교회, The Church of Jesus Christ of Latter-day Saints)

5.2.1. 몰몬교의 역사와 확산

몰몬교의 정식 이름은 "예수그리스도후기성도교회"(The Church of Jesus Christ of Latter-day Saints)로서 이전에 "말일성도예수그리스도교회"에서 변경한 것이다. 몰몬교는 19세기 미국의 종교적 열광주의 분위기 속에서 등장하였다. 창시자 조셉 스미스(Joseph Smith, 1805-1844)는 1820년경 기도 중 환상을 보았다고 주장하며, 하나님과 예수 그리스도께서 자신에게 나타나셨고, 기존 교회들이 모두 타락하였으므로 자신이 '참된 교회의 회복'을 위해 부름받았다고 선언하였다.

그는 1823년에 천사 모로나이(Moroni)로부터 고대 예언자들의 기록이 새겨진 '금판'을 전달받았다고 주장하였고, 이를 번역하여 1830년 『몰몬경(The

---

32 마 28:19 ; 고후 13:13.
33 칼빈, *Inst.*, 1.13.6, 7, 17.
34 요 1:1 ; 골 2:9 ; 히 1:3.
35 엡 2:8~9 ; 롬 3:28.

Book of Mormon)』을 출간하였다. 이 경전을 중심으로 그는 새로운 교단을 세웠으며, 이들은 스스로를 기독교의 '회복된 형태'라 주장하였다. 이 교회는 1847년 브리검 영(Brigham Young)의 지도하에 유타주로 이주하였고, 그 이후 급속히 제도화와 세계화를 이루며 오늘날 수백만의 신도를 보유한 거대한 종교 단체로 성장하였다.[36] 몰몬교가 한국에 영향을 미치게 된 것은 미국 코넬 대학교 유학 중 몰몬교를 수용했고 문교부 차관(1955-56)까지 지낸 김호직의 역할이 크며, 영어 교육을 매개로 활발히 활동해 왔다.[37]

5.2.2. 몰몬교의 주장에 대한 개혁주의적 비판

몰몬교는 성경을 경전으로 인정하되, 그것이 불완전하고 오염되었다고 판단하여 『몰몬경』과 그 외의 경전들『값진 진주(The Pearl of Great Price)』, 『교리와 성약(Doctrine and Covenant)』을 추가적으로 동일 권위로 받아들인다.[38] 몰몬교는 하나님에 대한 이해, 예수 그리스도의 신성과 인성, 구원의 방식, 인간의 본성과 종말론에 있어 전통적 기독교 교리와 심대한 차이를 보인다. 이런 이단적 사상들은 성경적이고 개혁주의적인 관점으로 철저하게 비판된다.

몰몬교는 정통 기독교의 외형을 갖추고 있으나, 그 신학적 내용은 전통적인 성경의 유일성과 종결성을 부정하며 신론과 삼위일체론을 무너뜨리며 예수의 유일성과 구속 사역을 약화시키고 있다. 몰몬교는 또한 구원을 믿음과 행위의 결합으로 보며, 성전 의식과 도덕적 순종을 구원의 조건으로 강조한다. 몰몬교는 조셉 스미스를 통해 '참된 교회'가 회복되었음을 주장하며, 기존의 모든 교회를 부정한다. 또한 몰몬교는 인간은 궁극적으로 '신'이 될 수 있다고 보는데, 이는 루터와 칼빈이 정립한 이신칭의(Sola Fide) 및 전적인 은혜(Sola Gratia)의 교리와 정면으로 배치된다. 개혁주의에 의하면 인간의 구원은 전적으로 하나님의 주권적 은혜에 근거하며[39], 인간은 오직 하나님의 형상으로 창조된 피조물임을 바르게 믿어야 할 것이다.

---

[36] 강돈구, "말일성도예수그리스도교회의 특징과 전개," 「종교연구」 39 (2005), 213-242.
[37] 탁지일, "예수그리스도후기성도교회(몰몬교)," 「이단바로알기」 (2009), 88-91.
[38] 목창균, 『이단논쟁』 (서울: 두란노, 2019 증보판) 313-317.
[39] 엡 2:8-9

5.3. 안식교(The Seventh-day Adventists)

5.3.1. 안식교의 기원과 역사

죠쉬 맥도웰과 돈 스튜어트가 이단 종파를 다룰 때 안식교를 취급하지 않았으며, 안식교 자신이 변신을 하고 있다고 할지라도 안식교는 그 토대가 이단적이었기 때문에 안식교의 역사와 신학을 살펴보는 것이 필요하다.[40] 안식교는 19세기 미국에서 일어난 밀러주의(Millerism) 운동에서 기원하였다. 윌리엄 밀러(William Miller, 1782-1849)는 다니엘서와 요한계시록을 해석하며, 예수 그리스도의 재림이 1843-1844년에 일어날 것이라고 주장하였다. 수많은 추종자들이 모였으나 예수의 재림은 이루어지지 않았고, 1844년 10월 22일의 실패는 '큰 실망'(Great Disappointment)으로 불렸다. 이후 일부 잔존자들이 엘렌 화이트(Ellen G. White, 1827-1915)의 환상과 계시를 중심으로 새로운 해석을 발전시켜, 재림은 실제로 하늘 성소에서의 심판 사역 개시로 이해하게 되었으며, 이를 중심으로 안식교 신학이 형성되었다.

1863년 '제칠일안식일예수재림교'라는 교단이 공식 창립되었고, 오늘날 전 세계에 수천만의 신도를 보유하고 있다. 이들은 토요일 안식일 준수를 강조하고, 건강식 강조, 하늘 성소 교리, 예언의 은사, 재림 신앙 등을 강조하며 독자적인 정체성을 유지하고 있다.

5.3.2. 안식교 교리와 개혁주의적 비판

안식교는 표면적으로는 예수 그리스도의 재림을 강조하며, 복음 중심적인 신앙처럼 보이지만, 그 신학적 구조 안에는 정통 개신교와 분명히 구별되는 여러 가지 문제점이 존재한다. 안식교는 성경 외에 화이트 여사의 저서들에 성경적 권위를 부여하고 있으며 제칠일에 예배드리는 것을 구원의 조건으로 주장하고 있다. 행위 중심 구원론, 안식일 율법주의, 그리스도의 미완결 사역 주장 등은 모두 복음적인 신학과 은혜를 훼손하는 심각한 문제로 간주된다.

---

[40] 심창섭, "서양교회사에 나타난 이단의 역사," 『기독교의 이단들』 총회교육국 편 (서울: 대한예수교장로회총회, 1997), 108-125.

개혁신학은 신앙의 기초를 오직 성경, 오직 은혜, 오직 믿음, 오직 그리스도에 두며, 그 외의 가르침이 아무리 성경을 인용한다 할지라도, 복음의 본질에서 벗어날 경우 반드시 신학적, 목회적으로 경계해야 한다. 안식교의 신학적 뿌리는 정통 개신교와의 분리선상에 있으며, 개혁교회는 성도들을 위하여 바른 가르침과 분별력을 세워야 할 책임이 있다.

6. 20세기 한국에서 자생한 대표적 이단: 통일교, 전도관, 장막성전

20세기 중반 이후 한국 교회는 급격한 사회 변화 속에서 다양한 신흥 종교운동의 등장을 경험하였다. 그 가운데 통일교, 전도관, 장막성전은 대중적 영향력과 파급력을 지닌 대표적인 이단운동으로, 모두 정통 기독교의 신앙과 교리를 왜곡하거나 교주를 신격화하는 공통점을 지니고 있다.

6.1. 통일교(세계평화통일가정연합)

통일교는 문선명(文鮮明, 1920-2012)에 의해 1954년 창설되었으며, 초기에는 "세계기독교통일신령협회"라고 했으나, 1997년부터는 "세계평화통일가정연합"으로 명칭을 변경했다.[41] 문선명은 자신을 참부모요 메시아로 자처하며, 성경을 넘어서는 새로운 계시로서 『원리강론』을 제시하였다. 통일교는 인류의 타락을 성적 타락으로 규정하고, 문선명과 그의 아내를 통해 인류 혈통이 정화된다고 주장하며, 이를 실현하는 수단으로 '합동결혼'을 실시하고 있다.[42] 결국 통일교의 최종 목적은 한반도에 통일교 왕국을 건설하는 것이라고 할 수 있다.

통일교의 교리는 정통 기독론과 구원론을 파괴하고 있다. 예수 그리스도의 유일성과 속죄의 충분성은 『원리강론』이나 문선명의 주장으로 보완될 수 없으며, 교주의 신격화는 복음의 본질을 심각하게 훼손하는 신성모독적 주

---

[41] 이진구, "통일교의 기독교 인정투쟁과 종교통일 담론," 「숭실사학」 20 (2004), 151-269.
[42] 오영호, "한국에서 발흥한 이단들," 『기독교의 이단들』 총회교육국 편 (서울: 대한예수교장로회총회, 1997), 200-221.

장이다. 또한 통일교의 이중구원론(육적 혈통 구원)은 은혜에 의한 구원의 복음을 부정한다.

6.2. 천부교(전도관, 기독교복음선교회 등)

천부교는 박태선(朴泰善, 1917-1990)이 1954년에 시작한 '한국예수교전도관부흥협회'에서 기원한다. 박태선은 초기에는 부흥운동가로 활동했으나 점차 자신을 '보혜사'라 주장하며 신격화되었다. 그는 신유와 물을 통한 죄 사함, 신앙촌이라는 집단 공동체 생활 등을 강조하며 기존 교회를 떠난 수많은 추종자를 이끌었다.[43]

개혁주의는 전도관의 교리를 인간 중심의 신격화, 성령 하나님에 대한 왜곡된 동일화, 사적 계시의 남용으로 판단한다. 박태선이 '보혜사'라는 성령의 지위를 스스로 차지한 것은 성경의 삼위일체론과 명백히 충돌한다. 또한 물 세례를 통해 죄 사함을 받는다는 주장은 예수 그리스도의 십자가 희생과 은혜에 근거한 구원론을 근본적으로 왜곡한다.

6.3. 장막성전(신천지의 전신)

장막성전은 1960년대 초 유재열에 의해 창립된 종말론적 신흥 종교 집단으로, 그 기원부터 이단적 성격을 지닌 것으로 평가된다. 1970년경 유재열은 이만희 등의 고발로 형사처벌을 받았고 1980년 신군부 정권에 의해 교회가 와해되었다. 1980년 이후 교회 명칭이 대한예수교장로회 이삭교회로 바뀌었다.[44]

개혁주의 신학의 관점에서 볼 때, 이 단체는 성경의 계시가 이미 종결되었다는 신앙의 기본 전제를 부정하고, 교주의 독자적 해석을 사실상 정경(canon)으로 삼는 문제점을 안고 있다. 이만희는 그 해석을 통해 스스로를 '이

---

[43] 오영호, "한국에서 발흥한 이단들," 『기독교의 이단들』 총회교육국 편 (서울: 대한예수교장로회총회, 1997), 312-322.

[44] https://ko.wikipedia.org/wiki/%EC%9E%A5%EB%A7%89%EC%84%B1%EC%A0%84

긴 자' 혹은 '약속의 목자'로 신격화하며, 성경을 자의적으로 해석하여 교리화한다. 특히 요한계시록에 나타난 상징들을 한국 내 특정 집단에 국한시켜 적용하고, 기존 교회들을 '바벨론'으로 정죄하며, 자신들의 공동체만을 참된 교회로 규정하는 태도는, 교회론과 종말론 양면에서 심각한 왜곡을 초래하는 이단적 오류라 할 수 있다.

이상과 같은 한국에서 자생적으로 발생한 이단들에 대해서는 다음과 같은 신학적 원칙으로 대응해야 할 것이다. 첫째, 계시의 종결성과 성경의 절대적 권위를 수호해야 한다. 둘째, 예수 그리스도의 유일성, 중보자적 위치, 완전한 구속 사역을 확실하게 해야 한다. 셋째, 삼위일체 교리와 공교회성에 대해서 분명하게 고백해야 한다. 넷째, 은혜에 의한 구원, 믿음에 의한 칭의라는 구원론을 선명하게 가르쳐야 할 것이다. 다섯째, 목회 현장에서 개혁주의적인 교리 교육을 강화하고 이단에 대한 대응을 잘 훈련해야 할 것이다.

7. 제2세대 이단(미국에서 전래되거나 한국에서 자생한 이단의 2세대)

19세기에 미국에서 발생하여 20세기에 한국에 전래했던 이단이나 한국에서 자생적으로 생겨난 이단들의 제2세대 이단들은 현재 가장 위협적으로 강력하게 활동하고 있는 이단들이다.

7.1. 신천지

7.1.1. 신천지의 역사

신천지예수교 증거장막성전(이하 신천지)은 1984년 이만희(1931–)에 의해 창립된 신흥 종교 단체이다. 이만희는 초기에 장막성전(유재열), 하늘문화세계평화광복(HWPL), 대한예수교장로회 계열 부흥운동 등에 연관되다가, 자신이 계시록에 예언된 이긴 자, 보혜사, 약속의 목자임을 자처하며 독자적인 교단을 출범시켰다.

신천지는 성경, 특히 요한계시록의 비유적 해석을 핵심으로 하여 이를 자신들과 이만희를 중심으로 해석하고자 하는 독특한 사건 중심적 종말론을 발전시켰다. 그들은 현재 자신들이 '계시의 성취 시대'를 살고 있으며, 기존의 교회들은 모두 '배도한 바벨론'이라고 규정한다. 2020년 코로나19 집단 감염 사태 이후 사회적 비판을 받았음에도 불구하고, 비밀 포교와 청년층 전도를 중심으로 조직적이고도 치밀한 포섭 전략을 지속하고 있다.

7.1.2. 신천지 교리의 문제와 개혁주의 신학적 비판

신천지는 기독교를 표방하지만, 실제는 성경 해석의 자의성, 종말론적 과장, 교주 중심주의 등 여러 면에서 정통 신앙과 다른 이단적 특성을 분명하게 드러내고 있다.

첫째로 신천지는 계시의 종결성과 성경 해석의 자의성을 갖는 이단이다. 신천지의 구약 해석은 '비유 풀이', '배도-멸망-구원', '예언과 실상'이라는 틀로 분류되고 이러한 해석적 틀은 신천지 집단이 주장하는 이단적 교리정립과 성경 왜곡에 심각하게 악용되고 있다.[45] 신천지는 성경, 특히 요한계시록을 비유적 코드 체계로 해석하며, 이를 '이만희'라는 특정 인물만이 바르게 해석할 수 있다고 주장한다.

둘째, 신천지는 교주인 이만희를 보혜사이자 이긴 자라고 참칭하는 이단이다.[46] 신천지는 예수 그리스도가 초림 때는 육신으로 왔으나, 재림은 '이만희를 통해' 영으로 임하셨다고 주장한다. 이만희는 계시록의 '이긴 자'이며, 성경의 예언을 성취하는 '약속의 목자'라고 사칭한다. 심지어 그는 보혜사 성령의 역할을 자신에게 부여하기도 한다.

셋째, 신천지는 종말론에 있어서 계시록을 왜곡하고 시한부 종말론을 주장하는 이단이다. 신천지는 '영적 이스라엘', '추수', '인 맞은 14만 4천 명' 등의 용어를 사용하여 자신들이 계시록의 성취된 실체라고 주장하며, 기존 교회는 모두 배도한 무리라고 정죄한다. 이들의 종말론은 직선적, 현실 중심적이며 특정 사건에 강박적으로 연결된다.

그러므로 신천지는 겉으로 보기에는 기독교적 용어와 성경 본문을 사용하

---

[45] 이희성, "신천지 구약 해석의 실상과 허상," 「개혁신학」 30 (2014), 93-126.
[46] 탁지일, "한국 이단의 세례 요한 이해 – 기독교복음선교회(JMS)와 신천지의 교리와 계보를 중심으로," 「신학사상」 177 (2017), 169-197.

지만 그 해석과 적용은 철저히 자의적이며, 개혁주의 신학이 고백해 온 정통 교리와는 본질적으로 상충한다. 이에 대한 대응으로는 교리 교육을 강화하며, 신천지에서 빠져나온 사람들을 체계적으로 목양해야 하고, 성경 해석의 공동체성 회복해야 할 것이다.

7.2. 하나님의 교회

7.2.1. "하나님의 교회"의 역사와 형성 과정

이 단체는 1964년 안상홍(1918-1985)에 의해 설립되었으며, 공식 명칭은 하나님의 교회 세계복음선교협회(WMSCOG, World Mission Society Church of God)이다. 이들은 자신들의 기원을 하나님의 참교회 회복이라 주장하며, 기존 기독교 교회를 모두 배도한 교회로 간주한다. 안상홍은 과거 제칠일안식일예수재림교(안식교)에 속해 있었으나, 1964년 탈퇴 후 스스로를 '재림 예수'로 주장하며 독자적 교리를 전파하였다. 그가 사망한 1985년 이후 교권을 둘러싼 분열이 발생했고, 현재는 장길자를 '어머니 하나님'(하늘 어머니)으로 신격화하여 삼위일체를 부정하고, 아버지 하나님 안상홍에다가 어머니 하나님 장길자 체계를 중심으로 한 이단 교리를 펼치고 있다.

현재 이 단체는 전 세계적으로 수백만 명의 추종자를 주장하며, 조직적으로 전도 활동(특히 청년층 대상)을 벌이고 있다. 특히 한국에서는 사회봉사나 선한 이미지 포장, 친절한 포교 전략을 통해 교회 내외에서 사회적 경계를 무너뜨리고 있는 실정이다.

7.2.2. 주요 교리와 개혁신학적 비판

첫째, 안상홍을 '재림 예수'로 주장하며 이 땅에 하나님의 나라가 임하였다고 주장하는 이단이다.[47]

둘째, 이 단체는 장길자를 '어머니 하나님'으로 숭배하며, 하나님은 남성과 여성으로 구성된 신적 가정이라는 기이한 신론을 주장한다.

---

[47] 송영목, "안상홍의 요한계시록 해석 비판," 「신약연구」 20 (2021), 256-296.

셋째, '하나님의 교회'는 '새 언약 유월절'을 지켜야만 구원을 받을 수 있다고 강조하며, 초대교회의 회복을 자처하는 이단이다.

넷째, 이들은 정통 삼위일체 교리를 부정하고, 성부-성자-성령의 위격적 존재를 인정하지 않으며, 그 자리에 안상홍과 장길자를 배치하는 이단이다.

종합적으로 살펴보면, '하나님의 교회'는 기독교의 용어를 차용하고 있지만, 실제로는 복음의 핵심인 예수 그리스도의 유일성, 삼위일체 신학, 은혜에 의한 구원, 성경의 권위를 본질적으로 왜곡하는 심각한 이단이다. 그러나 이들은 조직성과 전도 전략, 그리고 청년과 신앙 초신자를 대상으로 교회에 도전하고 있는 위험한 이단이다.

7.3. JMS(기독교복음선교회)[48]

JMS란 정명석(Jeong Myeong-seok)의 약자로서, 그를 중심으로 형성된 이단 종교 집단이다. 공식 명칭은 기독교복음선교회(Christian Gospel Mission)이며, 과거에는 '섭리교회' 또는 '국제크리스천연합' 등의 이름을 사용하기도 했다.

7.3.1. JMS의 성립과 역사

정명석의 생애와 JMS의 역사에 대해서는 30개론 중 역사편의 제4장 우리의 역사 부분과 보론에 자세하게 수록되어 있다.[49] JMS(정명석의 종교 집단)의 형성과 전개 과정은 일반적인 이단 종파의 교주 전기들과 마찬가지로, 정명석의 생애를 신격화하려는 서사로 일관되어 있다. 『역사편』에 따르면 그는 1945년 충남 금산에서 태어나, 6.25 전쟁 직후의 사회적 혼란기 속에서 성장하였고, 초등학교만을 졸업한 후 경제적 이유로 학업을 중단하고 기도원 등을 전전하며 종교적 관심을 키워 나갔다.[50] 청소년기부터 종교에 심취한 그는

---

[48] JMS 비판을 위한 전체 내용은 필자의 다음의 연구를 참조하시오. 안인섭, "JMS 이단에 대한 비판," 대한예수교 장로회 총회 이단대책 세미나 (2008).
[49] 『역사편』, 95-99. 『역사편』, 100-111.
[50] 『역사편』, 100-101.

'성경 1,000독'과 '하나님의 음성 청취' 등의 체험을 주장하며 점차 독자적인 종교적 정체성을 구축해 갔다.[51]

통일교 활동과 이단 사상의 형성: 1970년대에 접어들며 정명석은 통일교와 접촉하고, 국제승공연합 강사로 활동하면서 본격적으로 이단 종파 지도자의 길을 준비하기 시작하였다.[52] 통일교에서의 활동은 그의 신학적 사상에 큰 영향을 미쳤으며, 이 시기에 문선명을 대신할 인물로서의 자기 정체성을 확립하게 된다.[53] 그는 1979년 통일교 교역자 회의에서의 체험을 계기로 독자적 활동을 시작하였고, 이로써 JMS는 태동하게 된다.[54]

독립적 교주로서의 활동 전개: 1980년대 이후 정명석은 서울 신촌을 중심으로 포교 활동을 시작하였으며, 초기 핵심 인물들을 포섭하였다. 그는 1983년 예수교 대한 감리회에서 목사 안수를 받았고, 1986년에는 '진리측'이라는 독립 교단을 창설하였다.[55] 이후 JMS는 대학생 선교단체 SBF 출신 인물들의 참여로 이론적으로 보완되었으며, 주로 청년층을 대상으로 포교 활동을 확산시켜 나갔다.

결과적으로 JMS는 통일교의 교리와 구조를 계승하면서도 정명석 개인의 신비적 체험을 중심으로 한 종말론적 신앙체계를 발전시킨 독자적인 이단 종파로 자리 잡게 되었다. 그 사상의 뿌리는 명확히 통일교에 있으며, 이념적으로도 깊이 연계되어 있다는 점에서, JMS는 통일교의 변형이자 파생된 형태의 이단이라 할 수 있다.

이단 종파의 공고화와 확장(1990년대 이후): 1990년대부터 정명석은 자신을 '하나님의 대리자'로 자처하며 그리스도적 위치를 주장했고, JMS는 기독교 용어

---

51 『입문편』, 4, 5.
52 http://www.antijms.net.
53 91 JMS 대전 충청 지역 수련회 자료 중 참가자 수칙 및 실천 사항 자료 중에서. (안티JMS 홈피 [http://www.antijms.net]에서 재인용).
54 『입문편』, 사명의 징조, 106.
55 http://www.antijms.net.

셋째, '하나님의 교회'는 '새 언약 유월절'을 지켜야만 구원을 받을 수 있다고 강조하며, 초대교회의 회복을 자처하는 이단이다.

넷째, 이들은 정통 삼위일체 교리를 부정하고, 성부-성자-성령의 위격적 존재를 인정하지 않으며, 그 자리에 안상홍과 장길자를 배치하는 이단이다.

종합적으로 살펴보면, '하나님의 교회'는 기독교의 용어를 차용하고 있지만, 실제로는 복음의 핵심인 예수 그리스도의 유일성, 삼위일체 신학, 은혜에 의한 구원, 성경의 권위를 본질적으로 왜곡하는 심각한 이단이다. 그러나 이들은 조직성과 전도 전략, 그리고 청년과 신앙 초신자를 대상으로 교회에 도전하고 있는 위험한 이단이다.

7.3. JMS(기독교복음선교회)[48]

JMS란 정명석(Jeong Myeong-seok)의 약자로서, 그를 중심으로 형성된 이단 종교 집단이다. 공식 명칭은 기독교복음선교회(Christian Gospel Mission)이며, 과거에는 '섭리교회' 또는 '국제크리스천연합' 등의 이름을 사용하기도 했다.

7.3.1. JMS의 성립과 역사

정명석의 생애와 JMS의 역사에 대해서는 30개론 중 역사편의 제4장 우리의 역사 부분과 보론에 자세하게 수록되어 있다.[49] JMS(정명석의 종교 집단)의 형성과 전개 과정은 일반적인 이단 종파의 교주 전기들과 마찬가지로, 정명석의 생애를 신격화하려는 서사로 일관되어 있다. 『역사편』에 따르면 그는 1945년 충남 금산에서 태어나, 6.25 전쟁 직후의 사회적 혼란기 속에서 성장하였고, 초등학교만을 졸업한 후 경제적 이유로 학업을 중단하고 기도원 등을 전전하며 종교적 관심을 키워 나갔다.[50] 청소년기부터 종교에 심취한 그는

---

[48] JMS 비판을 위한 전체 내용은 필자의 다음의 연구를 참조하시오. 안인섭, "JMS 이단에 대한 비판," 대한예수교 장로회 총회 이단대책 세미나 (2008).
[49] 『역사편』, 95-99. 『역사편』, 100-111.
[50] 『역사편』, 100-101.

'성경 1,000독'과 '하나님의 음성 청취' 등의 체험을 주장하며 점차 독자적인 종교적 정체성을 구축해 갔다.[51]

통일교 활동과 이단 사상의 형성: 1970년대에 접어들며 정명석은 통일교와 접촉하고, 국제승공연합 강사로 활동하면서 본격적으로 이단 종파 지도자의 길을 준비하기 시작하였다.[52] 통일교에서의 활동은 그의 신학적 사상에 큰 영향을 미쳤으며, 이 시기에 문선명을 대신할 인물로서의 자기 정체성을 확립하게 된다.[53] 그는 1979년 통일교 교역자 회의에서의 체험을 계기로 독자적 활동을 시작하였고, 이로써 JMS는 태동하게 된다.[54]

독립적 교주로서의 활동 전개: 1980년대 이후 정명석은 서울 신촌을 중심으로 포교 활동을 시작하였으며, 초기 핵심 인물들을 포섭하였다. 그는 1983년 예수교 대한 감리회에서 목사 안수를 받았고, 1986년에는 '진리측'이라는 독립 교단을 창설하였다.[55] 이후 JMS는 대학생 선교단체 SBF 출신 인물들의 참여로 이론적으로 보완되었으며, 주로 청년층을 대상으로 포교 활동을 확산시켜 나갔다.

결과적으로 JMS는 통일교의 교리와 구조를 계승하면서도 정명석 개인의 신비적 체험을 중심으로 한 종말론적 신앙체계를 발전시킨 독자적인 이단 종파로 자리 잡게 되었다. 그 사상의 뿌리는 명확히 통일교에 있으며, 이념적으로도 깊이 연계되어 있다는 점에서, JMS는 통일교의 변형이자 파생된 형태의 이단이라 할 수 있다.

이단 종파의 공고화와 확장(1990년대 이후): 1990년대부터 정명석은 자신을 '하나님의 대리자'로 자처하며 그리스도적 위치를 주장했고, JMS는 기독교 용어

---

51 『입문편』, 4,5.
52 http://www.antijms.net.
53 91 JMS 대전 충청 지역 수련회 자료 중 참가자 수칙 및 실천 사항 자료 중에서. (안티JMS 홈피 [http://www.antijms.net]에서 재인용).
54 『입문편』, 사명의 징조, 106.
55 http://www.antijms.net.

를 사용하되 교리적으로는 기독론, 구원론, 종말론에서 왜곡된 사상을 전파하였다. 이 시기 조직은 국내 대학가를 중심으로 확산되었고, 미국, 일본 등지로 해외선교도 확대되었다.

성범죄와 도피, 법적 처벌(2000년대): 2000년대 초 정명석은 여성 신도 성범죄 혐의로 고소되었고 해외로 도피하였다. 2007년 중국에서 체포되어 2008년 송환되었고, 2009년 대법원에서 징역 10년형을 선고받았다. 이 사건을 통해 JMS의 실체가 사회적으로 드러나게 되었다.

출소 후 활동과 이단성 지속(2018년 이후): 출소 이후 정명석은 다시 활동을 재개하고 JMS 조직을 재건하였다. '문화사역', '청년 멘토링' 등을 내세우며 외형을 세련되게 포장하였으나, 교주 중심의 폐쇄적 이단 구조는 여전하였다. 2022년 다시 성범죄로 기소되어 재판 중이다.

7.3.2. JMS의 신학적 특징과 개혁신학적 비판

통일교 기반 위에 세워진 태생적 이단성: JMS는 통일교의 혈통복귀 교리와 섭리사관을 그대로 수용하여 그 위에 정명석의 자의적 계시를 덧붙인 구조를 지닌다.[56] 이는 신학적 독창성이 있다기보다 기존 이단 사상의 재활용이며, 통일교와의 이론적 연속성을 스스로도 부정하지 못하고 있다.[57]

성경관의 왜곡과 자의적 해석: JMS는 성경의 문자적 해석과 초자연성을 전면 부정하며, 모든 사건을 '시대성적' 또는 '비유적'으로 해석한다. 이로 인해 정통 기독교가 강조하는 하나님의 기적, 능력, 객관적 계시의 권위가 무너지고, 정명석의 주관적 해석이 절대화된다. 결국 이러한 성경 해석은 그를 재림주로 부각시키기 위한 수단이 되고 있다.

---

[56] 탁지일, "이단, 교회의 위기인가, 갱신의 기회인가?", 7.
[57] http://www.antijms.net. 대전광역시 기독교연합회 이단사이비대책위원회, 『우리 시대의 이단들』(서울: 두란노 서원, 2007), 189–90.

창조와 타락에 대한 왜곡된 이해: JMS는 창조와 타락을 비유적이고 성적 상징으로 해석하며, 원죄를 성적인 타락으로 규정한다. 생명나무를 시대마다 나타나는 메시아로, 선악과를 하와로 해석하는 등 창조 기사 전반을 통일교의 해석 방식과 유사하게 구성하고 있다.[58] 이는 개혁신학의 실제 역사성과 죄론에 정면으로 배치된다.

예수 그리스도의 구속 사역 부정: JMS는 예수의 초림 사역을 '1차 구원'으로, 정명석 자신을 통한 '2차 구원'을 주장하며 예수의 십자가를 실패로 간주한다.[59] 이는 히브리서가 증언하는 그리스도의 단회적이고 완전한 속죄 사역(히 10:10, 12)에 대한 정면 도전이며, 명백한 반기독교적 주장이다.

재림과 종말론의 심각한 왜곡: JMS는 육체적 부활을 부정하고, 재림주를 예수와 분리된 또 다른 인물로 설정한다. 그 재림주는 한반도, 특히 대둔산에서 나타날 것이라 주장하며 풍수지리적, 민속종교적 해석을 끌어들이는 데서 신학적 황당성이 드러난다.[60] 결국 메시아는 정명석이라는 암시로 귀결되며, 이는 자기신격화의 전형이다.

7.3.3. 윤리적 문제점

JMS는 원죄와도 같이 통일교에 그 뿌리를 두고 있기 때문에 필연적으로 성적인 윤리 문제가 제기될 수밖에 없는 운명을 가지고 있다. 하와와 타락한 천사인 뱀이 성적 타락을 했기 때문에 예수의 영이 재림한 정명석을 통해서 죄 된 혈통을 회복하고 구원을 받을 수 있다는 것이다.[61] 따라서 교리적인 논리에 의해서 성적인 문란함을 초래하게 되며 많은 여신도들을 성추행하는 윤리적인 문제가 발생되는 것이다. 또한 자신은 병을 고치고 투시할 수 있다는 명목으로 여신도들을 성추행하기도 한다.[62]

---

58 탁지일, "이단, 교회의 위기인가, 갱신의 기회인가?", 7.
59 『고급편』, 211-212.
60 『고급편』, 253-258.
61 탁지일, "이단, 교회의 위기인가, 갱신의 기회인가?", 7-8.
62 대전광역시 기독교연합회 이단사이비대책위원회, 『우리 시대의 이단들』(서울: 두란노 서원, 2007), 90.

근래에 더 문제시 되는 것은, 선교 명목으로 한국뿐 아니라 아시아에 진출하여 국제적으로 윤리적인 문제를 초래하고 있다는 점이다. 그뿐 아니다. 유수한 대학에서 JMS 훈련을 받은 학생 신도들이 사회에 진출하여 사회 중요 직책에 진출하여 정명석과 JMS 단체의 활동을 조직적으로 후원하는 심각한 문제가 발생되고 있는 것으로 파악된다.[63]

8. 나오는 글

이 논문은 교회사적 관점에서 이단의 개념과 발생 배경, 그리고 정통 교회의 역사적 대응을 고찰하였다. 결론적으로 이단은 과거뿐만 아니라 오늘날에도 여전히 교회와 사회를 위협하는 현실적 도전으로 인식해야 한다. 따라서 이단의 위협을 방지하고 정통 신앙을 지키기 위해 다음과 같은 실천적 방안이 요청된다.

첫째, 성경적이며 신학적으로 정립된 신앙의 기초를 확립하는 일이 시급하다.

이를 위해 우리는 무엇보다 성경의 권위를 확고히 하여 주관적이고 개인화된 신앙을 경계해야 하며, 정통 교리를 기준으로 삼아 신비주의적이고 감성에 치우친 신앙으로부터 교회를 보호해야 한다. 또한, 인간의 영혼과 육체, 교회와 국가의 모든 영역이 하나님의 통치 아래 있다는 개혁신학의 전통을 회복하고, 교회사를 꾸준히 학습함으로써 이단의 다양한 유형과 그 반복되는 패턴을 인식해야 한다.

둘째, 건강한 교회를 세우는 일이 중요하다.

교회는 이기적이고 현세 중심적인 신앙에서 벗어나, 그리스도의 몸으로서 성숙하고 책임 있는 공동체를 세워야 한다. 교회 지도자를 우상화하거나 맹목적으로 추종하는 현상을 경계하고, 오직 그리스도 중심의 교회 구조를 견지해야 하며, 공동체 내에서 소외되는 이들이 없도록 사랑과 돌봄이 실천되는 공동체를 지향해야 한다.

---

63 탁지일, "이단, 교회의 위기인가, 갱신의 기회인가?", 7-8.

셋째, 교회는 건강한 사회를 세우는 데 기여해야 한다.

그리스도 안에서 화평하고 행복한 가정을 이루고, 정치적·경제적 양극화와 대립의 현실 속에서도 교회가 화해와 중재의 사명을 감당해야 한다. 더불어 사회적 불안과 분열이 심화되는 시대에 교회는 그리스도의 사랑과 위로를 전하는 안식처가 되어야 한다.

결론적으로, 이단의 도전은 단지 과거의 교회사적 사건이 아니라 오늘날에도 되풀이되는 반복의 역사이며, 이를 분별하고 대응하는 일은 교회와 성도 모두에게 주어진 지속적 소명이다. 우리는 성경과 교리, 역사 속 지혜에 뿌리를 두고, 참된 교회를 세우며, 세상 속에서 하나님의 나라를 확장해 나가야 할 것이다.

참고문헌

Calvinus, Iohannes. *Institutio Christianae Religionis*. In Ioannis Calvini opera quae supersunt ominia. Eds. G. Baum, E. Cunitz, E. Reuss. Vol. 2. Brunswick: C. A. Schwetschke, 1868.

_____. *Ioannis Calvini Opera Exegetica* Vol. XIII. Commentarius in Epistolam Pauli ad Romanos. Ed. T.H.L. Parker and D.C. Parker. Geneva, 1999.

Calvin, John. *Institutes of the Christian Religion*. Ed. John. T. McNeill. Trans. Ford Lewis Battles. Philadelphia: The Westminster Press, 1960.

_____. *Commentaries of John Calvin*. 46 Vols. Edinburgh: Calvin Translation Society, 1844-55. Reprinted, Grand Rapids: Baker Book House, 1998.

Methuen, Carlotte. "History and Heresy in the Lutheran Reformation," *Reformation & Renaissance Review* Vol. 24, no. 1 (2022): 3-22.

강돈구. "말일성도예수그리스도교회의 특징과 전개." 「종교연구」 39 (2005): 213-242.

김영한. "이단-사이비에 관한 신학적 기준." http://www.reformanda.co.kr/theology/101795 (2025년 5월 31일 접속).

김홍수. "이단 또는 한국적 기독교: 통일교, 전도관, 용문산기도원의 종교운동." 「종교와 문화」 23호 (2012): 15-36.

대전광역시 기독교연합회 이단사이비대책위원회. 『우리 시대의 이단들』. 서울: 두란노 서원, 2007: 18-23.

목창균. 『이단논쟁』. 서울: 두란노, 2019 증보판.

민경배. "한국 교회사 속의 이단문제." 연세대학교 신과대학·연합신학대학원 연세대학교 연신원 목회자 하기 신학세미나 강의집 12: 87～91, 1992.

샤프, 필립. 『니케아 이전의 기독교』. 필립 샤프 교회사 전집 제2권. 이길상 역. 서울: 크리스챤다이제스트, 2005.

송영목. "안상홍의 요한계시록 해석 비판." 「신약연구」 20 (2021): 256-296.

심창섭. "서양교회사에 나타난 이단의 역사." 『기독교의 이단들』 총회교육국 편 (서울: 대한예수교장로회총회, 1997).

_____. "이단의 정의, 판정 기준, 발생 원인, 특징, 그리고 대책에 대한 연구." 『총신 100만 연구논문집』. 총신대학교, 2008.

안인섭. "JMS 이단에 대한 비판." 대한예수교장로회총회 이단대책 세미나 (2008).

오영호. "한국에서 발흥한 이단들." 『기독교의 이단들』. 총회교육국 편. 서울: 대한예수교장로회총회, 1997: 200-221.

윤용복. "'여호와의 증인'의 역사와 특성." 「종교연구」 Vol. 47 (2007): 289-313.

이승구. "칼빈과 이단 문제: 이단 문제에 대한 칼빈 신학의 의의." 『칼빈과 이단』. 부산: 고신대학교 개혁주의학술원, 2009.

이진구. "통일교의 기독교 인정투쟁과 종교통일 담론." 「숭실사학」 20 (2004): 151-269.

이희성. "신천지 구약 해석의 실상과 허상." 「개혁신학」 30 (2014): 93-126.

정대훈. "칼빈의 타종교와 이단에 대한 이해." 총신대학교 석사학위(Th.M.) 논문. 2011.

탁지일. "예수그리스도후기성도교회(몰몬교)." 「이단바로알기」 (2009): 88-91.

_____. "한국 이단의 세례 요한 이해 – 기독교복음선교회(JMS)와 신천지의 교리와 계보를 중심으로." 「신학사상」 177 (2017): 169-197.

_____. "이단, 교회의 위기인가, 갱신의 기회인가?." 「제97차 한국 교회사학회/제17차 한국복음주의역사신학회 공동 학술대회 자료집」. 횃불 트리니티 신학대학원대학교, 2008.

# 특별계시와 이단 (말씀을 왜곡하는 이단)

김지호 교수 · 칼빈대, 조직신학, Ph.D.

1. 들어가는 말

"종교의 관념은 반드시 계시(啓示)의 관념으로 이끌어 준다. 많은 사람이 계시를 떠나서 종교를 해석해 보려고 했지만, 오늘날 모든 종교가 계시에서부터 비롯된다고 하는 확신이 점점 성장하고 있고, 이러한 견해만이 가장 타당한 것이다."[1] 이렇듯 "유사 이래 세상에는 원시종교를 포함하여 현재까지 수많은 종교가 있어 왔다."[2] 그런데 종교는 본질상 각각의 경전을 갖는다. 표준국어대사전은 '경전'을 다음과 같이 정의하고 있다.

> 경전은 인간이 살아가는 과정에서 요청되는 궁극적 실재의 체험들, 예를 들면, 희로애락(喜怒哀樂), 혹은 생로병사(生老病死) 그리고 사후 세계에 대하여 변치 않는 규범(법칙)과 도리를 담은 책, 성현이 직접 저술했거나, 또는 성현의 말이나 행실을 기록한 책, 그리고 종교적 교리를 기록한 책을 가리킨다.[3]

따라서 경전은 각 종교를 창설한 교주의 가르침, 즉 교리의 근간을 이루

---

[1] 김지호, 『조직신학 서론』(용인: 칼빈대학교 출판부, 2010), 193.
[2] 서요한, "사이비 이단 천부교 경전," 『이단 예방과 대책』(서울: 대한예수교장로회총회 출판부, 2018), 171.
[3] 최태경, 『표준국어대사전 상』(서울: 두산동아, 2000), 366; 신용철 편저, 『새 우리말 큰사전』(서울: 삼성출판사, 1980), 202.

는 문서로 주목적은 고상한 정보를 제공하기보다는 인류와 관계된 문제들, 현재와 미래의 삶, 궁극적으로 죽음과 사후의 삶 그리고 영생에 대하여 가르치는 데 있다. 이런 측면에서 볼 때, 기독교 이단들도 일종의 종교라는 차원에서 보면, 이들도 나름대로 계시에 의한 경전들을 가진 집단들이 존재한다. 그래서 이번 총회에서 이단·사이비 백서를 발간하면서 "특별계시와 이단(말씀을 왜곡하는 이단)"이라는 제목의 과제를 부여받아 논자는 특별계시 가운데 기록된 특별계시인 성경 66권 외에 다른 계시를 주장할 뿐 아니라, 하나님의 말씀을 왜곡시키는 이단들에 대하여 살펴보아야 할 것인데 지면상 성경 66권 외에 또 다른 특별계시가 존재한다는 이단들을 중심으로 비평적으로 고찰하고자 한다. 이를 위하여 우선, 특별계시와 이단의 개념을 확인하고, 특별계시와 이단의 관계성, 그리고 특별계시(성경)에 무엇인가를 더하는 이단들, 지금도 계속 특별계시와 동등한 권위를 더하고자 하는 이단들을 소개하면서 이들이야말로 스스로 자신들이 정통이 아니라, 이단이라는 사실을 확인하고 있다는 것을 밝히고 확인하고자 한다.

2. 특별계시와 이단의 개념

본 장에서는 특별계시와 성경과의 관계에 관한 이해를 위하여 계시관에 대한 기본적인 이해를 도모하고자 한다. 그래서 이 성경만이 구원과 삶을 위한 '정확 무오(正確 無誤)한 유일(唯一)의 법칙(法則)'으로서 이단인지 정통인지를 결정하는 데 가장 기본적이고 원칙적인 기준이라는 사실을 밝히고, 이단의 개념과 이단을 평가하는 기준이 무엇이어야 하는지를 특별계시와 관련하여 논하고자 한다.

2.1. 특별계시의 개념

특별계시와 성경은 차이점과 공통점이 동시에 존재한다. 그래서 우선, '계시(啓示)가 무엇인가?' 하는 개념 정리로부터 시작하여, 계시의 종류, 즉 계시의 방법과 범위 그리고 대상에 근거한 자연 계시와 초자연 계시, 또는 일반계시와 특별계시로 구별할 수 있음을 살펴보고, 다양한 종류의 계시가 갖는 특징과 특별계시와 성경과의 관계성에 대하여 비교 고찰하고자 한다.

"계시"(啓示, Revelation)란 라틴어 'revelatio'(레벨라티오)에서 유래되었으며, 그 의미는 "정체를 드러낸다"(unveiling)로서 이 말은 능동적 의미에서 하나님이 사람에게 자신을 나타내시거나 혹은 진리를 전달하여 다른 방법으로는 알려지지 못할 것을 그의 피조물에게 보여주시는 행위이다.[4] 성경에서는 '하나님의 자아 노출'(God's self disclosure), 즉 "나타나는 것", "알게 하는 것", "보여주는 것"을 의미하는 말로 사용되었다. 구약에서 계시를 가리키는 특수어 "갈라"(גלה, 창 35:7)는 본래 "벗겨지다"(to be naked)를 의미하는 말인데, 이 말이 계시에 적용된 때에는 관찰에 장애되는 가려진 것을 제거한다는 것을 가리킨다.[5] 신약에서 "아포칼륖토"(ἀποκαλύπτω, 명사는 아포칼륖시스, ἀποκάλυψις)도 역시 면사포나 덮은 것을 제거하여 그 배후나 밑바닥에 있는 것을 드러나 보이게 함을 의미한다.[6]

그리고 계시의 종류에는 계시의 방법에 의한 구별로 자연 계시와 초자연 계시(Natural and supernatural revelation)가 있다. 자연 계시는 자연적인 방법으로 전달된 계시이다. 즉 하나님께서 창조하신 자연현상이나, 역사 속에 나타나는 사건들 그리고 인간의 마음 구조와 같은 방법을 통하여 전달되는 계시이다.[7] 초자연(超自然) 계시는 초자연적인 방법으로 전달된 계시로써 하나님께서 자연적인 방법을 넘어서서 환상으로 혹은 직접 말씀해 주시거나 이적을 통하여 전달하는 계시이다.[8]

계시의 성격, 내용, 대상에 의한 구별로는 일반계시(General Revelation)가 있다. 이것은 창조에 그리고 하나님과 인간과의 일반적인 관계에 뿌리박고 있는 계시로, 하나님의 모든 지성 있는 창조물(모든 인류)을 대상으로 하는 것이다. 이 계시는 인간이 하나님을 알고, 하나님과 더불어 교통하는 곳에서만

---

[4] 박형룡, 『교의 신학서론』 (서울: 은성문화사, 1977), 189.
[5] 신복윤, 『교의학 서론』 (수원: 합동신학대학원 출판부, 2002), 111.
[6] 같은 책.
[7] 같은 책, 115.
[8] 같은 책.

얻어질 수 있는 계시이다.[9]

이에 반해 특별계시(Special Revelation)는 하나님의 구속 사역에 기초하여 구원받아야 할 죄인의 특수 관계에서 나타나는 계시로써 궁극적으로는 구원받게 될 피택자를 대상으로 하는 것이다. 즉 택한 백성들에게 구원의 길을 가르쳐주기 위한 구속 계시이다. 다시 말하면 이 계시의 목적은 죄인으로 하여금 예수 그리스도 안에서 계시된 하나님께 돌아오게 하는 데 있다. 그리고 '특별계시'는 '일반계시'를 보충한다.[10] 특별계시의 방법은 어떠하며, 특별계시의 내용은 무엇이며, 특별계시의 목적은 무엇인가 등에 대하여 간단히 살펴보도록 한다. 하나님의 특별계시의 방법에는 하나님의 현현(顯現, 나타내심, Theophanies), 예언(豫言, 직접 전달, Communications) 그리고 이적(異蹟, Miracles) 등이 있다.

특별계시와 성경과의 관계는 불가분의 관계에 있다. 이것은 하나님의 자기 전달에 있어 방법, 시간, 범위 등에 있어서 차이가 있을 뿐 아니라, '특별계시'나, 성경이나, 구속적 진리와 사실 전체를 포함한다는 측면에서는 공통성을 가지고 있다. 칼빈은 『기독교 강요』 제 I 권 제6장 제목으로 "성경은 누구에게나 창조주 하나님께 나아가도록 하는 안내자요 교사로서 필요하다"[11]고 하였다. '특별계시'와 성경의 불가분의 관계에 대하여 살펴보면, 구속의 진리를 담고 있는 하나님의 '특별계시'는 어느 한 시대만 필요한 것이 아니라, 오는 모든 시대 모든 사람에게 가감과 변질 없이 전달하기 위하여 기록으로 남길 필요가 있었다. 다른 점은 전달 방법과 시간의 차이, 그리고 범위에 있어서 차이가 있다고 할 수 있다. 그리고 이 둘은 또한 공통점을 가지고 있는데 그것은 구속적 진리와 사실 전체를 포함하고 있다는 것이다.

---

9   같은 책.
10   B. B. Warfield, *The Inspiration and Authority of the Bible*, (Nutley, N. J.: Presbyterian and Reformed, 1970), 73-74.
11   John Calvin, *Institutes of the Christian Religion*. 김종흡 외 3인 역, 『기독교 강요』 제 I 권 제6장 제목. 칼빈은 여기서 말하기를 "하나님은 모든 사람에게 핑계할 수 없는, 하나님을 알 만한 거울을 피조물을 통하여 제시해 놓았다. 그러나 우리를 창조주에게로 인도하기 위하여 보다 나은 도움이 있어야 할 것이다. 그러므로 하나님은 사람에게 자기를 알게 하여 구원을 얻게 하시려고, 자기 말씀의 빛을 더 첨가한 것은 불필요한 일이 아니었다"고 하였다.

성경이 정경(正經)이 됨은 무엇을 말하는가? 정경(正經, Canon)[12]은 그리스어의 '카논'을 풀이한 말이다. '카논'은 원래 "곧은 죽대, 혹은 막대"를 가리키는 말이나, 때로는 "똑바른 선을 그어 정확한 측정을 할 수 있도록 도와주는 기구"를 의미한다. 그러다가 마침내 "똑바른 것, 정확한 것의 기준(基準)"을 의미하게 된다. 상징적으로는 행실이나 기술의 규범을 의미하는 말로도 쓰였다. 이러한 본질적 의미가 담긴 말이 기원전 4세기 후반에 이르러는 "표준(標準), 기준(基準)"을 의미하는 말로서 성경(聖經)에 적용하게 되었는데 히브리어 성경에 준하는 구약 성경 39권 및 신약 성경 27권을 포함한 총 66권을 정경으로 인정한다.[13]

그래서 개신교에서는 "신·구약 성경(구약 39권, 신약 27권)은 신앙과 본분에 있어서 정확 무오(正確 無誤)한 유일의 법칙이다"[14]라는 특별계시의 절대적 권위를 갖는다는 "오직 성경"(Sola Scriptura)이 개혁신학의 성경에 대한 절대적이고 확실한 주장이다.

2.2. 이단의 개념

이단(異端)[15]의 사전적 의미는 "정통학파나 종파에서 벗어나는 학설이나 파벌을 주장하는 일" 또는 "정통의 가르침에 어긋나는 교의나 교파를 적대하

---

12 정경의 영어 "캐논"(Canon)은 헬라어 "카논"에서 온 것으로 그 의미는 "갈대", "자" 혹은 "막대기" 란 뜻이며, 비유적으로는 "규례"(갈6:f16)와 "분량"(고후 10:14–16)으로 사용되었고, "교회 회의에서 권위 있게 결정한 교헌" 또는 "신앙과 행위의 법칙"이란 의미로 사용되는 때에는 정경으로 번역하였다. 예수 자신의 말씀과 행위, 하나님의 영감을 받은 특수한 사도들의 영감 기록만이 진정한 정경이다(http://cafe.daum.net/hd9191/LG7L/6?q=%BC%BA%B0%E6%C0%C7+%C1%A4%B0%E6%BC%BA, 2025. 4. 12).
13 조석만, 『기독교 신학 서설』 (서울: 도서출판 잡언, 2003), 263–4. cf. 각 교회가 인정하는 정경은 다음과 같다. 1) 개신교: 신·구약전서 66권을 정경으로 인정함. 2) 성공회: 외경은 준 정경으로 하고, 신약성서와 구약성서 66권을 정경으로 함. 3) 천주교: 외경을 제2의 경전으로 인정하여, 정경에 포함함. 도합 73권. 4) 정교회: 외경을 제2의 경전으로 인정하여, 정경에 포함함. 5) 유대교: 구약성서 39권만 정경으로 인정하고 있다.
14 대한예수교장로회총회, "신조 제1조," 『헌법』 (서울: 대한예수교장로회총회 출판부, 2015), 21.
15 Cf. 이단(異端)의 한자를 풀이하면 '다를 이(異), 끝 단(端)'이라는 뜻으로, 뿌리는 같으나 끝이 다른 걸 의미한다. 즉, 적어도 공통되는 사상을 공유하는 종교나 학파 내부에서 통용되는 말로서, 정통과 대치되는 표현이다("이단," 『다음 국어사전』, https://namu.wiki/w/%EC%9D%B4%EB%8B%A8. 2025.04.21. 접속.

여 이르는 말"[16]이다. 그리고 영어 'heresy'(헤러시)는 기독교 이단을 의미한다. 그래서 서양 교회사에서는 거짓 교리를 주장하고 반교회적인 것을 가리킬 때 'heresy'를 사용한다. 그리고 헬라어 원어 '하이레시스'(αἵρεσις)의 기본 의미는 '선택', '선택된 것', '선택하는 행위'를 의미하며, 헬라 철학에서는 어떤 특별한 이론을 주장하여 학파나 당파가 생겨나면 이들을 지칭할 때, '하이레시스'를 사용한다.[17] 그래서 성경에서는 단순히 '분파', '파' 등을 일컫는 경우(행 22:22)와 '교회 내에서의 편당'(고전 11:19)을 뜻하는 경우, '다른 교리를 주장하는 이단'(벧후 2:1) 등 세 가지 의미를 나타낸다.

정리하면, "이단은 특정 철학이나 학파의 사상 혹은 바른 교리의 표준에서 이탈하여 잘못된 신앙을 믿고 따르는 개인이나 집단을 가리킨다."[18] 신학적으로 "이들은 정통 교회의 말씀과 교리, 사도적 신앙과 사상에 구속받지 않고, 사사로운 감정이나 지적 편견에 사로잡혀 말씀을 오해, 곡해, 음해하며, 독자적으로 해석하고 실천하는 집단이나 개인을 의미한다."[19]

2.3. 이단 판단의 기준

그렇다면 이단을 규정하는 판단기준은 무엇일까? 근본적으로 성경 66권이 이단의 판단기준이며 이단 규정의 근거이다. 특히 성경과 계시 사상이 중요하며, 신관을 비롯하여 하나님의 창조 사상, 성경적 인간 이해와 기독론, 구원론, 성령론, 교회론, 종말론 등이 이단 판단의 중요한 잣대가 된다. 그래서 박영관 교수는 이단 판단의 기준으로 첫 번째를 "성경(신·구약 66권)에 가감하면 이단이다"[20]라고 주장한다. 이 기준은 성경 66권에 더하여 계속적 계시와

---

16 "이단," 「나무위키 사전」, https://dic.daum.net/word/view.do?wordid=kkw000204064&supid=kku000259464, 2025.04.21. 접속.
17 오명현, "이단 대처를 위한 예방," 『이단 예방과 대책』 (서울: 대한예수교장로회총회 출판부, 2018), 13.
18 Donald K. McKim(ed.), *Encyclopedia of the Reformed Faith* (Edinburgh: Saint Andrew Press, 1992), 172.
19 Stuart G. Hall, *Doctrine and Practice in the Early Church* (Michigan Grand Rapids: Eerdmans Publishing Company, 1992), 36.
20 박영관, 『이단 종파 비판』 (서울: 예수교 문서선교회, 1976), 3.

영감을 주장하면 이단이라는 의미이다. 본 논문에서 다루고자 하는 핵심은 특별계시, 즉 기록된 특별계시인 성경에 대한 잘못된 이단들을 논하고자 한다. 다시 말하면, 성경의 권위를 부정하거나, 성경 외의 추가 계시를 동일한 권위로 간주하는 가르침은 이단으로 간주된다. 예를 들어, 새로운 경전을 추가하거나 개인적인 계시를 성경의 진리를 대체하는 방식으로 사용하는 것은 계시론적 오류에 해당한다. 또한, 성경을 단순한 역사적 기록으로만 보거나 하나님의 말씀으로서의 권위를 약화시키는 견해도 신중히 검토해야 한다.

그래서 논자가 논하고자 하는 두 가지 측면이 있는데 그 한 측면은 성경 66권 외에 교주들이 받은 계시라고 주장하면서 성경 이외에 다른 경전을 가지고 있는 이단들을 주로 다룰 것이고, 다른 한 측면은 다른 경전을 가지고 있지는 않는다고 할지라도 성경을 자기 마음대로 사사로이 해석하는 자들로 성경의 내용을 왜곡시키는 자들을 중심으로 하는 이단들이다.

3. 특별계시와 이단의 관계성

3.1. 특별계시의 종결성에 대한 성경적 근거

성경은 하나님의 뜻을 충족히 전달하는 책이다. 구약은 모세 때로부터 그 충족성을 스스로 증거해 왔다. 모세는 "내가 너희에게 명하는 말을 너희는 가감하지 말고, 내가 너희에게 명하는 너희 하나님 여호와의 명령을 지키라"고 말했다(신 4:2). 율법에 무엇을 더하는 것은 그것의 불충족성을 의미할 것이다. 구약의 핵심은 율법이며, 선지서와 성문서는 율법에 무엇을 첨가한 것이라기보다 율법을 설명하고 확증하고 적용한 것이었다. 그러므로 시편 저자는 "여호와의 율법은 완전하여 영혼을 소성케 하고"라고 증거하였다(시 19:7). 또 이사야 선지자도 "마땅히 율법과 증거의 말씀[모세의 율법]을 좇을지니, 그들의 말하는 바가 이 말씀에 맞지 아니하면, 이는 그들 속에 빛이 없기 때문이라"(원문 직역)고 증거하였다(사 8:20). 예수께서도 부자와 나사로 이야기에서 구약의 충족성을 증거하시기를, "모세와 선지자들에게 듣지 아니하면 비록 죽은 자 가운데서 살아나는 자가 있을지라도 권함을 받지 아니하리라"고

하였다(눅 16:31).[21]

　신약도 구약의 진리와 다른 무엇이 첨가되었다기보다는 구약에 예언되고 증거된 그리스도의 오심을 선포하고 해설한 것이다. 그러므로 신약은 "아브라함과 다윗의 자손 예수 그리스도의 세계(족보)라"는 말씀으로 시작된다. '아브라함과 다윗의 자손'은 구약에 '약속된 메시아'라는 뜻이다. 예수께서는 자신에 관한 일들이 '모세와 선지자들의 글들과 시편'에 예언되어 있음을 증거하셨다(눅 24:27, 44; 요 5:39). 성경의 중심인물과 대주제는 예수 그리스도이시다. 그러므로 신약 교회의 창설자들인 사도들은 구약을 가지고 예수 그리스도를 증거하고 가르쳤다.[22]

　예수 그리스도는 하나님의 최종적, 절정적(絕頂的) 특별계시이다. 그래서 히브리서 1:1, 2은 "옛적에 선지자들로 여러 부분과 여러 모양으로 우리 조상들에게 말씀하신 하나님이 이 모든 날 마지막에 아들로 우리에게 말씀하셨다"고 증거한다. 예수 그리스도의 복음은 사도들을 통하여 밝히 계시되고 해설되고 전달되었다. 그러므로 사도 바울은 "우리나 혹 하늘로부터 온 천사라도 우리가 너희에게 전한 복음 외에 다른 복음을 전하면 저주를 받을지어다"라고 단언하였고(갈 1:8-9), 또 데살로니가 교인들에게 "형제들아, 굳게 서서 우리의 말로나 편지로 가르침을 받은 전통들(전해서 들은 내용들)을 지키라"고 말했다(살후 2:15).[23] 종교개혁자들과 개혁주의 교회가 성경 66권은 하나님의 특별계시의 완성이며, 종결이라고 믿는 성경적 근거는 바로 다음의 두 성경 구절이다.

"옛적에 선지자들을 통하여 여러 부분과 여러 모양으로 우리 조상들에게 말씀하신 하나님이 이 모든 날 마지막에는 아들을 통하여 우리에게 말씀하셨으니, 이 아들을 만유의 상속자로 세우시고, 또 그로 말미암아 모든 세계를 지으셨느니라"(히 1:11-2).

"내가 이 두루마리의 예언의 말씀을 듣는 모든 사람에게 증언하노니 만일 누

21　김지호, 『조직신학 서론』 (용인: 칼빈대학교 출판부, 2010), 275.
22　같은 책.
23　같은 책, 276.

구든지 이것들 외에 더하면 하나님이 이 두루마리에 기록된 재앙들을 그에게 더하실 것이요. 만일 누구든지 이 두루마리의 예언의 말씀에서 제하여 버리면 하나님이 이 두루마리에 기록된 생명나무와 및 거룩한 성에 참여함을 제하여 버리시리라"(계 22:18-19).

위 인용문에서 보여주듯이 성경은 구원에 필요한 하나님의 뜻을 완전하고 충분하게 다 계시해 주셨기 때문에 이제는 더 이상 이전에 하나님의 뜻을 계시해 주시던 다양한 방법들이 필요 없게 되었다는 것이다. 종교개혁자들이 목숨 걸고 싸워 지킨 '오직 성경' 신앙의 중심에는 '오직 성경'만으로 구원을 얻기에 충족하다는 믿음의 확신이 있음을 알아야 한다. 따라서 만일 성경 66권이 완성된 이후에도 다른 예언(계시)이나 기적을 통한 신앙과 구원의 역사가 계속되고 있다고 주장한다면 그것은 바로 하나님께서 구원을 위해 주신 성경의 절대적 필요성과 권위성 그리고 명료성과 완전 충족성(充足性) 등을 부정하는 것이 된다.[24]

3.2. 개혁신학자들의 특별계시의 종결성에 대한 견해

개혁자들은 성경 외에는 특별계시 된 하나님의 말씀이 없고, 구원의 방도 역시 성경에만 계시되어 있으며, 성경에 기록된 것만이 우리의 교훈을 위한 것인 동시에 구주를 찾고 생명을 얻게 하기에 완전 충족하다[25]고 보았다. 즉 성경의 충족성이란 성경은 신앙의 법칙으로써 완전하고 충족하다는 것이며 하나님께서 사람에게 주신 독특한 특별계시인 성경은 신앙, 실행, 예배의 모든 문제에서 사람을 지도하기에 완전하고, 충족하여 사람의 새 발명의 필요와 권리를 제외한다.[26]

종교개혁자들의 신앙을 잘 정리한 『웨스트민스터 신앙고백서』(Westminster Confession of Faith, 1643-1647)는 성경 66권의 완성과 함께 하나님의 모든 특별

---

[24] 김지호, 『조직신학 서론』(용인: 칼빈대학교 출판부, 2010), 260.
[25] 같은 책, 274.
[26] 박형룡, 『교의 신학 서론』, 289.

계시의 종결(정지, 중지)을 선언하고 시작한다. 『웨스트민스터 신앙고백서』 "제1장 성경에 관하여"에서 "…하나님께서 그의 백성에게 그의 뜻을 계시하신 이전의 방법은 지금은 정지되었다"(제1항, 히 1:1-6, 계 22:18-19),[27] "…이 성경에는 어느 때를 막론하고 성령의 새 계시나, 사람들의 전통을 가지고 아무것도 더 추가될 수 없다(제6항)"[28]고 하였다. 하나님께서 '그의 뜻을 계시하신 이전의 방법'이란 곧 꿈과 환상, 천사, 기적, 선지자 등을 통해서 말씀하시던 여러 방법을 가리키며, 그 모든 방법은 성경의 완성과 함께 끝났고, 더 이상 사용하시지 않는다는 것이다.

4. 특별계시(성경)에 무엇인가를 더하는 이단들

이단들은 기독교가 가지고 있는 특별계시로서 기록된 말씀인 정경으로서의 성경에 병행해서 그들의 나름대로 정경을 갖고 있다. 예를 들면, 통일교는 그들의 정경인 『성약서』, 즉 『원리강론』(The Divine Principle)[29]을, 전도관은 『피의 복음』 곧 『오묘 원리』를 갖고 있으며, 여호와새일교는 『말세 비밀』을, 여호와의 증인(Jehovah's Witnesses)은 『새 세계 번역 성경』(New World Translation of the Holy Scriptures)을, 몰몬교는 『몰몬경』(The Book of Mormon)을, 안식교는 엘렌 화이트(Ellen G. White, 1827-1915)의 저술들을, 크리스천 사이언스(Christian Science)는 『과학과 건강』을 각각 가지고 있다. 워치만 니(Watchman Nee, 1903-1972)의 지방교회(local church)는 『회복역 성경』(Recovery Version of the Bible)을 가지고 있다. 이렇듯 이단들은 모두 성경이 아닌 그 무엇을 그들의 정경으로 여기며, 신앙과 생활의 표준으로 삼고 있다.

여기에 대하여 독일의 루터파 신학자 허튼(Kurt Hutten) 교수는 '왼손의 성경'이라고 비평했다. 그가 의미하는 것은 '오른손에 성경'을 들고, 왼손에는 임마누엘 스베덴보리(Emanuel Swedenborg, 1688-1772)가 그의 책을 들고 위임식을 하는 스베덴보리 목사의 위임식을 회상하면서, 모든 이단은 그와 같이

---

[27] 김의환, 『개혁주의 신앙고백』 (서울: 대한예수교장로회총회, 2003), 42.
[28] 같은 책, 46.
[29] 세계평화통일가정연합, 『원리강론』 (서울: 주, 원천사), 2010.

'왼손의 성경'을 가지고 있으며, 그것이 실제로 '오른손의 성경'을 대신함을 뜻하는 것이라고 했다.[30] 이것은 우리에게 가장 큰 독소며, 암적 요소이다. 결국 이단들은 성경의 완전 영감을 부인하는 태도이며, 성경을 가감하는 것이다.

4.1. 통일교: 『원리강론』(The Divine Principle)

통일교라는 문선명 집단은 기독교회의 신앙과 생활의 유일한 규범인 성경 외에 『성약서』 혹은 『원리강론』이라는 그들만의 성경을 가지고 이것으로 포교와 신앙생활의 원리를 삼고 있다.[31] 이 『원리강론』에 대한 역사적 출처를 보면, 김백문의 『기독교 근본원리』까지 거슬러 올라간다. 문선명은 김백문의 문하생으로 오랫동안 사숙하였다. 여기서 『기독교 근본원리』와 『원리강론』을 비교 검토해 보면, 양자는 구조와 용어의 유사성이 많으며, 인간과 자연을 유추해서 창조주 신을 정의하고 있으며, 인간의 타락이 사탄과의 혈연적 관계에서 시작되었음을 서로 밝히고 있다. 그리고 역사의 순환론적인 귀일(歸一)을 주장하며, 새 시대, 곧 성약 시대 등을 말하고 있다.[32] 문선명의 『원리강론』을 보면 다음과 같이 주장하고 있다.

> 성경은 진리 자체가 아니고, 진리를 가르쳐주는 하나의 교과서로 보며, 이것은 시대의 흐름과 더불어 변천하여 각 사람에게 적용되었던 원리이므로 그것을 표현하는 문체나 그 진리를 가르쳐주는 방법은 주위 환경과 시대성에 알맞게 변천해야 한다. 그러므로 신·구약 성경은 낡은 시대의 산물이며 지능의 정도가 대단히 낮은 때에 주어진 하나의 과정적인 교훈이다.[33]

그래서 그들은 현대 인간의 내외, 양면의 무지를 타개해 주고 종교와 과학

---

[30] 박영관, "이단, 무엇이 기독교와 다른가?," 『기독교의 이단들』(서울: 대한예수교장로회총회, 2000), 376.
[31] 박영관, 『이단 종파 비판』, 50.
[32] 같은 책, 51.
[33] 세계평화통일가정연합, 『원리강론』(서울: 천원사, 2022), 139.

을 하나의 통일된 과제로 해결해 줄 수 있는 새 진리를 모색하는 것이다. 이것이 문선명을 통해서 생긴 『원리강론』이라고 한다.

그러나 이와 같은 통일교의 경전이라고 일컬어지는 『원리강론』의 가르침을 개혁주의에서는 받아들일 수 없다. 성경의 자증을 통하여 성경은 하나님의 감동으로 된 정확 무오한 말씀이며, 신앙과 생활 규범임을 확인하고 있다. 사도 바울은 성경의 영감에 대하여 다음과 같이 선언하고 있다. "모든 성경은 하나님의 감동으로 된 것으로 교훈과 책망과 바르게 함과 의로 교육하기에 유익하니, 이는 하나님의 사람으로 온전하게 하며 모든 선한 일을 행할 능력을 갖추게 하려 함이라"(딤후 3:16-17). 그리고 베드로 사도는 "예언은 언제든지 사람의 뜻으로 낸 것이 아니요, 오직 성령의 감동하심을 받은 사람들이 하나님께 받아 말한 것임이라"(벧후 1:21)고 서술하고 있으며, 결정적으로 사도 요한은 삼위일체 하나님으로부터 계시와 영감으로 기록된 성경은 가감할 수 없음을 분명히 하면서 가감하는 자들을 강력하게 경고하고 있다.

"옛적에 선지자들을 통하여 여러 부분과 여러 모양으로 우리 조상들에게 말씀하신 하나님이 이 모든 날 마지막에는 아들을 통하여 우리에게 말씀하셨으니, 이 아들을 만유의 상속자로 세우시고, 또 그로 말미암아 모든 세계를 지으셨느니라"(히 1:11-2).
"내가 이 두루마리의 예언의 말씀을 듣는 모든 사람에게 증언하노니 만일 누구든지 이것들 외에 더하면 하나님이 이 두루마리에 기록된 재앙들을 그에게 더하실 것이요. 만일 누구든지 이 두루마리의 예언의 말씀에서 제하여 버리면 하나님이 이 두루마리에 기록된 생명나무와 및 거룩한 성에 참여함을 제하여 버리시리라"(계 22:18-19).

그래서 개혁주의 신학자들은 성경 외에 다른 원리나 규범이 주어지지 않았다고 '대한 예수교 장로회 신조 제1조'에서 선언하고 있다. 특별계시(성경)에 무엇인가를 더하려는 이단으로 한국에서 탄생한 통일교를 살펴보았다.

4.2. 전도관: 『오묘(奧妙) 원리』

'한국 예수교전도관 부흥협의회,' 즉 소위 박태선 교라고 하는 이단은 『오묘(奧妙) 원리』[34]라는 책이 있다. 이것은 박태선의 추종자 중 한 사람인 유도순이 그들의 신학원에서 강의한 교재이다.[35] 그들은 골로새서 1장 25절의 비밀(뮈스테리온, μυστήριον)을 인용하여 해석하기를 여기의 비밀은 감추었던 비밀, 곧 오묘인데 그것을 하나님께서 박태선에게 직접 나타냈다는 것이다.[36] 박태선은 그것을 평택에서의 피난 생활 중에 받은 그리스도의 보혈이라며, 그는 말하기를 피 흘리시는 주님이 나에게 말씀하시기를 내 피를 마시라 하시며, 그 피를 내 입에 넣어 주시어서 내 심장 속에 정하고 정한 주님의 보혈을 흘려 주셨다고 했다.[37]

그러나 비밀(뮈스테리온, μυστήριον)은 신약에서 하나님의 나라 비밀(막 4:11), 그리스도의 신비, 하나님의 교회 등을 의미한다. 그러므로 성경이 의미하는 비밀이란 하나님께서 특별계시로 나타내신 예수 그리스도를 뜻하는 것이다. 그러나 『오묘(奧妙) 원리』는 박태선을 성경의 예수 그리스도 안에 대입시켜서 그들의 원리를 합리화시키는 데 그 의미가 있는 것을 발견하게 된다.[38]

그 후, 2014년 5월 1일, 박태선이 사망한 지 24년이 되던 해에 천부교에서는 『하나님 말씀』이라는 천부교 교주 박태선 어록을 출간하였다. 이 책의 출간으로 천부교는 그들 스스로 사이비 종교라는 것을 시인한 셈이 되었다. 이 책은 박태선 자신이 1980년부터 1990년 2월 7일 사망 시까지 천부교인들에게 말한 어록을 모은 것이다. 천부교에서는 그들의 경전 『하나님 말씀』을 출간하게 된 동기를 밝혔는데, "교주 박태선이 성경의 예언대로 하나님이 인간의 몸을 입고 한국 땅에 와서 구원의 역사를 시작한 지 반세기가 지난 오늘

---

[34] Cf. 『오묘 원리』는 제1장 신·구약 총론, 제2장 창조론, 제3장 타락론, 제4장 구원론, 제5장 말세론, 제6장 재림론, 제8장 부활론, 제9장 성신론, 제10장 목자의 정의, 제11장 믿음의 행함, 제12장 절대 예정론, 제13장 기타 등으로 이루어졌다(박영관, 『이단 종파 비판(1)』, 서울: 예문사, 1976, 141~158).

[35] 유도순, 『전도관 오묘』(서울: 제9 중앙전도관 청년 천성회, 1970), 7.

[36] 박영관, "이단, 무엇이 기독교와 다른가?," 385.

[37] 김성여, 『박태선 장로의 이력과 신비 경향』(서울: 한국 예수교전도관 부흥협회, 1974), 89.

[38] 박영관, "이단, 무엇이 기독교와 다른가?," 386.

역사적으로 간행되었다"[39]고 간행사에서 밝혔다.

그리고 『하나님 말씀』의 내용을 보면 "박태선은 육신을 입고 우리 곁에 오신 하나님으로 마음과 생각으로 죄를 지으면 구원을 얻을 수 없다는 자유 율법을 온 세상에 처음으로 공표하였고, 자유 율법을 알지 못한 채 믿기만 하면 죄 사함을 받고 구원을 얻는다고 한 예수는 구원자가 될 수 없다"[40]고 주장하고 있다.

또한, "박태선은 구원의 방법론뿐만 아니라 실제로 죄를 씻어 구원을 주는 이슬성신을 내려 줌으로써 그 자신이 하나님이라는 것을 증명하였다"[41]고 그들은 주장하고 있다. 그리고 이 경전의 출간으로 "온 세상이 이 땅에 오신 하나님 천부 박태선을 올바로 깨달아 구원의 길을 찾을 수 있는 계기가 되기를 바란다고 하였다"고 적고 있다.[42] 또한, 박태선은 자신이 '동방의 의인'이며 자신의 출현으로 인하여 그리스도의 재림과 심판이 임박했다고 주장하였으며, 구원을 받기 위해서는 신앙촌에 입주해야 한다고 주장하였다. 그가 동방의 의인이라고 주장한 것은 이사야 41장 2절 "동방에서 사람을 일으키며 의로 불러서…"라는 구절이 자신을 지칭한다고 주장했다.[43]

이렇게 박태선을 '하나님'으로 여기고, 박태선의 말을 '하나님 말씀'으로 여긴 천부교의 구원관 등은 이미 기독교 이단을 넘어서 버린 상태가 아닌가 생각해 본다. 이렇게 볼 때 전도관도 역시 특별계시를 인정하면서 성경이 아닌 나름대로의 경전들을 만들어 그들의 신앙과 생활의 규칙으로 삼은 성경 외에 무엇인가를 더하는 이단의 전형적인 모습을 보여주는 것으로 확인할 수 있겠다.

4.3. 여호와 새일교: 『말세 비밀』

여호와 새일교는 충청남도 논산군 두마면 석계리 계룡산에 자리 잡고 있다.

---

[39] 한국 천부교 전도관 부흥협회, 『하나님 말씀』 (서울: 한국 천부교 전도관 부흥협회, 2014), 3.
[40] 같은 책.
[41] 같은 책.
[42] 같은 책, 4.
[43] 탁명환, 『기독교 이단 연구』 (서울: 국제종교문제연구소, 1986), 178.

여호와 새일교의 교주 이유성이 신의 계시를 받아 만들었다는 것이 『말세 비밀』이며 여호와의 책이다.[44] 그 내용을 보면, 창세기부터 신의 계시가 발전적 형태로 나타나서 모세 시대, 선지자 시대, 예수 그리스도의 시대, 그리고 성령의 은혜 시대로 전개되어 오다가 이제는 말세 시대로 나타났다는 것이다.[45] 여호와 새일교는 "이후에 마땅히 될 일을 내가 네게 보이리라"(계 4:1)는 성경 말씀을 인용하여 이유성에게 최종적 계시로 나타났다고 주장한다.[46]

그러나 박윤선 박사는 "사도 요한이 기록한 계시록 4:1은 사도 요한이 하나님으로부터 성령의 감동을 받아, 세상의 종말이 어떠함을 보이기 전에 하나님의 나라에 대한 하나님의 영관을 본 말씀"이라고 주장한다.[47]

1970년 8월부터는 「아름다운 소식」이라는 월간지를 발행하였다. 1965년 이후 2, 3년 사이에 전국 35개소의 교회를 지닌 교단으로 성장했으나 1972년 이유성이 계곡에서 물놀이 중 심장마비로 죽은 뒤 일곱 번이나 분파를 거듭하면서 교세가 매우 약화되었다.[48]

현재 여호와 새일교단에서 파생된 교단으로는 충남 논산군의 새일 수도원 복구 호소 재단, 서울시 용산구 후암동에 있는 새일 수도원 말세 복음 부흥단, 서울시 동작구 대방동에 있는 새일중앙교회(부활파), 수원 스룹바벨파 등을 비롯하여 전국적으로 5개의 교단이 201있다.[49] 이들 역시 성경(특별계시) 외에 『말세 비밀』이라는 또 다른 형태의 경전을 가지고 있다는 사실을 확인하게 된다.

---

44 이뢰자, 『말세 비밀의 원리』 (서울: 말세 복음 선교회, 1966), 7, cf. 『말세 비밀』이라는 책자는 교주의 사상적 핵심을 담은 것으로 〈요한계시록〉 4장부터 14장까지를 나름대로 해석한 것이며, 1967년 8월 15일의 특별기도 중 입에서 술술 나왔다고 하는 『조직신학 강해』, 『선지서 강의』, 『계시록 강의』, 『말씀의 칼』과 같은 책들도 있다(탁명환, 『기독교 이단 연구』, 189).
45 같은 책, 3-4.
46 같은 책, 8.
47 박윤선, 『성경 주석 요한계시록』 (서울: 영음사, 1975), 115.
48 "문제선 목사를 알려면 먼저 여호와 새일 교단부터 알아야 한다," https://cafe.daum.net/kkk9554/ATsz/747?q=%EC%97%AC%ED%98%B8%EC%99%80%20%EC%83%88%EC%9D%BC%20%EA%B5%90%3A%20%E3%80%8E%EB%A7%90%EC%84%B8%20%EB%B9%84%EB%B0%80%E3%80%8F&re=1, 2025.04.12. 접속.
49 같은 자료.

4.4. 여호와의 증인: 『새 세계 번역 성경』(New World Translation of the Holy Scriptures)

여호와의 증인(Jehovah's Witnesses)은 1870년대 초 미국의 성서학자 찰스 테이즈 러셀(Charles Taze Russell, 1852-1916)이 조직한 소규모 성서 연구 집단에서 발전하여 1884년 사업가 윌리엄 H. 콘리(William H. Conley) 등과 함께 워치타워 성서 책자 협회(Zion's Watch Tower)를 설립하면서 조직된 기독교 계열의 신흥 종교이다. 현재의 명칭인 '여호와의 증인'은 러셀이 죽은 지 15년이 지난 1931년에 이르러서 러셀의 후계자 조셉 F. 러더퍼드(Joseph F. Rutherford, 1916-1942)에 의해 채택된 명칭이다.[50] 이전에는 '성경 연구생'이란 명칭으로 주로 불렸고 이따금 '러셀파', '천년기 새벽파' 등의 명칭으로도 불렸다.[51] 여호와의 증인들은 그들의 새 번역 성경을 갖고 있다. 그것이 바로 『새 세계 번역 성경』이다. 그들은 1950년에 신약을 번역했고, 구약 번역은 10년에 걸쳐서 완성했다. 그리고 단권으로는 1961년에 만들었다.[52] 여호와의 증인들은 이 번역 성경을 그들의 신앙과 생활의 원천으로 삼고 있으며, 반면에 기독교의 성경은 그들의 전통과 세상에 부합되게 번역한 오역(誤譯)이라고 비판한다.[53]

그러나 안토니 A. 후크마(Antony A. Hoekema, 1913-1988)는 "그들은 마치 가톨릭이 불가타(Vulgate 역, 라틴어 성경) 역을 헬라어나 히브리어 원문보다 더 높이는 것과 같은 과오를 범하고 있으며, 벤자민 윌슨(Benjamin Wilson)에 의하여 출판된 다이야글롯(Emphatic Diaglott) 역과 같은 오류를 범하고 있다는 것이다"[54]라고 비평하고 있다. 또한, 프린스턴 신학대학원(Princeton Theological Seminary) 교수였던 브루스 M. 메츠거(Bruce M. Metzger) 교수는 여호와의 증인의 『새 세계 번역 성경』이 헬라어 신약 성경에 충실하지 못한 점을 "요한복음 1:1에 '말씀은 신이었다'라고 번역한 것과 골로새서 1:15-17에 '다른(Other)'이라는 단어를 4번이나 삽입시킨 것 등이었고, 또 빌립보서 2:5-8, 로마서

---

[50] Wayne H. House, *Charts of Cults, Sects, & Religious Movements*, 장광수 역, 『차트 이단종파』 (서울: 기독교문서선교회, 2002), 36.
[51] "여호와의 증인," 「나무위키 백과사전」, https://namu.wiki/w/%EC%97%AC%ED%98%B8%EC%99%80%EC%9D%98%20%EC%A6%9D%EC%9D%B8. 2025.04.24. 접속.
[52] Jehovah's Witnesses, *New World Translation of the Holy Scriptures* (New York: WBTS, 1961).
[53] Ibid., 7.
[54] Antony A. Hoekema, *The Four Major Cults* (Grand Rapids: Eerdmans, 1972), 243.

10:9-10, 디도서 2:13 그리고 벧후 1:1 등이다"라고 지적하고 있다.[55]

그래서 레이 C. 스테만(Ray C. Stedman) 목사는 여호와의 증인의 『새 세계 번역 성경』을 가리켜서 독약을 푼 우물과 같다고 했으며 그가 지적하는 것은 마태복음 27:50과 빌립보서 1:21의 번역이다.[56] 이렇듯 여호와의 증인들은 『새 세계 번역 성경』에서 '여호와 하나님'의 명칭을 사용하고 있다. 그들은 기독교회의 성경에서 '주'(Lord) 또는 '하나님'(God)을 '여호와'(Jehovah)로 대치하여 번역했다.[57] 이것은 여호와의 증인이 여호와 하나님만 믿는 단일신론(Monarchianism, 單一神論)자들이기 때문이다. 그래서 이들은 삼위일체 하나님의 교리를 부정하는 어리석음을 범함으로 이단으로 정죄된 것이다. 이상에서 살펴본 바대로 여호와의 증인이 자기들의 원리를 정당화시키고, 합리화하기 위하여 성경을 고쳐 번역한 것임을 알게 된다. 그들은 성경을 가감하고 자신들의 모순을 드러내고 있다.

4.5. 몰몬교: 『몰몬경』(The Book of Mormon)

1830년 미국의 조셉 스미스(Joseph Smith, 1805-1844)가 설립한 종교로 회복된 기독교를 천명하며 공식 명칭은 "예수 그리스도 후기성도 교회"(The Church of Jesus Christ of Latter Day Saints)이고 '몰몬교'는 몰몬경에서 유래된 속칭이다. 이 교회는 가톨릭이나 개신교의 종파나 그 분파가 아니며, 설립 당시부터 독립된 기독교로 출범하였다. 즉 신약 시대의 초기 교회 당시에 있었다가 역사적으로 상실되었던 구원의 의식 집행을 위한 권능과 교리 및 교회의 조직을 원형 그대로 현대에 회복하였음을 표방한다.[58] 1820년 14세이던 스미스는 뉴욕주 팔마이라(Palmyra, New York) 집 근처 숲에서 당시 상호 분쟁이 격화되던 개신교파들 사이에서 어느 교회에 속해야 하는지 알기 위해 하나님께 기도하고

---

[55] Bruce M. Metzger, *The Jehovah's Witnesses and Jesus Christ Theology Today*, 1953, 4월호, 74-80.
[56] Ray C. Stedman, "Poisoned Water," *Religious Research Digest, April June*, 1960, 30.
[57] 여호와의 증인들의 『새 세계 번역 성경』 가운데 '주'를 '여호와'로 번역한 경우가 무려 197회나 된다. 그들은 출 6:3의 "나의 이름을 여호와(Lord)로는 그들에게 알리지 아니하였으며"를 " "나의 이름을 여호와(Jehovah)로는 그들에게 알리지 아니하였고"로 번역하였다(박영관, 『이단 종파 비판』, 312).
[58] 박영관, 『이단 종파 비판』, 184.

있을 때 하나님과 예수 그리스도의 영광스러운 방문과 계시를 받았다. 이를 첫 번째 시현이라 한다.[59]

그리고 1823년에는 하나님으로부터 보냄을 받았다는 천사 '모로나이'로부터 계시를 받고 4년 후에 그 천사가 준 땅속에 묻혀 있던 금속판에 새겨진 고대의 역사 기록을 번역한 것이 바로 1830년에 출판된『몰몬경』이라고 한다.[60] '예수 그리스도의 또 하나의 성약'이라는 부제를 가진『몰몬경』에 따르면 지금의 아메리카 인디언은 바로 구약 시대인 서기전 600년경에 예루살렘을 떠나 아메리카 대륙으로 이주한 유대인의 후손이라고 한다. 그리고 부활한 예수가 아메리카 대륙의 백성들에게 방문하여 설교와 성역을 베풀었고, 그래서 1세기부터 4세기에는 아메리카 대륙에도 기독교회가 있었다고 설명한다. 또한, 경전에 의하면『몰몬경』번역 중이던 1829년 5월 15일 조셉 스미스와『몰몬경』필기자인 올리버 카우드리가 기도하던 중 부활한 침례 요한의 영광스러운 방문을 받았다. 이때 침례를 베푸는 권능인 아론 신권을 안수례로 부여받았고, 그런 다음 요한의 지시에 따라 이 두 사람은 서로에게 침례를 베풀었으며 이로써 교회 설립을 위한 준비가 점차 갖추어졌다.[61]

이렇게 하늘의 시현과 계시와 천사들의 성역 및『성경』과『몰몬경』을 기반으로 설립된 몰몬교에서 1844년 스미스의 사망 이후 그를 계승할 후계자가 누구인지가 회원들 사이에서 관심의 초점이었는데, 곧바로 '십이사도 정원회' 회장 브리검 영(Brigham Young, 1801–1877)이 임시 총회에서 교회를 인도하는 지도자로 만장일치의 지지를 받아 교회를 이끌었다. 이로써 교회 지도권 계승의 체계가 확립되었다. 회원은 일반적으로 몰몬(Mormon) 또는 후기 성도(LDS)라고 불린다. 성도란 일반적으로 기독교 신자의 무리라는 의미로 초기 성도들이 있던 초기 교회의 조직과 이상을 후기인 현대에 회복한다는 정신을 잘 나타내고 있다. 본부는 미국 내의 박해로 말미암아 당시 동부에서 멀리 떨어진 멕시코령으로서 황무지였던 현재의 유타주 솔트레이크에 자리하

---

59 같은 책, 188.
60 같은 책, 189.
61 같은 책, 190.

게 되었다.[62]

또한, 몰몬교는 경전으로 신·구약의 『성경』 및 『몰몬경』, 『교리와 성약』, 『값진 진주』 등 4권을 표준 경전으로 공인하고 있다.[63] 『교리와 성약』은 조셉 스미스와 교회 회장들의 계시와 선언문 등으로 구성되어 있고, 『값진 진주』는 「모세서」, 「아브라함서」, 「조셉 스미스의 역사」, 「신앙개조」 등이 수록되어 있다. 교회의 공식 교리는 총회에서 승인된 이 4대 표준 경전에 의하며, 그 해석은 선지자와 사도들의 전통적인 해석을 준용한다.

이렇게 볼 때 몰몬교도 역시 교주가 특별계시를 통하여 『몰몬경』, 『교리와 성약』, 『값진 진주』 등을 계시로 받았다고 하여 성경 이외에 또 다른 경전을 첨가하는 이단들의 평범한 길을 가고 있는 것으로 볼 수 있겠다.

4.6. 안식교(제칠일안식일예수재림교회)와 화이트의 저술들

우리가 흔히 '안식교'(Sabbatharian)라고 부르는 교회의 공식 명칭은 '제칠일 안식일 예수재림교회'(Seventh-day Adventist Church, SDA)이다. 이들의 교리를 살펴보기에 앞서 간략한 역사를 살펴보고자 한다. 안식교의 역사는 재림파의 창시자인 윌리엄 밀러(William Miller, 1782-1849)에게로 거슬러 올라간다. 침례교 목사였던 밀러 자신은 혼의 소멸과 수면설(여호와의 증인 교리와 유사함), 제칠일 안식일에 대한 교리 등 안식교의 주요 교리를 믿지 않았다. 그러나 안식교의 창시자인 엘렌 G. 화이트(Ellen Gould White 1827-1915)가 밀러에게서 많은 영향을 받았다.[64]

밀러는 "재림 대각성 운동"을 펼치면서 1843년 8월 21일에 그리스도가 재림할 것이라고 예언함으로써 많은 성직자들뿐만 아니라 약 10만에 달하는 추종자를 얻게 되었으나 그의 예언은 이루어지지 않았다. 그는 다니엘 8:14 해석에 근거하여 그리스도께서 1844년 10월 22일에 재림하실 것이라고 또

---

62 같은 책, 183.
63 Bruce Redd McConkie, *Mormon Doctrine: A Compendium of the Gospel*. Cambridge: Cambridge University Press, 1977), 764-65.
64 "이단 연구 시리즈-안식교(1)," https://blog.naver.com/2019ksk/223322297197. 2025.04.21. 접속.

한 번 계산하였으며, 당시 그의 추종자들은 심지어 가산을 다 정리하고 흰옷을 입고서 산에 모여, 들림받기를 기다렸다.[65]

이 역시 이루어지지 않자 신도들 가운데 소위 '대실망'이 일어났으며, 많은 사람이 재림파 신앙을 떠났다. 그러나 그 가운데 남아 있으면서 밀러의 성경 해석의 '오류'를 지적하고 새로운 해석 체계를 세운 자들이 있었으니, 바로 제임스 화이트(James White)와 엘렌 화이트 부부이다. 그들은 밀러가 계산한 10월 22일이 날짜는 맞았는데 그날 일어날 사건이 잘못되었다면서, 그날은 예수님께서 지상에 재림하시는 날이 아니라 하늘 성소에 들어가시어 소위 '조사 심판'을 시작하는 날이라고 재해석했다. 즉 믿는 자들 가운데서 누가 영생을 상속받을 자격이 있는지를 가려낸다는 것이다.

안식교의 창시자요 여선지자 노릇을 한 엘렌 화이트는 17살 때부터 87세의 나이로 죽을 때까지 70년 동안 2천 가지가 넘는 환상과 꿈을 보았다고 하며, 안식교인들은 그녀가 남긴 40권의 책과 무려 5,000편에 이른다는 그녀의 글을 '영감받은' 것으로 믿고 있다. 감리교 배경을 갖고 있던 어린 엘렌은 당시 윌리엄 밀러가 주도하고 있는 재림파 운동에 깊이 참여하였으며 1844년의 '대실망' 이후에도 떠나지 않고 머물러 있었다. 그러던 어느 날 가정예배를 보던 중 그녀는 재림파 신도들이 하나님의 도성에 들어가는 '환상'을 보게 된다. 그들은 이 환상을 하나님으로부터 온 빛으로 믿었으며, 엘렌 화이트는 그 후 계속해서 많은 '환상'을 본다. 그녀는 곳곳을 다니면서 자신이 본 많은 환상에 관한 이야기를 전하면서 실의에 빠지고 흩어져 있던 재림파 신도들을 결속시키며, 각종 강연과 상담 등의 활동으로 지도자 역할을 하기에 이른다.

제임스와 엘렌 화이트 부부는 조셉 베이츠(Joseph Bates)의 『제칠일 안식일』이라는 책을 읽으면서 제칠일을 거룩히 여겨야 한다는 확신을 얻게 되었으며, 이 확신은 엘렌 화이트가 본 환상으로써 더욱 굳어지게 되었다. 환상의 내용인즉, 그녀가 하늘 성소에 들어가 십계명을 보는데 유독 안식일에 관한 넷째 계명에 '후광'이 비치고 있었다는 것이다. 이로써 안식일 교리가 정립되

---

[65] "William Miller, 1782-1849," https://www.britannica.com/. 2025.04.21. 접속.

게 되었다. 그녀는 또한 후에 '건강 개혁'을 일으켜야 한다는 환상도 보았으며, 이로써 맑은 공기와 햇볕, 운동, 건강 음식 등을 강조하는 운동이 안식교 내에서 일어나게 되었다.

엘렌 화이트의 지칠 줄 모르는 활약으로 전 세계 약 13만에 불과한 소수 종파로 시작했던 안식교는 현재 천백만 명에 이르며(안식교 측의 집계에 따른 숫자임) 그녀의 책은 140개가 넘는 외국어로 번역되어 보급되고 있고, 세계 곳곳에 안식교가 퍼지지 않은 지역이 거의 없는 정도이다.

4.7. 크리스천 사이언스(Christian Science): 『과학과 건강』(Science and Health)

크리스천 사이언스(Christian Science)의 교주는 에디(Mary Baker Eddy, 1821-1910)라는 여자다. 그녀는 1821년 7월 16일 미국 동부 뉴햄프셔(New Hampshire)주 보우(Bow)라는 작은 마을에서 여섯 아이 중 막내로 태어났다. 그의 부친 마크 베이커(Mark Baker)는 칼빈주의자였다. 에디는 종종 그의 부친과 교리 문제로 언쟁했는데 특히 지옥, 심판 등에 대해 이의(異意)를 갖고 있었다. 그녀는 지옥이나 심판에 관한 생각으로 무서워서 교회를 자주 빠졌다. 그래서 주로 그녀의 오빠 알버트(Albert)에게 성경을 배우며, 자습으로 성경공부를 했다. 에디는 병약했다. 척주를 다친 것이 화근이 되어 늘 병으로 고생했다. 그녀의 나이 17세 때 뉴햄프셔(New Hampshire)주 틸톤(Tilton)에 있는 회중 교회에 출석하기 시작했다. 그리고 그는 여러 번의 결혼과 여러 번의 이혼을 통하여 다양한 경험을 하게 된다. 에디는 그 교회의 신앙고백을 반대했지만, 회중 교회는 그녀를 그 교회의 회원으로 받아 주었다고 회고록에서 말하고 있다.[66]

여기서는 크리스천 사이언스의 『과학과 건강』을 통하여 그들의 성경관에 대하여 살펴보고자 한다. 『과학과 건강』에서 "나는 진리의 수호자로서, 영감 된 성경 말씀은 영생을 위한 우리의 충족한 지침으로 받는다. 성경은 나의 유일한 권위이다. 나에게는 다른 어느 지침도 없다."[67] 이렇게 얼핏 보면,

---

[66] 박영관, 『이단 종파 비판』, 274.
[67] Mary Baker Eddy, *Science and Health With Key to the Scriptures* (Boston: Trustees under the will of Mary Baker Eddy, 1934), 497.

성경관이 기성 교회와 다른 것이 아무것도 없는 것처럼 보인다. 그러나 다음 여러 항목에서 보듯, 크리스천 사이언스는 에디가 쓴 『과학과 건강』이라는 책에 의지하여 성경을 해석한다. 그러므로 결국은 성경보다 그들의 교리집(敎理集) 『과학과 건강』을 더욱 높이고 숭상하는 것이 문제가 된다. 그 예들을 몇 가지 살펴보면 다음과 같다.

4.7.1. 크리스천 사이언스는 에디가 하나님에게서 직접, 계시를 받았다고 믿는다

크리스천 사이언스는 에디는 자신이 직접 하나님의 마지막 계시를 받았다고 다음과 같이 주장한다.

> "1866년 나는 그리스도 과학, 즉 생명과 진리, 그리고 사랑에 관한 하나님의 법칙을 발견하여 내가 발견한 법칙을 크리스천 사이언스라고 이름을 붙였다. 하나님께서는 절대적인 과학적이고, 정신적인 치유의 원칙이라는 '하나님의 마지막 계시'를 내가 받을 수 있도록 오랫동안 나를 준비시키신 것이었다."[68]

여기서 문제가 되는 것은 모든 이단의 공통점인 '직통 계시'(Direct Divine Revelation)이다. 이들은 에디라는 여자가 하나님으로부터 직접 계시를 받아 이런 비밀을 알게 되었다고 주장하니 문제가 된다는 말이다. 예나 지금이나 '직통 계시'을 주장하는 자들을 각별히 주의해야 한다. '직통 계시'는 모든 현대 이단의 공통적인 특징이다. 이단은 예외 없이 모두 그들의 교주가 하나님으로부터 계시를 받았다고 추종자들을 속인다. 그래야 사람들로부터 추앙(推仰)을 받을 수 있기 때문이다.

4.7.2. 크리스천 사이언스는 에디의 책 『과학과 건강』을 최고의 권위로 인정한다

"크리스천 사이언스 교도들은 내가 쓴 『과학과 건강』을 교과서로 사용해야 하며, 또 그 신도가 가르치는 제자들과 환자들도 마찬가지다. 왜 이 책을 소유해야 하는가? 첫째, 이 책은 이 시대에 주시는 진리의 소리이며, 크리스천

---

[68] Ibid., 107.

사이언스 교에 관한 모든 교리가 들어 있으니, 곧 정신을 통해서 치유하는 과학이기 때문이며, 둘째, 이 책은 크리스천 사이언스의 교리를 담은 최초의 알려진 책이기 때문이다. 그러므로 이 책은 이 과학을 입증하는 첫 규범들이고 인간의 가설들에 오염되지 않은 계시된 진리를 수록하고 있기 때문이다." 여기서 보면 분명히 이들은 기성 교회의 성경은 인간의 가설(假說)이며 오염된 책이라는 인상을 준다. 그리고 오직 에디의 『과학과 건강』이라는 책만이 오염되지 않은 진리의 말씀이라는 것이다.[69] 이들이 주일마다 성경과 함께 『과학과 건강』을 함께 읽는 것을 보면, 이들이 『과학과 건강』을 성경과 같다고 생각하거나 혹은 성경보다도 권위 있게 보는 것이 분명하다.

4.7.3. 크리스천 사이언스는 신·구약 성경에 오류가 있다고 가르친다

"신·구약 성경이 정경으로 정해질 때, 어느 부분을 성경으로 인정할 것인가를 공회가 표결로 결정한 점, 옛날 성경 판에 분명한 오류가 있는 점, 구약에 3만 개의 변형(變形)과 신약에 30만 개의 변형이 있다는 점 등 이런 모든 사실은 인간의 생각과 세상의 생각이 하나님의 말씀에 어떻게 스며들어 갔는지.[70] 그래서 말씀의 원색(原色)이 원래의 성경 말씀에 어느 정도 퇴색되어졌다는 것을 보여주는 것이다."

4.7.4. 크리스천 사이언스는 성경의 역사적 사실들이 중요하지 않다고 가르친다

에디의 설교집(Miscellaneous Writings)에서 크리스천 사이언스는 성경의 역사적 사실들이 중요하지 않다고 그녀는 다음과 같이 말하고 있다.

"성경에 나오는 실제기록(實際記錄)은 유럽의 역사나 미국의 역사가 중요하지 않듯이 우리의 행복에 그다지 중요하지 않다. 그러나 그의 영적인 적용만이 우리의 영생에 영향을 준다. 우리 영혼에 중요하지 않고, 콜럼버스(Columbus)

---

[69] Ibid., 456-457.
[70] Ibid., 139.

가 1492년에 미국을 발견한 것이 우리 영혼에 중요하지 않듯이 성경에 나오는 역사적 사실들 이를테면 예수 그리스도의 동정녀(童貞女) 탄생, 대속의 죽음, 부활 등의 사건이 우리 영혼에는 중요한 일이 아니라는 말이다."[71]

바울이 고린도전서 15:17에서 무엇이라 교훈하는가? "그리스도께서 다시 사신 것이 없으면 너희의 믿음도 헛되고 너희가 여전히 죄 가운데 있을 것이요." 그러면서도 이들은 우리는 신·구약 성경을 유일한 법칙으로 믿는다고 말한다. 성경의 오류를 주장하거나, 성경의 진리를 왜곡하거나, 신·구약 성경에 더 보태거나 빼면 모두 이단(異端)이다.

4.7.5. 크리스천 사이언스는 성경을 그들의 교리에 맞도록 재해석한다

성경은 그 자체로서 변함이 없다. '성경은 성경으로 해석한다'(Scripture is interpreted by the Scripture)는 것은 종교개혁 이후 바른 성경 해석의 철칙이다. 그러나 에디의 설교집(Miscellaneouos Writings)에서 그녀는 "성경을 문자 그대로 번역하면 아무런 가치가 없고 불신과 절망의 근거가 되는 일이 가끔 있다. 그러나 성경의 형이상학적 번역(形而上學的 飜譯)은 모든 사람에게 건강과 평안과 소망을 가져온다."[72] 그러면 에디가 말하는 '형이상학적 번역'이 무엇인지 몇 가지 예를 들어보면, 이들은 성경을 멋대로 자기들 교리에 맞게 자기들에게 유리하게 해석한다. 이것이 또한 이단들의 특색이다. 성경을 갖고 제멋대로 해석한다. 그렇게 되면 온갖 무서운 교리가 모두 성경에서 나오게 된다.

크리스천 사이언스에 대하여 열거한 그들의 주장 5가지 내용을 보면, 이들은 성경의 권위를 믿지 않으며, 성경은 그들의 경전인 『과학과 건강』이라는 책을 보완하기 위한 문헌 정도로 생각하고 있음이 분명하다. 그들에게는 성경 위에 『과학과 건강』이라는 에디가 '계시받은' 경전이 있는 것이다. 어느 교파이건 그들의 경전을 성경보다 더 권위가 있다고 믿으면 이는 이단이다.

---

71 Mary Baker Eddy, *Miscellaneous Writings* (Boston: Trustees, 1920), 171.
72 Ibid., 169.

4.8. 지방교회(local church): 『회복역, 성경』(Recovery Version of the Bible)

워치만 니(Watchman Nee, 倪柝聲: Ní Tuòshēng 니퉈성, 1903-1972)는 20세기에 중국에서 사역했던 교회 지도자이자 그리스도인 교사였다. 왜 지방교회라고 하는가? 그들은 교회는 우주적인 교회(Catholic church)와 지방교회(Local church)가 있다고 한다. 그래서 교회는 지방이나 지역 이름을 붙여야 하며 그렇지 않으면 죄라고 한다. 그래서 지방(Local church)교회라고 한다. 추상 명사적인 이름을 붙이면 안 된다는 것이다. 또 회복교회라고 하는데 초대교회로 돌아가자는 뜻으로 그렇게 부른다. 그들에게는 목사나 전도사가 없고 모두가 성직자라고 한다. 그렇다고 지도자가 없는 것은 아니다.

그는 1922년에 푸저우(福州, Fuzhou)에서 지방교회의 시작이라고 할 수 있는 교회 집회를 세웠다. 30여 년의 사역 기간 동안 니(Watchman Nee)는 성경을 해석한 많은 책을 출판했다. 그는 중국 전역에 교회들을 세웠고, 성경을 배우는 학생들과 교회 일꾼들을 위하여 많은 컨퍼런스(conference)를 개최했다. 이어진 중국 공산 혁명 기간에 니(Watchman Nee)는 자신의 신앙 때문에 박해받고 투옥되어 20년 동안의 자신의 남은 생애를 감옥에서 보냈다.[73]

니(Watchman Nee)의 지방교회는 스스로를 종교개혁에서 시작하여 조지 폭스(George Fox)와 퀘이커교(The Quakers), 진젠도르프(Zinzendorf)와 모라비안교(The Moraviabns), 웨슬리(Wesley)와 감리교로 계속돼 다비(John Nelson Darby)와 플리머스 형제회(The Plymouth Brethren)까지 이른 성경적 기독교 회복(복원) 역사의 한 부분으로 보고 있다.

지방교회는 다른 이단과 마찬가지로 자기들의 주장을 펴기 위해 성경을 새로이 번역해 사용하고 있다. 위트니스 리의 이름으로 출판되고 있는 『회복역 성경』(Recovery Version of the Bible)이다.[74] 이 외에도 위트니스 리의 『라이프 스터디』와 『결정 연구』, 『장로 집회』 등은 그들의 경전이며, 성경을 갖고 집회하는 것이 아니라, 그들 자체의 책들의 내용을 중심으로 예배한다. 위트니스

---

[73] "워치만 니," 『나무위키 백과사전』, https://namu.wiki/w/%EC%9B%8C%EC%B9%98%EB%A7%8C%20%EB%8B%88. 2025.04.17. 접속.
[74] 정동섭, 『이단과 정통 무엇이 다른가?』 (대전: 침례신학대학출판부, 1993), 154-55.

리는 "자신의 가르치는 말씀이 구약의 선지자들과 동일한 권위를 가진 하나님 신탁의 말씀(God's oracle)"이라고 주장했다.[75] 이것이 지방교회가 특별계시와 관계하여 이단이라는 사실을 확인할 수 있는 가장 으뜸가는 문제점이라고 할 수 있겠다.

그러나 지방교회는 계시, 즉 성경에 다른 계시를 첨가하는 오류뿐만 아니라, 다른 교리들에 대해서도 엄청난 이단성을 보여주고 있다고 할 수 있겠다. 그 교리들을 몇 가지를 간단히 살펴보면 다음과 같다.

4.8.1. 지방교회의 신론(神論)은 양태론적 단일신론(Modalistic Monarchianism, Modalism)과 신인 합일론(神人 合一論)을 주장한다

위트니스 리는 구약에서의 하나님에게는 신성만 있었으나[76] 성육신의 과정을 통과하여 '사람과 함께한 하나님', 즉 '하나님-사람'이 되었다가 부활을 통하여 인성을 포함한 영으로 변형됨으로써[77] "하나님의 세 인격은 세 영이 아닌 하나의 영"[78]으로 세 인격이 한 영 안에 있는 '삼일(三一)하나님'이 되었다고 한다. '삼일 하나님'이란 하나님은 성육신의 과정을 거치는 단계를 통해 세 인격이 하나로 발전된 것이라는 말이다.[79] 이와 같은 사상을 당시 사벨리우스(Sabellianismus)를 따르던 분별력이 없는 자들을 통하여 사상으로 발전되었기 때문에 사벨리안주의 혹은 양태론으로 규정한 것이다.[80]

또한, 위트니스 리는 하나님이 사람을 창조한 목적이 하나님 자신을 사람 속에 넣어서 사람과 연합하여 하나님과 같게 되게 하기 위해서였다고 한다.[81] "하나님 자신을 대량으로 생산할 것을 계획과 자신을 제품으로 생산하는 것이라"고 한다.[82] 즉 창조주와 피조물의 관계가 아닌 하나님과 사람의 연

---

75 유동근, "지방교회는 다른 이단의 공통점을 거의 다 갖고 있다." 「교회와 신앙」, https://www.amennews.com/news/articleView.html?idxno=20299. 2025.04.17. 접속.
76 위트니스 리, 백명호 역, 『하나님의 경륜』, (서울: 한국복음서원, 1987), 15.
77 위트니스 리, 『그 영과 몸』, (서울: 한국복음서원, 1985), 105~107.
78 위트니스 리, 『하나님의 경륜』, 16.
79 같은 책, 110.
80 편집부, "사벨리우스 항목," 『세계 철학 대사전』 (서울: 교육출판공사, 1999), 478.
81 위트니스 리, 『내주하는 그리스도』 (서울: 한국복음서원, 1991), 10-11.
82 위트니스 리, 『하나님의 경륜』, 10.

합으로 사람이 하나님과 똑같이 되어야 한다는 것이다.[83] 위트니스 리의 사상은 전능하사 천지를 지으신 창조주 하나님과 피조물인 인간 사이에 뛰어넘을 수 없고 엄격한 차이를 인정해야 하는 우리의 신앙과 정면으로 위배되는 것이다.

4.8.2. 지방교회의 인간론은 전적 타락을 부인하고 비성경적 인간론을 주장한다

위트니스 리는 인간의 구성요소를 영, 혼, 육 삼분설을 취하면서 인간의 타락은 육적인 것으로만 이해하고, 영은 타락하지 않은 것이 되어 전인적인 타락이 부정된다. 인간의 타락은 하나님께 대한 불순종이 아니라 아담이 '하나님 자신인 생명나무'를 취하지 않고 '사탄인 선과 악과 지식의 나무 열매'를 먹음으로 사탄을 몸속에 받아들였기 때문이라고 한다.[84]

인간의 타락은 전인적인 것인데 비해 그것을 육체적인 것으로만 봄으로 몸만 타락하고 영은 타락하지 않은 것으로 되어 "범죄하는 영은 죽을지라"(겔 18:20)는 성경 말씀과 다르다. 또한 생명나무가 하나님이요 선악과는 사탄이라는 등 잘못된 주장을 함으로 결국 위트니스 리의 주장은 성경적으로 지지될 수 없는 허황된 사변과 논리일 뿐이다.

4.8.3. 지방교회의 기독론은 예수님의 인성에 변화가 있었다고 주장한다

위트니스 리는 "그의(예수) 인성이 아들의 명분으로 태어나기 위하여 부활이 필요했다. 부활 이전에 그리스도는 그의 신성에 따르면 하나님의 아들이었으나, 그의 인성에 따르면 하나님의 아들이 아니었다"[85]고 하여, "인성을 입은 그리스도는 거룩하게 될 필요가 있었는데 부활을 통해 완성되었다"[86]고 한다.

이렇듯 위트니스 리의 기독론은 결국 사람이 하나님과 똑같이 될 수 있다는 신인 합일 사상에서 나온 것으로서 예수님이 나실 때부터 승천하시기까지

---

83 위트니스 리, 『내주하는 그리스도』, 10, 위트니스 리, 『하나님의 경륜』, 244.
84 위트니스 리, 『하나님의 경륜』, 130, 위트니스 리, 『사람의 영』 (서울: 한국복음서원, 1986), 45.
85 위트니스 리, 『사람의 영』, 73.
86 같은 책, 76.

참하나님이시요 참인간이신 그리스도의 양성 교리에 어긋나는 것이다.

4.8.4. 지방교회의 교회론은 전통적인 교회의 모든 것들을 부정한다

지방교회, 즉 위트니스 리는 기성 교회를 바벨론 음녀라고 하며 기성 교회 목사와 예배 등 대부분의 제도를 부정한다. 기독교를 바벨론이요 음녀라고 보아 기성 교회는 타락해 죽어 있기 때문에 하나님이 계시지도 않고 불태워질 것이라고 한다.[87] 기성 교회의 목사와 예배를 부정하고,[88] 침례를 구원의 조건으로 삼으며,[89] 성령 충만을 위해 '오 주 예수여!'를 반복적으로 주문처럼 외우기만 하면 된다고 한다.[90]

지금까지 살펴본 지방교회는 교리적인 측면에서 매우 잘못된 교리들을 취하는 전형적인 이단이라고 보여지며, 특별히 기성 교회의 제도와 모든 조직을 부정함으로 매우 심각한 폐해를 끼치는 이단 집단으로 보아야 할 것이다.

논자는 지금까지 특별계시인 성경 외에 교주들의 특별계시로 기록되었다는 자신들만이 가지고 있는 경전들을 가진 8가지의 이단들을 소개하였다. 그러나 이들 외에도 많은 이단들은 자기 나름의 경전을 가지고 있지는 않지만, 그들은 동일한 어리석음과 오류를 범하고 있는데 그것이 바로 성경을 자의적으로 해석하는 문제, 즉 성경을 왜곡시키는 일을 아주 쉽게 시도하는 자들임을 알 수 있다. 그래서 사도 베드로는 다음과 같이 경고하고 있다. '주의 강림'을 부인하고 거짓 가르침을 만들어 내는 거짓 교사들의 근본적인 문제는 무엇입니까? 진리를 왜곡하는 그들의 가장 큰 작전은, 성경을 보는 관점과 성경을 해석하는 방식을 왜곡되게 만드는 것이다. 이것이 문제의 뿌리이다.

이 점에 대하여 베드로후서 1장은 거짓 교사들의 거짓 가르침과 그들의

---

[87] 위트니스 리, 『주의 회복에 관하여』 (서울: 한국복음서원, 1990), 12-13., 위트니스 리, 『성경의 핵심』, 94~97, 103., 위트니스 리, 『그리스도냐 종교냐』, 210~211., 위트니스 리, 『일곱영』, 10-11, 49.
[88] 윗치만 니, 『사역의 재고』 (서울: 한국복음서원, 1988), 240-244, 251, 257~269.
[89] 윗치만 니, 『그리스도인 50 필수과정 1』 (서울: 한국복음서원, 1989), 7-18., 위트니스 리, 『진리 공과-제1단계-제3권』(서울: 한국복음서원, 1987), 86-89.
[90] 위트니스 리, 『성경의 핵심』 (서울: 한국복음서원, 1991), 138., 위트니스 리, 『그 영과 몸』, 27-28, 55~61, 83, 93, 110, 115., 위트니스 리, 『일곱영』 (서울: 한국복음서원, 1991), 117.

부패한 행실에 대한 교회의 해법을 제시하는데 그 마지막 단계인 19-21절이 절정을 이루고 있다. 여기서 베드로는 거짓 교사들이 서 있는 기초를 무너뜨리는 치명타를 날리고 있다. 그들은 잘못된 성경관, 잘못된 성경해석법을 갖고 있다. 성경을 '사사로이'(개역 개정) 또는 '자의로'(ἰδίας, 이디아스, 벧후 1:20) 해석한다는 것은 성경의 저자이신 하나님 자신이 의도하신 의미에 개의치 않고, 그 말씀에다 '해석자 자신의 뜻을 임의로' 집어넣어 풀어내는 교만하고 방자한 태도를 가리킨다. 원래 '자의로'라는 말은 다른 사람의 것이 아닌 '자기 자신의 것으로'(one's own)를 의미하는데, 거짓 교사들은 탐욕을 좇았던 발람 선지자처럼 하나님의 말씀이 아니라 자기 자신을 법(法)으로 삼아 '자기의' 불법을 좇아가는 자들이다.[91] 마치 "개가 자기가 토한 것을 도로 먹는 것과 같이 자신이 속해 있는 세상의 더러움으로 돌아가며"(벧후 2:22), 사도들의 가르침을 무시하고 '자기의' 정욕을 따라 종말이 없다는 거짓말을 퍼뜨리는 자들이다(벧후 3:3). 뿐만 아니라, 베드로의 어떤 편지도 "억지로 풀다가 다른 사람들이 아니라, 결국 '자기의' 멸망을 초래하는 자들이다"(벧후 3:16). 이처럼, 베드로는 거짓 교사들의 특징이 자기 자신을 기원과 방법과 목적으로 삼는 '자기밖에 없는' 태도에 있음을 반복해서 묘사하는 것이다.

이렇듯 베드로후서에서 '자의로, 사사로이'라는 표현은 네 번 모두, 근본적으로 거짓 교사들의 성경해석과 관련하여 드러내는 방자하고도 파괴적인 태도를 꼬집어 말할 때 사용되었다. 다시 말해서, 거짓 교사들이 성경을 '자의로' 해석한다는 것은 남의 말에다 '제 것을 집어넣는' 식으로, 다만 말씀을 빌릴 뿐이지 그 말씀의 원래 의미를 빼내 버리고 그 말씀의 권위와 형식만 훔치는 해석학적 도둑질과 같은 방식을 가리키는 것이다. "2025년 2월 최신 이단 리스트, 이단 교회 리스트, 이단 목록"에는 122개의 이단을 소개하고 있다. 그 가운데 중요한 몇 가지를 소개하면 아래와 같다.

1) 구원파, 권신찬·유병언(기독교복음침례회), 2) 박옥수(기쁜소식선교회), 3) 이요한(대한예수교침례회), 4) 김기동, 귀신론(베뢰아아카데미), 5) 류광수 세계복

---

[91] Nevill Davidson Kelly, 김유배 역, 『베드로 전후 유다서』 (서울: 아가페출판사, 1988), 399-400.

음화전도협회, 다락방, 6) 박명호 엘리야복음선교원(現 한농복구회) 십계 석국 총회, 7) 박무수 부산제일교회, 8) 박윤식 평강제일교회(구 대성교회), 9) 변승우, 사랑하는 교회(구 큰 믿음 교회), 10) 서달석 강서중앙교회(現 서울 중앙침례교회), 11) 스베덴보리, 12) 안상홍 안상홍증인회 하나님의 교회 하나님의 교회 세계복음선교협회, 13) 엄애경 동방교(기독교 대한 개혁장로회), 14) 이만희 신천지예수교증거장막성전, 무료 성경 신학원, 15) 이재록 만민중앙교회, 16) 이초석, 예수중심교회(구한국 예루살렘), 17) 인터콥 최바울, 18) 임보라, 섬돌향린교회, 19) 전능하신 하나님교회 동방 번개, 20) 전태식 순복음 진주 초대교회, 21) 정동수 사랑침례교회, 22) 정명석(JMS) 기독교복음선교회, 23) 조종성 복음중앙교회, 24) 조현주 성경100독 사관 학교, 25) 조희성 영생교, 26) 주종철 광주주안교회, 27) 서울 주안교회, 새 생명 영성훈련원 대표, 28) 퀴어 신학, 퀴어 신학(동성애, 양성애, 성전환) 등이 있다.[92]

위 인용문에서 소개했거나 소개하지 않은 94개의 집단 모두는 동일한 과오를 범하고 있는데 그들은 특별계시와의 관계에서 성경을 왜곡시키는 일을 쉽게 일삼고 있는 것으로 성경을 매우 자의적으로 해석하는 과오와 오류를 자행하고 있는 것으로 평가하고 싶다.

5. 결론: 마치는 말

논자는 특별계시와 이단, 즉 말씀을 왜곡하는 이단에 관하여 연구하기 위해서 우선 특별계시와 이단에 대한 개념을 이해하는 것으로부터 시작하였다. 특별계시를 이해하기 위하여 논자는 계시의 방법에 따른 자연 계시와 초자연 계시를 구별하여 설명하였고, 계시의 대상과 방법을 근거로 하여 일반계시와 특별계시를 구별하여 설명하였으며, 특별계시 가운데 언어로 기록된 특별계시인 성경의 개념을 도출해 냈다. 성경은 신앙과 생활의 유일한 법칙이

---

[92] "한국 교회 주요 공교단 규정 이단(이단성) 명단 (2025. 02월 현재) (가나다순) 저작권: 이단 타파." https://blog.naver.com/drop-a-bombshell/223750408865. 2025.04.21. 접속.

라는 사실을 밝혔고, 이단이란 성경의 가르침을 기준으로 잘못된 가르침을 추구하는 개인이나 집단이 이단이라고 개념을 정리하였다.

그리고 성경이 더 이상의 보충을 요구하지 않는다는 사실에 대하여 성경적인 증거와 신앙고백서 그리고 개혁신학자들의 주장을 근거로 하여 기록된 특별계시인 성경 외에 더 이상의 첨부나 빼는 것은 가능하지 않다는 사실을 확인하고 강조하였다.

그런데 이렇게 '성경의 완전성과 충족성'이라는 독특한 성격을 갖는데도 불구하고 특별계시에 대한 절대성을 인정하지 않고, 각 이단은 하나같이 성경 이외에 다른 경전들을 가지고 있다는 것이다. 그래서 논자는 다른 경전이나 또는 교주들의 저작들을 성경보다 우위에 두고 그것을 절대적인 기준으로 삼는 이단 8개에 관하여 구체적으로 서술하였다. 그리고 2025년 2월까지 이단 리스트에 올라온 122개 가운데서 나머지 114개의 이단도 동일한 입장과 주장을 하고 있음을 밝혔다. 그것은 다른 경전을 인정하거나 사용하고 있지는 않지만, 성경을 왜곡시키는 일을 주저하지 않는다는 사실을 확인할 수 있었다. 이런 차원에서 이단을 판별하는 가장 중요한 기준이 성경이라고 볼 때 성경에 무엇인가를 더하거나 빼는 것도 문제이지만, 성경을 바르게 해석하지 않고 자의적으로 해석하는 문제 또한 작은 문제가 아니라는 사실을 강조하고 싶다. 아무리 강조해도 지나치지 않은 것은 종교개혁자들이 외쳤던 "오직 성경"(*Sola Scriptura*), "오직 성경만으로"(Scripture Alone)임을 강조하면서 마치려 한다.

참고문헌

김성여. 『박태선 장로의 이력과 신비 경향』 서울: 한국 예수교전도관 부흥협회, 1974.
김의환. 『개혁주의 신앙고백』. 서울: 대한예수교장로회총회, 2003.
김지호. 『조직신학 서론』 용인: 칼빈대학교 출판부, 2010.
니, 워치만. 『사역의 재고』 서울: 한국복음서원, 1988.
_____. 『그리스도인 50 필수과정 1』 서울: 한국복음서원, 1989.
대한예수교장로회총회. "신조 제1조." 『헌법』 서울: 대한예수교장로회총회, 2015.
리, 위트니스. 백명호 역. 『하나님의 경륜』 서울: 한국복음서원, 1987.
_____. 『사람의 영』 서울: 한국복음서원, 1986.
_____. 『그 영과 몸』. 서울: 한국복음서원, 1985.
_____. 『내주하는 그리스도』 서울: 한국복음서원, 1991.
_____. 『주의 회복에 관하여』 서울: 한국복음서원, 1990.
_____. 『진리 공과-제1단계-제3권』 서울: 한국복음서원, 1987.
_____. 『성경의 핵심』 서울: 한국복음서원, 1991.
_____. 『일곱 영』 서울: 한국복음서원, 1991.
_____. 『그리스도냐 종교냐』 서울: 한국복음서원, 1991.
박영관. 『이단 종파 비판』 서울: 예수교 문서선교회, 1976.
박영관. "이단, 무엇이 기독교와 다른가?." 『기독교의 이단들』 서울: 대한예수교장로회총회, 2000; 375-413.
박윤선. 『성경 주석 요한계시록』 서울: 영음사, 1975.
박형룡. 『교의신학 서론』 서울: 은성문화사, 1977.
서요한. "사이비 이단 천부교 경전." 『이단 예방과 대책』 서울: 대한예수교장로회총회, 2018; 165-246.
세계평화통일가정연합. 『원리강론』 서울: 천원사, 2022
신복윤. 『교의학 서론』 수원: 합동신학대학원 출판부, 2002.
신용철 편저. 『새 우리말 큰사전』 서울: 삼성출판사, 1980.
오명현. "이단 대처를 위한 예방." 『이단 예방과 대책』 서울: 대한예수교장로회총회, 2018.
유도순. 『전도관 오묘』 서울: 제9 중앙전도관 청년 천성회, 1970.
이뢰자. 『말세 비밀의 원리』 서울: 말세 복음 선교회, 1966.
정동섭. 『이단과 정통 무엇이 다른가?』 대전: 침례신학대학출판부, 1993.
조석만. 『기독교 신학 서설』 서울: 도서 출판 잠언, 2003.
최태경. 『표준국어대사전 상』 서울: 두산동아, 2000.
탁명환. 『기독교 이단 연구』 서울: 국제종교문제연구소, 1986.
편집부. "사벨리우스 항목." 『세계 철학 대사전』 서울: 교육출판공사, 1999.
Calvin, John. *Institutes of the Christian Religion*. 김종흡 외 3인 역, 『기독교 강요』 제Ⅰ권. 서울: 생명의말씀사, 1995.

Eddy, Mary Baker. *Science and Health With Key to the Scriptures*. Boston: Trustees under the will of Mary Baker Eddy, 1934.

_____. *Miscellaneous Writings*. Boston: Trustees, 1920.

Hall, Stuart G. *Doctrine and Practice in the Early Church*. Michigan Grand Rapids: Eerdmans Publishing Company, 1992.

Hoekema, Antony A. *The Four Major Cults*. Grand Rapids: Eerdmans, 1972.

House, Wayne H. *Charts of Cults, Sects & Religious Movements*. 장광수 역. 『차트 이단 종파』 서울: 기독교문서선교회, 2002.

Jehovah's Witnesses, *New World Translation of the Holy Scriptures*. New York: WBTS, 1961.

McConkie, Bruce Redd. *Mormon Doctrine: A Compendium of the Gospel*. Cambridge: Cambridge University Press, 1977.

McKim(ed.), Donald K. *Encyclopedia of the Reformed Faith*. Edinburgh: Saint Andrew Press, 1992.

Warfield, B. B. *The Inspiration and Authority of the Bible*. Nutley, N. J.: Presbyterian and Reformed, 1970.

Metzger, Bruce M. *The Jehovah's Witnesses and Jesus Christ Theology Today*. 1953. 4월호: 74-80.

"문제선 목사를 알려면 먼저 여호와 새일 교단부터 알아야 한다." https://cafe.daum.net/kkk9554/ATsz/747?q=%EC%97%AC%ED%98%B8%EC%99%80%20%EC%83%88%EC%9D%BC%20%EA%B5%90%3A%20%E3%80%8E%EB%A7%90%EC%84%B8%20%EB%B9%84%EB%B0%80%E3%80%8F&re=1. 2025.04.12. 접속.

"이단." 『나무위키 사전』. https://dic.daum.net/word/view.do?wordid=kkw0 00204064&supid=kku000259364. 2025.04.21. 접속.

"여호와의 증인." 『나무위키 백과사전』. https://namu.wiki/w/%EC%97%AC%ED%98%B8%EC%99%80%EC%9D%98%20%EC%A6%9D%EC%9D%B8. 2025.04.24. 접속.

"워치만 니." 『나무위키 백과사전』. https://namu.wiki/w/%EC%9B%8C%EC%B9%98%EB%A7%8C%20%EB%8B%88. 2025.04.17. 접속.

유동근. "지방교회는 다른 이단의 공통점을 거의 다 갖고 있다." 『교회와 신앙』. https://www.amennews.com/news/articleView.html?idxno=20299. 2025.04.17. 접속.

기독교 존립을 결정짓는 근본 교리인 '기독론'(예수님을 부인하는 이단)

박주석 교수 • 광신대, 조직신학, Ph.D.

1. 서론

1.1. 연구 배경 및 문제 제기

기독교 신앙의 가장 핵심이자 근본은 예수 그리스도의 인격과 그분이 이루신 구속 사역에 대한 올바른 이해, 곧 기독론(Christology)에 정초해 있다. 기독론은 단순히 하나의 교리적 주제를 넘어, 기독교의 모든 신학 체계를 지탱하는 주춧돌이며, 성경 전체를 관통하는 통일된 메시지의 핵심이다. 예수 그리스도가 누구이며 무엇을 하셨는지를 바르게 인식하지 못한다면, 성경적 하나님 이해(신론)부터, 인간(인간론), 구원(구원론), 교회의 본질(교회론), 그리고 역사의 최종 목표(종말론)에 이르기까지 어떠한 교리도 온전히 이해될 수 없을 뿐더러, 신앙의 본질 자체가 심각하게 흔들리게 된다. 이는 마치 건물의 주춧돌이 흔들리면 전체 구조가 무너지듯이, 기독론의 왜곡은 기독교 신앙의 존립을 불가능하게 한다.

한국 교회는 급증하는 이단 및 사이비 종교로 인해 전례 없는 심각한 영적, 사회적 도전에 직면하고 있다. 이단들은 대개 기독교의 근본 교리 중에서도 특히 기독론의 핵심을 교묘하게 왜곡함으로써 정통 신앙의 순수성을 훼손하고, 순진한 성도들을 미혹하여 거짓된 길로 이끌어간다. 이러한 이단적 움직임은 단순히 교리적 혼란을 일으키는 것을 넘어, 성도들의 영적, 육체적, 심지어 경제적 피해를 초래하며, 교회 공동체의 건강성을 해치고 궁극적으로 복음의 능력을 무너뜨리는 결과를 초래한다.

작금의 시대정신을 일반적으로 포스트모던으로 규정한다. 17세기 후반부터 18세기까지 유럽에서 일어난 지적, 문화적 운동인 계몽주의는 하나님을 배제하고 인간의 이성을 진리의 중심에 두려는 특징을 보였다. 그러나 철옹성과 같이 여겨졌던 이성주의도 한계를 드러내며 점차 그 힘을 잃고 이성에 기반한 거대 담론(서사)[1]이 해체되고 있다. 특히 이항대립의 구분을 해체하려는 포스트모더니즘[2]은 기독교가 주장하는 예수 그리스도가 유일한 구원자라는 절대적 진리와 그분의 역사적 실재성, 그리고 성경 계시의 최종성을 '다양한 해석 중 하나'로 격하하거나 심지어 부정한다. 이처럼 모든 것이 상대화되고 개인의 주관적인 경험과 해석이 객관적인 진리보다 우선시 되면서, 기독교를 지탱하던 성경적·역사적 교리가 또 다른 도전에 직면하게 되었다.

계몽주의와 그것을 뒤따른 포스트모던은 기독론의 붕괴를 재촉하고 있다. 예수 그리스도의 신성, 성육신, 십자가에서의 구속 사역과 육체적 부활은 기독교의 핵심 교리다. 그러나 오늘날 그것들은 '신화'나 '상징' 혹은 '기호'로 여기거나 축소 해석함으로써, 역사적 실재성과 보편적 타당성이 부인한다. 이는 예수님을 단지 도덕적 교사나 종교적 이상향으로 치부하는 결과를 낳는다. 다음으로는 성경의 계시적 권위가 상대화되고, 수천 년간 교회가 지켜온 전통적인 교리 해석은 '낡은 틀'이나 '억압적인 구조'로 인식되어 해체되려는 시도가 빈번히 발생한다. 이는 기독론을 포함한 모든 교리의 근본을 흔드는 결과를 초래하며, 성경에 근거한 신앙고백들이 폐기될 위기에 놓이게 되었

1　이 개념은 프랑스 철학자 장 프랑수아 리오타르(Jean-François Lyotard)가 그의 저서 『포스트모던 조건(The Postmodern Condition)』(1979)에서 처음 사용하며 널리 알려지기 시작했다. 거대 담론의 특징은, 특정 사회나 문화가 자신들의 이념과 가치를 설명하고 정당화하기 위해 진리/비진리, 옳음/그름, 가치/비가치와 같은 이항대립적 구분을 설정하고, 자신들의 관점을 절대적인 것으로 내세운다는 것이다. 예를 들어, 종교적 거대 담론은 신앙과 불신앙, 구원과 심판 같은 이항대립을 통해, 계몽주의적 거대 담론은 이성과 비이성, 진보와 퇴보를 대비시키며 이성의 우월성, 근대 사회에서는 시장의 자유와 통제, 민주와 독재의 이념적 대립이 거대 담론으로 작용했다. 이처럼 거대 담론은 특정 이항대립을 통해 자신들의 서사를 주도하고, 무엇이 중요하고 올바른지 규정하려고 한다.
2　지바 마사야, 김상훈 역, 『현대사상입문』 (서울: arte, 2024), 20-29, 215-230.

다. 믿음의 도리를 가르치는 교회가 희귀한 것은 이에 대한 방증이다.

　마지막으로 극단적인 주관주의가 심화되어 예수 그리스도를 각자의 필요와 욕구에 맞춰 재해석하거나 변형시키는 경향이 만연하다. '나만의 예수', '나만의 구원'을 추구하는 이러한 태도는 교회의 공동체적 고백과 역사적 정통성을 무시하며, 결국 신앙의 자의적 해석을 용인하는 위험한 길로 이어진다. 이러한 환경 속에서 이단들은 자신들의 교주를 새로운 '메시아'나 '보혜사', 또는 '시대의 구원자'로 내세우며 기독론을 노골적으로 왜곡하고, 미혹된 성도들에게 거짓된 구원을 약속한다.

　이처럼 '성경적 기독론'의 부재 혹은 오해는 이단 사상의 침투를 더욱 쉽게 만들고, 기독론을 개개의 상황과 환경 그리고 감정에 따라 뒤틀 수 있는 환경을 제공한다. 이는 단순히 교리적인 문제를 넘어, 교회 공동체의 순수성을 위협하고 복음의 능력을 심각하게 훼손하는 결과를 초래한다. 따라서 대한예수교장로회(합동) 총회는 이러한 위협에 대한 교리적, 신학적 방어선을 굳건히 구축하고, 성도들에게 바른 기독론을 체계적으로 교육할 필요성을 절감하고 있다.

　본 연구는 이러한 시대적 요청에 부응하여, 고대 보편교회 공의회가 결정했던 기독론을 살핀 후, 대표적인 한국 교회 이단의 기독론적 왜곡 양상을 분석하고, 비판적 고찰을 통하여 정통 기독론의 중요성을 재확인하며, 한국 교회가 나아가야 할 바른 신앙의 방향을 제시하고자 한다.

1.2. 연구 목적 및 방법론

본 연구는 크게 세 가지 핵심적인 목적을 지향한다. 첫째, 기독교 역사 속에서 예수 그리스도의 인격과 사역에 대한 이해를 둘러싸고 발생했던 주요 기독론 이단들과 이에 대한 공교회의 대응 과정을 심도 있게 고찰함으로써 바른 기독론 정립의 역사적 중요성과 교리 발전의 궤적을 심층적으로 규명한다. 이를 통해 이단이 단순히 과거의 오류에 머무는 것이 아니라, 시대와 상황에 따라 반복적으로 나타나는 기독론적 도전을 이해하고, 이에 대한 교회의 현명한 대응 방안을 모색하는 데 필요한 역사적 통찰을 얻을 것이다.

둘째, 현재 한국 교회에 심각한 해악을 끼치고 있는 주요 이단들의 기독론적 왜곡 양상을 구체적이고 면밀하게 분석하고, 그들이 공통적으로 사용하는 오류 요소들을 심층적으로 규명한다. 이는 이단들의 논리적 허점과 신학적 오류를 정확히 파악하여, 이들에 대한 효과적인 교리적 비판과 방어 및 성도들을 보호하는 데 필요한 실제적인 대응 방안을 모색하는 데 기여할 것이다.

셋째, 개혁교회[3]의 중요한 신앙고백서와 요리문답에 명시된 정통 기독론의 내용을 충실히 제시함으로써, 한국 교회가 이단적 왜곡에 맞서 견지해야 할 바른 기독론의 기준과 방향을 명확히 제시한다. 이는 혼란스러운 시대 속에서 성도들이 흔들리지 않는 신앙의 반석 위에 설 수 있도록 돕고, 교회의 정체성을 공고히 하는 데 기여할 것이다.

이러한 연구 목적을 달성하기 위해 본 연구는 역사적-신학적 분석 방법을 채택한다. 구체적으로, 초대교회가 성경의 증거에 따라 어떻게 그릇된 기독론을 배격하고 정통 신앙을 수호했는지 고찰할 것이다. 이를 통해 이단들의 기독론적 오류에 대한 역사적, 신학적 비판의 근거를 공고히 할 것이다. 더불어 한국 교회 주요 이단들의 공식 교리 자료와 관련 서적을 직접 분석하여 그 기독론 왜곡의 양상을 구체적으로 제시함으로써, 이론적 논의와 현실적 적용의 균형을 이루고자 한다. 본 연구는 방대한 성경 주해를 직접 수행하기보다, 성경 해석의 정통적 결과물인 교회사적 문헌들[4]이 어떻게 성경의 증거에 충실한지를 밝히는 데에 주력할 것이다.

---

[3] 다니엘 하이드(Daniel R. Hyde), 김찬영 역, 『개혁교회에 오신 것을 환영합니다』 (서울: 부흥과개혁사, 2025), 41. 하이드에 따르면, 종교개혁이 일어난 후 개신교 진영 안에서 루터교회와 다른 신앙고백서를 가진 진영으로 나뉘었다. 후자는 반대진영에서는 칼빈주의라고 조롱받았으나 정작 이들은 스스로를 '개혁파' 신자라고 불렀다. 여기서 개혁파란 '하나님의 말씀을 따라 개혁되는 교회'라는 의미이다.

[4] 서철원, 『교리사』, (서울: 총신대출판부, 2013). 27. "이 교리는 계시에서 유래하고 계시에서 근거하여 세워졌다. … 따라서 교리는 성경 계시에 근거한 기독교 근본 가르침이다"라고 한다. 따라서 개혁교회 신학의 특징은 사변적 산물이 아니라 철저하게 하나님의 자기 계시인 성경에 기초하며, 개혁신학의 임무는 모든 신학적인 진술이 성경에 합치하는지를 규명하는 데 있다.

2. 본론

2.1. 기독교의 근본 진리

2.1.1. 삼위일체

기독론은 기독교의 가장 심오한 신비이자 핵심 교리인 삼위일체 교리와 불가분의 관계를 맺고 있다. 삼위일체 하나님은 성부, 성자, 성령 세 위격으로 존재하시면서도 본질상 한 분 하나님이심을 고백하는 교리이다. 그러나 한 하나님이 아버지와 아들과 성령으로 존재하심은 이성으로 풀 수 없는 신비이며,[5] 하나님께서 창조하신 피조물 중 그 어떤 것도 유비의 대상이 될 수 없는 신비이다. 그러나 삼위일체 교리는 기독교의 모든 신앙과 실천-신학, 예전(liturgies), 찬송, 삶의 토대가 되는 결정적인 교리이다.[6] 창조-타락-구속-완성의 성경 서사는 삼위일체 하나님의 주권적인 사역으로 이루어진다. 기독교의 모든 교리는 삼위일체의 토대 위에 서 있다. 기독교가 삼위일체 교리를 붙들면 기독교는 기독교로 존속한다. 만일 기독교가 삼위일체 교리를 부정하면 기독교이기를 그치며, 부정은 교회의 배도이다.[7] 그러므로 삼위일체 교리는 교회의 서고 넘어짐을 결정하고, 참기독교와 거짓 기독교를 가르는 근본 교리이다.

2.1.2. 하나님의 성육신

칼빈은 하나님의 성육신은 인류의 구원이 놓여 있는 하늘의 작정으로부터 흘러나왔다고 한다.[8] 하나님의 성육신은 그리스도를 믿는 믿음만을 정리하는 것이 아니라 기독교 신학 전체를 결정하는 기초이고, 시작점이며 결말이다.[9] 삼위일체 신학도, 구원도, 종말의 완성도 모두 '그리스도'에 의해서 결

---

5 서철원, 『교의신학: 하나님론, 삼위일체 하나님과 그의 사역』, (서울: 쿰란출판사, 2018), 31.
6 Michael S. Horton, *The Christian Faith: A Systematic Theology for Pilgrims on the Way* (Grand Rapids: Zondervan, 2011), 273.
7 서철원, 『교의신학: 하나님론, 삼위일체 하나님과 그의 사역』, 77.
8 John Calvin, 문병호 역, 『기독교 강요2』 (서울: 생명의말씀사, 2020), 386.
9 서철원, 『그리스도론, 하나님의 성육신과 그의 구원사역』 (서울: 쿰란출판사, 2018), 31.

정된다. 그러나 그리스도의 성육신은 삼위일체 신비보다 더 큰 신비이고 경이다. 성육신은 단순히 하나님의 현현(theophany)이 아니라, 하나님이신 성자께서 죄 없으신 육체를 취하사 우리와 동일한 인간이 되심을 의미한다. 이는 영원하신 하나님이 시간의 질서 안에 오시고, 창조주가 피조물을 입으시고, 무한하신 분이 유한한 인간의 몸을 취하신 사건은 하나님의 사랑이 아니면 설명이 불가한 일이다. 예수 그리스도가 '육신을 입으신 하나님'이라는 교리는 기독교 신앙의 알파이자 오메가이다. 만일 그분이 참하나님이 아니라면 우리의 죄를 속할 무한한 능력이 없으며, 만일 그분이 참인간이 아니라면 우리의 죄를 대신할 구속자가 될 수 없다. 이처럼 신성과 인성이 한 (신적) 위격 안에서 혼합되거나 분리되지 않고 연합되었기에 예수 그리스도는 참구원자가 되신다. 그러므로 성육신 교리는 기독교를 서고 넘어지게 하는 근본 교리이다.

인본주의 할례자들이 삼위일체 교리와 성육신 교리를 집요하게 왜곡하는 근본적인 이유도 바로 여기에 있다. 이 두 교리가 무너지면 기독교 되기를 그치기 때문이다. 특히 이단의 지도자들은 성육신 교리를 축소와 왜곡하여 자신에게 전이시키려 한다.

2.2. 사도와 초대교회의 신앙고백

2.2.1. 초기 기독교(AD 30-100)

예수 그리스도의 죽음과 부활을 목도한 초대교회의 최초의 신앙고백은 "주 예수"였다(행 1:6, 21, 24; 2:36, 47; 4:33; 5:14; 7:59). 사도 요한은 "하나님을 대면한 하나님"으로 제시하고(요 1:1)[10], 하나님을 대면하던 하나님이 육신을 입으셨음을 선언한다(요 1:14). 그리고 도마의 고백을 빌려 부활하신 그리스도가 "주이시며, 하나님"이심을 확증한다(요 20:28)[11]. 초대교회가 예수를 주로 고백

---

10 Ἐν ἀρχῇ ἦν ὁ Λόγος, καὶ ὁ Λόγος ἦν πρὸς τὸν Θεόν, καὶ Θεὸς ἦν ὁ Λόγος. πρὸς는 기본적으로 '~을 향하여(toward)', '~을 마주하여(face-to-face)'라는 방향성을 내포하는 전치사이다. 그러므로 그리스도는 성부와 구별된 동일한 하나님이심을 증거한다.

11 도마의 고백, "나의 주님이시요 나의 하나님이시니이다(Ὁ Κύριός μου καὶ ὁ Θεός μου)"에서 '주(Κύριος)'는 단순히 '선생님'이나 '주인'을 넘어, 70인역에서 '야훼(YHWH)'를 지칭하던 신적인 칭호

하는 것은, 그분이 천지의 대권을 가진 주재 곧 신적 통치자이심을 뜻한다.[12]

초기 기독교 공동체는 이미 예수님을 단순한 위대한 스승이나 선지자가 아닌, 하나님의 아들이시며 유일한 구원자로 굳게 믿고 예배하였다. 신약 성경의 여러 기록은 이러한 초기 신앙의 모습을 명확히 증언한다(롬 10:9; 고전 12:3; 빌 2:9-11). 오스카 쿨만(Oscar Cullman)에 따르면, 초기 기독교의 예배를 구성하는 모든 요소는 부활하신 '교회의 주님'을 그 대상으로 삼았으며, 주님의 부활하신 날이 교회의 예배일로 정해졌으며, 설교 또한 모든 선포가 주님의 죽음과 부활에 근거하여 그에 대한 신앙을 일깨우고 돈독히 하려는 데 그 목적이 있고, 신앙고백은 지금도 살아 계신 주님(Κύριός)를 향한 고백이었으며, 죄의 고백조차도 이 주님께서 성취하신 화해의 공로 덕분에 유효한 것이었다고 분석한다.[13] 그러므로 초기 기독교는, 사도의 가르침대로 죽고 부활하신 예수가 하나님의 아들이시며, 구원자이시며, 경배받으실 주(Κύριός)라는 사실을 별다른 의심 없이 받아들였다.

2.2.2. 속사도 교부들(AD 100-150)

사도들의 직접적인 가르침을 계승한 속사도 교부들(Apostolic Fathers)의 문서에는, 예수 그리스도에 대한 초기 기독교 공동체의 일관된 신앙고백이 반영되어 있다. 비록 이 시기의 가르침은 주로 교회의 실제적 위기와 상황에 대한 대응으로 나타났기 때문에 후대 공의회들의 교리처럼 조직적이거나 체계화된 신학으로 발전되지는 않았지만, 성경적 기독론의 본질을 충실히 따랐다.

예컨대, 안디옥의 이그나티우스(Ignatius of Antioch, AD 30-107)는 가현설(Docetism)에 맞서 예수의 참된 인성을 변증하였다. 그는 트랄레스 교회에 보낸 서신(Ad Trallianos)에서 예수의 참된 인성을 강하게 변증한다. "만일 예수께서 형체로만 고난을 받으셨다면, 나는 아무 이유도 없이 죽게 되는 셈이

이다. 죽음에서 부활하신 주/여호와는 경배의 언어로 불릴 수 있는 신적 주권을 가지셨음을 증명하는 것이다. 이 해석에 대한 논의는 다음을 참조하라. G. R. Beasley-Murray, *John, Word Biblical Commentary*, vol. 36 (Waco, TX: Word Books, 1987), 378; Leon Morris, *The Gospel According to John, The New International Commentary on the New Testament* (Grand Rapids: Eerdmans, 1995), 753.
[12] 서철원, 『교리사』, 65.
[13] Oscar Cullman, 이선희 역, 『원시기독교 예배』 (서울: 대한기독교서회, 1984), 42; Ferdinand Hahn, 진연섭 역, 『원시기독교 예배사』 (서울: 대한기독교서회, 1988), 44.

고, 주님에 관하여 거짓말을 하는 것이다"라고 단언했다. 다른 한편으로는 에베소 교회에 보낸 서신(Epistle to the Ephesians)에서 "하나님께서는 영원한 생명의 새로움을 가져오기 위하여 인간의 모습으로 나타나셨다"고 하며, 주님의 만찬에 대하여 "그 떡은 불멸의 약이며[14], 예수 그리스도와 함께 영원히 사는 수단"이라고 하여, 그리스도의 신성을 강조하였다. 이그나티우스는 그리스도를 성육신하신 하나님, 곧 "나의 하나님"이라 고백하는 데 주저하지 않았다.[15]

또한 로마의 클레멘스(Clement of Rome, AD 30-100)는 그의 서신에서 하나님 창조주와 예수 그리스도를 반복적으로 나란히 언급하며, 때때로 성령까지 포함한 삼위적 표현을 사용하였다. 제2클레멘스서(2 Clement)에서는 예수 그리스도를 하나님이요, 산 자와 죽은 자의 심판자로 고백한다. 바나바서(Barnabas, AD 100) 역시 예수 그리스도를 단순한 인간이 아닌 선재하신 하나님의 아들로 고백한다.[16] 이와 같은 자료들은 속사도 교부 시대에도 초기 교회가 성경의 가르침에 따라 예수 그리스도를 성육신하신 하나님으로 인식하고 경배했음을 명확히 보여준다.

초기 기독교의 중요한 문헌인 『디다케』(AD 80-120)[17] 역시 공동체 예배의 모든 과정이 그리스도를 향하고 있음을 증언한다. 성찬 예식은 "아버지의 종 예수를 통하여" 주어진 생명과 지식, 그리고 불멸에 대한 감사 기도로 시작하며(9:2-3; 10:2), "마라나타"(Maranatha)라는 종말론적 간구로 절정을 이룬다(10:6). 또한 이 예배가 매주 '주의 날'(The Lord's Day)에 시행되었음을 밝히므로(14:1)[18], 예수 그리스도에 대한 신앙고백과 경배가 이미 제도화된 형태로 공동체 내에 자리 잡고 있었음을 보여준다.

---

14 Roger E. Olson, 김주한·김학도 역, 『이야기로 읽는 기독교 신학』 (서울: 대한기독교서회, 2009), 53-54.
15 서철원, 『교리사』, 97.
16 서철원, 『교리사』, 91-100.
17 『디다케, Διδαχή』는 AD 80-120년경에 기록된 문헌으로, '가르침(Teaching)'을 가진 헬라어에서 유래했다. 원제는 「열두 사도를 통하여 이방인에 전해진 주님의 가르침(The Teaching of the Lord to the Gentiles through the Twelve Apostles)」으로, 초기 교회의 가장 오래된 교리문답서로 간주된다.
18 G. C. Allen, trans., *The Didache or The Teaching of the Twelve Apostles* (London: The Astolat Press, 1903), 30, 31, 33.

속사도 문헌들은 비록 기독론이 공의회처럼 체계적으로 정리되지는 않았지만, 예수 그리스도를 성육신하신 하나님으로 고백하며 그분을 예배의 중심에 두는 신앙이 초대교회에 깊이 뿌리내리고 있었음을 명확히 증언한다. 이는 바른 기독론이 성경 계시뿐 아니라 역사적 공동체의 실천과 고백에 의해서도 굳게 지키고 있었음을 보여준다. 따라서 이단들이 주장하는 "다른 예수"는 성경적 근거뿐 아니라 초기 교회의 정통성과도 완전히 단절된 허구임이 명백하다.

2.3. 기독론 이단과 공교회의 대응(AD 325-451)

앞서 언급한 대로 하나님이 육신을 입으신 사건, 곧 성육신은 유한한 인간의 이성으로는 도무지 이해할 수 없는 신비 중 신비이다. 유대인들은 하나님의 유일성(신 6:4)에 자기들의 정체성을 두었기에, 성육신하신 그리스도가 십자가에 달리셨다는 선포는 도저히 받아들일 수 없는 '거리끼는 것'이었다(신 21:23).[19] 반면, 당시 지적 문화를 주도하며 지혜를 자랑하던 헬라인들에게는 성육신과 십자가의 복음이 '미련한 것'이었다(고전 1:23). 플라톤적 이원론의 영향으로 육체를 영혼의 감옥으로 간주했으며, 구원은 육체로부터의 해방되는 것이라고 여겼기 때문이다.

따라서 하나님이 육신을 입으시고, 십자가에 달려 돌아가셨으며, 죽음을 이기고 부활하셨다는 복음의 핵심 진리는 유대인이나 헬라인(이방인) 모두에게 조롱거리가 될 수밖에 없었다. 이러한 신학적·문화적 상황 속에서, "예수 그리스도가 육신을 입으신 하나님이시다"라는 신비를 인간의 언어로 설명하고 변증하려는 신학적 노력은 필연적이었다. 이 진리를 그대로 방치하면 복음이 필연적으로 오해되고 왜곡되며 배척당할 수밖에 없었기 때문이다. 이에 따라 초기 교회 사상가들, 곧 교부들은 그리스도의 성육신, 신성과 인성, 그리고 두 본성의 연합이라는 기독론의 핵심 진리를 해명하려는 시도를 본격

---

[19] 신 21:23 "그 시체를 나무 위에 밤새도록 두지 말고 그날에 장사하여 네 하나님 여호와께서 네게 기업으로 주시는 땅을 더럽히지 말라. 나무에 달린 자는 하나님께 저주를 받았음이니라."

화했다.

그러나 이 신비를 유한한 인간의 사유와 언어로 해명하는 일은 결코 쉬운 일이 아니다. 이와 관련하여 알리스터 맥그래스(Alister McGrath)는 그 난해함을 다음과 같이 통찰력 있게 설명한다. "우리가 제아무리 신학적 정확성을 겨냥하고 하나님의 실재와 기독교 복음을 붙들고 씨름해도 결국 인간의 정신은 한계에 봉착하고 좌절을 맛보기 마련이다."[20] 결국 이 지점에서 다양한 신학적인 오류와 왜곡이 빈번히 발생하였다. 이단이라 불리는 여러 사상이 등장한 것도 바로 이러한 기독론 해명 과정에서의 한계와 혼란에서 비롯된 것이다.

예컨대, 아리우스(Arius)는 그리스도를 피조물로 격하하여 그분의 신성을 부정하였고, 아폴리나리우스(Apollinarius)는 그리스도께서 영혼 없는 육체만 지니셨다고 주장함으로써 완전한 인성을 훼손하였다. 더 나아가 네스토리우스(Nestorius)는 그리스도의 신성과 인성을 두 인격으로 분리함으로써 두 본성이 한 인격 안에 연합되었다는 성경적 기독론에서 이탈했으며, 유티케스(Eutyches)는 두 본성이 혼합되어 결국 인성이 신성에 흡수되어 제3의 본성이 형성되었다고 주장했다. 이들은 각기 나름의 신학적 열정으로 진리를 수호하려 했지만, 그 열심만큼 성경의 가르침에서 멀어지게 되었다. 이러한 혼란에 대응하기 위해 교회는 니케아(325), 콘스탄티노플(381), 에베소(431), 칼케돈(451) 등의 공의회[21]를 소집하였고, 각 공의회는 정통 기독론의 기준을 명확히 정립하며 이단적 오류를 바로잡는 중요한 임무를 수행하였다.

고대 공의회 결정들은 단순한 교리논쟁의 산물이 아니었다. 그것은 복음의 본질을 지켜 내고, 예수 그리스도의 인격과 사역에 대한 성경의 증언을 보존하기 위한 치열하고도 눈물겨운 신학적 투쟁의 결정체이며, 신앙의 신비를 보존하는 일이었다. 이와 관련하여 찰스 고어(Charles Gore)는 "법률 제정이 도덕적 원칙을 보호하듯이, 교리라는 형식은 그리스도의 신비를 보호하

---

[20] 알리스터 맥그래스(Alister McGrath), 홍병룡 역, 『그들은 어떻게 이단이 되었는가』 (서울: 포이에마, 2011), 51.
[21] 이 회의를 고대 '4대 보편 공의회'라고 하며, 모든 기독교 교회(로마교회, 종교개혁교회/개신교, 개혁교회)는 이 공회의 결정을 믿음의 토대로 받아들인다. 본 논문에서는 신경이 작성되지 않은 에베소 공의회(431)는 다루지 않는다.

고자 그분에 관한 신약 성경의 진술을 새로운 형태로 정리한 것이다"라고 한다.[22] 이제 우리는 이러한 공의회가 '기독론 신앙'을 어떻게 해명하고 보존했는지, 그 구체적인 역사와 결정들을 살펴볼 것이다.

2.4. 고대 교회 기독론 공의회(AD 325-451)

2.4.1. 니케아 공의회(AD 325)

제1차 니케아 공의회(Council of Nicaea)는 AD 325년 로마 황제 콘스탄티누스 대제(Constantine the Great)의 소집으로 개최된 기독교 최초의 보편 회의(Ecumenical Council)였다. 이 회의는 오리게네스(Origenes)의 삼위일체론을 급진적으로 발전시킨 아리우스(Arius, AD 256-336)의 '종속주의'(Subordinationism) 논쟁에 대응하기 위해 소집되었다.[23]

오리게네스는 하나님은 한 하나님인데 창조주이시고, 아들을 통해서 또 지혜를 통해서 전능하다고 계시한다. 하나님은 일차적인 창조주로서, '그 하나님'(ὁ Θεός)이시고, 관사가 없는 아들 '하나님'(Θεός)은 만물의 처음 난 자이다. 하나님은 아들을 처음부터 가지셨으며, 하나님과 피조물 간의 중보자이시자 아버지보다 열등한 분으로 규정하였다.[24] 또한 아들은 시간 바깥에 있고, 변함이 없으신 성부는 한 영원한 행위에 의해 성자를 낳았기 때문에, "성자가 존재하지 않았던 때가 있었다"는 주장은 불경할 뿐만 아니라 불합리한 것이라 한다.[25]

알렉산드리아의 명망 있는 장로였던 아리우스는 하나님의 절대적 유일성을 수호한다는 열심으로 자기 교구의 감독이었던 알렉산더(Alexander of Alexandria)에게 반기를 들었다. 그의 주장은 "아버지만 계시고 다른 존재는 다 창조에 의해 이루어진 존재일 뿐이다. … 그러므로 아들은 아버지와 함

---

22 Charles Gore, *The Incarnation of the Son of God* (London: John Murray, 1922), Alister McGrath, 『그들은 어떻게 이단이 되었는가』, 52쪽에서 재인용.
23 서철원, 『교리사』, 213.
24 서철원, 위의 책, 185-195.
25 J. N. D. Kelly, *Early Christian Doctrines*, 5th ed. (London: Continuum, 1977), 124. "the Son was 'eternally generated' … To suggest that 'there was when He was not' was, in his [Origen's] view, not only impious but absurd."

께 영원하지 않고, 동등하지 않고, 아버지와 함께 비출생도 아니고, 아버지와 함께 존재하지도 않는다. 아버지는 아들보다 먼저 존재한다(Arii ep. ad Alexandrum; epiphanios, haer, 69, 8)"였다.[26] 또한 아들은 그의 의지에 의해 영원 시간 전에 창조되었고, 그는 참하나님이 아니다. 그가 하나님으로 불리는 것은 은혜에 동참함으로 된 것이어서 이름으로만 아들이고 참하나님이 아니라고 한다(Athnasios, Orationes contra Arianos Ⅰ, 6; Thalia).[27] 이러한 아리우스의 주장은 과거 오리게네스의 가르침과 비교할 수 없을 정도로 과격한 것이며, 기독교 존립을 위태롭게 했다.

결국, 알렉산더 감독은 아리우스의 이단적 가르침을 밝히고, 자기 교구에 서신을 보내 미혹되지 않도록 촉구하였다. 그러나 논쟁은 심화하였고, 황제는 제국의 안정을 꾀하기 위해 325년 5월 '최초의 보편 공의회를 소집'하였다. 318명의 참석자 중 소수의 아리우스파, 오리게네스의 종속론의 영향 아래 있으면서 화해를 원했던 다수의 중도파, 알렉산더와 그의 젊은 부제 아타나시우스(Athanasius, AD 296/297-373)를 중심으로 한 소수의 정통파였다. 하나님은 그리스도의 핏값으로 세우신 교회를 사랑하셔서, 아타나시우스를 통해 정통 교리가 바르게 드러나도록 하셨고 다음과 같은 최초의 공교회 신경을 결정하였다.

"이는 아버지의 실체에서 나셨고, 하나님에게서 나온 하나님이시다. 빛에서 나온 빛이요, 참하나님에게서 나온 참하나님이시다. 그는 출생하셨고 만들어지지 않았으며[28], 아버지와 동일 실체(ὁμοούσιος)이시다. … 하나님의 아들이 가변적이거나 변이될 수 있다고 말하는 자들은 보편교회는 정죄한다."[29]

니케아 신경(Symbolum Nicaenum)은 성자가 아버지와 동일 실체/본질(ὁμοούσιος)이시며, 출생하였고, 만들어지지 않았다는 교리를 확립함으로써 정통 신앙이 승리하게 되었다. 서철원 박사는 "니케아 신경(Symbolum Nicaenum)

---

26 서철원, 『교리사』, 216.
27 서철원, 위의 책, 217.
28 올슨은 이 구절이 "아리우스주의를 배제하기 위해서, 필수적으로 성경 밖의 용어를 사용해야 한다는 알렉산더의 주장을 반영한 어구로 탁월한 표현이었다"고 평가한다. 올슨, 『이야기로 읽는 기독교 신학』, 182.
29 서철원, 『교리사』, 242.

은 최초의 신경일 뿐 아니라 만대의 표준으로 서 있다. 이 표준에 합하면 그 신학은 기독교 신학이 되고 그렇지 않으면 이단이고 비종교가 된다"고 평가한다.[30]

2.4.2. 콘스탄티노플 공의회(AD 381)

니케아 공의회는 아리우스의 종속주의를 정죄하고, "성자는 성부와 동일한 본질(ὁμοούσιος)"임을 선언함으로써 그리스도의 신성을 정통 교리로 확정하였다. 그러나 이후 콘스탄티우스 2세(AD 337-361)와 발렌스(Valens, AD 364-378) 치세에는 아리우스주의를 지지하는 정치적 분위기 속에서 니케아 신앙을 고수하던 주교들이 추방되고, 아리우스파가 일시적으로 득세하는 등 교회는 신학적 혼란기를 겪게 되었다.

이와 함께 성령의 신성을 부정한 마케도니우스주의(Macedonianism)가 확산되며, 삼위일체 교리는 더욱 위협받았다. 이에 황제 테오도시우스 1세는 신앙의 일치를 도모하고자 AD 381년 콘스탄티노플에서 제2차 세계 공의회를 소집하였다. 이 공의회에 참석한 150명의 교부들은 니케아 신경을 재확인하였으며, 성령 역시 성부와 성자와 동일 본질의 하나님이심을 선언하였다. 이 선언은 후대에 '니케아-콘스탄티노플 공의회'으로 명문화되었고, 다음과 같은 신앙고백으로 정리되었다(Symbolum Constantinopolitanum). "성령은 주시며, 살리는 자시요, 성부에게서 나오시고, 성부와 성자와 함께 동일한 경배와 영광을 받으시며, 선지자들을 통해 말씀하셨다."[31]

맥그래스는 "니케아 공의회와 콘스탄티노플 공의회를 면밀히 조사해보면, 이단과 정통을 권력 정치의 산물로 보는 사상이 무너지는 것을 알 수 있다. … 결국에는 정치적 영향력으로 결함 있는 기독교 신앙관을 유지하는 것은 부적절하다는 것이 입증되었다"고 한다. 부연하자면, 삼위일체 교리 결정은 인간적인 사유의 산물이 아니라 성령께서 깊숙이 개입하신 사건이라는 의미다.[32] 서철원 박사는 "기독교는 삼위일체 하나님을 믿는 종교로 확립되게 되

---

[30] 서철원, 같은 책, 245.
[31] 서철원, 같은 책, 377.
[32] 맥그래스, 『그들은 어떻게 이단이 되었는가』, 301, 303.; *Heresy: A History of Defending the Truth* (New

었다. 삼위일체 교리를 받지 않으면 바로 이단이 되고 기독교일 수 없게 되었다. 이 공의회 이후 기독교는 삼위일체 하나님 신앙이었을 뿐 아니라 만대 교회의 신앙이 되었다"고 평가한다.[33]

2.5. 칼케돈 공의회(AD 451)

콘스탄티노플 공의회(381년)에서 삼위일체 교리가 확립되며 기독교 신앙의 신학적 기초가 완성되었다. 그러나 그리스도의 신성과 인성의 관계는 여전히 논쟁의 중심으로 남아, 안디옥 학파와 알렉산드리아 학파는 첨예한 대립에 직면하게 되었다.

안디옥 학파의 대변자 네스토리우스(Nestorius)는, 마리아는 단지 인성만 낳았으므로 '하나님을 낳은 자'가 아니라 '그리스도를 낳은 자'라고 했다. 그는 안디옥 전통을 따라 성육신에 있어서 그리스도의 두 본성의 각자는 그 고유한 특성을 유지한다고 보았다(말씀-인간).[34] 그리스도의 신성은 인성 속에, 인성은 신성 속에 혼합되거나 뒤섞임 없이 존재하며[35], 하나님은 육과 공재(coexistence)하지만 두 본성이 하나로 합일함이 아님을 주장했다.[36] 그의 주장에는 분열된 인격의 위험이 내포되어 있었다.

반면, 알렉산드리아 학파의 선두인 키릴루스(Cyrilus)는 두 본성을 분리하는 대척점에 섰다. 그는 하나님의 독생자가 우리의 구원을 위해 강림하였는데, 로고스가 자신의 영혼에 의해 살게 된 육에 자신을 결합하였다고 한다. 그리고 신성과 인성의 두 본성의 차이가 제거된 것이 아니라 우리를 위해서 말로 할 수 없는 연합에 의해 한 주 예수 그리스도를 구성한다고 주장하고, 한 인간을 취한 것이 아나라 육을 취하셨다(말씀-육)고 한다.[37] 마리아를 '하나님의 어머니'(Θεοτόκος)라고 부르는 것은, 그녀에게서 말씀이 시작을 가져서가

York: HarperOne, 2010), 188.
[33] 서철원, 같은 책, 382.
[34] 서철원, 같은 책, 461.
[35] J. N. D. 켈리, 『고대기독교 교리사』, 335.
[36] 서철원, 『교리사』, 462.
[37] 서철원, 『교리사』, 467. 이러한 주장의 논리적 귀결은 단성론(Monophysitism)적 함의를 배태하고 있었다(논자 주).

아니라 영혼을 가진 육체를 자기에게 부착시켰기 때문이라고 한다.[38]

그리스도의 양성에 대한 충돌이 모든 교회로 퍼져 나가자, 논란을 해소하기 위해 431년 에베소 공의회가 소집되었고, 공의회에서 네스토리우스를 정죄하고 '하나님의 어머니'(Θεοτόκος)[39] 칭호를 정통 교리로 확정하며 알렉산드리아 학파의 승리로 귀결되었다. 그리고 2년 후 교황의 중재로 키릴루스가 자기의 저주들과 아폴로나리우스[40]적인 주장을 수정하였다. 따라서 안디옥 학파도 네스토리우스[41]를 포기하고 양측은 '연합신경'(unionis symbolum)에 합의하였다.

그러나 그리스도의 두 본성의 명확한 정의는 여전히 미완으로 남았다. 키릴루스의 영향 아래 있던 알렉산드리아 수도승들은 여전히 인성과 신성이 성육신으로 한 본성이 되었다고 주장하였다. 콘스탄티노폴리스의 수도원장이었던 유티케스(Eutyches)는 그리스도 안의 두 본성이 성육신 이후 하나로 혼합되어, 인성이 마치 "바다에 떨어진 한 방울의 꿀처럼" 신성에 흡수되었다고 한다.[42] 이는 사실 두 본성이 융합하여 제3의 존재(tertium quid)가 되었다는 주장이다.[43]

이에 동로마 황제 마르키아누스는 신앙의 통일을 위해 451년 칼케돈에서 제4차 세계 공의회를 소집했다. 600여 명의 주교들은 니케아-콘스탄티노플 신경, 키릴루스의 서신, 레오 1세의 서신을 신학적 기준으로 삼아 논의를 전개하여, 네스토리우스주의(인격의 분리)와 유티케스의 단성론(두 본성의 혼합)을 이단으로 정죄하고, 칼케돈 신경을 채택했다. 신경은 주요 결정은 다

---

[38] 서철원, 『교리사』, 466-468.; 이러한 키릴로스의 가르침은 성육신의 신비가 '위격적 연합(ὑποστατικὴ ἕνωσις, hypostatic union)'임을 밝히고, 네스토리우스가 인성과 신성을 분리하여 'Χριστοτόκος'만을 인정하는 입장을 거부하기 위해서이다(논자 주).

[39] '데오토코스'는 마리아가 신성의 근원이거나 신성을 창조하셨다는 의미가 아니라, 신성이 마리아를 통해서 인성을 취하였다는 의미이다. 즉 하나님이 단지 육체만 취한 것이 아니라, 우리와 같은 인성을 취했다는 의미이다.

[40] 로고스가 인간의 이성적 영혼을 대신했다고 주장하므로 그리스도의 인성을 훼손하였다. 나지안주스의 그레고리는 "취하지 않은 것은 구속되지 않는다"고 반박했다.

[41] 신성과 인성으로 각기 인격으로 존재하고, 결합은 단순한 일치(union)였다고 주장하므로, 말씀이 육신이 되었다는 말씀을 부정하였다.

[42] G. Connor Salter, "What Is the Heresy of Monophysitism?," Christianity.com, https://www.christianity.com/wiki/christian-terms/what-is-the-heresy-of-monophysitism.html. 2025년 6월 14일 접속.

[43] J. N. D. 켈리, 『고대기독교 교리사』, 111.

음과 같다.

"두 본성에 있어서 혼합 없이, 변화 없이, 분열 없이, 분리 없이 인식되어야 하며, 결코 연합 때문에 본성의 차이가 제거되는 것이 아니고, 더욱이 양본성들의 특성들이 손상되지 않는다. 그리고 한 인격에로 또 한 존재 방식에로 함께 들어갔고, 두 인격으로 나뉘거나 분열되지 않으며 한 동일한 아들, 독생하신 하나님, 말씀, 주, 예수 그리스도이시다."[44]

베른하르트 로제(Bernhard Lohse)는 "이 신앙고백은 예수 그리스도의 신성과 인성에 관하여 올바르게 말하려는 모든 시도가 유일하게 감행될 수 있는 한 방향이 그 질문들에게 제시되었다"고 한다.[45] 서철원 교수는 칼케돈 공의회 신경을 다음과 같이 평가한다. "기독교 역사상 처음으로 성육신 신비가 문장으로 확립되어, 성육신의 신비를 사고 가능하게 만들었고 또 신앙고백이 어떻게 가능한지를 분명히 하였다. 그것은 성육신 신비를 해명하는 것이 아니라 그 진리를 선포하고 믿게 하는 것이었다. (중략) 그리고 기독교가 기독교로 남는 길은 오직 이 성육신의 신비에 머무르고 사고의 영역으로 넘어가지 않으므로 기독교가 기독교로 남게 되었다."[46]

2.6. 소결론

기독교는 그리스도의 인격과 사역에 뿌리를 둔다. 따라서 그리스도의 위격과 사역에 대한 고백은 참된 교회와 거짓 가르침을 구별하는 영원한 기준이다. 교회가 정통 기독교로 서려면 니케아, 콘스탄티노플, 칼케돈 신경의 성경적 신앙고백을 토대로 해야 한다. 이 신경들은 인간의 사변이 아닌 성경 계시를 공적 신앙으로 정립한 결정체다. 아타나시우스는 이를 "성경에서 도출된 경건한 교리"라고 했다.[47] 이단과 분파는 종종 '오직 성경만'을 표방하지만, 신앙고

---

[44] 서철원, 『교리사』, 486.
[45] 베른하르트 로제(Bernhard Lohse), 정병식 역, 『기독교 사상사』 (서울: 컨콜디아사, 2001), 102.
[46] 서철원, 『교리사』, 489.
[47] Athanasius, *Festal Letters, Letter 39.6*, in: Philip Schaff, *Nicene and Post-Nicene Fathers*, Series II, Vol. 4 (New York: Christian Literature Publishing Co., 1892), 552. "오직 이 책들 안에서만 경건의 교리가 선포됩니다. 아무도 여기에 무엇을 더하지도 말고, 아무것도 여기서 빼지 마십시오(ἐν τούτοις μόνοις τὸ τῆς εὐσεβείας διδασκαλεῖον εὐαγγελίζεται. μηδεὶς τούτοις ἐπιβαλλέτω, μηδὲ τούτων

백과 교리적인 해석의 전통을 경시하거나 간과하는 데서 발생한다.

2.7. 한국 교회 대표적 이단의 기독론 왜곡 및 분석

한국 교회는 해방 이후 수많은 이단의 도전에 직면해 왔다. 이들 이단의 공통적인 특징은 기독교의 핵심 교리인 기독론을 교묘하게 변개(變改)하여 교주를 신격화하고, 예수 그리스도의 유일한 구원 사역을 대체하는 것이다. 이는 기독교 신앙의 근간을 흔들고 성도들에게 심각한 영적 혼란과 사회적 물의를 야기하는 핵심 원인이 되어왔다. 따라서 본 장은 대표적인 이단들의 기독론을 정통 신학의 관점에서 비판적으로 분석하고 그 오류를 논증하는 데 집중하고자 한다.

2.7.1. 통일교: 세계평화통일가정연합(문선명)

예수 그리스도의 위격과 사역의 격하: 통일교의 기독론 왜곡은 그들의 핵심 경전인 『원리강론』[48]에서 찾을 수 있다. '원리강론 연구와 실천'(Study and practice of the Principle)에서[49], 예수 그리스도와 하나님이 일체를 이루므로 '제2의 하나님'이라 할 수는 있으나, 하나님 자신이 될 수는 없다고 주장함으로써 '아버지와 아들은 동일 본질'이라는 니케아 신조의 핵심을 정면으로 부인한다. 나아가 예수의 십자가를 '실패'로 규정한다. 예수의 십자가는 하나님의 본래 뜻이 아닌, 인간의 불신으로 인한 차선책이자 실패의 결과물이며, 이 때문에 인류의 '영적 구원'만 이루었을 뿐 '육적 구원'은 미완성으로 남았다고 주장한다.[50]

재림주 출현이 당위성과 조건: 그러므로 예수의 사명을 계승하여 '세계적 가나안 복귀 노정'을 완성할 재림주가 필요하다는 것이 그들 주장의 핵심이다. 『원리

ἀφαιρείσθω τι)."

48 서춘웅, 『교회와 이단』 (서울: 크리스챤서적, 2010), 710. "원리강론의 총서에는, 문선명이 예수님을 비롯한 낙원의 수많은 성현과 자유로이 접촉하며 은밀히 하나님과 영교하는 가운데 모든 천륜의 비밀을 밝혀내는 자라고 한다."

49 https://principle.study/en/

50 https://principle.study/en/dp/christology/jesus-and-the-person-who-has-realized-the-purpose-of-creation/ 2025년 6월 16일 접속.

강론』의 '탕감 복귀 원리'에 따르면, 이 재림주는 예수와 같이 실제 인간의 몸으로 지상에서 태어나야 하는데, 그 시기는 제1차 세계대전 이후이며, 재림주가 구름을 타고 온다는 성경의 약속을 상징으로 치부하며, 요한계시록 12장 5절("여자가 아들을 낳으니")을 자의적으로 해석하여 재림주가 여자의 몸에서 태어날 것이라고 한다.

참부모와 독생녀: 결론적으로 통일교는 앞서 제시한 모든 재림주의 조건을 문선명 자신이 성취했다고 주장한다. 그 증거로 "재림주가 한국에 오시면 한국말을 쓸 것이고, 한국어가 조국어가 될 것"[51]이라는 주장이다. 문선명은 예수의 실패한 사명을 완성하기 위해 자신이 육신으로 재림했으며, 1960년 한학자와의 결혼이 바로 '어린양 혼인 잔치'를 이룬 것이라고 선포했다. 이로써 두 사람은 인류의 '참부모'가 되었으며[52], 오직 이 '참부모'가 주관하는 '축복결혼식'을 통해서만 인류가 사탄의 혈통에서 하나님의 혈통으로 전환될 수 있다고 가르친다. 나아가 문선명 사후, 한학자는 '참어머니'의 개념을 넘어 자신을 하나님이 보낸 '독생녀'(Only Begotten Daughter)라고 지칭하며 신격화의 정점을 이루고 있다.[53]

2.7.2. 신천지예수교증거장막성전(신천지, 이만희)

예수 그리스도의 위격과 사역의 격하: 신천지 기독론의 핵심 왜곡은 그리스도의 위격과 사역을 교묘하게 격하하여 이만희를 위한 신학적 공간을 마련한다. ① 신천지는 예수의 위격을 '시대적 사명자'로 한정한다. 그들은 예수를 구약의 약속을 성취한 '초림 때의 목자'로 인정하나, 그의 권위와 역할은 2천 년 전 '초림 시대'로 끝났다고 본다. 이는 예수 그리스도의 영원한 선재성과 신성, 그리고 만유의 주재 되심을 부정하는 것이다. ② 십자가 구속 사역의 완전성을 훼손한다. 신천지는 예수를 아담, 노아, 아브라함, 모세 등과 같은 시

---

[51] https://principle.study/en/dp/the-second-advent/the-chaotic-profusion-of-languages-and-the-necessity-for-their-unification/, ' The Chaotic Profusion of Languages and the Necessity for Their Unification'. 2025년 6월 16일 접속.
[52] 이대복, 「통일교 문선명의 정체」, 『교회와 이단』, (기독교문제연구소, 1997,11월), 85.
[53] 한학자, 『인류의 눈물을 닦아주는 평화의 어머니』, (서울: 김영사, 2020), 65-75.

대별 사명자의 반열로 격하시키고[54], 그의 십자가 사역을 인류 구원을 위한 불완전하고 미완성된 것으로 주장한다. 미완의 과업을 교주 이만희가 완성하는 최후의 구원자로 신격화한다.[55]

다른 보혜사 교리를 통한 그리스도의 대체: 신천지는 요한복음 14:16의 '다른 보혜사'를 이만희로 주장한다. 예수는 본질상 하나님이 아니라 성령이 임한 육을 입은 보혜사라고 전제하며[56], 예수가 떠난 후 오는 '다른 보혜사'는 진리의 성령(영 보혜사)이 임한 '새로운 육신의 보혜사', 즉 이만희라고 주장한다.[57]

'이긴 자' 교리를 통한 교주 신격화: 신천지는 요한계시록 2-3장의 '이긴 자'의 축복과 권세가 이만희에게 성취되었다고 주장한다.[58] 그는 자신을 '이기는 자', '약속의 목자', '새 요한', '만유의 대주재', '기름 부음 받은 자', '하나님과 예수님과 같이 보좌에 앉은 자', '예수의 새 이름을 받은 자', '예수의 모든 소유를 받은 자', '책 받아먹는 자', '두 증인 중의 한 분' 등으로 미화하며, 계시록의 모든 예언이 자신에게서 성취되었다고 주장한다. 또한 재창조의 현장은 시대마다 달랐으며, 재창조의 현장은 '이긴 자'가 있는 시온산(계 14장), 새 하늘과 새 땅 곧 신천지(계 21장)라고 한다.

신천지의 기독론은 예수 그리스도의 인격과 사역을 체계적으로 격하하고, 성령의 위격을 왜곡하여 그 자리에 이만희를 대체자로 내세운다. 구원은 그리스도의 인격과 사역을 믿는 믿음으로 이루어지는 것이 아니라, 이만희와 그의 교리를 믿고 따르는 행위를 통해 얻는 폐쇄적인 시스템으로 변질하였다. 성경이 경고하는 '다른 복음'(갈 1:8)의 전형이라 할 수 있다.

---

54 한창덕, 『한눈에 끝내는 신천지 비판』 (서울: 새물결플러스, 2013), 137.; 신천지증거장막성전, 『천지창조』 (서울: 도서출판 신천지, 2008), 177.
55 한창덕, 앞의 책, 152.
56 이춘웅, 『교회와 이단』, 774.
57 한창덕, 『한눈에 끝내는 신천지 비판』, 118-119, 152.
58 한창덕, 앞의 책, 113.

2.7.3. 안상홍 증인회 하나님의 교회(안상홍, 장길자)

'하나님의교회 세계복음선교협회'(이하 하나님의 교회)는 한국에서 발흥하여 전 세계로 세력을 확장하고 있는 대표적인 신흥종교 단체 중 하나이다. 그들은 봉사활동 등 긍정적 사회 활동을 전면에 내세우지만, 그 교리의 핵심에는 기독교의 근간을 뒤흔드는 심각한 이단적 사상이 자리하고 있다. 특히 그들의 신론과 기독론은 성경적 계시와 역사적 교회의 신앙고백을 완전히 이탈하여, 설립자 안상홍과 그의 후계자 장길자를 신격화하는 새로운 종교 체계를 구축한다.

재림 그리스도로서의 안상홍: 하나님의 교회는 설립자 안상홍(1918-1985)을 성경이 예언한 재림 그리스도라고 믿으며, 이는 앞선 이단들과 마찬가지로 기독교의 기독론을 정면으로 부정하는 '대체 기독론'의 전형이다.

① 그들은 다윗 왕의 예언을 자의적으로 해석하여 안상홍의 정당성을 주장한다. 예수는 다윗의 위(位)로 왔으나(눅 1:32) 다윗의 왕위 기간 40년을 다 채우지 못하고 3년의 공생애로 마쳤기에, 나머지 37년의 사역을 완성할 새로운 다윗이 와야만 하는데, 안상홍은 30세에 침례를 받고 재위 기간 40년을 채웠기 때문에 재림주라고 한다.[59]

② 안상홍을 성령 보혜사이자 '새 이름'을 가진 구원자로 신격화한다.[60] 계 14:1-2의 "많은 물소리"를 홍(洪)으로, "거문고 타는 소리"를 상(商)으로 억지 해석하여, 안상홍이 하나님의 '새 이름'이라고 주장한다.[61] 또한 예수가 보혜사를 주시겠다고(요 14:16, 26; 16:7) 한 말씀의 보혜사가 안상홍이라고 한다. "하나님의 교회는 기독교 핵심 교리인 성 삼위일체를 확고히 믿습니다. 성 삼위일체는 아버지 하나님이 각 시대마다 성부·성자·성령으로서 다른 이름으로 역사하나 그 근본은 동일하다는 의미입니다. 신약 시대 성부 여호와 하나님

---

[59] 이춘웅, 『교회와 이단』, 829.
[60] 이영식, 『하나님의 교회 비판』 (교회와신앙, 2005).
[61] 이춘웅, 『교회와 이단』, 829.

이 신약 시대에 아들(성자)의 입장으로 오신 분이 예수님이며, 성경 예언대로 이 시대에 재림 그리스도(성령)로 오신 분이 안상홍님입니다"라고 한다.[62]

'어머니 하나님' 장길자, 신론의 변질과 기독론의 파괴: 안상홍 사후, 하나님의 교회는 장길자(1943–)를 '어머니 하나님'으로 신격화하며 교리의 변질을 가속화했다. 이는 기독론뿐만 아니라 기독교 신앙의 가장 근본인 신론 자체를 파괴하는 행위이다.

① 성경의 상징적, 문학적 표현을 왜곡하여 여성 신(神)을 창조한다. "하늘에 계신 우리 아버지"(마 6:9)는 물론, 위에 있는 "예루살렘은 자유자니 곧 우리 어머니라"(갈 4:26) 하여 영의 아버지와 어머니를 증거하고 있다고 주장하며, 장길자를 '어머니 하나님'으로 신격화시켰다.[63]

② '어머니 하나님'은 그리스도의 유일한 중보자 되심을 파괴한다. 계 22:17의 "성령과 신부"를 안상홍과 장길자로 대입하여, 마지막 때에는 이 두 존재를 통해서만 생명수를 얻을 수 있다고 주장한다.[64]

2.7.4. 위에서 제시한 이단뿐 아니라 대부분 이단은 다음과 같은 공통점이 있다

기독론 대체: 이단들은 대부분 예수 그리스도 외의 다른 인물(대개 교주 자신)을 신격화하거나, 자신을 재림 예수, 보혜사로 내세워 예수 그리스도의 신적 위격을 침해하거나 도용한다.

성육신 도용, 변질: 예수 그리스도의 성육신 사건(하나님이 인간이 되심)의 유일무이성을 부정하고, 자신들의 교주가 새로운 성육신적인 존재이거나 영적으로 특별히 연결된 존재라고 주장한다. 이를 통해 자신들의 비정통적인 권위를 확립하고, 교주의 가르침과 인격을 예수 그리스도와 동등하거나 심지어 그

---

62 https://watv.org/ko/truth-intro/, 2025년 6월 15일 접속.
63 https://watv.org/ko/truth-intro/, 2025년 6월 15일 접속.
64 이영식, 『하나님의 교회 비판』.

이상으로 격상시킨다.

유일한 중보자 부정: 성경은 예수 그리스도만이 하나님과 인간 사이의 유일한 중보자이심을 명확히 선언한다(딤전 2:5). 그러나 이단들은 교주나 자신들의 단체를 통한 새로운 구원 중보자로 주장한다.

복음의 대체: 십자가와 부활을 통한 예수 그리스도의 완전하고도 최종적인 구원 복음 대신, 자신들의 교리나 가르침이 구원의 완성된 메시지라고 주장하며 '다른 복음'을 제시한다. 이는 사도 바울이 갈라디아서에서 강력히 경고한 바와 같이(갈 1:8-9), 복음의 본질을 변질시키는 가장 위험한 행위이다. 이러한 '다른 복음'은 대개 행위 구원론, 특정한 의식이나 규례의 강조, 교주의 절대적 가르침에 대한 순종 등을 구원의 조건으로 내세워 예수 그리스도의 십자가 공로를 무력화시킨다.

3. 결론

기독교 신학의 심장인 기독론은 기독교 신앙의 심장이다. 예수 그리스도의 신성과 인성, 유일한 구원자 되심을 왜곡하면 신앙 전체가 무너진다. 이단들이 기독론을 공격하는 이유는 바로 이 핵심을 흔들기 위함이다. 바른 기독론의 수호는 교회의 본질적 사명이며, 성도들의 신앙을 지키는 견고한 진이다.

3.1. 바른 기독론 회복

한국 교회는 이단의 왜곡과 포스트모던 상대주의 속에서 예수 그리스도의 신성, 인성, 완전한 구속 사역(히 10:14)을 강력히 선포해야 한다. 성도들이 이단의 미혹에 흔들리지 않도록 그리스도의 유일성과 충분성을 강조하고, 복음의 진리를 삶으로 고백하도록 인도해야 한다. 이에 더해 이단에 빠진 이들을 정죄하기보다 사랑과 온유함으로 바른 기독론을 제시하여 복음으로 돌아오게 해야 한다.

3.2 교리 교육

종교개혁의 제1원리는 '오직 성경'이다. 그러나 이는 무교리(non-creedal)를 뜻하지 않았다. 특히 개혁교회는 고대 보편 공의회 신경들을 자산으로 받아들이고, 성경과 정통 교리를 토대로, 교회 상황에 따라 자신들이 믿는 바 도리가 무엇인지를 신앙고백서와 요리문답을 통해서 분명히 밝히고, 고백했다.[65] 그리고 반복하여 부지런히 가르쳤다.

우리 교단은 개혁교회를 표방하고 교리를 지키려는 강한 의지로 출발하였고, 그 토대 위에 확고하게 섰다. 그러나 역사와 문화의 배면에 도도하게 흐르는 포스트모던 사조가 가랑비에 옷 젖듯이 교회 안에 스며들고 있다. 교리를 가르치는 일을 유행 지난 옷을 입은 것처럼 스스로 경멸하는 데 이르렀다. 루이스(C. S. Lewis)가 '연대기적 우월 의식'[66]이라고 말한 죄에 빠진 것이다.[67]

공교회와 개혁교회가 치열하게 때로는 생명을 내놓고 형성한 교리는 과거의 유산이 아니다. 교리는 성경을 바로 보게 하는 안경이며, 참기독교와 거짓 기독교를 분별하는 시금석이다. 그러므로 교회는 개혁교회인 우리 교단은 교리 교육에 천착해야 한다. 그때에 선조들이 생명을 걸고 지켜낸 신앙고백과 신조만이 이단, 포스트모더니즘, 4차 산업혁명의 파고의 도전을 이겨낼 수 있고, 복음이 제 능력을 발휘하게 될 것이다.

---

[65] 대니엘 하이드(Daniel R. Hyde), 김찬영 역, 『개혁교회에 오신 것을 환영합니다』 (서울: 부흥과개혁사, 2025). 개혁교회는 고대 보편 공의회 신조뿐 아니라 삼대 일치 신조인 벨기에 신앙고백서(1561), 하이델베르크 교리문답(1563), 도르트 신조(1618-1619)와 웨스트민스터 신앙고백서(1947), 웨스트민스트 대교리 문답, 소요리문답(1648)을 통해서 성경이 가르치는 경건한 교리 위에 굳게 서도록 했으며, 마음과 뜻과 생각과 힘이 하나 되도록 하였다.

[66] 어떤 사상이나 문화가 단지 오래되었기 때문에 가치가 없거나 틀렸다고 여기는 태도로, 루이스는 이를 일종의 무비판적인 진보주의 사고방식이라고 비판한다.

[67] 대니엘 하이드, 위의 책, 29.

참고문헌

국내 문헌

백상현. 『이단사이비, 신천지를 파헤치다』 서울: 국민일보기독교연구소, 2013.
서철원. 『교리사』 서울: 총신대학교출판부, 2005.
신현욱. 『신천지 이단옆차기』 구리: 구리이단상담소, 2017.
이대복. 「통일교 문선명의 정체」 『교회와 이단』, 1997년 11월.
이영식. 『통일교 교리의 비판적 분석』 서울: 교회와신앙, 2004.
_____. 『하나님의 교회 비판』 서울: 교회와신앙, 2005.
이춘웅. 『교회와 이단』 서울: 크리스챤서적, 2010.
이필찬. 『내가 속히 오리라: 신천지 요한계시록 해석의 문제점』 서울: 이레서원, 2021.
지바, 마사야. 『현대사상 입문』 김상운 옮김. 서울: 아르테, 2022.
탁명환. 『기독교 이단 연구』 서울: 국제종교문제연구소, 1987.
한창덕. 『한눈에 끝내는 신천지 비판』 서울: 새물결플러스, 2013.

국외 문헌 및 번역서

고어, 찰스(Gore, Charles). *The Incarnation of the Son of God*. London: John Murray, 1891.
로제, 베른하르트(Lohse, Bernhard). 『기독교 교리사』 구영철 옮김. 서울: 컨콜디아사, 1990.
맥그래스, 알리스터(McGrath, Alister E.). 『그들은 어떻게 이단이 되었는가』 홍병룡 옮김. 서울: 포이에마, 2020.
켈리, J. N. D.(Kelly, J. N. D.). 『고대기독교 교리사』 박희석 옮김. 서울: 크리스챤다이제스트, 2004.
쿨만, 오스카(Cullmann, Oscar). 『원시기독교 예배』 이선희 옮김. 서울: 대한기독교서회, 1984.
페르디난트 한(Hahn, Ferdinand). 『원시 기독교 예배사』 진연섭 옮김. 서울: 대한기독교서회, 1988.
칼뱅, 장(Calvin, John). 『기독교 강요』 문병호 옮김. 서울: 생명의말씀사, 2020.
로저, E. 올슨(Olson Roger E.). 『이야기로 읽은 기독교 신학』 김주한·김학도 옮김. 서울: 대한기독교서희, 2009.
Horton, Michael. *The Christian Faith: A Systematic Theology for Pilgrims on the Way*. Grand Rapids, MI: Zondervan, 2011.
Edmondson, Stephen. *Calvin's Christology*. Cambridge: Cambridge University Press, 2004.
McGrath, Alister E. *Christian Theology: An Introduction*. 6th ed. Chichester: Wiley-Blackwell, 2017.
_____. *Historical Theology: An Introduction to the History of Christian Thought*. 2nd ed. Malden, MA: Wiley-Blackwell, 2013.
Kelly, J. N. D.. *Early Christian Doctrines*. 5th ed. London: Continuum, 1977.

고대 문헌 및 교부 자료 선집

The Apostolic Fathers: Greek Texts and English Translations. Edited and translated by Michael W. Holmes. 3rd ed. Grand Rapids: Baker Academic, 2007.

Nicene and Post-Nicene Fathers, Series I & II. Edited by Philip Schaff and Henry Wace. 28 vols. Peabody, MA: Hendrickson, 1994.

Ante-Nicene Fathers: The Writings of the Fathers Down to A.D. 325. Edited by Alexander Roberts, James Donaldson, and A. Cleveland Coxe. 10 vols. Peabody, MA: Hendrickson, 1994.

이단 관련 1차 자료

세계평화통일가정연합.『원리강론』서울: 성화사, 1966.
신천지예수교 증거장막성전.『요한계시록의 실상: 이것이 실상이다』안양: 도서출판 신천지, 1986.
_____.『천지창조』서울: 도서출판 신천지, 2008.
안상홍.『하나님의 비밀과 생명수의 샘』부산: 하나님의 교회 예수증인회 출판부, 1980.
한학자.『인류의 눈물을 닦아주는 평화의 어머니』서울: 김영사, 2020.

구원론과 이단
(구원을 왜곡하는 이단)

박재은 교수 • 총신대 신학과 조직신학, 교목실장 및 섬김리더교육원장[1]

1. 들어가는 글

디도서 3장 10절[2]에 등장하는 '이단에 속한'이라는 한글 번역에 상응하는 헬라어 단어는 하이레티코스(αἱρετικός)인데 이 단어는 '취하다' 혹은 '선택하다'라는 의미를 가진 하이레오(αἱρέω) 동사와 '~의 성질을 가진'의 뜻을 지닌 형용사형 접미사 티코스(τικός)가 조합된 단어이다. 이를 조합해 의미를 재구성해보면 하이레티코스라는 단어의 의미는 '선택의 성질을 가지고 있는'이라는 의미인데, 이런 뜻에 '다른'이라는 헬라어 표현인 헤테로스(ἕτερος)가 의미론적으로 내포되면 최종적으로는 '다른 것을 선택하는 성질을 가지고 있는'의 의미로 압축할 수 있다.

즉 이단은 '다른 것을 선택하는 성질을 가진' 일군의 무리이다. 그렇다면 이단들이 선택하는 '다른 것'은 무엇일까? 그들은 '다른 교리'를 선택한다. 이단들은 다른 교리를 선택해 다른 교리를 가르치는 자들이다. 이에 대해 베드

---

[1] 필자는 미국 Calvin Theological Seminary에서 기독론으로 Th.M., 구원론으로 Ph.D. 학위를 받았는데 특히 교회 역사 속에서 칭의와 성화에 대한 이단적 이해가 많았던 상황을 염두에 두고 구원론 중에서도 네덜란드 개혁파 칭의론과 성화론에 집중해 박사 논문을 작성했다. 출간된 박사 논문은 Jae-Eun Park, *Driven by God: Active Justification and Definitive Sanctification in the Soteriology of Bavinck, Comrie, Witsius, and Kuyper* (Göttingen: Vandenhoeck & Ruprecht, 2018)이다.

[2] "이단에 속한 사람을 한두 번 훈계한 후에 멀리하라"(딛 3:10). 본 연구에서 인용하는 성경은 한글개역개정역이다.

로후서 2장 1절은 다음과 같이 묘사한다.

"그러나 백성 가운데 또한 거짓 선지자들이 일어났었나니 이와 같이 너희 중에도 거짓 선생들이 있으리라 그들은 멸망하게 할 이단을 가만히 끌어들여 자기들을 사신 주를 부인하고 임박한 멸망을 스스로 취하는 자들이라."[3]

베드로 사도는 이 본문에서 세 가지 단어, 즉 '거짓 선지자들', '거짓 선생들', 그리고 '이단'을 의미론적으로 서로 등치(等値)시키고 있다. 이단들은 결국 거짓 교리를 선포하는 자들이며 거짓 교리를 가르치는 자들이다. 베드로 사도가 적시하듯이, 이들은 결국 '주를 부인하는' 자들이고, 그러므로 멸망을 자초하는 자들이다.

조직신학(systematic theology)이라는 학문은 성경의 핵심 가르침들을 체계적으로 요약한 진리 체계를 다루는 학문인데 기본적인 틀은 성경론, 신론, 인간론, 기독론, 구원론, 교회론, 종말론으로 구성된다.[4] 교회 역사 속에서 조직신학의 모든 각론은 전부 다 이단들의 주요 공격 포인트였다. 특히 교회 역사 면면에서 기독론이나 구원론[5]은 더 많은 공격의 대상이 되었는데 그 이유는 예수 그리스도의 인격에 대해 다루는 학문인 기독론과 예수 그리스도의 사역에 대해 다루는 학문인 구원론만 제대로 무너트리면 기독교의 핵심 본질이 와르르 무너지므로 기독론과 구원론은 '사나운 이리'(행 20:29)들이었던 '가만히 들어온 거짓 형제들'(갈 2:4)에게 늘 먹잇감이 되었기 때문이다.[6]

본 연구는 구원론에만 집중한다. 특히 구원론 내에 여전히 횡행하고 있는

---

[3] "Ἐγένοντο δὲ καὶ ψευδοπροφῆται ἐν τῷ λαῷ, ὡς καὶ ἐν ὑμῖν ἔσονται ψευδοδιδάσκαλοι οἵτινες παρεισάξουσιν αἱρέσεις ἀπωλείας καὶ τὸν ἀγοράσαντα αὐτοὺς δεσπότην ἀρνούμενοι ἐπάγοντες ἑαυτοῖς ταχινὴν ἀπώλειαν." 이 본문에서 '거짓'이라는 한글 번역의 헬라어 단어는 프세우도(ψευδο)인데 그 기본적인 뜻은 '가짜의' 혹은 '거짓의' 등이다.

[4] Cf. 박재은, 『쉬운 교리: 보통 사람들을 위해 성경으로 풀어가는 조직신학』 (서울: 생명의말씀사, 2025).

[5] 특히 칭의론과 성화론 가운데 신학적 혼탁함이 많았다. 이에 대한 구체적인 논구로는 박재은, 『칭의, 균형 있게 이해하기: 하나님의 주권 대 인간의 역할, 그 사이에서 바라본 칭의』 (서울: 부흥과개혁사, 2016); 박재은, 『성화, 균형 있게 이해하기: 하나님의 주권 대 인간의 역할, 그 사이에서 바라본 성화』 (서울: 부흥과개혁사, 2017) 등을 참고하라.

[6] Park, *Driven by God, passim*.

잘못된 이단적 가르침들을 정통(正統)과의 비교 맥락 속에서 포괄적으로 조망해 볼 것이다. 연구 순서는 다음과 같다. 먼저 선택, 소명, 중생, 회심, 칭의, 성화, 견인 등으로 대변되는 전통적인 구원의 서정(ordo salutis)의 논리적 순서를 따라가며 이단적 가르침의 핵심 본질을 되짚어 보겠다. 그 후 논의된 내용에 입각해 실천적 고찰 및 적용 지점을 파악한 후 글을 최종 요약 정리하며 마무리 짓겠다.

구원론적 이단 교리를 '분별'하는 일은 매우 중요하다. 그 이유는 이단 교리를 분별하고 경계하고 비판하는 일이 모든 일을 함에 있어 '시작 지점'이며 교회 개혁과 삶의 개혁의 '마중물'의 최소한의 첫 단추이기 때문이다.

2. 정통과 구원론적 이단의 형태

구원의 서정을 해석하는 앵글은 다양하다. 그중에서도 본 연구는 '객관'과 '주관'의 관계성 내에서 구원론적 이단의 형태를 가늠해 볼 것이다. 객관이란 기본적으로 '우리 밖'이란 의미인데, 이를 확장하면 객관이란 '신적인 것'이며 그러므로 '참된 것'이다. 반대로 주관이란 기본적으로 '우리 안'이란 의미인데, 이를 확장하면 주관이란 '인간적인 것'이며 그러므로 '거짓될 확률이 높은 것'이다. 주관이 거짓될 확률이 높은 이유는 죄 때문이다. 이런 객관과 주관의 구도 가운데서 구원의 서정의 면면을 심도 있게 살펴보고 각각의 서정 내의 이단적 가르침을 포괄적으로 조망해 보도록 하겠다. 순서는 선택, 소명, 중생, 회심, 칭의, 성화, 견인의 논리적 순서를 따라가겠다.

2.1. '선택'에 대한 이단적 가르침과 정통

구원론의 시작을 소명으로 볼 것인가 아니면 선택으로 볼 것인가에 대한 논의가 있었다. 물론 엄밀히 말하면 구원의 시작은 소명, 즉 부르심이 맞다. 오히려 선택은 구원론의 영역이라기보다는 '신론'의 영역이 맞다. 그럼에도 불구하고 선택으로 구원론을 시작하려는 의도는 분명하다. 하나님의 선택은 영원 전에 이루어진 것이기 때문에 '객관 중 객관'이다. 주관이 개입될 여지

조차도 없다. 영원 전에 존재했던 인간은 아예 전무(全無)하기 때문이다. 구원의 시작이 선택이라는 가르침은 성경이 선포하고 있는 성경적 가르침이다. 에베소서 1장 4-6절을 살펴보자.

> "곧 창세 전에 그리스도 안에서 우리를 택하사 우리로 사랑 안에서 그 앞에 거룩하고 흠이 없게 하시려고 그 기쁘신 뜻대로 우리를 예정하사 예수 그리스도로 말미암아 자기의 아들들이 되게 하셨으니 이는 그가 사랑하시는 자 안에서 우리에게 거저 주시는 바 그의 은혜의 영광을 찬송하게 하려는 것이라."

우리가 구원받은 이유는 "곧 창세 전에 그리스도 안에서 우리를 택하사"라는 구절이 핵심적으로 말하고 있는 '선택' 때문이다. '창세 전'(πρὸ καταβολῆς κόσμου)은 객관이다. 주관이 될 수 없다. 이를 에베소서 본문은 "우리를 예정하사"라는 묘사로 등치시킨다. 그러므로 구원은 예정의 결과이다. 하나님께서 기쁘신 뜻대로 영원 전부터 예정하셨기 때문에 그 예정의 대상자가 구원을 받는 것이지 그 역(逆)의 방향성은 불가하다.

이처럼 성경은 구원의 시작인 선택을 철저히 객관에 두고 있고 최소한 구원의 시작점의 영역 속에서는 인간의 주관을 철저히 배제하고 있다. 그렇다면 왜 구원의 시작이 객관이 되어야만 하고 주관은 배제되어야 할까? 그렇게 되어야만 '은혜'가 한껏 피어오르기 때문이다. 디모데후서 1장 9절은 이를 다음과 같이 정확하게 묘사한다.

> "하나님이 우리를 구원하사 거룩하신 소명으로 부르심은 우리의 행위대로 하심이 아니요 오직 자기의 뜻과 영원 전부터 그리스도 예수 안에서 우리에게 주신 은혜대로 하심이라."

사도 바울은 구원은 "오직 [하나님] 자기의 뜻"과 "영원 전부터 그리스도 예수 안에서 우리에게 주신 은혜"로 된 것이라고 구원의 본질을 정확히 묘사하고 있다. 선택에 주관을 넣으면 은혜는 반감된다. 구원의 시작에 인간의 주관을 넣으면 은혜는 그만큼 희석된다. 구원의 시작이 100퍼센트 객관이어야만 구원의 시작은 '은혜로만' 된다. 이런 이해는 성경이 말하는 가르침이다. 이런 이해는 성경과 가장 부합하는 가르침이다.

선택에 대한 이단적 가르침은 정반대의 방향성을 가지고 있다. 구원의 시작을 '주관'에 두고 인간이 구원의 시작점에서 핵심적인 키를 굳건히 쥐는 것이다. 인간의 노력으로부터 시작하는 구원론은 다 이단적인 구원론이다. 인간의 행위, 판단, 느낌으로 시작하는 '주관주의적' 구원론은 다 이단적인 구원론이다. 만약 구원론이 객관적인 하나님의 영원 전 선택이 아니라 인간의 주관적인 행위에 1퍼센트라도 근거한다면 더 이상 그 구원은 "은혜로 받는" 구원이 될 수 없다.[7] 인간의 공로가 싹트고 인간의 교만이 싹트는 구원론이다. 이는 이단적인 구원론이다. 가장 경계해야 할 구원론이다.

19-20세기 네덜란드 개혁파 교의학자 헤르만 바빙크(Herman Bavinck, 1854-1921)는 그의 주저(主著) 『개혁교의학』(Gereformeerde Dogmatiek)에서 하나님의 객관적인 선택이 아닌 인간의 주관으로부터 시작하는 구원론의 문제점을 다음과 같이 정확히 지적했다.

"하지만 사람들은 이 [주관적인] 길을 통해 결코 구원의 확신에 이르지 못했다. 그들은 하나님 안에 있는 기쁨을 맛보지 못했고, 하나님의 교제 가운데 있는 위로와 평화를 누리지 못했다. 사람들은 죽음의 두려움으로 일생 동안 종 노릇에 매였다. 율법이 더 깊이 이해되고 그 율법의 성취가 더욱 진지하게 추구됨에 따라, 유대인들은 점점 더 그 율법을 감당할 수 없는 멍에로 느꼈다."[8]

바빙크가 정확히 지적하듯, 만약 구원론을 객관적인 하나님의 은혜와 선택으로부터 시작하지 않고 인간의 주관으로부터 시작한다면, 결국 남는 것은 '두려움'과 '종노릇' 그리고 율법에 대한 '멍에'일 뿐이다.[9] 그러나 선택으로

---

[7] Jae-Eun Park, "Schleiermacher's Perspective on Redemption: A Fulfillment of the *coincidentia oppositorum* between the *Finite and the Infinite* in Participation with Christ," *Journal of Reformed Theology*, 9.3 (2015): 270-294.

[8] Herman Bavinck, *Gereformeerde Dogmatiek*, 박태현 역, 『개혁교의학』, 전4권 (서울: 부흥과개혁사, 2011), 3:615.

[9] 이를 '율법주의'라고도 부른다. 이에 대한 바빙크의 설명이다. "구원의 유일한 길은 미덕의 길이며, 도덕적인 자기 완성이다. 사람은 실천적 노동, 금욕적인 자기 부인, 혹은 신비주의적 명상에서 이것

부터 시작하는 구원론은 두려움보다는 '기쁨'을 선사해 주고, 종노릇과 멍에 보다는 '위로'와 '평화'를 마음껏 누리게 된다. 그것이 바로 하나님의 선택에 서부터 시작하는 은혜 가득한 구원론이다.

논의를 요약해 보자. 구원의 시작을 하나님의 영원 전 객관적인 선택에 두는 구원론은 성경적인 구원론이지만, 구원의 시작을 인간의 주관적인 행위나 느낌에 두는 구원론은 일평생 두려움만 자아내는 반성경적인 구원론이다.[10]

2.2. '소명'에 대한 이단적 가르침과 정통

소명(召命)이라는 한자어는 '부르심'을 뜻한다. 하나님은 선택한 자에 한해서 부르신다. 그러므로 만약 선택 개념을 인정한다면 '제한 속죄'는 당연한 논리적 귀결이다. 그 이유는 '선택받음'의 논리적 귀결은 누군가는 '선택받지 않음'이기 때문이다. 즉 선택의 결과는 제한적일 수밖에 없다. 로마서 8장 30절을 살펴보자.

"또 미리 정하신 그들을 또한 부르시고 부르신 그들을 또한 의롭다 하시고 의롭다 하신 그들을 또한 영화롭게 하셨느니라."

하나님께서는 미리 정하신 그들을 또한 '부르신다', '부르다'라고 한글 번역된 헬라어 동사는 칼레오(καλέω)인데 그 기본적인 뜻은 '청하다' 혹은 '이름하다'이다. 그러므로 소명을 '구원으로의 초청'으로도 부른다.

소명은 객관적이어야만 한다. 소명이 주관적일 수 없다. 그 이유는 누가 나를 불러줘야 부르심이지 내가 나를 부른다고 해서 그것을 온전한 의미의 부르심이라고 말할 수 없기 때문이다. 소명이 객관적이어야 한다는 말의 의미는 하나님의 부르심의 성공 여부가 인간의 의지에 달려 있지 않다는 뜻이다. 이 말을 풀어보겠다. 만약 길을 가다가 누군가가 다른 사람을 부른다고

을 더 추구할 수 있다." Bavinck, 『개혁교의학』, 3:610.
[10] 박재은, 『쉬운 교리』, 189-194.

생각해 보자. 만약 평소 원수같이 지냈던 사람이 자기를 부르면 그 부름을 귀로 똑똑히 들었음에도 불구하고 대답하기 싫어 듣지 못한 척하고 그냥 무시하고 지나가 버릴 수 있을 것이다. 이런 상황 속에서는 그 부르심이 실패한다. 불렀지만 그 부름이 응답되지 않았기 때문이다. 그러므로 실패한 부르심은 효과적이지 않은 부르심이다.

하지만 하나님의 부르심에는 실패함이 없다. 하나님의 부르심은 비효과적이지 않다. 오히려 정반대다. 하나님의 부르심에는 실패함이 없으므로 하나님의 부르심은 효과적이다. 그 이유는 무엇일까? 그 이유는 하나님의 부르심은 인간의 주관적인 의지에 좌지우지되지 않기 때문이다. 즉 하나님의 부르심은 주관에 의존하지 않는다. 하나님의 객관적인 부르심은 그 자체로 효과적이어서 그 어떤 주관도 객관적인 하나님의 부르심을 거부할 수 없다. 로마서 11장 29절은 이를 다음과 같이 묘사한다.

"하나님의 은사와 부르심에는 후회하심이 없느니라."

하나님의 부르심에는 후회하심이 없다. 실패가 없다. 하나님의 부르심은 반드시 효과적이다. 이처럼 하나님의 부르심에는 후회함이 없음에도 불구하고 교회 역사 가운데 소명의 영역 속에 주관을 집어넣고자 하는 시도가 참으로 많았다. 이에 대한 바빙크의 설명을 들어보자.

"그는[벨라미누스는] 펠라기우스의 교리와 아우구스티누스의 교리를 거부하고 중도 노선을 추구했으며, 소명의 '효과'는 어떤 사람이 부르심을 들었을 때 그 사람의 의지가 그 부르심에 따르려는 경향을 지닌 적합한 때에 달려 있다고 말했다. 구원은 은혜의 방편들을 진지하게 그리고 열심히 사용하는 모든 사람들에게 '가장 높게 발생할 수 있다'[고 여겼다]."[11]

이 본문에서 바빙크가 설명하고 있는 개념은 '반(半)펠라기우스주의'이다.

---

11 Bavinck, 『개혁교의학』, 4:35.

반펠라기우스주의란 구원론을 전개할 때 객관과 주관을 적절히 혼합한 사상을 말한다. 즉 주관적인 의지로 준비한 만큼 객관적인 은혜를 받을 수 있다고 주장했던 잘못된 가르침이었다. 바빙크가 정확히 지적하듯이, 반펠라기우스주의는 소명을 객관적으로만 보지 않았다. 오히려 소명의 '효과'는 부르심을 들은 그 사람의 '의지'와 '경향성', 즉 '주관'에 달려 있다고 보았다. 만약 반펠라기우스주의가 맞다면 하나님의 부르심의 효과는 인간의 의지에 궁극적으로 달려 있게 되어 구원의 객관성이 심각하게 훼손될 수밖에 없다. 대단히 위험하다.

그렇다면 소명은 인간의 주관적인 의지와는 전혀 상관없이 일어나는 일일까? 그렇지는 않다. 사실 바른 객관은 절대로 주관을 배제하거나 거세하지 않는다. 오히려 주관을 굳건히 세운다. 바빙크의 설명을 들어보자.

> "개혁파는 소명이 어떤 사람에게는 결실을 맺지만 다른 사람에게는 결실을 맺지 못하는 원인을 소명 자체의 성격에서 추구했다. 아우구스티누스파는 부르심이 효과적일 때, 단지 능력(posse)만이 아니라 의지(velle)도 주는 승리의 기쁨(delectatio victrix)이 있다고 말했다."[12]

바빙크가 정확히 설명하고 있는 것처럼, 객관적인 하나님의 소명은 효과적이기 때문에 그 효과적인 소명은 우리의 주관적인 능력과 의지를 변화시킨다. 즉 자연적 의지가 능력이 있기 때문에 하나님의 부르심에 응답하는 것이 아니라, 하나님의 부르심이 효과적이기 때문에 그 효과적인 부르심이 우리의 의지를 바꾸는 것이다. 이처럼 바른 신학적 우선순위와 균형은 절대적으로 필요하다.

논의를 요약해 보자. 구원으로의 초청인 하나님의 부르심에는 후회함이 없으므로 효과적이다. 하나님의 효과적인 부르심은 인간의 주관적인 의지에 좌지우지되지 않는다. 오히려 객관적인 하나님의 부르심이 인간의 주관을

---

[12] Bavinck, 『개혁교의학』, 4:36.

변화시킨다.[13]

2.3. '중생'에 대한 이단적 가르침과 정통

중생(重生)은 '거듭남'이다. 다시 태어나는 것이다. 에베소서 4장 22-24절 말씀은 중생의 핵심을 다음과 같이 설명한다.

> "너희는 유혹의 욕심을 따라 썩어져 가는 구습을 따르는 옛 사람을 벗어 버리고 오직 너희의 심령이 새롭게 되어 하나님을 따라 의와 진리의 거룩함으로 지으심을 받은 새 사람을 입으라."

이 본문은 '옛 사람'(παλαιὸν ἄνθρωπον)과 '새 사람'(καινὸν ἄνθρωπον)을 대비시키고 있는 대비적 본문이다. 옛 사람은 '썩어져 가는 구습을 따르는' 사람이고, 새 사람은 '심령이 새롭게 되어 하나님을 따라 의와 진리의 거룩함으로 지으심을 받은' 사람이다. 에베소서 2장 1-3절 말씀은 '옛 사람'이 어떤 사람인지에 대해 더 구체적으로 묘사하고 있다.

> "그는 허물과 죄로 죽었던 너희를 살리셨도다 그 때에 너희는 그 가운데서 행하여 이 세상 풍조를 따르고 공중의 권세 잡은 자를 따랐으니 곧 지금 불순종의 아들들 가운데서 역사하는 영이라 전에는 우리도 다 그 가운데서 우리 육체의 욕심을 따라 지내며 육체와 마음의 원하는 것을 하여 다른 이들과 같이 본질상 진노의 자녀이었더니."

거듭나기 전 '옛 사람'은 '허물과 죄로 죽었던' 상태였고, '세상 풍조와 공중의 권세를 잡은 자를 따랐던' 상태였으며, '육체의 욕심을 따라 지냈던' 상태이고, '본질상 진노의 자녀'의 상태였다.

그렇다면 한 번 거듭난 사람, 즉 '옛 사람'을 벗어 버리고 '새 사람'이 된 사

---

13 박재은, 『쉬운 교리』, 195-199.

람은 다시 옛 사람으로 되돌아갈 수 있을까? 교회 역사 속에서 이에 대해 치열한 다툼이 있었다. 핵심은 중생을 잃어버릴 수 있을까, 잃어버릴 수 없을까였다. 중생은 하나님의 객관적인 선물이므로 어떤 주관적인 행위로도 중생을 잃어버릴 수 없다고 주장했던 전통이 칼뱅주의(Calvinism) 전통이었고, 인간의 주관적 행위로 중생을 잃어버릴 수 있다고 주장했던 전통이 아르미니우스주의(Arminianism) 전통이었다. 핵심은 객관이 주관에 의해 없어질 수 있는가 없는가였다. 즉 구원에서 탈락 가능한가 아니면 탈락 불가능한가의 문제다.

성경은 하나님의 객관적인 선물인 중생은 인간의 주관으로 인해 없어질 성질의 것이 아님을 분명히 하고 있다. 로마서 8장 1-2절 말씀이다.

"그러므로 이제 그리스도 예수 안에 있는 자에게는 결코 정죄함이 없나니 이는 그리스도 예수 안에 있는 생명의 성령의 법이 죄와 사망의 법에서 너를 해방하였음이라."

중생한 자는 '그리스도 예수 안에'(ἐν Χριστῷ Ἰησοῦ) 있는 자이다. 그리스도 예수 안에 있는 자는 결코 정죄함이 없다. '정죄'라는 한글 번역의 헬라어 단어는 카타크리마(χατάχριμα)인데 그 뜻은 형벌, 심판, 비판 등이다. 즉 예수 안에서 '생명의 성령의 법' 아래 있는 거듭난 자는 더 이상 형벌을 받거나 심판을 받지 않을 것을 로마서 본문은 정확히 선포하고 있다.

하지만 만약 구원이 주관에서 시작되었다면 구원에서 탈락 가능하다. 그 이유는 구원이 주관에 의존하기 때문에 주관이 잘못될 경우, 주관에 근거한 구원도 흔들릴 것이기 때문이다. 이런 측면에서 봤을 때 구원의 탈락 가능성을 주장했던 아르미니우스와 그의 후예였던 항론파들의 논리는 내부적 '일관성'만큼은 뚜렷하게 존재한다. 그들에게 있어 구원은 객관적인 하나님의 선물이라기보다는 인간의 주관으로 인해 획득하는 성질의 것이므로, 인간의 주관이 흔들릴 경우 얼마든지 구원에서부터 탈락 가능하다고 말할 수 있기 때문이다.

죄 때문에 이미 받은 중생을 잃어버린다거나 혹은 죄 때문에 구원에서 탈락할 수 있다는 주장은 성경적이지 않은 잘못된 가르침이다. 바빙크는 다음과 같이 바른 중생 교리를 선포하고 있다.

> "그들은[개혁파는] 오히려 '은혜의 유효성'이나 '은혜의 불굴'(*insuperabilitas gratiae*)이라고 말하거나 '불가항력적'(*irresistibilis*)이라는 용어를 은혜란 '궁극적으로'(*finaliter*) 저항할 수 없다고 해설했다. 차이점은 인간이 하나님의 은혜를 거듭 저항하고 저항할 수 있다는 것이 아니라, 인간이 궁극적으로 하나님이 그로 하여금 거듭나게 하기를 원하고 유효한 은혜로 그의 마음에 역사하는 어떤 순간에, 그 은혜를 여전히 거부할 수 있는가 하는 것이었다."[14]

개혁파 신학은 단 한 번도 인간이 중생의 은혜를 거부할 수 있다거나 인간의 결정으로 인해 받은 중생을 잃을 수 있다고 가르치지 않았다. 오히려 '불가항력적 은혜' 개념을 말하며 중생의 은혜는 하나님의 '유효한 은혜'이기 때문에 인간의 주관적인 결정으로 인해 중생의 은혜가 무력화되거나 사라질 수 없다고 정확히 가르쳤다.

논의를 요약해 보자. 만약 인간의 주관적 노력 및 행위로 거듭났다면 주관적 노력 및 행위가 약해질 때는 중생도 약해질 수 있다. 하지만 반대로 하나님의 유효적이고도 객관적인 은혜로 거듭났다면 하나님께서는 자신이 시작하신 중생을 끝까지 유지시킬 것이다. 그러므로 중생은 하나님의 객관적인 사역이요 하나님의 단독적인 사역이다.[15]

2.4. '회심'에 대한 이단적 가르침과 정통

회심은 '믿음'과 '회개'로 구성된다. 하나님께서는 중생한 자에 한해서 믿을 수 있는 은혜와 회개할 수 있는 용기를 선물로 부어 주신다. 교회 역사 속에서 믿음과 회개의 두 영역 모두 다 많은 논쟁이 있었지만 이 시점에서는 믿

---

14 Bavinck, 『개혁교의학』, 4:87.
15 박재은, 『쉬운 교리』, 200-205.

음에 대해서만 좀 더 집중해 보겠다.

구원은 행위로 받는 것이 아니라 '믿음으로' 받는다. 즉 이신칭의(以信稱義), 믿음으로써 의롭다 칭함을 받는다. 이신칭의 원리를 부정하는 개신교회는 없을 것이다. 다만 문제는 '믿음'의 본질과 속성에 대한 서로 다른 이해 때문에 많은 문제가 불거졌다는 점이다.

믿음은 객관적인 것일까? 아니면 주관적인 것일까? 정답은 믿음을 객관으로만, 혹은 주관으로만 '배타적으로' 이해하면 안 된다는 점을 직시할 필요가 있다. 사실 앞서 살펴봤던 선택, 소명, 중생은 하나님 홀로 일하시는 객관적인 사역이었다. 이를 하나님의 단동(單動) 사역, 즉 홀로 일하시는 사역이라고 부른다. 하지만 중생 이후의 회심은 하나님의 단동 사역이 아니라 중생한 인간의 의지와 함께 일하는 협력(協力) 사역이다. 믿음도 마찬가지이다. 믿음은 협력 사역이다. 하나님께서 믿음이라는 객관적인 선물을 주시면 이제 그 믿음이란 선물을 받은 사람은 주관적인 의지로 믿어야 한다. 에베소서 2장 8-9절을 살펴보자.

"너희는 그 은혜에 의하여 믿음으로 말미암아 구원을 받았으니 이것은 너희에게서 난 것이 아니요 하나님의 선물이라 행위에서 난 것이 아니니 이는 누구든지 자랑하지 못하게 함이라."

바울 사도는 믿음과 구원은 '행위에서 난 것', 즉 주관적인 것이 아니라 '하나님의 선물', 즉 객관적인 것이라고 정확히 선포하고 있다. 만약 믿음이 주관적인 것이라면 '누구든지 자랑'하게 될 것이다. 그러므로 믿음의 시작은 객관, 즉 하나님의 선물이 맞다. 그럼에도 믿음이 객관의 영역에만 머물러서는 안 된다. 믿음은 협력 사역이기 때문이다. 객관적인 은혜의 선물인 믿음을 받으면 이제 주관을 사용해 믿어야 한다. 로마서 10장 9-10절 말씀이다.

"네가 만일 네 입으로 예수를 주로 시인하며 또 하나님께서 그를 죽은 자 가운데서 살리신 것을 네 마음에 믿으면 구원을 받으리라 사람이 마음으로 믿어 의에 이르고 입으로 시인하여 구원에 이르느니라."

객관적인 하나님의 선물인 믿음을 받으면 이제 '입으로 예수를 주로 시인' 해야 하며, '마음으로 믿어야' 한다. 사람이 '마음으로 믿으면' 의에 이르게 될 것이다. 즉 믿음은 배타적인 속성을 가지지 않는다. 오히려 믿음은 객관에서 시작해 주관에서 완성된다.

만약 믿음에 대한 이런 객관과 주관의 포괄적 이해의 바탕 위에서 믿음을 바라보지 않으면 믿음에 대한 다양한 잘못된 가르침이 마구잡이로 양산된다. 특히 문제는 이신칭의 원리를 잘못 이해해 믿음에 '어떤 능력'을 부여하는 것이다. 즉 믿음이 나에게 구원을 준다고 착각하는 것이다. 믿음에 어떤 능력을 부여해 믿음이 나를 변화시키고, 믿음이 나를 구원하고, 믿음이 나에게 은혜를 베푼다고 생각하는 것이다. 이런 생각은 믿음에 대한 큰 오해이다. 왜냐하면 믿음은 그 어떤 능력도 없기 때문이다. 믿음이 우리에게 구원을 주는 것이 아니라, 믿음의 대상인 예수 그리스도께서 우리에게 구원을 주시는 것이다. 믿음은 예수 그리스도를 바라보게 만드는 도구요 수단이지 믿음 자체가 우리에게 구원을 줄 수 없다.

바빙크는 믿음의 객관적 원리에 대해 다음과 같이 정확히 설명했다.

> "믿음은 진실로 하나님의 선물이며, 하나님의 능력의 열매이며, 특별히 성령에 의해 주어진 것이다."[16]

믿음은 하나님의 선물이다. 즉 주관적인 능력이 아니라 객관적인 선물이다. 믿음은 하나님의 능력의 열매이다. 즉 믿음은 인간의 능력이 아니라 하나님의 능력이다. 믿음은 성령에 의해 주어진 것이다. 즉 믿음을 다룰 때는 인간의 믿는 행위에 방점을 찍어서는 안 되고 성령께서 베풀어 주시는 믿을 수 있게 만드시는 은혜에 방점을 찍어야 한다.

그러므로 '믿음 때문에 구원받았다'라는 말도 조심해야 한다. 믿음 때문에 구원받은 것이 아니라 '믿음을 통해 구원받았다'라고 말함이 옳다. 그러므로 믿음은 '도구적 원인' 혹은 '수단적 원인'이지 '유효적 원인' 혹은 '작용적 원

---

[16] Bavinck, 『개혁교의학』, 4:108.

인'이 될 수 없다.[17] 믿음에는 아무런 능력이 없기 때문이다. 믿음에는 능력이 없지만 믿음이란 수단과 도구로 바라볼 수 있는 예수 그리스도에게 능력과 소망과 은혜가 있다.

논의를 요약해 보자. 믿음은 하나님께서 값없이 베풀어 주시는 객관적인 선물이다. 객관적인 은혜의 선물을 받은 사람은 주관적인 마음으로 믿음의 대상인 주 예수 그리스도를 믿어야 한다. 이신칭의 원리는 믿음에 능력이 있음을 말하는 원리가 아니라 믿음은 주 예수 그리스도를 바라보게끔 만드는 거룩한 수단이요 도구라는 사실을 말하는 원리이다.[18]

2.5. '칭의'에 대한 이단적 가르침과 정통

칭의(稱義)란 '의롭다 칭함'을 뜻한다. 갈라디아서 2장 16절을 살펴보자.

> "사람이 의롭게 되는 것은 율법의 행위로 말미암음이 아니요 오직 예수 그리스도를 믿음으로 말미암는 줄 알므로 우리도 그리스도 예수를 믿나니 이는 우리가 율법의 행위로써가 아니고 그리스도를 믿음으로써 의롭다 함을 얻으려 함이라 율법의 행위로써는 의롭다 함을 얻을 육체가 없느니라."

사람은 죄인으로 태어난다(롬 3장). 죄인은 '불의한 자'다. 의가 없다. 하지만 예수 그리스도 안에 있는 자는 불의하다 칭함을 받지 않고 '의롭다 칭함'을 받는다. 이것이 바로 칭의다.

칭의에 대한 이단적 가르침을 제대로 이해하기 위해서는 '칭의'와 '성화'의 관계를 제대로 이해할 필요가 있다. 그 이유는 칭의와 성화의 관계성을 오해하거나 오독한 결과 다양한 이단적 가르침들이 양산되었기 때문이다. 크게 두 가지 흐름이 있다.

---

[17] "믿음은 결코 칭의의 근거로 제시된 적이 없다. 의, 칭의는 믿음으로 말미암아(ἐκ πιστεως 혹은 δια πιστεως) 존재하는 것이지만, 결코 믿음 때문에(δια πιστιν) 존재하는 것이 아니다." Bavinck, 『개혁교의학』, 4:254.
[18] 박재은, 『쉬운 교리』, 206-210.

첫째, 칭의를 성화보다 훨씬 더 배타적으로 강조하는 흐름이다. 이를 반율법주의 혹은 무율법주의라고 부른다. 주관을 거세하고 객관만 남기는 오류다. 이를 한국적인 상황 속에서 이해하면 '구원파'에 가깝다. 구원파적 논리란 한 번 받은 칭의와 구원은 영원하고 불변하기 때문에 막 살아도 구원받을 수 있다는 식의 성화 실종 논리이다. 하지만 성화 없는 칭의는 성경적으로 불가능하다. 빌립보서 2장 12-13절 말씀을 살펴보자.

"그러므로 나의 사랑하는 자들아 너희가 나 있을 때뿐 아니라 더욱 지금 나 없을 때에도 항상 복종하여 두렵고 떨림으로 너희 구원을 이루라 너희 안에서 행하시는 이는 하나님이시니 자기의 기쁘신 뜻을 위하여 너희에게 소원을 두고 행하게 하시나니."

칭의되었다고 가만히 있어서는 안 된다. 구원은 이미 따놓은 당상이니 막 살아도 구원받는다는 생각은 금물이다. 그 이유는 구원받은 자는 '항상 복종하여 두렵고 떨림으로' 구원을 이뤄가야 하기 때문이다. 성화의 길을 떠나야 하기 때문이다. 우리 안에 '소원을 두고 행하시는 분'께서 우리에게 소원을 주시면 이제 그 소원을 이루기 위해 최선을 다해 뛰어야 하기 때문이다. 그러므로 성화 없는 칭의는 불가하다. 이는 이단적이다. 반성경적이다.[19]

둘째, 반대로 칭의보다 성화를 더 강조하는 흐름도 문제다. 이를 신율법주의라고 부른다. 객관보다 주관을 앞세우는 잘못된 입장이다. 성화를 열심히 한 결과 그 노력으로 칭의를 획득하려는 인간 공로주의 사상은 늘 위험하다.[20] 요한복음 17장 17-19절은 칭의와 성화의 바른 관계를 잘 묘사해 주는 본문이다.

"그들을 진리로 거룩하게 하옵소서 아버지의 말씀은 진리니이다 아버지께서

---

[19] 박재은, 『칭의, 균형 있게 이해하기』, 36-41. 성화 없이 칭의만 강조하는 신학 전통을 '하이퍼 칼뱅주의'라고도 부른다. 지나치게 하나님의 구원론적 절대 주권만 강조하고 인간의 책임과 역할을 거세했던 잘못된 사상이다.
[20] 박재은, 『성화, 균형 있게 이해하기』, 20-45. 성화로 공로를 쌓아 의화에 이르려고 하는 대표적인 전통이 로마 가톨릭 전통이다.

나를 세상에 보내신 것 같이 나도 그들을 세상에 보내었고 또 그들을 위하여 내가 나를 거룩하게 하오니 이는 그들도 진리로 거룩함을 얻게 하려 함이니이다."

예수 그리스도의 가르침처럼, 거룩은 인간의 노력으로 되는 것이 아니라 '진리로' 된다. 진리는 예수 그리스도일 뿐만 아니라 말씀 그 자체다. 진리의 말씀을 들음에서 믿음이 나서(롬 10:17) 의롭다 칭함을 받은 자는 그 진리로 성화의 길을 떠나게 된다. 즉 칭의의 기반 없는 성화는 사상누각(沙上樓閣)에 불과하므로 금방 쓰러진다. 굳건한 칭의 위에서만 바른 성화론이 굳건히 싹 틀 수 있게 된다.

바빙크는 칭의와 성화의 바른 관계성을 아래와 같이 정확히 지적했다.

"그러므로 비록 칭의와 성화가 성격상 구별된다고 할지라도, 중요한 사실은 둘 사이의 긴밀한 연관을 한순간도 목전에서 놓쳐서는 안 된다는 것이다. 이것들을 분리하는 자는 도덕적 삶을 훼손하고, 은혜를 죄짓는 데 기여하게 한다. 칭의와 성화는 하나님 안에서 분리될 수 없다."[21]

바빙크가 잘 지적하듯 칭의와 성화는 서로 배타적 관계가 아니다. 오히려 상호 유기적 관계이다. 칭의가 없으면 성화도 없고, 성화가 없다면 칭의는 존재하지 않았던 것이다. 그러므로 칭의는 성화를 반영하며, 성화는 칭의를 투영한다.[22]

논의를 요약해 보자. 칭의만 강조하면 구원파류의 반율법주의에 빠지며 성화만 강조하면 인간 공로주의 사상에 찌든 신율법주의에 빠진다. 칭의와 성화는 유기적 상호 관계성 내에서 이해해야 하며 둘 중 하나로만 기울어 배타적으로 대한다면 신학적 균형이 무너져 삶도 무너진다.[23]

---

[21] Bavinck, 『개혁교의학』, 4:292.
[22] "칭의와 성화는 구분되지만 그럼에도 불구하고 한순간도 분리되지 않는다. 이것들은 구분된다." Bavinck, 『개혁교의학』, 4:291.
[23] 박재은, 『쉬운 교리』, 211-215.

2.6. '성화'에 대한 이단적 가르침과 정통

성화(聖化)라는 의미는 '거룩하게 되어감'이라는 뜻을 가지고 있다. 구원의 서정 내에서 가장 주관주의가 득세했던 영역이 바로 '성화론'의 영역이다. 그 이유는 거룩한 삶을 위한 영적 전쟁은 최소한 인간 스스로 열심히 해나가야 할 의무요 책무라고 기본적으로 인식되기 때문이다. 이런 구조 속에서는 성화를 위한 인간의 노력이 많이 가미가 될 수밖에 없으므로 자연스럽게 주관주의형 공로주의가 쌓여나갔던 것이다.

하지만 성경은 바른 성화론에 인간 공로를 첨가하지 않는다. 오히려 성화도 은혜로 한다. 데살로니가후서 2장 13절 말씀을 살펴보자.

> "주께서 사랑하시는 형제들아 우리가 항상 너희에 관하여 마땅히 하나님께 감사할 것은 하나님이 처음부터 너희를 택하사 성령의 거룩하게 하심과 진리를 믿음으로 구원을 받게 하심이니."

왜 우리는 하나님께 감사해야 할까? 바울 사도가 잘 지적하듯이, 하나님께서 처음부터 우리를 객관적으로 택하셔서, '성령의 거룩하게 하심'으로 우리 안에서 성화를 이루어가고 계시기 때문이다. 이 모든 것은 다 은혜다.

성화가 은혜라는 기반 위에 서 있음에도 불구하고, 교회 역사 속에서 언제나 공로주의형 성화론이 득세했다. 이를 신율법주의라고 부른다. 인간 스스로 노력에 노력을 거듭해 한 땀 한 땀 거룩의 벽돌을 쌓아 올리는 행위에 천착하는 것이다. 이를 통해 남과 비교하게 되고 자신보다 덜 행위한 사람을 비판하고 정죄하기 급급하게 되었다. 바빙크는 이를 로마 가톨릭의 전형이라고 보았다. 바빙크의 설명을 들어보자.

> "로마교에 있어서 이런 일들을 행하는 자들은 성인들, 탁월한 '종교인들'이다. 이 사람들은 의무보다 더 많은 것을 행한다. 그들은 '완전한 사람들'(*perfecti*)에 속하고, 하늘에 공로의 보화를 쌓으며, 또한 자신들의 '의무 이상의 선행'(*opera supererogatoria*)을 통해 그리스도의 넘치는 속죄에 더하여 교

회의 '보화'를 이루는 공로들을 획득한다."[24]

로마 가톨릭의 반(半)펠라기우스주의적 공로주의의 핵심은 '의무 이상의 선행'을 통해 하늘의 곳간을 채우며 공로의 보화를 하늘 위에 차곡차곡 쌓는 행위에 있다. 이런 류의 공로주의가 위험한 이유는 인간의 주관적인 공로가 득세하면 할수록 객관적인 은혜는 더 이상 불필요해지기 때문이다. 종교개혁 신학의 핵심은 이런 주관주의형 공로주의에 철퇴를 가하고 다시금 객관적인 질서로 구원론의 질서를 재편하고 싶었던 마음에 있었다. 다음은 바빙크의 정확한 설명이다.

"이 율법적 체계 전체는 종교개혁에 의해 근본적으로 손상되었는데, 이는 종교개혁이 오직 믿음으로 말미암는 죄인의 칭의를 고백했기 때문이다. 이로써 전체 질서가 단번에 거꾸로 되었다. 하나님과의 교제는 인간의 개입이 아니라, 오로지 하나님 편에서의 개입, 하나님의 은혜의 선물을 통해 초래되었고, 따라서 종교가 다시 도덕 앞에 그 자리를 차지했다."[25]

성화론은 '인간의 개입이 아니라' 오로지 '하나님 편에서의 개입'이 되어야 한다. 성화는 '인간의 공로가 아니라' 오로지 '하나님의 은혜의 선물'이 되어야 한다. 그 말의 의미는 결국 종교 앞에 도덕이 서면 안 되고, 오히려 반대로 도덕 앞에 종교가 서야 한다는 말이다. 이는 놀라운 질서 재편이다.

논의를 요약해 보자. 성화론을 종교의 영역이 아닌 도덕의 영역에서 바라보면 주관주의형 공로주의가 싹틀 수밖에 없다. 성화론은 도덕의 영역 앞에 종교를 올바르게 위치시킬 때 비로소 객관적인 은혜에 입각한 성화론이 올바르게 싹틀 수 있다.[26]

---

[24] Bavinck, 『개혁교의학』, 4:283.
[25] Bavinck, 『개혁교의학』, 4:283.
[26] 박재은, 『쉬운 교리』, 216-221.

2.7. '견인'에 대한 이단적 가르침과 정통

견인(堅忍)의 뜻은 '견디고 인내한다'는 의미이다. 하나님께서는 선택한 자에게 소명, 중생, 회심, 칭의, 성화의 은혜를 베푸실 뿐만 아니라 여전히 죄에 빠져 허우적대는 자기 자녀들에게 견디고 인내할 수 있는 은혜까지도 베풀어 주신다.

견인 교리는 성경적인 교리이다. 로마서 8장 35-39절 말씀을 살펴보자.

"누가 우리를 그리스도의 사랑에서 끊으리요 환난이나 곤고나 박해나 기근이나 적신이나 위험이나 칼이랴 기록된 바 우리가 종일 주를 위하여 죽임을 당하게 되며 도살 당할 양 같이 여김을 받았나이다 함과 같으니라 그러나 이 모든 일에 우리를 사랑하시는 이로 말미암아 우리가 넉넉히 이기느니라 내가 확신하노니 사망이나 생명이나 천사들이나 권세자들이나 현재 일이나 장래 일이나 능력이나 높음이나 깊음이나 다른 어떤 피조물이라도 우리를 우리 주 그리스도 예수 안에 있는 하나님의 사랑에서 끊을 수 없으리라."

바울 사도는 구원의 선물이 얼마나 확고하고 영속적인지 생생하게 묘사하고 있다. 그 누구도 그리스도의 사랑에서 우리를 끊을 수 없다. 환난, 곤고, 박해, 기근, 적신, 위험, 칼도 '우리를 우리 주 그리스도 예수 안에 있는 하나님의 사랑에서 끊을 수 없다'라는 결기에 찬 고백은 죄와 힘겹게 싸우고 있는 작금의 모든 그리스도인들에게 큰 위로와 소망을 선사해 주는 고백이다.

교회 역사 속에서 불거졌던 견인에 대한 다양한 논쟁의 핵심 중 하나는 '견인의 주체'에 대한 문제였다. 과연 누가 견디고 인내하는가? 스스로 견디고 인내하는 것인가? 아니면 견디고 인내하게끔 누군가가 도와주는 것인가? 즉 견인의 주체는 무엇이며 누구인가?

첫째, 견인의 주체를 지나치게 주관적으로 이해했던 흐름이 있었다. 펠라기우스주의, 아르미니우스주의, 반(半)펠라기우스주의 등이 그런 흐름들이다. 이는 인간 스스로의 노력으로 견디고 인내하는 인본주의적 산물이다.

둘째, 반대로 견인의 주체를 지나치게 객관적으로만 이해했던 흐름도 있었다. 하나님의 절대주권을 지나칠 정도로 숭상하여 인간의 책임과 역할을 거세해 버렸던 하이퍼 칼뱅주의식의 반율법주의가 바로 그 예다. 하이퍼 칼뱅주의식의 반율법주의 속에서는 인간의 노력 및 행위가 무의미하다.[27]

바빙크는 '견인의 주체'를 다룰 때 신학적 균형미를 마음껏 뽐낸다. 결론은 견인의 주체는 객관에서 시작해서 주관에서 완성된다는 점이다. 바빙크의 설명을 들어보자.

"이 견인의 교리에서 문제는 구원하는 믿음을 소유한 자들이, 그들만 남겨진다면, 자신들의 허물과 죄로 인해 다시금 이 믿음을 상실할 수 있는가가 아니다. 그리고 때때로 그들의 삶 가운데 사실상 믿음의 모든 활동, 담대함과 위로가 그치고 믿음 자체가 삶의 염려와 세상의 쾌락에 의해 가려지는가도 아니다. 문제는 하나님이 시작한 은혜의 사역을 또한 하나님 자신이 보존하고, 지속하며 완성하는지 아니면 이 사역이 때때로 죄의 권세로 인해 전적으로 파괴되는가다. 견인은 사람의 행위가 아니라, 하나님의 선물이다."[28]

바빙크는 견인의 주체를 하나님으로 보았다. 즉 견인의 시작은 객관이다. 하나님께서 시작한 은혜의 사역을 '하나님 자신이 보존하고, 지속하며, 완성'하실 것이다. 그러므로 견인은 하나님의 객관적인 선물이다. 하지만 객관적인 하나님의 사역인 견인은 절대로 주관을 배제하거나 거세하지 않는다. 이에 대한 바빙크의 설명은 다음과 같다.

"하나님은 은혜의 사역이 진전되고 완성되도록 지키고 돌보지만 신자들과 상관없이 행하는 것이 아니라 그들을 통해서 행한다. … 견인은 또한 그 어떤 강제가 아니라 하나님의 선물로서 영적인 방식으로 사람에게 영향을 미친다. 하나님은 무엇보다도 도덕적인 방식으로 권면과 경고를 통해 신자를 하늘의 복으로 인도하길 원하며, 신자 자신이 성령의 은혜를 통해 믿음과 사랑 안에

---

[27] 박재은, 『칭의, 균형 있게 이해하기』, 36–41.
[28] Bavinck, 『개혁교의학』, 4:314–315.

서 기꺼이 인내하도록 한다."[29]

객관적인 하나님은 주관적인 '신자들과 상관없이' 행하는 분이 아니시다. 오히려 하나님은 '그들을 통해서 행하신다.' 그러므로 객관은 언제나 주관에 '영향을 미친다.' 주관을 배제하는 객관은 찾아보기 힘들며, 객관이 없는 주관은 존재 자체가 불가하다.

논의를 요약해 보자. 객관적인 하나님은 견인의 주체가 되셔서 자기 자녀에게 끝까지 견디고 인내할 수 있는 은혜를 베풀어 주실 것이다. 견인의 은혜를 받은 하나님의 자녀들은 최선을 다해 견디고 인내해야 하며 그 일을 통해 자기 공로가 쌓아지는 것이 아니라 오히려 하나님의 은혜와 영광이 드높여지게 될 것이다.[30]

3. 실천적 고찰 및 적용

지금까지 살펴본 대로 구원론적 이단은 구원의 서정 내에서 객관과 주관의 관계성을 잘못 설정한 결과 객관으로만 기울거나 아니면 반대로 주관으로만 기우는 불균형적 우를 범했다. 이런 고찰과 이해에 기반해 크게 세 가지로 실천적 고찰 및 적용을 해보겠다.

첫째, 구원론이 객관으로만 기울어서는 안 된다. 그렇게 될 경우 인간의 주관이 의도적이든 비의도적이든 제거되거나 왜곡되거나 제한될 수 있다. 주관이 약화될 경우 남는 것은 '무책임'이다. 구원의 은혜가 '값싼 은혜'로 전락해 영적인 게으름이 창출된다. 어차피 받은 구원 막 살아도 구원받는다는 식의 반율법주의적 구원론이 횡행하게 될 수 있다. 대단히 위험하다. 오히려 성경은 다음과 같이 말한다. 마태복음 7장 17-20절 말씀이다.

"이와 같이 좋은 나무마다 아름다운 열매를 맺고 못된 나무가 나쁜 열매를 맺

---

[29] Bavinck, 『개혁교의학』, 4:314-315.
[30] 박재은, 『쉬운 교리』, 222-227.

나니 좋은 나무가 나쁜 열매를 맺을 수 없고 못된 나무가 아름다운 열매를 맺을 수 없느니라 아름다운 열매를 맺지 아니하는 나무마다 찍혀 불에 던져지느니라 이러므로 그들의 열매로 그들을 알리라."

구원을 받았다면 '열매'가 필요하다. 좋은 나무는 아름다운 열매를 맺는다. 하지만 못된 나무는 나쁜 열매를 맺는다. 객관이 바르다면 주관이라는 바른 열매가 창출되어야 한다.[31] 그렇지 않으면 '찍혀 불에 던져지느니라'는 말씀의 대상이 곧 될 것이다. 대단히 조심해야 한다.[32]

둘째, 반대로 구원론이 주관으로만 기울어서도 안 된다. 주관만 강조되면 공로주의가 필연적으로 싹튼다. 온갖 종류의 율법주의와 신율법주의가 교회 안에 즐비하게 된다. 공로주의에 입각해 교역자가 성도를 가스라이팅하고 성도가 성도를 가스라이팅한다. 물론 앞서 살펴본 대로 열매가 중요하다. 하지만 주관적인 열매는 반드시 객관적인 나무에 근거해야 한다. 이사야 33장 2절 말씀을 살펴보자.

"여호와여 우리에게 은혜를 베푸소서 우리가 주를 앙망하오니 주는 아침마다 우리의 팔이 되시며 환난 때에 우리의 구원이 되소서."

여호와께서 우리에게 은혜를 베풀어 주시지 않으면 환난 때에 우리는 구원을 받을 길이 도무지 만무하다. 구원의 시작은 객관적인 은혜이지 주관적인 행위가 아님을 성경은 분명히 적시하고 있다. 은혜와 공로는 반비례 관계이다. 은혜가 높아지면 공로가 낮아지고, 공로가 높아지면 은혜는 낮아진다. 그 이유는 주관주의형 공로주의에 입각한 신앙생활에 천착하다 보면 은혜 없이 '자기 스스로' 하려는 마음이 강해지고 그 마음으로 교만의 길에 들어서게 되기 때문이다.

셋째, 균형이 필요하다. 신학적 균형이 반드시 필요하다. 교회 역사 속의

---

[31] Cf. 박재은, "정훈택의 『열매로 알리라』와 실천적 삼단논법," 「신학지남」 83.4 (2016): 291-316.
[32] Cf. 박재은, "교회교육 혁신방안 고찰: 뿌리-줄기-열매라는 조직신학적 구조를 중심으로," 「교회교육·복지실천연구」 6.3 (2024): 135-147.

구원론적 이단의 형태는 대부분 객관과 주관 사이에 지혜롭게 위치해야만 하는 균형을 왜곡시키거나 오해한 결과이다. 그렇다면 어떻게 균형을 잡을 수 있을까? 앞서 '들어가는 글'에서 디도서 3장 10절에 등장하는 '이단에 속한'이라는 한글 번역에 상응하는 헬라어 단어 하이레티코스(αἱρετικός)의 의미가 '다른 것을 선택하는 성질을 가지고 있는'이라고 설명했었다. 균형을 잡기 위해서는 최소한 '다른 것'이 무엇인지에 대한 이해가 필요하다. 다른 것이 무엇인지를 알아야 다른 것을 선택하는 성질을 가진 사람이나 무리에 대해 최소한의 경계를 표할 수 있기 때문이다. 교회에서 신학적 균형을 가르쳐야 한다. 교회에서 객관과 주관의 관계성을 올바르게 가르쳐야 한다. '바른 것'을 꾸준히 배우다 보면 '다른 것'을 선택하는 것에 대해 신학적 이질감을 느끼게 된다. 이 신학적 이질감이야말로 이단·사이비가 창궐하고 있는 작금의 상황 속에서 가장 필요한 요소이다.

4. 나가는 글

성경은 '구속사'를 말하고 있다. 구속사는 '구원의 역사'를 뜻한다. 성부·성자·성령 삼위일체 하나님께서 어떻게 죄인들을 구속하시는지에 대한 장엄하고도 영광스러운 역사가 성경 면면에 기록되어 있다. 어떻게 성부 하나님께서 구원을 작정하시고, 성자 하나님께서 그 구원을 실행하시고, 성령 하나님께서 그 구원을 적용하고 완성시키시는지에 대해 성경은 낱낱이 그 핵심과 속성을 기록하고 있다.[33] 구속의 역사가 '기록된 계시'만이 진리이다. 이 기록된 계시의 말씀을 들음에서 믿음이 나서 믿음을 통해 구원을 받는다. 그러므로 참된 구원론은 성경적인 구원론이며, 성경적인 구원론이 곧 참된 구원론이다.

교회와 교단은 성경적인 구원론을 보존하고 유지해야 할 거룩한 책무 의식을 가져야 한다. 그렇게 해야 하는 가장 시급한 이유는 구원론이 무너지면 성도의 삶과 더불어 교회의 영적 생태계가 파괴되고 왜곡되기 때문이다. 앞

---

[33] 박재은, 『삼위일체가 알고 싶다: 잘못된 삼위일체 하나님으로부터 탈출하라』 (파주: 넥서스CROSS, 2018), 121-149.

서 살펴봤던 내용은 수박의 겉을 핥은 정도로 얕고 넓었다. 교회와 교단은 이런 기본적인 내용에 입각해 훨씬 더 깊게 구원론을 연구해 정통적이고도 성경적인 구원론을 편만하게 해야 한다. 그 이유는 현대의 이단·사이비들은 훨씬 더 그 주장과 방식이 교묘하고 영악하기 때문에 얕은 수준으로는 그 본질과 속성을 분별해 내기 여간 어렵지 않기 때문이다.

물론 '진리 보존의 주체'는 하나님이시다. 이에 대한 『웨스트민스터 신앙고백서』 1장 1절의 고백을 들어보자.

"주님께서는 기꺼이 여러 부분과 여러 모양으로 자기 자신을 계시하시고 교회를 향한 자기의 뜻을 선포하셨다. 그리고 그 후에는 진리를 보다 더 잘 보존하고 보급하며, 육신의 부패와 사탄과 세상의 악의를 대항하여 교회를 보다 확실하게 세우고 위로하실 목적으로 그 동일한 내용을 전부 기록하게 하셨다."[34]

『웨스트민스터 신앙고백서』 1장 1절이 잘 고백하고 있는 것처럼, 하나님께서 주체가 되셔서 진리를 보존하시고(preserving) 하나님께서 주체가 되셔서 진리를 보급하신다(propagating). 하나님께서 진리를 친히 보존하시고 보급하시는 이유는 '교회를 보다 확실하게 세우고 위로하기 위함'(for the more sure establishment and comfort of the Church)이다. 이런 측면에서 봤을 때, 구원론적 진리도 하나님께서 교회를 세우시기 위해 보존하시고 보급하실 것이다. 하나님께서는 객관적인 은혜의 사역을 친히 감당하실 것이다. 하지만 동시에 주관도 필요하다. 객관에 근거한 우리의 노력과 애씀도 반드시 필요하다.

교회와 교단이 구원론적 진리를 보존하시고 보급하시는 하나님의 객관적 사역에 동참하고 참여해 합력하여 선을 이루는 귀한 작업을 해나가야 한다 (롬 8:28). 객관과 주관의 이 귀한 균형 작업의 성취를 위해 본 연구가 작은 마중물이라도 되길 간절히 소망하며, 바른 구원론적 진리가 그리스도의 몸 된 교회에 편만해질 그날을 한껏 고대하며 작은 글을 마친다.

---

[34] "Therefore it pleased the Lord, at sundry times, and in divers manner, to reveal Himself, and to declare that His will unto His Church ; and afterwards, for the better preserving and propagating of the truth, and for the more sure establishment and comfort of the Church against the corruption of the flesh, and the malice of Satan and of the world, to commit the same wholly unto writing." *The Westminster Confession of Faith* (Oak Harbor, WA: Logos Research Systems, Inc., 1996), 1.1.

참고 문헌

Bavinck, Herman. *Gereformeerde Dogmatiek*. 박태현 역. 『개혁교의학』 전4권. 서울: 부흥과개혁사, 2011.

Park, Jae-Eun. *Driven by God: Active Justification and Definitive Sanctification in the Soteriology of Bavinck, Comrie, Witsius, and Kuyper*. Göttingen: Vandenhoeck & Ruprecht, 2018.

____. "Schleiermacher's Perspective on Redemption: A Fulfillment of the *coincidentia oppositorum* between the Finite and the Infinite in Participation with Christ." *Journal of Reformed Theology*, 9.3 (2015): 270-294.

박재은. 『쉬운 교리: 보통 사람들을 위해 성경으로 풀어가는 조직신학』 서울: 생명의말씀사, 2025.

____. "교회교육 혁신방안 고찰: 뿌리-줄기-열매라는 조직신학적 구조를 중심으로", 「교회교육·복지실천연구」 6.3 (2024): 135-147.

____. 『삼위일체가 알고 싶다: 잘못된 삼위일체 하나님으로부터 탈출하라』 파주: 넥서스CROSS, 2018.

____. 『성화, 균형 있게 이해하기: 하나님의 주권 대 인간의 역할, 그 사이에서 바라본 성화』 서울: 부흥과개혁사, 2017.

____. 『칭의, 균형 있게 이해하기: 하나님의 주권 대 인간의 역할, 그 사이에서 바라본 칭의』 서울: 부흥과개혁사, 2016.

____. "정훈택의 『열매로 알리라』와 실천적 삼단논법", 「신학지남」 83.4 (2016): 291-316.

신약 성경의 교회론과 이단
(교회를 허무는 이단)

이풍인 교수 • 총신대 신대원 신약학

1. 서론

교회는 예수 그리스도께서 직접 세우신 공동체로서, 성도들의 예배와 교제, 말씀의 가르침과 선교 사명을 수행하는 중심 기관이다. 신약 성경은 교회를 그리스도의 몸(엡 1:22-23), 성령의 전(고전 3:16), 거룩한 백성(벧전 2:9)으로 묘사하며, 교회가 단지 외형적 조직이 아니라 하나님 나라가 현현되는 자리이자 복음 사역의 통로임을 강조한다. 그러나 이러한 이상적인 교회론은 사도 시대부터 오늘날에 이르기까지 끊임없는 도전에 직면해 왔다. 초기 교회 안에서는 유대 율법주의자들의 간섭, 거짓 교사들의 침투, 윤리적 타락과 분열 등이 빈번히 일어났다(갈 1:6-9; 고전 5장; 요일 4:1-3). 사도들은 이에 대해 단호히 경고했으며, 바울은 "다른 복음"을 전하는 자는 저주를 받을 것이라고까지 선언했다. 오늘날 교회 역시 유사한 위협과 맞서고 있다. 외형적 성장은 이루었으나 내면의 거룩함과 진리 중심성을 상실한 교회, 성경의 권위를 훼손하고 특정 인물의 계시를 절대시하는 집단, 성도들을 영적 공동체가 아닌 종교적 상품 소비자로 전락시키는 흐름 등은 모두 왜곡된 교회론의 단면이다.

이에 본 논문은 신약 성경에 나타난 교회론을 토대로 다음 네 가지를 다루고자 한다. (1) 이상적인 교회의 본질과 원리를 정리하고, (2) 잘못된 교회 유형과 이단 사상을 분석하며, (3) 신약 성경이 경고한 구체적 이단의 특징과 그 대응 방안을 고찰하고, (4) 이러한 이단 사상이 교회사 속에서 반복된 양상과 오늘날 한국·세계 교회에서의 재현을 살펴본다. 이를 통해 교회가 성경적 정체성을 회복하고 이단의 유혹을 분별하며, 건강한 교회로 나아가기 위한 길을 제시하고자 한다.

2. 본론

2.1. 신약 성경에 나타난 이상적인 교회의 모습과 원리

신약 성경에 나타난 교회론은 단순히 조직 구조나 기능에 대한 교리가 아니라, 하나님 나라 백성의 정체성과 사명을 총체적으로 규정하고 있다. 교회는 예수 그리스도께서 자기 피로 값 주고 사신 공동체이며(행 20:28), 성령의 임재 안에서 거룩함과 진리를 따라 살아가는 '하나님의 가족'이다. 초대교회는 이 교회론을 토대로 형성되었으며, 그 이상적인 본질은 오늘날에도 모든 교회가 추구해야 할 기준이 된다. 본 장에서는 신약 성경이 제시하는 이상적인 교회의 다섯 가지 본질적 특징-그리스도 중심성, 사도적 가르침, 성령의 역사, 거룩과 사랑, 선교적 정체성-을 상세히 고찰한다.

2.1.1. 그리스도의 머리 기초 되심

신약 교회론의 출발점은 교회의 주권이 어디에 있는가에 대한 명확한 인식이다. 에베소서 1장 22-23절은 "교회는 그의 몸이니 만물 안에서 만물을 충만케 하시는 이의 충만함이라"는 선언을 통해 교회와 그리스도의 관계를 신비적 연합으로 제시한다. 만물을 주관하시는 그리스도께서 교회의 머리로서 교회를 충만하게 하신다.[1] 골로새서 1장 18절 역시 "그는 몸인 교회의 머리"라고 밝히며, 그리스도의 머리 되심은 단지 비유적 표현이 아닌 실제적 질서

---

[1] Darrell L. Bock, *Ephesians: An Introduction and Commentary* (London: Inter-Varsity Press, 2019), 59; Paul S. Minear, *Images of the Church in the New Testament* (Louisville: John Knox Press, reprinted in 2004), 219, 241; 로버트 뱅크스, 『바울의 공동체 사상』, 장동수 역 (서울: IVP, 2007), 84, 119.

를 반영한다.[2] 이는 교회가 자율적 조직이 아니라 그리스도의 주권 아래 놓인 존재임을 의미한다. 모든 신학, 목회, 제도, 사역은 그리스도의 말씀과 성품에서 유래해야 하며, 교회의 권위는 오직 주님으로부터 위임된 것이다. 역사적으로 이 원리를 무시한 교회는 카리스마적 지도자 중심주의, 교권주의, 정치화 등으로 변질되었다. 예컨대 중세 가톨릭 교황권은 교회의 머리를 그리스도 대신 인간 제도로 대체한 대표적 사례라 할 수 있다.[3] 오늘날에도 일부 교회는 설교자 개인이나 특정 신학 사조, 혹은 프로그램 중심주의에 경도됨으로써 '그리스도 중심적 교회'의 본질을 상실하고 있다. 진정한 교회는 그리스도를 머리이자 기초(고전 3:11)로 삼고, 그분의 음성에 순종하며 살아가는 생명력 있는 공동체다.

2.1.2. 성령의 내주와 연합

교회를 하나의 유기적 몸으로 실제로 결합시키는 분은 다름 아닌 성령이다. 사도 바울은 "우리가 유대인이나 헬라인이나 종이나 자유인이나 다 한 성령으로 세례를 받아 한 몸이 되었고 또 다 한 성령을 마시게 하셨느니라"(고전 12:13)고 천명한다. 여기서 성령은 성도의 삶에 필수 조건(sine qua non)으로 성령에 의한 세례는 공동체에 편입되는 출발점이며, 성령의 내주는 지체들을 지속적으로 연결하고 살려내는 원동력이다.[4] 사도행전 2장의 성령 강림 사건은 단순한 초자연적 능력 시연이 아니라, 새 언약 공동체의 탄생을 공표하는 역사적 선언이었다. 불의 혀 같은 표징과 각 나라말로 복음을 증거한 현상은 "내가 내 영을 모든 육체에 부어 주리라"는 요엘 예언의 성취이자, 바

---

[2] E. K. Simpson & F. F. Bruce, *The Epistles to the Ephesians and the Colossians*, The New International Commentary on the Old and New Testament (Grand Rapids, MI: Wm. B. Eerdmans Publishing Co., 1957), 201; Paul S. Minear, *Images of the Church in the New Testament*, 205-206; 로버트 뱅크스, 『바울의 공동체 사상』, 83, 119; John M. G. Barclay, *Pauline Churches and Diaspora Jews* (Tübingen: Mohr Siebeck, 2011), 238.

[3] Alister E. McGrath, *Christian Theology: An Introduction*, 6th ed. (Oxford: Wiley-Blackwell, 2017), 444-447; Francis Oakley, *The Western Church in the Later Middle Ages* (1979), 49-55, 97-104.

[4] 고든 피, 『고린도전서』 신상균 역, NICNT 시리즈 (서울: 부흥과개혁사, 2019), 763-764; Daniel J. Harrington, *The Church according to the New Testament: What the Wisdom and Witness of Early Christianity Teaches Us Today* (Franklin: Sheed & Ward, 2001), 44-45; Paul S. Minear, *Images of the Church in the New Testament*, 39, 281; 로버트 뱅크스, 『바울의 공동체 사상』, 144-146; John M. G. Barclay, *Pauline Churches and Diaspora Jews*, 105, 192.

벨탑 이후 흩어진 언어·문화 장벽을 거꾸로 허무는 종말적 통일성의 전조였다.[5] 이 '하늘로부터의 숨결'은 베드로의 설교와 세례(약 3,000명 회심)로 즉각 이어져, 말씀·교제·떡을 뗌·기도에 전념하는 새로운 사회적 실체를 형성했다. 바울은 또 다른 비유로 교회를 '사도들과 선지자들의 터 위에 세우심을 입은 영적 집'이라 부르고, '그리스도 예수께서 친히 모퉁잇돌'이 되신다(엡 2:20-22)고 밝힌다.[6] 이때 '집'은 돌·기둥 건축물이 아니라, 성령이 거하셔서 연합·거룩·사랑이 호흡되는 관계적 성전을 가리킨다.[7] 그러므로 현대 교회가 세워야 할 1차 목표는 웅장한 예배당이 아니라 성령에 의해 서로를 돌보고 책임지는 거룩한 네트워크다. 결국 성령의 내주와 연합은 단순 교리 조항이 아니라, 교회가 교회답게 존재하도록 만드는 동력이다. 이 영적 결속이 살아 움직일 때, 교회는 분열과 차별의 시대 속에서도 새 창조의 미리 맛봄으로 빛나며, 건물·프로그램·전통을 넘어 '살아 있는 그리스도의 몸'으로 계속 성장할 수 있다.

2.1.3. 사도적 가르침과 공동체성

사도행전 2장 42절에서 드러나는 초대교회의 핵심 특징은 "사도의 가르침, 교제, 떡을 떼며, 기도하기"에 전념했다는 점이다. 이 구절은 이상적인 교회가 어떤 내용과 형식으로 구성되어야 하는지를 보여주는 압축된 교회론 진술로 평가된다.[8] (1) 사도적 가르침은 교회의 신학적 기준을 형성한다. 이는 단순한 정보 전달이 아니라, 그리스도의 생애와 가르침, 십자가와 부활 사건, 하나님 나라에 대한 종말론적 비전을 공동체 안에서 지속적으로 선포하고 해석하며 적용하는 과정이다. 바울은 "내가 받은 것을 먼저 너희에게 전하였

---

5   C. K. Barrett, *A critical and exegetical commentary on the acts of the Apostles, International Critical Commentary* (Edinburgh: T&T Clark, 2004), 135-139; Daniel J. Harrington, *The Church according to the New Testament*, 90.
6   로버트 뱅크스, 『바울의 공동체 사상』, 96.
7   Darrell L. Bock, *Ephesians: An Introduction and Commentary*, ed Eckhard J. Schnabel, vol 10, *Tyndale New Testament Commentaries* (London: Inter-Varsity Press, 2019), 87-89; Paul S. Minear, *Images of the Church in the New Testament*, 246, 275.
8   하워드 마샬, 『사도행전』 백승현 역, 초판, vol 5, 틴데일 신약주석 시리즈 (서울: 기독교문서선교회, 2016), 135; F. F. 브루스, 『사도행전』 노승우 역, NICNT 시리즈 (서울: 부흥과개혁사, 2017), 103.

노니"(고전 15:3)라며, 사도적 복음의 내용이 교회 정체성의 핵심임을 강조하였다.[9] (2) 교제(Koinonia)는 단순한 인간관계를 넘어서 성령 안에서의 영적 연합을 의미한다. 고린도전서 12장은 성도들이 각기 다른 은사를 가졌지만 '한 몸'을 이루어 상호 보완적 존재임을 강조한다. 이는 교회가 소그룹 또는 친목회 정도가 아니라, 성례와 말씀, 성령의 역사 안에서 하나 되는 연합체임을 말해준다.[10] (3) 떡을 떼는 일(성찬)은 예수의 죽으심과 부활을 기념하고, 그 안에서 교회의 정체성을 확인하는 상징 행위로 교회의 은혜·기억·공동체성을 강화한다.[11] (4) 기도는 하나님과의 교통을 통해 공동체의 의존성과 순종을 표현하는 것으로, 자신의 유익이 아니라 먼저 하나님 나라와 그의 의를 구하는 것이어야 한다.

오늘날 교회는 사도적 전통의 가르침을 희석하여 현세적인 복에 초점을 맞추거나, 예배를 감정 중심의 소비형 프로그램으로 전락시키는 경향이 있다. 이러한 모습은 교회론적 본질을 심각하게 훼손시키는 것이라고 생각한다.

2.1.4. 성령의 인도와 은사의 다양성 속에 일치

바울은 고린도전서 12장에서 교회를 '그리스도의 몸'이라 부르며, 각각의 성도가 고유한 은사(charismata)를 따라 사역한다고 설명한다. 이는 교회가 단일 구조의 위계 체계가 아니라, 성령께서 각 사람에게 주신 기능적 은혜의 공동체임을 보여준다.[12] 에베소서 4:11-13은 "그가 어떤 사람은 사도로, 어떤 사람은 선지자로, 어떤 사람은 복음을 전하는 자로, 어떤 사람은 목사와 교사로 삼으셨다"고 기록하며, 교회의 직제(divine offices)가 은사에 따라 형성되었음을 강조한다. 이 직분들은 교회가 자라가고 성숙하도록 돕는 봉사와 훈련의 구조다. 성령의 은사는 교회를 세우기 위한 것이지, 개인의 영적 우월감을 드러내는 도구가 아니다.[13] 고린도전서 14장에서도 바울은 "모든 것이 덕

---

9   Daniel J. Harrington, *The Church according to the New Testament*, 87-88.
10 Daniel J. Harrington, *The Church according to the New Testament*, 119-120.
11 Daniel J. Harrington, *The Church according to the New Testament*, 47-49.
12 Anthony C. Thiselton, *The First Epistle to the Corinthians* (Grand Rapids: Eerdmans, 2000), 929-940; Daniel J. Harrington, *The Church according to the New Testament*, 61-64.
13 Stephen E. Fowl, *Ephesians: A Commentary* (Louisville, KY: Westminster John Knox Press, 2012), 140; Paul S. Minear, *Images of the Church in the New Testament*, 138; 로버트 뱅크스, 『바울의 공동체

을 세우기 위해" 있어야 한다고 말한다. 즉 은사는 공동체 안에서 질서와 조화를 이루며 운용될 때 진정한 유익이 된다.

오늘날 일부 오순절 계통의 교회에서는 은사를 지나치게 감정적·개인적 체험으로만 강조하고, 반대로 일부 보수 교회에서는 은사를 무시하거나 배제함으로써 공동체의 역동성을 약화시키는 오류를 범하기도 한다. 진정한 교회는 성령의 다양성을 수용하되, 그것이 말씀과 공동체 안에서 조화롭게 작동하도록 분별하는 신학적 긴장이 필요하다.[14]

2.1.5. 거룩함과 사랑의 실천

교회는 윤리적 공동체이기도 하다. 신약은 교회를 세속과 구별되는 '거룩한 나라'(벧전 2:9)로 칭하고, 그 본질이 단지 구별됨이 아니라 '하나님의 성품을 닮아감'임을 강조한다. 사랑은 교회의 핵심 윤리이자 복음의 구현이다.[15] 요한복음 13장 35절에서 예수는 "너희가 서로 사랑하면 이로써 너희가 내 제자인 줄 알리라"고 선언하셨다. 로마서 12장은 교회의 공동체적 윤리를 상세히 제시한다. "사랑에는 거짓이 없나니 악을 미워하고 선에 속하라"(롬 12:9)는 말씀은, 교회의 윤리가 단지 도덕적 수준에서가 아니라 하나님과 예수 그리스도의 은혜와 사랑에 근거한 복음에 뿌리내린 실천이라는 점을 드러낸다.[16] 이 실천은 물질 나눔, 고난을 받는 자와 함께 울기, 원수를 축복하기 등 구체적 행동으로 나타난다.

현대 교회가 이러한 윤리적 정체성을 상실하고 외형 중심의 성장이나 성공주의를 추구할 때, 교회는 복음의 설득력을 잃고 세속적 종교로 전락할 위험에 처하게 된다.

사상』, 95-96.
[14] Gordon D. Fee, *God's Empowering Presence: The Holy Spirit in the Letters of Paul* (Peabody, MA: Hendrickson, 1994), 133-139.
[15] D. A. Carson, *The Gospel according to John* (Leicester, England; Grand Rapids, MI: Inter-Varsity Press; W.B. Eerdmans, 1991), 485; Leon Morris, *The Gospel According to John* (Grand Rapids: Eerdmans, 1995), 598-601.
[16] 리처드 N. 롱네커, 로마서, trans 오광만, vol 1 & 2, *New International Greek Testament Commentary* (서울: 새물결플러스, 2020), 1508-1509.

2.1.6. 선교적 정체성

신약 교회는 본질적으로 선교적 공동체(Missional Church)이다. 마태복음 28장 19-20절은 모든 민족을 제자 삼고 세례를 베풀고 가르쳐 지키게 하라는 대위임령을 통해 교회의 목적이 세상 속에서 복음을 전하는 데 있음을 분명히 한다. 사도행전 1장 8절 역시 "땅끝까지 이르러 내 증인이 되리라"는 예수의 말씀을 기록하고 있다. 초대교회는 유대 지역에 국한되지 않고, 이방 선교로 나아갔으며, 바울은 다양한 문화권에서 복음을 유연하게 적용하며 선교 전략을 수립하였다.[17] 고린도전서 9장에서 바울은 "내가 여러 사람들에게 여러 모습이 된 것은 아무쪼록 몇 사람이라도 구원하고자 함이니"(9:22 하반절)라고 고백함으로써, 선교가 문화 적응성과 복음 불변성의 긴장 속에서 이루어져야 함을 보여준다.[18]

오늘날 교회가 단지 교회 내부의 성장에만 몰두하거나, 사회적 영향력 강화에만 집중할 때, 선교적 본질은 약화한다. 참된 교회는 세상의 고통에 응답하고, 하나님의 정의와 평화를 실현하며, 하나님 나라의 증언자가 되어야 한다.

2.2. 이상적인 교회와 다른 그릇된 교회의 가르침과 모습

신약 성경은 교회의 이상적 모델을 제시할 뿐 아니라, 그러한 이상과 상반되는 교회의 왜곡된 형태와 이단적 흐름에 대해서도 반복적으로 경고한다. 이는 단지 역사적 실수를 기록하기 위한 것이 아니라, 교회가 본질적 정체성을 유지하기 위해 반복해서 직면할 도전들을 미리 제시하는 선지자적 역할이라 할 수 있다. 이 장에서는 신약 본문에 나타나는 왜곡된 교회의 대표적 모습

---

[17] 이러한 이방으로의 선교 확장은 자연스럽게 이루어지지 않았고 진통을 겪었다. 그 원인은 바로 초기 복음전도자의 주류였던 유대인 기독교인들이 가진 선민의식과 이방인에 대한 배타적인 편견 때문이었다. 그러나 하나님은 이러한 인간의 한계를 뛰어넘어 복음이 세계로 확산하게 하셨다. 이 내용을 깊게 살펴려면 필자의 졸고를 참고하라. 이풍인, "스데반의 순교 사건에 나타난 교회 부흥의 걸림돌로서의 유대적 배타주의," 『개혁신학』 19 (2007), 79-94.

[18] Anthony C. Thiselton, *The First Epistle to the Corinthians*, 701-706; Daniel J. Harrington, *The Church according to the New Testament*, 90; 로버트 뱅크스, 『바울의 공동체 사상』, 28; John M. G. Barclay, *Pauline Churches and Diaspora Jews*, 97, 190.

들을 다섯 가지 범주로 나누어, 그 신학적 의미와 현대적 적용을 고찰한다.

2.2.1. 율법주의와 반율법주의의 왜곡

신약 교회가 먼저 직면한 도전 중 하나는 복음의 본질을 흐리는 양극단, 즉 율법주의(Judaizing Legalism)와 방종적 자유주의(Antinomianism)였다. 갈라디아서 1장 7절에서 바울은 "다른 복음은 없나니 다만 어떤 사람들이 너희를 교란하여 그리스도의 복음을 변하려 함이라"고 강하게 질책하였다. 이들은 유대 율법을 예수 그리스도의 복음 위에 얹어, 할례나 절기 준수 등을 구원의 조건으로 제시하였다.[19] 이러한 율법주의는 복음을 은혜의 메시지가 아닌 행위의 조건부 체계로 바꾸며, 인간이 중심이 되어 구원을 가능하게 한다는 신념으로 이어진다. 율법주의자들은 결국 그리스도의 복음이 유대인만을 위한 것이기에 이방인들이 구원 백성이 되기 위해서는 먼저 유대인이 되어야 한다는 것이었다.[20] 바울은 이를 "그리스도에게서 끊어지고 은혜에서 떨어진 자"(갈 5:4)라 단언하였다. 반대로, 유다서 1장 4절은 '하나님의 은혜를 방탕한 것으로 바꾸는 자들'에 대해 경고한다. 이들은 교회에 가만히 들어온 자들인데, 오늘날 이단들의 행동과 흡사하다. 그들은 하나님의 임재를 부인하기에 방탕한 삶을 살고, 특히 성적인 문란함을 자행했던 것으로 보인다. 또한 예수 그리스도가 주님이심을 부인했다. 그들은 은혜를 오용하여 윤리적 책임을 부정하고, 육체의 욕망을 정당화하려 하였다.[21] 베드로후서 2장 2-3절에서도 이러한 부도덕한 교사들을 비판한다. 그들은 이단을 끌어들여 성도를 그릇된 길로 가게 했다. 그들은 성적으로 방탕한 삶을 살았고, 이러한 행동은 성도들의 삶도 방탕하게 만드는 강한 전염성을 띠고 있었다.[22]

---

19 F. F. Bruce, *The Epistle to the Galatians: a commentary on the Greek text*, New International Greek Testament Commentary (Grand Rapids, MI: W.B. Eerdmans Pub. Co., 1982), 82; David A. deSilva, *The Letter to the Galatians*, ed Ned B. Stonehouse 기타, *The New International Commentary on the New Testament* (Grand Rapids, MI: William B. Eerdmans Publishing Company, 2018), 126; 로버트 뱅크스, 『바울의 공동체 사상』, 206.
20 Todd Wilson, *Galatians: Gospel-Rooted Living*, ed R. Kent Hughes, *Preaching the Word* (Wheaton, IL: Crossway, 2013), 172.
21 Thomas R. Schreiner, *1, 2 Peter, Jude*, vol 37, *The New American Commentary* (Nashville: Broadman & Holman Publishers, 2003), 436–440.
22 Craig A. Evans, *John's Gospel, Hebrews-Revelation*, First Edition, The Bible Knowledge Background

이 두 극단은 모두 복음의 본질적 왜곡이다. 전자는 율법을 복음 위에 세움으로써, 후자는 율법을 제거함으로써 복음을 파괴한다. 현대 교회에서는 전자의 경우 형식주의 신앙, 도덕주의 설교, 배타적 교회 문화로, 후자는 무조건적인 수용, 윤리의 상대화, 자기중심적 신앙 소비주의로 나타난다.

2.2.2. 교회 분열과 당파주의

고린도전서 1장 10-13절은 당시 고린도 교회 내에서 발생한 인물 중심의 파벌 구조를 고발한다. "나는 바울에게, 나는 아볼로에게, 나는 게바에게 속하였다"는 말은 교회가 예수 그리스도를 중심으로 결속되기보다 지도자 숭배와 정치화된 구조로 분열되고 있었음을 보여준다.[23] 스승과 제자 간의 종속적인 관계는 교회 밖 세속 사회에서 찾아볼 수 있는 현상이었다. 그러나 교회에서는 그리스도 복음을 전해준 교사가 그리스도를 대체하는 일은 없어야 한다. 고린도 교회에 있었던 당파성은 단순한 의견 차이가 아니라, 교회의 정체성과 일치성을 무너뜨리는 본질적 위협이다. 바울은 교회를 "분할된 그리스도"로 만들 수 없다고 단언하며, 이러한 구조를 복음의 십자가를 헛되게 만드는 것이라 평가한다.[24]

현대 교회도 이와 유사한 위기를 반복한다. 교단 간 경쟁, 유명 목회자 중심의 추종, 정치 이념으로 분열된 교회 내 갈등은 초대교회의 당파주의의 현대적 재현이라 할 수 있다. 일부 교회는 특정 설교자, 신학 사조, 혹은 국가주의 이데올로기에 교회를 종속시키며 복음보다 문화적 이익을 우선시하고 있다.[25] 진정한 교회는 한 몸과 한 성령, 한 주, 한 믿음, 한 세례(엡 4:4-5) 안에서 연합된 공동체이며, 다양한 목소리 속에서도 그리스도 중심의 일치를

Commentary (Colorado Springs, CO; Paris, ON; Eastbourne: David C Cook, 2005), 320-322; Michael Green, *2 Peter and Jude: an introduction and commentary*, vol 18, Tyndale New Testament Commentaries (Downers Grove, IL: InterVarsity Press, 1987), 118-120.

[23] Paul S. Minear, *Images of the Church in the New Testament*, 136; 로버트 뱅크스, 『바울의 공동체 사상』, 123; John M. G. Barclay, *Pauline Churches and Diaspora Jews*, 137, 196.

[24] 고든 피, 『고린도전서』, 94-101; 홍인규, 『우리의 자화상 고린도 교회』 (용인: 킹덤북스, 2013), 28-33; Anthony C. Thiselton, *The First Epistle to the Corinthians*, 111-133.

[25] Michael Horton, *Christless Christianity: The Alternative Gospel of the American Church* (Grand Rapids: Baker Books, 2008), 102-113.

추구해야 한다.

2.2.3. 도덕적 타락과 영적 무감각

고린도전서 5장은 교회 내부에 발생한 심각한 성적 부도덕 사건을 다룬다. 바울은 "그런 음행은 이방인 중에도 없는 것"이라며, 교회가 죄에 대해 무감각하고 오히려 자랑하고 있는 상황을 책망한다. 그는 공동체의 정결성을 유지하기 위해 그런 자를 내쫓으라고까지 명령한다.[26] 이러한 죄의 방관은 단순한 개인 윤리의 문제를 넘어서, 교회의 거룩성을 구조적으로 파괴하고, 세상에 대한 복음의 증언력을 상실하게 만든다. 신약은 교회의 도덕성이 복음과 직결된다는 사실을 반복 강조한다(엡 5:3-11).[27]

오늘날에도 교회 내에서의 성범죄, 재정 비리, 권력 남용 등의 사건은 단순한 지도자의 문제를 넘어서 교회 공동체 전체의 정체성 부재를 드러낸다. 특히 문제를 외부로부터 숨기고 조직적으로 은폐하는 구조는 '회개'가 아닌 '이미지 관리'에 집중하는 교회의 병리성을 보여준다.

2.2.4. 외형 중심의 신앙과 형식주의

요한계시록 3장 1-2절에서 사데 교회는 외적으로는 살아 있다는 명성을 가졌지만, 실제로는 영적으로 죽은 상태였다고 적고 있다. 그리스도는 그들의 고백과 평판이 실상과 다르다고 지적하며, 깨어 일어나 믿음을 굳건히 하라고 명령하신다. 이 교회는 불신앙적 문화와의 타협 속에서 믿음을 드러내지 못했고, 겉으로는 그리스도인이라 불리지만 실제 삶에서는 참된 신앙의 증거가 부족했다.[28] 이는 과거의 영광에 안주한 도시인 사데의 모습과 닮았으며, 하나님 앞에서 온전하지 못한 행위로 인해 구원의 위기에도 직면한 상태였다.[29] 이는 외적으로는 건실해 보이나 실상은 생명력을 상실한 교회의 전형적인 모습을 보여준다. 외형적 숫자 성장, 재정 확장, 건물 중심 사역은

---

26 Anthony C. Thiselton, *The First Epistle to the Corinthians*, 385-390.
27 Paul S. Minear, *Images of the Church in the New Testament*, 276-277.
28 Paul S. Minear, *Images of the Church in the New Testament*, 130, 278.
29 그레고리 K. 비일, 『요한계시록』 오광만 역, vol 1 & 2, *New International Greek Testament Commentary* (서울: 새물결플러스, 2016), 461-463.

신앙 공동체의 본질적 건강을 보장하지 않는다. 예전적 형식주의(Liturgical formalism)는 교회의 활동이 반복적 루틴으로 전락하고, 예배가 인격적 하나님과의 만남이 아니라 의식적 수행으로 전락하는 현상을 의미한다. 예수께서 바리새인들을 '입술로는 존경하되 마음은 멀다'고 질타하신 장면(마 15:8)은 모든 시대의 교회에 경고의 메시지가 된다.

오늘날 일부 교회는 예배와 성례가 기계적 형식으로 소비되며, 성도들이 '참석'은 하되 '헌신'은 없는 상태로 전락하고 있다. 진정한 교회는 외형보다 내적 생명력과 말씀 중심의 신앙 구조를 견고히 해야 한다.

2.2.5. 거짓 교사와 자기중심적 영성

신약의 여러 서신(베드로후서, 디모데전후서, 요한서신)은 거짓 교사(false teachers)의 위협에 대해 반복적으로 경고한다. 이들은 "자기 사욕을 따를 스승을 많이 두고 또 그 귀를 진리에서 돌이켜 허탄한 이야기를 따르리라"는 것을 경고하며(딤후 4:3-4), 바울은 이러한 성도들은 호기심이 너무나 크고 지속적으로 새로운 것을 추구함으로 결국 진리에서 벗어날 위기에 처하게 된다고 지적한다.[30] 초대교회에서 생겨난 외경과 위경 복음서의 내용 중 상당수가 정경 복음서에서 언급하고 있지 않은 예수님의 유년 시절과 십자가 죽음 후 부활 시점까지 어떤 일이 일어났는지에 관한 것이다.[31] 과도한 호기심은 신앙생활에 유익이 되지 않는다는 것을 보여주는 단적인 예라 할 수 있다. 교회가 말씀 중심에서 벗어나 개인 계시와 권위주의적 영성으로 전락할 수 있음을 지적한다.[32] 이들은 종종 초자연적 체험, 신비적 해석, 개인 계시 등을 통해 신자들을 미혹하며, 자신의 권위를 예수 그리스도 혹은 성경과 동일시하려 한

---

30 Philip H. Towner, *The Letters to Timothy and Titus*, The New International Commentary on the New Testament (Grand Rapids, MI: Wm. B. Eerdmans Publishing Co., 2006), 604-606.

31 Bruce M. Metzger, *The Canon of the New Testament: Its Origin, Development, and Significance* (Oxford: Clarendon, 1987), 166-167. 예수님의 유년 시기를 다루는 글로는 *The Protoevangelium of James, the Infancy Story of Thomas, the Arabic Infancy Gospel, the Armenian Gospel of the Infancy, the History of Joseph the Carpenter, the Gospel of the Birth of Mary* 등이 있다. 예수님의 지옥 방문을 다루는 글로는 *The Gospel of Nicodemus*와 *the Gospel of Bartholomew* 등이 있다.

32 Donald Guthrie, *Pastoral Epistles: An Introduction and Commentary*, vol 14, Tyndale New Testament Commentaries (Downers Grove, IL: InterVarsity Press, 1990), 186.

다. 이는 교회의 머리이신 그리스도의 권한을 찬탈하고, 공동체를 '은사 독재'로 이끌 위험을 내포한다.

현대 사회에서는 유튜브나 SNS를 통해 확산되는 '자칭 사도', '자칭 예언자' 현상이 이에 해당한다. 이들은 검증 없는 해석, 환상 중심의 메시지, 신비주의적 권위로 신자들을 종속시키며, 교회를 파괴적인 사적 조직으로 만든다. 교회는 이러한 거짓된 흐름에 대해, 성경적 권위와 공동체의 분별 구조를 통해 대응해야 한다. 모든 계시는 공적 검증과 말씀의 기준 아래서만 수용 가능하다는 점을 신약은 명확히 한다.

2.3. 신약 성경에 나타난 교회론과 관련된 이단 사상

초대교회는 복음이 선포되고 교회 공동체가 형성되는 동시에, 다양한 이단적 사상과 거짓 교훈의 도전도 함께 직면했다. 이단은 단순한 교리적 오류를 넘어 교회의 본질적 정체성, 즉 "교회란 무엇인가"에 대한 근본적 도전을 가했다. 신약 성경은 이러한 사상들에 대해 분명한 경계와 단호한 대응을 보여주며, 이단적 교회론이 그리스도의 몸으로서의 교회를 해체하려는 사탄적 전략임을 강조한다. 이 장에서는 신약 성경이 직접적으로 언급하거나 대응한 대표적 이단 사상들을 구체적 성구와 함께 고찰하고, 그들이 교회론에 끼친 왜곡을 분석하며, 나아가 역사적·현대적 연속성 속에서 그 의미를 확장적으로 조명한다.

2.3.1. 영지주의적 이단 사상(Gnosticism)

영지주의(Gnosticism)는 신약 후기에 형성된 대표적 이단 사상으로, 물질은 악하고 영적 세계만 선하다는 이원론적 세계관을 바탕으로 한다. 이들은 예수 그리스도의 성육신(Incarnation), 고난, 육체적 부활을 부정하거나 왜곡하였다. 구원을 십자가 사건이 아니라 특정 영적 지식을 통해 내면의 '신적 불꽃'을 회복함으로써 얻는다고 주장했다.[33] 요한일서 4장 1–3절은 이러한 사상에 대

---

33 알리스터 맥그래스, 『그들은 어떻게 이단이 되었는가』 홍병룡 역 (서울: 포이에마, 2011), 178–189.

해 직접적으로 반박한다. "예수께서 육체로 오신 것을 시인하지 아니하는 영은 적그리스도의 영"이라는 말은, 성육신을 부정하는 이단이 교회에 침투하고 있었음을 암시한다. 또한 골로새서 2장 8-19절은 "철학과 헛된 속임수"를 경계하며, 그리스도의 머리 되심을 부정하는 이들의 오류를 지적한다. 이러한 사상은 교회론적으로도 파괴적이다. 그들은 물질 교회를 부정하고, 비가시적이고 영적이며 엘리트 중심의 교회론을 주장했다. 실제로 일부 영지주의자들은 자기들만이 '영적 교회'에 속한 자들이며, 일반 교회는 타락했다고 보았다.

현대에도 유사한 흐름은 반복된다. 일부 신비주의 그룹이나 '내적 계시'를 중시하는 운동에서는 육체성과 공동체성을 부차적 요소로 간주하며, 구원을 심리적 혹은 신비 체험으로 축소시키는 경향을 보인다.

2.3.2. 부활 부정과 종말론 왜곡

디모데후서 2장 17-18절은 후메내오와 빌레도가 "부활이 이미 지나갔다"고 주장하며 "어떤 사람들의 믿음을 무너뜨렸다"고 기록한다. 이들은 부활을 역사적이고 미래적인 사건이 아닌, 상징적 혹은 내면적 '영적 각성'으로 해석하였다. 이는 기독교의 종말론을 근본적으로 붕괴시키는 견해다.[34] 신약 교회는 부활 신앙을 교회의 희망이자 중심 교리로 간주했다(고전 15장 전체). 부활은 단지 예수의 승리가 아니라 모든 성도가 장차 누릴 구속의 완성이다. 이를 영문화하거나 역사성을 제거하면, 교회는 장차 오실 주님을 기다리는 종말 공동체로서의 정체성을 상실하게 된다.

이단들은 부활을 제거함으로써 고난과 현재 삶의 의미도 왜곡시킨다. 예컨대 "지금이 천년왕국"이라고 주장하는 완성주의 종말론(Realized Eschatology) 계열 이단은 현재를 절대화하고, 고난과 긴장을 회피하며, 교회를 현실 적응형 공동체로 축소시킨다. 이는 선교와 윤리, 소망의 동기를 함께 약화시킨다.

---

[34] Philip H. Towner, *The Letters to Timothy and Titus*, The New International Commentary on the New Testament (Grand Rapids, MI: Wm. B. Eerdmans Publishing Co., 2006), 525-529.

2.3.3. 도덕 폐기론과 육체 방종(Antinomianism)

앞에서 언급했던 구절인 유다서 1장 4절은 "은혜를 방탕으로 바꾼 자들"에 대해 경고하며, 하나님의 은혜를 윤리적 방종의 면죄부로 삼는 자들의 출현을 예고한다. 이들은 그리스도의 십자가를 오용해, "이미 구원받았으므로 죄를 지어도 괜찮다"는 태도를 합리화하였다. 베드로후서 2장은 이러한 거짓 교사들이 "지옥의 사슬에 매여 있음에도 방탕하게 사는 자들"이라 비판한다. 그들은 탐욕, 성적 타락, 권위 부정을 합리화하며, 교회의 윤리적 정체성과 공동체의 신뢰를 붕괴시켰다.

오늘날에도 이러한 흐름은 극단적 자유주의 신학, 혹은 일부 복음주의 내의 '오직 믿음'의 오용을 통해 반복된다. 예컨대 윤리적 책임을 "율법주의"로 치부하고, 은혜와 사랑이라는 명목으로 회개와 변화를 요구하지 않는 설교는 도덕 폐기론적 경향을 강화시킨다. 이단 교회에서는 이러한 태도가 종종 성적 비윤리, 경제적 착취, 권력 남용으로 구체화된다. 교주들의 '은혜' 아래서 윤리적 기준이 제거되며, 성경적 교훈은 심리적 위안으로 대체된다.

2.3.4. 자칭 사도와 거짓 지도자

신약은 교회의 질서와 권위 구조가 사도적 전승과 그리스도의 주권에 기반해야 함을 분명히 한다. 그러나 자칭 사도나 선지자들은 개인 계시, 비전, 신비 체험 등을 통해 자신들을 예외적 존재로 포장하며, 교회 내에서 권위의 독점을 시도한다. 요한계시록 2장 2절에서 예수님은 "자칭 사도라 하나 거짓된 자들을 시험하여 드러낸 것"을 칭찬하신다. 마태복음 24장 24절에서도 "거짓 그리스도들과 선지자들이 큰 표적과 기사를 보여 택하신 자도 미혹할 것"이라 경고하신다. 이러한 거짓 주장들을 판별하는 방법은 마태복음 7장 20절에 소개된 것처럼 "열매로 그들을 알리라"는 말씀을 적용하는 것이다.[35]

이러한 자칭 지도자들의 특징은 다음과 같다. ⑴ 자기 계시 절대화하여 성경보다 자기 말과 해석이 우위에 둔다. ⑵ 권위 독점 구조를 띠고 공동체 분별 대신 개별 결단을 강요한다. ⑶ 계시적 종말론을 사용하여 자신을 '종말적

---

[35] 로버트 마운스, 『요한계시록』 장규성 역, *NICNT* 시리즈 (서울: 부흥과개혁사, 2019), 103.

중보자'로 설정한다. 현대 이단들-예를 들면, 신천지, JMS, 하나님의 교회 등-은 모두 이 같은 구조를 갖는다. 그들은 지도자를 보혜사, 대언자, 육체로 재림한 예수로 설정하며, 그에 대한 충성을 신앙의 기준으로 삼는다.

신약은 명확히 말한다. 교회의 머리는 오직 예수 그리스도이며(엡 1:22-23), 누구도 중보자 역할을 대체할 수 없다. 공동체적 검증과 성경적 분별 없이 수용되는 계시는 교회를 파괴한다.

2.3.5. 신약 교회의 이단 대응 방식

신약 교회는 이단 사상에 대해 단순히 논리적 반박에 그치지 않고, 공동체 전체의 분별과 실천적 배제를 통해 대응하였다. 바울은 갈라디아서 1장 8-9절에서 "우리나 천사라도 다른 복음을 전하면 저주를 받을지어다"라고 강력히 경고하며, 복음의 순수성과 교회의 경계 기준을 명확히 했다. 이것은 신약 성경에서 가장 엄한 경고의 메시지 중 하나이며, 이 구절에서 말하는 '저주'는 단순한 출교가 아니라 하나님의 심판과 영벌을 의미한다.[36] 디도서 3장 10-11절은 "이단에 속한 자는 한두 번 훈계한 후 멀리하라"고 하며, 반복되는 왜곡에는 단호히 교제 단절 및 분리 조치를 요구한다. 이는 단지 개인을 처벌하기 위함이 아니라, 교회의 정결성과 진리를 지키기 위한 영적 방역이었다.

현대 교회도 이 정신을 따라야 한다. 무분별한 포용과 일치 명분 아래, 진리를 왜곡하는 자들과 연합하는 것은 교회론적 타협이며 영적 배교가 될 수 있다. 동시에, 이단에 대한 바른 분별은 성경 지식뿐 아니라 신앙 공동체의 훈련된 감각과 말씀 중심의 삶에서 비롯되어야 한다.

2.4. 대표적 과거 및 오늘날 이단들과 잘못된 교회론

신약 성경은 교회가 직면할 이단 사상과 그 영향을 명확하게 경고했다. 교회

---

36 Timothy George, *Galatians*, vol 30, The New American Commentary (Nashville: Broadman & Holman Publishers, 1994), 97-99.

를 파괴하는 이단은 특정 시대나 지역에 국한된 현상이 아니라, 교회론 자체에 대한 지속적 공격이라는 점에서 반복되는 패턴을 지닌다. 본 장에서는 신약 성경에서 등장한 이단 사상이 교회 역사 속 다양한 이단 운동과 어떻게 연결되는지, 그리고 그것이 현대 교회, 특히 세계 교회 및 한국 교회에서 어떻게 재현되고 있는지를 분석하고, 그 신학적 특징과 대응 방안을 정리한다.

2.4.1. 신약 성경 교회론에서 벗어난 이단들

영지주의(Gnosticism, 2세기)[37]: 헬레니즘 철학과 초기 기독 신앙이 뒤섞이던 2세기에 '영지(Gnosis)', 곧 비밀 지식을 강조한 여러 파가 등장했다. 이들은 물질 세계를 본질적으로 악하다고 보아 창조주 하나님을 열등한 '데미우르고스'로 격하하고, 영적 씨앗을 지닌 소수만이 비밀 계시를 통해 참구원에 이른다고 주장했다. 결과적으로 교회는 세례와 성찬으로 모이는 가시적 공동체가 아니라 '선택된 엘리트 모임'으로 축소되었다. 신약이 증언하는 보편성과 성례적 연합(고전 10:16-17)은 사라지고, 지식 계층 중심의 폐쇄적 사이클이 교회의 본질을 대체하였다. 주후 1세기 후반에 이미 이러한 영지주의적 경향이 나타났다. 영지주의에서 말하는 물질/육체 경시는 성육신·부활을 기초로 하는 가시적 교회를 무의미하게 만든다. 비밀 지식이 복음과 사도적 가르침(행 2:42) 위에 놓여, 정경의 객관적 권위를 해체한다.

도세티즘(가현설, 2세기)[38]: 도세티즘은 예수의 인간적 몸이 실제가 아니라 환영에 불과했다고 본다. 십자가 고난은 연극에 지나지 않고 속죄 사건마저 그림자 취급을 한다. 육체를 부정하니 성육신의 연속선상에 있는 교회의 '몸'도

---

[37] 영지주의의 기원에 대해서는 전통적으로는 교회 내에서 파생된 이단 사상으로 이해해왔다. 그러나 1945년 12월에 이집트 나그함마디 지역에서 영지주의 문서가 발견되었다. 총 52개의 콥트어로 기록된 파피루스 사본들이 있었는데, 그중에는 영지주의 버전의 플라톤의 공화국도 포함되어 있었다. 이것을 영어로는 Nag Hammadi Codices 혹은 Nag Hammadi Library라고 부른다. 이 문서의 발견을 통해 영지주의자들의 글을 직접 볼 수 있는 길이 열렸고, 학자들 중에는 영지주의의 기원을 기독교 밖에서 찾으려는 주장도 생겼다. 기독교 혹은 비기독교 기원설 중에서 기독교로부터 기원했다고 보는 것이 더 나을 것 같다. 영지주의에 대해 개괄적으로 알기 원하면, 에두아르트 로제, 『신약배경사』, 박창건 역 (서울: 대한기독교서회, 1985), 298-326쪽을 참고하면 좋다.
[38] 알리스터 맥그래스, 『그들은 어떻게 이단이 되었는가』, 171-175.

약화된다. 성례 역시 "물리적 요소"에 기대어 은혜를 나눈다는 점에서 무가치해진다. 교회론적 오류로 첫째, 그리스도의 실제 인간성 부정을 통해 머리-지체 관계(골 1:18)를 붕괴시킨다. 둘째, 세례·성찬과 같은 유형적 표지를 경시해 공동체의 가시성을 제거한다.

마르키온파(Marcionism, 2세기)[39]: 마르키온은 구약의 하나님을 '엄격하고 폭력적인 정의의 신', 신약의 하나님을 '사랑의 아버지'로 분리했다. 이어 구약 전체와 신약 중 일부(누가복음·바울서신)만을 '정화된 성경'으로 제시했다. 결국 교회는 이원론적 경전에 의존하는 특정 독서 공동체로 변한다. 교회론적 오류로 첫째, '하나님의 한 계획'을 증언하는 정경 전체를 해체해 사도적 토대를 파괴한다. 둘째, 구약과 신약의 연속성을 끊어 교회의 역사성·보편성을 상실케 한다.

몬타누스 운동(Montanism, 2-3세기)[40]: 프뤼기아 출신 예언자 몬타누스와 두 여자 예언자(프리스킬라·막시밀라)는 "성령의 새 시대"가 열렸다고 선포했다. 사도적 정경을 넘어서는 즉흥적 계시를 최고 규범으로 삼고, 급진 금욕과 재림 임박론을 결합했다. 이들은 자신들의 지역 공동체를 '새 예루살렘'이라 칭하고 기존 감독 체제를 거부했다. 교회론적 오류로 첫째, 공적·사도적 규범 대신 사적 계시를 두어 교회를 임의적 집단으로 만든다. 둘째, 제도·권징·성례를 무시해 장차와 현재를 잇는 교회 질서를 훼손한다.

아리우스파(Arianism, 4세기)[41]: 알렉산드리아 장로 아리우스는 "한때 로고스가 존재하지 않았던 때가 있었다"고 설교함으로써, 그리스도를 최고 피조물로 재정의했다. 이렇게 되면 교회의 머리는 '완전한 하나님'이 아니라 하나님과 인간 사이 어딘가에 위치한 반(半)신적 존재가 된다. 삼위일체가 흔들리자 구속사 자체가 다른 이야기로 바뀌고, 교회는 영원한 하나님의 생명에 접붙은

---

39 알리스터 맥그래스, 『그들은 어떻게 이단이 되었는가』, 189-199.
40 Bruce M. Metzger, *The Canon of the New Testament*, 99-102.
41 알리스터 맥그래스, 『그들은 어떻게 이단이 되었는가』, 222-227.

공동체(요 15장)가 아니라 피조적 질서 안에 머무는 종교 집단으로 축소된다. 교회론적 오류로 첫째, 머리이신 그리스도의 신적 권위를 약화해 교회 기초(고전 3:11)를 무너뜨린다. 둘째, 창조 질서 속에 교회를 가두어 '영원한 언약' 개념과 성례의 종말론적 의미를 축소한다.

도나투스파(Donatism, 4-5세기)[42]: 로마제국의 박해 후 배교자를 용납한 '가톨릭' 성직자들의 성례가 무효라고 본 북아프리카 집단이다. 그들은 순결성을 유지한 "진정한 순교 교회"만 유효하므로, 배교자에게 세례·안수받은 이들은 다시 성례를 받아야 한다고 주장했다. 거룩성을 강조했으나, 용서·회복·보편성의 균형을 잃으며 교회를 좁은 도덕 클럽으로 전락시켰다. 교회론적 오류로 첫째, 성례 유효성을 인간 성직자의 도덕성에 두어 은혜의 객관성을 부정한다. 둘째, 교회 보편성(엡 4:4-6)을 저버리고, 지역·윤리적 '순결 집단'으로 교회를 축소한다.

여호와의 증인(Jehovah's Witnesses, 19세기 말-현재)[43]: 찰스 테이즈 러셀이 시작한 이 운동은 그리스도를 미가엘 천사와 동일시하고, 성령을 인격이 아닌 "활동력"으로 본다. 또 144,000명만이 '새 언약'에 참여하고 나머지는 지상 낙원을 누린다고 구분한다. '여호와의 조직'이라는 수직적 구조가 교회 전체를 대체한다. 교회론적 오류로 첫째, 머리와 성령의 신성을 부정해 교회의 내적 생명(고전 12:13)을 제거한다. 둘째, 엘리트 숫자를 설정해 보편적 성례 참여와 성도의 연합을 제한한다.

말일성도예수그리스도교회(몰몬교, 1830-현재)[44]: 조셉 스미스는 천사 모로나이로부터 금 접시를 받아 『몰몬경』을 번역했다고 주장했다. 동시에 "신권(神權)이 회복되었다"며 대제사장·아론권·멜기세덱권 등 새로운 직제를 세웠다. 그리스도·사도들의 연속성을 자신들의 조직으로 독점하면서, 성경은 "불완전해진

---

42 알리스터 맥그래스, 『그들은 어떻게 이단이 되었는가』, 228-237.
43 서춘웅, 『교회와 이단』 (서울: 크리스챤서적, 2010), 267-303.
44 서춘웅, 『교회와 이단』 (서울: 크리스챤서적, 2010), 323-378.

책"이라는 전제 아래 후속 경전이 상위에 놓인다. 교회론적 오류로 첫째, 사도적 연속성을 단절하고 자신들의 계시·직제만이 참된 교회라 선언한다. 둘째, '영원 결혼' 등 혈연·의식 중심 구조를 통해 교회를 구속적 연합이 아닌 족적(族的) 공동체로 변형한다.

통일교(세계평화통일가정연합, 1954-현재)[45]: 문선명은 예수의 "미완의 구속 사역"을 자신과 한학자가 완성한다고 가르쳤다. '참부모', '축복결혼'을 통해 혈통을 정화해 인류를 구원하고, 최종적으로는 천일국(天一國)이라는 지상 왕국을 세운다는 청사진을 제시했다. 이에 따라 교회의 중심은 그리스도가 아닌 '참부모 가정'이며, 선교 활동은 복음 선포가 아니라 축복식을 통한 혈통 확장으로 변질된다. 교회론적 오류로 첫째, 그리스도의 유일하고도 충분한 중보 사역(히 9:12)을 부정하고 인간 커플을 머리로 세운다. 둘째, 성례 대신 축복결혼, 헌금 의식을 핵심 표지로 삼아 교회의 본질을 변경한다.

신천지(새하늘 새땅 증거장막성전, 1984-현재)[46]: 이만희는 자신이 '보혜사'이자 '새 요한'이라 자처한다. 성경 모든 구절을 암호화된 비유로 해석하고, 12지파 조직으로 새 이스라엘을 재창조한다고 주장한다. 세례·성찬은 명목상 유지하지만 "배도 교회에서 행한 성례는 무효"라 선언해 기존 교회를 모두 '바벨론'으로 규정한다. 교회론적 오류로 첫째, 계시 해석권을 한 인간에게 집중해 사도적·보편적 해석 공동체를 파괴한다. 둘째, 종말론적 우월의식으로 교회를 폐쇄적 12지파 체계로 환원한다.

2.4.2. 이단들의 공통된 교회론적 일탈 요소와 이단 판별법

이러한 집단들에서 발견할 수 있는 공통적으로 드러나는 교회론적 일탈은 다음과 같다.

---

[45] 서춘웅, 『교회와 이단』 (서울: 크리스찬서적, 2010), 706-734.
[46] 서춘웅, 『교회와 이단』 (서울: 크리스찬서적, 2010), 769-778.

(1) **그리스도의 머리 되심 훼손:** 인간/피조물을 새로운 중보자로 세우거나(신천지·통일교), 그리스도의 신성을 격하시켜(아리우스·여호와의 증인) 기초를 흔든다.

(2) **사도적·정경적 권위 상대화:** '새 계시', '특별 지식'으로 성경 위에 후속 권위를 두어(몬타누스, 몰몬), 정경 일부를 삭제하거나(마르키온) 임의 해석으로 일탈한다.

(3) **보편적 연합 대신 분파적 엘리트주의:** 선민의식(영지주의, 여호와의 증인 144,000) 또는 순결주의(도나투스)로 교회를 제한적·폐쇄적 모임으로 축소한다.

(4) **가시적·성례적 차원 경시:** 몸(육체·물질)을 죄악시하거나(영지주의, 도세티즘), 세례·성찬을 무효화·형식화하여(신천지) '한 몸' 표지를 지운다.

(5) **선교적 사명 왜곡:** 복음 전도보다 조직 확장·혈통·종교-정치적 목표(통일교)에 집중하여 세상 속 증언(마 28:18-20)을 내부 충원으로 대체한다.

2.4.3. 분별을 위한 신약적 점검 질문

(1) 예수 그리스도를 머리로 고백하고 그 인격·사역·신성을 온전히 인정하는가? (골 1:18)

(2) 사도들이 전해준 복음과 정경 66권을 최종·충분한 권위로 수용하는가? (유 3절)

(3) 성령 안에서 모든 참된 신자를 한 몸으로 인정하며 세례와 성찬을 공유하는가? (엡 4:4-6; 고전 10:16-17)

(4) 가르침·교제·성례·기도에 힘쓰며 말씀으로 교회를 세우는가? (행 2:42)

(5) 세상 속에서 복음을 증언하고 사랑·거룩·연합을 실천하는가? (요 17:18; 마 5:14-16)

정리하면, 신약 성경은 그리스도 중심·성령 연합·사도적 가르침 위에 세워진 보편적이고 거룩한 공동체를 교회라 부른다. 역사적·현대적 이단들은 공통적으로 머리를 바꾸거나, 기초를 재구성하거나, 경계를 폐쇄하거나, 가시적 표지를 제거함으로써 잘못된 교회론을 형성한다. 따라서 어떤 단체든 위 기준으로 검증해 볼 때 그리스도의 몸과 복음을 훼손한다면 "다른 교회(다른 복음)"로 분별할 수 있다.

3. 바른 교회론의 회복을 통한 이단 경계와 건강한 교회 세움

본 논문은 신약 성경이 제시하는 교회론의 이상적 구조와 정체성을 분석하고, 그로부터 이탈한 왜곡된 교회상, 이단 사상, 그리고 그 재현을 역사적·현대적으로 추적하였다. 신약 교회론은 단지 조직 신학의 하위 범주가 아닌, 교회의 존재와 사명을 규정짓는 복음의 실천적 총체이다.

3.1. 논문의 핵심 요약

2.1.에서는 신약 성경이 교회를 단순한 종교 기관이 아닌, 예수 그리스도를 머리로 한 영적 유기체로 제시함을 살폈다. 교회는 사도적 가르침, 성령의 은사, 거룩과 사랑, 선교적 정체성을 본질로 하는 공동체이다. 이어서 이러한 이상적 교회의 다섯 가지 원리를 상세히 조명하였다. 이는 오늘날 교회가 회복해야 할 신약의 기준으로, 단지 모델이 아니라 본질적 사명 선언이다. 2.2.에서는 신약 성경이 경고한 왜곡된 교회의 형태들을 다루었는데, 율법주의, 분열주의, 도덕적 타락, 형식주의, 거짓 교사 문제는 모두 교회를 복음에서 이탈시키며, 오늘날에도 동일한 구조로 재현되고 있다. 2.3.은 영지주의, 부활 부정, 도덕 폐기론, 자칭 사도 등의 이단 사상이 신약에서 어떻게 대응되었는지를 분석하였고, 이것이 단순한 교리 문제가 아니라 교회론의 해체 전략임을 밝혔다. 2.4.는 이러한 이단 사상들이 어떻게 교회사와 현대 세계 및 한국 교회에서 반복되었는지를 분석하고, 그 교회론적 왜곡의 공통 구조-그리스도 대체, 계시의 오용, 배타적 구조, 권위 독점-를 정리하였다.

3.2. 신학적 통찰

교회는 어떤 인간 제도나 조직, 지도자 위에 세워지는 것이 아니다. 오직 예수 그리스도만이 교회의 머리이며, 성경은 그분의 뜻을 공동체가 실현하도록 인도하는 최종 권위이다. 따라서 이단은 단순한 이론적 오류가 아니라, 그리스도의 자리를 찬탈하려는 반(反)복음적 공격이다. 신약 교회론은 다음 세 가지 원리를 중심에 둔다. ⑴ 그리스도 중심성으로 교회는 오직 그리스도의 주권 아래 존재한다. ⑵ 사도적 전통을 유지하여 성경과 초대교회의 가르침이 권위의 기준이 되어야 한다. ⑶ 공동체성과 개방성을 통해 은혜 안의 연합과 성령의 다양성을 존중해야 한다. 이단은 이 세 가지 중 하나 이상을 항상 파괴한다. 그렇기에 교회론은 이단을 분별하는 영적 기준이자, 교회를 세우는 기준이 된다.

3.3. 실천적 제언

3.3.1. 교회론 교육의 회복: 현대 교회는 신학의 기초 없이도 운영이 가능한 구조로 변하고 있다. 교회론은 목회자뿐 아니라 평신도에게도 필수적이며, 이를 위한 체계적 교리 교육과 성경 연구 훈련이 강화되어야 한다.

3.3.2. 공동체적 분별력 강화: 이단은 항상 공동체의 분열과 무지에서 성장한다. 각 성도는 성경을 기준으로 분별의 훈련을 받아야 하며, 목회자는 공동체 안에서 권위가 아닌 섬김의 리더십을 회복해야 한다.

3.3.3. 사도적 전승에 기초한 교회 구조 확립: 복음의 순수성, 예배의 중심성, 성찬과 세례의 정통성, 그리고 성령의 질서 있는 운용은 모두 사도적 전승에 뿌리내린 것이다. 교회는 외형적 성장보다 신약적 원리에 충실한 건강한 구조를 먼저 세워야 한다.

3.3.4. 이단 대응의 신학적 표준화: 비판보다 선명한 진리가 더 큰 방어력이다. 교회는 이단의 이름을 나열하기보다, 왜 그것이 교회론적으로 잘못되었음을 설명할 수 있어야 하며, 이는 신학적으로 훈련된 인력과 체계에서 비롯된다.

4. 결론: 마지막 정리

교회는 하나님이 이 세상 가운데 세우신 구원의 공동체요 복음의 통로이다. 그 정체성을 왜곡하는 모든 세력은 단지 교회 바깥의 위협이 아니라, 교회 내부에서 진리를 가장한 형태로 침투한다. 바울은 "사나운 이리가 너희 가운데로 들어올 것"이라며 경고했다(행 20:29). 이 시대의 교회는 복음적 교회론을 회복해야만, 이단을 분별하고 세상 속에서 빛과 소금의 사명을 감당할 수 있다. 교회가 진리와 거룩함, 사랑과 선교에 충실할 때, 참된 교회로 존재할 수 있다.

참고문헌

서천웅. 『교회와 이단』 서울: 크리스찬서적, 2010.
이풍인. "스데반의 순교 사건에 나타난 교회 부흥의 걸림돌로서의 유대적 배타주의", 「개혁신학」 19 (2007): 79-94.
홍인규. 『우리의 자화상 고린도 교회』 용인: 킹덤북스, 2013.
Banks, Robert. 『바울의 공동체 사상』 장동수 역. 서울: IVP, 2007.
Barclay, John M. G. *Pauline Churches and Diaspora Jews*. Tübingen: Mohr Siebeck, 2011.
Barrett, C. K. *A Critical and Exegetical Commentary on the Acts of the Apostles*. International Critical Commentary. Edinburgh: T&T Clark, 2004.
Beale, Gregory K. 『요한계시록』 오광만 역. 2권. *New International Greek Testament Commentary*. 서울: 새물결플러스, 2016.
Bock, Darrell L. *Ephesians: An Introduction and Commentary*. London: Inter-Varsity Press, 2019.
Bruce, F. F. 『사도행전』 노승우 역. NICNT 시리즈. 서울: 부흥과개혁사, 2017.
Carson, D. A. *The Gospel according to John*. Leicester, England; Grand Rapids, MI: Inter-Varsity Press; W. B. Eerdmans, 1991.
DeSilva, David A. *The Letter to the Galatians*. The New International Commentary on the New Testament. Grand Rapids, MI: William B. Eerdmans, 2018.
Evans, Craig A. *John's Gospel, Hebrews-Revelation*. The Bible Knowledge Background Commentary. Colorado Springs, CO: David C Cook, 2005.
Fee, Gordon D. 『고린도전서』 신상균 역. NICNT 시리즈. 서울: 부흥과개혁사, 2019.
Fee, Gordon D. *God's Empowering Presence: The Holy Spirit in the Letters of Paul*. Peabody, MA: Hendrickson, 1994.

Fowl, Stephen E. *Ephesians: A Commentary*. Louisville, KY: Westminster John Knox Press, 2012.

George, Timothy. *Galatians*. Vol. 30, The New American Commentary. Nashville: Broadman & Holman, 1994.

Green, Michael. *2 Peter and Jude: An Introduction and Commentary*. Vol. 18, Tyndale New Testament Commentaries. Downers Grove, IL: InterVarsity Press, 1987.

Harrington, Daniel J. *The Church according to the New Testament: What the Wisdom and Witness of Early Christianity Teaches Us Today*. Franklin: Sheed & Ward, 2001.

Horton, Michael. *Christless Christianity: The Alternative Gospel of the American Church*. Grand Rapids: Baker Books, 2008.

Lohse, Eduard. 『신약배경사』 박창건 역. 서울: 대한기독교서회, 1985.

Longenecker, Richard N. 『로마서』 오광만 역. 2권. *New International Greek Testament Commentary*. 서울: 새물결플러스, 2020.

Marshall, Howard. 『사도행전』 백승현 역. 틴데일 신약주석 시리즈. 서울: 기독교문서선교회, 2016.

McGrath, Alister E. 『그들은 어떻게 이단이 되었는가』 홍병룡 역. 서울: 포이에마, 2011.

McGrath, Alister E. *Christian Theology: An Introduction*. 6th ed. Oxford: Wiley-Blackwell, 2017.

Metzger, Bruce M. *The Canon of the New Testament: Its Origin, Development, and Significance*. Oxford: Clarendon, 1987.

Minear, Paul S. *Images of the Church in the New Testament*. Repr. Louisville, KY: John Knox Press, 2004.

Morris, Leon. *The Gospel According to John*. Grand Rapids: Eerdmans, 1995.

Mounce, Robert. 『요한계시록』 장규성 역. *NICNT* 시리즈. 서울: 부흥과개혁사, 2019.

Oakley, Francis. *The Western Church in the Later Middle Ages*. Ithaca, NY: Cornell University Press, 1979.

Schreiner, Thomas R. *1, 2 Peter*. Vol. 37, The New American Commentary. Nashville: Broadman & Holman, 2003.

Simpson, E. K., and F. F. Bruce. *The Epistles to the Ephesians and the Colossians*. The New International Commentary on the Old and New Testament. Grand Rapids, MI: Wm. B. Eerdmans, 1957.

Thiselton, Anthony C. *The First Epistle to the Corinthians*. Grand Rapids: Eerdmans, 2000.

Towner, Philip H. *The Letters to Timothy and Titus*. The New International Commentary on the New Testament. Grand Rapids, MI: Wm. B. Eerdmans, 2006.

Wilson, Todd. *Galatians: Gospel-Rooted Living*. Edited by R. Kent Hughes. *Preaching the Word*. Wheaton, IL: Crossway, 2013.

개혁주의 신학에서 본 교회사 속 이단의 역사와 종말론

조만준 목사 • 대한예수교장로회총회 교육전도팀, 역사 Ph.D.

1. 서론: 들어가는 말

우리 세대는 포스트모더니즘과 정보화, 세속화의 영향으로 하나님과 성경의 권위를 비롯한 기존의 권위와 전통을 부정하는 시대이다. 또한 쾌락과 권위의 극대화를 도모하면서 새로운 정보에 따라 스스로도 무한정으로 변화를 선택한다. 과학 기술은 끊임없이 발전하여 AI, 유전자 기술, 우주 개발 등 인류 문명의 다음 단계를 기대하는 시대이지만 동시에 종교의 영향력을 부정할 수 없는 시대이다. "2024 종교 인식 조사: 종교 인구 현황과 종교 활동"에 따르면, 전체 인구 중 48%가 종교를 가진 것으로 파악되었다.[1]

종교 인구 내에서는 개신교가 20%에 달한다. 건전한 종교의 교리는 그 자체로 개인과 사회에 순기능의 긍정적인 측면을 지닌다. 그러나 코로나 19와 신천지의 갑작스런 등장을 통해 경험하듯이 사이비와 이단 문제는 교리적인 문제를 넘어 비윤리적이고 반사회적인 행위를 정당화하여 언제든 심각한 사

---

[1] 2024년 종교 인구 현황 조사에 따르면 개신교(기독교)가 20%, 그 뒤를 이어 불교와 천주교가 각각 17%와 11%를 기록, 종교 없음이 51%로 나타났다. 한국 리서치 '여론 속의 여론'이 최근에 발표한 '2024 종교인식조사: 종교 인구 현황과 종교 활동'은 2024년 1월부터 11월까지 22번의 조사결과를 통해 각 조사별 1,000명, 총 22,000명의 응답자 수를 종합하여 추산한 결과를 보고했다. https://www.christiandaily.co.kr/news/142116. (2025.5.20 검색).

회적 문제를 야기하기도 한다.[2]

사이비와 이단은 개인과 가정을 몰락하게 할 뿐만 아니라 온갖 범죄의 온상이 되어 사회를 혼란시키고, 국가의 기강을 무너뜨린다. 탁지원에 따르면 "우리나라에는 약 200여 종의 기독교 이단이 있으며, 약 200여만 명 이상의 신도가 이단에 가입되어 활동하고 있다. 사이비 종교로 인해 직·간접적으로 피해를 당하는 사람이 200만 명이다."[3] 사이비와 이단에 대한 법제화가 필요한 이유이다.

이단(heresy)은 전통적 신학의 기준으로부터 이탈한 집단, 또는 전통적인 노선에서 이탈한 단체로서 어떤 특정 지도자의 잘못된 성경해석을 중심으로 만들어진 종교 집단을 지칭한다. 이단은 사도들이 세운 교회의 가르침과 다른 거짓 교리를 주장하는 무리들이다.[4] 이단은 단순한 교리적인 불일치나 오류가 아니라, 기독교 신앙의 토대를 잘라버리는 잘못된 교리와 행습을 따른다.[5] 알리스터 맥그래스는 "이단을 의미하는 하이레시스는 본래 선택 행위를 뜻하는 것이었으나 시간이 흐르면서 그 의미가 점차 확대되어 선택, 선호하는 행동 경로, 사상 학파, 철학적 혹은 종교적 분파 등을 가리키게 되었다"고 지적한다.[6] 이는 당파(행 5:17), 지파(행 15:5, 28:22), 이단(딛 3:10, 벧후 2:1), 편당(고전 11:19) 등으로 해석된다.

한국 교회는 성경과 기독교 교리를 사용하면서 기독교 신앙과 전혀 다른 주장을 펼치는 기독교 이단들로 인해 어려움을 겪고 있다. 한국 교회의 끊임없는 분열과 분열된 교회와 교단들의 틈새에서 이단이 발생하면서, 순수한 복음 전파와 구원의 방주로서의 기능을 상실하고 있다. 최근 이단들은 과거

---

2 김혜진 외, 『신천지부터 통일교까지』 (서울: 동연, 2021), 6.
3 탁지원의 인터뷰 전문은 다음을 참고하라. https://www.joongang.co.kr/article/25151762. (2025.5.30 검색).
4 기독교 이단은 성경과 정통 교회가 가르치는 근본교리, 곧 사도적 교회가 믿어온 참신앙에서 탈선되거나 거짓된 주장을 한다(행 24:14, 고전 11:19, 갈 5:19-20, 딛 3:11, 벧후 2:1, 고전 1:10). 기독교 이단과 유사한 용어는 이단(heresy), 종파(sect), 분파(schism), 사이비 종교(cult) 등이다. 이들을 지칭하는 단어로 heresy가 가장 적합하다. 심창섭 외, "서양교회사에 나타난 이단의 역사", 『기독교와 이단들』 (서울: 대한예수교장로회총회, 1998), 16.
5 이단은 기독교 계시에 있어서 신앙고백으로 나타난 믿음의 진리를 거부하고 기독교의 근본적인 교리를 부인한다. 탁명환, "이단과 한국 교회," 『복된 말씀』, 1975, 14. 김용국 "한국 기독교계 이단의 교주 신격화 논리 연구: 통일교와 신천지를 중심으로," 『복음과 실천』 72호 2025, 75-76 재인용.
6 알리스터 맥그래스, 『그들은 어떻게 이단이 되었는가』 홍병룡 역 (서울: 포이에마, 2011), 63.

보다 훨씬 세련되고 교묘하게 정통으로 위장함으로써 성도들과 교회를 미혹하고 있다. 이단들은 더욱더 교묘해지며 심지어 교회 안까지 침투하여 성도들을 미혹한다. 고발과 고소로 교회와 기독교 단체들을 공격하기도 한다. 스스로 자기 변신을 시도하고 교회보다도 더 윤리적이고 순수한 모습으로 다가오고 있다. 이단들에 대한 무지와 예방 및 대처 능력의 부족은 심각하게 증가하는 실정이다.[7] 교회는 분열되고, 수많은 영혼들이 파멸되며, 가정이 파괴되고 직장을 이탈하게 되는 피해사례가 속출하고 있다.

이 논문은 개혁주의 관점에서 이단의 역사와 종말을 분석하고 연구하여, 건전한 교회와 건강한 사회를 세우는 데 필요한 대처 방안을 찾아보는 데 그 목적이 있다. 고대 교회부터 이어져 온 이단의 역사적 변천과 특징을 살펴보고 개혁주의 신학이 제시하는 강조점과 종말관에 대한 차이를 비교, 분석하여 이단의 문제에 대한 개혁주의적인 대안을 모색한다. 교회가 스스로 건강해지지 않는 한 사이비와 이단의 문제를 결코 해결할 수 없다. 한국 교회는 바른 교리와 건강한 신학적 대안을 제공함으로 성도들의 영적 회복과 바른 신앙을 유지할 수 있는 방법을 찾아야 한다. 사이비와 이단의 공격으로부터 신앙의 정체성을 세우고 전 방위적으로 성도들을 돕고 교육하는 방법이 무엇인지 구체적으로 그 대안을 찾아가야 할 때이다.

2. 본론

2.1. 이단의 역사적 배경: 교회사에 나타난 이단

우리가 믿는 하나님은 삼위일체의 하나님이시다. 삼위일체 교리는 기독교에서만 찾아볼 수 있는 독특한 신관이다.[8] 다른 모든 이단 사상과 구별되는 가

---

[7] 아직까지 이단 및 사이비 종교성을 결정하는 공식적인 기관은 없다. 각 교단의 산하에 이단 및 사이비 연구 기관을 두어 교단 차원에서 결정할 뿐이다. 같은 단체를 두고 교단에 따라 이단 인정 여부가 다른 경우가 있다. 이단 규정의 내용도 용어가 통일되지 않아 다양한 용어로 이단이 규정되고 있다. 그러나 이단 사이비에 대한 내용은 대체로 동일하다. 복음의 본질을 왜곡, 성경의 진리 거부, 성경을 인위적으로 해석, 인간을 메시아로 선정, 그리스도의 인성과 신성 부인, 교주의 신격화, 삼위일체 교리 부인, 맹목적 복종 강요, 거짓 예언 선포 등이다.

[8] 허윤강, 『삼위일체론에 대한 바른 이해』 (서울: 장로회신학대학교, 1999), 19-21.

장 특징적인 것 중의 하나이다. 하나님은 객관적 타자로 홀로 떨어져 계신 분이 아니다. 하나님은 우리에게 오시며, 우리를 위하시는(pronobis) 하나님 이시다. 고대 기독교의 배경 속에서, 사도들과 이단들의 사상 속에서도 예수 그리스도는 하나의 핵심주제였다. 과연 그리스도는 어떤 존재이며, 그는 정말 하나님인가? 만일 그리스도가 하나님이라면 창조주 하나님과는 어떤 관련이 있는가? 성부와 성자, 성령의 관계는 어떠한가? 그리스도의 신성과 인성에 관련된 문제는 수 세기 동안 쟁점이 되기에 충분했다. 정통과 이단을 구분하는 계기를 마련해 주었고 동방과 서방 신학을 규정하는 특징이 되었다.[9] 교회는 예수 그리스도가 인성과 신성을 가지신 하나님의 아들이심을 부인하는 자와 삼위일체 교리를 왜곡하거나 부인하는 자를 이단으로 정죄했다. 계몽사조 이후에는 그리스도의 신성과 예수의 역사성을 부인하거나 의문시하는 합리주의 사상과 자유주의 신학이 큰 흐름을 형성했다.[10]

2.2. 고대 교회의 배경

고대 교회는 가장 엄밀한 의미에서 신학적 문제라고 부를 수 있는 문제들 가운데 우선 하나님의 정수와 본질에 관한 교리의 해결에 사로잡혔다. 교회는 원래 어떤 사변적인 동기에서 이 문제에 접근한 것은 아니었다. 교회는 우선 그리스도의 위격에 관한 교리를 해결하는 데 그 노력을 집중하게 되었다. 우선 그리스도의 신성에 관한 문제가 교회의 주의를 끌었다. 교회는 유일신론과 그리스도의 신성을 조화시키는 과정 가운데 성부, 성령, 삼위일체에 관한 신학적 정의를 발전시켰다. 그리스도의 신성은 신학적 발전의 목표가 아니라 출발점이었다. 교회의 사도들뿐만 아니라 변증가들 역시 어떤 제한도 없이 그리스도의 신적 위격을 인정하였을 뿐만 아니라 "예수 그리스도 주님은 누구인가?"의 문제에 대답하고자 하였다. 또한 "예수 그리스도는 성부 하나님과 어떤 관계를 가지고 계시는가?"라는 문제에 집중했다. 사도들은 "예수

---

9 Harold O. J Brown, 『교회사 안에 나타난 이단과 정통』 라은성 역 (서울: 그리심, 2001), 153.
10 김영재, "교회 역사에서 본 이단과 종말론," 「개혁신학회」 (서울: 개혁논총, 2014년 봄 개혁신학회 학술대회), 66-67.

그리스도는 신적인 로고스이다. 그는 성부의 진정한 본질이시다"라고 강조했다. 그러나 이들이 제시한 대답은 여기에 함축된 문제들에 대한 해답을 제공하지는 못했다. 그것은 곧 하나님의 통일성 안에 있는 삼위일체의 문제였다. 또한 그리스도의 위격 안에서 신적 본질과 인적 본질이 하나로 연합하는 문제였다.[11]

2.2.1. 단일신론의 등장

그리스도의 교회가 서고 복음이 전파되면서 고대 교회 역사에서 사람들이 가장 크게 관심을 둔 교리는 예수 그리스도에 관한 교리였다.[12] 2세기 말부터 교회는 유일신 교리를 지키기 위해 로고스의 독립적인 위격적 본체의 교리를 반대했다. 그리스도 안에 있는 신성을 하나님 자신과 동일시하는 경향을 가지게 되었다.[13] 전통적인 유일신 교리를 지키기 위해 초기의 기독교 신자들은 늘 믿음을 위해 죽음에 직면해야만 하는 상황 가운데 살고 있었다. 왜 그를 위해서 죽어야 하는가? 자신들의 순교가 진정으로 가치 있고 정당한 것인가에 대한 끊임없는 질문이 이어졌다. 예수 그리스도와 성부 하나님의 관계에 대한 기독론적인 문제가 핵심적인 질문이었다. 해럴드 브라운(Harold Brown)은 "역사적으로 보면 기독론의 문제는 삼위일체론의 논쟁과 결과로 나온 셈이지만, 원리적으로 보면 삼위일체론이 기독론에 대한 대답"이라고 지적한다.[14] 김영재는 "삼위일체론은 성경의 가르침을 그대로 받아들일 때 믿고 고백하게 된다. 삼위일체 교리는 성경 말씀, 특히 예수님께서 명하신 세례 형식의 말씀과 예배 시의 송영과 축도에 근거한 신학적인 이해이다. 그리스도의 교회는 신학적인 설명이 있기 이전부터 예배에서 실제적으로 삼위일체 하나님을 송축하고 찬양했다. 초대교회가 부흥, 발전해가면서 신자들의 유일한 신앙은 보편적인 현상이었다"고 말한다.

---

[11] 전자에 대한 해답은 단일신론, 아리우스 논쟁으로 나타났고, 후자에 관한 해답은 기독론 논쟁에서 시도되었다. E. H. 클로체, 『기독교 교리사』 강정진 옮김 (서울: 기독교문서선교회, 2003), 109-110.
[12] 김영재, 『기독교 교회사』 (서울: 이레서원, 2004), 110-111.
[13] 서철원, 『교리사』 (서울: 총신대학교 출판부, 2002), 155.
[14] Harold O. J Brown, 『교회사 안에 나타난 이단과 정통』, 151.

그러나 영지주의자들과 범신론주의자들, 마르키온주의자들이 등장하여 로고스의 화신으로서 예수 그리스도를 둘째 하나님으로 만들었다. 아버지이시며 창조주이신 하나님과 예수 그리스도의 신격과 성령의 활동에 대한 신앙으로 제기된 하나님에 대한 신앙을 실질적인 삼신론으로 해결하려 했다. 이같은 입장에 대한 반발로서 단일신론주의자들은 하나님의 단일성을 주장하게 되었다.[15] 이들은 하나님의 단일성을 강조하여 하나님의 신성(the Godhead) 안에서의 인격의 구별을 부인한다. 필립 샤프에 따르면 "반(反)삼위일체주의자들은 신성의 수적, 위격적 통일성을 강조한 점 때문에 군주신론주의자들 혹은 일신론자들로 불린다."[16] 삼위일체를 반대한 두 가지 부류가 있다. 첫째는, 그리스도의 신성을 부정하거나 그것을 단순한 능력으로 설명한 역동적 군주신론파(양자설로 불림)이다. 둘째는, 성자를 성부와 동일시하는 양태적 삼위일체이다. 즉 삼위가 아닌 계시의 세 가지 형태를 인정한 성부수난론적 혹은 양태론적 군주신론파이다. 양태론적 군주신론자들은 아버지와 아들 및 성령은 분리된 실체들이 아니라 하나의 신적인 존재가 발현되는 양태들(modes)이라고 주장한다. 두 가지 주장은 출발점과 동기는 다르지만 신적인 통일성(monarchia)이 연합되어 있다는 가정에서 군주론의 형태로 이해된다. 케리(Kerry)에 따르면, "노바티안(Novatian)은 양자설과 양태론을 가리켜, 하나님은 한 분이시라는 성경교리를 구출하려던 오도된 시도로 해석하였다"고 강조했다.[17] 한 하나님 안에는 그 어떠한 영원한 구별들이 존재하지 않는다. 아버지, 아들, 성령은 자기 계시 속의 하나님을 가리킨다. 이러한 구분들은 하나님이 인간에게 스스로를 나타내 보이시는 여러 방식들이다.[18] 따라서 교회는 내적으로 이 두 신앙의 대립을 해결해야 했다. 또한 외적으로 다신교적 세계라는 오해와 비난을 신학적으로 해결해야만 했다.[19]

---

[15] 서요한, 『초대교회사』(서울: 그리심, 2003), 288.
[16] 필립 샤프, 『교회사 전집』 이길상 옮김 (서울: 크리스챤 다이제스트, 2004), 524.
[17] J. N. D. Kerry, 『고대 기독교 교리사』 김광식 옮김 (서울: 한글, 1996), 139.
[18] 스탠리 그렌즈, 『조직신학』 신옥수 옮김 (서울: 크리스챤 다이제스트, 2004), 107.
[19] 서요한, 『초대교회사』, 298-299.

2.2.2. 역동적 단일신론(Dynamic Monarchianism, 양자설)

데오도투스(Theo-dotus of Byzantium)

그리스도의 신성과 인성을 구분하도록 직접적으로 이끈 지적인 분위기의 발생 동기에 대해서 여러 가지 해석이 나타났다.[20] 역동적 단일신론은 비잔티움 출신 데오도투스에 의해 최초로 주장되어 사모사타의 바울에서 전성기를 맞이했다.[21] 필립 샤프에 따르면 "데오도투스는 박해 때 그리스도를 부인했으나 자신이 그리스도의 인성만을 부정했고 그가 초자연적으로 태어난 메시아라는 점을 여전히 인정했다고 변명했다. 예수는 동정녀 마리아와 성령으로부터 나신 단순한 사람이다. 예수는 세례받을 때까지 다만 인간에 불과했다. 예수가 세례를 받았을 때 성령이 그에게 임하였다. 예수는 부활로 양자가 되어 신의 영역으로 올라가셨다. 예수는 인격적인 존재를 가진 아버지와 동일하며, 영원부터 우리에게 접근하시는 아버지의 범주이다. 로고스는 곧 그 자체 한계 내에서 하나님이 무한히 가져온 하나님의 모방이다. 그리스도의 탄생은 로고스가 형상을 갖게 된 것이다. 그 형상 안에서 로고스는 성육신으로 육체를 취할 뿐만 아니라 또한 사람의 인격을 갖게 되었다. 예수는 이것을 그의 사역을 위해 사용하였다"고 말했다.[22] 데오도투스는 예수의 인격을 쉽게 이해하기 위해 이 사상을 고안했다. 그는 그리스도 안에서 이루어지는 하나님과 인간의 하나 됨, 즉 연합을 부인했다. 이러한 그의 사상은 양자설로 발전하여 로마 감독 빅토에 의해 이단으로 정죄되었다.[23] 데오도투스보다 다소 늦은 시기에 로마에서 비슷한 사상을 가지고 등장한 인물로 아르테몬

---

[20] 어떤 이는 그것을 발생 지역이 이슬람교에 둘러싸여 있었다는 사실에서 찾았다. 이것은 그리스도의 본성 교리 중 장애물이 되는 것을 제거하려는 시도였다. 어떤 이들은 고대 게르만족의 아리우스주의의 정신이 잔존해 있었다고 보았다. 어떤 이들은 양자설의 발생이 몹수에스티아의 데오도루스의 저서로부터 직접적인 영향을 받았을 것이라고 추정한다. 네스토리우스주의가 안디옥 학파의 신학과 분명하게 관련되었기 때문이다. 기독지혜사, 『교회사 대사전』 (서울: 기독지혜사, 1994), 80-81.

[21] 데오도투스는 피혁상을 하다가 185년경 로마로 왔다. 그는 아리스토텔레스주의자로 예수는 단순한 인간일 뿐이며, 동정녀에게서 탄생했고, 특별히 거룩하며, 세례 후에 성령을 받았다고 주장했다. 예수는 부활 후에 하나님의 양자가 되었고, 초인간적인 권세를 부여받았다. 그는 성령을 하나님의 아들과 동일시했다. 홍수현, "서방교회의 삼위일체론 접근 방식 연구" (서울: 총신대 일반대학원 석사논문, 2004), 12.

[22] 필립 샤프, 『교회사 전집』, 525-526.

[23] 이 사상은 초대교회의 이단 에비온파와 현대의 일위신론과 비슷하다.

(Artemon)이 있다. 아르테몬과 그의 추종자들은 그리스도의 신성 교리가 혁신이자 이교의 다신론으로 빠진 것이라고 주장했다. 그들은 제피리누스(202-217)에 의해 출교당했다.[24]

사모사타의 바울(Paul of Samosata)

데오도투스 사후 70년이 지난 260년에 안디옥 교회의 감독이 된 사모사타의 바울은 로고스 교리에 기초하여 하나님의 단일성을 주장했다. 그는 "로고스는 옛날 모세와 선지자들과 함께 계시던 분이시다. 그리스도 위에 좀 더 비상한 정도로 머물러 역사하신다. 그리스도는 성령으로 동정녀 마리아의 몸에서 탄생한 독특한 존재이나 수세받을 때 로고스가 임하였다. 그리스도는 하나님의 도우심을 입어 하나님의 능력을 소유했으며 죄인의 구주가 되었다. 그리스도는 그 의지에 있어서 하나님과 연합하여 하나가 되었다. 그는 죽음 가운데서 다시 살리심을 받았고 일종의 신성을 부여받았다. 그러므로 그를 하나님의 아들이라 할 수 있고 예배할 수도 있다. 그러나 그는 도덕적으로 연합했으므로 하나님과 하나는 아니다"라고 주장했다.[25] 사모사타의 바울에게 로고스는 성부와 본질이며, 신격에서 구별되지 않은 하나의 인격이다. 로고스가 하나님과 동일시 될 수 있음은 마치 인간이 사람 안에 있는 것처럼 그가 하나님 안에 존재하기 때문이다. 그는 모든 인간 안에 임재했다. 인간 예수 안에서 특별히 일하셨던 하나의 비인격적 능력일 뿐이다. 인간 예수는 신격화되었기 때문에 하나님의 능력, 즉 로고스가 내재하므로 도덕적으로 완전하다.

이와 같이 사모사타의 바울은 로고스 교리를 구성하여 하나님의 유일성을 주장했다. 또한 로고스와 성령은 오직 하나님의 비인격적 속성일 뿐이라고 강조했다. 그는 예수의 참된 인성에 관심을 갖게 되어 후대 소시니안파와 일위신론자들의 선구자가 되었다. 그는 예수의 양자 됨을 인정했으나 예수

---

24 아르테몬파는 유클리드와 아리스토텔레스를 그리스도보다 높이고 수학과 변증학을 복음보다 높게 평가한다는 비판을 받았다. 그들은 예수 그리스도의 신성을 부정했다. 제피리누스는 성부수난설을 지지했으며, 아르테몬파를 단죄했다. 필립 샤프, 『교회사 전집』, 526.
25 서요한, 『초대교회사』, 298-300.

의 본질적 신성을 부정하고 하나님 중심의 유일신 신앙을 유지했다. 그는 데오도투스와 같이 하나님의 단일 인격을 주장하고 삼위일체를 부인했다.[26] 데이비드 웰즈는 "그의 단일신론은 하나님의 성육신보다는 인간 영감론을 주장하는 것이다. 말씀이 육신이 되는 것이 아니라 육신이 말씀이 되었다는 것이다. 하나님이 인간이 되신 것이 아니라, 인간이 신성에로 높아졌다"고 지적한다.[27] 사모사타의 바울은 주후 268년에 소집된 안디옥의 한 종교회의에서 이단으로 선포되었다. 그의 견해는 일위신론(一位神論)에 속한 것이다. 그는 아들은 단순히 한 인간에 불과하고, 성령은 사도들에게 불어넣어준 은혜라고 주장했다. 그가 하나님에 대한 기독교 신앙을 이성주의적으로 해석한 것은 그 후에 나타난 수많은 형태의 이단들 중 처음으로 형성된 하나의 본보기가 되었다.[28]

주장점

단일신론은 로고스이신 예수 그리스도의 세 위격들(본질, hypotates)과 경륜의 개념으로 만족할 수 없었다. 그들은 스스로 이 문제에 대한 새로운 해결책을 추구했다. 그들은 기독교 신앙의 본질적 요소들을 제거해 나가는 중에 이성주의적 혹은 가현설적 입장에 이르렀다.[29] 초기의 양자론은 그리스도의 선재나 로고스의 선재성을 부인했다. 그들은 그리스도의 동정녀 탄생을 부인할 뿐만 아니라 예수는 인간이지만 공의나 지혜 등 모든 면에서 보통의 인간들보다 더 탁월한 사람일 뿐이라고 주장했다. 이는 결국 유대주의의 커다란 범주에 포함시킬 수 있는 이단이었다.[30] 초대교회에서 양자론이 먼저 발생하였음에도 불구하고 양태론이 더 세력을 얻었다. 그 이유는 그리스도의 신성

---

26 서요한, 『초대교회사』, 300.
27 데이비드 F. 웰즈, 『기독론: 그리스도는 누구인가?』 이승구 옮김 (서울: 엠마오, 1993), 204-206.
28 벵트 헤크룬트, 『신학사』, 박희석 옮김 (서울: 성광문화사, 1990), 95.
29 단일신론은 인위적 명명의 성격이 있다. 이 용어는 하나의 통일적인 견해를 지칭하기보다는 오히려 거의 같은 시기에 나타났던 두 조류의 사상들에 대한 주장의 특징을 의미한다.
30 이들은 예수를 참선지자로 보았다. 이들은 예수를 모세와 동일선상에서 취급했다. 수세 시 그에게 임한 그리스도로 인해 양자로 승격되었다고 주장했다. 동시에 예수 생애의 말년에 십자가상에서 임했던 그리스도가 떠나갔다고 지적했다. 이들에게 예수의 신성은 부인되었다. 이는 기독교 교리의 발전에 큰 영향을 끼치지는 못하다가 나중에 모하멧주의에 흡수되었다. 초기 양자론 이단은 큰 세력을 얻지 못하고 양태론적 이단이 발생하게 되었다.

을 부인하는 것보다는 그리스도를 성부와 혼동하는 것이 더 수용하기 쉬웠기 때문이다. 홍수현은 "초대교회에서는 그리스도의 사역, 즉 그의 죽으심과 부활, 그리고 승천하심을 기억하는 사람들이 많이 남아 있었다. 그들에게 예수 그리스도는 하나님으로 인정되었다. 예수 그리스도를 사람으로 보는 양자론은 받아들여지기 힘들었다. 후에 양태론 이단에 대한 반동으로 동방에서 양자론 이단이 다시 큰 세력을 얻게 되었다"고 지적한다.[31]

양자설의 한계와 비판

군주신론자, 성부수난설주의자, 또는 유니테리안들은 양태론적 삼위일체론을 주장했다. 그들은 그리스도의 참신성을 인정했다. 그러나 신성 속에 어떤 인격적 구별은 없다고 주장했다. 성부, 성자, 성령은 동일한 인격이다. 이 명칭들은 하나님이 자신을 세상과 교회에 계시하는 다양한 관계를 표현하며 주님의 참된 신성을 제시한다. 찰스 핫지는 "성경에서 성부는 성자에게 당신으로 끊임없이 말씀하시는 분이시다. 그분을 사랑하는 분으로, 그분을 보내시는 분으로, 그분에게 상을 베푸시고 높이시는 분이시다. 성자는 끊임없이 성부에게 말씀하고 모든 일을 그분의 뜻에 따라 행하시는 분이시다. 그분들의 구별된 인격은 가장 극명하게 계시된 하나님의 말씀의 교리들 가운데 하나이다[32]"라고 강조한다. 그리스도의 완전한 신성을 거부하는 역동적 단일신론 또는 양자론은 아리우스에게 영향을 미쳤다. 단일신론은 소시니안주의(Socinianism), 합리주의(Neology), 유니테리어니즘(Uniterianism), 해방신학(Liberation theology)을 통하여 현대에도 계속 영향을 미치고 있다.[33]

---

[31] 홍수현, "서방교회의 삼위일체론 접근 방식 연구", 13.
[32] 찰스 핫지, 『조직신학』 김귀탁 옮김 (서울: 크리스챤 다이제스트, 2003), 557-558.
[33] 박용규, 『초대교회사』 (서울: 총신대학교, 1996), 334.

2.2.3. 양태적 단일신론(Modalistic Monarchianism, Modalism)

노에투스(Noetus)

이단의 장본인으로 불린 노에투스는 서머나에서 190년경 양태론적 단일신론을 주장했다. 그는 장로들에게 정죄를 당하고 로마에 갔다. 그는 "아버지는 태어나지 않으신 불가견적 존재이시나 아들을 통해 태어나셔서 고난과 죽음을 당하셨다. 아들의 고난으로 아버지는 그의 고난에 함께 참여하셨다. 로고스는 세상과 인류에게 그 자신을 계시하시는 하나님의 유일한 명칭이다. 그에게 예수 그리스도의 아버지라는 생각이 있을 수 없다. 성육신 이전에는 성부이지만, 성육신 이후에는 성자이시다. 성자는 단지 성부의 다른 이름일 뿐이다. 아들 혹은 그리스도는 아버지께서 육체로 나타났다. 친히 인간이 되어 고난을 당하신 것은 그 아버지 자신이시다. 당신은 성경이 어떻게 하나의 하나님을 선언하고 있는지 아는가? 나는 이 유일자를 고난의 주체로 만들 필요성에 직면해 있다. 왜냐하면 그리스도는 하나님이기 때문이다"라고 주장했다.[34] 그는 한 분 하나님의 연합과 동시에 그리스도의 신성을 주장했다. 그는 데오도투스와 달리 성육신 교리를 부인하지는 않았다. 그는 독특한 아들 혹은 로고스라는 인물을 불필요하게 만들어 하나님을 성육신의 주체로 만들었다.

프락세아스(Praxeas)

그는 소아시아 교회 지도자로 로마의 히폴리투스(Hippolytus)와 카르타고에서는 터툴리안과 논쟁했다. 그는 터툴리안의 삼위일체론에 맞서 하나님의 위적 구별을 반대했다. 그는 그리스도와 성부 사이의 차이점을 부인하고 성부라는 말을 인간 예수와 동일하게 사용했다. 그는 말씀이 독립된 존재를 갖고 있지 않으므로, 성부와 성자는 동일 위격이라고 이해했다. 그에 의하면 동정녀의 태에 들어간 이는 성부이다. 성부는 예수의 인성과 연합하여 고난을 당하시고 죽으셨으며, 다시 사신 자신의 아들이 되셨다. 성자가 아직 출생하지

---

[34] 윌리암 C. 플래쳐, 『기독교 신학사』 박경수 옮김 (서울: 크리스챤 다이제스트, 1999), 92-93.

않았을 때에는 성부로 불렸으나, 일단 출생하여 성자가 되었다. 성자는 성부 자신이 된 것이지 다른 이가 된 것이 아니다. 그는 그리스도의 충분한 신성을 주장했다. 그는 하나님의 삼위를 하나님 현현(顯現)의 삼위로 생각했다. 그는 성부 자신이 친히 그리스도 안에서 성육신하셔서 그와 더불어 고난받으셨다고 주장했다. 그는 신성의 통일성을 주장했다. 이것이 서방에서는 성부 수난설로, 동방에서는 사벨리안주의로 알려졌다.[35]

사벨리우스(Sabellius)

사벨리우스는 리비아에서 출생했다. 그는 주후 282년에 일위삼체론을 발표했다. 그는 프락세아스의 삼위일체론을 그대로 받아 진전시켰고, 특히 성령에 관한 설명을 덧붙였다. 그는 교회의 세례 신앙이 갖고 있는 삼중 구조를 진지하게 설명했다. 사벨리우스는 "하나님은 단일한 본체시고 하나님의 존재 안에는 구별이 없다. 아버지와 아들 성령은 오로지 동일한 한 분 하나님의 세 존재 양식일 뿐이다. 아버지가 바로 아들이다. 아들이 바로 성령이신 하나님은 한 인격 안에 세 이름으로 계신다. 이는 마치 한 사람 안에 몸과 영과 혼이 있는 것과 같다"고 주장했다.[36] 그는 삼위의 내적 관계를 무시한다. 그는 성부만이 유일한 인격이라고 강조했다. 아들과 성령은 단지 한 분이신 하나님의 현현 방식에 불과하다. 그는 로마에서 파문을 당했다. 그러나 그의 주장은 동방 특히 이집트와 리비아에서 많은 사람들에 의해 추종되었다.[37] 그는 삼위의 본질이 일체를 이룬다는 삼위일체를 부인했다. 또한 그는 신의 단일성을 강조하기 위해 삼위의 구별을 전적으로 무시했다.[38]

주장점

양태적 단일신론은 그리스도를 하나님의 다양한 현현으로 보았다. 성부, 성자, 성령의 신적 본체가 계속적으로 나타난 현현의 세 모양으로 간주했다.

---

[35] 서요한, 『초대교회사』, 301-303.
[36] 홍수현, "서방교회의 삼위일체론 접근 방식 연구." 22-23.
[37] 홍수현, "서방교회의 삼위일체론 접근 방식 연구." 22-23.
[38] 강영춘, "동·서방 교부들의 삼위일체론 비교 연구," (경기: 한세대학교 대학원 박사논문, 2000), 13-14.

그들은 그리스도의 신성과 그리스도와 성부의 본질적 통일성을 강조했다. 하나님의 하나 되심은 신격 내 위격의 구별과 양립하지 않는다. 같은 하나님이 구약에서는 성부로, 예수님의 잉태에서 승천까지는 성자로, 예수님 승천 후에는 성령으로 다른 형태로 나타났다.[39] 그들은 하나님의 하나이심과 그리스도의 완전 신성에 대한 확신을 강조했다. 그리스도와 성령의 위격적 존재를 인정하지 않고, 한 하나님의 형식으로 보았다. 하나님의 단일성과 그리스도의 신성을 강조했다. 이들은 사벨리안주의라고 불리운다. 이들은 소아시아에서 처음으로 나타났다. 프락세아스(Praxeas)는 터툴리안이 삼위일체론을 전개하는 동안 평생을 염두에 두고 논의를 진행한 인물이었다. 사벨리우스는 하나님은 오직 한 분임을 강조하면서 신격의 엄중한 단일성을 가르쳤다.

단일신론 비판

교회는 두 가지 형식의 단일신론이 가지는 오류들을 즉각 인지했다. 역동적 단일신론과 양태론 이 모두는 성부 하나님을 지나치게 강조한다. 하나님은 한 분이신 것을 강조하다 보니 성부 하나님의 초월성, 거룩함, 전능하심, 그의 권위 등에 모든 초점이 맞추어졌다. 삼위일체 하나님의 낮아지심과 자기 비하가 들어갈 틈이 전혀 없다. 삼위일체 하나님은 사변의 영역에 가두어 놓고 실제적인 삶에서는 일신론적인 형태를 따르는 것이다. 우리가 믿는 하나님은 일신론의 하나님의 아니라 삼위일체의 하나님이다. 예수 그는 참 하나님이시다.[40] 성자와 성부와의 동질 교리에서 역동적 단일신론은 그리스도의 신성을 부인했다. 인간 예수에게 부여된 권능으로 해석했다. 단일신론은 신격의 삼위(位)의 관계와 영원 속에서의 아들의 탄생에 관한 교리에 대하여 반대했다. 양태론은 위격들 간의 구별을 반대했다. 성자와 성부를 동일하게 그리고 성령을 성자 및 성부와 동일하게 취급했다. 역동적인 단일신론은 예수 안에서는 인간만을, 성령 안에서는 신적인 영향력만을 강조했다. 양태론적 단일신론은 성부, 성자, 성령을 신적 본체가 계속적으로 나타난 현현

---

39 https://www.gotquestions.org/Korean/Korean-Modalistic-Monarchianism.html (2025.6.2. 검색).
40 강영춘, "동·서방 교부들의 삼위일체론 비교 연구," 20-26.

의 세 모양으로 간주했다. 하나님의 유일성을 간과함으로써 삼신론에 빠지는 우려를 범했다.[41] 알렉산드리아 신학자들은 그리스도의 신성을 성자의 성부와의 동질(consubstantiality)로 설명했다. 단일신론에 대한 반발로 동방교회에서는 성자와 성부의 연합을 강조했고 서방에서는 성자와 성부를 힘써 구분했다. 교회는 성자의 신성과 본질적인 성부와의 통일성, 성자의 구별되는 위격성을 강조했다.[42] 양자론과 양태론은 히폴리토스(Hippolytus)와 터툴리안(Quintus Septimius Florens Tertullianus), 노바티안(Novatian) 그리고 4세기 에피파니오스(Epiphanius)의 심한 공격으로 사라졌다. 노바티안이 터툴리안의 삼위일체를 받아들이게 됨으로 로마교회 신학도 전통적인 신앙에로 들어서게 되었다. 이를 통해 삼위일체 교리의 공식화가 가능하게 되었다.[43] 또한 215년경 갈리스토 교황(217-222)은 사벨리우스를 단죄했다.[44]

3. 이단과 세속화에 도전받는 개혁주의 신학

3.1. 이단의 발흥과 확산

이단은 왜 발생하는가? 대부분의 이단들은 병든 사회와 병든 종교의 합작품이라고 할 수 있다. 즉 사회 구조적인 결함과 기성 종교의 기능적인 원인으로 볼 수 있다.[45] 사회적인 혼란과 불안은 이단의 출현을 가중시킨다. 이단들은 무력한 교회의 대안으로 자신들을 내세우며 곳곳에 미혹의 덫을 놓는다. 교회에 대한 이단들의 조직적이고 동시 다발적인 도발이다.[46] 교회의 모습을

---

[41] 벌코프, 『조직신학 상』, 권수경 옮김 (서울: 크리스챤 다이제스트, 1992), 280.
[42] E.H 클로체, 『기독교 교리사』, 115.
[43] 서철원, 『교리사』, 164.
[44] 사벨리우스는 성부, 성자, 성령의 개성적인 구별이 없고 한 하나님이 여러 모양으로 나타나는 현현으로 제시했다. 그것은 다분히 범신론적이다. 교황 디오니시오가 양태론적 단원론자들과 삼신론에 반대해서 알렉산드리아의 주교 디오니시오에게 보낸 편지가 부분적으로 보존되어 있다. 조한건, "초기 교회의 삼위일체 교리 형성과 오늘날 신앙고백의 의미," (부천: 가톨릭 대학교 대학원 박사논문, 2001), 28.
[45] 총회 이단(사이비)피해대책조사연구위원회 외, 『기독교 정통과 이단, 무엇이 다른가?』 (서울: 대한예수교장로회총회, 2009), 87.
[46] 탁지일, 『이단이 알고 싶다』 (서울: 넥서스, 2020), 4-5.

통해 동시대 이단의 실체를 간파할 수 있고 이단을 통해 동시대 교회의 문제를 접할 수 있다.[47] 이단들은 기독교 교리를 왜곡하거나 잘못된 교리를 주장한다. 이단들은 정통 삼위일체론이 바로 정립되지 않았을 때, 교리가 바로 서지 않았을 때, 또는 성경 말씀에 대한 지나친 열정에 사로잡혀 자칭 바른 신학을 세우려 온 힘을 기울였다. 이들은 성경의 계시와 체제를 세움에 있어서 지나친 주관성이나 체험을 근거로 성경의 내용을 편집하고 성경의 진리를 가감하기도 한다. 이단을 살펴봄으로 성도가 믿고 고백하는 교리적 진술이 어떻게 확립되었는가를 확인할 수 있다. 또한 잘못된 신학과 성경 해석을 되풀이하지 않기 위한 방법을 찾을 수 있다. 터툴리안은 "이단들은 성경의 말씀을 다 받아들이지 않는다. 자신들의 목적을 달성하기 위해, 성경의 내용을 가감하여 왜곡한다. 성경을 임의적으로 해석하여, 진리를 왜곡한다"고 지적한다.[48] 이단들은 비성경적인 본질을 제시하면서, 자신들의 입지와 활동의 당위성을 드러내기 위해 교회에 대한 비난과 배타적인 구원관을 강조한다. 탁지일은 "이단들은 동시대 교회의 일그러진 초상이다. 교회를 보면 이단들의 문제가 보이고, 이단을 보면 교회가 잃어버리고 있는 정체성이 드러난다. 교회는 이단들의 도전에 응하기 위해 신앙의 변증 곧 신앙고백과 신학을 정립해왔다"고 말한다.[49] 올바른 교회관과 성경관이 필요한 이유이다.[50] 한국 사회가 처한 상황이 만만치 않음을 인식하면서 동시에 건강한 교회를 만들기 위한 이단 대처의 노력이 절실하다.

---

[47] 조믿음은 교회의 역사 속에서 이단과 사이비가 존재하는 이유를 다음과 같이 제시한다. 첫째, 성경 해석의 오류다. 둘째, 일부 교회의 타락이다. 셋째, 심리·정서적인 문제이다. 조믿음, 『이단백서』 (경기: 바른 미디어, 2019), 23-24.
[48] Tertullians, *Prescription against Heretics*, 17장.
[49] 탁지일, 『이단이 알고 싶다』, 191.
[50] 이단들의 발생하는 중요한 요소로 사회와 시대적 환경, 종교적 배경이 작용한다. 동시에 냉랭한 예배와 극단적인 열렬함의 추구, 예배 신학의 빈곤, 지나친 문자주의와 성경 해석, 주관적인 성경 해석과 설교 등이 그 요인이 된다. 김영재, "교회 역사에서 본 이단과 종말론: 한국 교회 이단과 종말론의 조명을 위하여," 89-90.

3.2. 개혁주의 신학과 신앙의 확립

이단의 세력과 세속화, 포스트모더니즘 시대가 기독교 신학에 도전을 주는 시대적 과제 속에서 그에 대한 개혁신학의 대답을 찾아보는 것이 중요하다. 개혁주의 신학은 16-17세기에 일어났던 교회 개혁가들 가운데 루터파와 재침례파를 제외하고, 스위스 연방의 교회 개혁자들(칼빈, 부서, 츠빙글리, 불링거 등)을 중심으로 생겨난 신학이다.[51] 한국의 성경적이고 전통적인 신학도 개혁주의 신학의 영향을 받았다. 김인환은 "개혁주의 신학은 모든 성경을 하나님의 감동으로 기록하신 정확 무오한 하나님의 말씀이며, 계시로 믿는다(딤후 3:16). 개혁주의 신학은 성경에 기록된 신학을 정리하고 체계화한 것으로 배우고 확신한 일(딤후 3:14)이 성경적 진리라는 것을 고백한다. 개혁주의 신학은 성령의 조명에 따라 새롭게 깨닫게 되는 하나님의 말씀을 따라 지속적으로 성경에 일치하는 신학이 되도록 개혁되면서 그리스도인들의 삶의 체계 또는 세계관을 기능을 감당한다. 성경과 일치하는 모든 신학과 신앙을 개혁신학은 배격한다"고 강조한다.[52] 개혁주의 신학은 하나님의 절대주권과 하나님 중심주의를 철저하게 강조하는 신앙과 신학의 체계이다. 우주와 만물에 충만한 삼위 하나님의 영광과 주권을 겸손히 인정하고 삼위 하나님 앞에서 철저하게 살아가는 삶의 태도요 그것을 위한 이론과 실천을 강조한다. 오스트헤번(M. Eugene Osterhaven)은 "개혁주의는 고대 이스라엘과 초대교회의 고난 받는 신앙을 마땅히 감사하고, 어거스틴과 루터와 함께 서서 죄와 주권적 은혜에 관한 교리를 견지하고, 예수 그리스도의 주되심에 전 생애를 복종시키고, 성령의 은사와 은총을 유일한 근원으로 인정하는 것이다"라고 말한다.[53] 개혁주의 신학은 인간 개인의 구원을 넘어서 인간의 삶의 모든 영역들 속에서의 하나님의 영광을 지향하는 삶으로 나아간다. 삶과 신앙의 기준인 하나님의 말씀 위에 기초를 세운다.

---

[51] 우병훈, "트랜스휴머니즘 시대에 도전 받는 기독교신학," 「한국개혁신학회」 제66권, 2020, 171.
[52] 총회 이단(사이비)피해대책조사연구위원회 외, 『기독교 정통과 이단, 무엇이 다른가?』, 80-81.
[53] M. Eugene Osterhaven, *The Faith of the Church*, The Congregational Union of Australia and New Zealand, 2004, 5-7.

올바른 기독교 신앙은 자신이 믿는 기독교의 정통 교리에 대해 철저하게 인식하고 세워져야 한다. 지상에서의 가시적 교회는 성경에 토대한 올바른 신앙고백과 교회의 직제, 성도의 선한 생활을 통해서 세워진다. 동시에 기억해야 할 가치가 있다. 개혁주의 신학은 단지 성경과 교리에 대한 열심을 가지고 있는 신앙 체계에만 머물지 않는다. 그리스도의 몸으로서의 교회를 이루고 있는 성도들의 합당하고 올바른 생활이 요구된다. 무엇보다 기독교 신앙의 생명력과 영성 회복이야말로 세속화를 극복하는 대안이다.[54] 우스노우(R.Wuthnow)는 지금 이 시대를 "거룩함의 부흥(revival)이기보다는 거룩함이 재발견(rediscovery)되는 시대"라고 강조했다.[55] 교리에 대한 신념보다 성경대로 사는 삶이 필요하다. 성도들의 선한 생활은 그리스도의 몸으로서의 교회가 살아 있는 유기체로서의 몸, 즉 살아 있는 교회가 되느냐, 죽은 교회가 되느냐의 사활이 걸린 문제이다. 교회의 신앙고백과 그 직제가 성도들의 선한 생활을 굳건히 확립되어야만 가능하다. 무엇보다도 올바른 신앙을 확립함을 통해 철저한 성경 중심의 가르침과 기준을 가져야만 한다. 올바른 신앙에 견고하게 서야 유혹 속에서도 믿음을 지키고 나아가 다른 사람을 바른 신앙으로 인도할 수 있다.[56]

4. 개혁주의 신학을 통해 본 이단과 종말론

4.1. 개혁주의 신학이 제시하는 종말론

종말과 종말 이후의 세계에 대한 인간의 관심은 인간의 기원 및 형성의 문제와 더불어 인류에게 보편적으로 나타나는 종교와 철학의 근본 문제이다. 종말은 기독교 신앙의 핵심적인 요소이다. 종말론에서는 현 세계가 끝나고 새로운 세계가 시작되는 그리스도의 재림의 때를 다룬다. 그리스도의 재림, 천

---

54 조만준, "성 버나드의 신비주의 영성이 세속화 시대에 주는 실천 과제," 「신학과 사회」 32, 2018, 132.
55 Robert Wuthnow, *Rediscovering the Sacred: Perspectives on Religion in Contemporary Society* (Grand Rapids, MI: William B. Eerdmans Publishing Company, 1992), 2.
56 총회 이단(사이비)피해대책조사연구위원회 외, 『기독교 정통과 이단, 무엇이 다른가?』, 16-27.

년왕국, 죽은 자의 부활, 최후의 심판과 최후의 상태 등이 그 주제이다. 김영재는 "교회 역사에서 종말 신앙은 시대적 배경이나 신앙의 유형 혹은 신학적 견해에 따라 개인적 종말론과 역사적 종말론 그 어느 편에 더 많은 관심을 갖는 경향이 있었음을 발견한다. 역사의 종말에 있을 사건 중에 가장 중심은 그리스도의 재림이다"라고 강조한다.[57] 주님이 다시 오실 때까지, 혹은 우리가 죽을 때까지 종말을 소망 가운데 기다린다. 그리스도인들은 예수 그리스도의 삶, 고난, 죽음, 부활, 재림을 세상에 선포하고, 하루하루 어그러지고 불확실한 세상에서 정결하고 신실한 삶을 살기 위해 선한 싸움을 싸우도록 말씀과 성령을 통해 요구받고 있다. 종말은 교회와 그리스도인들이 결코 잊어서는 안 될 신앙의 핵심이다.[58]

성경적 종말론은 구원의 완성이 인간의 최종적인 부활과 만물의 갱신을 통하여 이루어진다는 가르침이다. 종말의 시간성은 이미와 아직 사이의 긴장감으로 설명된다. 칼빈은 "하나님 나라의 도래와 관련한 예언들이 단지 한 번의 시간에 완성되는 것이 아니라 계속적인 이행을 통해 이루어져 가는 것"으로 제시한다. 이러한 그리스도의 초림과 그의 재림에 의해 성취될 완성 사이의 긴장은 칼빈이 성경의 예언을 해석하는 데 있어 근본 원리가 되었다.[59]

성도가 살아가는 현 세상은 여전히 남아 있는 죄의 잔재 세력과의 고단한 투쟁의 무대이다. 현재의 책임과 내세의 소망은 모두 중요하다. 종말의 임박성뿐만 아니라 종말의 홀연성에 대한 강조가 필요한 이유이다. 종말은 시작되었지만, 그 종말은 계속해서 진행되고 있다. 종말은 죄와 죽음의 세력이 지배하는 현 세계의 끝남을 의미하는 동시에 역사의 궁극적인 목적, 즉 하나님 나라의 완성과 새 창조의 시작, 영원한 생명을 의미한다. 로이드 존스는 "최후의 심판의 목적은 단 하나 하나님의 영광입니다. 그것은 하나님께 영광을 돌리지 않아 온 사람들 앞에서 하나님의 영광을 최종적으로 단언하는 것입니다. 동시에 그리스도 안에 있는 신자들의 최종적 운명을 알도록 도와주

---

[57] 김영재, "교회 역사에서 본 이단과 종말론," 68.
[58] 탁지일, "한국 교회, 개혁의 주체인가, 개혁의 대상인가: 교회를 향한 이단들의 도발적 질문들을 중심으로," 『장로교회와 신학』, 2018, 108.
[59] 칼빈, 『칼빈주석 19 사도행전』 (서울: 크리스찬다이제스트, 2014), 207.

는 것입니다. 우리에게 중요한 것은 우리가 영원히 하나님의 영광을 즐거워하고 그 영광의 빛을 받아 다시 반사하고 그 안에서 자라며 '항상 주와 함께 있을 것'(살전 4:17)이라는 사실을 아는 것이기 때문입니다. 그것이 우리의 영원한 상태이자 영원한 운명이 될 것입니다"라고 강조한다.[60]

4.2. 이단 종말론의 오류

이단 교주들은 종말을 팔아 세력 확장을 시도한다. 이단 신도들은 종말에 대한 확신을 가지고 맹목적으로 그들을 따른다. 때로는 자신의 모든 것을 포기하기도 한다. 이단 단체가 주장하던 종말론이 실패했는데, 단체는 여전히 영향력을 갖기도 한다.[61] 이단 교주들에게 종말은 목적이 아니라 항상 탁월한 사업 아이템이다. 안타까운 점은 믿었던 종말이 거짓이거나 단지 사리사욕을 위한 사기극이라는 것이 밝혀져도, 교주가 사망했거나 감옥에 갇혔는데도 종말론 집단을 이탈하기보다는 또 다른 종말을 기다리는 이들의 애처로운 모습을 종종 볼 수 있다는 것이다. 이단들의 종말론은 특정한 때의 종말을 주장하는 시한부 종말론과 특정한 조건의 충족을 주장하는 조건부 종말론으로 구분될 수 있다.[62] 사회적 혼란기에 비성경적 종말론은 기승을 부렸다.[63] 시한부 종말론은 그날이 곧 온다고 주장하며, 신도들의 맹신(盲信)을 강요한다. 시한부 종말론은 한국 근현대사의 혼란기에 늘 등장해 왔다. 탁지일에 따르면 "한국 이단들은 일제 강점기 후반 서북 지역을 중심으로 발생했다. 한국전쟁과 함께 부산에 이르기까지 전국적으로 확산되었고, 군사 정권하에

---

60 마틴 로이드 존스, 『영광스러운 교회와 아름다운 종말』 임범진 옮김 (서울: 부흥과 개혁사, 2012), 378-387.
61 탁지일, 『이단 out』 (서울: 두란노서원, 2000), 9.
62 이단들의 시한부 종말론은 비성경적이고 비상식적 주장이다. 이단들은 배타적인 구원관을 내세우며, 미혹한다. 일제강점기부터 이단들은 종말론을 내세우고 많은 신앙인들을 미혹했다. 그러나 성경은 분명하게 제시한다. "그러나 그날과 그 때는 아무도 모르나니 하늘의 천사들도 아들도 모르고, 오직 아버지만 아시느니라"(마 24:36).
63 한국의 근현대사 속에서 시한부 종말론은 사회적 혼란기와 전환기에 어김없이 등장했다. 6.25전쟁 시기와 민주화, 밀레니엄의 사회적 혼란기, 다미선교회의 1992년 휴거 소동, 하나님의 교회의 1988년, 1999년, 2012년 반복적 시한부 종말론, 신천지의 14만 4천 명 조건부 종말론이 그 예이다. 흥미로운 점은 시한부 종말론은 실패해도, 이단들의 영향력이 계속 유지된다는 점이다.

서 반공, 멸공 운동으로 성장했다. 지금처럼 다문화 사회에서는 보다 치밀하고 친사회적 활동을 매개로 정착하고 있다."[64] 불안정하고 불확실한 세상의 고통이 정해진 날에 곧 끝난다는 희망은 일제 강점기와 군사정권 아래 있는 그리스도인들에게 달콤한 유혹이었다. 교회는 고난의 시간을 보내는 동안 어떤 문제도 해결해 주지 못하고 아무런 대안도 제시하지 못했다. 교회는 임박한 종말과 회복을 내세워 다가오는 이단들의 접근을 막아내지 못했다. 교회는 스스로 개혁하지 못했을 때 쉽게 개혁의 대상이 되었다. 정체된 교회는 더 이상 교회의 본연의 사명을 유지하지 못한다. 초기 기독교인들은 이단 사상에서부터 기독교의 진리를 보호하기 위해 정통이란 용어를 사용하면서 기독교의 교리와 사상을 지켜왔다. 교부들은 이단을 반박하면서 구원의 참지식, 곧 참되고 유일한 생명을 주는 신앙은 주님께서 사도들에게 주셨다고 강조했다. 그들은 교회가 사도들로부터 물려받은 복음의 능력 이외의 다른 것이 될 수 없음을 주장했다.

4.3. 종말을 준비하는 자세

이러한 현실 가운데 그리스도인들은 종말의 기간에 어떻게 믿음을 지키고, 복음을 전하며 빛과 소금의 역할과 기능을 할 것인지를 점검하며 살아야 한다. 교회를 다닌다고 해서 전부 구원받는 것이 아니다. 예수 그리스도를 구주로 영접하고 그분의 뜻과 가르침대로 살아야 한다. 오늘을 사는 그리스도인들은 종말이 임박하였다는 것을 깨닫고 세상의 종말과 심판의 날이 홀연히 임한다는 것을 염두에 두며 살아가야 한다. 오늘날은 세상에서 그리스도인들이 윤리적 책임과 사명, 공동선을 추구하는 것이 중요한 가치가 되었다. 그리스도인들에게 거룩한 구별됨과 경건의 모습이 요구된다. 종말이 언제 올 것이냐보다는 주어진 시간 속에서 올바른 믿음과 구원관을 가지고 최선을 다해 살아가는 삶의 자세가 필요하다.[65] 그리스도인은 늘 깨어 기도하

---

[64] 탁지일, 『이단 out』, 9.
[65] 이신호, "교회를 건강하게 만드는 목회적 실천으로서의 이단대처교육교재 개발 연구," (서울: 장로회신학대학교 박사논문, 2020), 91-95.

고 믿음으로 주의 날을 대비해야 한다. 빛과 소금의 사명을 감당해야 한다. 자크 엘룰은 "그리스도인들은 이 세상 속에서 살고 있지만 이 세상에 속하지 않고 하나님 나라에 속한 백성으로 살아야 한다. 이 세상에 만연해 있는 모순과 무의미에 짓눌리지 않고, 이 세상을 변혁시키면서 살아야 한다.[66] 그리스도인으로 부름받았다는 것은 현대 사회 속에서 하나님 나라를 완성시키는 하나님의 사역에 동참하는 것이다. 그리스도인은 이 세상을 이길 수 있는 새로운 삶의 양식을 구축해야 한다"고 말한다.[67] 종말론적인 신앙 안에서 자신의 삶을 하나님 앞에 산제사로 드리는 희생과 거룩한 구별됨으로 살아가는 적극적인 삶의 양식이 필요하다. 이단과 세속화의 위기를 대처하기 위해서 교회의 내적 방어막이 두터워져야 한다. 신앙과 교리의 내용을 단단히 정립하고 다양한 이단적 상황과 세속화에 맞서 바른 믿음을 굳건히 세워 나가야 한다. 이단들의 사상에 대해 교리적 질문을 던지면서 신앙적 바탕 위에 더욱 분명한 신학적인 가치를 정립해야 한다. 유태화는 "한국 교회가 직면하고 있는 많은 문제들 가운데 특별히 세속화라는 차원은 세례와 성만찬을 그 본연의 핵심인 종말론을 따라 파악하지 않았기 때문으로 생각한다. 그는 한국 교회가 안고 있는 문제 가운데 특별히 현세의 복에 집착하는 기복신앙의 문제나 혹은 내세에 집착한 나머지 현세에 대한 책임을 간과하는 행태들은 세례와 성만찬에 내포되어 있는 종말론의 의미에 깊숙하게 다가서지 못했기 때문에 일어나는 것"으로 제시한다.[68] 예수 그리스도의 재림을 기다리는 그리스도인들의 사명은 윤리적 책임과 우주 종말의 선교 명령을 수행하는 것으로 영적인 분별력과 이단에 대한 경계심을 가지고 세속화 시대를 살아가는 지혜가 요구된다.

---

[66] Cho Man Joon, "A Study on social Ethical Responsibility of Christian: Focus on Jacques Ellul and Francis A. Schaeffer," *Korea Reformed Journal* vol 44, 2017, 227.
[67] 자크 엘룰, 『세상 속의 그리스도인』 이문장 옮김 (서울: 대장간, 1993), 68-81.
[68] 유태화, "기독론에서 본 종말론의 재발견: 칼빈의 세례와 성만찬을 중심으로," 『장로교회와 신학』, 2018, 181-182.

5. 결론: 나가는 말

이단은 정치, 경제, 사회, 종교가 혼란스럽고 미래의 희망이 보이지 않고 비전이 없을 때 더욱 활발하게 나타난다. 지금처럼 경제적 부익부, 빈익빈을 비롯한 양극화, 가치관과 이데올로기가 혼란스러운 시대에 이단은 더욱더 기승을 부린다. 이러한 때에 교회는 물량주의, 재정의 불투명성, 광신적인 신앙 양태, 신학적인 기초 부재, 권위주의적 교회 운영 등을 극복하고 이 사회에 진정한 희망이 되어야 한다. 사회 속에 빛과 소금의 모습이 되어 사회를 위해 존재하는 교회가 되도록 거듭나야 한다. 그리스도인은 세속화 시대를 대비하여 철저한 신앙과 삶을 훈련하여야 한다. 이론의 숙지도 중요하지만 올바른 실천이야말로 이단의 세력에 가장 큰 위협이 될 것이다. 성경과 개혁교회의 역사, 선교 초기 한국 교회 성도들이 가졌던 참된 믿음의 유산과 종말론적 신앙을 통해 어떻게 살아가야 할 것인지에 대한 끊임없는 성찰이 요구된다. 재림주로 오실 하나님 나라의 영광을 가지고 사모한다. 동시에 이 땅에서 주어진 모든 삶의 과정들을 신실하게 감당해야 한다.

지금까지 본 논문은 신학적, 역사적 관점에서 고대 이단의 배경과 특징, 개혁주의 신학의 특징과 종말론을 종합적으로 분석했다. 현대 교회가 직면한 이단과 세속화의 도전들에 어떻게 적극적으로 대처할 수 있을지를 논의했다. 이단의 종말론적 주장에 대한 비판적 분석을 통해 신자들에게 올바른 신앙의 기준을 제공해야 한다. 또한 교회의 신앙 공동체가 이단적 영향을 받지 않도록 교육하고 훈련하는 일에 힘써야 한다. 본 논문을 마무리하며 이단의 사상과 종말론에 대처하는 몇 가지 대안을 제시하고자 한다.

첫째, 사이비와 이단의 문제는 더 이상 특별한 것이 아니라는 점을 인식하고 이단의 심각성을 깨닫고 깨어 있어야 한다. 이단은 역사 속에서 생성과 소멸을 반복했다. 아무리 강성했던 이단도 역사에서 사라졌다. 오늘날 한국 교회는 이단의 미혹과 도전에 직면해 있다. 그러나 이단과의 영적인 전쟁에서 최후의 승리가 주어진다는 믿음에는 변함이 없다.[69] 기독교 신앙의 핵심을

---

69 탁지일, 『이단이 알고 싶다』, 220-221.

연구하고 이단의 심각성을 깨닫는 지혜가 필요하다.

둘째, 교회의 본질을 잃지 말아야 한다. 외부에서의 성경공부를 주의하고, 교회 안에서 성경을 체계적으로 가르치며 교리와 신조를 교육하여 영적으로 무장해야 한다. 참된 신앙을 지키기 위해 신자들이 알아야 할 핵심 진리를 요약해 놓은 것이 요리문답이다. 개혁주의 교회는 교리 교육을 통해 자신이 속한 교회와 교단에 대한 분명한 정체성을 전승했다. 다양한 이단들의 교리에 맞서서 신앙적 기초를 세웠다. 탁지일은 "초대교회 교부들과 종교개혁자들은 신앙생활에서 가장 쉽게 접근할 수 있는 교회음악과 찬송을 통해 이단 변증과 대처 교육을 진행했다. 특별히 문답식 교리 교육을 통해 이단 예방과 대처를 어려서부터 생활했다"고 말한다. 이것은 중요한 이단 대처와 교육에 대한 실마리를 제공해준다. 신앙인의 눈높이에 맞춘 성경적이고 창의적인 이방 대처 교육이 필요하다. 교회의 거룩함과 구별됨은 이단들에 대한 변증과 선한 싸움을 통해 더욱 선명해진다.[70]

셋째, 이단 대책을 체계적으로 대응할 수 있도록 이단 대책 사역 기관과 총회 차원에서 기도와 후원을 아끼지 말아야 한다. 인간 사회의 소외 현상의 심화와 교회의 세속화가 가속화될수록 이단적 종말론은 더욱더 활발하게 활동할 것이다. 지나친 물량주의와 대형화를 지양하고 이단의 세력과 세속화 시대에 대비한 범 교단적 차원의 교육과 훈련의 확립이 교회에 요청된다.

---

[70] 탁지일, 『이단이 알고 싶다』, 216-217.

참고문헌

국내서

기독지혜사. 『교회사 대사전』 서울: 기독지혜사, 1994.
김영재. 『기독교 교회사』 서울: 이레서원, 2004.
_____. "교회 역사에서 본 이단과 종말론." 『개혁신학회』 서울: 개혁논총, (2014), 65-92.
김용국. "한국 기독교계 이단의 교주 신격화 논리 연구: 통일교와 신천지를 중심으로." 『복음과 실천』 72호, 2025.
김혜진 외. 『신천지부터 통일교까지』 서울: 동연, 2021.
박용규. 『초대교회사』 서울: 총신대학교, 1996.
서요한. 『초대교회사』 서울: 그리심, 2003.
서철원. 『교리사』 서울: 총신대학교 출판부, 2002.
심창섭. 『기독교와 이단들』 서울: 대한예수교장로회총회, 1998.
우병훈. "트랜스휴머니즘 시대에 도전 받는 기독교신학." 『한국개혁신학회』 제66권, (2020): 166-217.
유태화. "기독론에서 본 종말론의 재발견: 칼빈의 세례와 성만찬을 중심으로." 『장로교회와 신학』(2018) 179-204.
조민음. 『이단백서』 경기: 바른 미디어, 2019.
조만준. "성 버나드의 신비주의 영성이 세속화 시대에 주는 실천 과제." 『신학과 사회』 32. (2018): 109-237.
총회 이단(사이비)피해대책조사연구위원회 외. 『기독교 정통과 이단, 무엇이 다른가?』 서울: 대한예수교장로회총회, 2009.
탁지일. 『이단이 알고 싶다』 서울: 넥서스 cross, 2020.
_____. 『이단 out』 서울: 두란노서원, 2000.
_____. "한국 교회, 개혁의 주체인가, 개혁의 대상인가: 교회를 향한 이단들의 도발적 질문들을 중심으로." 『장로교회와 신학』(2018): 95-117.
탁명환. "이단과 한국 교회." 『복된 말씀』(1975), 14.
허윤강. 『삼위일체론에 대한 바른 이해』 서울: 장로회신학대학교, 1999. 1

역서

데이비드 F. 웰즈. 『기독론: 그리스도는 누구인가?』 이승구 옮김. 서울: 엠마오, 1993.
마틴 로이드 존스. 『영광스러운 교회와 아름다운 종말』 임범진 옮김. 서울: 부흥과 개혁사, 2012.
벌코프. 『조직신학 상』 권수경 옮김. 서울: 크리스챤 다이제스트, 1992.
벵트 헤크룬트. 『신학사』 박희석 옮김. 서울: 성광문화사, 1990.
스탠리 그렌즈. 『조직신학』 신옥수 옮김. 서울: 크리스챤 다이제스트, 2004. 1
알리스터 맥그래스. 『그들은 어떻게 이단이 되었는가』 홍병룡 역. 서울: 포이에마, 2011.

윌리암 C. 플래쳐. 『기독교 신학사』 박경수 옮김. 서울: 크리스챤 다이제스트, 1999.
자크 엘룰. 『세상 속의 그리스도인』 이문장 옮김. 서울: 대장간, 1993.
칼빈. 『칼빈 주석 19 사도행전』 서울: 크리스챤다이제스트, 2014.
필립 샤프. 『교회사 전집』 이길상 옮김. 서울: 크리스챤 다이제스트, 2004.
찰스 핫지. 『조직신학』 김귀탁 옮김. 서울: 크리스챤 다이제스트, 2003.
Harold O. J Brown. 『교회사 안에 나타난 이단과 정통』 라은성 역. 서울: 그리심, 2001.
E. H. 클로체. 『기독교 교리사』 강정진 옮김. 서울: 기독교문서선교회, 2003.
J. N. D. Kerry. 『고대 기독교 교리사』 김광식 옮김. 서울: 한글, 1996.
Cho Man Joon. "A Study on social Ethical Responsibility of Christian: Focus on Jacques Ellul and Francis A. Schaeffer." 『Korea Reformed Journal』 vol 44. (2017): 199-232.
M. Eugene Osterhaven, *The Faith of the Church*, The Congregational Union of Australia and New Zealand, 2004.
Robert Wuthnow. *Redisovering the Sacerd: Perspectives on Religion in Contemporary Society Grand Rapids*, MI: William B. Eerdmans Publishing Company, 1992.
Tertullians. *Prescription against Heretics*. chapter 17.

학위 논문

강영춘. "동·서방 교부들의 삼위일체론 비교 연구." 「경기: 한세대학교 대학원 박사 논문」 (2000).
이신호. "교회를 건강하게 만드는 목회적 실천으로서의 이단대처교육교재 개발 연구." 서울: 장로회신학대학교 박사논문, (2020).
조한건. "초기 교회의 삼위일체 교리 형성과 오늘날 신앙고백의 의미." 부천: 가톨릭 대학교 대학원 박사논문, (2001).
홍수현. "서방교회의 삼위일체론 접근 방식 연구." 서울: 총신대 일반대학원 석사논문, (2004).

인터넷 검색 자료

https://www.christiandaily.co.kr/news/142116. (2025.5.20. 검색)
https://www.gotquestions.org/Korean/Korean-Modalistic-Monarchianism.html (2025.6.2. 검색)
https://www.joongang.co.kr/article/25151762. (2025.5.30. 검색)

목회에 있어서 이단 대처 교육의 중요성

한창호 목사 • 이대위 부위원장, 온사랑교회

1. 서론: 들어가며

현대 목회에 있어 가장 중요하게 대두되는 것이 이단 교육의 문제이다. 이단은 성경의 시대부터 기독교에 있어 가장 중요한 문제이고 적대적 세력이다. 구약과 신약 시대, 초대교회부터 이단들은 등장했다. 그들의 목적은 하나님의 영광을 가리고, 복음선포를 방해하고, 하나님의 일을 방해하는 데 있다. 현대에도 수많은 종류의 이단들이 등장하여 교회를 혼란에 빠뜨리고 사회적으로 교회가 지탄을 받는 데 일조하고 있다.

이단들에 대처하는 것은 교회의 임무 중 하나가 되었고 목회자들의 숙제가 되었다. 목회에서도 이단을 대처하는 방안을 연구하고 힘써야 하는 시대가 되었다. 이단은 사회적 혼란의 틈을 타서 나타나고 교회와 사회를 혼란에 빠뜨린다. 현실을 보면 국가가 위기에 놓여 있고 이런 사회적 혼란을 틈타 곳곳에서 이단들이 창궐하고 있다.

2025년 5월 7일 선원예술단이 대구를 방문하여 공연을 하고 강원도 춘천, 경기도 과천에서 공연을 진행한 것으로 알려졌다. 이 선원예술단은 미국 뉴욕에 기반을 둔 창작무용, 민족무용 공연단체이지만 실제로는 파룬궁 수련자들이다. 대한예수교장로회 합신 총회는 2018년에 "파룬궁 창시자 리훙즈가 삼위일체를 자처하며 파룬궁 수련자만이 천국에 간다고 주장한다"며 사이비로 지정했다.¹ 이 파룬궁의 창시자 이홍지는 삼위일체로 구원자이며 파룬궁 수련자만 천국에 간다고 가르친다. 본 교단의 총회장이며 개신교 최대 연합기관인 한국교회총연합의 대표회장인 김종혁 목사는 산하 교단들에 공식 문서를 보내 관람 자제를 요청하기도 했다.²

뿐만 아니라 취업 준비 청년들의 절박한 심리를 이용하여 시급 2만 원을 준다고 접근하는 이들이 있는데 알고 보니 신천지의 유령 회사였다. 이 사실을 알지 못하고 취업하게 된 이들은 강제로 신천지의 성경공부를 하게 되었다. 그 기관의 이름이 시온기독교센터라는 곳이었다. 이곳은 신천지가 운영하는 교육기관이다.³ 또한 미국 시애틀에 사는 30대 남성은 온라인에서 여자 친구를 만나게 되었고 그 여자 친구가 제안한 곳에 가서 예배를 드렸다. 남성은 나중에 그곳이 신천지 집단이라는 것을 알게 되었다. 매일 4시간만 자고 일주일 내내 성경공부에 시달렸다고 한다. 그리고 나중에 여자 친구와 헤어지고 난 후에야 그녀가 자신에게 의도적으로 접근했다는 것을 알게 되었다고 한다.⁴ 이처럼 이단이 한류라는 바람을 타고 세계로 퍼져 나가고 있는 것이다.

우리 교단도 5월 말까지 이단 관련 세미나를 개최하면서 재정 마련을 하고 있다. 이단에 대한 철저한 대비를 위해 교회의 지도자들과 성도 모두가 경각심을 가져야 한다. 세미나 발제자로 나선 김지호 교수는 "교회 자체의 역할과 교단적 차원에서의 역할이 매우 중요하다"면서 "이단들에 대한 이해를 전제로 한 이단 교육과 예방이 필요하다"고 강조했다.⁵

대한예수교장로회 총회(합동)도 오늘날 단지 성장에만 몰두하는 방식의 목회를 취하지 말아야 한다. 양적 성장만 집중하다 보니 질적 성장은 등한시했던 것이 사실이다. 그 결과 이단들이 교회에 침투하여 들어올 때 적절한 대처를 하지 못했다. 교회가 성도들에게 이단에 대한 교육을 철저하게 하지 못한 결과로 많은 이들이 교회를 떠나 이단으로 빠져들어 갔다. 이제라도 교회

1 "사이비 '파룬궁' 연계된 션원예술단 공연 논란,"「국민일보」, 2025.5.7.
2 "션원예술단 공연 '사이비' 논란…교계·지역사회 반발 확산,"「국민일보」, 2025.5.4.
3 "신천지 가짜 채용 면접의 덫… '취준생 심리 불안' 이단 학습 유도,"「국민일보」, 2025.5.2.
4 "이단도 한류 타고 세계로 퍼지고 있다,"「국민일보」, 2025.4.16.
5 "이단백서, 재정 마련이 최대 과제,"「기독신문」, 2025.5.5.

가 깨어서 이단에 대한 대처를 바르게 행할 수 있어야 한다. 그러기 위해서 교회가 목회를 통해서 할 수 있는 이단교육은 어떠한 것이 있는지를 살펴보고 그 대안들을 제시해 보도록 하겠다.

2. 본론

2.1. 목회

2.1.1. 목회의 성경적 의미

사도 바울은 3차 전도여행을 마무리했다. 그는 에베소에서의 사역을 마치고 마게도냐로 떠난다. 그곳에서 사역을 하고 다시 고린도에 머물면서 3개월 동안 복음을 전했으며 로마서를 기록했다. 그리고 드로아와 밀레도에서 설교를 하면서 복음을 전했다. 바울은 밀레도에서 고별설교를 하면서 사람을 에베소로 보내 교회의 장로들을 청하였다. 그들이 오자 바울은 그동안의 전도여행을 소개하고 곧 자신이 옥에 갇힐 것을 말했다.

> "보라 이제 나는 성령에 매여 예루살렘으로 가는데 거기서 무슨 일을 당할는지 알지 못하노라 오직 성령이 각 성에서 내게 증언하여 결박과 환난이 나를 기다린다 하시나 내가 달려갈 길과 주 예수께 받은 사명 곧 하나님의 은혜의 복음을 증언하는 일을 마치려 함에는 나의 생명조차 조금도 귀한 것으로 여기지 아니하노라"(행 20:22-24).

바울은 성령의 깨닫게 하시는 역사로 자신의 미래를 알았다. 그것은 결박과 환난이었다. 그럼에도 불구하고 바울은 그 길을 달려가겠다고 한다. 예수 그리스도께서 다메섹 도상에서 바울을 사도로 부르시고 그에게 하나님의 나라와 복음을 증언하는 일을 맡기셨다. 그래서 바울은 죽는 날까지 그 길을 달려간다. 때로는 환난, 핍박이 주어진다고 해도 묵묵히 그 길을 달려갔다. 이제 그의 생명이 끊어질 날이 다가오고 있었다. 그러나 그는 두려워하거나 거부하지 않고 당당하게 그 길을 가겠다고 했다.

그는 자기 유익을 구하거나 부를 위해 지금까지 사도로 살아온 것이 아니었다. 그는 하나님 나라를 전파하는 일에 매진했다. 이것이 그의 사명이었다. 그는 하나님의 뜻을 전하는 일에 꺼리지 않고 최선을 다했다(행 20:25-27). 그러면서 그는 에베소 교회에서 온 장로들에게 다음과 같이 부탁한다.

"여러분은 자기를 위하여 또는 온 양 떼를 위하여 삼가라 성령이 그들 가운데 여러분을 감독자로 삼고 하나님이 자기 피로 사신 교회를 보살피게 하셨느니라"(행 20:28).

이것이 바로 성경의 목회이다. 목회에 대해 세상의 수많은 학자들의 이론들, 주장들이 있지만 가장 중요한 것은 성경이 말하는 목회가 무엇인가를 살펴야 한다. 성경이 말하는 목회는 바울이 말한 대로 "하나님이 자기 피로 사신 교회를 보살피게" 하신 일이다. 여기 보살피다(포이마이노 ποιμαίνω)는 '돌보다, 통치하다, 먹이다, 돌보다, 지키다, 영양분을 주다, 목초를 공급하다'는 의미를 가지고 있다.[6]

원래 이 단어는 '목자'를 의미하는 단어 포이멘(ποιμήν)에서 유래했다. 고대 사회에서 목자는 자신의 양을 돌보는 일을 했다. 양을 지키기 위해 목숨을 걸고 맹수들과 싸워야 했고, 양들이 제멋대로 길을 가면 밤새 그 잃은 양을 찾아야 했다. 그처럼 자기 양 떼를 위해 사랑으로 돌보는 역할을 하는 것이 목자였다. 성경은 예수 그리스도를 참된 목자라고 소개한다. 예수 그리스도께서 보여주신 것이 참목자상이기 때문이다.

성경에서 말하는 목회란 하나님이 자기 피로 사신 교회를 보살피는 것이라고 할 수 있다. 자기 양 떼를 위해 참목자이신 예수 그리스도께서는 자신의 목숨을 내어주셨다. 이것이 구속의 사건이다.

"나는 선한 목자라 선한 목자는 양들을 위하여 목숨을 버리거니와 삯꾼은 목

---

[6] Gerhard Kittel & G. Friedrich, *Theological Dictionary of the New Testament(TDNT)*, 10 Vols (Grand Rapids: Eerdmans Publishing Co, WM. B, 2004), 6:485, 901.

자가 아니요 양도 제 양이 아니라 이리가 오는 것을 보면 양을 버리고 달아나나니 이리가 양을 물어 가고 또 헤치느니라 달아나는 것은 그가 삯꾼인 까닭에 양을 돌보지 아니함이나 나는 선한 목자라 나는 내 양을 알고 양도 나를 아는 것이 아버지께서 나를 아시고 내가 아버지를 아는 것 같으니 나는 양을 위하여 목숨을 버리노라"(요 10:11-15).

2.1.2. 목회의 신학적 의미

많은 사람들이 목회에 대해서 많이 알고 있는 듯하지만 실제로 연구하다 보면 목회에 대하여 정의조차 제대로 내리지 못하는 경우가 많다. 학자들의 책을 읽어보아도 방법적인 부분은 많이 다루지만 목회가 무엇인지 정의를 내리는 경우는 극히 드물다. 그만큼 목회라는 것은 정의 내리기가 쉽지 않다는 것이다.

곽안련(Charles Allen Clark) 목사: 미국 북장로교의 선교사로 방한하여 평양신학교에서 목회학을 가르쳤던 곽안련 목사는 목회는 "교역자가 복음의 진리를 신자의 생활에 실제로 적용하는 일"이라고 하였다.[7] 잘 아는 대로 목회학은 다른 신학의 학문들과 성격이 다르다. 다른 학문들, 즉 주경신학, 조직신학, 역사신학은 성경을 바르게 이해하고 연구하는 기초적 학문이다. 그러나 실천신학의 파트인 목회학은 연구된 말씀을 가지고 전하는 실천적 학문에 속한다. 즉 하나님의 복음의 진리를 가지고 신자의 생활에 실제로 적용하는 일을 돕는 것이 목회이다. 하나님의 계시의 말씀인 복음을 가지고 영혼들의 어려운 문제를 실제로 해결하는 기술이다.

이주영 목사: 칼빈대학교 학장을 오랫동안 역임했던 이주영 목사는 목회에 대해 다음과 같이 정의한다.

---

[7] 곽안련, 『목회학』 (경성: 조선야소교서회, 1936), 1.

"목회는 교회에 봉사를 하는 일로서 목사가 실행하는 모든 행위와 사역을 지칭하는 것이다. 따라서 이 행위와 사역에는 설교, 성례전, 교회의 관리 및 운영, 평신도 지도, 훈련, 교육 등 모든 제반 활동을 망라하는 것이다."[8]

목회는 설교 사역 하나만을 말하는 것이 아니라 목회자가 실행하는 모든 행위와 사역을 망라한다. 그래서 포괄적이고 범위가 넓다고 할 수 있다. 특히 목회적 차원에서 이단으로부터 교회를 보호하고 교인들을 보호하기 위해서는 교육과 훈련이 있어야 한다. 단순히 목회자의 설교를 통해서 이러한 교육적 이상을 다 실현할 수 없다. 특별한 이단 교리와 이단자로부터 보호하기 위해서 특별한 교육과 훈련 프로그램을 두어야 한다. 이러한 교육과 훈련을 하는 교회와 하지 않는 교회는 전혀 다르다.

정일웅 박사: 총신대학교 총장과 실천신학 교수를 역임한 정일웅 박사는 목회는 "목회자가 그리스도인 개개인의 영혼을 돌보는 사역"이라고 정의한다.[9] 신자 개개인의 영혼을 돌본다는 것은 마치 목자가 자신의 양 떼를 돌보는 것과 같다. 목자는 자신의 양이 아픈지 배가 고픈지 잉태를 했는지 소리나 행동만 보아도 다 파악을 한다. 이처럼 목회는 신자들의 영적 생활 상태만 아니라 모든 외적 생활 상태도 파악할 수 있어야 하는 것이다.

한춘기 박사: 총신대학교에서 교육학을 담당했던 한춘기 박사는 목회는 "사람의 지·정·의의 모든 측면을 포괄하여 영향을 미치는 총체적 목회사역이다"라고 정의한다.[10] 사람은 하나님의 형상을 따라서 지음받은 존재이다. 따라서 인격을 가지고 있다. 그 인격의 모든 측면을 포괄하여 영향을 미치는 것이 바로 목회이다.

임창호 교수: 고신대학교의 임창호 교수는 목회에 대해 다음과 같이 정의한다.

---

8 이주영, 『현대목회학』 (서울: 성광문화사, 1985), 13.
9 정일웅, 『한국 교회와 실천신학』 (서울: 이레서원, 2002), 16.
10 한춘기, "총체적 사역으로서의 교육목회," 「기독교교육논총」 6집(2000), 177, 182.

"목회란 복음 전달에만 책임을 다하는 것이 아니라, 신자 개개인에 접근하고, 이를 이해하고, 보살피며 신자의 마음속에 그리스도의 형상이 이루기까지 수고하는 것이다."[11]

목회는 설교만 하는 것이 아니다. 일부에서 교회 행정은 장로들이 하고 목사는 설교만 해야 된다는 주장이 제기되기도 했다. 그러나 이것은 목회에 대한 오해에서 비롯된 것이다. 신자를 돌보고 그리스도의 형상이 이루기까지 수고하는 것이 목회이다.

시워드 힐트너(S. Hiltner): 목회신학자 시워드 힐트너는 목회란 "교회와 목사의 모든 기능들을 목양적 관점에서 관찰하여 하나의 신학적 질서를 갖고 있는 결론들을 이끌어 내는 것"이라고 정의했다.[12] 힐트너 역시 목양적 관점에서 관찰하는 것을 강조하고 있다. 목자가 양 떼를 돌볼 때에 면밀히 관찰하여 돌보는 것을 말한다.

토마스 오덴(T. C. Oden): 토마스 오덴은 목회는 "목사의 직무와 기능들을 다루는 일"이라고 했다.[13] 즉 그가 말하는 목회는 성경이 증거하고 전통을 통해 전달되며 비판적 추론을 거쳐 묵상하고 개인적 사회적 체험에서 구체화된 하나님의 자기 계시에 관한 것을 추구하는 것이다.[14]

에드워드 쉴러벡(E. Schillebeeckx): 에드워드 쉴러벡은 "교회의 목회는 하나의 신분이나 지위가 아니고 하나의 봉사요 하나님의 공동체 내의 기능이다. 그러므로 성령의 은사이다"라고 정의한다.[15]

위 학자들의 정의들을 종합해 보면 목회는 하나님의 말씀을 가지고 예수

---

11 임창호, 『기독교교육과 교육목회-기독교 교육학 개론』 (서울: 생명의 말씀사, 2012), 240.
12 S. Hiltner, *Preface To Pastoral Theology* (Abingdon Press, 1958), 20.
13 T.C. Oden, *Pastoral Theology: Essentials of Ministry* (San Francisco: Harper & Row, 1983), 5.
14 T.C. Oden, *Pastoral Theology: Essentials of Ministry*, 311.
15 박봉수, "교육목회란 무엇인가," 「교육목회」 가을호(1999), 22.

그리스도 안에서 구원받은 신자들을 먹이고 돌보고 양육하여 그리스도의 형상을 닮아가게(성화) 하는 사역이라고 할 수 있다. 이 사역은 우리 인간의 노력으로 가능하지 않다. 성령의 도우심과 역사하심이 필수적이다. 목회자는 항상 이것을 간과하지 말아야 한다. 이를 간과할 때 자기 과시, 교만에 빠지게 된다.

2.2. 목회자

2.2.1. 에베소서 4:11의 목사의 의미

목회를 수행하는 사람을 목회자, 목사라고 한다. 성경에서 목사는 어떤 의미를 가지는가? 목사라는 용어는 대표적으로 에베소서 4:11에 등장한다. 직분적 은사를 언급하는 데 목사가 등장한다.

"그가 어떤 사람은 사도로, 어떤 사람은 선지자로, 어떤 사람은 복음 전하는 자로, 어떤 사람은 목사와 교사로 삼으셨으니"(엡 4:11).

여기 목사라는 단어 포이멘(ποιμήν)은 '목자, 목사, 교회의 지도자, 관리자'라는 의미이다.[16] 그리스 철학자 플라톤(Platon)은 도시국가의 통치자를 양 떼를 돌보는 목자에 비유했다. 그 이유는 인간은 목자이신 신(God)과 율법수여자인 신(God)의 복사품이기 때문이다. 70인경(LXX)에는 목자라는 단어 포이멘이 75회나 나온다. 주로 양을 돌보는 목자라는 의미로 사용되었다. 또 이 단어는 상징적으로 하나님, 왕, 메시아에 대한 의미로도 사용되었다. 신약에는 총 18회가 쓰인다. 공관복음에 9회, 요한복음에 6회, 히브리서와 베드로전서, 에베소서에 각 1회씩 사용되었다.

진정한 목자는 예수 그리스도이시다. 그리스도께서는 양 떼를 위해 죽으시고 자기 양 떼에게 구원을 주셨다(마 26:31; 막 14:27; 슥 13:7; 사 53장). 그리스도의 목자상은 바로 성경적 목자상이고, 하나님께서 구속하신 교회의 목

---

16 Gerhard Kittel & G. Friedrich, *Theological Dictionary of the New Testament(TDNT)*, 6:485, 901.

자상이다.

2.2.2. 리차드 박스터(R. Baxter)의 견해

청교도 신학자인 리차드 박스터(R. Baxter)는 목사를 "양 떼들의 영을 잘 아는 상담자"라고 정의했다.[17] 박스터는 목사를 상담자로 이해했다. 양 떼를 돌보는 목자는 자기 양 떼를 잘 파악하고 상태를 이해한다. 그처럼 목사는 신자들의 영적 상태를 상담하고 진단할 수 있어야 한다는 의미이다.

2.2.3. 루이스 벌코프(L. Berkhof)의 견해

개혁신학자 루이스 벌코프는 다음과 같이 장로, 감독, 목사에 대해 설명했다.

> "장로, 감독, 그리고 목사라는 영어의 의미에는 기능과 직임의 삼중적 성격이 암시적으로 나타나고 있음을 알 수 있다. 장로는 연로하고 지혜와 경륜이 출중했기 때문에 교회는 이들을 선발해 장로로 세우고 나중에는 감독이란 명칭으로 대체 사용되었다."[18]

2.2.4. 랄프 턴불(R. G. Turnbull)의 견해

랄프 턴불은 목자에 대해 다음과 같이 언급한다.

> "감독은 여러 사람들을 통괄하고 지도하는 임무를 가진 사람이었다. 그리고 목사는 여러 가지 임무들을 총괄하는 목자의 개념에서 불리었다. 그러므로 목사는 장로와 감독이 가진 직책뿐만 아니라 좀 더 포괄적인 카운슬러와 행정가로서의 직책도 수행하게 되었다. 이런 기능적 측면에서 목사는 장로나 감독이 가지는 기능을 동시에 수행하는 것이다."[19]

---

[17] R. Baxter, *The Reformed Pastor*, 83.
[18] L. Berkhof, *Systematic Theology*, 585.
[19] R. G. Turnbull, *Baker's Dictionary of Theology*, 293-293.

2.2.5. 이주영 목사의 견해

이주영 목사는 사도행전 20:28을 설명하면서 그 구절 속에 장로, 감독 그리고 목사의 개념이 각각 포함되어 있으며 그들의 직임이 어떠한지도 잘 나타나 있다고 했다.[20] 그는 목사에 대해 다음과 같이 정의한다.

> "목사라는 직접적 명칭이 사용된 곳은 그다지 많지 않다(엡 4:11). 그러나 이 직분을 하나님의 교회를 위하여 전념하도록 세워진 직분으로서 양무리를 치며 먹여야 할 직무를 맡은 자를 지칭한 것이다."[21]

2.2.6. 황성철 박사의 견해

황성철 박사는 목사에 대해 다음과 같이 정의한다.

> "목사에 대한 정의는 위에서 열거한 열 가지 칭호 속에 함축되어 있다. 즉 목자, 그리스도의 종, 그리스도의 사역자, 신약의 집사, 장로, 교회의 사자, 그리스도의 사신, 복음의 사신, 교사, 전도인, 청지기 등이다. 한마디로 하면 목사는 교회의 주인 되시는 하나님의 일을 맡은 일꾼이라는 것이다."[22]

2.2.7. 「대한예수교장로회 헌법」

「대한예수교장로회 헌법(합동)」 정치편에 보면 제4장 1조에 목사의 의의에 대하여 명시한다.

제1조 목사의 의의(意義)

목사는 노회의 안수로 임직(任職)함을 받아 그리스도의 복음을 전파하고 성례를 거행하며 교회를 치리하는 자니 교회의 가장 중요하고 유익한 직분이다(롬 11:13). 성경에 이 직분 맡은 자에 대한 칭호가 많아 그 칭호로 모든 책임을 나타낸다.

---

[20] 이주영, 『현대목회학』, 28.
[21] 이주영, 『현대목회학』, 34
[22] 황성철, 『개혁주의 목사론』, 42.

1. 양의 무리를 감사하는 자이므로 목자라 하며(렘 3:15, 벧전 5:2~4, 딤전 3:1),
2. 교회 안에서 그리스도를 봉사하는 자이므로 그리스도의 종이라, 그리스도의 사역자라 하며 또 신약의 집사라 하며(빌 1:1, 고전 4:1, 고후 3:6),
3. 엄숙하고 지혜롭게 하여 모든 사람의 모범이 되고, 그리스도의 집과 그 나라를 근실히 치리하는 자이므로 장로라 하며(벧전 5:1~3),
4. 하나님의 보내신 사자이므로 교회의 사자라 하며(계 2:1),
5. 하나님의 거룩한 뜻을 죄인에게 전파하며 그리스도로 말미암아 하나님과 화목하라 권하는 자이므로 그리스도의 사신이라 혹은 복음의 사신이라 하며(고후 5:20, 엡 6:20),
6. 정직한 교훈으로 권면하며 거역하는 자를 책망하여 각성(覺醒)하게 하는 자이므로 교사라 하며(딛 1:9, 딤전 2:7, 딤후 1:11),
7. 죄로 침륜할 자에게 구원의 복된 소식을 전하는 자이므로 전도인이라 하며(딤후 4:5),
8. 하나님의 광대하신 은혜와 그리스도의 설립하신 율례(律例)를 시행하는 자이므로 하나님의 오묘한 도를 맡은 청지기라 한다(눅 12:42, 고전 4:1~2). 이는 계급을 가리켜 칭함이 아니요, 다만 각양 책임을 가리켜 칭하는 것뿐이다.[23]

　목자, 그리스도의 종, 그리스도의 사역자, 신약의 집사, 모든 사람의 모범이 되고, 그리스도의 집과 그 나라를 근실히 치리하는 자, 하나님의 보내신 사자이므로 교회의 사자, 그리스도의 사신, 복음의 사신, 정직한 교훈으로 권면하며 거역하는 자를 책망하는 교사, 복된 소식을 전하는 전도인, 하나님의 오묘한 도를 맡은 청지기 등으로 목사의 의의를 규정한다. 이러한 목사직에 대한 소중한 의미를 바르게 인식하는 모든 원천은 성경이다. 하나님의 말씀인 성경을 바르게 이해하고 해석하는 능력을 가져야 한다.
　그 직무에 대해서는 제3조에서 분명하게 명시하고 있다.

---

[23] 『대한예수교장로회 헌법』, 정치편, 제4장 제1조.

제3조 목사의 직무

하나님께서 모든 목사 되는 자에게 각각 다른 은혜를 주사 상당한 사역을 하게 하시니 교회는 저희 재능대로 목사나 교사나 그밖에 다른 직무를 맡길 수 있다(엡 4:11).

1. 목사가 지교회를 관리할 때는 양무리 된 교인을 위하여 기도하며, 하나님 말씀으로 교훈하고 강도하며, 찬송하는 일과 성례를 거행할 것이요, 하나님을 대리하여 축복하고 어린이와 청년을 교육하며 고시하고 교우를 심방하며 궁핍한 자와 병자와 환난 당한 자를 위로하고 장로와 합력(合力)하여 치리권을 행사한다.
2. 목사가 종교상 도리와 본분을 교훈하는 직무를 받을 때는 목자같이 돌아보며 구원하기 위하여 각 사람의 마음 가운데 성경의 씨를 뿌리고 결실되도록 힘쓴다.
3. 선교사로 외국에 선교할 때에는 성례를 거행하며 교회를 설립하고 조직할 권한이 있다.
4. 목사가 기독교 신문이나 서적에 관한 사무를 시무하는 경우에는 교회에 덕의(德義)를 세우고 복음을 전하는 데 유익하도록 힘써야 한다.
5. 기독교 교육 지도자로 목사나 노회가 지교회나 교회에 관계되는 기독교 교육 기관에서 청빙을 받으면 교육하는 일로 시무할 수 있다.
6. 강도사가 위 2, 4, 5항의 직무를 감당할 때 노회의 고시를 받고 지교회 목사가 될 자격까지 충분한 줄로 인정하면 목사로 임직할 수 있다.
7. 동성애자와 본 교단의 교리에 위배되는 이단에 속한 자가 요청하는 집례를 거부하고, 교회에서 추방할 수 있다.[24]

2.3. 목회자의 기능

목회자의 기능은 교육과 설교, 목양, 치리 등 크게 셋으로 구분할 수 있다.

---

[24] 『대한예수교장로회 헌법』, 정치편, 제4장 제3조.

2.3.1. 교육과 설교

에베소서 4:11-12에는 목사와 교사의 직분을 언급한다. 그런데 원문에는 관사가 하나만 있다. 즉 두 개의 별도의 직분이 아니라 하나의 직분이며 두 가지의 사역이다.

"그가 어떤 사람은 사도로, 어떤 사람은 선지자로, 어떤 사람은 복음 전하는 자로, 어떤 사람은 목사와 교사로 삼으셨으니 이는 성도를 온전하게 하여 봉사의 일을 하게 하며 그리스도의 몸을 세우려 하심이라"(엡 4:11-12).

여기 "온전"(καταρτισμός)이라는 단어는 '완전한 공급, 완전하게 함, 완전한 설치, 회복'이라는 뜻이다.[25] 이 단어는 갈라디아서 6:1에도 쓰이는데 죄를 범한 형제를 회복시키는 의미로 사용되었다. 즉 이것은 목회자가 신자에게 말씀을 가르치고 교육하여 하나님 앞에 온전하게 회복될 수 있도록 하는 책무를 말한다. 디모데전서 3:2에는 지도자는 가르치기를 잘해야 한다고 명시하고, 디도서 1:9에는 바른 교훈으로 권면하고 거스려 말하는 자들을 책망해야 한다고 명시한다. 즉 목사는 신자들을 하나님의 말씀으로 바르게 교육하고 책망할 수 있어야 한다.[26]

2.3.2. 목양

다음으로 목회자의 기능은 목양의 기능이다. 사도행전 20:18과 베드로전서 5:2에는 교회의 지도자들에게 하나님의 양무리를 먹이라고 명령한다. 먹이는 것은 문자적으로 음식물을 먹이는 것을 말하는 것이 아니다. 상징적 의미로 하나님의 말씀을 먹이는 것이다. 목양은 단지 가르치는 수준을 넘어 넓은 의미의 영적 삶의 제공이다.

"우리가 이같이 너희를 사모하여 하나님의 복음뿐 아니라 우리의 목숨까지

---

25 Gerhard Kittel & G. Friedrich, *Theological Dictionary of the New Testament(TDNT)*, 1:475.
26 황성철, 『개혁주의 목사론』, 48.

도 너희에게 주기를 기뻐함은 너희가 우리의 사랑하는 자 됨이라"(살전 2:8).

바울은 단지 신자들을 위해 복음만 준 것이 아니라 목숨도 주기를 기뻐했다. 이것이 참된 목양이다. 또한 사도행전 20:28에 보면 바울은 에베소 교회의 장로들에게 하나님의 교회를 치라고 명령한다. 하나님의 교회는 신자들을 말하는 것으로 그들을 보살피고 돌보라는 의미이다. 이것이 목양이다.

2.3.3. 치리

오늘날 치리의 개념을 잘못 이해하여 징계, 권징으로만 생각하는 경향이 많다. 그러나 치리는 다스림이다. 그래서 바울은 디모데에게 치리의 기능을 언급한다.

"잘 다스리는 장로들은 배나 존경할 자로 알되 말씀과 가르침에 수고하는 이들에게는 더욱 그리할 것이니라"(딤전 5:17).

여기 다스린다(προΐστημι)는 '앞에 두다, 앞에 놓다, 지배하다, 지휘 감독하다, 관리하다, 보호자가 되다, 도움을 주다, 인도하다'의 의미이다.[27] 이 단어는 디모데전서 3:4에 감독의 직분을 다룰 때에도 등장한다. 자기 집을 잘 다스려서 자녀들로 모든 단정함으로 복종하게 해야 한다는 명령으로 목회자는 리더십을 갖추어야 한다는 의미이다.

2.4. 이단 교육

오늘날 교회 안과 밖에 이단의 폐해는 아주 심각한 상황에 이르렀다. 교회는 이들을 대처할 방안을 마련해야 한다. 더 나아가 교단 차원에서 이 문제를 심각하게 받아들이고 강력한 대처를 해나가야 한다.

---

[27] Gerhard Kittel & G. Friedrich, *Theological Dictionary of the New Testament(TDNT)*, 6:700.

2.4.1. 이단의 정의

이단의 정의: 이단에 대한 사전적 의미는 한자로 풀이하면 '끝이 다르다'라는 의미이다. 사전적인 의미는 정통 이론에서 어긋나는 사상 및 방식이다. 종교적 의미의 이단은 기성 종교의 정통 교의에서 벗어난 교리, 주의, 주장을 뜻한다.

① **성경 원어적 의미:** 개역개정판 성경에서는 이단이라는 단어가 총 5회나 쓰였다(행 24:5; 24:14; 갈 5:20; 딛 3:10; 벧후 2:1). 여기에 쓰인 이단이라는 단어는 헬라어 '하이레시스'(αἵρεσις)이다. 이 단어는 명사형으로 '선택, 당파, 분리, 이단'이라는 의미이다.[28]

② **학자들의 정의:** 대한예수교장로회(합동) 총회 이단(사이비)피해대책조사연구위원회에서는 "이단(헬, 영, heresy)이란 무엇을 선호하여 선택하는 것을 말한다. 어떤 특정한 철학이나 교의를 공포하는 자나 집단을 이단이라고 정죄하였다"라고 말한다.[29] 또한 대한예수교장로회(합동) 총회 이단(사이비)피해대책조사연구위원회에서는 다음과 같이 이단에 대하여 정의했다.

"이단(heresy)은 헬라어 하이레시스에서 나온 단어로서 역사적 역사적 기독교의 정통 교리에서 이탈한 집단을 말한다. 초대교회 이후부터 교회는 지속적으로 이단에 맞서야 했다. 중요한 점은 이단에 맞서 진리와 교회를 지키는 과정에서 정통 신학을 더욱 확고하게 정립했다는 점이다."[30]

칼빈(Calvin)은 "논쟁을 일으켜 교회와의 교통을 끊는 사람들이 이단자 또는 분리론자"라고 했다.[31] 박형룡 박사는 이단을 "사상상(思想上) 미로에 잘못 든 자들"이라고 정의한다.[32] 하나님의 말씀인 성경과 정통 신학, 교리에서 벗어난 자들을 말하는 것이다.

---

28 Gerhard Kittel & G. Friedrich, *Theological Dictionary of the New Testament(TDNT)*, 1:180.
29 총회 이단(사이비)피해대책조사연구위원회, 『다락방운동, 빈야드 운동의 분석 및 비판』, 44.
30 "생멸 거듭하는 이단, 최고 대응은 진리수호 본질회복 사랑실천," 「기독신문」, 2024.2.5.
31 J. Calvin, *Institutes of the Christian Religion*, IV.2.5.
32 박형룡, 『박형룡 박사 저작 전집 제16권 목회서신』, 224.

서철원 박사는 기독교의 기준이 되는 교리가 셋이 있는데 삼위일체 교리, 기독론 교리, '종교개혁이 공식화한 이신칭의 교리'라고 했다.[33] 이것을 거부하면 이단이 되는 것이다. 심창섭 박사는 "이단(異端)은 문자 그대로 다르거나 틀린 이야기를 하는 사람들이다. 사도들이 세운 교회의 가르침과 다른 거짓 교리를 주장하는 무리들"이라고 했다.[34]

2.4.2. 이단으로 인한 폐해

이단으로 인한 폐해는 매우 크고 심각하다. 이단 집단에 속했다가 탈퇴했다는 이유로 폭행을 당하고 다시 끌려가는 사례도 많다. 그뿐만 아니라 개인적으로 인격이 파괴되고 정신적 충격에 빠지는 경우도 많다.

바이블백신센터(센터장 양형주 목사)에 따르면 올해에만 SNS, 중고거래 플랫폼, 아르바이트 구인 공고를 통해 최소 23건의 신천지 관련 상담이 보고되었다. 이단 전문 상담가 박지연 목사는 "구인 공고나 간단한 업무 구직과 같이 누구나 관심 가질 만한 접근 방식으로 사람을 유인하고, 그 자료를 바로 삭제해 증거를 남기지 않는다"고 말했다. 신천지는 유령회사를 차려 구직난에 시달리는 청년들을 대상으로 포교활동을 하고 유인하고 있다.[35]

또한 한국 교회에서 이단으로 규정한 기독교복음선교회(JMS) 총재 정명석(80)은 여신도를 성폭행, 강제 추행한 혐의로 징역형 17년을 받았다. 그런데 여기에 그치지 않고 그에게 성폭행, 성추행을 당한 피해자들이 속출하고 있다. 현재까지 피해자가 17명이나 나왔다. 그는 2009년 여신도들에 대한 강간치상죄로 징역 10년을 선고받고 복역했으며 2018년 2월에 출소했으나 그 이후에도 계속해서 성폭행, 성추행이 멈추지 않았다.[36]

이런 피해는 개인은 물론 가정과 사회적 피해로 이어진다. 진용식 목사는 이렇게 이단에 빠진 이들은 "부모와의 갈등이 심해져 가출을 하거나 부모를 폭행하기도 하고, 심지어 자살하는 일도 벌어진다"고 설명한다.[37] 또한 이단

---

[33] 서철원, "교리없이 성경만으로 신학을?", 「신학지남」 통권 제271호(2002. 6).
[34] 심창섭, "신천지 운동의 이단성," 「기독신문」, 2007.6.28.
[35] "신천지 가짜 채용 면접의 덫… '취준생 심리 불안' 이단 학습 유도," 「국민일보」, 2025.5.2.
[36] "'여신도 성폭행' JMS 정명석, 추가 기소…피해자 '17명' 이른다," 「국민일보」, 2025.4.16.
[37] 진용식, "신천지로 인한 피해와 그 회복," 「활천」, 2007.12. 29.

들은 기성언론에 광고를 실어서 불신자들이 그들을 정통으로 인식하도록 속이고 있다. 이것은 정통 교회에 매우 심각한 문제이다. 이단들에 의해 속아 피해를 입은 사람들은 정통 기독교회나 이단이나 동일한 것으로 오해할 수 있기 때문이다. 그러면 전도의 길이 막히게 된다. 매우 심각한 일이 아닐 수 없다.

또한 이들은 사회나 국가가 혼란한 틈을 타서 창궐한다. 그뿐만 아니라 한류를 타고 외국에도 손을 뻗치고 있다. 통일교, 구원파, 만민중앙교회, 예수중심교회, 안상홍증인회는 아시아, 아프리카, 남미에 봉사활동이라는 이름으로 빠르게 영향력을 확산시키고 있다. 미국 뉴저지주의 종말론 사이비 종교가 여성들에게 낙태를 강요하여 큰 물의가 발생했다. 후에 알고 보니 이 집단이 하나님의 교회였다.[38]

2.4.3. 이단 대처를 위한 교회의 교육

성경 교육

가장 시급한 문제는 교회가 교육을 바르게 해야 한다는 것이다. 그 교육은 성경 교육이다. 성도들은 교회에서 성경을 깊이 있게 배우고 싶어 한다. 그러나 교회는 성경을 깊이 가르치지 못하고 있다. 성도들의 요구에 충족을 못하는 것이다. 그래서 이단들의 성경무료신학교에 빠지고, 성경공부 모임에 빠지는 것이다.

칼빈은 항상 성경의 가르침과 배움을 강조하였다. 성경에 기초하지 않는 신앙의 내용, 즉 교육 내용은 존재하지 않으며 성경에 기초할 뿐 아니라 성경 그 자체가 교육 내용이 되어야 한다고 보았다.

> "하나님은 택한 자들을 가르치사 어느 한 신을 어렴풋이 바라보게 하는 것이 아니라 그들이 바라보아야 할 참하나님이 바로 자신임을 분명히 성경이라는 교육 내용으로 보여준 것이다. 이 말씀이야말로 하나님을 깨닫는 데 무엇보

---

[38] 이신호, "교회를 건강하게 만드는 목회적 실천으로서 '이단대처교육교재'개별연구," 68.

다도 직접적이고 더 확실한 수단이다."[39]

아무리 좋은 교재나 스승이 있어도 그것은 하나님의 계시의 말씀 성경을 뛰어넘지 못한다. 성경은 사람을 살리고 죽이는 생명력을 가지고 있다(히 4:12). 따라서 교회가 가장 우선적으로 가르쳐야 하고 교회가 존속하는 날 동안에 철저하고 올바르게 가르쳐야 하는 것은 오직 성경이다.

1907년 평양 장대현교회에서 부흥운동이 일어났다. 그러나 그 부흥운동의 시작점이 무엇인지 아는 사람들은 적다. 단지 회개운동이 부흥운동으로 바뀌었다는 정도로만 인식하는 것이 전부이다. 그러나 1907년 그 이전부터 평양, 원산에는 큰 성경공부의 바람이 불었다. 그것은 오늘날 부흥회와는 전혀 다른 성경사경회였다. 성경사경회는 성경을 한 권씩 택하여 강해하는 바이블스터디(Bible study) 운동이었다.

살아 있는 하나님의 말씀이 성도들의 영혼을 깨우고 말씀을 통해 성령이 역사하심으로 회개의 운동이 전개되고, 삶이 변화된 것이다. 심지어 주일이면 평양 시내에 술집이 문을 닫았고, 고리대금하던 이들이 다 직업을 바꾸었다. 술과 담배를 하던 사람들, 집과 땅을 담보로 놀음하던 사람들, 아내를 두고 외도를 하던 사람들이 변화를 받고 새로운 사람이 되었다. 그래서 평양을 동양의 예루살렘이라 불렀다.

"평양 사경회에 참석하려고 압록강가의 삭주 창성 지방의 여인네들이 행리를 머리에 이고 또 등에 지고 칼바람 부는 300리 길을 걸어왔다. 사경회 소식을 들은 한 형제는 전라도 목포 무안지방에서 괴나리봇짐에 의지하여 평양성까지 찾아왔다. 10일간의 성경공부에 참석하기 위해서 처녀들은 머리에 쌀자루를 이고 수백리 길을 걸어 왔다. 아낙네들은 등에 어린아이들까지 업고 왔는데, 그들의 손에는 때 묻고 닳은 한글 성경이 쥐여져 있었다. 국사편찬위원장을 지낸 이만열 씨의 설명이었다. 실로 '동방의 예루살렘'을 향한 장대한 행렬이었다. "저희가 힘을 얻고 더 얻어 나아가 시온에서 하나님 앞에 각

---

[39] J. Calvin, *Institutes of the Christian Religion*, I.6.1.

기 나타나리이다"(시편 84:7). 사경회 마지막 날은 온 성도들이 자리에서 일어나 인도자와 함께 성경을 암송하였다고 한다. 곁에 선 선교사들은 60-70대 노인들이 한글 성경을 줄줄 외우는 모습과 맹인 백사겸이 사복음서 전체를 암송하는 모습에 깊은 충격과 경외감을 갖게 되었다고 한다. 올해로 101세를 맞은 방지일 목사는 장대현교회를 섬기던 전도사였다. 그는 담임 길선주 목사가 요한계시록 22개 장을 낭랑한 목소리로 암송하는 장면을 단지 곁에서 바라보는 것만으로도 큰 감동이었다고 회고한다."[40]

평양과 원산의 부흥운동은 말씀을 사모하고 공부하는 사경회였다. 오늘처럼 노래하고 춤추는 축제 분위기의 부흥회가 아니었다. 하디 선교사는 다음과 같이 증언했다. "지난 달 우리 선교부 소속으로 중국에서 활동하다가 원산을 방문한 선교사의 부탁으로 한 주간 성경공부를 했는데, '우리를 위해 피를 흘리신' 그리스도와 그리스도를 통해 '성부 하나님과 성령의 약속하신 바를 얻었습니다.'" 하나님은 계시의 말씀 성경을 공부할 때 역사하셨다. 오늘날 교회는 다른 무엇보다 하나님의 말씀인 성경을 가르치고 연구하는 데 전념해야 한다. 이것이 성령의 능력을 체험하고 이단으로부터 교회를 지켜내는 가장 중요한 방법이다.

웨스트민스터 소요리문답, 대요리문답, 신도게요서 교육

두 번째로 이단들로부터 교회와 성도를 지키는 방법은 교리 공부이다. 칼빈(Calvin)은 근본적으로 성경 계시의 요약과 종합으로서 교회를 교육하였다. 교리 교육은 기독교 신앙의 초신자와 청소년들에게 기독교 세례와 입교를 위한 준비교육으로 특징 지어졌다. 신앙의 기본교리에 대한 교육은 교회의 신앙교육을 대변하던 요리문답(catechism) 교육이다. 칼빈은 교리 교육을 히 5:11과 6:1[41]에 근거를 두고 두 단계로 구분했다. 첫째는 신앙의 초보 단계이

---

40 https://www.kich.org/news/articleView.html?idxno=2672
41 히 5:11 "멜기세덱에 관하여는 우리가 할 말이 많으나 너희가 듣는 것이 둔하므로 설명하기 어려우니라." 히 6:1 "그러므로 우리가 그리스도의 도의 초보를 버리고 죽은 행실을 회개함과 하나님께 대한 신앙과."

며 둘째는 신앙의 성숙단계이다. 신앙의 성장에 필요한 것은 훈계와 각성을 통한 인간의 의지 확립에 있다고 전제한다. 칼빈의 교리 교육 목표는 철저하게 성경에서 발견한 것이다.

우리 대한예수교장로회 헌법에 보면 웨스트민스터 소요리문답(Westminster Shorter Catechism), 대요리문답(Westminster Larger Catechism), 신도게요서(The Westminster Confession of Faith)가 들어 있다. 이 웨스트민스터 소요리, 대요리문답, 신도게요서는 개혁주의 신학의 핵심교리들을 다룬다. 특히 목회자 후보생들을 교육하기 위해서 만든 대요리문답은 196개 문답으로 되어 있고, 평신도를 교육하기 위해 만든 소요리문답은 107개의 문답으로 되어 있다. 그리고 신도게요서는 성직자, 평신도 모두를 위해 만든 것이다.

소요리문답(Westminster Shorter Catechism)은 영국의 웨스트민스터 총회에서 1643년부터 허버트 팔머(Helbert Palmer)에게 작성을 지시해 1648년 의회 승인을 완료했다. 대요리문답(Westminster Larger Catechism)은 1643년에서 시작해 1647년에 완성되었으며 요리문답 중에 가장 완성도가 높은 것으로 보수적인 개혁주의 장로교와 개혁주의 신학을 따르는 교단에서 현재까지 널리 사용되고 있다. 신학자인 윌리엄슨(G.I. Williamson)은 대요리문답의 가치는 금광석처럼 보물이 쌓여 있는 것과 같다고 평하였다.[42]

다음으로 웨스트민스터 신도게요서(The Westminster Confession of Faith)는 칼빈주의, 개혁주의 신앙을 담고 있는 신앙고백서이다. 1643년에 영국의 국왕 찰스 1세와 의회, 영국 교회가 공통으로 따르는 교리, 권징서를 작성하기 위해 총회를 소집했다. 당시에 잉글랜드, 스코틀랜드의 총대들과 의원, 정치인들로 구성된 151명이 5년간 회의를 통해 작성하였다.

유명한 교회역사학자인 필립 샤프는 대소요리문답과 신앙고백서의 연관성을 대해 다음과 같이 설명했다.

"대·소요리문답은 신앙고백서를 해설하고 요약하는 목적이었기 때문에 두 요리문답을 연구하여 비교 검토하게 되면 신앙고백서의 구도와 내용을 더 깊

---

[42] G.I. Williamson, *The Westminster Larger Catechism: A Commentary*, 6.

이 이해할 수 있다."[43]

이것은 장로교, 개혁교회라면 누구나 배워야 하고 숙지하고 있어야 하는 핵심교리이고 신학 사상이다. 그러나 오늘날 대부분의 교회는 이 대·소요리문답시와 신도게요서의 중요성을 인식하지 못하고 있다. 그래서 장로교의 신학에 대한 인식이 점차 퇴색되어 간다. 성공회, 회중교회, 감리교의 신학 사상이 마치 장로교의 신학인 것처럼 인식하는 사람들도 있다.

따라서 교회는 웨스트민스터 소요리문답, 대요리문답, 신도게요서를 철저하게 교육해야 한다. 그래야 이단들의 사상이 침투해 올 때에 그것을 구분해 내고 방어할 능력이 생기는 것이다. 우리가 예방주사를 맞는 이유는 병균이 내 몸에 들어올 때 방어할 수 있는 면역력을 가지기 위함이다. 그러나 병균을 방어할 면역력이 없을 때 질병에 걸리고 오랜 시간 고통을 당해야 한다.

이처럼 대·소요리문답과 신도게요서를 교회에서 주기적으로 교육한다면 이단 사상이 침투할 때 방어하고 변증할 수 있는 능력이 생기게 된다. 지금 한국 교회에 절실하게 필요한 것이 바로 이런 요리문답서와 신도게요서의 교육이다.

교단의 이단 · 사이비 백서 발간 및 교육

세 번째로 이단을 방어하기 위한 대처 방안은 교단의 이단·사이비 백서를 발간하는 것이며, 또 이를 철저하게 교육하는 것이다. 우리 교단에는 세계에서 우수한 개혁주의 신학을 가르치는 신학교들이 있고, 교수들이 있다. 세계 어디에 내놓아도 결코 뒤처지지 않는 훌륭한 신학의 수준을 가지고 있다. 이런 신학적 우월성을 가진 우리 교단에서 이단·사이비 백서를 발간하고 각 교회들이 교육한다면 이단들의 침투를 막을 수 있을 뿐만 아니라 우리 신자들의 신앙이 더욱 공고해지고 성숙할 것이다.

이단·사이비 백서는 이단들의 특징, 그들의 사상, 그들의 폐해를 통해서 그들을 바르게 이해하고 방어할 수 있는 내용들을 다루어야 한다. 각 분야,

---

[43] P. Schaff, *The Creeds of Christendom*, vol. 1, 784.

즉 조직신학, 주경신학, 역사신학, 실천신학 분야에서 이단들의 특징, 사상, 폐해들을 분석하고 체계적으로 대처할 수 있는 백서를 만들 필요성이 있다. 그뿐만 아니라 이 교재를 가지고 각 지교회에서 직분자들은 물론 모든 신자들에게 정기적으로 교육을 해나가야 한다.

이단·사이비 백서는 한 개인이 만들거나 한 교회가 만들어 사용하는 것보다는 교단 차원에서 백서를 만드는 것이 중요하다. 그래야 공신력 있는 교재가 된다. 총회 이단(사이비)피해대책조사연구위원회에서는 지난 5차 전체회의에서 조사분과장 이정권 목사가 이단·사이비 백서 경과를 보고했다.[44] 지금이라도 이단·사이비 백서를 발간하고자 열심을 다하고 있다는 것은 다행스러운 일이다. 이에 모든 교단과 산하 교회들이 힘을 모아야 할 것이다.

그리고 더 중요한 것은 이단·사이비 백서를 발간하는 데 그치지 말고 각 교회들이 잘 활용해야만 한다. 아무리 좋은 교재가 있고 이단·사이비 백서가 있어도 사용하지 않으면 무용지물이 되고 만다. 따라서 교회들은 이번에 수고하여 만들어내는 이단·사이비 백서를 적극 활용하여 교육하고 사용해야 한다. 그래서 이단으로부터 우리 교회를 수호하고 성경과 신앙을 수호해 나가야 할 것이다.

심도 있는 주일학교 공과 교육

우리 교단의 자랑은 주일학교부터 철저하게 하나님의 말씀으로 교육하고 있다는 데 있었다. 그래서 과거에는 하나님의 말씀에 대한 교육과 암송, 찬송 소리가 주일학교 담장을 넘었다. 그러나 오늘날은 미디어가 발달하면서 교육이나 암송, 찬송에 대한 열정이 식어가고 있는 듯하다. 주일학교 시절에 배운 성경, 암송 구절, 찬송가의 가사는 평생 잊지 못한다. 그것이 우리의 생각과 삶의 방향을 잡아 주는 기준이 되기 때문이다. 따라서 주일학교 공과 교육에 더욱더 심의를 기울여야 할 필요가 있다. 공과 교육에 이단 사상 교재를 만들어 교육한다면 더욱 큰 효과를 볼 수 있을 것이다.

우리 교단의 출판부에서 출간한 교재를 보면 이단 관련 교재가 두 권뿐이

---

44 "이단백서, 재정 마련이 최대 과제", 「기독신문」, 2025.5.5.

다. 하나는 『이단예방과 대책』(2018)이며, 또 다른 하나는 『기독교 정통과 이단 무엇이 다른가?』(2010)이다. 이 책들은 오랜 연구 끝에 나온 교재로 교회에서 공과로 사용할 수 있다. 그러나 주일학교 학생들에게 가르치기에는 내용이 무겁고 어렵다. 따라서 주일학교 학생들을 위한 교재도 속히 만들어야 할 필요성이 제기된다.

특히 중, 고등학교에 입학하거나 대학에 입학을 하면 가장 먼저 접근하는 이들이 이단 동아리들이다. 겉으로 보기에는 친절하고 자상하기 때문에 낯선 학교에 들어간 입학생들에게 쉽게 빠져들 수 있다. 그렇게 학교에 적응을 도와주고 학업을 도와준다는 핑계로 접근하여 포교 활동을 하거나 이단 집단에 가만히 끌어들이는 현상이 지속되어 왔다. 이들의 손에서 우리 청소년들을 보호하는 길은 교회의 교육에 달려 있다.

2025년 3월 전국 대학에서 활동 중인 이단 집단은 신천지, 하나님의 교회, IYF(국제청소년연합), 여호와의 증인 등으로 조사되었다. 이들은 설문 조사, 동아리, 해외 봉사 프로그램, 성경공부 모임 등으로 학생들에게 접근한다. 어떤 집단은 심리학 기법으로 접근하고 외국인 유학생까지 포섭하기도 했다. 이들은 건전한 기독교 동아리로 속이고 접근하기도 하고, 학습이나 취미 활동 동아리처럼 위장하여 미혹하기도 한다.[45]

또 하나님의 교회 신도들은 학생들에게 과제를 도와달라고 접근하여 포교 활동을 한다. 여호와의 증인은 정문과 후문, 주변 번화가에 가판대에 책과 전단을 펼쳐 놓고 홍보한다. 이렇게 이단 집단의 포교 활동을 막는 방법을 「현대종교」에서 제시한 내용을 보면 다음과 같다.

① **이단 세미나**: 기독교 동아리나 기독인연합회에서 이단 세미나를 진행했다. 특히 고등학교 3학년을 대상으로 이단 강의를 개최한 선교단체도 있었다.
② **이단 단체 정보 공유**: 기독인연합회에서 이단 단체 명단을 배포하거나, 선교단체 단톡방에서 캠퍼스 내 이단 정보를 공유하고 있었다.
③ **학교 차원의 대처**: 학교의 교목실에 신고해 포스터를 제거하거나, 채플을 통

---

45 "현대종교 '2025년 캠퍼스 이단 현황' 발표." 「기독신문」, 2025.3.11.

해 이단의 위험성을 알리고 있었다. 보안업체에 신고하면 경비요원이 쫓아낸다는 대학도 있었다.

④ **개별적 대처**: 신입생이나 지인 등 이단들의 포교를 발견하면 이단 정보를 주어 미혹되지 않도록 돕는 것이다. 각 캠퍼스에서는 나름 방법을 강구해 대처하고 있었으나, 학교의 관심이나 대처가 전혀 없다는 대학도 적지 않았다.[46]

신학교의 철저한 변증학 교육

세계적으로 보수 신학교, 개혁주의 신학을 따르는 신학교들은 변증학이 필수과목으로 자리하고 있다. 현재 총신대학교 신학대학원의 변증과목은 필수과목으로 1학점으로 되어 있다.[47] 반면 장신대 신학대학원은 선택과목으로 3학점으로 되어 있다.[48] 정통보수 개혁주의를 표방하는 학교들인가를 확인하는 방법은 변증학이 필수로 되어 있는가를 확인하는 것이다.

변증학은 정통 기독교신학 사상을 변증하고 이단들의 사상으로부터 우리의 정통 신학을 변호하고 변증하는 역할을 한다. 변증학에 대한 학점이 적은 것은 다른 과목에 비해 변증학에 대한 중요성이 떨어지고 있다는 의미가 된다. 우리 교단은 정통개혁주의 신학을 기본으로 한다. 그렇다면 개혁주의 신학을 가르치는 신학대학원 역시 변증학을 철저하게 교육할 필요가 있다.

정통개혁주의 변증신학자인 코넬리우스 반틸(C. Vantil)은 그의 변증학에서 선의 기준에 대한 인식을 바르게 가져야 한다고 강조한다.

> "인간에게 있어서 선이란 하나님께서 그것을 인간에게 선으로 정하여 주셨기 때문에 선이 된다는 것을 의미한다. 이 사실은 보통 '선은 하나님께서 그것을 선이라고 말씀하셨기 때문에 선이다'라고 표현된다. 이 입장은 선은 그 자체에 있어 스스로 선이며 하나님도 스스로 선인 그 자체에 있어 그것을 얻으려고 힘쓰고 계실 뿐이라고 말하는 비기독교적인 입장과 명백한 대조를 이

---

[46] "2025년 캠퍼스 이단 현황," 「현대종교」, 2025.3.4.
[47] https://csts.csu.ac.kr/?m1=page&menu_id=1826
[48] https://www.puts.ac.kr/www/sub/haksa_sw/sub.asp?m1=2&m2=1&m3=undefined

루고 있다."[49]

윤리나 도덕에서 말하는 선을 기준으로 삼는 것은 신앙인으로 합당하지 않다. 기독교가 말하는 선, 성경이 말하는 선은 세상의 기준과 다르다. 따라서 반틸이 말하는 대로 하나님이 선이라고 말씀하는 것이 선이다. 그 말씀이 바로 성경이다. 성경을 기준으로 하여 선을 말하는 것이다.

반틸은 하나님이 최고선이고, 하나님의 나라가 최고선이라고 한다. 하나님의 나라가 개인 그리스도인과 인류 전체가 가져야 할 절대적 완전에 대한 이상이라고 한다. 하나님과 하나님의 영광, 하나님 나라를 위한 것만이 선이다. 그와 상관이 없는 모든 것은 악한 것이다. 그러나 인간은 죄인이기 때문에 절대 자신의 능력이나 지식으로는 최고선인 하나님 나라를 이룩하지 못한다. 그것은 오직 하나님의 선물로 주어지는 것이다.[50]

이단 교육을 강조하는 목적은 바로 여기에 있다. 이단은 자신들이 선이라고 말하지만 그들에게는 하나님도 없고 하나님의 나라도 없다. 단지 그들의 교주만 있을 뿐이고, 허망한 지옥만 있을 뿐이다. 그러나 겉으로 아름답고 화려하게 포장한다. 그들에게 영생이 있고 영광이 있고 선이 있는 것처럼 보이도록 만든다. 그러나 거기에 속지 말아야 한다. 그 속임수를 벗겨내는 것이 변증학이다. 따라서 개혁주의 정통보수신학을 추구하는 우리 총신대 신학대학원을 비롯해 인준 신학교들에서 변증학에 대한 학점을 높이고 더욱 철저하게 교육을 할 필요가 있다.

실제적인 이단 대처 교육 사례

안소영 전도사(대전도안교회)는 CBS TV 올포원, "이단에 백단이 됩시다–새 포교 전략 방어법"이라는 강의를 했다. 안 전도사는 신천지에 빠졌다가 탈퇴하였다. 이 강의는 이단을 어떻게 대처하고 방어할 것인가, 이를 위해 목적을 가진 교육이 얼마나 소중한 것인가를 확인할 수 있다. 그의 이야기는 다

---

[49] 코넬리우스 반틸, 『변증학』, 76.
[50] 코넬리우스 반틸, 『변증학』, 91.

음과 같이 시작되었다.[51]

"신천지 피해자들의 이야기를 들어보면 굉장히 흥미로운 점을 발견할 수가 있다. 처음에 신천지인 줄 모르고 성경공부했을 때 너무나도 좋았는데 나중에 신천지인 것을 안 후에는 너무나도 충격적이었지만, 그동안 정통 교회에서 들었던 그 말씀보다는 훨씬 더 내 마음을 속 시원하게 뚫어주는 말씀이었기 때문에 그 공부를 지속할 수밖에 없었고 결국엔 신천지 신도가 되는 길이었다고 말한다. 이런 말은 정통 교회에서 신앙하시는 분들에게 참으로 이해하기는 어려운 말이다. 왜냐하면, 교회에서 봤을 때 신천지를 비롯한 이단에 빠진 사람들은 교주의 말을 따르는 비상식적인 공동체이기 때문이다. 그래서 때론 성도들이 나 같으면 그냥 신천지인 줄 모르고 공부를 하다가도 신천지인 것을 밝혀 금방 나올 것 같은데, 라는 생각을 종종 하곤 한다."

안소영 전도사는 그동안 교회에서 신천지를 비롯한 많은 이단을 예방하는 방법은 "길거리에서 설문 조사를 받지 말아라", "교회 밖에서 성경공부를 하지 말아라", 그리고 "몇 날 몇 시에 구원받았습니까?"라고 물어보면서 접근할 것이라고 교육하는데 이는 한계라고 말한다. 이런 말들이 보통의 예방 방법이었다. 그래서 성경공부를 하더라도 "나중에 이단인 것을 알아챘을 때 금세 그만둘 수 있겠지"라면서 막연하게 생각했다. 정작 이단 피해자들의 경험담은 이런 생각과 정반대 색깔로 이야기한다. 그때 배웠던 말씀들이 "나에게 참진리였고 하나님을 더더욱 바르게 알아가는 것 같았고 그동안 교회에서는 정말 얘기해 주지 않았던 그 구원의 진리를 속 시원하게 발견해 주는 것 같았다"라고 말을 한다는 것이다. 그의 이야기는 계속된다.

"이 말을 하는 저도 신천지 탈퇴자입니다. 신천지에 들어가기 전까지만 하더라도 나는 이단이 나한테 얘기를 걸어도 절대 빠지지 않을 자신 있어, 그리고 이단이 다가오면 뿌리칠 수 있어, 라고 생각해 왔습니다. 근데 막상 신천지 말

---

51 https://www.youtube.com/watch?v=_Fhg_qXZd0g

씀을 접했을 때는 그런 모습을 저에게서 발견할 수는 없었습니다. 중학교 2학년 때부터 정말 친하게 지냈던 친구가 있었습니다. 그 친구와 이제 함께 자라서 대학생이 되었을 때 그 친구가 어느 날 저에게 얘기하더군요. '소영아, 우리가 욕했던 신천지만 진리이면 너는 어떻게 할래!' 저는 가장 친한 친구가 그리고 그동안 신앙생활을 열심히 해왔기로 믿었던 친구가 '신천지만 진리이면 어떻게 할 것인가'라는 말에 '무슨 소린가' 하는 생각에 '이제 신천지가 왜 진리라고 생각해'라고 따져 물었고 그 친구는 '나 한 번만 믿어봐'라는 말에 저는 신천지에 빠진 내 친구를 구해야겠다는 그 말에 곧바로 신천지 전도사를 만나게 됩니다."

신천지 전도사를 만나서 말씀을 가지고 싸웠던 기억이 있었다고 언급하면서 다음과 같은 성경 말씀을 가지고 왔다는 것이다.

"민족이 민족을, 나라가 나라를 대적하여 일어나겠고 곳곳에 기근과 지진이 있으리니 이 모든 것은 재난의 시작이니라"(마 24:7-8).

신천지 전도사는 이 말씀에 대해 물었다고 한다. "자매님, 정말 세상 끝에는 지진과 기근의 징조가 있을까요?"라고 하면서 다음 성경 말씀을 인용한다.

"주의 약속은 어떤 이들이 더디다고 생각하는 것 같이 더딘 것이 아니라 오직 주께서는 너희를 대하여 오래 참으사 아무도 멸망하지 아니하고 다 회개하기에 이르기를 원하시느니라"(벧후 3:9).

이렇게 '예수님께서는 모든 사람이 구원을 얻을 때까지 참으신다고 했는데 기근과 지진이 실제로 일어난다면 모든 사람이 구원에 이르기를 바라는 예수님의 말씀이 맞는 걸까요?'라는 질문에 '이 말씀은 다른 뜻이 있지 않을까요'라고 얘기했다고 한다. 그러자 신천지 전도사는 자신에게 '예수님께서는 세상 종말이 아니라 영적 종말에 관한 것을, 선지자를 통하여서 미리 말씀해 놓으셨다'라고 말하면서 다음과 같은 성경 말씀을 인용했다고 한다.

"주 여호와의 말씀이니라 보라 날이 이를지라 내가 기근을 땅에 보내리니 양식이 없어 주림이 아니며 물이 없어 갈함이 아니요 여호와의 말씀을 듣지 못한 기갈이라"(암 8:11).

이렇게 이야기하면서 '자매님, 모태 신앙이라고 했는데 신앙생활을 했음에도 불구하고, 설교를 듣고 예수님에 대한 믿음이 지속되던가요? 그런 말씀이 아니라 영적 종말에 대한 말씀을 예수님이 직접 하신 겁니다.' 이렇게 말씀을 들으면서 곧바로 신천지 신도가 되어 버렸고 반박을 하지 못했다는 것이다. 그래서 구원의 확신은 신천지에 있다고 생각했다며 신천지에서 탈퇴했다고 말하였다.

교회는 이단들이 어떤 형식논리로 접근하는지를 잘 알아서 특별한 목적에 따른 이단 대처 교육을 해야 한다. 특별히 성경을 해석할 때 주의 사항을 철저하게 가르쳐야 한다. "또 그 모든 편지에도 이런 일에 관하여 말하였으되 그 중에 알기 어려운 것이 더러 있으니 무식한 자들과 굳세지 못한 자들이 다른 성경과 같이 그것도 억지로 풀다가 스스로 멸망에 이르느니라"(벧후 3:16). 이런 말씀을 통해 성경 전체를 관통하며 맥을 찾아주는 성경을 가르쳐야 한다. 이를 위해 교회에서 특별히 교육용 교재를 집필하여 가르치는 것도 중요하리라 생각된다.

4. 결론

목회는 하나님께서 그리스도 안에서 구속하신 성도들을 하나님의 말씀으로 양육하고 먹이고 돌보는 사역이다. 이 사역을 위해 목회자로 부르시고 사명을 주신 것이다. 그렇다면 목회자는 하나님으로부터 부여받은 이 사명을 위해 생명을 다해 충성해야 한다. 오늘날 이단들이 곳곳에서 문제를 일으키고 있다. 교회 안과 밖, 가정, 학교, 직장, 국가, 사회 곳곳에서 이단들이 피해를 부르며 심지어는 해외까지 손을 뻗치고 있다. 이런 심각한 상황 속에서 우리 교단과 교단 산하 교회들은 어떻게 대처해야 하는지 그 방법을 살펴보았다. 요약해 보면 첫째, 성경 교육의 필요성이다. 다른 어떤 교육보다도 하나님의 자기 계시의 말씀인 성경을 올바르게 가르치는 것이 필요하다.

둘째, 웨스트민스터 소요리문답, 대요리문답, 신도게요서를 교육하는 일이다. 개혁주의 장로교회의 가장 중요한 핵심 신학 사상이 이 문서들에 다 들어 있다. 따라서 교회는 웨스트민스터 소요리문답, 대요리문답, 신도게요서를 철저하게 교육함으로 성도들의 신앙을 이단들의 사상으로부터 지킬 수 있다.

셋째, 교단의 이단·사이비 백서 발간 및 교육이다. 우리 교단의 시급한 문제는 이단·사이비 백서를 만드는 일이다. 이단·사이비 백서를 발간하여 문제를 일으키는 이단들의 사상과 그들의 피해를 바르게 인지하고 전해야 한다. 그럴 때 신자들은 물론 불신자들까지도 정통과 이단을 구분할 수 있고 피해를 막을 수 있다.

넷째, 심도 있는 주일학교 공과 교육이다. 한국 교회의 훌륭한 유산 가운데 하나는 바로 주일학교 교육에 있다. 따라서 주일학교 공과 교육에 더욱 힘을 쏟아야 하고 더 좋은 교재들을 통해 교육함으로 이단의 사상과 공격을 막아낼 수 있게 될 것이다.

다섯째, 신학교의 철저한 변증학 교육이다. 목회자를 양성하는 신학대학원에서 변증학을 통해 정통 신학을 지켜내고 이단을 구분해 내는 방법을 배우도록 해야 한다. 변증학은 단지 쓸모없는 과목이 아니다. 기독교의 중요 핵심들을 지켜내고 이단과 사이비 사상으로부터 교회와 신앙을 변증하고 변호하는 학문이다. 그러므로 철저한 변증학 교육이 교회의 신앙과 교리를 지켜나갈 수 있다.

본 교단과 산하의 모든 교회가 이상과 같은 노력을 해나간다면 이단의 공격과 피해를 막을 수 있을 것이다. 이 일에 본 교단과 모든 교회가 힘을 모아야 할 것이다.

참고문헌

국외 도서 및 번역서
Baxter, R. *The Reformed Pastor*. HardPress, 2018.
Berkhof, L. *Systematic Theology*. Martino Fine Books, 2020.
Calvin, J. *Institutes of the Christian Religion*. 4 Vols. CreateSpace Independent Publishing Platform Publication, 2017.
Hiltner, S. *Preface To Pastoral Theology*. Abingdon Press, 1958.
Kittel, Gerhard. & Friedrich, G. *Theological Dictionary of the New Testament(TDNT)*. 10 Vols. Grand Rapids: Eerdmans Publishing Co, WM. B, 2004.
Oden, T.C. *Pastoral Theology: Essentials of Ministry*. San Francisco: Harper & Row, 1983.
Schaff, P. *The Creeds of Christendom*. Generic, 2019.
Turnbull, R. G. *Baker's Dictionary of Theology*. HarperCollins Distribution Services, 1968.
Williamson, G. I. *The Westminster Larger Catechism: A Commentary*. P&R Publishing, 2002.
코넬리우스 반틸. 『변증학』. 신국원 역. 서울: 기독교문서선교회, 1998.

국내도서
곽안련. 『목회학』. 경성: 조선야소교서회, 1936.
대한예수교장로회 총회. 『대한예수교장로회 헌법』. 서울: 총회출판부, 2018.
박형룡. 『박형룡박사저작전집 제16권 목회서신』. 서울: 개혁주의신행협회, 2003.
이주영. 『현대목회학』. 서울: 성광문화사, 1985.
임창호. 『기독교교육과 교육목회-기독교 교육학 개론』. 서울: 생명의 말씀사, 2012.
정일웅. 『한국 교회와 실천신학』. 서울: 이레서원, 2002.
총회 이단(사이비)피해대책조사연구위원회. 『다락방운동, 빈야드 운동의 분석 및 비판』. 2006.
황성철. 『개혁주의 목사론』. 총신대신학대학원 강의안. 2006.

간행물 및 논문
"2025년 캠퍼스 이단 현황." 「현대종교」. 2025.3.4.
박봉수. "교육목회란 무엇인가." 「교육목회」 가을호(1999).
서철원. "교리없이 성경만으로 신학을?". 「신학지남」 통권 제271호(2002. 6).
진용식. "신천지로 인한 피해와 그 회복." 「활천」. 2007.12.
한춘기. "총체적 사역으로서의 교육목회." 「기독교교육논총」 6집(2000).
이신호. "교회를 건강하게 만드는 목회적 실천으로서 '이단대처교육교재'개별연구." 장로회신학대학교 박사학위논문(2020).

신문자료

"'여신도 성폭행' JMS 정명석, 추가 기소…피해자 '17명' 이른다."「국민일보」, 2025.4.16.
"사이비 '파룬궁' 연계된 션윈예술단 공연 논란."「국민일보」, 2025.5.7.
"생멸 거듭하는 이단, 최고 대응은 진리수호 본질회복 사랑실천."「기독신문」, 2024.2.5.
"션윈예술단 공연 '사이비' 논란…교계·지역사회 반발 확산."「국민일보」, 2025.5.4.
"신천지 가짜 채용 면접의 덫… "취준생 심리 불안" 이단 학습 유도."「국민일보」, 2025.5.2.
"이단도 한류 타고 세계로 퍼지고 있다."「국민일보」, 2025.4.16.
"이단백서, 재정 마련이 최대 과제."「기독신문」, 2025.5.5.
"현대종교 '2025년 캠퍼스 이단 현황' 발표."「기독신문」, 2025.3.11.
심창섭. "신천지 운동의 이단성."「기독신문」, 2007.6.28.

인터넷자료

https://csts.csu.ac.kr/?m1=page&menu_id=1826
https://www.kich.org/news/articleView.html?idxno=2672
https://www.puts.ac.kr/www/sub/haksa_sw/sub.asp?m1=2&m2=1&m3=undefined
https://www.youtube.com/watch?v=_Fhg_qXZd0g

교회에 침투한 이단(교리 위반자) 대처 방안 – 교회법과 실정법 중심으로

소재열 목사 · 이대위 연구분과장, 한국교회법연구소장

1. 서론: 문제제기

W. E. 그리피스(William Elliot Griffis)는 1882년(고종 19년)『은자의 나라 한국』(Corea: The Hermit Nation)에서 기독교는 미신과 완고한 전제와 토착적·이질적 교권(敎權, 국가와 종교는 하나이다)을 몰아내고, 또 조국의 단결과 독립을 위해 힘썼다고 보았다. 중국과 조선, 그리고 일본은 종교와 국가가 영합하여 죄악을 저질렀으며, 국가는 국민의 양심의 자유를 허락하지 않고 박해했다. 기독교가 장래 희망이 있는 것이라 할지라도 당시에는 커다란 사회적 불안 세력으로 평가를 받았다. 당시 기독교인이 된다는 것은 생활의 전면적인 혁명을 의미하는 것이었다.[1] 선교사들은 복음의 양식뿐만 아니라 조선 사람들에게 성경의 직접적인 깨달음을 통해 스스로를 돕고 스스로 살아갈 수 있는 길을 가르쳐 주었다. 이로 인해 한국 교회는 커다란 부흥을 가져왔으며, 세계 속에 기독교 복음을 증거하는 선교사역은 우리나라의 경제적인 부와 함께 활기차게 전개되었다.

그러나 인구 감소와 사회적인 변혁으로 기독교의 확산에 제동이 걸리게 되었다. 다양하게 분출된 문제는 분쟁으로 이어졌다. 이단자들의 출현과 그들의

---

1   William Elliot Griffis, *Corea: The Hermit Nation*, 『은자의 나라 한국』 신복룡 역 (집문당, 1999), 592.

적극적인 포교 활동은 기독교를 위축시키기에 충분했다. 교리와 신학적인 문제를 넘어 다양한 측면에서 기존 교회를 위협하게 되었으며, 그들을 경계하지 아니하면 안 되는 그러한 시대를 맞이했다. 교인들이 교회 밖에서 이단을 주의하도록 교육하는 것은 중요하다. 특히 이단은 자신들의 성경공부에 참여할 것을 권유하여 성경공부에 갈급한 신자를 유혹하여 포섭한다. 이단에 빠진 교인이 교회 내에서 일정한 자기 영역을 구축하며 외부의 이단 세력들과 연대한다. 이들은 교리 문제로 교회에서 문제를 일으키는 데 그치지 않고 각종 불법 행위를 트집 잡아 물고 늘어진다. 얼마나 좋은 먹잇감인가?

이단자들은 포섭된 교인을 통해 일정한 자신들의 영역을 구축하며 주기적으로 자기 사람들을 교회에 등록하게 하여 교인 지위를 취득하여 세력화한다. 교회는 걷잡을 수 없는 분쟁으로 고통을 겪게 된다. 한 사람의 교인도 아쉬운 형편에서 무분별하게 교인으로 등록받아 보이지 않는 이단 세력의 준동(蠢動)은 교회가 파괴되고 파멸에 이르게 된다. 교회 내 소수의 집단적인 저항 세력을 늘 주의해야 한다. 그 저항 세력이 이단을 대항하는 세력인가, 이단을 대항하는 자들을 대항하는 세력인가를 살펴야 한다. 이런 이유로 교회 내 저항 세력을 주의 깊게 살펴야 하며, 이들을 대항할 수 있는 교회 정관을 정비해야 한다. 드러내 놓고 이단을 주장하지 않거나 해당 교회의 교리적 입장에 반동한 자들이 없을지라도 이들은 불법행위를 통해서 교회를 공격하고 있다. 이를 적법한 절차에 의해 처결할 수 있는 준비를 해야 한다. 본 논문은 이를 위해 관련 교회법과 실정법 고찰과 적법한 정관을 통해 교회를 지키고 보호하기 위한 목적으로 준비되었다.

2. 본론

2.1. 집합체로서 교회의 특질(特質)

교회는 베드로의 믿음 고백 위에 세워졌다. 베드로는 주는 그리스도시요 살아 계신 하나님의 아들이라고 고백했다(마 16:15-18). 교회는 이 신앙고백 위에 세워졌다. 모든 교회는 이 신앙고백에 있어서 일치한다. 교회는 거룩함과 예수 그리스도를 머리로 한 우주적인 보편성과 십자가와 부활에 대한 사도적 선포 위에 세워졌다.[2] 교회는 주의 재림 시까지 지구상에 다양한 형태로 존재한다. 교회는 이러한 신앙단체로서의 성격과 사단(社團)으로서의 성격을 모두 인정한다. 그러면서도 신앙단체로서의 특질(特質)에 대해 종교의 고유한 영역에 맡기고 사단으로서의 특질에 대해서는 민법의 일반원리에 의하여 규율함으로써 사법 질서의 통일성을 기하고 있다.[3]

2.1.1. 신앙단체로서의 특질

우리 주변에 많은 단체가 있다. 그러한 단체 중에 신앙을 목표로 형성된 단체가 있는데 이를 신앙단체라 한다. 그 신앙단체 중에 예수 그리스도를 통해 하나님을 섬기는 교회가 있다. 교회는 신앙단체로서 실정법에서는 종교단체라 한다. 종교단체는 개별 교회와 그 교회가 소속한 교단이 있는데 이 또한 종교단체라 한다. 교단은 종교단체의 준말이다. 불교는 '종단'이라 한다.

교회 정의

종교단체로서 교회는 신앙단체이다. 신앙단체로서 교회는 일반 단체와 구별되며, 오직 예수 그리스도의 십자가를 통해 구속받은 사람들의 모임이다. 로마 가톨릭교회는 개신교를 교회가 아닌 하나의 공동체 모임이라고 비하하지만, 그리스도의 피로 의롭다 함을 받은 그리스도인들이 그리스도와 연합된 교회임이 틀림없다. 교회는 그리스도의 소유가 되었으며, 그리스도는 교회의 주인이시다. 그래서 교회에 대한 칭호로 '그리스도의 몸', '그리스도의 충만', '그리스도의 나라', '하나님의 성전', '성령의 전', '하나님의 집', '하나님의 백성', '하나님의 교회', '하나님의 나라', '믿는 자들의 어머니', '성도의 교제' 등으로 묘사한다.[4]

교회의 이러한 성격은 성경에 근거하며, 성경인 하나님의 말씀 위에 세워진다. 하나님의 말씀을 원천으로 하여 유기적인 집합체로서 그리스도와 연

---

2 서철원, 『교의신학: 교회론』 (쿰란출판사, 2018), 43-49.
3 대법원 2006. 4. 20. 선고 2004다37775 전원합의체 판결 등 참고.
4 서철원, 『교의신학: 교회론』, 35-42.

합을 이루며, 성삼위 하나님을 경외하며, 주어진 사명을 감당한다. 교회 구성원은 그리스도의 몸 된 지체로서 서로 유기적으로 하나이며, 각 지체는 생명의 하모니를 이룬다. 교회를 어떻게 정의하느냐에 따라 교회의 참된 모습이 드러나며, 집합체로서 특질, 즉 다른 일반 단체와 구별되는 성질을 가지고 있다. 이러한 교회는 그리스도 법의 통치를 받는다. 여기서 언급된 교회는 교회당(예배당)에 대한 개념과 구분하여 이해해야 한다.[5]

교회에 분쟁이 발생하였을 때 교회에 대한 개념 몰이해로 발생하는 경우가 많다. 자신들의 잘못된 것은 선반 위에 올려놓고 상대의 잘못만을 난타한다. 무형교회론 개념으로 유형 교회를 비판한다. 복음을 듣고 유형 교회에서 생활하는 사람들이 다 구원을 얻을 수 있는 것은 아니고, 다만 무형 교회의 진정한 회원만이 구원 얻는 것이다.[6] 유형 교회 안에는 가라지가 있을 수 있다. 특별한 보호와 관리 밑에 있는 유형 교회 교인이므로[7] 언제나 약하고 실수할 수 있다.

성격(性格)과 주의(主義)가 다 같이 선한 자라도 진리와 교규(敎規)에 대한 의견(意見)이 불합할 수 있다. 이런 경우에는 일반 교우와 교회가 서로 용납하여야 한다.[8] 이단자와 이단적 성향을 보인 자, 교회론적 이단자들이 교회를 공격한다. 이들의 불법행위로 불법을 공격하는 명분을 가지고 있다. 하지만 이들을 방치하면 누룩이 전체에 퍼지듯이[9] 의도적으로 교회를 분쟁으로 이끌어간다. 이들의 교회 구성원 지위, 즉 교인 지위를 박탈시키지 않으면 교회가 혼란에 빠지고 파괴된다. 분쟁 교회는 이러한 이단적 성향을 보인 자들의 불법행위를 회개하지 않으면 처결하여야 한다.

---

[5] '노회의 임시 당회장 파송 없이 지교회 담임목사가 후임자에게 관련 금원을 받고 교회 대표 및 목양권 양도와 이단에게 교회 건물을 처분한 행위를 불법 교회매매로 처리하기로 하다'로 총회 결의 요청의 건은 허락하기로 가결하다(제101회 총회 결의, 2016). 이 결의는 교회 담임목사가 노회에서 임시 당회장을 파송하기 전에 목양권을 이양했다. 이를 교회매매라고 말하자 당사자는 어떻게 교회매매냐 하고 자자 총회에 헌의하여 이를 교회매매로 유권해석을 하였다. 또한 이단자에게 교회 건물이나 부동산을 매매하는 행위를 '교회매매'라고 하였다. 건물과 부동산 매매가 어떻게 교회매매냐에 대한 반론을 무력화시키는 총회 결의였다.
[6] 「대한예수교장로회 헌법(합동)」, 대요리문답, 제61문.
[7] 「대한예수교장로회 헌법(합동)」, 대요리문답, 제63문.
[8] 「대한예수교장로회 헌법(합동)」, 정치 제1장 제5조 후단.
[9] 마 16:6, "예수께서 이르시되 삼가 바리새인과 사두개인들의 누룩을 주의하라 하시니."

교회 교인총회 의결권

교회에 이단자와 관련된 자들을 처리하지 아니하면 안 되는 이유는 일단 교인으로 지위가 취득되면 모든 권리가 주어지기 때문에 반드시 절차에 따라 교인 지위를 상실하여야 한다. 교회에서 교인 지위가 취득되면 교인의 권리가 주어진다. 교인의 권리는 교인 총회 격인 공동의회 의결권을 갖게 된다. 만약에 자신의 신분을 속이고 등록한 이단자에게 정확히 살피지 않고 교인 지위를 허락할 때 이 교인은 공동의회 의결권을 가짐과 동시에 교회 구성원으로 권리 의무를 가진다. 특히 교인 중에 이단으로 포섭된 자에게 교인 지위 유지를 중단하게 하여 교인 지위를 상실시켜야 한다. 그렇지 아니하면 공동의회 의결권 등을 통해 교회를 혼란케 할 수 있다.

교회는 비가시적인 무형 교회와 가시적인 유형 교회로 구분한다. 유형 교회는 예배 모범이 필요하며, 교회의 머리 되신 주 예수 그리스도께서 직원을 세워 교회를 섬기게 한다. 유형 교회의 책임 있는 교인으로 하여금 교회를 잘 섬기게 하고 그 자격을, 세례를 받아 성례에 참여한 자로 한다. 교인은 진리를 보수하고 교회 법규를 잘 지키며 교회 헌법에 의지하여 치리함을 순히 복종하여야 한다.[10] 교인의 본분은 입교하여 서로 교제하며, 그리스도의 성례와 그 밖의 법례(法例)를 지키며, 주의 법을 복종하며 여기에 헌금하는 일도 포함한다.[11]

교회는 유아세례를 통해 만 14세가 되어 입교인이 되었거나 유아 세례교인은 아니지만 학습교인이 되어 세례를 받아 세례교인은 교회 최고 의결기관인 교인총회(공동의회)에 참석하여 의결권을 행사할 수 있다. 교회에 일정한 자격을 갖춘 교인들이 총회로 모여 공동으로 처리하는 것을 '공동처리회'라 하며, 이 '공동처리회'가 '공동의회'로 명칭이 변경되어 오늘에 이르고 있다. 교회는 집합체로서 각 지체가 유기적으로 하나 되어 있는데 그 하나 된 교인들의 총회가 존재하며, 이 총회에 출석하여 의결권을 행사할 수 있는 자는 입교와 세례를 받아 성찬에 참여한 자들로 제한한다. 이러한 총회의 자격

---

10 「대한예수교장로회 헌법(합동)」, 헌법적 규칙, 제2조 6항.
11 「대한예수교장로회 헌법(합동)」, 장로회 신조, 제11조.

은 신앙단체로서 일반 단체와 다른 점이라 할 수 있다. 신앙단체는 하나님의 영, 그리스도의 영이신 성령의 충만함과 그 성령의 지배를 받아야 한다. 성령의 역사가 아닌 어둠의 영이 침범하지 못하도록 하여야 한다.

2.1.2. 사단(社團)으로서의 특질(特質)

신앙단체로서 유형 교회는 지상에 존재하는 전투하는 교회이며, 이 교회는 죄와 불법으로부터 교회를 지키기 위해 전투하는 교회 특징을 가지고 있다. 신앙단체로서의 특질(特質) 외에 사단(社團)인 단체로서의 특질을 가지고 있다. 이러한 사단의 특질은 국가 실정법 중의 하나인 민법의 일반원리에 의하여 규율하여 사법 질서의 통일성을 기한다.

단체의 사단성(社團性)

집합체인 단체로서 교회의 사단성이란 집합체 가운데 존재하는 사회단체적 측면의 성격을 법적으로 평가하는 것을 의미한다. 대한민국 안에서 종교단체로서 법률행위를 위해서는 일정하게 사단성(社團性)을 인정받아야 한다. 이는 교회가 국가 등 제삼자를 상대로 법률행위를 할 때 매우 중요한 요건이다. 예컨대 교회에서 예배를 드릴 때 헌금을 한다. 헌금은 교회 재정으로 관리되고 그 재정이 모여 교회의 필요에 의해 각종 부동산을 취득한다. 부동산은 하나님의 헌금으로 구입한 것이다. 따라서 헌금으로 이루어진 재산은 하나님의 소유라고 말할 수 있다. 그렇다면 하나님의 소유인 교회 재산을 국가 실정법에 따라 등기할 때 '하나님 이름으로 등기해야 하는가?'라고 유치원식으로 질문을 해 볼 수 있다.

교회 재산은 실정법에 따라 실소유자 이름으로 등기한다. 소유자는 교회 교인들이다. 교인들이 교회 명의로 등기하는데 전제 조건이 있다. 그 교회가 단체의 사단성을 인정받아 부동산등기용 단체번호를 부여받아야 한다. 마치 개인적으로 주민등록번호가 있듯이 교회가 단체로서 부동산을 등기할 때 부동산등기용 단체번호를 받아 등기한다. 이러한 단체번호를 부여받으면 단체로서 교회의 사단성 요건을 갖추어야 하는데 그것이 바로 '법인 아닌 사단'이다.[12] 법인 아닌 사단으로서 교회로 인정받기 위해서는 가장 먼저 필수기관인 최고 의결기관인 공동의회가 있어야 한다.

그리고 자치 법규인 정관이 있어야 한다. 교회 정관은 오직 적법한 절차에 의해 공동의회에서만 제정 및 변경하여야 법적 효력이 발생한다. 이를 공동의회 전권사항이라 한다. 공동의회 전권사항인 정관 제정과 변경은 당회에 위임할 수 없다. 물론 이 단체로서 교회는 대표자(담임목사)가 있어야 한다. 따라서 교회 명의 재산이 있다면, 또한 교회 명의로 된 통장이 개설되어 있다면 교회 정관이 있다는 것을 의미하며 이는 교회가 단체로서 사단성이 인정된다는 것을 의미한다.

민법(民法)의 기본 원리

교회가 단체로서 법인 아닌 사단으로 인정된 경우, 법률관계는 일차적으로 교회의 독립성과 종교적 자유의 원리에 의해 '교회 정관의 우선성'이 인정된다. 심지어 소속 교단 헌법이라 할지라도 이러한 정관을 침해 또는 무력화하지 못한다. 이것이 바로 단체로서 교회의 사단성(법인 아닌 사단)에 대한 법리 때문이다.[13] 교단 헌법은 지교회의 독립성과 종교적 자유의 본질을 침해하지 않는 범위 내에서만 구속할 뿐이다. 교회가 분쟁이 발생할 때 가장 먼저 판단의 근거는 교회 정관이다. 정관에 관련 규정이 없는 경우, 교단 헌법의 적용을 받는다. 교단 헌법의 적용을 받기 위해서는 교회 정관에 교단 헌법을 지교회 정관에 준한 자치 법규로 받아들인다는 규정이 있어야 한다. 이러한 원칙은 교회를 둘러싼 법률관계를 해석하는 기본 원리로서 유지되고 있다.[14] 교회 정관이나 교단 헌법을 정관에 준한 자치 법규를 받아들인다고 하였을 때는 일차적으로 교회 정관과 교단 헌법으로 분쟁의 법률관계를 판단한다. 하지만 관련 규정이 없을 때 '민법'에 법인격을 적용하여야 하는 규정을 제외

---

12 사단법인의 요건을 갖추지 못하여 법인격을 취득하지 못한 사단의 명칭에 관하여 "법인격 없는 사단", "권리능력 없는 사단", "법인 아닌 사단", "미등기사단", "법인설립등기를 갖추지 않은 사단" 등으로 지칭한다. 실정법에서 교회를 법인 아닌 사단이라 한다.
13 대법원 1960. 2. 25. 선고 4291민상467 판결, 1967. 12. 18. 선고 67다2202 판결 등 참조.
14 대법원 2006. 4. 20. 선고 2004다37775 전원합의체 판결.

한 나머지 규정에 유추 적용하며[15] 법률관계를 해석하는 기본 원리로 적용한다. 예컨대 공동의회에서 정관 변경을 하였을 경우, 출석회원 3분의 2 이상의 찬성으로 결의하였다. 이때 정관 변경 효력 여부가 문제 될 때가 있다. 이를 판단할 때 민법 제42조 제1항[16]의 사단법인 정관 변경 규정을 유추 적용한다. 이 규정에 따르면 정관 변경은 "총 사원 3분의 2 이상의 동의"가 있어야 한다. 총 사원이란 재적 교인을 의미한다. 그런데 출석회원 3분의 2 이상의 찬성으로 변경했다면 무효 사유가 된다.

그러나 민법 제42조 제1항 후단에 "그러나 정수에 관하여 정관에 다른 규정이 있는 때에는 그 규정에 의한다"라고 했다. 이 규정은 교회 정관에 정관 변경 정족수가 출석회원 3분의 2 이상의 찬성으로 개정한다는 규정이 있을 때 그 정관 규정에 따라 유효한다.[17] 하지만 정관에 정관 변경 규정이 없거나 당회가 정관을 변경한다는 규정이 있을 때 이 모두는 민법 제42조 제1항의 전단을 유추 적용하여 재적 교인 3분의 2 이상이 찬성해야 변경할 수 있다. 아주 까다로운 정족수를 충족해야 한다. 이러한 원리가 교회 분쟁에 따른 법률관계 해석은 이러한 원리로 판단한다.

---

[15] 이은영, 『민법총칙』 (박영사, 2009), 247. 이영준, 『민법총칙』 (박영서, 1995), 853, 대법원 1967. 7. 4. 선고 67다549 판결; "법인 아닌 사단의 내부 관계에 관하여는 제1차적으로 그 사단의 정관이 적용되고 정관의 규정이 없는 경우에는 민법의 사단법인의 규정이 유추 적용된다."
대법원 1992. 10. 9. 선고 92다23087 판결 등 참조, 민사법의 실정법 조항의 문리해석 또는 논리해석만으로는 현실적인 법적 분쟁을 해결할 수 없거나 사회적 정의 관념에 현저히 반하게 되는 결과가 초래될 때는 법원이 실정법의 입법 정신을 살려 법적 분쟁을 합리적으로 해결하거나 정의 관념에 적합한 결과를 도출할 수 있도록 하는 유추 적용을 할 수 있다. 법률의 유추 적용은 법률의 흠결을 보충하는 것으로 법적 규율이 없는 사안에 대하여 그와 유사한 사안에 관한 법규범을 적용하는 것이다. 이러한 유추를 위해서는 법적 규율이 없는 사안과 법적 규율이 있는 사안 사이에 공통점 또는 유사점이 있어야 한다. 그러나 이것만으로 유추 적용을 긍정할 수는 없다. 법규범의 체계, 입법 의도와 목적 등에 비추어 유추 적용이 정당하다고 평가될 때 비로소 유추 적용을 인정할 수 있다(대법원 2020. 4. 29. 선고 2019다226135 판결).
[16] 제42조(사단법인의 정관의 변경)
①사단법인의 정관은 총 사원 3분의 2 이상의 동의가 있는 때에 한하여 이를 변경할 수 있다. 그러나 정수에 관하여 정관에 다른 규정이 있는 때에는 그 규정에 의한다.
[17] 대법원은 민법 제42조 제1항 단서 조항에 따른 정관 변경과 교단 탈퇴의 정족수 법리에 따른 원심법원의 상고심에서 심리불속행 기각 판결로 판례법리가 이어져 왔지만 2023년에 와서 대법원은 광주시민교회(합동)의 교단 탈퇴의 무효소송에서 민법 제42조 제1항의 단서 조항에 따른 판례법리를 내놓았다. 2006년 대법원 전원합의체 판결로 민법 제42조 제1항의 전단 규정에 따라 확정판결 이후 17년 만에 정관 변경과 교단 탈퇴 법리가 완성되었다. 대법원 2023. 11. 2. 선고 2023다259316 판결. "다만 정수에 관하여 지교회의 규약에 다른 규정을 두고 있는 때에는 특별한 사정이 없는 한 그 규정에 의한 결의가 필요하다(민법 제42조 제1항 단서)."

2.2. 교회 교인 등록과 유지 절차

교회 교인으로 등록하고 그 등록을 허락한다는 개념이 무엇을 의미하는지, 이에 대한 법적인 개념을 이해해야 한다. 상식적으로 접근할 경우, 문제가 되는 경우가 많다. 교인으로 등록한 새신자나 교회 개척 때부터 함께한 교인이나 교인의 권리 면에는 동일하다. 심지어 교회 재산의 공동소유권이 동일하다. 그리고 계속 교인의 권리가 유지된다.

2.2.1. 교회 자치 법규

목회자와 장로가 교회를 운영하면서 가장 큰 문제점은 교회 정관에 대해 전문가라고 생각한다. 정관 내용을 모호하게 제정 및 변경하여 실제로 문제나 분쟁이 발생하였을 때 전혀 도움이 되지 않는 경우가 많다. 대법원은 법인 아닌 사단으로서 교회 정관에 관한 각 판례법리를 다 내놓았다. 대법원 판례라고 하여 민법의 기본 원리와 각 규정에 반한 판례가 아니다. 모두가 교회 정관과 교단 헌법, 그리고 민법의 기본 원리에 유기적인 관계에 충실한 판례들이다. 특별히 이단자의 출현에 대한 구체적인 정관 규정이 없다는 것도 문제점으로 제기되고 있다.

교인 지위 취득 절차에 대한 법리적인 요건에 충실하게 규정하여야 한다. 주일 예배 시간에 '교인 등록카드'인지, '등록신청 카드'인지 구분이 모호한 교회가 많다. '교인 등록카드'를 제출하면 예배 시간에 공개적으로 등록 교인임을 선언해 버린 경우가 있다.[18] 이런 식으로 교인 등록이 결정될 때 이단자가 자신의 신분을 속이고 교회에 등록하여 분쟁을 일으키는 경우를 주의해야 한다. 따라서 교회 정관이나 시행세칙에서 교인 지위를 결정한 교인 등록과 등록된 교인이 계속 교인 지위를 유지할 수 있는 각 규정을 자치 법규인 정

---

[18] 교인으로 등록되면 교회 재산의 공동소유권을 갖게 되므로 교인 등록은 엄격하게 관리되어야 한다. 교인 등록은 특별하게 담임목사에게 위임되어 있지 않았다면 당회의 직무이다. 당회 결의를 통해 교인 등록을 확정하여 교인 지위를 취득케 한다. 그러나 담임목사가 주일 낮 예배 시간에 새신자가 등록했다며 소개하여 박수로 받는 경우가 있다. 보편적으로 등록카드를 받은 경우가 있는데 '등록카드'가 아니라 '등록신청 카드'여야 한다. 주일 낮 예배 시간에 담임목사는 "등록신청 카드를 제출하였습니다. 앞으로 등록이 확정될 때까지 서로 격려하며 신앙생활을 잘할 수 있기를 바랍니다"라고 광고해야 한다.

관에 규정해야 한다.

2.2.2. 교인 등록과 권리

교회 재산의 소유는 교인들에게 있다. 교인의 개인 재산이 아닌 교인들 전체의 공동 소유재산이다. 이 재산을 총유 재산이라 한다.[19] 총유 재산은 개인의 지분권이 없으며, 처분권, 양도권이 없다. 그러나 재산권 행사를 위한 공동 의회에 참석하여 의결권을 행사할 수 있으며, 사용·수익할 수 있다. 여기 '사용'이라 함은 교회에 출입하거나 예배에 참여할 수 있으며, '수익'이란 해당 교회 교인으로서 가진 포괄적인 명예적 가치를 의미한다.[20] 여기서 교인으로 등록을 하면 교회 재산의 공동 소유권을 가진 총유물권자가 된다. 이런 이유 때문에 교인으로 등록시킬 때는 엄격한 절차를 거쳐야 한다. 주일 예배 시간에 교인 등록을 받고 그다음 주일 주보에 새신자 등록 명단이 공지될 때 이를 교인 지위를 취득했다는 증거로 판단한다.[21]

2.2.3. 교인 지위 유지

교인으로 등록되어 교인 지위가 취득될 때 모든 권리를 취득하게 된다. 취득한 교인이 교인 지위를 계속 유지해야 한다. 예컨대 "6개월 이상 연속으로 주일 낮 예배에 불출석할 때 교인 지위가 자동으로 상실된다"라는 규정을 둘 경우, 교인 지위가 계속 유지되기 위해서는 연속으로 6개월 동안 주일 예배에 출석해야 한다. 또한 후술한 바와 같이 "당회가 특별한 경우, 행정 결정으

---

[19] 민법 제275조에 의하면 "①법인이 아닌 사단의 사원이 집합체로서 물건을 소유할 때는 총유로 한다. ②총유에 관하여는 사단의 정관 기타 계약에 의하는 외에 다음 2조의 규정에 의한다."라고 한다. 여기 다음 2조는 민법 제276조, 제277조를 의미한다. 제276조(총유물의 관리, 처분과 사용, 수익) ①총유물의 관리 및 처분은 사원총회의 결의에 의한다. ②각 사원은 정관 기타의 규약에 좇아 총유물을 사용, 수익할 수 있다. 제277조(총유물에 관한 권리의무의 득상) 총유물에 관한 사원의 권리의무는 사원의 지위를 취득 상실함으로써 취득 상실된다.
[20] 교인이며 예배당을 사용할 수 있지만 반드시 정관과 각종 규칙에 따라야 한다. 교인이라고 하여 적법한 교회 절차 없이 무조건 아무렇게나 사용하지 않는다. 따라서 별도로 일부 교인들이 분리 예배를 드리는 것은 자유이지만 정관과 규칙에 반한 분리 예배는 불법행위로 교인 지위 상실을 가져올 수 있다. 요즘 교회마다 정관으로 분리 예배 위법성을 규제하는 법을 만들고 있다. 교인 지위가 박탈되면 교회당에 출입이 금지된다.
[21] 광주고등법원 2024. 12. 5. 선고 2024나23704 판결, 대법원 2025. 3. 13. 선고 2025다20042 심리불속행 기각 확정 등 참조.

로 교인 지위를 박탈할 수 있다"라는 규정을 두었을 때 교인 지위가 박탈되어 교회에 출입할 수 없다. 교인이라 하더라도 교리 위반자에 대한 교인 지위 유지를 단절시켜야 한다.

당회는 매년 공동의회에 1년 동안 경과 상황을 보고하면서 공동의회 의결권자 총인원을 결정하여 보고하여야 한다. 이 의결권자는 교회 재산의 공동소유자권이기에 정확하게 발표하여야 한다. 아예 정관에 이를 명시해야 한다.

2.3. 이단 교인 지위 상실 절차

전술한 대로 교인 지위를 취득하면 모든 권리가 취득되고 교인 지위가 상실되면 모든 권리도 상실된다. 이러한 원칙에 따라 이단자가 자신의 신분을 속이고 교인 지위를 취득한 후 자신을 지지한 사람을 규합하여 교회를 분쟁으로 몰아간다. 불법으로 불법을 해결하려는 시도는 교회가 걷잡을 수 없는 수렁에 빠진다. 이들이 스스로 교회를 떠나면 그만이지만, 그렇지 아니할 때 교회 정관에 따라 적법한 절차로 교인 지위를 박탈하는 길밖에 없다. 어떻게 법리적으로 이단자와 그 동조자들을 처단할 수 있는가?

2.3.1. 당회 행정권으로 교인 지위 상실

교회의 조직은 필수기관인 최고 의결기관인 공동의회가 있고 집행기관인 당회, 제직회가 있다. 당회는 정관과 교단 헌법에 규정한 직무와 권한을 행사한다. 당회는 정관 규정에 따라 이단자와 그 동조자를 처리할 때 권징 재판과 당회의 행정 결정으로 그러한 자들의 교인 지위를 박탈할 수 있다. 당회 행정 결정으로 처리할 때 반드시 교회 정관에 당회 행정 결정으로 교인 지위를 상실할 수 있다는 규정이 있어야 한다.[22]

---

[22] 당회가 조직되지 않는 미조직교회는 정관에 당회 규정을 둔 다음 부칙으로 "본 교회가 당회를 조직할 때까지 담임목사가 교인 중에서 3인을 지명하여 운영위원회를 조직하여 당회 직무를 대신할 수 있다. 단, 위원장은 담임목사로 한다"라고 명시한다. 미조직교회는 당회가 없으므로 당회가 권징 재판을 할 수 없다. 이 경우는 노회가 그 직무를 대신한다. 하지만 미조직교회가 운영위원회를 당회 대신으로 조직하여 교인의 징계권을 행사할 수 있도록 해야 한다.

2.3.2. 자치 법규(교회 정관)

교회 내에서 이단자들은 교리 문제로 접근하지 않고 정치, 교회법, 실정법으로 접근할 수 있다. 그렇다면 이러한 불법행위를 이단자 처결과 같은 맥락에서 접근하여 엄격하게 교회를 관리하고 치리해야 한다. 이를 위해 중요한 것은 교회 정관에 관련 규정을 구체화할 필요가 있다. 교회 정관은 그 누구도 넘볼 수 없는 교인의 배타적 권리이다. 교회의 재산은 교인들에게 소유권이 있다. 이러한 재산권에 대해 교회 정관에 특정하여 규정하였을 때 이 역시 그 누구도 침해할 수 없다. 교단 헌법이나 교단의 행정 결의로 지교회 재산을 교단의 유지재단에 편입시켜 관리하라고 지시하고 명령하지 못한다. 오직 정관과 교인총회 결의로만 결정할 수 있다. 이 정관은 대법원에서도 두 기둥으로 못을 박았는데 교회의 독립성과 종교적 자유의 본질이다. 이 두 기둥에 의해 교회 정관이 보호받는다.

민법이 변경되지 않거나 대법원의 판례가 변경되지 않는 한 교회 정관은 그 누구도 침범할 수 없는 교회 교인들의 기본권에 대한 고유영역이다. 소속 교단도 정관을 변경하라고 명령할 수 없다. 이는 교회 독립성과 종교적 자유의 본질을 침해하는 것으로 그 효력이 인정될 수 없다. 이에 대해 교단은 '갑'이 아닌 '을'이다. 교단 관계자가 이를 부정할지라도 대법원의 판례법리를 부정할 수는 없다.

대한예수교장로회 총회(통합) 헌법 해석위원회는 ○○교회 개정 정관인 "시무장로는 7년이 경과하면 자의로 당회원으로서의 시무를 사임하기로 하다"라는 규정은 효력이 없다고 해석하고 이를 개정하라고 지시하였다. 「교단 헌법」에 반한 「교회 정관」이므로 개정 정관은 효력이 없다고 판단했다. 이러한 개정 정관이 분쟁으로 다툼이 되어 교회 내부적으로 반목이 극심하여 교회 내에서의 자율적 문제해결이 불가능하여 법원 소송으로 이어졌다.

법원은 이러한 분쟁은 교회 내부의 교리 확립하고 신앙 질서를 유지하기 위한 것이라기보다는 일반 단체에서의 분쟁과 유사하다고 보았다. 이때 법원이 앞서 소개한 다음과 같은 판례법리에 터를 삼았다. "원칙적으로 지교회는 소속 교단과 독립된 법인 아닌 사단이고 교단은 종교적 내부 관계에 있어서 지교회의 상급단체에 지나지 않는다. 다만, 지교회가 자체적으로 규약을 갖추지 아니한 경우나 규약을 갖춘 경우에도 교단이 정한 헌법을 교회 자신의 규약에 준하는 자치 규범으로 받아들일 수 있지만, 지교회의 독립성이나 종교적 자유의 본질을 침해하지 않는 범위 내에서「교단 헌법」에 구속된다."[23] ㅇㅇ교회가 자치적으로 규정할 수 있는 교회의 독립성 및 종교적 자유의 본질에 관한 것으로서「교단 헌법」에 구속되지 아니하여 유효하다고 했다.[24]

 이러한 법리에 따라 교회 내 이단자와 그 동조자를 처결하여 교인 지위를 박탈시킬 수 있다. 이를 위해 당회의 권징 재판을 통하여 처결하는 방법을 택하지 않고 당회의 행정 결정으로 교인 지위를 박탈할 수는 없는가? 원칙은 이렇다. 정관에 관련 규정이 있을 때, 그 규정에 따라 처리하면 된다. 그러나 그러한 규정이 없는 경우, 권징 재판이 아니면 처결할 수 없다. 그러나 "당회의 행정 결정으로 교인 지위를 박탈할 수 있다"라는 정관 규정이 있을 때는 인정받는다. 이때 법원은 이러한 규정을 인정할 때 어떤 판례법리를 내놓았는가?

 교회 정관에 "교단 헌법의 권징조례 등의 절차를 거치지 않고 행정 결정만으로 교인의 지위를 박탈할 수 있다"라는 규정은 사원권의 일종인 교인의 권리를 본질적으로 침해된다는 취지로 무효를 주장한 사례가 있다. 그러나 법원 재판부는 대법원 전원합의체판결[25]을 인용하면서 "종교단체인 피고 교회의 조직과 운영에 관한 사항으로서 자율성이 최대한 보장되어야 하는 영역에 해당하므로 이에 대한 사법심사는 자제되어야 하고, 원고들이 주장하는 사정 및 이 사건 증거들만으로는 위 내용이 일반 국민으로서 원고들의 권리 의무나 법률관계에 영향을 미친다는 점을 인정하기에 부족하고 달리 이를 인정할 증거가 없다"라고 판단했다.[26] 이에 대한 공동의회를 통해 정관 변경 결의 효력정지 가처분에서 재판부는 "정관의 일반성과 추상성에 반한다고 보기에 부족하고, 달리 이를 소명할 자료가 없다"라고 판단하였다.[27]

---

[23] 대법원 2006. 4. 20. 선고 2004다37775 전원합의체 판결.
[24] 의정부지방법원 2014가합55717 판결, 서울고등법원 2019나2053892, 2020.11.27. 각하판결, 대법원 2017다232136, 2019. 11. 28. 파기환송, 서울고등법원 2016나2015004, 2017.04.20. 소송종료선언.
[25] 대법원 2006. 4. 20. 선고 2004다37775 판결.
[26] 수원지방법원 성남지원 2025. 2. 11. 선고 2024가합200225 판결, 확정.
[27] 수원고등법원 2025. 1. 16.자 2024라10157 결정, 확정.

개별 교회가 적법한 절차에 의해 정관을 변경할 때 그 내용은 강행법규를 위반하지 않는 한[28] 「교회 정관」에 대한 효력 유무 확인의 소송에서 '추상적인 법령 또는 법규 자체의 효력 유무 확인'을 구할 수 없다.[29] 여기서 '일반적 추상적 법규'에 대한 개념 이해가 필요하다. 법규란 국민의 권리와 의무와 관련된 일반적(누구나) 추상적(언제 어디서나) 규범이다. 일반적이란 불특정 다수인을 의미한다. 특정하지 않는 모두를 의미한다. 추상적이란 불특정 시간이나 장소를 의미한다. 시간과 장소가 특정되지 않는 것을 의미한다.

도로교통 법규를 그 예로 들면 중앙선을 넘지 말라고 했을 뿐 특정인을 지적하여 중앙선을 넘지 말라는 것은 아니다. 특정인을 지정하지 않았지만, 누구나 중앙선을 넘어서는 안 된다면 이것을 일반적이라 할 수 있다. 그런데 중앙선을 넘지 말라고 했지, 오늘이나 내일, 혹은 특정 장소를 명시하지 않는 것을 추상적 법규라고 한다. 결국 "당회 행정 결정으로 교인의 지위를 박탈할 수 있다"라는 규정은 유효하다. 하지만 이러한 정관 규정이 없을 때는 당회의 행정 결정으로 교인 지위를 박탈할 수 없으며, 후술한 바와 같이 오직 권징 재판을 통하여 교인 지위를 박탈해야 한다.

2.3.3. 이단 교인(교리 위반자) 교인 지위 상실 결정

교회 정관에 "당회 행정 결정으로 교인 지위를 박탈할 수 있다"라는 규정이 있을 때 당회는 이단자에 대한 교인 지위 여부를 판단하여서 결정하면 된다. 교회 정관에 교회 설립 목적이 있다. 그리고 어떠한 신학적 입장에 의해 교회가 설립되었는지를 규정한 내용이 있다. 이러한 규정이 없을 때 교단 헌법인 12신조와 대·소요리문답, 웨스트민스터 신앙고백에서 명시한 교리적인

---

[28] 예컨대 "본 교회는 공동의회를 두지 않는다"라는 규정을 두었을 때 이 자체가 효력이 없다. 법인 아닌 사단으로서 교회의 교인총회는 필수기관으로 정관으로도 없애지 못한다. 그러나 집행기관인 "본 교회는 당회를 두지 않는다"라고 하였을 때는 인정된다. 또한 강행법규인 "본 교회 정관은 당회가 변경한다"거나 "본 교회 탈퇴는 당회에 위임한다"라는 규정 역시 그 효력이 인정되지 않는다. 이유는 정관변경이나 교단 탈퇴, 교회 합병 등은 공동의회 전권사항이므로 제삼자나 기관에 위임할 수 없기 때문이다. 이 법리에 의해 교회 정관을 검토해야 한다.

[29] 대법원 1992. 8. 18. 선고 92다13875, 13882, 13899 판결, 대법원 1995. 12. 22. 선고 93다61567 판결, 대법원 2011. 9. 8. 선고 2011다38271 판결, 대법원 1992. 8. 18. 선고 92다13875, 13882(병합), 13899(병합) 판결 등 참조.

부분을 이단 판단의 근거로 삼을 수 있다.

당회가 교인 중에 자신의 신분을 속이고 교인으로 등록하였거나 이러한 교인에 포섭당해 이단적 교리를 지지한 자나 그 동조자가 있을 때 당회는 이들을 소환하여야 한다. 당회가 당사자에게 방어권을 부여해야 한다. 이단 혐의자에게 교인 지위를 박탈할 때는 반드시 당사자의 이야기를 들어줘야 한다. 이를 방어권이라 한다.[30] 방어권을 주지 않고 당회가 교인 지위를 박탈할 때 절차적 하자로 무효 사유가 될 수 있다. 당회는 첫째, 충분한 사실관계를 확인하여 문서로 정리하여야 한다. 둘째, 본인에게 소명의 기회(방어권)를 주어야 한다. 당회는 당사자를 소환하여 이단 혐의에 대해 소명할 수 있도록 해야 한다. 셋째, 당사자의 입장을 듣고 당회는 교인 지위 박탈 여부를 결정하면 된다. 넷째, 결의 내용을 당회록에 자세히 기재하여 회의록으로 확정해야 한다. 다섯째, 교인 지위 박탈 결정문을 작성한다. 이 결정문 ① 사실관계, ② 관련 법리, ③ 당회 판단 등으로 작성한 정본을 2부 작성하여 당사자와 당회록에 첨부해야 한다.

이러한 결정 후 주일 예배 시간에 교인들에게 공지해야 한다. 교인 지위가 박탈되면 교회에 출입할 수 없음을 당회 이름으로 공고해야 한다. 하지만 교회 정관에 당회 결정으로 출입 금지를 공포하려면, "보존행위를 당회에 위임하며, 당회 결정을 공동의회 결정으로 간주한다"라는 정관 규정이 있어야 한다. 이러한 규정이 없을 때는 공동의회 결의가 있어야 한다. 이단 문제로 교인 지위가 박탈되었음에도 계속 교회에 출입할 때 법원에 출입 금지 가처분 소송을 제기해야 한다. 당회가 이 소송을 결의하여야 한다. 이 역시 마찬가

---

[30] 무기 평등의 원칙([武器平等原則]이란 법률 용어가 있다. 이는 소송법에서, 대립 당사자의 지위를 평등히 하고 대등한 공격 방어의 수단과 기회를 주는 주의이다. 판사는 검사의 공격과 방어, 피고인의 공격과 방어 등의 기회가 평등하게 주어져야 한다. 형사 소송에서는, 검사와 피고인의 대등한 지위를 실현하기 위하여 피고인에게 묵비권을 보장하고 변호인 제도 따위를 두고 있다. 이러한 원리적인 면은 종교단체에서도 얼마든지 실현되어야 하는 정의 관념이다. 대한예수교장로회 총회 통합 측은 검사의 기능을 차용한 기소 위원이 있다. 검사가 기소하지 않으면 재판에 이를 수 없듯이 기소 위원이 기소하지 않으면 권징 재판을 할 수 없다. 그러나 합동 측은 고소를 하면 치리회(당회, 노회)가 재판국을 조직하여 위탁하는 결의가 있어야 재판에 이르게 된다. 문제는 치리회, 혹은 재판국에서 권징 재판이 진행될 때 원고와 피고는 평등한 원칙을 실현해야 한다. 공격과 방어 등의 기회를 평등하게 제공해야 한다. 누구에게는 방어권과 서면으로 진술권을 허용하고 다른 한편에게는 이런 기회를 제공하지 않는 경우, 심각한 재판의 하자이다. 법원은 종교단체의 권징 재판에 대해 법원 소송으로 이어질 때 방어권 하자는 중대한 하자로 판단한다.

지로 정관에 규정이 없을 때 공동의회 결의가 있어야만 법원에 소송을 할 수 있다. 이런 점 때문에 반드시 전술한 대로 관련된 정관 규정을 해 두어야 한다. 이단자와 그 지지자, 동조자에 대해 교인 지위를 박탈하기 위해 정관에 규정해 주어야 하는 내용은 다음과 같다.

제1조 (교회 명칭 및 소속)

제2조 (목적 및 교리)

…

4. 본 교회 교리적 입장은 장로회 12신조와 대소요리문답, 웨스트민스터 신앙 고백에 근거하며 구체적인 내용은 시행세칙을 제정할 수 있다.

제6조 교인 퇴회(지위 상실)
다음 각 항의 조건에 위반한 자는 당회 행정 결정으로 퇴회(교인지위 상실) 할 수 있다.

① 교인 등록신청 카드에 허위로 기록한 신앙 이력이 드러난 자.
② 본 교회 설립 목적과 정관이 규정한 교리에 반한 주장이나 이를 적극적으로 교인들에게 권유하고 선동하는 자.
③ 교인의 의무를 이행하지 않거나 불법행위자.[31]
④ 성경과 본 정관 및 시행세칙, 교단 헌법을 위반하여 교회 질서를 해치는 자.
⑤ 불법 분리 예배·집회에 참여 및 권유한 자(동조자).
⑥ 무고히 6개월 이상 본 교회에 출석하지 아니한 자.

---

[31] 이단자들은 자신의 이단적 교리를 숨기고 오로지 불법을 대항하는 명분으로 자신들의 의도된 목적을 위해 교회 분쟁을 일으킨다. 정치와 법으로 접근할 때 그들의 이단적 속마음을 알 수가 없다. 이를 처단하는 방법은 교회 정관과 시행세칙, 그리고 교단 헌법에 반한 불법행위에 대해 당회가 처리해야 한다. 이러한 불법행위자가 노회와 정치적으로 연대되어 있을 수 있으므로 주의해야 한다.

제19조 (당회 직무와 권한)

...

3. 당회 직무인 안건 결의는 공동의회 결의로 간주한다.

교회 관리, 처분, 보존행위를 오로지 당회 결의로 가능하게 할 것인지 아니면 일정한 제한을 둘 것인지를 분명히 해야 한다. 포괄적인 관리(담보제공 등)나 처분 행위를 당회에 위임하는 규정할 때는 위험한 사태가 올 수도 있다. 따라서 일정한 제한을 둘 필요가 있다. 하지만 보존행위는 당회에 위임하여 당회 결의가 곧 공동의회로 간주할 수 있도록 해 두어야 이단자에게 출입 금지를 명하거나 법원에 출입 금지 소송을 제기할 수 있다. 이러한 당회에 위임하는 규정이 없다면 공동의회 결의를 해야 한다.

당회가 없는 '미조직교회는 어떻게 할 것인가?'라는 문제가 제기될 수 있다. 미조직교회 정관 역시 당회 직무를 규정한 후 부칙으로 "본 교회가 당회를 조직할 때까지 운영위원회가 당회 직무를 대신할 수 있다"라고 해야 한다. 이렇게 되면 운영위원회가 권징 재판을 하지 않고도 행정 결정으로 교인 지위를 박탈할 수 있다. 정관 '부칙'에 "운영위원회를 조직할 때는 담임목사가 집사와 권사 중에서 3인(혹은 5인) 위원을 선정하되 위원장은 담임목사가 된다"라고 하면 된다.

이단자가 자신의 신분을 속이고 교회에 등록하여 교인 지위를 취득한 후 분쟁을 일으켜 교회를 혼란케 할 수도 있다. 이런 일을 대비하여 일부 교회에서는 "본교회 등록신청 카드를 제출할 경우, 1년 이후(혹은 2년 이후)에 교인 지위 여부를 판단하여 결정한다"라고 규정할 때 1년 이내에는 공동의회 의결권이 부여되지 않는다. 이러한 규정 역시 법원에서 인정되고 있다. 특히 "교회 예배에 참석할지라도 당회에서 교인 지위 취득 결의 후 교인 명부에 등재되어야 교인의 권리가 주어진다"라는 규정을 반드시 두어야 한다.

2.3.4. 당회 사법권으로 교인 지위 상실

전술한 대로 교회 정관에 "당회 행정 결정으로 교인 지위를 박탈할 수 있다"라는 규정이 없는 경우는 반드시 권징 재판을 준수해야 한다. 당회는 교회 사법권을 가진 교인의 1심 치리회이다. 장로회 정치원리는 삼심제 치리회로서 당회는 교인(장로)의 1심 권징 재판 관할이다. 당회가 없는 미조직교회는 교인이 1심 재판을 받을 권리가 박탈된다. 교인의 지위 취득과 상실의 권한은 당회 직무이다.

2.3.5. 자치 법규(교단 헌법)

지교회의 최고 의결기관은 공동의회이고 집행기관은 당회이다. 당회는 공동의회에 1년 동안의 경과 상황을 보고하여야 하며, 교인들은 보고받을 권리가 있다.[32] 교인의 뜻에 반한 결정들은 정기 공동의회에서 그 책임을 물을 수 있다. 당회는 교단 헌법과 교회 정관이 위임한 내용을 처리하며, 그중에서도 지교회의 사법권인 치리권이 있다. 교회 치리(권징)는 개인에게 있지 않고 치리회에 있다.[33] 지교회의 권징 치리는 권징 재판을 통해 이루어진다. 권징은 "도덕성과 신령상의 것"이며, "그 효력은 정치의 공정(公正)과 모든 사람의 공인(公認)과 만국 교회의 머리 되신 구주의 권고와 은총"에 있다.[34]

당회는 "본 교회 중 범죄자와 증인을 소환 심사하며 필요한 경우에는 본 교회 회원이 아닌 자라도 증인으로 소환 심문할 수 있고 범죄한 증거가 명백한 권계(勸戒), 견책(譴責), 수찬정지(受餐停止), 제명(除名),[35] 출교(黜敎)[36]를 하며

---

[32] 「대한예수교장로교회 헌법(합동)」 정치 제21장 제1조 5항. "연말 정기 공동의회에서는 당회의 경과 상황을 들으며…".

[33] 「대한예수교장로교회 헌법(합동)」 정치 제8장 제1조 "…치리권은 개인에게 있지 않고 당회, 노회, 대회, 총회 같은 치리회에 있다(행 15:6)."

[34] 「대한예수교장로교회 헌법(합동)」 정치 제1장 제8조 후단.

[35] 제명은 '교회 회원이 아니다'라는 선언이다. 교인 지위 상실을 의미한다. 교인 지위가 상실되면 교인의 권리도 상실되며 교회 출입할 수 없다. 그러나 다른 교회에 등록(가입)하여 신앙생활을 할 수 있다.

[36] 본 장로회 헌법에서 지교회 교인이 스스로 해당 교회에서 탈퇴하거나, 당회가 강제적으로 교인 지위를 상실케 하여 해당 교회 총유재산권을 박탈하는 개념을 '제명'으로 처분한다. 그러나 이방인과 같이 여기는, 그리스도와 교제를 단절케 하는 '출교'가 있다. 이 출교는 제명과 다른 개념으로 딤후 2:17에서 말한 출교가 있다. 사도는 교회 안에 있는 죄를 "악한 창질"이라고 묘사했는데 이는 "암"(cancer)을 가리킨다(NKJV). 따라서 교회의 순결을 위해서 회개하지 않는 자들은 반드시 교회로부터 출교(excommunication)시키는 데 이 출교는 앞서 제명과는 다른 개념으로 규범화하였다. 따

회개하는 자를 해벌"한다.[37] 당회의 권징 재판에 관한 절차는 헌법 권징조례로 규정하고 있다. 권징은 "진리를 보호하며 그리스도의 권병(權柄)과 존영을 견고케 하며 악행을 제거하고 교회를 정결하게 하며 덕을 세우고 범죄한 자의 신령적 유익을 도모하는 것"이다.[38] 범죄한 자를 처단하는 데 목적이 아니라 회개하고 돌이키게 하는 등 유익을 주기 위해서이다. 따라서 권징은 지혜롭게 하며 신중히 처리해야 하며, 범행의 관계와 정형의 경중(輕重)을 상고해야 한다.[39]

일반적으로 국가 사법체제에서 형사 소송으로 재판을 하기 위해서는 고소(고발)가 있으면 수사를 한다. 수사는 경찰 또는 검찰이 사건을 조사하여 범죄 혐의 유무를 판단한다. 헌법과 형사소송법이 정한 절차에 따라 진행한다. 검찰이 범죄 혐의를 확인하고 재판을 청구하는 기소 과정이 있다. 이 기소에는 공소제기와 불기소 결정이 있다. 검사는 기소 여부를 결정하여 재판에 넘긴다. 재판은 기소된 사건에 대한 법원의 심리 및 판결 과정을 통하여 확정하며 1심, 2심(항소), 3심(상고)으로 진행된다. 법원의 판단에 따라 형량이 결정된다.

「대한예수교장로회 헌법(합동)」의 권징 재판은 이러한 절차가 아닌 독특한 사법제도를 가지고 있다. 특정인에 대한 고소가 이루어지면, 이 고소 자체가 재판에 이르게 하는 기소와 같다. 당회가 재판회로 회집하여 재판하기 전에 검사와 같은 기능이 없다. 고소하면 무조건 재판에 이르게 한다. 피해자 이외의 제삼자가 고발하는 것을 기소로 본다.[40] 그러나 「대한예수교장로회 헌법(통합)」에서는 고소장이 접수되면 곧바로 재판에 이르는 것이 아닌 검사와 같

라서 "제명, 출교"라고 하여 "제명 또한 출교" 개념이다. 그러나 구태여 "제명출교"라 하지 않는다. 출교 처분만 하면 자동으로 제명의 효력이 발생하기 때문이다. 제명은 다른 지교회에 가입할 수 있어도 출교는 다른 지교회에 가입할 수 없다. 출교자가 교회에 가입하기 위해서는 처벌받은 치리회에서 절차에 따라 출교에 대한 취소나 변경 처분을 받아야 한다. 따라서 당회 재판회나 노회 재판국은 판결할 때, '제명 처분'을 하든지 아니면 '출교 처분'을 구분하여 판결하여야 한다.

37 「대한예수교장로교회 헌법(합동)」 정치 제9장 제5조 6항. 본 조항은 당회의 직무로서 당회의 시벌에는 '정직'이 없다. 그러나 권징조례 제35조 "당회가 정한 책벌"에는 정직이 있다. 또한 권징조례 제41조에는 정직이 있다. 이 조항은 직원에 대한 재판 규례로서 여기서 직원이라 함은 항존직인 목사와 장로, 집사이며, 헌법이 규정한 임시직원에도 이를 적용한다. 권징조례 제45조, 제54조에는 목사의 정직을 규정한다.

38 「대한예수교장로교회 헌법(합동)」 권징조례 제2조 전문.

39 「대한예수교장로교회 헌법(합동)」 권징조례 제2조 1, 2항.

40 「대한예수교장로교회 헌법(합동)」 권징조례 제10조.

은 기능인 '기소위원회'를 두어 기소 여부를 판단한다.

「대한예수교장로회 헌법(합동)」에서는 곧바로 재판에 이르게 하는 방법으로 첫째, 고소장이 있어야 하며, 둘째, 고소장이 없을 때 치리회인 당회가 기소 위원을 선정하여 기고하게 하여 재판을 진행한다. 치리회가 기소할 때는 "대한예수교장로회가 원고와 기소 위원이 되며 이 밖에는 소송하는 자가 원고"가 된다.[41] 당회는 교회 정관과 교단 헌법에 규정한 교리 위반과 이단 및 그 동조자에 대한 재판을 진행할 때 교단 헌법의 적법절차에 따라 진행하여야 한다. 법원은 이단 재판에서 교단 헌법이 규정한 적법절차에 따라 진행하지 아니할 때 후술한 바와 같이 그 효력을 부정하는 판결을 하고 있다. 교인 지위를 박탈시키기 위해 당회가 재판할 경우, 교단 헌법이 규정한 권징조례 규정의 절차를 준수하여야 한다.

2.3.6. 교인 지위 상실 판결

이단자나 그 동조자, 혹은 불법행위에 대해 당회는 권징 재판에 따라 교인 지위를 상실시킬 수 있다. 이 경우, 교회 정관이나 교단 헌법이 규정한 구체적인 교리 위반에 대해서는 당회 스스로 판단하여 재판할 수 있다. 그러나 이단에 대한 해석이 문제가 되면 당회가 자체적으로 개혁주의 신학자를 선정하여 이를 근거로 재판할 수 있다.[42] 권징 재판을 통하여 교인 지위를 박탈할 때는 권징조례 규정에 따르되 그 절차가 적법해야 한다. 권징 재판을 할 때에는 먼저 당회가 재판절차에 대한 강의를 전문가에게서 듣고 진행하는 것은 좋은 방법이다. 그렇지 않고 개념 없이 진행하면 나중에 무효 사유가

---

[41] 「대한예수교장로교회 헌법(합동)」 권징조례 제11조, 제7조.
[42] (참고) 총회 재판국의 교리재판은 신학부에 의뢰하여 재판키로 해달라는 헌의의 건에 대해 다음과 같은 총회 결의가 있었다. "총회 재판국의 재판은 철저하게 성경에 근거하여 공명정대한 재판을 해야 한다. 그런데 교리재판에 대하여는 반드시 신학부에 의뢰하여 재판해 달라는 헌의는 고려해야 할 부분이 있다. 어떤 사건은 사안에 따라 촌각을 다투는 것이 존재함으로 인해 충분한 연구가 될 수 없는 경우가 있을 수도 있고, 또한 자칫 신학부의 해석이 재판에 영향을 주어 신학부가 정치적으로 이용될 수 있는 부분도 있으며, 어떤 것들은 연구 결과에 따른 상반된 시각의 차이에 따라 재판에 혼돈을 줄 수 있는 경우가 생길 수 있다. 그러므로 총회 재판국의 교리재판은 반드시 신학부에 의뢰하기보다는 가급적이면 신학부에 의뢰하여 그 해석에 근거해서 재판을 진행하든지, 아니면 총회 재판국 자체적으로 개혁주의 신학자를 선정하여 이를 근거로 진행하든지, 두 가지 방법 중 반드시 하나를 선택하여 재판이 공명정대하게 진행될 수 있도록 하는 것이 바람직할 것이다."(「대한예수교장로회 제105회 총회보고서(합동)」, 2020, 468), 이 신학부 보고는 제105회 총회에서 확정되었다.

된다. 상회인 노회나 법원에 무효소송을 제기하는 경우가 있으므로 주의해야 한다.

  당회의 행정 결정이 아닌 권징 재판으로 교인 지위를 박탈할 때는 전술한 대로 대판에 이르는 고소장이나 기소장이 적법해야 한다. 고소장과 기소장이 접수되면 당회는 행정치리회에서 사법치리회로 변경하여 재판하여야 한다. 재판의 절차가 아닌 행정절차로 재판을 진행할 때 역시 무효 사유가 된다. 행정 당회로 모였다가 재판회로 변경하여 재판절차를 진행하되 반드시 피고에게 해명 기회, 즉 방어권을 행사하도록 해야 한다. 그리고 심리가 종결되었다면 판결문을 작성해야 한다. 판결문은 사실관계, 관련 법리, 당회의 판단 등으로 판결문을 작성하여 원고와 피고에게 판결문 정본을 발송하고 당회록에 정본을 첨부해야 한다. 이러한 절차에 따라 판결하여 교인 지위를 상실케 할 수 있다.

2.4. 법원의 판례 사례

오늘날 한국 교회는 운영의 준칙(準則)으로써 개별 교회의 자치 법규인 「교회 정관」과 소속 교단의 「교단 헌법」이 있다. 아울러 한국 교회에 적용된 국가 실정법(實定法)이 있다. 실정법이란 공인된 국가기관에 의해서 제정된 법이다. 일상적인 의미로 특정 시대와 사회에서 구체적이고 실질적인 효력을 가지고 있는 법규범을 말하며, 제정법(성문법), 관습법, 판례법, 조례 등을 포괄하는 개념으로 쓰인다. 판례법은 같은 유형의 사건에 대해 같은 취지의 판결이 반복, 누적되어 이것이 사실상의 법원 역할을 하는 경우를 가리킨다. 예컨대 판례법이란 법 인식의 근거로 인정된 '법원의 관행' 또는 '법 집행의 관행'이다. 동일한 이전 판결은 이후의 판결에 직접적인 영향을 끼친다.

2.4.1. 사법심사 대상성

권징 재판 처분(결의)으로 교인 지위가 제명 처분된 경우, 후행적으로 총유물인 교회 건물을 사용·수익하거나 예배에 참석할 수 없다. 법원은 종교 내부의 권징 재판으로 문제를 해결할 수 있다는 점과 징계에 따른 권징 재판은 종교적인 방법으로 제재하는 것으로써 종교단체 내부의 규제로서 헌법이 보장하는 종교의 자유의 영역에 속한 점에 비추어 법원이 그 징계의 효력 자체를 사법심사의 대상으로 삼는 것을 자제한다. 그러나 때로는 법원은 교회 내부의 권징 재판(결의)의 판결에 대한 사법심사 대상으로 삼을 때에는 권징 재판기관에 의하지 않는 판결은 무효 사유로 판단한다. 그리고 그 판결 처분을 무효로 돌릴 수 있을 정도로 내부적인 규정의 적법절차의 원칙을 위반하면 사법심사 대상으로 판단한다. 권징 재판의 중대한 절차적 하자에 대한 법원의 판단은 다음과 같다.

"누구든지 적법한 절차에 의하지 아니하고서는 불이익한 처분과 권리에 제한받지 아니한다는 헌법상 적법 절차의 원칙은 법치주의의 구체적 실현 원리로서 교회법에 의한 징계라고 하여 위와 같은 헌법 원리의 정신으로부터 자유로울 수 없고, 총회헌법 및 이 사건 시행규정과 같이 종교단체 스스로 마련한 내부규정 자체가 이러한 적법 절차의 원칙을 구현하기 위한 여러 가지 절차적 요건을 정하고 있다면 이러한 요건은 특별한 사정이 없는 한 반드시 준수되어야 할 것이다. 나아가 종교단체의 어떠한 처분이 종교인에게 미치는 법의 내지 권리 침해 위험의 정도가 클수록 그에 비례하여 당해 처분에 이르기까지 절차적 요건은 더 엄격하게 준수되어야 하고, 특히 이단성 인정, 목회자직의 면직 및 출교처분 등과 같이 당해 종교인에게 종교상의 지위, 명예는 물론 일반 신도로서의 권리, 법률관계에까지 치명적인 결과를 초래할 수 있는 사안에서 더욱 그러하다고 할 것이다."[43]

교회법인 교회 정관과 교단 헌법에 규정한 징계나 권징이 적법한 절차에 반한 불이익한 처분과 권리 제한이라면 무효 사유라고 판단한 사례이다. 교회법에 징계와 권징에 관한 내부규정에 절차적 요건을 정하고 있다면 엄격하게 이 절차를 준수해야 한다. 비록 종교 내부의 징계나 권징 재판일지라도 중대

---

[43] 서울고등법원 2017. 7. 20. 선고 2016나2077354 판결, 대법원 2019. 11. 14. 선고 2017다253010 심리불속행기각.

한 내부적인 규정을 위반할 때 사법심사 대상으로 삼았다는 것을 보여준다.

2.4.2. 교리와 그 해석에 대하여

법원은 절차적 요건이 아닌 교리와 그 해석에 관한 내용은 사법심사 대상을 삼지 않고 종교 내부에 맡긴다. 법원은 "판단의 내용이 종교 교리의 해석에 미치지 아니하는 한 법원으로서는 징계의 당부를 판단하여야 한다(옳고 그름을 판단하여야 한다)"라고 한다.[44] 이러한 판결은 종교 내부의 교리와 그 해석에 미치는 분쟁 사건이라면 법원이 판단하지 않고 종교 내부의 자율에 맡긴다. 그러나 "구체적 권리 의무에 관한 분쟁"의 경우 "국민의 재판청구권이 침해될 위험" 등 특별한 경우가 아니라면 사법심사 대상으로 삼고 있다.[45]

당회의 행정 결정이나 권징 재판을 통하여 교회 정관에 반한 원교리 위반자에 대한 결정과 판결에서 분명히 교리와 그 해석이라는 점을 분명히 적시할 필요가 있다. 왜냐하면 당회의 결정과 판결에 불복하여 법원에 소송을 제기할 수 있기 때문이다. 이러한 점까지 예견하여 결정하고 판결하여야 한다. 법원에서는 당회의 결정과 판결이 내부적인 규정, 즉 교회 정관을 준수했느냐를 먼저 판단한다. 민법이나 법원의 판례 입장은 교회 정관을 독립성과 종교적 자유의 본질로 파악하고 이를 교단 헌법보다 우선하여 판단한다.[46]

사례에 의하면 '갑' 교회의 교인 '을' 등과 담임목사를 비롯한 다른 교인들 사이에 장로 선출을 둘러싼 분쟁 및 담임목사에 대한 이단 고발 등으로 갈등이 심화하였다. 그러나 교회가 정기 당회에서 교단 임시헌법에 근거하여 '을' 등을 교적에서 제적하는 결의를 하였다. 교회는 제적 결의를 통하여 "종교단체로서 교리를 확립하고 신앙상의 질서를 유지하는 한편, 해교 행위를 하는 교인들을 구성원에서 배제하는 방법으로 조직의 안정과 화합을 도모하기 위한 목적"으로 제적 결의를 하였다. 그러나 재판부는 "제적 결의 및 효력 등에 관한 사항은 교회 내부의 자율"에 맡겨야 하고, "담임목사의 이단성에 대한 다툼이 제적 결의의 원인 또는 이유의 하나로 작용하였으므로 위 제적 결

---

[44] 대법원 2005. 6. 24. 선고 2005다10388 판결.
[45] 대법원 2006. 2. 10. 선고 2003다63104 판결.
[46] 대법원 2006. 4. 20. 선고 2004다37775 전원합의체 판결 등 참고.

의는 교회 또는 교회가 속한 교단의 종교상의 교의 또는 신앙의 해석에 깊이 관련되어 있다"라고 판단하였다.

나아가 "제적 결의 효력 유무가 구체적 권리 의무에 관한 청구의 전제 문제로 다투어지는 사안이라고 보기 어렵고, 제적 결의의 교회법적 정당성을 재단할 적법한 권한을 가진 상급 치리회가 존재"하여 "교단 내에서 자율적 문제 해결이 가능하다"라고 보았다. 결국 "제적 결의를 위한 당회 소집 및 결의 절차 등에 정의 관념에 비추어 묵과하기 어려울 만큼 중대한 하자가 있다고 할 수 없는 점을 더하여 보면, 위 제적 결의 및 효력 등에 관한 사항은 사법심사의 대상이 아니다"라고 판단하여 교회 당회 손을 들어준 사례이다.[47]

2.4.3. 이대위 자료에 대하여

종교단체에서 교리와 그 해석의 문제, 이로 인한 이단 문제로 쟁점화되어 법원 소송으로 이어질 경우, 법원은 어떤 판례법리를 확충해 왔는가? 그 내용을 대법원 판례로 살펴본다. 종교의 자유에 관한 헌법 제20조 제1항은 표현의 자유에 관한 헌법 제21조 제1항에 대하여 특별규정의 성격을 갖는다 할 것이므로, 종교적 목적을 위한 언론, 출판의 경우에는 다른 일반적인 언론, 출판에 비하여 고도의 보장을 받게 된다. 특히 그 언론, 출판의 목적이 다른 종교나 종교집단에 대한 신앙교리 논쟁으로 같은 종파에 속하는 신자들에게 비판하고자 하는 내용을 알리고 아울러 다른 종파에 속하는 사람들에게도 자신의 신앙교리 내용과 반대 종파에 대한 비판의 내용을 알리기 위한 것이라면 그와 같은 비판할 권리는 최대한 보장받는다.[48]

어느 교단이 그 산하 단체가 다른 교단 소속 목사 주장의 이단성 여부에 관해 연구하게 한 후 그 결과를 책자에 게재하여 배포한 경우, 비록 그 공표 내용 중에 그 목사의 교리와 주장을 비판하고 그 명예를 침해하는 내용이 포함되어 있다고 할지라도, 이는 신앙의 본질적 내용으로서 최대한 보장받아야 할 종교적 비판의 표현 행위로서 그 안에 다소 과장되거나 부적절한 표현

---

[47] 대법원 2011. 10. 27. 선고 2009다32386 판결.
[48] 대법원 1996. 9. 6. 선고 96다19246, 19253 판결, 대법원 2007. 4. 26. 선고 2006다87903 판결, 대법원 2010. 9. 9. 선고 2008다84236 판결 등 참조.

이 있다고 하더라도 중요한 부분에 있어서 진실에 합치할 뿐만 아니라 자기 교단의 교리 보호와 그 산하 지도자들 및 신자들의 신앙 보호를 위하여 주로 그들을 상대로 주의를 촉구하는 취지에서 공표한 것이므로 위법성이 없다며 다음과 같이 판단하였다.[49]

"피고들이 사이비이단대책위원회의 연구 결과를 총회보고서 및 상담소 사례집에 게재하여 피고 교단 산하 교회에 배포한 것은 그 목적이 원고를 이단으로 몰아서 원고의 명예를 훼손하기 위한 것이기보다는 기독교 교세가 급격히 팽창하면서 생기는 교리상의 혼란으로부터 피고 교단의 교리를 보호하고 신자들의 신앙상의 혼란을 방지하여 신자들의 신앙생활을 보호하기 위한 교단 내부에서 이루어진 것으로서 명예훼손이 된다고 하더라도, 그 명예훼손의 정도가 비교적 크지 아니한 것이고, 그 내용에 있어서도 '종말론 문제' 및 '교회의 의식과 절기 문제' 부분은 진실에 부합하는 내용이고, '구원과 회개의 문제'와 '연구 결론' 부분은 피고 교단의 입장에서만 본다면 진실한 것이라고 수긍할 수도 있다는 점 등에 비추어 보면, 비록 피고들이 원고의 교리와 주장을 비판함에 있어서 다소 과장되거나 부적절한 표현을 사용한 바 있는 연구보고를 각 책자에 게재하여 배포하였다 하더라도 피고들의 행위는 종교적 비판의 표현 행위에 해당되므로 위법성이 없다고 판단하여 원고의 이 사건 청구를 모두 배척하였다는 원심은 정당하다 판결하다."[50]

총회에서 이단 대책 일환으로 이단과 이단성 여부를 조사하여 연구하고 이를 총회에 보고한 후 총회는 이를 확정한다. 이러한 확정된 내용을 책자로 제작하여 배포할 때 이러한 행위가 범죄로 구성할 수 있느냐 하는 문제가 쟁점이다. 법원은 이러한 행위는 종교적 비판의 표현 행위에 해당한다고 하여 위법성이 없다고 판단한다. 기독교 교세가 급격히 팽창하면서 생기는 교리상의 혼란으로부터 교단의 교리를 보호하고 신자들의 신앙상의 혼란을 방지

---

[49] 대법원 1997. 8. 29. 선고 97다19755 판결.
[50] 대법원 1997. 8. 29. 선고 97다19755 판결.

하여 신자들의 신앙생활을 보호하기 위한 교단 내부에서 이루어진 것일 경우, 이는 명예훼손죄의 범위 내에 있지 않음을 판단하여 판시한다.

2.4.4. 교인 지위 상실, 출입 금지에 대하여

교인 지위가 상실되면 교회 출입이 금지된다. 교인의 지위가 취득되면 총유 재산에 관해 사용·수익권을 가진다. 하지만 교인의 지위가 상실되면 교회 재산에 관해 사용·수익권이 상실된다. 이 이야기는 교회당에 출입할 수 없다는 것을 의미한다. 이단자와 그 동조자, 본 교회 설립 목적에 반한 교리 위반자를 처리하는 방법이 적법해야 한다. 이들을 교회 정관의 적법한 절차에 따라 교인 지위를 상실했을 때 이는 교회법이든 국가 실정법이든 모두 인정된다. 때로는 이단을 처리하는 절차에 대한 하자 교인 지위를 박탈시키지 못하여 교인 지위가 유지되면서 교회가 더욱 혼란에 빠질 수 있다. 이단자와 그 동조자를 처리하는 방법은 이러한 방법 외에 없다고 보면 된다.

그런데도 교회에 출입할 때 법원에 출입 금지 가처분 소송을 제기할 수 있다. 이때 소송은 교회 재산의 주인인 교인들이 공동의회 결의를 통하여 시행해야 한다. 담임목사일지라도 이러한 소송을 제기할 수 없다. 그 이유는 교회 재산은 담임목사가 주인이 아니기 때문이다. 이런 문제를 법률적으로 보존행위라고 한다. 따라서 정관에 "보존행위는 당회에 위임하며, 당회 결의를 곧 공동의회 결의로 간주한다"라는 정관 규정을 두었을 때 공동의회를 통하지 않고 당회 결의로 출입 금지 소송을 할 수 있다.

3. 결론

기독교(그리스도교)의 핵심 교리는 삼위일체 교리, 성육신 교리, 이신칭의 교리 등이 있다. 이는 정통 그리스도교의 중요한 핵심 교리이며 이에서 벗어날 경우, 이를 이단 또는 이단성으로 판단하여 시별한다. 종교로서 유대교, 기독교, 이슬람교로 구분한다. 기독교는 유대교, 이슬람교와 달리 하나님의 성육신인 성자 예수 그리스도를 성부, 성령과 동일한 본성을 지닌 유일신으로 보며 이를 삼위일체 교리로 체계화하여 기독교의 핵심 교리로 삼고 있다. 삼위일체 교리는 성육신 교리와 연결되어 있으며, 삼위일체가 부정되면 성육신 교리도 부정되고 성육신 교리가 부정되면 삼위일체 교리도 부정된다. 어느 한 부분만을 강조하지 않는다. 결국 유일한 하나님은 삼위일체 하나님으로 계시며, 한 하나님이 세 위격으로 존재하시지만, 실체가 하나이고 동일하고 분할 불가하므로 한 하나님이시며, 한 하나님이 삼위일체이고 삼위일체가 한 하나님이시다.

그리스도교의 근본 교리는 삼위일체 하나님 교리이며, 유일하신 하나님이 자신을 아버지와 아들과 성령 세 위격으로 계심을 계시하였다. 하나님의 성육신 교리를 고백하면 자동으로 삼위일체 교리도 고백하게 된다. 삼위일체 교리와 성육신 교리는 결국 이신칭의 교리로 연결된다. 성령의 내주로 예수 그리스도를 믿음으로 하나님께 의롭다 하심을 받은 구원을 받는다. 이는 복음의 선포 형식이나 신앙고백의 형식이기도 하다. 이러한 신 지식과 교리는 성경을 하나님의 특별계시로서 신적 권위를 믿을 때만 가능하다. 이는 삼위일체 교리와 성육신 교리, 이신칭의 교리가 성경에 근거하고 있으며, 성경의 신적 권위를 믿을 때, 그 성경에서 계시한 위 세 교리는 기독교(그리스도교)의 핵심 교리가 된다.

이런 이유로 성경의 신적 권위를 부정하면 곧 삼위일체 교리, 성육신 교리, 이신칭의 교리가 부정된다. 이런 이유로 성경에 관한 계시론에 대해 엄격하게 취급한다. 또한 성경의 신적 권위를 믿고 인정한다고 할지라도 위 세 교리 중 하나만이라도 부정하면 그리스도교를 부정하는 것과 같다. 정통 교회는 이를 이단으로 간주한다. 결국 성경의 신적 권위와 계시의 종결 개념을 통해 2천 년 기독교 역사를 집대성해 왔다. 성경을 하나님의 말씀으로 해석하고 종합하여 정리해 왔으며, 교리 이해의 점진적 발전으로 체계화시켰다. 이는 2천 년 교리사에 잘 나타나 있다. 성경과 핵심 교리를 통해 지난 2천 년 동안 성경적 기독교인 그리스도교를 위해 이단자와 투쟁해 왔다. 이러한 투쟁은 과격해 보일지 모르지만, 이는 정통 기독교를 위한 필연적인 변증 과정이었다. 이제 우리는 이단으로 이단을 연구하는 것이 아니라 성경신학과 조직신학을 통해 집대성한 그리스도교의 핵심 교리와 신적 권위를 가진 성경을 통해 이단을 연구하여 그 이단으로부터 교회를 지켜야 한다.

칼빈의 제자인 베자(Theodore Beza, 1519-1605)는 그의 저작 『칼빈의 생애』(The Life of John Calvin)에서 당시 칼빈은 "교회의 긴급한 요청에 의하여 [제네바로] 돌아와서 질서 유지를 위한 법적인 장치를 마련하였다"라고 말한다. 또한 "제네바를 제어할 필요가 있다고 생각한 그는 무엇보다도 기독교 교리와 교회의 권세가 온전히 보장된 장로제도가 세워지지 않고는 목회를 할 수 없다"라고 선언하였다고 말한다. 이는 베자가 말한 "사탄은 교회의 기초가 되는 교의를 뒤엎기보다는 그보다 쉬운 교회정치를 뒤엎기를 희망한다"라는 이야기의 논리적 귀결이었다.

이단은 적그리스도를 의미하며, 사탄의 졸개이며, 그리스도와의 교제가 단절된 자들이다. 이단을 "이단이 아니다"라고 말해서는 안 되지만, 이단 아닌 자를 "이단이다"라고 말해서도 안 된다. 특히 이단으로부터 피해를 막는 방법의 하나가 이단자들이 기존 교회에 유입하여 정치적인 불법행위를 막는 것이다. 이들은 교회를 파괴하는 데 앞장선다. 이들은 담임목사만 제거되면 자신들의 목적대로 성취할 수 있다고 본다. 그래서 그들은 분쟁을 만들어 내며, 철저하게 담임목사를 집중적으로 공격한다. 이들은 선동꾼이다. 이제는 이단 피해 대책으로 교회 안에서 이단 혐의를 받는 자들의 불법행위로 인한 교회 파괴행위를 막아야 한다. 이는 이단 피해 대책 차원에서 접근해야 한다.

전술한 대로 최초로 칼빈의 전기를 쓴 칼빈의 제자 베자의 말을 음미해 볼 필요가 있다.

"사탄은 교회의 기초가 되는 교의를 뒤엎기보다는 그보다 쉬운 교회 정치를 뒤엎기를 희망한다."

참고문헌

『대한예수교장로회 헌법(합동)』, 대한예수교장로회총회, 2020.
『대한예수교장로회 헌법(통합)』, 대한예수교장로회총회, 2023.
그리피스, 『은자의 나라 한국』, 신복룡 역, 집문당, 1999.
곽윤직, 『민법총칙』, 박영사, 2007.

김석환·소재열, 『이단을 예방하는 삼위일체 신앙』, 브엘북스, 2016.
박형룡, 『교의신학: 교회론』, 은성문화사, 1976.
서철원, 『교의신학:교회론』, 쿰란출판사, 2018.
소성규, "종교단체를 둘러싼 분쟁과 법적 규율 방향", 「한양법학」 12집, 한양법학회, 2002.
소재열, 『교회의 적법절차』, 브엘북스, 2021.
이영준, 『민법총칙』, 박영사, 1995.
이은영, 『민법총칙』, 박영사, 2009.
허영, 『한국헌법론』, 박영사, 2010.
대법원 1960. 2. 25. 선고 4291민상467 판결
대법원 1967. 12. 18. 선고 67다2202 판결 등 참조.
대법원 2006. 4. 20. 선고 2004다37775 전원합의체 판결
대법원 1997. 8. 29. 선고 97다19755 판결
대법원 2023. 11. 2. 선고 2023다259316 판결
대법원 2009. 11. 19.자 2008마699 전원합의체 결정.
대법원 2011. 10. 27. 선고 2009다32386 판결
대법원 2011. 9. 8. 선고 2011다38271 판결.
대법원 2017. 12. 22. 선고 2016두49891 판결
대법원 2020. 12. 24. 선고 2015다222920 판결.
대법원 2020. 4. 29. 선고 2019다226135 판결
대법원 2020. 9. 3. 선고 2016두32992 전원합의체 판결
대법원 2022. 8. 11. 선고 2022다227688 판결.
대법원 2024. 7. 18. 선고 2022두43528 전원합의체 판결
대법원 2024. 8. 29. 선고 대법원 2024도9562 판결
광주고등법원 2024. 12. 5. 선고 2024나23704 판결
광주고등법원(전주) 2021. 2. 4. 선고 2020나11297 판결
대구고등법원 2019. 10. 10. 선고 2018나24999 판결.
서울고등법원 2017. 7. 20. 선고 2016나2077354 판결
서울고등법원 2019나2053892, 2020.11.27. 판결
서울북부지방법원 2023.02.14. 선고 2021고단1736 판결)
서울중앙지방법원 2017. 8. 31. 선고 2017가합520517 판결,
서울중앙지방법원 2018. 11. 29. 선고 2018가합768 판결
의정부지방법원 2014가합55717 판결
의정부지방법원 2014가합55717 판결.

선교적 관점으로 본 이단 상담
(이단 대처법)

진용식 목사 • 이대위 서기, 한국기독이단상담소협회 대표
세계한인기독교 이단대책연합회 대표

1. 서론

'선교'는 역사, 사역, 그리고 신앙을 아울러 기독교의 본질적 개념 중 하나이다. 특별히 한국 교회는 세계 선교 운동사의 한 부분으로 세워져 외국인 선교사들의 헌신을 통한 교회 개척, 전도, 그리고 병원과 학교 등의 사회사업으로 많은 자양분을 얻어 세워졌기에 선교에 중요한 의미를 가지고 있다[1]. 한국 교회는 세계 선교 운동의 열매임과 동시에 선교하는 나라로 발돋움해, 1884 봄 미국으로부터 최초의 개신교 선교사를 받아들인 후 100년 이내에 주요 선교국가가 되었다. 이에 대해 무디 성경학교의 전 학장이었던 조지 스위팅(George Sweeting)은 1983년에 그가 쓴 기사 "고요한 아침의 나라"(The Land of Morning Clam)에서 "한국은 최초의 개신교 선교사를 받아들인 100년 이내에 주요 선교 국가가 되었으며, 현재 1,000명 이상의 한국인들이 해외에서 봉사하고 있고, 아시아와 전 세계까지도 복음화할 수 있는 역량을 가지고 있다"고 기록하고 있다.[2]

---

[1] 박기호, 『한국 교회 선교운동사』 (서울: 아시아 선교 연구소 출판부, 1999), 17.
[2] 재인용, 박기호 20.

실제로 1908년 이기풍을 제주도 선교사로 파송하면서 시작된 한국의 선교 운동은 매회를 거듭하며 수많은 선교사들을 세계 곳곳으로 파송했다. 그 결과 한국세계선교협의회에 따르면 2014년 12월 말을 기준으로 한국 선교사는 170개국에 걸쳐 26,677명으로 추산되고 있다. 이러한 선교 운동은 2만 명 이상의 선교사를 파견하는 데 그치지 않고 개 교회마다 선교 헌금, 단기 선교 등의 여러 프로그램으로 활발하게 펼쳐지고 있다.

이렇게 한국 기독교 역사와 함께 한국 교회에 선교 운동이 뜨겁게 그리고 활발하게 이루어지고 있는 것은 감사한 일이지만, 한국 교회가 너무 해외선교에만 집중하고 있어 실제로 성경이 말하는 포괄적이고 통합적인 선교의 관점으로 볼 때 간과하고 있는 부분들이 적지 않다.

선교(mission)라는 말의 어원은 라틴어 동사 '*mitto*'(보내다 또는 파견하다)에서 유래했다. 그런 맥락에서 보면 선교는 하나님으로부터 특별한 목적을 위하여 부름을 입은 사람들(ekklesia)이 그 목적의 성취를 위하여 보냄을 받는 것이다.[3] 이것은 땅끝까지 이르러 증인이 되라는 예수님의 말씀과 같이 보내심을 받은 자로서 복음을 들고 세상 끝까지 믿지 않는 자들에게 나아가라는 말이다. 하지만 이러한 보내심은 해외로만 제한되는 것은 아니다. 마태복음 28장의 모든 족속으로 제자를 삼으라는 말은 그곳이 어디이든지 복음이 없는 곳, 복음이 필요한 곳에서 복음을 선포하라고 하신 말이다. 선교는 복음을 선포해야만 하는 곳으로의 부르심인 것이다. 이러한 관점으로 볼 때 해외선교뿐 아니라 국내에 늘어나고 있는 불신자 혹은 복음을 알지 못하는 사람들은 한국 교회의 선교가 품어야 할 대상임이 분명하다.

해외선교 100여 년의 역사와 2만 명이 넘는 파송 선교사를 자랑하는 한국이지만, 실제로 한국 교회는 최근 몇십 년간 하락하고 있고 수많은 교회가 문을 닫고 있으며 기독교인의 수도 줄고 있다. 수많은 학자들과 전문가들이 한국 교회의 몰락을 지적하고 있으며, 경매로 넘어가는 예배당에 대한 뉴스는 일부러 찾지 않아도 쉽게 만날 수 있다. 물론 이러한 현상에는 많은 이유들이 있겠지만 한국 기독교를 무섭게 그러나 조용하게 위협하고 있는 가장

---

[3] 이광순, 이용원, 『선교학 개론』 (서울: 한국장로교출판사, 1993).

중요한 현상은 바로 이단들의 활동이다.

최근 한국 교회는 이러한 이단들의 발흥으로 심각한 위기를 맞고 있다. 자칭 재림주가 국내에만 해도 40여 명이 되고, 이단 단체 200여 개가 있으며, 이단에 미혹되어 활동하고 있는 신도들의 숫자가 200만여 명이나 되고 있다(예장총회, 2010, 총회 전도정책 p. 65). 이단 신도들을 정통 교회 성도들과 비교한다면 특공대라고 할 수 있다. 이단 신도들은 특히 전도 특공대이다. 매일처럼 전도에 대하여 훈련받고 연습하고 있다. 이단들의 전도는 정통 교회 전도와 다르다. 이단들의 전도는 불신자를 대상으로 하는 전도가 아니라 정통 교회 기성 신자들을 대상으로 전도를 하는 것이다. 그래서 이단들은 전도를 '빼낸다'라는 말로 표현한다. 이단들의 전도는 정통 교회에서 교인을 '빼내는' 것이다. 현재 200만여 명의 이단 신도들의 90%가 정통 교회에서 빼낸 사람들이다. 이러한 이단의 활동에 대하여 한국 교회의 이단 대처는 속수무책이다. 그간에 한국 교회의 이단 대처법은 '이단에 미혹된 사람들은 상대하지 말아라'고 하는 정도였다. 그러나 이단에 미혹된 사람들을 상대하지 않을 수 없는 사람들이 있다. 가족이 이단에 미혹되었을 때 어떻게 상대하지 않을 수 있겠는가? 현재 이단에 미혹된 신도들의 50% 이상이 정통 교회 성도들의 가족들이다. 현재 이단에 미혹되어 영적 소경이 되어 있는 200만여 명에 달하는 이단 신도들을 어떻게 할 것인가? 그들은 정통 교회 성도를 향하여 전도 전략을 세우며 성도들을 빼내기 위해 활동하고 있다. 지금은 이러한 이단에 대한 대책이 절실하게 필요한 때이다. 이러한 때에 한국 교회는 이단을 대처하는 것이 선교의 가장 중요한 부분이며, 이단에 미혹된 200만여 명의 영혼들도 우리의 선교의 대상임을 알아야 한다. 이 연구에서는 이러한 이단에 대한 효과적인 대처 방법을 조명해 보고 이단 집단에 넘어가고 있는 수많은 기독교인들을 회심시키는 이단 상담에 대하여 교회 안에서 선교적 의의와 중요성을 제시하려고 한다.

2. 이단 대처법

이단 대처는 교회를 공격하고 영혼들을 사냥해 가는 이단으로부터 교회를 보호하고 영혼을 지키는 중요한 사역이다. 이러한 이단 대처 사역은 선교사역의 중요한 부분 중 하나가 분명하다. 이단은 우리가 대처하기만 하면 반드시 이길 수가 있다. 그들은 거짓이며 우리는 진리이기 때문이다. 그러나 교회들이 이단을 대처하려고 하지 않고 이단 문제에 대하여 무관심하기 때문에 교회는 이단들의 공격에 쉽게 무너지고, 이단에게 영혼들을 사냥당하는 피해를 보고 있는 것이다. 교회를 공격하고 성도들을 미혹해 가는 이단을 어떻게 대처해야 하는가? 이단에 대처하는 방법은 두 가지로 말할 수가 있다. 소극적 대처와 적극적 대처이다. 교회에서는 이 두 가지의 대처 방법을 다 사용해야 한다. 소극적 대처란 우리 성도들을 더 이상 이단에 미혹되지 않도록 예방하는 방법이다. 적극적 대처는 이단에 빠진 신도들을 회심시켜 구출해 오는 방법이다. 즉 소극적 대처가 성도들을 지키는 일이라면, 적극적 대처는 이단을 공격하는 일이라고 할 수 있다.

2.1. 소극적 대처

소극적 대처란 교회의 성도들을 이단에 미혹되지 않도록 예방하고 지키는 일이다. 교회는 소극적 대처를 통하여 교회와 성도들을 지키고 보호해야 한다. 성도들을 이단의 미혹에서 예방하기 위해서는 성도들의 건강한 신앙이 필요하다. 성도들의 건강한 신앙이란 자신이 출석하는 교회에 대하여 확신을 가지며 교회를 사랑하고 교회에 헌신된 신앙을 말한다. 최근에 이단들은 교회 성도들 중에서 미혹의 대상을 찾을 때 철저하게 조사를 한 다음 자신들이 미혹할 대상인가를 확인한 후 미혹을 한다. 이단들이 찾고 있는 미혹의 대상은 어떤 사람인가? 이단의 미혹 대상 첫째는 목사님과 사이가 안 좋은 사람이다. 목사에게 시험 든 사람, 목회자를 불신하고 있는 사람이 미혹의 대상 1순위이다. 목회자에 대하여 불신하고 있는 사람들은 이단의 미혹에 쉽게 넘어간다. 자신의 목자를 불신하고 있기 때문에 이단들의 말을 쉽게 받아들이게 되는 것이다.

이단들의 미혹 대상 두 번째는 교회에 불평이 많은 사람이다. 교회 일에 매사에 불만이 있는 사람은 이단들의 좋은 미혹의 대상이다. 자신이 출석하는 교회에 만족하지 못하고 불만이 있는 사람들은 이단에 쉽게 미혹된다. 또 헌금 문제로 시험에 든 사람도 미혹의 대상이다. 헌금 문제로 시험에 들어 마음이 흔들리고 있는 사람이다. 이렇게 자신의 교회와 목회자에 대하여 확신이 없는 사람들은 이단의 미혹에 쉽게 빠져들게 된다. 그래서 이단들은 이런 사람들을 찾아서 미혹의 대상으로 삼는 것이다. 그러나 교회 중심의 신앙을 하는 사람, 목회자와 관계가 좋은 사람, 자신의 교회를 사랑하고 헌신되어 있는 사람은 이단의 미혹에 쉽게 넘어가지 않는다. 그래서 이단들도 이런 사람들을 미혹의 대상으로 삼지 않는다. 성도들을 이단에 미혹으로부터 지키기 위해서 성도를 교회 중심의 건강한 신앙인으로 교육시켜야 한다. 성도를 교회 중심 신앙인으로 세우는 것이 이단 예방의 중요한 방법이다. 소극적 대처법을 몇 가지 소개하면 다음과 같다.

2.1.1. 교회 밖 성경공부를 삼간다

성도들이 이단에 미혹되는 통로는 성경공부이다. 이단들은 자신들의 단체, 교주, 핵심 교리를 감추고 성도들에게 접근하여 성경공부를 권유한다. 대부분의 성도들은 경계심이 없이 성경공부를 하게 된다. 모든 이단들은 성도들을 미혹하기 위한 성경공부 과정이 있다. 누구나 이 내용을 순서대로 공부하게 되면 자연스럽게 이단 교리에 빠져 들도록 만들어져 있다. 이러한 이단들의 성경공부는 3-6개월간 진행되는데 성경공부를 통하여 교주를 재림주로 믿게 되어야 이단의 교회에 출석할 수가 있고 교인이 되는 자격을 얻게 된다. 결국 성경공부를 통하여 이단에 들어가게 되는 것이다. 이단들은 성경공부가 아니면 성도들을 이단에 데려갈 수가 없다. 그래서 이단의 전도는 성도들에게 성경공부를 하게 하는 방법으로 이루어지는 것이다. 성도들이 이러한 성경공부에 참석하지 않는다면 이단에 미혹되지 않는다. 교회에서 성도들을 이단의 미혹에서 보호하기 위해서 교회 밖 성경공부를 철저히 금해야 한다. 교회 밖의 어떤 성경공부라도 조심해야 한다. 혹 이단이 아닌 선교단체에서 하는 성경공부까지도 조심해야 한다. 이단들이 성경공부를 권유할 때 정통 선교단체의 명칭을 도용하여 성도들을 미혹하기 때문이다. 이단과 성경공부를 시작할 때 선교단체에서 하는 성경공부로 속아서 하는 경우가 많이 있다. 그래서 교회에서 공식적으로 공부하는 성경공부 외에는 어떤 성경공부에도 참여하지 않도록 하는 것이 이단 예방의 중요한 방법이다.

2.1.2. 이단 예방세미나를 자주 한다

이단 예방에서 가장 중요한 것은 이단에 대하여 미리 알려주고 경계심을 가지게 하는 것이다. 이단(異端)이라는 말은 끝이 다르다는 뜻이다. 즉 이단을 처음 만나서는 알 수가 없기 때문이다. 이단인 줄 모르고 교제를 하다가 이단에 빠지게 된다. 이단에 대해서 미리 알고 있는 사람은 절대로 이단에 미혹되지 않는다. 이단의 교리, 전도전략 등을 미리 알고 있어야 한다. 이단 예방을 위해서 성도들에게 최근에 활동하는 이단에 대하여 미리 알려주고 경계심을 가지게 해야 한다. 어떻게 성도들에게 이단에 대하여 알려 줄 수 있을까? 성도들에게 이단에 대하여 미리 알려주는 가장 좋은 방법은 교회에서 이단 전문가들을 통하여 이단 세미나를 하는 일이다. 이단 예방을 목적으로 하는 것이 이단 세미나이다. 최근에 우리 주변에 활동하는 최신 유행 이단에 대하여 알려주고 경계심을 가지도록 하는 것이 이단 세미나의 목적이다. 그래서 이단 집단에서도 교회에서 이단 세미나 하는 것을 아주 싫어한다. 신천지 집단의 경우 교회에 추수꾼을 파송할 때 미리 교회의 상황을 자세히 조사한다. 그 조사 항목의 첫 번째가 이단 세미나를 언제 했는가이다. 이단 세미나를 잘 하지 않는 곳을 좋은 밭이라고 하여 추수꾼을 파송한다. 그러나 이단 세미나를 자주 하는 교회는 이단 경계심이 높은 교회라고 하여 추수꾼을 파송하지 않는다. 신천지 집단에서 교회를 '추수밭'이라고 하는데 이단 세미나를 자주하여 경계심이 높아진 교회를 '지뢰밭'이라고 부른다. 교회에서 이단 세미나를 자주 하는 것이 얼마나 중요한 이단 예방인지 알게 해주는 말이다.

2.1.3. 이단 예방 서적을 활용한다

이단 집단에서 성도들을 미혹할 때 '접근 질문'이라는 것을 사용한다. 이단들은 미혹의 대상자를 접근할 때 질문으로 접촉을 시작한다. 즉 호기심을 유발할 수 있는 성경의 내용을 질문하여 성경공부로 연결시키는 방법을 말한다. 모든 이단들은 공통적으로 이러한 접근 질문을 사용하고 있다. 전문가들은 이단들의 질문만 들어보면 어떤 단체인지 파악할 수가 있다. "구원받았습니까?", "당신의 죄는 다 사함받았습니까?", "당신은 거듭나셨습니까?" 등의 질문은 구원파의 접근 질문이다. "12월 25일이 예수님 탄생일이 아닌데 왜 그날을 성탄절로 하는지 아십니까?", "안식일이 토요일인데 왜 일요일을 지키는지 아십니까?", "왜 예수님이 지키신 유월절을 지키지 않으십니까?" 등의 질문은 안상홍 집단의 접근 질문이다. "천국의 문이 몇 개인지 아십니까?", "재림 때 나팔 소리가 난다고 했는데 그 나팔이 몇 개인지 아십니까?", "해, 달, 별이 무엇인지 아십니까?" 등의 질문은 신천지 집단의 접근 질문이다. 신천지 집단은 이러한 접근 질문 68가지를 개발하여 사용하고 있다(예장 총회 교육진흥원, 201년, 신천지 집단의 긴급 경계령, p. 7). 그러나 정통 교회 성도들은 이러한 질문에 대한 정보를 전혀 알지 못하기 때문에 이러한 질문을 받을 때 호기심이 발생하여 성경공부를 하게 되는 것이다. 이러한 이단들의 활동에 대하여 대처하는 방법은 이단 비판 서적을 활용하는 것이다. 이단 비판 서적은 이단 예방을 목적으로 만들어진 것이다. 이단에 미혹되지 않은 사람이 미리 이러한 전문 서적을 읽어서 이단의 교리 내용을 알고 있다면 이러한 접근 질문을 받을 때 미혹되지 않는다. 이단에 미혹되지 않은 성도가 신천지 비판 서적을 미리 읽어서 신천지의 정체를 알고 있다면 그 사람은 절대로 신천지에 미혹되지 않는다. 교회에서는 모든 성도들에게 최근에 활동하는 이단들에 대하여 그 비판 서적을 읽게 해야 한다. 한 번만 읽어 봐도 예방될 수 있다. 이단 전문 서적은 이단에 미혹된 사람에게 줄 필요가 없다. 이단에 미혹된 뒤에는 이단 비판 서적은 효과가 없다. 이단에 미혹되지 않은 사람이 이단에 빠지기 전에 이 책을 읽을 때 이단에 대한 예방이 되는 것이다.

2.1.4. 구원의 확신을 가지도록 교육한다

한국 교회 성도들이 이단의 미혹에 취약하다는 것은 주지의 사실이다. 왜 한국 교회 성도들이 이단의 미혹에 취약한가? 한국 교회의 대부분 교육 내용과 설교는 성도의 삶에 집중되어 있다(예장총회, 2010년, 총회전도정책, p. 66). 따라서 한국 교회 성도들은 교리를 잘 모른다. 교리를 잘 모르는 교인들에게 이단들이 교리를 가지고 미혹할 때 쉽게 미혹되는 것이다. 성도들이 필수적으로 알아야 할 교리는 구원론과 기독론이다. 교회에서 오래된 기성 신자, 열심 있는 성도들이 대부분 이단에 잘 미혹된다. 그 이유는 교회 생활은 열심히 하지만 구원의 확신이 없기 때문이다. 이단 집단에서는 구원의 확신이 없는 성도들을 '밥'이라고 부른다. 구원의 확신이 없는 성도들이 이단의 미혹 대상이라는 말이다. 교회에서는 구원론을 잘 교육시켜서 구원의 확신을 가지도록 해야 한다. 칼빈은 "자기가 구원받은 것을 굳게 믿고 의지하면서 마귀와 사망을 자신 있게 굴복시키는 사람이 아니면 신자가 아니다"(존 칼빈, 생명의말씀사, 2000, 『기독교 강요』 중권, p. 40)라고 하였다. 성도에게 구원의 확신을 가질 수 있도록 하는 것이 가장 중요한 이단 예방이다.

2.2. 적극적 대처법

이단에 대한 적극적 대처란 이단에 미혹된 사람을 돌아오게 하는 일이다. 이단 예방이 소극적 대처라면 이단 신도를 개종시키는 것이 적극적인 대처 방법이다. 이러한 적극적 대처는 모든 교회가 해야 할 중요한 사역이며 선교의 최우선 과제이다.

그간 한국 교회는 이단에 미혹된 이단 신도가 다시 돌아온다는 것은 불가능한 일이라고 생각해 왔다. 그러나 성경에는 이단에서 돌아온 사람들이 교회의 일꾼이 되어 활동하는 내용이 많이 기록되어 있다. 예수님께서도 율법주의에 빠져 있던 유대인들을 대상으로 선교를 시작하셨다. 예수님께서 세우신 열두 사도는 모두 유대인들이었고, 교회를 핍박하던 사울도 이단에서 회심하여 바울이 되어 초기 복음사역의 주역이 된 사실을 우리는 알고 있다. 바울의 선교사역을 보면 어느 곳에 가든지 먼저 유대인의 회당을 찾아가서 복음을 전파하였다(행 17:1~2). 이단에 미혹된 영혼들을 회심시켜 주님께 돌아오게 하는 일은 교회가 꼭 해야 할 사명이다.

2.2.1. 이단 상담을 통하여 회심시킨다

이단에 미혹된 사람을 회심하게 하기 위해서는 성경공부가 필요하다. 그들이 이단에 미혹될 때 이미 성경공부를 통하여 미혹된 사람들이기 때문이다.

이 사람들은 이단에 미혹될 때 많은 시간 성경공부를 통하여 이단 교리를 배우고 이단 교리를 확신한 사람들이기 때문에 다시 돌아올 때도 성경공부를 통하여 자신들이 배운 이단 교리가 잘못된 것임을 알아야 돌아올 수 있는 것이다. 이렇게 이단에 빠진 신도가 돌아올 수 있도록 성경공부하는 것을 이단 상담이라고 한다. 이단 상담은 이단에서 가르치는 교리에 대한 반증을 통하여 이단 교리에서 이탈하게 하며 바른 복음을 듣고 다시 예수님을 구주로 영접하고 구원받게 하는 과정이다.

2.2.2. 이단 대처에 가장 효과적인 방법이다

이단 상담을 통하여 이단에 미혹된 영혼이 회복되는 일은 가장 효과적인 이단 대책이라고 할 수 있다. 이단 집단들은 정통 교회에서 아무리 그들의 교리와 폐해를 폭로한다 해도 크게 흔들리지 않는다. 그러나 그 집단에서 오래 있던 신도들이 개종해서 돌아오게 되면 큰 타격을 입게 된다. 회심한 사람들을 통하여 그들의 비밀이 폭로되고, 잘못된 교리와 전략들이 드러나게 되기 때문이다. 이단에 대처할 때에 가장 중요한 것은 이단들의 교리서와 그들의 전략, 이단들의 정보를 아는 것이다. 이단들은 자신들의 정보를 감추기 위해서 자신들의 교리서를 외부로 유출하지 않기 때문에 밖에 있는 사람들은 이단들의 교리와 내막을 잘 알 수가 없다. 그러나 이단 상담을 통하여 회심하는 사람들을 통하여 그들의 교리와 전략, 정보 등을 자세하게 알 수가 있고 이단의 교리서 등 자료를 확보할 수가 있다. 그러한 점에서 이단 상담은 가장 효과적인 이단 대책의 방법이라고 할 수 있다.

3. 이단 상담

이단 상담은 이단에 미혹된 신도들에게 이단 교리의 그릇된 점을 가르쳐주는 교리반증과 바른 복음을 가르쳐 회심하게 하는 상담이다. 이러한 이단 상담을 통하여 많은 이단 신도들이 개종하고 있다. 이단 상담이 무엇이며 이단 상담은 어떻게 해야 하는가?

3.1. 이단 상담의 성경적 근거

3.1.1. 이단 상담은 초대교회부터 있었던 사역이다

이단 상담을 통하여 이단 신도들을 돌아서게 하는 사역은 초대교회 때부터 있었던 사역이다.

"내 형제들아 너희 중에 미혹되어 진리를 떠난 자를 누가 돌아서게 하면 너희가 알 것은 죄인을 미혹된 길에서 돌아서게 하는 자가 그의 영혼을 사망에서 구원할 것이며 허다한 죄를 덮을 것임이라"(약 5:19~20). 본문에 '미혹되어 진리를 떠난 자'는 이단에 빠진 신도를 말한다. 이단에 빠진 사람을 돌아서게 하는 사역을 소개하고 있다. 이 사역이 바로 이단 상담인 것이다. 초대교회가 시작될 때 유대교의 많은 제사장의 무리가 복음을 받아들여 개종했던 일이 성경에 기록되어 있다(행 6:7). 사도들이 복음을 전파할 때 불신자들에게뿐만 아니라 이단에 미혹된 영혼들에게 복음을 전파하여 이단에서 돌아오게 하는 이단 상담의 사역을 한 것이다.

3.1.2. 바른 복음 전파

이단 상담은 바른 복음을 전파하는 일이다. 이단은 '가짜 기독교'이다. 즉 모조품이라는 것이다. 가짜 기독교를 밝히는 이단 상담은 진짜인 바른 복음을 가르쳐서 알게 해주는 일이다. 이단에 미혹된 신도가 바른 복음을 알게 될 때 잘못된 것을 깨닫고 돌아오게 되는 것이다. 이단에 미혹된 신도들은 이단의 교주를 구원자로 주님으로 배우고 교주를 섬기는 사람들이다. 이단 상담은 이러한 사람들에게 참복음이 되시는 예수 그리스도를 증거해 주는 일이다. 따라서 이단 상담은 복음을 전파하라는 선교의 명령을 수행하는 사역이라고 볼 수 있다.

3.1.3. 복음으로 중생케 함

이단에 미혹된 신도들에게 바른 복음을 증거하는 것이 이단 상담이라고 하였다. 복음은 구원의 능력이 있기 때문에(롬 1:16) 복음을 듣게 되면 구원의 확신을 얻게 되며 중생, 거듭남의 역사를 체험하게 된다. 중생이란 복음을 듣고 구원을 받고 새 생명을 체험하는 것이다(벧전 1:23~25). 구원의 복음은 영적 생명을 얻게 하는 능력이 있다. 복음으로 생명을 얻고 중생의 역사를 체험하는 것이다. 이단에 미혹된 신도라도 계속 구원의 복음을 들으면 회심하고 중생의 체험을 하게 되는 것이다.

3.2. 이단 상담의 방법

3.2.1. 이단 교리 반증을 통하여 이탈하게 한다

이단 신도들은 이단들이 만든 교리에 미혹된 사람들이다. 이단들은 정통 교회에서 가르치지 않았던 새로운 교리를 만들어 가르친다. 성도들은 이러한 교리를 듣고 미혹이 되는 것이다. 이단 상담이란 이러한 교리의 잘못된 부분을 깨우쳐 주는 것이다. 이단 신도들은 교리 반증을 통하여 자신들이 속은 것을 알게 되는 것이다. 대부분의 이단들이 가르치는 교리는 주제가 약 40개 정도 된다. 이러한 이단 교리에 대하여 하나하나 반증을 해야 하며, 강의를 쉬지 않고 계속하는 것이다. 이단 교리 40강의는 약 3-5일 정도 강의하면 다 마칠 수가 있다. 3-5일을 집중적으로 강의하면 대부분 이단 신도들은 자신이 속은 것을 깨닫고 돌아오게 된다. 이단 교리 반증을 듣고 자신이 이단에게 속았던 것을 깨닫고 돌아오는 것을 이탈이라고 한다.

3.2.2. 복음을 통하여 회심하게 한다

이단 교리가 잘못된 것을 깨닫고 이탈한 사람에게 복음을 가르쳐야 한다. 성경의 바른 복음이 무엇인지 알게 하기 위하여 구원론을 강의하여 구원의 확신을 가지게 하는 것을 후속 교육이라고 한다. 이단에서 이탈한 후 반드시 후속 교육을 통하여 복음을 듣게 해야 한다. 복음을 듣고 예수 그리스도의 구속을 체험하는 것이 회심의 과정이 된다. 이때 가르치는 구원론은 조직신학의 구원론이 아니라 이단에서 이탈한 사람들이 잘 알아들을 수 있도록 하는 내용의 구원론이다. 이 구원론은 상담소 협회에서 만든 것으로 한국기독교 이단 상담소 협회에서 공통으로 사용하는 강의안이다. 반증을 통하여 이탈한 사람이 구원론을 통하여 구원의 확신을 얻게 하는 것을 회심이라고 한다. 즉 반증을 통하여 이탈하고 복음을 통하여 회심하게 되는 것이다.

3.2.3. 교회 생활을 통해 치유받게 한다

이단에서 나온 성도는 교회에 적응하기 어렵다. 상담을 통하여 이탈하고 회심했어도 이단에서 교육받은 것이 몸에 배어 있기 때문에 상당 기간 치유를 받아야 한다. 그러나 일반 교회에서는 이단에서 회심한 사람들에 대하여 케어(care)해 줄 수 있는 프로그램이 없기 때문에 이단에서 돌아온 사람들은 교회에 적응하지 못하고 신앙을 버리거나 다시 이단으로 돌아가는 경우가 있는 것이다. 그래서 이단에서 회심한 후 이단 상담소를 운영하는 교회에서 1년 동안 치유를 받도록 한다. 1년 동안 교회에서 치유를 받은 후에는 자유롭게 어느 교회에서도 신앙생활을 잘할 수 있게 된다.

3.3. 이단 상담을 통한 교회 성장

3.3.1. 교회의 일꾼의 배출

교회가 성장하려면 일꾼이 있어야 한다. 그러나 교회에 교인 수가 증가해도 일꾼은 많지 않은 것이 한국 교회의 현실이다. 일꾼이 없는 교회는 성장하기가 어렵다. 일꾼이란 훈련되고 헌신된 성도를 말한다. 이단에서 돌아온 성도들은 이단 집단에 있을 때 강한 훈련을 받은 사람들이다. 이단에 빠진 신도는 정통 교회 성도에 비하여 4배에서 20배까지 더 헌신한다고 한다. 이렇게 철저하게 훈련받고 헌신한 사람들이기 때문에 복음을 통해 돌아오면 교회에서 훌륭한 일꾼이 될 수 있는 것이다. 이단 상담을 통하여 돌아온 성도들이 증가하면 일꾼들이 증가하게 되고, 교회는 든든히 성장하게 된다(예장 총회 2015, 총회전도정책, p. 81). 실제로 이단 상담을 하고 있는 교회들이 든든히 성장하고 있는 모습을 보이고 있다.

3.3.2. 구원받은 성도들 증가

이단 상담을 할 때는 가족들이 불신자라고 할지라도 이단에 미혹된 가족을 돌아서게 하기 위하여 전 상담 과정을 함께 참여해야 한다. 불신자 가족들이 이단에 미혹된 가족이 구원받는 모습을 보고 복음을 함께 들은 불신자 가족들은 복음을 믿게 되고 신앙을 시작하게 된다. 이단 상담을 통하여 회심한 성도들과 불신자로 결신한 가족들은 상담받고 구원받은 그 교회에 출석하게 된다. 교회는 상담받고 회심한 성도들과 그 가족들로 채워지고 아름답게 성장하게 되는 것이다.

3.3.3. 개척 교회의 성장 비결

최근 한국 교회는 교회 개척이 매우 어려운 상황이다. 교회 개척을 시작했다가 문을 닫는 교회가 늘고 있으며 무리하게 교회를 건축했다가 부도가 나서 교회 건물이 이단 집단에게 넘어가는 일도 적지 않다. 한 사람의 영혼을 전도하기가 매우 어렵기 때문이다. 교회마다 새로운 결신자들이 없어서 세례를 받는 성도가 극소수이다. 이러한 한국 교회 상황에서 교회 개척에 성공할 수 있는 최선의 비결로 이단 상담을 추천한다. 이단 상담은 이단에 빠져 있는 200만여 명이 그 대상이다. 한국 교회에서 이단에 미혹되어 가는 숫자가 매월 1만여 명에 이른다. 그러나 이단 상담을 하는 교회는 국내에 10여 곳이 있는데 한 상담소에서 매주 1명씩 회심한다고 해도 1년에 50여 명이 회심을 한다. 모든 상담소가 다 활동을 해서 500여 명이 회심한다고 해도 이단에 미혹되어 가는 신도 숫자의 1%에도 미치지 못하는 실정이다. 교회를 개척할 때 이단 상담을 시작하면 매일 이단 상담 강의를 진행할 수가 있다. 이단에 미혹된 많은 신도 가족들의 이단 상담 요청이 쇄도하고 있기 때문이다.

3.4. 이단 상담의 성공 비율

이단 상담소에서 이단에 미혹된 신도들을 상담하여 회심하게 할 때 100% 성공할 수 있는가? 이단 상담을 했을 때 성공 확률은 80-90%이다. 열 명을 상담했을 때 8-9명이 회심하게 된다. 그러면 실패한 10-20%는 어떤 사람일까? 현재 이단 상담소에서 상담에 응하고 있는 사람들 중 가장 많은 소속 이단 집단은 신천지 집단이다. 다음으로 안상홍 집단이고, 정명석 집단, 구원파 집단 순서이다. 그 외에도 여호와의 증인, 최근에 말썽이 되는 신옥주 집단, 안식교, 대순진리회, 귀신파, 신비주의 등에 빠진 사람들이 오기도 한다. 상담 중에 실패하는 첫째 경우는 반증 기간 중에 가족들이 내담자를 놓치는 경우이다. 상담소에서 충분히 주의를 주었지만 가족들이 순간 방심하는 틈을 이용해 내담자가 반증으로 깨지지 않은 상태에서 도망가는 경우이다. 이런 행동도 그들이 그 이단 집단에서 배운 매뉴얼대로 움직이는 처사이다. 그들은 반증 상담을 받는 내내 어떻게든 도망할 틈을 찾는다. 어떻게든 소란을 피워 경찰을 불러 이슈화시켜 도망하려고 한다. 이 모든 행동들은 세뇌되어 지시한 대로 행동하는 것이다. 일단 신변을 놓치고 나면 그것은 곧 가출이기에 더 이상 상담소나 가족이 당분간 어떻게 손쓰기가 어려운 형편으로 돌입하게 된다. 그렇기 때문에 이 상담 사역에서 가족의 역할은 거의 절대적이다.

    실패의 경우 둘째는 상담소 강사들이 내담자에게 속는 일이 가끔 발생한다. 내담자가 회심이 되었는지 안 되었는지 그 최종 판별을 나름 축적된 기준을 가지고, 여러 강사를 검증하게 된다. 신천지의 경우 워낙 능숙한 모략과 연기 작전을 하기 때문에 판단 실수가 일어나는 경우가 있다. 반증을 통해 돌아왔다고 생각하고 후속 교육을 진행하는데, 느슨한 틈을 타서 도망가서 놓치는 경우이다. 상담소와 가족들이 동시에 속은 경우이다. 이런 경험을 할 때마다 더 치밀하고 엄중한 기준으로 지켜보고 판단해야 할 것이라고 최선을 다하고 있다.

    상담 실패 셋째는 가족이 불신자인 경우 처음에는 가족을 이단에서 빼내 달라고 간곡히 부탁하지만 상담을 통해 돌아온 뒤 다시 이단으로 돌아가지 않을 거라는 확신이 들면 상담소에서 진행하는 후속 교육에 참석시키지 않고 집으로 데려가는 경우이다. 상담소에서는 후속 교육을 더 받아야 한다고 강조하지만 불신자인 가족들은 후속 교육을 이해하지 못하고 데려가버린다. 이런 경우 후속 교육을 받지 못한 내담자가 다시 이단으로 돌아가는 경우가 있는 것이다.

    상담 실패의 넷째는 내담자가 이단에 빠진 문제와 더불어 가족 간의 오랜 갈등의 문제가 복잡하게 얽혀 있는 경우가 있다. 이단 문제는 해결되었지만 가족 간에 상처가 깊어서 회복이 어려운 것이다. 이런 때는 종합적인 목회적 치유가 필요한 것이다(예장 총회, 총회전도 정책 자료집 2015, p. 83-84).

4. 이단 상담을 교회에 적용하려면

교회에서 선교와 전도를 위하여 도입하는 다른 사역보다 특별히 더 어려운 사역은 아니다. 교회에 꼭 필요한 사역이고 가치 있는 사역이며 충분히 할 수 있는 사역이라는 것이다. 이러한 이단 상담을 교회에 적용하려면 어떻게 시작해야 할까?

4.1. 이단 상담 훈련을 받아야 한다

이단 상담은 상담하는 이단 단체마다 강의해야 할 내용들이 있다. 한 단체에 대하여 반증하는 강의는 약 40강의가 있다. 그리고 구원론과 계시록 강의가 있다. 이러한 강의들을 할 수 있도록 훈련을 받아야 한다. 이단 상담 강의는 평신도 훈련을 받으면 얼마든지 할 수가 있다. 여호와의 증인들은 평신도들이 훈련을 받고 평신도들이 정통 교회 성도들을 찾아다니며 성경토론, 성경공부를 시켜 교인들을 빼내고 있다. 여호와의 증인들이 성경을 잘 아는 것 같이 보이는 것은 여호와의 증인들이 더 똑똑한 것이 아니라 훈련을 받았기 때문이다. 정통 교회 평신도들도 잘 훈련시키면 이단 상담을 탁월하게 할 수 있다. 이단 상담을 가장 먼저 시작하고 성공적으로 상담을 운영하고 있는 한국 기독교 이단 상담소협회 상록교회 상담소에는 평신도들이 주로 강사를 맡고 있다. 목회자가 먼저 훈련을 받고 교회에 평신도 강사를 훈련시켜 세우면 상담소를 운영할 수가 있다.

4.2. 이단 상담 훈련 과정

본 교단 대전신학교와 경기 화성 교육원, 광주 교육원에서 이단 상담 과정을 운영하고 있다. 이단 상담소에 이단 상담을 할 수 있는 강사를 육성하는 과정이다. 주 1회(월) 수강하고 2년 4학기로 운영한다. 매 학기마다 두 단체에 대한 상담법을 훈련받는 과정이다. 이 과정을 수료하면 한국 기독교 이단 상담소에서 수여하는 '이단 상담사(교리상담사)' 2급 자격증을 받을 수가 있다(민간 자격증 등록번호 제2015-003619호). 이 과정은 2010년에 개설되어 매 학기 계속 졸업생을 내고 있으며 졸업생 중에 상담소 강사들이 배출되어 상담소에서 사역을 하고 있다. 교회에서 이단 상담을 접목하기 원하는 목회자, 강사를 지원하는 평신도들이 이 과정에서 공부하고 있다.

이단 상담사 전문교육원 과정에서 훈련을 받고 졸업한 후 교회에서 이단 상담소를 운영할 경우 '한국 기독교 이단 상담소 협회'에 가입하여 협회 산하 다른 상담소들과 연대하여 동역할 수가 있다.

5. 결론

5.1. 이단에 빠진 신도들이 선교 대상이다

국내만 해도 이단에 미혹된 신도들이 200만여 명이나 된다. 이 사람들에게 복음을 전하려고 하는 생각을 하는 사람은 많지 않다. 이단 상담은 이 사람들을 선교의 대상으로 하여 복음을 전파하려는 사명을 수행하는 사역이다. 주님께서도 "예수께서 이 열둘을 내어 보내시며 명하여 가라사대 이방인의 길로도 가지 말고 사마리아인의 고을에도 들어가지 말고 차라리 이스라엘 집의 잃어버린 양에게로 가라"(마 10:5~6)고 하셨다. '이스라엘의 잃어버린 양'은 정통 교회 성도였으나 이단에 미혹되어 잃어버린 양이 된 사람들이다. 예수님께서 제자들을 선교 현장으로 보내실 때 '이스라엘의 잃어버린 양'에게 먼저 보내셨다. 오늘도 우리의 첫 번째 선교 대상은 이스라엘의 '잃어버린 양'인 이단에 미혹된 영혼들이다. 이 영혼들을 건져내는 이단 상담사역이 중요한 선교의 사역이며 이단에 빠진 영혼들이 선교사역에 가장 중요한 선교 대상이다.

5.2. 이단 상담은 주님의 선교 명령이다

주님께서는 모든 족속으로 제자를 삼으라는 지상 명령을 주셨다(마 28:19). 복음이 필요한 모든 족속에게 복음을 전파해야 하는 것이 주님의 지상 명령인 것이다. 복음은 누구에게나 다 필요한 것이지만 특히 이단에 미혹된 신도들에게 절실하게 복음이 필요하다. 복음을 몰라서 죽어가는 이단 신도에게 복음을 전파하는 일은 주님의 선교명령이며 교회의 최대의 사명이다. 이 사명을 수행하기 위해서 우리는 이단 상담을 연구하고 훈련받아 교회에 적용해야 한다. 이단 상담을 통하여 교회의 선교적 사명을 다하고 한국 교회의 이단 대책 사역에 귀하게 쓰임받아야 한다.

II부

이단·사이비 연구 자료

1. 가계저주론

한국 교회에 한때 '가계저주론'과 관련한 책들이 목회자는 물론 평신도에 이르기까지 상당한 선풍을 일으켰다. 특히 『가계에 흐르는 저주를 끊어야 산다』(메릴린 히키), 『가계에 흐르는 저주 이렇게 끊어라』(이윤호)라는 책자가 가계저주론 사상을 국내에 보급하는 선구적 역할을 했다. 가계저주론의 핵심적 요점은 두 가지다. 먼저는 유전인자를 통해 가계에 저주가 이어진다는 사상이다. 즉 조상이 지은 죄가 후손에게 유전되고, 죄에 대한 하나님의 저주도 함께 유전된다는 것이다. 또 하나는 이러한 저주를 축귀사역을 통해 끊어야 한다는 것이다. 조상으로부터 유전되는 이 저주는 죄의 뿌리를 끊지 않는 한 가계를 타고 계속 내려간다는 것이다.

과연 이러한 주장이 옳은가? 교계에 한때 가계서주론이 큰 논란거리로 부상한 바 있고, 옥한흠 목사 또한 설교를 통해 가계저주론을 통렬하게 비판한 바 있다.[1]

그리스도 안에 있으면 우리는 결코 정죄함이 없다. 혹여 저주받은 가계의 후손이 존재한다손 치더라도 그리스도 안에 들어온 그 순간부터 '새로운 피조물'이 된다(고후 5:17). 고난이 닥쳐올지라도 하나님을 의지하고 오직 위를 바라보는 삶을 살아간다면 모든 것이 합하여 선을 이루는 주님의 계획과 성취를 체험하게 될 것이다. 그런 의미에서 가계 저주에서 그리스도인들은 자유함을 얻어야 한다.

본 교단에 소속한 목회자들은 이러한 유사 기독교사상에 현혹되는 교인이 생기지 않도록 그와 관련한 서적에 대해 금지하며 복음으로 바르게 지도해야 한다. 예장합신 측은 이윤호 목사의 가계저주론을 2001년도(86회)에 '위

---

[1] 옥한흠 목사 설교, 「저주로부터의 자유」, 갈라디아서 3:13~14, 5:1

험한 사상'으로, 예장통합 측은 2006년도(91회)에 '사이비성 농후'라고 각각 규정했다.

I. 기타 자료

다음은 예장통합 측이 가계저주론에 대해 2006년 제91회 총회에서 연구 발표한 내용을 요약한 것이다.

1. 가계저주론의 배경

가계저주론은 1972년 케니스 맥콜이란 미국의 정신과의사가 처음 주장했으며, 1986년 제이 헴프쉬에 의해 신학적 이론으로 만들어졌다. 그리고 메릴린 히키『가계에 흐르는 저주를 끊어라』(베다니출판사, 1997)와 이윤호의 저서『가계에 흐르는 저주 이렇게 끊어라』(베다니출판사, 1999)가 출판되어 국내에 널리 알려졌고 1997년 이후 「빛과 소금」, 「목회와 신학」, 「교회와 신앙」을 통해 가계저주론에 대해 수많은 비판이 제기되었다.

2. 신관의 문제

가계저주론은 하나님의 심판을 저주로 오해하고, 저주를 저주로 끊는 흑주술(黑呪術)을 주장한다. 이윤호 목사는 "하나님은 유전적인 복과 저주의 법칙을 선포"(92쪽)하였으나 가계의 축복보다 가계의 저주가 더 강하다고 주장한다. 성경에서 말하는 하나님의 저주는 하나님의 의로운 심판으로써 아버지가 자녀의 잘못을 채찍질하는 사랑의 징계요, 이를 통해 회개를 촉구하는 또 다른 구원과 은혜의 방편임에도 불구하고 성경을 인용하되 삼사 대의 저주만을 굵은 활자로 강조하고 수천 대의 은혜는 약화시키며(출 20:4-6 등) 사랑과 은혜의 하나님을 저주의 하나님으로 왜곡시킨다.

가계저주론은 스스로에 대한 무의식적인 저주나 "부모가 자녀들에게 무심코 한 말은 자녀를 통해 저주의 효력을 나타낼 수 있다"(104쪽)고 한다. 그리고 메릴린 히키는 마귀와 마귀의 역사를 저주하고, 포르노를 저주하고, 근친상간을 저주하라고 가르친다(159쪽). 가계에 흐르는 저주는 저주로 끊으라고 한 것이다. 그러나 성경은 하나님만이 인간의 범죄에 대한 심판의 방법으로 저주하실 수 있는 분으로 가르친다. 그리고 성경은 "하나님이 저주치 않으신 자를 내 어찌 저주하리요"(민 23:8)라는 말씀처럼 하나님이 허락하지 않는 한 다른 사람에게 행한 저주는 실제적인 효력이 없다고 가르친다. 사람이 자기 자신이나 다른 사람에게 의식적으로나 무의식적으로 행한 저주가 하나님의 뜻과 상관없이 가계의 저주로 실행된다거나, 저주를 저주로 끊을 수 있다는 주장은 인간도 하나님처럼 의로운 심판의 저주를 행할 수 있는 존재라고 믿는 전형적인 흑 샤만(black Shaman)의 흑주술(black magic)로서 비성경적이고 비기독교적인 것이다.

3. 기독론 및 구원론의 문제

가계저주론은 그리스도의 구원을 불완전한 영적 구원으로 제한하고 왜곡한다. 이윤호 목사는 "예수를 믿어서 구원받았다고 해서 모든 저주에서 해방된 것은 아니며"(151쪽), 신자가 율법의 저주에서 해방되었다는 것은 영이 율법의 저주에서 해방되었다는 것이요 "조상의 죄 및 저주에서 우리의 혼과 몸은 완전히 해방된 것이 아니다"(132쪽)라고 한다.

이러한 가계저주론은 예수 그리스도의 십자가의 구원을 영적인 것으로 제한하지만, 예수는 분명히 "모든 육체가 하나님의 구원하심을 보리라"(눅 3:6) 하셨다. 그리고 "그리스도께서 우리를 위하여 저주를 받은바 되사 율법의 저주에서 우리를 속량하셨다"(갈 3:13). 우리를 심판하실 그리스도께서 저주의 십자가에 달리심으로 인류의 모든 저주와 심판을 친히 담당하심으로 우리의 영·혼·육의 온전한 구원을 약속하셨다. 그럼에도 불구하고 가계저주론은 그리스도의 구원사역을 불완전한 것으로 가르치고 있다. 그리고 "우리의 혼과 육신은 세상과 사탄의 공격 및 조상의 죄로 인하여 대물림된 저주로부터 구원을 받아야 할 필요"(131쪽)가 있고 그 방식은 가계에 흐르는 저주를 저주로 끊는 축사의 방식이라고 주장한다. 그리고 육신과 혼의 구원은 영의 구원과 다른 방식으로 얻어야 한다고 가르치는 이중구원론은 구원론의 왜곡이다. 성경은 "그러므로 이제 그리스도 예수 안에 있는 자에게는 결코 정죄함이 없나니 이는 그리스도 예수 안에 있는 생명의 성령의 법이 죄와 사망의 법에서 너를 해방하였음"(롬 8:1-2)이라고 가르친다.

우리가 이미 영육 간에 전적으로 구원을 받았으나 이 세상에 사는 동안 곤고함과 환란과 핍박이 있을 수 있다. 그럼에도 불구하고 "끝까지 견디는 자는 구원을 얻으리라"(마 24:13)고 하였다. 그래서 날마다 "항상 복종하여 두렵고 떨림으로 너희 구원을 이루라"(빌 2:12)고 했으며, 저 천국의 완전한 구원을 소망함으로써 "우리가 소망으로 구원을 얻는다"(롬 8:24, 요 5:24)고 하였다. 그래서 어거스틴은 "내가 주님의 품에 안기기 전에는 참된 안식이 없나이다"라고 고백하였다. 따라서 가계저주론은 사죄의 확신과 구원의 기쁨과 천국의 소망을 약화시키고, 그리스도 안에서 옛 사람은 죽고 날마다 새사람으로 사는 복음적인 신앙의 도리를 가계의 저주를 끊는 일시적이고 편협하고 도구적인 미신으로 전락시킨다.

4. 귀신 신앙의 문제

가계저주론은 영적 미혹과 귀신 신앙을 부추긴다. 이윤호 목사는 "가계 영들은 세대를 걸쳐 한 가계에 비슷한 감정적 문제, 뇌, 질병 혹은 중독증 등의 문제를 야기"(118쪽)시키는 '영적 쓰레기'라고 한다. 가계의 영은 가문의 영, 성씨의 영 또는 가문 귀신 또는 성씨 귀신(185쪽)으로도 불리며, 가계에 흐르는 '영적 쓰레기'가 이러한 영들을 불러들이는 먹이이므로 이를 제거하면 쥐에 해당하는 악한 영은 무력해진다고 가르친다. 그러나 '가문 귀신이나 성씨 귀신'은 성경에 없는 표현이며, 이러한 귀신을 저주하고 쫓아내어야 모든 문제를 해결할 수 있다는 것은 무당적인 조상귀신 신앙을 부추겨 복음적인 신앙을 왜곡시키는 것이다.

그리고 '가문의 영이나 성씨의 영' 외에도 공유의 영, 복수의 영, 마약의 영, 죽음의 영, 슬픔의 영이 있다고 주장한다. 이러한 잡다한 영들의 존재 역시 성경에 없는 비기독교적인 주장이며 이로 인해 영적인 불안감과 영적 미혹에 빠지게 한다. 심지어 개인상담과 기도를 통해 5대 조상의 유배로 인한 복수의 영이 가계에 흐르는 것을 알게 되었다(28쪽)고 하는데, 본인도 모르는 다른 사람의 5대조 조상의 문제를 알아내는 것은 점쟁이나 복술가의 행동이며, 성경은 하나님께서 이러한 자들을 가증하게 여긴다고(신 18:9-14) 가르친다.

5. 축사기도문의 문제

가계저주론의 축사방법이나 축사기도문은 주술적 유사 주문(呪文)으로 보인다. 이윤호 목사는 가계에 흐르는 저주를 끊는 방법으로 조상들의 모든 죄를 공개적으로 대신 회개하거나, 동서남북을 향해 '저주받은 귀신아 물러가라'고 축사하도록 가르친다. 그러나 가계에 흐르는 그 많은 저주 목록들이 단지 '저주받은 귀신아 물러가라'고 인간이 외친다고 그 모든 저주가 실제로 끊어져서 모든 문제가 일시에 해결되는 것이 아님에도 불구하고, 하나님의 전능하신 능력을 의지하기보다는 '귀신아 물러가라'는 무력한 인간적인 외침에 의존하게 만든다.

가계 저주를 끊는 처방으로 제시된 여러 기도문에는 성씨 귀신 등을 '대적하노라, 선포하노라, 추방하노라, 금하노라, 명령하노라'(185쪽) 등의 명령형의 유사 주문(呪文)이 뒤섞여 있다. 메릴린 히키의 기도문에도 이와 유사하게 하나님 아버지와 동시에 '사탄과 귀신의 세력들' 그리고 여러 종류의 악령들이 기도의 대상으로 묘사된다(282~283쪽).

무엇보다도 이들이 제시한 기도문에는 기도의 대상으로 삼위일체 하나님과 성씨 귀신을 비롯한 온갖 악한 영과 귀신들이 번갈아 등장하고, 하나님에 대한 간구와 귀신에 대한 저주가 동일한 기도문에 포함되어 있다.

따라서 하나님 신앙과 귀신신앙을 혼돈하도록 만들고 하나님의 절대성에 대한 확신보다는 비정상적인 영적 두려움과 미신적 귀신신앙으로 미혹할 우려가 있다. 그리고 저주의 성격에 따라 서로 다른 무수한 기도문을 제시하여 마치 이러한 기도문 처방이 주님이 가르치신 "우리를 시험에 들지 말게 하옵시며 다만 악에서 구하옵소서"라는 주기도문보다 더 효력이 있는 일종의 유사 주문(呪文)과 같이 사용될 여지가 있어 보인다.

6. 운명론의 문제

가계저주론은 인간의 모든 질병과 고통 등을 조상의 탓으로 돌리고, 성경이 가르치는 유익한 고통도 부정하는 운명론이다. 이윤호 목사가 제시하는 가계저주의 목록에는 육체적·정신적 질병, 가난, 실패, 불임, 유산, 가정불화, 동성애를 비롯한 성적 문제, 각종 사고, 주술적인 행위, 모든 종류의 중독,

거식과 폭식, 과소비와 낭비벽, 성격장애 등이 포함된다. 메릴린 히키는 안경을 쓴 것(110쪽)과 딸만 낳는 것도 조상의 저주 때문이라고 한다.

물론 인간의 여러 고통에 유전적·기질적 요인과 가정 환경적 요인이 없는 것은 아니지만, 그것을 모두 조상들의 죄의 결과인 저주라고 단순화할 수 없다. 자연 생태적 환경적 요인과 사회 정치 환경적 요인도 허다하다. 무엇보다도 개개인의 잘못이나 범죄(犯罪)로 인한 것이 더 많다고 하여야 할 것이다.

가계저주론은 자신의 잘못을 조상의 탓으로 돌려 운명론을 부추기며, 자신의 죄책을 회피하여 예수께서 요구하신 '회개'를 거부하고 오히려 죄악 된 생활에 안주하게 한다. 성경이 "누구든지 그리스도 안에 있으면 새로운 피조물이라 이전 것은 지나갔으니 보라 새것이 되었도다"(고후 5:17)라고 하였음에도 불구하고 가계저주론은 오히려 그리스도 안에 있는 신앙인도 과거의 죄, 그것도 조상의 죄에 굴레에서 벗어날 수 없는 운명에 갇혀 있다고 주장한다.

또한 가계저주론은 모든 고통을 가계의 저주로 돌리고 성경이 가르치는 유익한 고통, 자기 십자가를 지는 고통조차 부정한다. 예수는 나면서부터 소경된 자에 대해 조상의 죄나 자신의 죄 때문이냐는 바리새파의 저주론을 거부하고, 그 소경된 고통 가운데서도 하나님의 영광이 드러날 수 있다고 가르쳤다(요 9:2-3).

가계저주론에 의하면 무수한 장애를 가지고 태어난 헬렌 켈러는 저주 중의 저주를 받은 자이겠지만, 헬렌 켈러는 자신의 장애를 통해 그 누구보다도 크게 하나님의 영광을 드러내었다. 이처럼 성경은 가계저주론과 다르게 고난은 모두 저주가 아니며, 믿음 안에서는 현재의 고난이 장차의 영광과 족히 비교할 수 없다(롬 8:18)고 가르친다.

7. 연구 결론

이윤호 목사와 메릴린 히키의 가계저주론의 신관, 기독론 및 구원론, 귀신신앙, 축사기도문, 운명론의 문제점 등을 살펴볼 때 성경의 가르침과 교회의 신앙과 신학에 위배됨이 현저하고 사이비성이 농후하므로 이들의 책을 읽거나 가르치는 것의 위험성을 경고하고 금해야 한다. 특히 하나님의 저주가 자동적으로 후손에게 전달된다는 주장은 그리스도의 십자가의 은혜, 즉 구속 사역에 반하는 주장이다. 갈라디아서 3:13은 모든 저주가 십자가에서 끝났음을 선언한다. 가계저주론의 주요한 문제점은 조상의 죄에 대한 하나님의 저주가 후손에게 유전된다는 죄의 유전 개념이다. 또한 저주론은 질병, 재앙, 가난 그리고 사고 등 인간의 고통을 가져온다고 주장한다. 그리고 예수를 믿는 신앙도 저주를 근절시킬 수 없다는 것이다. 가계저주론자들은 그들이 만든 기도문, 내적 치유 그리고 수양회 등을 통해 치유가 가능하다고 주장한다. 그래서 가계저주론은 소위 내적 치유나 영성운동이라는 이름으로 전파되었다. 다락방운동, 아버지학교의 내적 치유, 그리고 G12의 영성 훈련 등도 유사한 형태이다.

 **2. 강덕섭**

I. 총회 자료

다음은 총회 이단(사이비)피해대책조사연구위원회가 제106회 총회에 보고한 내용이다.

    평양제일노회 헌의안으로 강덕섭 목사의 이단성 조사 헌의의 건으로 제105회기 총회 이단(사이비)피해대책조사연구위원회(이후부터 이대위로 표현함)는 강덕섭 목사에 대한 헌의안을 본 위원회 연구분과에 배당하여 연구보고케 하였다. 연구분과는 강덕섭 목사의 건을 서철원 박사(전 총신대학원 조직신학 교수)에게 연구해 줄 것을 의뢰하여 그 결과를 받았다. 그 연구 결과는 아래와 같다. 본 연구 분과는 이대위원장으로부터 수임받은 강덕섭 목사에 대한 이단여부 연구결과를 정리하여 상정한다.

1. 서철원 교수의 강덕섭 씨에 대한 연구

강덕섭 씨는 성경을 임의로 잘라내 하루에 읽을 수 있게 만들어 성경과 그리스도교를 파괴하려고 한다.
1) 이단들도 성경본문을 잘라내지 않는다. 이단들도 자기들에게 맞지 않는 성경본문을 성경에서 잘라내는 것이 아니라 본문은 그대로 두고 자기들이 원하는 부분만 합리적 해석을 해서 체계를 세웠다.
2) 자유주의자들도 성경의 초자연적·초월적 사항들은 다 부정해도 성경본문을 잘라내지 않고 합리적인 해석을 해서 자기들의 체계를 세운다.
3) 강덕섭 씨는 성경본문을 임의로 잘라내서 파노라마 성경을 만들었다.[1] 이

---

1 2018년 4월 2일 원주 예은교회에서 목회하며 2011년과 2012년 강덕섭 씨의 120시간 강의를 2회 수

렇게 성경본문을 절단하는 사건은 2천 년 그리스도교 역사에 처음 있는 재앙적 사건이다. 이런 절단된 성경이 출판되는 것을 기필코 막아야 한다.[2]

4) 성경은 정확무오한 하나님의 말씀이므로 성경본문을 임의로 잘라내는 것은 저주받을 일이다.[3] 어떤 큰 이단이라도 어떤 극단적인 자유주의자라도 성경본문을 절단하는 일은 시도하지 않았다. 그뿐만 아니라 어떤 절대권력자라도 이런 일은 생각하지도 못했다. 성경은 정확 무오한 하나님의 말씀이므로 신성불가침이다. 성경을 임의로 잘라내는 일은 저주받을 일이다.

5) 강덕섭 씨는 자기가 만든 파노라마 성경은 다양한 계시를 드러내준다고 주장한다.[4] 성경은 오직 한 주제를 말씀하신다. 하나님이 천지를 창조하신 후 사람을 창조하시고 언약체결로 사람을 하나님의 백성으로 삼아 창조주만을 하나님으로 섬기게 하셨다. 그런데 인류의 조상이 유혹을 받아 선악을 스스로 결정하는 자주자가 되기로 하여 하나님 섬김을 거부한 반역을 감행하였다. 이로써 언약체결 시 선언하신 죽음과 저주가 인류에게 왔다.

강한 채교석 목사(☎ 010-5600-0691)의 사실 확인서 (자료 7) 4. 특히 파노라마 성경의 강덕섭목사가 만들었다는 전자 음원 성경[MP3]은 성경을 50% 이상을 삭제[조사, 동사, 형용사를 많이 삭제함]한 내용으로 강덕섭 목사에게 강의를 직접 듣지 않고 음원 성경을 들으면 오히려 기독교 신앙에 엄청난 혼란이 와서 신앙에 심각한 문제를 초래할 수 있는 자료입니다. 이 내용에 대하여 강덕섭 씨가 채교석 목사에게 보낸 문자입니다(자료 10). 법원에 제출하는 사실 확인서는 사실에 근거하지 않을 때는 법적 책임을 져야 합니다. 전자 성경 MP3가 어디 50% 이상 조사 동사 형용사를 많이 삭제했습니까, 음원을 들어보면 내용 줄거리에 맥을 잡은 요약이라는 것을 알 것입니다. 위 사실에 대해서 답변 바랍니다. 채교석 목사의 사실확인서 5. 강덕섭목사가 만든 모든 자료는 자기가 독창적인 자료라기보다 여러 사람의 성경 주석과 도표 자료를 종합하여 자신이 공부한 감리교 교단의 신학과 교리에 입각하여 연구하여 만든 자료로서 독창적인 것이라기보다 여러 자료를 보고 연구한 자료라고 볼 수 있는 것입니다. 이에 대한 강덕섭 씨가 보낸 문자입니다. 또한 여러 주석을 참고한 종합이라 했는데 어디에 근거한 것인지를 확인 바랍니다. 만약 증거를 제출하지 못한다면 이는 허위가 될 것입니다. 본인이 성경을 연구한 것이라는 강한 인상을 주려는 심정은 이해하지만 개혁주의 신앙에 입각한 선진들의 수고를 부인하는 처사입니다. 파노라마 성경은 장 제목이 여타의 제목과 다른데 이 근거는 어디에서 온 것입니까?

2 「국민일보」 광고(자료 6), 왜 목회자들이 파노라마 성경을 필수코스라 하는가? 본 파노라마 성경은 강덕섭 목사가 편저한 것으로 검증이 까다로운 대한성서공회의 허락을 받아 출판된 역작이라는 게 관련 교계의 평가다(『국민일보』). 그 어떤 성경에 편자라는 말을 쓸 수가 있습니까?

3 자료 1, 성경을 어떻게 읽어야 하나님의 뜻대로 읽는가? 성경 66권 1,189장 31,102절을 가감하지 말고 믿고 그대로 읽으시길 바랍니다. 신 4:2, 신 12:32, 마 5:18, 마 24:35, 눅 16:17 눅 21:33 계 22:19 만일 누구든지 이 두루마리의 예언의 말씀에서 제하여 버리면 하나님이 이 두루마리에 기록된 생명나무와 및 거룩한 성에 참여함을 제하여 버리시리라.

4 자료 6, 「국민일보」 광고, 파노라마 전자성경은 본 연구원이 자체 개발한 것으로 성경 전체를 10~12시간 만에 맥을 잡아주므로 누구나 1일 1독을 할 수 있어 하나님의 계시의 다양한 맥이 열립니다(한국 최정상급 성우 녹음).

하나님은 범죄한 인류를 다시 돌이켜 자기 백성 삼으시기로 작정하시고 모든 구원조치를 다 하셔서 인류를 돌이키셔서 창조주만을 하나님으로 섬기게 하셨다. 곧 성경의 중심 주제는 하나이다. 창조와 타락과 구원이다. 이 주제 외에 다양한 계시 혹은 주장이 있다는 것은 성경과 그리스도교를 파괴하는 것이다. 이런 자는 교회에서 내어 쫓아야 한다. 이런 자는 목사직을 박탈하고 제명 출교해야 한다.

6) 성경 파괴는 그리스도교 파괴이므로 성경을 절단하는 강덕섭 씨를 정죄함이 마땅하다.

2. 이대위의 결정

1) 강덕섭 목사의 주장들을 보면, 삼위일체를 부인하거나 구원론에 문제가 있는 것은 아님이 분명해 보인다.
2) 그러나 강덕섭 목사가 만들었다는 전자 음원 성경[MP3]은 성경을 50% 이상 삭제한 것으로 정통교회가 가르치는 정경론에 큰 문제를 야기할 수 있음을 간과할 수 없다. 고대 교리사에서는 신론(神論)과 삼위일체가 관심의 대상이었다. 하지만 우리 교단의 신학의 근간이 되는 웨스트민스터 신앙고백서를 보면 먼저 성경론을 시작했다. 장로교 12신조 제1항을 보더라도 "신·구약 성경은 하나님의 말씀이니 신앙과 본분(本分)에 대하여 정확무오한 유일의 법칙이다"라고 했다. 우리 교단의 헌법에 12신조와 웨스트민스터 성경 소요리문답과 성경 대요리문답을 원문 그대로 기재했다. 이는 정치보다도 신학이 먼저이고, 연합보다도 개혁주의 신학이 먼저이기 때문이다. 따라서 우리 교단은 성경 66권을 정경으로 정한 우리 교단의 신학을 조금도 훼손하는 일을 허용해서는 안 된다. 호리지차(毫釐之次)가 천리지차(千里之次)가 된다는 말처럼, 지금은 강덕섭 목사의 50% 이상을 삭제한 음원성경이 문제가 없는 것처럼 가볍게 생각할 수도 있다. 그러나 50% 가감한 성경을 듣는 것을 허용한다면, 후에 기독교는 66권의 정경론 자체가 크게 흔들릴 수 있는 위험이 있음을 미리 예방을 해야 한다.
3) 결론 : 소속 교단으로 넘겨 조사를 의뢰키로 하다.

 3. 관상기도

I. 총회 자료

다음은 총회신학부가 제96회 총회에 보고한 내용을 요약한 것이다.

관상기도(觀相祈禱)는 향심(向心)기도 혹은 센터링 기도(centering prayer)로도 불리고 있는데 이 기도 운동은 천주교뿐만 아니라 개신교 안에서도 자유주의와 복음주의 교회를 막론하여 활발하게 받아들이고 있는 추세이다. 이러한 상황 가운데 총회는 이 기도 운동에 대한 입장을 다음과 같이 정리한다.

첫째, '관상기도'에 대한 용어 출처의 문제이다. '관상'이란 라틴어 콘템플라치오(contemplatio)의 번역으로서 이에 대한 희랍어 동치어는 테오리아(θεωρια)에서 왔다. 이 동사의 의미는 "지속되는 의도를 가지고 사물을 바라보다" 혹은 "어떤 사물에 대한 이해에 도달하다"라는 뜻으로 이것은 일찍이 그리스철학에서 플라톤이 인간이 초월적인 세계와 사실들을 인식하는 직관과 같은 것이다. 이는 한편으로는 선험적인 지식 자체를 가리키기도 하고, 또 한편으로는 믿음에 속하는 것으로 경험에 기초하여 어떤 사물에 대하여 지식을 획득하는 즉각적인 방식을 가리키는 것으로 관상기도란 신비주의 철학과 종교에서 행하는 직관 혹은 체관 행위를 기독교적 기도 행위와 접목한 것이다.

둘째, 관상기도 운동의 사상적 배경 문제이다. 관상기도의 사상적 배경은 신비주의를 지지하는 뉴에이지 사상으로서 인간을 위한 유토피아 시대가 도래하면 모든 인간들이 스스로 자기가 신과 동일하다는 것을 깨닫는 시기라고 한다. 관상기도의 뿌리는 중세의 신비주의로서 초기 중동지역의 광야에서 생활하던 사막 교부들에게서 기원한다는 판단에 일치를 보고 있는 것으로,

이들의 명상법과 생활 규칙은 고대 힌두교와 불교의 수행자들의 기법과 상당한 유사성을 가지고 있다.

셋째, 관상기도 운동의 성경적, 신학적 문제이다. 관상기도가 지지하는 인간관은 전통적인 기독교에서 믿어온 개혁주의 인간론과는 다른 것으로 인간을 하나님과 존재론적으로 연합되어 있다고 보며 구원 개념은 영지주의적 요소를 가지는 것으로, 신에 대한 관상을 통하여 거룩해짐으로써 신과의 합일로 나아간다고 하며 특별히 그리스도의 중보직은 무시되거나 경시된다.

넷째, 관상기도 운동의 기도관에 대한 왜곡된 이해 문제이다. 관상기도를 주장하는 사람들은 하나님에 대한 관상과 침묵 그리고 반복 기도를 중시함으로 그들 중 어떤 이들이 주장하는 것처럼 들숨과 날숨의 반복적인 실천을 통해서 정적과 침묵으로 죄를 나가게 하고 신적인 기운이 들어오게 한다고 주장한다. 그러나 이러한 주장은 성경이 가르치는 기도와는 아무런 상관이 없으며 기도에 있어서 침묵에 대한 비성경적인 강조일 뿐이다. 관상기도를 주장하는 자들은 구약성경뿐만 아니라 신약성경에서도 온통 침묵을 강조하고 있다고 주장하나 그 침묵 속에서 이루어지는 영혼과 마음의 적극적인 활동이 중요한 것이지 침묵 그 자체가 종교적인 덕일 수는 없다.

따라서 관상기도의 문제점을 다음과 같이 정리한다.

첫째, 불건전한 신비주의, 종교다원주의, 이교적 영향이 혼합되어 있어 복음의 순수성을 해칠 위험성을 내포하고 있다.

둘째, 개혁주의 신학과 상반된 인간론, 구원론, 기독론, 신론, 교회론, 성령론을 주장함으로써 탈성경적, 탈신학 및 교회적 요소를 가지고 있다.

셋째, 건전한 신앙과 상반된 비성경적이며 비개혁주의 신학적 기도를 강조하는바 바람직한 지·정·의 신앙의 균형성을 잃게 만든다.

현재 '관상기도'는 한국 교회 내 새로운 기독교 영성운동의 한 모습으로 나타나 국내 저명한 목회자 강의와 도서 출판 및 기타 세미나 형태로 보급되고 있으며, 일부 복음주의 교회 내에서조차 무비판적으로 받아들이고 있는 상황이다.

결론적으로 총회 산하 교회의 성도 및 교회는 관상기도와 관련하여 어떠한 교류도 삼가며 철저히 배격하여야 한다. 더불어서 이들은 언론매체와 세미나를 통하여 계속 활동하고 있는바 총회는 이단(사이비)피해대책조사연구위원회에 회부하여 계속 연구토록 함으로 예의 주시할 필요가 있다.

4. 구원파

　이단 대처에 있어서 이단 단체의 명칭과 주요 인물을 파악하는 것은 대단히 중요하다. 이러한 기본적인 사실만 숙지하고 있어도 이단에 빠지는 것을 예방할 수 있기 때문이다. 구원파는 현재 세 계파로 나뉘어 활동 중이다. 그 중 이요한 측과 박옥수 측이 대한예수교침례회라는 교단 명칭을 갖고 왕성하게 활동 중이다. 이요한 측(www.seoul.jbch.org)은 경기도 안양의 인덕원역 사거리에 위치한 서울중앙교회를 중심으로 활동하며 산하 기관 중 '생명의 말씀선교회'가 있다.

　박옥수 측(www.goodnews.or.kr)은 서울 서초구 양재동에 위치한 기쁜소식강남교회를 중심으로 활동 중이다. 유관 기관으로 기쁜소식선교회, 국제청소년연합(IYF) 등이 있다. 박 씨 측은 IYF를 통해 많은 활동을 벌이고 있다. IYF세계대회와 IYF중고대학생영어말하기대회, IYF명사초청강연회, IYF세계문화체험박람회, IYF사진전시회 등이 그것이다. GNC(GOOD NEWS CORPS)라는 'IYF해외봉사단'도 조직해 국제행사에 외국인 청소년·청년들을 끌어들이고 있다. '서울시민을 위한 성경세미나' 등 지역 주민을 위한다는 명목으로 성경세미나를 열기도 한다.

　권신찬(사망)-유병언 측(www.ebcworld.org)은 서울 삼각지에 위치한 서울교회를 중심으로 활동하고 있다. 이들에게 '구원파'란 명칭을 붙인 이유는 그들이 구원에 대한 질문을 핵심으로 정통교인들을 유혹하고 혼란에 빠트리기 때문이다. 마치 구원에 대한 비밀을 자기들만 알고 있는 것처럼, 마치 구원을 받았으니 구원의 확신이 필요한 것이 아니라 구원의 확신이 있으니 구원을 받은 것처럼, 또는 자신들만 구원받은 무리인 것처럼 주장하기에 정통교회는 그들을 일명 구원파 이단이라고 부르게 된 것이다.

　구원파는 안상홍 증인회(일명 하나님의 교회)와 신천지예수교증거장막성전

(신천지) 등과 함께 가장 활발하게 활동하고 있는 이단 단체 중 하나다. 안증회와 신천지가 호별 방문 전도, 설문조사 전도 등을 많이 펼친다면 구원파는 '성경세미나' 등 공개적 집회, 소식지 등을 통해 활발한 포교를 하는 특색이 있다. 구원파에 대처하려면 개 교회에서 성도들이 구원의 확신을 얻도록 교육하는 것이 필요하다. 구원파는 기성(1985년 40회 총회)에서 이단사이비집단, 예장고신(1991년 41회 총회)에서 이단, 예장통합(1992년 77회 총회)에서 이단으로 규정했다.

I. 기타 자료

다음은 예장통합 측이 1992년 제77회 총회에서 연구 발표한 내용이다.

구원파는 크게 권신찬 계열(기독교복음침례회), 이요한 계열(본명 이복칠, 대한예수교침례회), 박옥수 계열(대한예수교침례회) 등 3개 파로 분류할 수 있다. 본류는 권신찬 계열이고, 이요한 계열은 여기서 분파되었다. 구원파의 한국 전례는 1950년 초 영국의 WEG 선교단체 소속 노만 그랍(Norman Grab)에 의해 파송된 네덜란드 출신 선교사 길길수(Case Glass)[1]와 미국 방패선교단체에 의해 파송된 딕욕 선교사에 의해 시작되었다. 이들은 모두 중생 체험을 강조하는 선교사들이었다. 특히 딕욕은 중생한 날짜를 강조하였다. 박옥수는 소년 시절에 경북 선산에서 길길수를 만났고 중생체험을 강조하는 선교사들은 1960년대에 대구에서 선교학교(성경학교)를 세워 전격적으로 선교를 시작하

---

[1] 길길수(Case Glass)는 네덜란드 출신의 선교사로, 1950~60년대 한국에서 활동하며 일부 복음주의 운동에 영향을 준 인물이다. 그의 활동은 특히 구원파 계열의 형성과 관련되어 논란이 많다.
1. 주요 이력 및 활동 : 네덜란드 개혁교회 장로의 아들로 태어나, 복음을 깨닫고 선교사로 헌신하였다. 영국의 WEC(World Evangelization for Christ) 선교회에서 훈련을 받았으나, 공식적으로 파송된 선교사는 아니었다는 주장도 있다. 1956년 한국에 도착하여 경북 선산 지역에서 선교 활동을 시작하였다. 당시 중학생이던 박옥수(후일 기쁜소식선교회 창립자)와도 접촉하며 영향을 주었다. 단순한 교회 출석이나 종교적 열심이 아닌, '죄 사함'과 '거듭남'을 강조하는 복음 전파에 집중하였다.
2. 논란과 이단 논쟁 : WEC 선교회에서 공식적으로 파송되지 않았으며, 일부에서는 그를 이단으로 간주한다. 권신찬, 유병언 등에게 영향을 주어 '기독교복음침례회'(구원파)의 형성에 기여한 인물로 평가된다. 그의 사역 방식과 교리적 입장이 기존 교단과 충돌하며, 정통 교회에서는 그의 활동을 인정하지 않는다.
3. 역사적 의미 : 길길수 선교사는 한국 복음주의 역사에서 중요한 전환점이 된 인물이다. 그의 활동은 일부에게는 복음의 회복으로, 다른 이들에게는 이단의 씨앗으로 평가되며 지금까지도 논쟁의 중심에 있다.

였다. 바로 이 성경강습소에 권신찬, 유병헌, 이요한 그리고 박옥수 등 오늘의 구원파 4대 교주들이 학생으로 공부하면서 이들의 중생과 신앙에 매료 되었다. 특히 박옥수 씨와 권신찬 씨는 '딕욕'이라는 사람에게 같은 시기에 영향을 받은 것으로 알려져 있다.

그러나 "믿음의 한 가지 기능인 깨달음만으로 구원받는다는 이들의 주장은 영지주의적 사고임에 틀림이 없으며, 구원의 심리적 확신이 곧 구원이라고 생각하는 점은 구원의 역사에 대한 하나님의 주권(롬 9:16)을 무시하는 처사이다. 또한 구원을 위한 단회적 회개와 성화를 위한 반복적 회개를 구별하지 못하는 것이나, 스스로를 죄인이라고 하면 지옥 간다는 주장은 성경의 가르침에 위배되는 명백한 이단으로 사료된다"는 연구결과에 따라 권신찬, 이요한, 박옥수 씨는 이단으로 규정되었다.

1. 분파 및 문제점

구원파는 크게 권신찬 계열, 이요한(본명 이복칠) 계열, 박옥수 계열 등 3개 파로 분류할 수 있고, 유사한 교리와 사상을 가진 인사와 무리들이 다수 있다.

1) 권신찬 계열(기독교복음침례회)

권신찬 씨의 '기독교복음침례회'는 1961년 11월 네덜란드 선교사 길길수(Case Glass)의 영향으로 '죄 사함을 깨달았다'는 권신찬 씨와 미국인 독립선교사 딕욕(Dick York)의 영향으로 '복음을 깨달았다'는 유병언 씨에 의해 시작되었다 (권 씨와 유 씨는 장인과 사위 관계이다).

(1) 하나님은 인격이 아닌 영이라고 한다.

권신찬 씨는 "(사람들이) 영을 자기의 인격적 활동과 혼돈하여 인격의 일부인 이지(理知)나 감정이나 의지로서 영이신 하나님과 접하는 것은 불가능하다"(권신찬, 『양심의 해방』, 9쪽)고 주장한다. 이는 성경이 말하는 영을 바르게 이해하지 못하여 철학적이고 세속적인 삼분법적 인간 이해에 따라 영과 인격(혼)을 분리하는 데서 기인한 것으로서 결국 이에 상응하여 영이신 하나님조차도 인격이 아닌 존재로 만들고 마는 것이다.

(2) 급박한 시한부적 종말론을 주장한다.

『잠시 잠깐 후면』,『오실 이가 오시리니』,『위험한 지구』,『임박한 대환란』,『세계정부와 666』,『인류파멸의 징조』등의 책을 통하여 세대주의적인 종말론을 전파하면서 금세기 내에 종말이 올 것 같은 공포감을 조성하고 구원파 교회에 들어오지 않으면 공중재림 때 휴거될 수 없고, 소위 7년 대환란을 겪어야 하는 것처럼 믿게 하고 있다. 또 구원의 수가 차야 신부인 교회가 완성되어 휴거된다고 한다(권신찬,『위험한 지구』, 27~31쪽).

2) 이요한 계열(대한예수교침례회)

이요한 씨의 본명은 이복칠이다. 구원파의 초창기부터 목포에서 권신찬을 추종했던 인물로서 1962년에 '중생을 경험'했다고 하며, 권 씨에게서 안수를 받았다. 권 씨계에서 분파되었기 때문에 신조마저 권 씨계의 '우리는 무엇을 믿는가?'라는 12개항을 약간 수정하여 '우리는 이렇게 믿는다'라는 10개항을 만들 정도로 거의 유사하며, 종말론에 있어서 권신찬과 다른 요소가 있으나 구원관에 있어서 권 씨와 그 근본이 차이가 없다는 점은 그가 비록 권 씨와 다르다고 주장하고 있으나 이는 아무런 의미가 없으며 하나의 구원파에 불과할 뿐이다.

3) 박옥수 계열(대한예수교침례회)

박옥수 씨는 중학교 3학년 중퇴생으로서 체계적으로 신학을 공부한 적이 없고 딕 욕이라는 자와 권신찬 씨의 영향을 받았다. 어떻게 목사가 되었는지는 알 길이 없다. 1962년 10월 7일 '거듭난 체험'을 했다고 주장하면서 '죄사함과 거듭남의 비밀'을 주제로 전국순회집회를 하고 있다. 그는 풍유적 성경 해석을 오용 및 남용하고 있다(박옥수,『죄사함 거듭남의 비밀』, 59~70쪽). 박옥수 씨는 죄와 범죄, 회개와 자백을 구분하여 반복적 회개는 부인하고 삶에서 나타나는 범죄는 하나하나 일일이 고백하여 용서를 구할 필요가 없으며 죄 자체를 인정[自白]하기만 하면 된다고 한다. 왜냐하면 회개로 죄가 사해지는 것이 아니라 예수의 보혈로 사해졌다는 사실을 깨달은 그 순간 죄가 해결되어 구원받았기 때문이라는 것이다. 그러므로 모든 죄가 용서되어 회개할 필요가 없으며 회개하는 자는 구원받지 못한 자라고 주장한다(「기쁜소식」, 1989년 2월호 7~9쪽, 1989년 3월호, 14~15쪽).

2. 연구 결론

구원파의 큰 문제는 구원의 방법을 그리스도의 십자가의 구속에 대한 믿음과 은혜로 만족하지 못하고 개인의 주관적인 깨달음과 확신에 있다는 믿음이다. 그래서 자신이 구원받았음을 스스로 판정하고 있다. 그리고 거듭난 사람은 영에는 죄가 전혀 없고 육에만 죄가 있다는 주장은 초기 이단들의 율법폐기론적 주장과 유사하다. 정통교회는 칭의적 죄사함을 말하며 구원받은 영혼이 죄를 지을 수 없다는 주장을 하지 않는다. 그래서 우리는 항상 성화의 삶을 살도록 요청받고 있다(데살로니가전서 4:3, 갈라디아서 5:16, 22-23, 로마서 8:13-14, 로마서 8:29, 로마서 12:1-2, 고린도후서 3:18, 히브리서 12:14, 베드로전서 1:15-16, 누가복음 9:23, 갈라디아서 2:20, 빌립보서 3:12-14, 히브리서 10:14).

5. 김기동(귀신파)

김기동 씨는 비성경적인 귀신론 사상 등으로 한국 교회 주요 교단으로부터 이단으로 규정(본 교단, 예장고신, 예장통합, 기침 등)된 인물이다. 김 씨의 사상의 문제점은 '제명에 죽지 못한 불신자의 사후의 영이 귀신이다'는 귀신론, '아담 이전에도 사람이 살았다'는 이중아담론, '성경과 성경을 구분'하는 계시론 등에서 나타난다.

현재 김 씨의 성락교회는 전국 54개 지부와 9개 수양관을 두고 있으며 신도 수는 약 3만 명에 이르는 것으로 파악된다. 대부분의 지부 및 수양관에서는 김기동 씨의 메시지가 위성방송 시스템을 통해 전달되고 있다. 베뢰아아카데미, 자체 신학교로 베뢰아대학원대학교, 교단 명칭은 기독교베뢰아교회연합을 사용하고 있다. 많은 대학에 CBA(Campus Berea Academy)라는 이름으로 유관 동아리 단체를 두고 있다. CBA는 유명 기독교 대학교에서도 정식 동아리로 등록해 활동하는 경우도 있다. 기독교인들의 분별력 있는 대처가 필요하다.

I. 총회 자료

다음은 1991년 제76회 총회에서 김기동 씨를 이단으로 규정한 보고서를 요약한 것이다.

1. 신학 그 자체가 귀신론이다

"모든 성경의 계시는 귀신에 대한 형벌을 뜻하는 것이므로 성경의 계시는 마귀를 멸하기 위한 하나님의 역사로 해석하기 때문에 자연히 하나님의 일에는 마귀가 개입되게 되어 있다. 예수를 알려면 성경 자체의 계시에 의존하지 않고 우선 순위가 마귀를 알아야 된다"고 전제하고 있다. 그는 또 "죄는 보이지 않는 병이요, 병은 보이는 죄다"를 철저한 신앙관으로 삼아야 한다고 주장한다. 천사 또한 인간을 도우려고 보낸 존재인데 과잉 충성하든가 인간이 가증스러우면 하나님이 가변(성질을 변하게 만듦)시켜 미혹의 영을 만들어 버린다고 주장하며 지금도 천사가 계속 타락하고 있다고 주장한다. "교회가 부흥되었으면 그만이지 무슨 교리냐? 성령 충만하여 봉사 잘하는 자에게 신학을 가르쳐 주는 것은 사탄에게 사주받은 자와 같다"(베뢰아 강의 Tape 18-1 1983. 10. 21)라고도 말한다.

예수 그리스도는 아무도 볼 수 없는 본질로서 아버지가 되시고 보이는 곳에 나타나신 분, 곧 피조물이 그를 확인하여 그의 존재가 있음을 알게 되었을 때는 본체가 되시는 분이라고(Tape 9-2, 1983. 6. 25) 주장한다. "내 말이 영이라 할 때 영은 인격이 아니다. 영이 육신이 되어, 말씀이 육신이 되어는 똑같은 뜻이다. 예수의 육신은 인격이 아니다. 예수의 육신은 항구적 존재이다. 영이 육신이 되었는데 영은 인격이 아니니 예수님의 육신은 인격이 아니"라는 주장이다. 지금까지 주장을 알기 쉽게 요약하면,

1) 성부는 하나님의 본질, 성자는 본체, 성령은 본영인데 성부, 성자, 성령이 따로따로 인격이 존재하지 않는다.
2) 아버지가 따로 있는 것이 아니고 말씀이 예수가 되었으니 곧 조물주이신 아버지가 육신인 예수로 왔다.
3) 예수는 육신이 되기 전 인격이 아니고 육신이 될 때 인격으로 현현했다.
4) 아버지가 우리 안에 있으면 아버지, 아버지라 할 때 예수가 곧 아버지란 뜻이요, 우리가 예수를 통해 아버지라 부른다. 어느 곳에 있느냐에 따라서 이름이 다르게 불리워진다.
5) 겟세마네 동산의 예수님의 기도는 자기가 자기 안의 아버지께 기도한 것이다.
6) 예수의 육신은 인격이 아니고 항구적 존재의 영이다.
7) 오직 인격은 하나이지 개체가 아니다. 위의 주장은 과히 수많은 이단자들 중 교회사에 나타난 사벨리우스의 주장과 같은 맥락에 있다.

2. 그의 성경론에 대한 비판

김기동 씨의 성경관은 구약의 모세오경과 신약의 공관복음(마, 막, 눅)만이 성경이요, 나머지는 성경이라 하여 더할 수도 있고 뺄 수도 있다고 주장하고 있다. 또한 자신의 체험과 주장을 지나치게 강조한 나머지 성경의 권위를 약화시키거나 소홀히 하는 경향이 있으며 자신의 신학적 입장을 정당화하기 위해 자의적 해석을 가하고 있다. 성경적 근거보다는 자신의 축자경험과 귀신들이 실토하는 말들을 종합하여 마귀론 신학을 정립하였으며, 예수님이 오신 목적을 오로지 사탄 박멸이라는 소극적 측면에만 국한시킴으로써 더 중요한 구원, 교회, 하나님의 나라라는 적극적 측면을 소홀히 하고 있다.

그의 증언기록을 좀 더 상고한다면, 베뢰아 사람 1988. 6. 8쪽의 증언은 "… 성경은 하나님의 말씀이라 할 때 성경에 기록되어 있는 모든 말들이 마귀의 말도 있고 믿지 않는 자의 말도 있습니다. 그런데 성경에 기록한 모든 말씀이 다 하나님의 말씀이라고 말한다면 이들의 말도 하나님의 말씀이라고 말하는 셈이 됩니다"라고 가르치고 있다.

3. 그의 창조론에 대한 비판

그는 저서 『마귀론』 84~85쪽에서 태초에 하나님이 천지만물을 창조하셨다는 성경의 대전제를 부인하고 있다. 아담은 땅에 충만한 수 중에서 뽑혔으니 굉장한 사람이라고 논의하고 있다. 창세기 1장의 창조에 대한 기록 이전에 이미 땅 위에 인류가 있었다고 주장하고 있다. 그뿐만 아니라 인간 창조의 목적은 타락한 마귀를 멸망시키기 위한 수단으로 인간을 창조하셨다고 하며 세상을 하나님이 사탄을 형벌하려고 만든 장소라고 주장하고 있다(하나님의 의도 8쪽, 『마귀론』 4쪽). 이밖에도

1) 『마귀론』 74쪽에서 : 죄짓고 오는 인간에게 상까지 주시겠다는 것은 인간은 마귀를 멸하러 오신 예수 그리스도의 오실 길을 위한 사전의 안내자였기 때문이다.

2) 『마귀론』 74쪽에서 : 인간은 사탄을 정죄하기 위한 도구로 사용된 것이다. 다시 말하면 예수께서 십자가에 죽으실 때까지 인간은 그의 오실 길을 위해 봉사한 것이다.

3) 『마귀론』 81쪽에서 : 창세기 1장 27절의 '하나님이 남자와 여자를 창조하시고' 할 때의 이 남자와 여자는 지금 말하는 인격적인 사람이라기보다는 남자와 여자, 곧 암컷과 수컷이라는 하나의 자웅을 구분하는 이치로서의 표현이다.

4) 『마귀론』 81~82쪽에서 : 이들 역시 몸과 혼을 합해 완전한 인격이 된 것이다. 그러기에 육신이 있는 동안 이들에게는 도덕이 있고 윤리가 있었으며 또 문화도 있었다. 다만 영적인 요소가 없다는 것뿐이다. 그러므로 그들은 내세가 없다. 오히려 그 당시 죄짓는 자들은 내세가 없는 자들이기에 더 행복할는지 모른다.

5) 『마귀론』 55쪽에서 : 결국 아담은 선택된 자요 나머지 문화적 존재인 네피림은 버림받은 탈락자들이다.

6) 『마귀론』 83쪽에서 : 이와 같이 땅에 충만한 수의 사람 중에서 아담 하나를 뽑았으니 그 아담이 얼마나 개화된 인간이었겠는가. 하나님은 이렇게 한 사명자를 불러 이 기존적인 인격 위에 항구적 가치를 부여하심으로써 성령이 되게 하셨다.

7) 『마귀론』 84~84쪽에서 : 아담은 몇몇 사람 중에서 한 사람으로 뽑힌 것이 아니라 땅에 충만한 수 중에서 뽑혔으니 굉장한 사람이다. 사람은 남자와 여자로부터 시작했으나 아담은 충만한 수의 사람 중 하나를 뽑아 경건한 자녀를 얻기 위해 분리시킨 것이다.

위의 글들을 종합해 볼 때 인간 창조의 목적은 하나님의 영광을 위한 것이지만 아담 이전의 어떤 형태의 인간 아담을 중심으로 신학을 전개시키고 있다는 점이다. 인간은 사탄을 정죄하기 위한 도구로 사용되었고 하나님은 불법을 합법화하여 정당하게 치리하시는 분으로 정의하고 있다.

4. 그의 성령론에 대한 비판

그의 성령론은 성령과 피조물인 천사의 존재를 혼돈하고 있다.

1) 『마귀론』 134쪽에서 : 마가 다락방에 성령이 임했을 때 눈에 보인 불이나

바람 소리는 성령이 아니라 바로 성령을 수행하는 천사들인 것이다.
2) 『마귀론』 70쪽에서 : 구약의 하나님의 신은 모두 천사를 말한다고 전제하고 있다.

위의 두 전제에서 성령과 천사의 존재를 비물질적이고 형이상학적인 언어적 측면을 사용하면서 그 본질을 사역과 수행하는 능력의 범위를 인간에 대한 사역의 한계점을 벗어나지 못하고 있음을 볼 수 있고 성령과 천사의 존재론적인 사실을 동일시하고 있다.

5. 그의 천사론에 대한 비판
천사는 지금도 타락하는 과정에 있다고 비성경적인 주장을 하고 있다.

1) 『마귀론』 170쪽에서 : 신자의 불의에 따라 그의 천사가 가변되기 때문에 천사를 구제해야 한다.
2) 『마귀론』 141쪽에서 : 신자에게 도우라고 보낸 천사는 신자가 잘못을 저지르면 가변되어 미혹의 영이 된다.
3) 『마귀론』 142쪽에서 : 미혹의 영인 천사는 신자가 세상을 떠나면 그는 불신자들을 찾아 미혹의 영으로 괴롭히는데 가변된 천사는 없어지지 않는다.
4) 『마귀론』 141쪽에서 : 신자가 혈기를 자꾸 내기 시작하면 천사를 가변시키는데 예를 들어 혈기를 내게 하는 미혹의 영이 둘이 있으면 이를 능가하기 위해 더 많은 천사를 얻지 않으면 안 된다.

위와 같은 그의 주장들이라면 천사도 무능하기 그지없고 보잘것없는 존재로 비하될 수밖에 없으며 그의 사역 반경은 인간의 행동에 따라 변화할 수밖에 없는 존재가 되며 천사도 인간과 같은 구원 문제의 존재로 등장하게 된다는 논리가 될 것이다.

6. 그의 악령론에 대한 비판
악령에 대한 그의 견해는 전체적인 성경 해석학상 이단이냐 아니냐의 가치를 논하고도 남음이 있는 핵심 논제로 삼아도 좋을 것이다. 그의 귀신론에 나타나 있는 대표적인 견해를 요약하면,

1) 『마귀론』 179쪽에서 : 귀신이 불신자의 사후 존재라는 것이 저의 학설이며 이론이다.
2) 『마귀론』 37쪽에서 : 천사가 지위를 떠났을 때 이를 혁명이라 한다. 바로 사탄이란 말은 혁명가란 뜻이다.
3) 『마귀론』 199쪽에서 : 귀신이 불신자의 사후 존재라고 할 때 불신자의 영이 귀신이 된다는 것이 아니라 그냥 귀신으로 동일하게 취급한다.
4) 『마귀론』 187쪽에서 : 자연 수명이 백 살인 을이라는 사람이 암으로 60살에 죽었다고 하자. 그는 자연 수명에서 60살에 죽었기에 아직 40살이 남아 있다. 이때는 무저갱으로 가는 것이 아니고 음부에서 자연 수명이 차기까지 40년간을 마귀와 그 사자들과 함께 활동하게 되는 것이다.

7. 연구 결론

김기동 씨의 모든 신학체계과 성경 해석은 귀신론(鬼神論) 중심이다. 김기동은 사람의 질병은 귀신으로 인한 것이며 현대 의술로는 불가능하고 질병의 치유를 위해서는 축사를 통해 가능하다는 것이다. 그러나 사람이 죽으면 귀신으로 떠돌아다니지 않으며 귀신은 사람의 죽은 영혼이 아니다. 그리고 모든 질병과 고통은 귀신으로 인한 것이 아니다. 인간은 축귀를 통해 구원의 확신에 이르는 것이 아니며 회개와 믿음을 통해 구원의 확신에 이르게 된다. 특히 김기동의 삼위일체론은 양태론적이다. 양태론은 하나님은 한 분인데 단순히 다른 역할이나 양태(mode)로 나타나는 것뿐이라는 주장이다. 즉 한 분 하나님이 구약에서는 아버지로, 신약에서는 아들로, 오순절 이후에는 성령으로 나타나셨다는 것이다. 그러나 성경은 분명히 세 분의 하나님이 아니고 한 분 하나님이 삼위로 존재한다고 말한다(마 3:16~17, 마 28:19, 고후 13:13). 삼위일체는 인간의 이성으로 완전히 설명할 수 없는 신비이다. 교회는 역사적으로 니케아 공의회(AD 325), 콘스탄티노플 공의회(AD 381) 등을 통해 이 교리를 정립했다.

II. 기타 자료

다음은 예장통합 측이 1992년 제77회 총회에서 연구 발표한 내용을 요약한 것이다.

1. 김 씨의 모든 사상의 근원과 출발은 귀신이다

김 씨가 말하는 귀신은 네 가지 조건으로부터 시작되는데 소위 '1) 제명이 차기 전에 죽은, 2) 불신자의, 3) 사후의, 4) 영'을 말한다. 모든 질병은 이 귀신이 우리 몸에 붙어서(우리 영에는 못 들어온다고 함) 생기는 것으로 이 질병은 약이나 의술로는 궁극적으로 고칠 수 없고 축사를 통해서만 고칠 수 있다고 한다.

2. 김 씨의 삼위일체론은 양태론이다

김 씨는 "성부는 하나님의 본질이요, 성자는 하나님의 본체이시고, 성령은 하나님의 본영입니다. 그러니까 본질로서는 아버지요, 본체 곧 형상으로서는 아들이라 하고 영으로는 성령이라는 것입니다"(『베뢰아 사람』 제7권, 1988년 7월호, 40쪽)라고 주장하는데 같은 사상과 용어는 책이나 테이프에 반복되는 것으로서(김기동, 『성령을 알자』, 72~74쪽. 기타 테이프), 이는 양태론적으로 삼위일체를 이해하고 있는 것으로서 다음의 글이 이것을 가장 잘 증명해 준다.

"하나님이 곧 성령이십니다. 성령이 예수 안에 있을 때 아버지가 되십니다(요 14:8). 아버지가 성도 안에 있으면 성령이 되십니다. 삼위의 각각 개체의 인격을 가지고 있는 것이 아니고 아버지와 아들과 성령은 장소에 따라 불리워지는 이름이 다릅니다. 이는 곧 세모꼴을 어디서 보나 하나인 것과 같습니다. 서로 각각 인격을 가지고 있는 것이 아닙니다."

"인격은 오직 하나입니다. 각각 개체의 인격으로 말하지 말아야 합니다. 사람 얼굴을 보는 방향에서 다르듯이 말입니다. 하나님과 성령이 따로따로 있는 것이 아니고 성령님이 하나님이십니다. 예수님의 겟세마네 동산의 기도는 자기가 자기 안에 있는 아버지에게 기도한 것입니다"(베뢰아 9기생 강의녹음테이프 9-2).

3. 김 씨는 기독론에서 신성을 부정하고 인성을 제한한다

김 씨는 먼저 이단자 에비온파처럼 신성을 부정한다. 예수님의 생애는 신의 생애가 아니고 사람의 생애이니 예수님을 신이라고 하면 이단이라고 하며(테이프 19-2), 예수님께서 성령님에게 존칭어를 쓰신 것은 몸을 입고 계실 때 성령님을 같은 수준에서 말씀하실 수 없기 때문이라고 주장한다(『성령을 알자』, 13쪽). 또한 김 씨는 인성을 제한하여 콘스탄티노플 회의(AD 381)에서 이단자가 된 아볼로나리우스와 같은 주장을 하였다. 즉 예수님의 육체는 말씀에서 왔고(요 1:14), 그 말씀은 곧 영이기 때문에(요 6:63), 예수님의 육체는 우리의 영과 같은 수준이라고 하며 그래서 예수님이 흘리신 피와 그 살은 영이라고 한다(『베뢰아 사람』 9권, 1989년 3월. 44쪽).

4. 김 씨에게 성령은 허수아비와 같다

김 씨에게 있어서 구약에 나오는 "하나님의 신, 하나님이 보내신 영들은 천사들을 말하는 것이지 성령이 아닙니다"(『마귀론 상』, 112쪽)라고 하여 창세기 1:2의 '하나님의 신'도 천사이며, 성령이 오시지 않아도 예수를 인정하면 구원을 받을 수 있다고 하며(『성령을 알자』, 97쪽), 오순절 성령이 임하신 사실도 '성령이 임하면 권능을 받고'라는 말은 '천사를 얻고'라는 말과 동격이라고 하여(같은 책, 111쪽), 모든 부분에서 천사일 뿐이지 성령은 허수아비와 같다.

5. 연구 결론

김 씨는 마귀를 모르면 예수를 모른다고 하였고(『마귀론 상』, 14~15쪽), 하나님께서 이 불법자 마귀를 합법자로 만들어 주었다고 함으로(『마귀론 중』, 23쪽), 하나님 자신이 불법을 합법화시킨 불법자가 되어버린 격이 되었다. 김 씨는 그의 신론, 기독론, 계시론, 창조론, 인간론 그리고 사탄론 등 모든 곳에 비성경적 요소를 광범위하게 드러내는 무서운 이단이다.

 6. 김계화(할렐루야기도원)

김계화 씨의 '성령 수술'이라는 안수 방법은 원래 손가락으로 사람의 생살을 긁어서 피를 내고 그 속에 있는 병의 근원이라는 것들을 끄집어내는 것이었다. 한국기독교총연합회는 할렐루야기도원(www.hallelu.net) 김계화 씨를 이단으로 공식 규정했다(2000년 12월 4일). 이외에도 본 교단, 예장통합, 예장고신 등 주요 교단들이 '비성경적' 내지는 '이단'으로 규정했다.

이후에 김 씨는 자신의 안수 방법에 변화를 주고 있다. 그의 집회 장소에 가면 물동이와 밀대 수세미를 들고 다니는 그를 볼 수 있을 것이다. 사람의 몸을 긁어 피를 내는 안수 행위에서 불 안수, 발 안수, 엿 안수 등 여러 가지 신종 안수로 그 형태가 변형된 것이다. 이 중 김 원장의 '불 안수'라는 것은 신도들 수십 명이 상의를 걷어 올린 채 엎드려 있으면 김 원장이 모종의 물질을 등에 뿌리고 보조원들이 수세미 같은 기구로 마구 문지르는 방식으로 진행되고 있다. 할렐루야 기도원 측은 현재 '할렐루야 총회'라는 자체 교단을 설립하고 산하에 전국 15개 지부(미국 LA 지부 포함)를 두고 있다.

할렐루야기도원(김계화) 이단의 예장통합 자료는 영등포 노회가 "할렐루야기도원(김계화 원장)의 성령수술 및 생수병 치료의 이단 사이비 여부를 판정해 주시기 바랍니다. 할렐루야기도원 원장인 김계화 씨가 행하는 성령수술 및 생수로 병을 치료한다는 것이 성경적으로나 교리적으로 합당한지 여부를 판단해 주시기 바랍니다"라는 헌의에 의하여 연구되었다. 연구 결과 다음과 같은 이유로 "우리 교단은 우리 교단에 소속된 성도들이, 비성경적 비기독교적인 많은 위험성을 자행하고 있는 김계화 씨의 할렐루야기도원 집회에 참석하는 것을 엄격히 금해야 할 것이다"라고 보고했다.[1] 즉 첫째, "김계화 씨(할렐루

---

1 "할렐루야기도원 김계화 이단성," https://m.cafe.daum.net/jesus330/A6U/248?q=%EA%B9%80%E

야 기도원)는 하나님의 말씀을 강조하기보다 환상과 계시 등 영적 체험을 강조하므로 말씀 중심에서 이탈하고 있으며", 둘째, "김계화 씨(할렐루야 기도원)는 생수가 큰 능력이나 가지고 있는 것처럼 생수의 효과를 지나치게 극대화함으로 성도들을 현혹하고 있다. 이는 성도들로 하여금 보이지 아니하는 하나님을 믿고 의지하게 하기보다 눈에 보이는 현상적이고 물리적인 생수에 의지하게 함으로 바른 신앙에서 이탈할 큰 위험성이 있다. 우리는 이를 한국 교회를 크게 혼란시킨 박태선 씨의 경우에 이미 체험한 것"이며, 셋째, "김계화 씨(할렐루야 기도원)가 행하는 소위 '성령 수술'은 그의 손에서 불이 나가 환자의 환부에 상처를 내고 그 상처를 통하여 피고름, 암 덩어리 등을 제거하는 것을 뜻하는데 이는 분명히 성경적이라고 할 수 없다. 성경을 상고해 볼 때 성령의 병 고치심은 이 같은 방법으로 고치신 것이 아니었다. 따라서 우리는 이것을 용납해서도 안 될 것"이었다.[2]

김계화 씨에 대한 연구 보고서는 그대로 채택되었고 '본 총회 산하 교회와 교인들이 그릇된 가르침에 현혹되는 일이 없도록 해달라'는 동 위원회의 청원이 허락되었다.

I. 총회 자료

다음은 1996년 제81회 총회에서 발표한 보고서를 요약한 것이다.

1. 직통계시

김계화 씨는 자기 안에 하나님의 말씀이 있기 때문에 말이 아닌 '말씀'을 선포한다고 수없이 강조했고, 자신이 받은 직통계시가 성경 계시와 동일한 효과를 가지거나 오히려 우위를 점한다고 강조한다.[3] 김계화 씨의 입에서 나간 말이 바로 하나님의 말씀이 되어 암 환자를 고친다고 한다.[4] 김계화 씨의 입에서 나간 말이 바로 하나님의 말씀이 되어 참외와 수박을 썩게 하는 능력

A%B3%84%ED%99%94+%EC%9D%B4%EB%8B%A8%EC%84%B1&, 2025.06.26. 접속.
[2] 같은 자료.
[3] 김계화, 『외길 가게 하소서』 (서울: 쿰란출판사, 1995), 31, 37, 106, 195, 222.
[4] 김계화, 『꺼지지 않는 불』 (서울: 쿰란출판사, 1992), 107-108.

을 나타냈다고 한다.[5] 김계화 씨는 자신이 한 말이 모두 그대로 이루어지는데 그 현상을 "말씀이 육화되는 사례"라고 했다.[6] 김계화 씨의 책에는 그가 받았다는 환상과 환청의 체험 등을 계시화하는 내용이 무수한데, 예를 들면 할렐루야 기도원에서 봉사하는 사람들에게 나누어 주는 용돈의 구체적인 액수까지 "좀 더 주라, 주지 마라" "그거면 되었다" 등의 지시를 하나님으로부터 받는다고 했다. "하나님은 분명한 액수를 지시하시며 월급을 올려줄 수 있도록 해 주셨다"[7]고 했다. 그리고 김계화 씨의 간증집 머리말과 책의 제목까지 정해 주시는 세미한 지시에 따라 책을 쓰기로 결심했다면서 "영적인 세계는 체험한 자 수없다"고 했다.[8]

2. 생수 문제

경기도 포천군 포천읍 신단 3리 포천 송우리 기도원에서 나는 소위 할렐루야 기도원 생수라는 것은 지하수를 뽑아 올린 물이다. 김계화 씨는 이 지하수에 큰 영적 의미를 부여한다.[9] 곧 자기가 계시를 받아 계발한 물 자체에 말씀이 들어 있어서 능력이 나타나기 때문에 '능력의 생수'라고 하면서,[10] 그 물을 마시는 자는 병에서 놓임을 받고, 생수로 역사하여 마시는 자마다 회개의 영과 복음을 전하는 영을 받게 된다고 하였다. 그의 책에 다음과 같은 말이 기록되어 있다. "기도를 드리기 시작한 며칠 후였습니다. 주 여호와께서 주시는 세미한 음성이 있었습니다. '우물을 파라'는 음성이었습니다. 저는 기도하다가 깜짝 놀라서 되물었습니다. '이 12월 동지에 우물을 팝니까'라고 했습니다. 믿을 수 없었던 것입니다. … 찬송 부대가 현재 생수터로 나아갈 때였습니다. 갑자기 제 손에서 하늘의 광선이 프리즘을 통과하는 빛처럼 하늘의 땅으로 비쳐 내리는 것입니다"라고 했다.

김계화 씨는 자기가 계시를 받아 계발한 물 자체에 말씀이 들어 있어서 능

---

[5] 같은 책, 83.
[6] 김계화, 『외길 가게 하소서』, 159.
[7] 같은 책, 104.
[8] 같은 책, 12, 73.
[9] 같은 책, 85.
[10] 같은 책, 191, 195.

력이 나타나기 때문에 "능력의 생수라고 한다"고 했다.[11] 또 "이 물을 마시는 자는 병에서 놓임을 받으리라는 음성을 들었다"고 했다.[12] "이 물은 지금부터 생수로 역사하리라 이 물은 복음을 위하여 주는 물이니 이 물을 마시는 자마다 회개의 영을 받을 것이요 복음을 전하는 영을 받으리라는 음성을 듣고, '생수의 복음을 전하기 시작했다'"[13]고 했다.

이렇게 볼 때, 김계화 씨는 박태선 씨(옛 전도관 교주, 현재 천부교)의 생수 문제에 대해 언급하면서 그가 행한 은사도 하나님이 주셨던 것으로 하나님이 그를 통해 병든 자도 고쳐주셨고 자기의 생수는 박태선의 생수와 근본적으로 같은 것이라는 의미로 다음과 같이 말했다. "하나님이 저에게 분명한 음성으로 내게 그에게 준 은사도 은사다. 그런데 그가 나를 버렸기에 나도 그를 버렸노라 했고 그 은사를 이쪽으로 옮겼다고 했다. 이 생수는 세계에서 하나밖에 없다고 했다."[14]

3. 성령 수술

김계화 씨가 말하는 성령 수술은 그가 환자의 환부에 손을 대면 손에서 불이 나가 살이 찢어져 상처가 나고 그 자리를 통하여 소위 암 덩어리가 나오게 하여 이를 끄집어내는 것을 말한다.[15] 김계화 씨는 "어떤 사람은 제 손에 면도칼을 끼고 긁는 게 아닌가 싶어 일주일 동안 저를 따라다니며 보는데 그 순간 손에서 불이 나가는 것을 보여줘서 깜짝 놀랐다는 간증도 있습니다"라고 했다.[16] 김계화 씨는 손을 갖다 얹으며, "당신의 말씀을 이루소서 살아 계신 하나님 하고 기도했는데 놀랍게도 20여 일이 지나 그에게 성령수술이 행해지기 시작했다. 손을 얹으니 암 덩어리가 녹아지기 시작하는 것이었다".[17] 김계화 씨는 "집회를 인도하는데 갑자기 몸이 뜨거워지기 시작했습니다. 그 때 일곱 살 정도밖에 되지 않는 한 아이가 원장님 목에서 불이 나간다고 소

---

11 김계화, 『꺼지지 않는 불』, (서울: 쿰란출판사, 1992), 191, 195.
12 같은 책, 191.
13 김계화, 『외길 가게 하소서』, 87.
14 김계화, 『꺼지지 않는 불』, 193
15 김계화, 『외길 가게 하소서』, 108.
16 김계화, 『꺼지지 않는 불』, 161.
17 같은 책, 108.

리를 질렀습니다. 저는 말씀을 전하다 '앗 뜨거워' 하고 외쳤습니다. 정말 몸이 뜨겁기 시작하더니 3도 이상의 화상처럼 온몸이 벌겋게 타들어 가기 시작했습니다. 목발을 짚고 간신히 일어나던 사람이 강대상까지 올라와 고열 속에서 성령의 음성을 들었습니다. '네 입에서 나간 말이 성령의 말씀인 줄 네가 안 믿으면 어찌 이곳에 있는 양 떼들이 믿겠느냐 불이 나간다고 하면 나간다고 믿으라'고 하셨습니다. 그때 저는 '주님 용서하소서. 당신께서 오늘 낮 세검정 기도원에서 말씀을 증거하던 중 불이 나간다, 간접으로 역사하리라 하사 모든 것이 말씀이었음을 믿습니다'라고 회개했습니다"라고 말했다.[18] 김계화 씨는 성령 수술에 대한 성경적 근거를 사도행전 19:1~12에 있는 바울의 손에 비유하여 '자신의 손에 희한한 능이 부여되어 성령의 불의 역사가 나타나 병이 치료된다'[19]라고 하고, 그리고 이사야 1:25에 "내가 또 나의 손. 네게 돌려 너의 찌끼를 온전히 청결하여 버리면 너의 혼잡물을 다 제하여 버리고"라는 말씀에 근거를 두고 자신의 성령 수술이 성경적이라고 주장한다 (녹음 테이프).

4. 자신의 신격화 문제

김계화 씨는 주의 천사가 안마하여 피곤이 풀어진 일이 있다고 했으며,[20] 알 수 없는 눈물이 나와 울었는데 실제로는 성령님이 자신의 안에서 통곡을 하며 운 것이었다고 한다.[21] 김 씨의 손 한번 잡으면 병이 나을 것 같다는 환자가 김 씨가 자는 사이 곁에서 김 씨의 옷자락을 잡고 자다가 병이 나은 일이 있다고 한다.[22] 김계화 씨는 자신이 의식을 잃고 쓰러져 죽을 뻔했을 때 기도원의 양들이 기도하여 살아난 것을 기념하여 매년 '응답의 날'이라는 축제를 열며 매일 밤 10시에는 김 씨를 위한 기도의 시간을 갖고 있다고 한다.[23]

또한, 기도원에서 봉사하는 사람들은 김 씨 앞에 두려운 마음으로 서고

---

18 같은 책, 196.
19 김계화, 『외길 가게 하소서』, 153.
20 같은 책, 158-159.
21 같은 책, 130.
22 김계화, 『꺼지지 않는 불』, 115.
23 김계화, 『외길 가게 하소서』, 147-150.

"당신은 하나님의 종입니다. 그리고 선지자입니다" 스스로 고백하는 곳이 할 렐루야 기도원이라고 한다.[24] 더욱이 기도원에서 봉사하는 자들은 김계화 씨를 '어머니'라고 하여 만세 삼창을 하고(녹음 테이프), 김 씨는 봉사자들을 '아이들' 혹은 '애들'이라고 부른다.[25] 김 씨는 자기가 하는 일이 주님의 일이므로 자기가 하는 일을 돕는 것이 주님의 일을 돕는 것이므로 할렐루야 기도원에서 봉사하므로 주님의 일을 하라고 부추긴다.[26] 할렐루야 기도원에서 병을 고친 자는 기도원을 떠나서는 안 된다고 하여 기도원에 묶어 둔다.[27] 김 씨는 매년 정초에 백 원짜리 동전에 "열리리라"(1993년 표어), "형통"(1991년 표어) 등 표어를 인쇄하여 붙이고 하나님이 주신 세뱃돈이라고 나누어준다.

5. 할렐루야 기도원의 예배

할렐루야 기도원의 예배에는 형식이 없다. 처음부터 김 씨가 나와 이리 저리 뛰며 찬송을 하다가 성경 봉독도 없이 시작하는 김 씨의 설교는 주로 성령수술 사례를 나열하며 자신을 자랑하는 것 일색이고 MBC와 「조선일보」도 이겼다고 수없이 강조한다. 또 수없이 찾아오는 환자들을 불러 강대에서 피고름을 짜고 메스와 가위로 썩은 부위를 잘라내는 등 성령수술을 보여주는 것이 예배의 전부이다. 최근에는 그의 집회 때마다 뒤쪽에 수십 명씩 줄지어 앉아 있는 목사들 중에서 김 씨가 지명하는 목사가 나와 축도하는 것이 추가되었다.[28]

6. 김계화 씨의 사상과 주장에 대한 비판

김계화 씨가 시행하는 성령 수술은 비과학적이고, 비위생적이고, 비신앙적인 수단이므로 장채윤 목사는 「교회와 이단」 1995년 12월호에서 필리핀의 심령술사들의 심령 치료와 다를 바 없는 것이며, 강대에서 많은 군중들이 보는 가운데 마술사들이 행하는 행위와 방불하며 예수 무당쟁이 악령 시술자들에

---

24 같은 책, 157.
25 같은 책, 101, 103, 132, 149, 153.
26 김계화, 『꺼지지 않는 불』, 188.
27 같은 책, 134, 175.
28 「교회와 이단」 1995년 6월호, 115.

불과하다고 비판했다.[29] 할렐루야 기도원의 생수는 치료약제인 과망강산카리 성분이 포함되어 있어 체질이 맞는 환자에게 의학적인 효과가 약간 있는 것뿐인데 여기에 신령적 효과가 있다고 생수에 대한 능을 극대화하고 과대 선전하여 성도들을 현혹하고 있다.

자신이 기도 중에 계시로 받은 물 자체에 '말씀'이 들어 있어 능력이 나타난다고 하여 비성경적 주장을 할 뿐 아니라, 자신의 생수 은사가 박태선의 생수 은사와 동질의 것이라고 주장함으로 스스로 이단임을 자증했다. 그리고 성도들로 하여금 영이신 하나님을 믿고 의지하기보다 눈에 보이는 물리적인 생수에 의지하므로 성도들로 하여금 물활론에 빠지게 하고 있다. 김계화 씨는 기도원의 재산을 자기 개인과 남편과 자녀와 친지와 측근의 이름으로 등기하고 교회용이라고 명분을 내세워 탈세까지 자행하는 불법을 저지르고 있고,[30] 포천, 광주 그 밖에 여러 곳에 불법 건축을 할 뿐 아니라,[31] MBC TV 매독 사건 등으로 기독교의 이미지를 실추시키고 있다.[32] 또한 예배 때 강대상 위에 목사들을 등장시켜 자신의 이단성을 위장할 뿐 아니라 기성 교회나 목사들을 외식자들이나 능력도 받지 못한 자들로 낙인을 찍어 평신도들로 하여금 기성 교회나 목사님들을 신뢰하지 못하게 하고 있다.

7. 연구 결론

김계화 씨는 예장통합 측(1993년)과 본 교단(1996년)과 예장고신 측 등에서 비성경적 사상을 가진 자 내지 이단으로 규정된 바가 있는 사람이다. 결론적으로 김 씨의 성령 수술과 생수 치료는 성경적으로나 교회사적으로 전혀 지지받을 수 없는 이단 사상으로, 성령의 열매라고 할 수 없다. 그럼으로 한국 교회는 성도들이 김계화 씨의 할렐루야 기도원 집회에 참석하는 것과 그의 성령 수술에 참여하는 것을 엄격히 금해야 할 것으로 사료된다. 이상의 사실로 할렐루야 기도원은 이단성이 충분하므로 총회 산하 모든 교회는 성도들의 할

---

29 「교회와 이단」 1995년 12월호, 107.
30 「교회와 이단」 1995년 11월호, 85.
31 「교회와 이단」 1995년 11월호, 87-88.
32 「교회와 이단」 1995년 12월호, 105; 「현대종교」 1993년 5월호, 26-37.

렐루야 기도원 출입을 엄격히 금지함이 옳은 줄로 보고한다.[33]

II. 기타 자료

다음은 한기총이 2001년 김계화(할렐루야 기도원)에 대해 발표한 보고서를 요약한 것이다.

1. 김계화 씨가 만든 '성령수술'은 비성경적이다

김계화 씨는 자신의 손톱으로 환자의 환부를 긁어 떨어진 살점과 그곳으로부터 흘러 응고된 핏덩어리를 가리켜 암 덩어리라고 하는데 이는 자신의 손에서 불이 나가 빠져나온 것이라고 하며, 이를 '성령수술'이라고 한다.[34] 김 씨는 자신의 손을 사도행전 19장 11절의 '바울의 손'에 비유하고, 그리고 자신의 성령 수술을 이사야 1장 25절의 말씀으로 비유하며, 자신의 손에는 희한한 능력이 부여되어 성령의 불의 역사가 나타나 병이 치료되고, 이 신유 은사는 지금껏 우리가 체험하지 못했던 특수한 것이라고 주장한다.[35] 그러나 이사야 1장 25절의 말씀은 암 덩어리를 제거한다는 말이 아니라 이스라엘 민족의 모든 죄악을 제거한다는 뜻이다. 그리고 사도행전 19장 11절에 나타나는 사도인 '바울의 손'과 '김 씨의 손'은 아무 관계가 없는 것이다.

2. 김계화 씨가 주장하는 생수치료는 비성경적이다

김계화 씨가 주장하는 생수란 하나님께서 김 씨에게 "우물을 파라"는 음성을 주심으로 할렐루야 기도원에서 얻었다는 샘물을 가리키는데,[36] 이 물을 '능력의 생수', '구원의 생수'라고도 하며 전국은 물론 외국까지 운반하여 공급하고 있다. 김 씨는 주장하기를 이단자 박태선 씨(천부교의 교주)의 생수 역사도 하나님이 주신 은사였는데 그 은사와 생수가 이제 자기에게 옮겨진 것이라고 하였다.[37] 그러나 김 씨가 주장하는 생수 교리는 그 물을 먹음으로 회개의 영

---

33 "할렐루야 기도원(김계화)," https://m.cafe.daum.net/heresy77/PrDN/4. 2025.06.26. 접속.
34 김계화, 『꺼지지 않는 불』, 108.
35 같은 책, 153.
36 같은 책, 108.
37 같은 책, 192.

이 들어가서 구원을 받게 된다는 것으로, 그 물은 곧 구원의 조건이 되기 때문에 도저히 성경의 지지를 받을 수 없는 교리이다.

3. 김계화 씨의 계시론은 비성경적이다

김계화 원장이 하는 '말'은 일반적인 말이 아니라 '말씀'이라고 한다. 김 씨의 입에서 나간 '말'은 그대로 이루어지기 때문에 곧 '말씀'이요, 김 씨의 입에서 나간 말이 말씀으로 이루어지게 하기 위해서 병이 낫는 것이라고 한다.[38] 김 씨의 말이 그대로 이루어지는 현상을 '말씀이 육화(肉化)'되는 것이라고 하며,[39] 자신의 속에 '말씀'이 계셔서 은사를 행하는 것처럼, 생수도 그냥 물이지만 그 속에 '말씀'이 있으므로 변하지 않고 마르지 않으며 또 '능력의 생수'가 되는 것이라고 한다.[40] 김 씨의 계시관을 따르면 김 씨의 말은 '말씀'으로 곧 '성경'과 동일한 권위를 가지게 되어 이는 이단자들의 전형적인 계시관에 속하는 것으로 비성경적인 것이다.

4. 김계화 씨는 자신을 신격화하고 있다

김 씨는 주의 천사가 자신을 안마해 준다고 하고,[41] 김 씨가 우는 것은 실제로는 성령님이 자신의 안에서 우는 것이라고 하며,[42] 또 김 씨가 자는 사이 곁에서 옷자락을 잡고 자다가 병이 나은 일이 있다고 주장한다.[43] 또한 자기가 의식을 잃고 쓰러져 죽을 뻔하다가 살아난 것을 기념하여 매년 '응답의 날'이라는 '축제'를 열고 있으며, 매일 밤 10시에는 김 씨를 위한 기도의 시간을 가지게 하고 있다.[44]

5. 연구 결론

김계화 씨는 예장통합 측(1993년), 본 교단(1996년), 예장고신 측 등에서 비성

---

38 김계화, 『외길 가게 하소서』, 46.
39 같은 책, 159.
40 김계화, 『꺼지지 않는 불』, 195.
41 같은 책, 158-159.
42 김계화, 『외길 가게 하소서』, 130.
43 김계화, 『꺼지지 않는 불』, 115.
44 김계화, 『외길 가게 하소서』, 147-150.

경적 사상을 가진 자 내지 이단으로 규정된 바가 있는 사람이다. 결론적으로 김 씨의 성령 수술과 생수 치료는 성경적으로나 교회사적으로 전혀 지지받을 수 없는 이단사상으로 성령의 열매라고 할 수 없다. 그러므로 한국 교회는 성도들이 김계화 씨의 할렐루야 기도원 집회에 참석하는 것과 그의 성령수술에 참여하는 것을 엄격히 금해야 할 것으로 사료된다.

 7. 김용두

I. 기타 자료

김용두 목사(인천 주님의 교회)는 합신 제94회 총회(2009)에서 이단으로 규정된 자이다. 다음은 그와 관련하여 합신 측이 발표한 자료이다.

1. 김용두는 누구인가?

김용두 목사가 목회하고 있는 '주님의 교회'는 인천시 서구 심곡동 303-1 새터 빌딩 5층에 자리하고 있는데 본래는 대한예수교장로회 (대신 측) 인천노회에 소속해 있었으나 2009년 4월 13일 열린 정기노회(노회장 이정서 목사)에서 예장 대신 측 헌법 권징 조례 제1장 3조 1항(신앙과 행위가 성경이나 헌법 또는 본 헌법에 의거 제정된 제 규정을 위반한 행위)과 3항(이단〈異端〉행위와 그에 동조한 행위)에 근거하여 제명을 당하였다. 대신 측 인천노회는 그가 주장하는 성령 사역이 비성경적인 것이라고 규정한 것이다.

그는 초등학교 졸업 후에 검정고시로 중고등학교를 마치고 안양대학교 목회학과를 졸업(1991)하고 예장 대신 측에서 안수를 받고, 주님의 교회를 개척하였는데 그가 지은 『내가 너에게 불세례를 주노라』 시리즈를 5권 발행하였고,[1] 성도들로 하여금 성령 춤이라고 하여 추게 할 뿐 아니라, 입신을 하고, 계시를 받는다는 등 이상한 교리에 심취하게 되었다고 한다.

---

1 김용두, 『내가 너에게 불세례를 주노라 1』 (서울: 예찬사, 2005), cf. 이 책은 2005년 8월부터 2008년 7월까지(2권 2005. 3권 2005. 4권 2006. 5권 2008.) 모두 5권의 천국과 지옥의 간증서인『내가 너에게 불세례를 주노라』(예찬사)를 출판하여 올해까지 15쇄나 거듭하였다고 하며, 심지어 해외 집회는 물론 외국어로 번역하여 해외 판매도 예상된다고 한다. 이 글은 이 책자들에 나타난 신비체험 현상을 신학적·성서적으로 고찰하고, 한국 교회와 신자들에게 바른 체험 신앙을 제시하고자 기고하였다(박문수, "김용두 목사의 『내가 너에게 불세례를 주노라』에 대한 분석," https://matsy.tistory.com/7169538. 2025.06.27. 접속. 현재는 6권까지 출판한 상태이다.

2. 문제점
1) 김용두 목사의 우상화 혹은 신격화가 위험하다.
2) 자의적인 성경해석으로 자신의 체험을 깨달았다는 것으로 해석한다.
3) 성경보다 신비주의적인 체험을 신봉한다.
4) 신론에 있어서 신인합일주의를 주장하는 영지주의적 신비 사상에 해당된다.
5) 비성경적인 천국론과 지옥론을 주장한다.
6) 성령의 역사를 주술적으로 변질시키고 있다.
7) 지금도 계시가 계속되고 있으며 계시의 통로는 '직통 계시'라고 이해한다.
8) 불신자의 사후 영이 귀신이라고 믿는 김기동파 귀신론의 동일한 귀신론이다.

3. 결론
결론적으로 김용두 씨의 『내가 너에게 불세례를 주노라』 1~5권의 책과 그의 성령 춤과 성령 불 사역은 성령의 사역을 빙자한 비성경적이요 신비주의적인 행위로서 성도들을 미혹하는 위험한 이단적 사상이라고 하지 않을 수 없다.

II. 기타 자료
여기서 김용두 씨의 저서 『내가 너에게 불세례를 주노라』 1~5권에 나타난 것들을 중심으로 조직신학적인 관점에서 교리적 문제점에 대하여 계시론(성경론), 신론, 인간론, 그리스도론, 성령론, 천사와 귀신론, 천국론으로 나누어서 간략히 살펴보도록 하겠다.[2]

1) 계시론(성경론)
이 책자는 하나님의 말씀보다 신비한 체험에 비중을 둔다. 그래서 "성경 말씀은 이제까지 알 만큼 알았으니, 말로만 믿지 말고 체험을 해야 한다"[3]고 주

---

[2] 박문수 교수(서울 신학대학원 조직신학)의 "김용두 목사의 『내가 너에게 불세례를 주노라』에 대한 분석"을 https://matsy.tistory.com/7169538에 근거하여 정리한 것임을 밝혀둔다.
[3] 김용두, 『내가 너에게 불세례를 주노라 4』 (서울: 예찬사, 2006), 153.

장한다. 이처럼 말씀보다 체험을 중시하는 태도는 성경 말씀의 가치와 목적에 일치되지 않는다. 디모데후서 3장 16~17절은 성경의 유익함에 대하여 "교훈과 책망과 바르게 함과 의로 교육하기에 유익하니 이는 하나님의 사람으로 온전케 하며"라고 말씀하였다. 즉 신앙 체험이 우리의 믿음을 강화해주는 유익함이 있지만, 그러나 성경 말씀은 더 중요한 가치를 가지고 있다는 말이다. 한마디로 성경 말씀은 신자를 온전하게 한다. 그리고 체험은 말씀 신앙을 확증하고 지지하는 역할을 한다. 따라서 말씀과 체험이 건전하게 균형을 이루는 것이 바람직하다.

또 다른 문제가 있다면 이 책자에서 "하나님 안에서의 죽음"이라고 표현하는 입신상태에서 천국에 있는 바울로부터 직접 성서 비평에 가까운 계시를 받았다고 주장한다. 즉 "실제로 천국에 갔을 때 바울 사도에게 물어보았는데 바울은 자신이 감동을 받아 쓴 바울 서신들보다 주의 말씀이 기록되어 있는 사복음서가 훨씬 더 유익하다"[4]고 말해주었다는 것이다. 정통교회는 정경 66권에 대하여 동등한 권위를 부여하고 있다. 각 권마다 하나님의 계시로서 각기 고유한 목적과 기능을 하고 있다는 말이다. 그렇다면 왜 저자는 천국에서 바울에게 '성경에 대한 신학적 비평'을 들어야 하는가? 이런 표현은 저자가 신학교 강의실이 아니라 천상의 사도로부터 직강을 듣는다는, 일종의 직통계시를 주장하려는 시도가 아닌가 생각된다.

2) 신론

이 책자는 하나님을 경박하게 설명하고 있다. 예를 들면, "지금 하늘나라에서는 극성스럽게 예배드리고 기도하는 너희들 때문에 특별한 회의가 열렸어!", "나(성부)는 저들에게 기름을 부어주겠다. 그리고 저들이 기도하다 보면 지칠 수 있으니, 아들아(성자), 너는 저들에게 더 강력하게 능력을 주고, 성령은 불과 기름과 은사를 주자!"[5] "예수님의 머리카락은 금색이며 눈에는 쌍꺼풀이 있다."[6] "예수님의 집에서 한참 찬양하고 있는데 갑자기 어디선가 장엄

---

[4] 김용두, 『내가 너에게 불세례를 주노라 5』 (서울: 예찬사, 2008), 69.
[5] 김용두, 『내가 너에게 불세례를 주노라 1』 (서울: 예찬사, 2005), 71.
[6] 같은 책, 44.

한 음악 소리가 나더니 성령님께서 오셨다."[7] "얼떨결에 본 것은 성령님의 눈인데 아주 예쁜 눈 모양의 모습이 있는 것 같기도 했지만,"[8] 또한, "하나님께서 대뜸 하시는 말씀이 'OO아! 나의 돈가스야!'(예수님이 지어주신 별명) 너 왜 나의 날을 더럽혔느냐? 왜 주일을 거룩하게 지키지 않았지? 내 마음이 심히 슬프고 가슴이 아프구나'라고 하시면서 보좌 앞에 엎드려 놓고 막대기 같은 도구로 대여섯 대를 때리셨다." "OO이는 팔굽혀펴기를 중단하고 개다리 춤을 사정없이 흔들면서 하나님을 기쁘시게 했다."[9] 말하자면, 하나님은 사람들과 별명을 부르며 교제하고, 주일을 지키지 않았다고 체벌한다거나 팔굽혀펴기를 시키고, 사람이 개다리 춤을 추면 기뻐하신다는 것이다. 참으로 황당무계한 주장이다. 하나님과 피조물의 교제가 이런 모습이었던가? 하나님은 보이는 물체가 아니라 보이지 않는 영이시다(신 4:15; 요 4:24). 하나님은 소리를 치시지 않아도 우리의 마음에 말씀하실 수 있는 분이시다(신 29:4; 빌 4:7). 하나님은 실제로 매를 들어 치시지 않아도 우리를 책망하실 수 있는 분이시다(합 1:13; 계 2:4). 이 책자가 주장하는 것처럼 주일을 성수하지 않았다고 체벌하고 팔굽혀펴기를 시키는 분이 참하나님이신가? 하나님은 인간을 대하실 때 외모를 보시지 않고 마음을 보신다(삼상 16:7; 롬 2:11). 그래서 우리가 춤을 추지 않아도 진정 회개하고 믿음으로 나아올 때 기뻐하신다(사 57:15; 히 11:6).

3) 인간론

'다른 복음'이라는 사실은 자신들의 지도자를 신격화하는 일로 입증된다. 이 책자에서도 동일한 경향을 보여준다. "천사가 돌아가기 전에 목사님께 꼭 머리를 숙여 인사를 하고 간다."[10] "(목사님의) 보물창고는 가장 높은 직급의 천사들이 지키고 있었고 귀중한 것이 많았다."[11] "목사님이 설교하면 예수님이

---

[7] 같은 책, 147.
[8] 같은 책, 148.
[9] 김용두, 『내가 너에게 불세례를 주노라 3』 (서울: 예찬사, 2005), 172.
[10] 김용두, 『내가 너에게 불세례를 주노라 1』 (서울: 예찬사, 2005), 70.
[11] 같은 책, 78.

흉내를 내시고 박수도 치고 좋아하신다."[12] "목사님이 기도하는 자리에는 큰 불덩이가 활활 타오르고 있었다."[13] "목사님께서 설교하면 두 명의 천사가 강당 십자가 밑에 앉아서 큰 책에 낱낱이 기록했다."[14] 이런 묘사들은 예수님과 천사와 인간의 관계를 혼란 속에 빠트린다. 하나님이신 예수님은 피조물인 천사와 인간과는 구별된다. 천사도 인간과 동일한 하나님의 피조물이지만 인간보다 뛰어난 부분이 있다. 그리고 인간은 하나님의 형상을 부여받았지만 그렇다고 신적 존재로 높여질 수 없다.

그런데 이 책자는 천사가 김 목사에게 머리를 숙인다거나 목사가 설교하면 예수님이 흉내를 내신다거나 두 명의 천사가 김 목사의 설교를 기록한다는 것은 '인간의 신격화'를 말하는 것이 아닌가? 성경에서 보면 하나님은 예수님을 잠깐 동안 천사보다 못하게 하신 적이 있었다(히 2:7). 그 말은 예수님이 성육하신 상태로서 천사보다 열등한 지위에 있었음을 의미한다. 그렇다면 인간은 천사보다 뛰어나지 못하며 예배와 존경의 대상이 될 수도 없다. 천사는 하나님이 보내셔서 인간을 섬기는(돕는) 존재이다(히 1:14). 따라서 김 목사에게 천사들이 꾸벅 절하고 천국으로 돌아간다는 표현은 천사보다 높은 존재라는 것을 암시한다고 본다.

그리고 아주 결정적인 표현이 등장한다. "나는 지옥의 하늘에 있는 십자가에 매달린 지 수 시간이 지날 때까지 나의 육체는 꼼짝하지 못했다."[15] 이 구절에서 당황스러운 것은 '지옥의 하늘에 십자가가 있다'는 것과 김 목사가 그 십자가에 매달려 예수님의 십자가를 연상하게 만든다는 것이다. 이 말은 지옥에 있는 영혼들이 십자가의 은총을 받을 수 있다는 말이 되어서 제2의 구원 기회설이 추론될 수도 있다. 그리고 저자가 실제로 두 손과 두 발에 대못을 박는 경험을 했다고 표현하는데 내심 자신의 환상 체험과 예수 그리스도의 대속의 죽음을 동일시하지는 않는지 우려가 된다. 성경 말씀에는 "육체와 함께 그 정과 욕심을 십자가에 못 박으라"(갈 5:24)는 표현이 있다. 그것은 오

---

12 같은 책, 108.
13 김용두, 『내가 너에게 불세례를 주노라 2』, 56.
14 같은 책, 186.
15 김용두, 『내가 너에게 불세례를 주노라 4』, 96.

늘날에도 예루살렘에서 십자가 죽음을 재현하고 있는 그런 행위적 의미가 아니라 인간의 정과 욕심을 버리도록 촉구하는 영적 의미로 받아들여야 한다. 따라서 이런 간증들은 지옥과 십자가의 역할에 대한 오해와 김 목사의 신격화를 초래할 위험성이 있다.

4) 그리스도론

이 책자는 천상의 예수님을 외적 형체를 가진 존재이고, 사람의 몸속에 자유로이 출입하는 존재로 묘사한다. 이것은 신인 합일을 주장하는 영지주의 신비 사상에 해당한다. 우선 "예수님의 머리카락이 금색이며 눈에는 쌍꺼풀이 있다. 예수님은 미남이다"[16]라든가 혹은 "예수님이 오셔서 목사님의 몸속으로 들어가시자 설교가 더 강력해지기 시작했다"[17]라는 표현이 등장한다. 앞 인용문에서는 다분히 개인의 선입견(예수의 초상화를 보았던 기억)에 의존하여 천국의 예수님을 설명한다는 것을 직감할 수 있다.

그러나 고고학적 연구에 의하면 예수님의 실제 모습은 오늘의 팔레스타인 주민이나 북아프리카 사람에 가깝다고 한다. 신약성경을 보면 예수님은 500여 명의 사람들이 보는 가운데 지상의 몸 그대로 하늘로 올라가셨고, 본 그대로 다시 오시겠다고 약속하셨다(막 16:19; 행 1:9-11).

따라서 천국의 예수님의 모습은 성경의 설명에 일치해야 마땅하다. 예수님이 사람의 몸에 들어갔다가 나왔다가 한다면 그것은 일종의 접신상태를 의미한다. 성경은 예수님이 사람의 몸속에 들어가는 것이 아니라 '예수의 영'(성령)이 거하는 것이라고 말씀하셨다(롬 8:9; 고전 6:19).

또한 예수님과 관련하여 그의 신성을 모욕하는 내용들이 등장한다. "예수님께서는 개고기는 영적으로 유익이 별로 안 되니 가급적 안 먹는 게 좋다고 하셨다. … 예수님은 '개는 음란한 짓을 많이 하는 짐승이니 영적으로 약해질 수 있다'라고 말씀하셨다."[18] "빨간 색의 스포츠카에 예수님께서 카레이서 같은 복장의 멋진 모습으로 앉아 계셨다. … 지금부터는 이 차를 타고 쇼핑을

---

16 김용두, 『내가 너에게 불세례를 주노라 1』, 44.
17 같은 책, 66.
18 김용두, 『내가 너에게 불세례를 주노라 3』, 168.

하자꾸나."[19] "주님은 '그래 극장에서 상영하기 전 시사회 할 때 보았느니라' 하고 말씀하셨다."[20] "공항으로 향하는 버스에 올랐는데 주님께서도 세 개 정도의 보따리를 갖고 천사들과 동행하셨다."[21]

정통교회는 성경에 따라서 예수 그리스도는 참하나님이시며 참인간이시라고 고백한다. 빌립보서 2장은 그 사실을 잘 묘사해 준다. 즉 그는 본래 하나님의 본체이시고 동등하신 분이시다(6절). 동시에 자신을 비어 종의 형체를 가지시고 사람들과 같이 되셨다(7절).

그런데 이 책자는 예수님을 감각적인 존재로 묘사한다. 즉 '21세기의 예수'를 만들고 있기 때문이다. 예수님이 개가 음란한 짐승이라고 말했다거나 예수님은 카레이서처럼 복장을 갖추고 쇼핑을 다닌다거나 극장 시사회에 가서 미리 영화를 관람한다거나 성지여행을 위해서 보따리를 싸서 신자들과 동행하였다거나 하는 적나라한 표현들을 어떻게 받아들일 수 있겠는가? 성경 말씀이 말하지 않는 그 이상의 것을 말하려는 유혹은 바로 사탄의 속삭임이다. 이런 간증들은 하나님을 인간의 범주로 끌어내리는 신성모독이 아닌가 생각된다.

5) 성령론

가장 민감한 문제는 성령론에 관련되어 있다. 저자는 성령의 불세례를 강조한다. 성경에서 처음으로 불세례를 언급한 곳은 마태복음 3장 11절(눅 3:16)이다. 즉 "나는 너희에게 회개케 하기 위하여 물로 세례를 주거니와… 그는 성령과 불로 너희에게 세례를 주실 것이요"라고 말씀하고 있다. 여기에서 불세례는 '회개를 일으키는 죄에 대한 심판과 정화'를 의미한다.

또한 오순절 운동사에서도 불세례가 등장하는데, 그것은 '죄의 세력에 대해 승리하는 성화의 능력부여'로 이해되었다. 즉 성령이 불과 같이 임하면 강력한 회개가 일어나고 담대하게 복음을 전하게 되어 영적 각성을 일으키는 부흥 운동이 일어난다는 것이다. 그런데 불세례 운동을 일으킨 어윈의 경우

---

19 김용두, 『내가 너에게 불세례를 주노라 4』, 133.
20 같은 책, 159.
21 김용두, 『내가 너에게 불세례를 주노라 5』, 104.

불세례를 불의 세기로 구분하여 더 뜨거운 불을 받아야 한다고 강조하므로 불세례 운동을 왜곡시킨 장본인이 되었다. 그것은 성령을 인격(person)이 아니라 능력(power)으로 받아들인 까닭이다.

또한 이 책자는 성령의 불세례를 주술적 능력으로 설명한다. 예를 들어, "내 몸 안에 있는 불들은 강력한 공격형 무기로 바뀌어 화염방사기처럼 강력하게 발사되었다."[22] "우리가 '성령의 독가시!' 하면 우리에게서 독가시가 자동적으로 발사되었다."[23] "성령의 불! 하면서 소리 나는 곳을 향하여 외쳤는데 (성미를 훔쳐 먹던) 쥐의 뇌와 내장이 터졌다."[24]

이런 황당한 주장은 '주술적 능력을 위로부터 받는 것'이라고 믿고 있음을 말해준다. 더 나아가 종종 주술적 능력의 전이를 말하고 있다. "설교하실 때마다 성령님의 불이 나에게 쉴 새 없이 들어왔다", "어이구 신난다. 더 강하게! 더 뜨겁게! 예수님께서 목사님의 몸에 손으로 부채질하시며 불을 집어넣으시는 것 같았다. 목사님께서는 아휴 뜨거워 하시고는 펄쩍펄쩍 뛰면서 설교하셨다."[25] 이런 것을 성령의 역사라고 한다면 기독교와 주술이 무슨 차이가 있는가?

또한 '방언 기도'와 '성령 춤'은 귀신을 몰아내거나 병 고치는 신유 사역이라고 주장한다. "모두 방언 기도를 하니 마귀들은 하나둘씩 나가떨어져 버리고 말았다."[26] "예수님은 나에게 성령 춤을 통하여 병 고치는 사역을 할 수 있다고 하셨다." "성령 춤을 통해서 병을 고치려면 적어도 대학교 2, 3학년 수준은 되어야 한다."[27]

마가복음 9장에는 예수님이 귀신을 쫓아냄으로 병 고치시는 기사가 나타난다. 예수님은 말씀의 권세로 귀신에게 명령하여 쫓아내시고 병을 고치셨으며 일으켜 세우셨는데(25~27절), 제자들에게는 기도 외에는 귀신들이 나갈 수 없다고 하셨다(29절). 즉 귀신 추방이나 신유 사역은 철저하게 예수님의

---

22 김용두, 『내가 너에게 불세례 주노라 4』, 27.
23 같은 책, 213.
24 같은 책, 244.
25 김용두, 『내가 너에게 불세례를 주노라 1』, 159.
26 같은 책, 175.
27 김용두, 『내가 너에게 불세례를 주노라 2』, 284.

권세에 의존한다는 뜻이다. 그러므로 특정한 수단, 즉 방언 기도나 성령 춤 그 자체가 귀신을 몰아내고 병을 고치는 것으로 오해해서는 안 된다.

또한 이들은 성령의 신비한 은사들을 경험하고자 집중하고 있다. 즉 영안이 열리기를 간절히 사모하고 있다. "세상의 하늘은 육신으로 볼 때는 파랗지만 영적으로 보면 마귀들이 너무 많아 새까맣게 보인다. 교회에서 기도한 후 집에 도착하여 침대에 잠깐 누웠는데 악한 영들의 실체가 보이기 시작했다. 악한 영들의 크기는 날파리나 모기, 하루살이 같은 작은 것들에서부터 시작하여."[28] 이것은 '표적과 기사'를 구하는 감각적 신앙을 자극하는 표현이다. 더 나아가 생명이 없는 사물과도 대화하는 대물 방언을 하게 되었다는 간증도 등장한다. "스타렉스가 '안 돼요! 싫어요! 저를 주지 마세요'라고 말하는 바람에 깜짝 놀랐다."[29] 이런 극단적인 경험들은 신자들이 무익한 것에 마음을 쏟게 하는 것이 아닌지 우려된다(사 44:9; 딛 3:9).

그런데 더욱 황당한 것은 다음의 글에서 발견된다. "예배 시간에 성령의 강력한 기름 부으심이 넘치고 흘렀으며 … 숫자를 헤아릴 수 없이 많은 천사가 천국에서 왔는데 … 큰 캠코더를 가지고 춤을 추면서 … 예수님도 큼직해 보이는 카메라가 들려 있다."[30] 즉 성령의 강력한 기름 부으심이 넘칠 때 영안이 열려 큰 캠코더를 들고 촬영하는 천사들과 예수님을 보았다는 것이다. 도대체 성령의 기름 부으심이란 무엇인가? 예배자가 예배 시간에 누리게 될 환희를 위하여 성령께서 기름을 부으시는 것인가? 또한 천사와 예수님이 카메라를 들고 예배를 촬영하는 것은 무슨 이유 때문인가? 성경의 '기름 부으심'은 성별과 사명 부여를 의미하므로 남용해서는 안 될 것이다(시 20:6; 단 9:25; 행 4:27; 10:38). 그리고 천사와 예수님은 영적 존재이므로 카메라를 돌려야 할 필요가 전혀 없다.

또한 이 책자는 자신들의 성령 체험들을 비판하는 정통교회에 대하여 성령 훼방죄로 정죄한다. "성령 훼방죄는 사하심을 받지 못하는 이유 때문에 드러내기를 몇 번이나 망설이고 망설였으며 그로 인하여 한국 교회가 받을

---

[28] 김용두, 『내가 너에게 불세례를 주노라 4』, 176.
[29] 같은 책, 119.
[30] 같은 책, 230-231.

충격과 여파를 생각하면 참으로 조심스럽다. … 방언이나 예언 통변을 무시하거나 아예 반대하는 경우 … 이외에도 인본주의적 시각을 가지고 잘못 주장하는 것까지 포함한다면….".[31] "저희를 이단으로 몰아가려는데 그쪽을 보시는 주님의 눈은 어떠십니까? 예수님은 내가 그들은 그들대로 무서운 심판을 하리라."[32]

마가복음 3장 29절에서 성령 훼방죄가 등장하는데 그것은 '신성모독'을 의미한다. 정통교회가 이단자들을 비판하는 것은 성령을 비판하는 것이 아니라 그들의 행태를 비판하는 것이다. 오히려 이 책자는 정통교회의 비판에 대해 성령 훼방죄로 정죄하고 하나님을 대신하여 심판을 선고하고 있다. 물론 정통교회의 비판이 절대시 되는 것은 위험하지만, 건전한 성령 운동을 하는 사람이라면 비판을 받아들이고 자신을 돌아보는 겸손이 있어야 한다(요일 4:1).

6) 천사와 귀신론

이 책자는 영계를 출입하는 교인들의 간증 모음집이다. 이 교회의 신자들은 매일 저녁마다 방언 기도회(21:30-07:30)에 참석하여 예수님이 환상 중에 나타나 자신들을 천국이나 지옥으로 인도하는 경험을 하고 있다. 그 내용을 보면 기도하는 중에 천사들이나 혹은 여러 귀신들이 나타나 천국과 지옥을 왕래하게 하고 또는 겁을 주거나 시험을 하는데 그 간증들은 대부분이 황당무계한 내용들이다. 우선, 천국의 천사들은 그 수가 많으며 신자들의 집(고층 아파트)을 부지런히 건축하고 있다고 말한다. 즉 "예수님을 따라서 갔는데 많은 천사가 분주히 다니고 무슨 공사를 하고 있었다."[33]

또한 천사들에게 각기 공로에 따른 직급이 있다고 주장한다. 즉 "천사들은 … 지상에서 올라오는 건축 재료들을 쌓고 있는데 … 조금이라도 잘못하면 책망을 받고 제대로 쌓으면 칭찬과 함께 직급이 올라가기 때문에 온 마음과 정성을 다해서 쌓는다"고 말한다. 일면 받아들일 수 있는 측면이 있다.

그러나 다음의 문장들은 너무도 빗나간 경우들이다. "날개가 2개 달린 천

---

[31] 같은 책, 246-248.
[32] 김용두, 『내가 너에게 불세례를 주노라 5』, 162-163.
[33] 김용두, 『내가 너에게 불세례를 주노라 1』, 74.

사보다 4개 달린 천사가 직급이 훨씬 높고 강하다. 목회를 크게 잘하는 목사들은 그만큼 능력이 있기 때문에 천사의 날개가 6개다."[34] 특히 수호천사의 날개 수가 목사의 등급을 말해준다니 아주 황당한 주장이다. 목회자는 천사의 능력에 의존하는 것이 아니라 엎드려 성령의 능력을 구하므로 성공적인 목회를 감당하는 것이다. 요즘, 교회사에서 오랜 논쟁거리인 수호천사가 관심을 끌고 있다. 이 수호천사 개념은 히브리서 1장 14절의 말씀, "모든 천사들은 '부리는 영'으로서 구원 얻을 후사들을 위하여 섬기라고 보내심이 아니뇨"를 잘못 받아들인 결과이다.

문제의 핵심은 하나님이 수호천사를 각 신자에게 보내주셨는데 그 수호천사를 신자가 마음대로 부릴 수 있다는 것이다. 그래서 어떤 사람은 신자는 '천사 동원권'을 가진다고까지 주장한다. 이 본문에서 '부리는 영'이란 '섬기는 영'을 잘못 번역한 것이며 천사가 하나님의 뜻에 의존하여 사역하는 영임을 말하지, 인간 마음대로 부릴 수 있다는 의미가 아니다.

이 책자는 다양하고 구체적인 모양을 한 많은 귀신을 소개한다. 심지어는 떼어 낸 눈알과 같이 생긴 귀신이 통통 튀면서 등장하기도 한다. 자신 안에 들어 있는 귀신들의 정체에 대해서도 잘 알고 있는 경우도 있다. "나의 몸속에 들어 있는 귀신들은 지옥의 왕인 사탄의 특별명령으로 왔다"[35]고 말한다. 그리고 "예수님이 자신을 지옥의 왕 마귀인 사탄에게 데리고 가셨다"[36]고 말하기도 한다. 더 나아가 현대인들의 문화생활에 귀신들이 깊이 침투한 사실을 간증함으로 반문화주의 태도를 드러내기도 한다. "오늘날의 그리스도인들은 마귀의 세력에 속수무책으로 당하고 있다."[37] 즉 텔레비전이나 컴퓨터에서도 귀신이 나와 들여다보는 신자에게로 들어갔다고 말한다.

또한 문제가 되는 구절은 예수님이 다가오시는데 갑자기 귀신으로 돌변하였다거나 예수님이 옆에 계시는데도 귀신에게 "이런 미친놈의 귀신을 봤나."[38] "야 네가 그 개똥인가 사탄인가 하는 왕 마귀냐 이 개ㅇㅇ야!"[39]하며 욕

---

[34] 김용두, 『내가 너에게 불세례를 주노라 2』, 241.
[35] 같은 책, 36.
[36] 같은 책, 201.
[37] 김용두, 『내가 너에게 불세례를 주노라 4』, 20.
[38] 김용두, 『내가 너에게 불세례를 주노라 2』, 93.
[39] 같은 책, 201.

을 했다는 표현들이다. 특히 예수님이 갑자기 귀신으로 변한다면 이 사실을 어떻게 받아들여야 하는가? 지금껏 예수님으로 나타난 존재를 귀신으로 볼 수도 있는 문제가 발생한다. 그리고 귀신에게 쌍욕을 해야 귀신이 물러간다면 이런 행위가 과연 예수 이름으로 귀신을 물리치는 것과 어떤 상관관계가 있는가? 우리는 필요 이상으로 귀신론에 집착하면 온통 귀신 천지가 될 수 있음을 명심해야 한다. 오히려 성도는 항상 선한 일에 열심하는 삶을 살아야 한다(딛 2:14). 따라서 우리의 초점이 그리스도에게 있어야지 귀신에게 집착하는 일은 결코 유익함이 없다.

7) 천국론

저자는 천국을 현실의 연장으로 이해한다. 즉 "천국에 목사님의 집은 340층이었고, 평수로는 인천 시보다 조금 더 크다."[40] "천국에는 이 땅에서 교통수단으로 사용하는 택시나 버스, 기차, 탱크 등 모든 것들이 다 있다."[41] "십일조를 잘하고 목사에게 충성하며 봉사를 많이 하는 사람은 천국의 큰 집에서 살 수 있다"라고 주장한다. 이런 주장은 천국에서의 삶에도 빈부의 격차가 있다는 말이다. 물론 이런 표현들은 '상급'을 의미한다고 말하고 있지만, 다분히 세속적 자본주의 가치관이 내재하는 표현들을 쏟아내는 것이다. "목사님의 집이 벌써 900층이 넘었으며 내 집은 700층이었고, 수많은 천사들이 집을 세우는 공사를 하고 있다"(3권, 90쪽). 그러므로 천국은 지금 성도들이 올라와 거처할 수 있는 '고층아파트 건축'이 한창이라는 것처럼 들린다.

천국은 어떤 이들이 들어가는가? 이 책자는 다음과 같이 말한다. "예수를 믿으면서도 피를 먹고 회개치 않고 죽어서 가는 지옥을 보여주셨다."[42] "지옥에 갔을 때 주님께서는 주일날 돈 쓰는 사람들이 가는 지옥을 보여주었는데 그 지옥은 폭포지옥이었다. 폭포지옥은 이상하게도 물 색깔이 검은색이었으며", "주일날 일하는 사람들이 가는 지옥을 보여주셨는데 아이스크림 지옥이

---

40 김용두, 『내가 너에게 불세례를 주노라 1』, 76.
41 김용두, 『내가 너에게 불세례를 주노라 5』, 114-115.
42 같은 책, 218.

라고 말씀하셨다."[43] 이 책자는 예수를 믿지만 율법을 범한 사람이나 주일을 온전히 성수하지 않고 거래를 하거나 일하는 사람은 지옥에 간다고 말하여 행위 구원론을 강조한다. 그러나 성경은 믿음 구원론을 가르친다(엡 2:8; 롬 1:17). 행위는 믿음으로 말미암은 구원의 결과인 것이다(약 2:17).

또한 이 책자는 천국에 입장하려면 '출입증'이 있어야 한다고 주장한다.[44] 중세 가톨릭교회가 연옥에 있는 성도를 위해 면죄부를 구입하면 즉각 천국에 입장하게 된다고 미혹했던 역사를 기억하는가? 예수님은 그렇게 가르치시지 않았다. "회개하라 천국이 가까웠느니라"(마 4:17), "너희 의가 서기관과 바리새인보다 더 낫지 못하면 결단코 천국에 들어가지 못하리라"(마 5:20), "다만 하늘에 계신 내 아버지의 뜻대로 하는 자라야 천국에 들어가리라"(마 7:21). 천국 입장은 '출입증'이 필요한 것이 아니라 하나님의 뜻대로 회개하고, 바리새인들보다 진정 의로워야 하며, 온전히 순종하는 성도가 들어간다.

이것이 진정한 성령 운동이 될 수 있을까? 이 책자는 왜곡된 성령 운동의 부산물이다. 이 책자의 심각한 문제점은 하나님의 말씀보다 신비체험을 강조하고, 삼위일체의 하나님을 인간 수준으로 끌어내리고, 신이 인간에 들어가 합일되는 신비주의를 주장하고, 지도자를 신통한 존재로 묘사하여 신격화하고, 불세례를 주술적 능력으로 해석하고, 방언 기도와 성령 춤이 귀신 추방과 신유의 능력이며, 수호천사들의 능력에 따라 목회의 성공이 좌우되고, 귀신과의 영적 전쟁에 몰입하도록 유도하고, 천국에는 빈부의 격차가 있고, 천국에 들어가는 것은 행위로 가능하다는 해석의 여지를 제공하고 있다. 그러므로 이 책자의 주장들은 성서적 근거를 제시할 수 없는 경험적인 것들이다.

성령 운동에 대해 어떤 사람들은 관대함을 주장한다. 몰트만이 지적한 것처럼 오랫동안 기독교가 '성령 망각증'에 걸려 성령론에 관심을 두지 않았지만 오늘날에는 '성령의 자유로운 역사하심'을 기대해야 한다고 주장한다. 반대로 성령 운동에 대해 여전히 반대하는 입장은 '은사 중지론'을 주장한다. 즉 성령의 다양한 은사 체험들은 성경 시대에 적합한 것이고 그때에 모두 종

---

[43] 같은 책, 219.
[44] 김용두, 『내가 너에게 불세례를 주노라 3』, 68.

결되어 오늘에 반복될 수 없다고 본다.

그러나 포스트모던 사회에서는 오히려 성령의 은사들은 더욱 다양하고 풍부하게 경험될 수 있다고 본다. 그렇다고 무분별하게 각종 은사 체험을 모두 성령으로부터 온 것이라고 말할 수 없다. 그래서 사도 요한은 "사랑하는 자들아 영을 다 믿지 말고 오직 영들이 하나님께 속하였나 시험하라 많은 거짓 선지자가 세상에 나왔음이니라"(요일 4:1)고 권면하였다.

이 책자를 읽고 난 후, 발견한 문제점들이 있다. 그것들을 정리하면 다음과 같다.

첫째로, 천국과 지옥의 입신 체험이 상당히 주관적이라는 것이다. 자신의 심리적 기대와 선험적 기억들이 착각을 일으킬 수 있다. 즉 성령의 인도하심 중에 실제로 천국과 지옥을 경험하는 것과 인간적인 심리적 기대 사이에서 그 빈틈을 악한 영이 노릴 수 있다는 말이다.

둘째로, 저자인 김 목사의 신격화를 우려하게 되었다.

셋째로, 날마다 기도하는 중에 예수님과 천사가 나타나 자신들을 천국과 지옥으로 데리고 간다는 말은 이미 이들이 신비주의에 빠져 있음을 말하고 있다. 기독교의 특성은 신비적 요소들이 많지만, 신비적인 것만을 추구하는 신비주의는 아니다.

넷째로, 이 책자가 말하는 종말론적인 천국은 빈부의 격차가 있고, 상급으로 주어지는 고층아파트와 각종 현대문명으로 가득한 자본주의 냄새가 풍기는 곳이다. 그러나 예수님이 선포한 하나님의 나라가 정작 이런 것일까?

다섯째로, 성령의 불세례는 주술적 능력이고 그 능력은 전이가 가능하다고 주장하고 있다. 오늘날에는 성령의 다양하고 풍성한 은사들이 계발되어야 한다. 그러나 방언 기도나 성령 춤과 같은 것이 귀신 추방이나 신유 능력의 원천으로 오해되고 남용되어서는 안 된다.

마지막으로 영안이 열려서 천사와 귀신들의 영적 실체를 보게 되었다고 하는데 여기에 집중하는 것은 우리 신앙에 전연 무익한 일이다. 수호천사 개념도 성령의 역할과 충돌을 빚을 수 있고, 신인 합일의 영지주의 사상에 일치한다고 본다.

 **8. 김용의(순회선교단)**

I. 총회 자료
다음은 총회 이단(사이비)피해대책조사연구위원회에서 제105회 총회에 발표한 연구 보고이다.

1. 김용의 선교사의 주장을 약술하면 다음과 같다

김용의 선교사의 주장은 자신의 저작인 『다시 복음으로』(2015), 『십자가의 완전한 복음』(2016), 『진리가 결론되게 하라』(2017) 그리고 『복음을 영화롭게 하라』(2019) 등에 잘 나타난다. 특히 복음학교 강의 교재인 자신의 신학사상을 총체적으로 정리한 『복음을 영화롭게 하라』는 책에 그의 생각이 잘 정리되어 있다. 김용의 선교사의 복음학교 신앙 훈련프로그램의 일관된 중심 주제는 '복음의 실제'이다. 신자들에게 실제화되지 못한 복음에 대한 안타까움과 복음의 실제를 회복시키려는 열정이 그를 움직이고 있다. 그는 '복음의 실제'를 강조하면서 복음이 무엇인가를 먼저 정의한다. 그는 복음의 중심은 예수 그리스도임을 잘 파악하고 있다. 그는 타락한 인간은 자아 중심의 죄를 청산하기 위해 전적으로 그리스도의 속죄의 은총에 의존해야 함을 강조한다. 십자가의 복음으로만 가능하다고 말한다. 그리고 그것은 바로 성령의 사역이 동반해야 가능하게 된다. 성령의 능력을 힘입지 않고 아무도 복음의 진리를 깨달을 수 없다. 이러한 복음은 완전하며 오류가 없음을 확실히 믿어야 한다는 것이다. 그래서 복음의 진리를 깨달은 자들은 현실에서도 영화로운 삶, 즉 복음의 실제적인 삶을 살아야 함을 강조한다. 그의 실제적인 삶은 최종적으로 선교와 연결되어야 한다는 것이다.

2. 그의 복음에 대한 바른 이해에도 불구하고 복음의 적용에서 몇 가지 문제점들을 지적할 수 있다

첫째로 성령의 사역을 강조하면서 삼위일체 교리에 대한 불분명한 표현을 하고 있다. 예수님을 성령과 동일시하는 표현이 있다(『복음을 영화롭게 하라』, p. 741). 그리고 삼위일체를 성령 중심의 단일신론 오류에 빠뜨릴 수 있는 표현이 있다.

둘째로 김용의 선교사의 가장 위험한 논지의 기본 틀은 '유사논리 구조'에 빠져 있다는 것이다. 이 논리에 의해 가능하지 않은 '복음의 실제화'가 완전하게 이루어진다는 극단적 주장을 한다.

셋째로 복음의 완전한 실제화를 주장하므로 완전주의에 빠지게 된다. 김용의 선교사는 교리적으로 '완전한 성화론'를 인정하지 않지만 복음이 완전하므로 완전한 삶을 살아야 한다고 주장하므로 결과론적으로 '완전한 성화론'에 빠지는 위험이 있다.

넷째로 복음의 사실을 받아들이는 일과 복음을 삶속에서 실제화하는 과정에서 지속적인 인간의 자유의지의 결단을 촉구한다. 성령의 절대적인 역사하심과 도움으로 가능하다는 사실과 인간의 결단을 결부시키는 유사논리 구조에 빠진다. 물론 믿음생활에서 인간의 결단이 있어야 된다는 것은 성경적이다. 그러나 인간의 결단이 있어야 한다는 것과 인간의 결단이 하나님의 은혜를 받게 되는 절대적인 주체 세력이 되어야 한다는 것은 별개의 문제다. 인간의 결단에 의해 우리가 복음을 믿게 되고 복음의 실제적인 삶을 살게 되는 것이 아니다. 복음을 믿게 된 것도 하나님의 은혜요 복음의 삶을 사는 것도 하나님의 은혜다. 하나님이 하시는 일이다. 인간의 결단을 하나님의 은혜보다 앞세우면 아르미니안주의에 빠지게 된다. 김용의 선교사는 공개 죄 고백프로그램을 통해 이러한 결단을 촉구한다.

다섯째로 김용의 선교사는 복음의 실제화를 주장하면서 기존 교회의 신앙과 가르침 그리고 신학교육을 거부한다. 그의 대부분의 강의는 기존 교회의 신앙생활에 대한 부정적인 견해를 전제로 진행하고 있다.

여섯째로 그의 세계관은 역사 가운데 실현되어야 할 총체적인 복음의 삶을 완전히 무시한 채 선교적 종말론에 치우쳐 있다.

3. 연구 결과

김용의 선교사의 신학사상은 이단이라고 단정할 수는 없으나 몇 가지 주의를 요망한다.

첫째, 김용의 선교사의 '유사논리 구조'를 주의해야 한다. 유사논리 구조란 사실과 자신이 전달하고자 하는 암시를 결합하면 가상의 논리적 구조가 만들어지고 상대는 그것을 수용하게 되는 논리이다.

둘째, 김용의 선교사 강의의 완전주의 경향을 주의해야 한다. 김용의 선교사는 복음의 사실을 받아들이는 일과 복음을 삶속에서 실제화하는 과정에서 지속적인 인간의 자유의지의 결단을 촉구한다. 이는 인간의 행위를 강조함으로 아르미니안주의에 빠질 우려가 있다. 따라서 교인과 젊은이들이 그의 주장에 현혹되지 않도록 경계를 해야 하며 그의 집회와 훈련프로그램에 참여를 금지하는 것이 옳다고 사료된다.

9. 김풍일(김노아)

총회는 2017년 9월 18~22일 전북 익산 기쁨의교회에서 열린 102회 총회(총회장 전계헌 목사)에서 세광중앙교회 김노아 목사에 대해 1년간 예의 주시하기로 한다고 결의했다. 총회 이단(사이비)피해대책조사연구위원회(이대위, 위원장 진용식 목사)는 김노아 목사의 이단 사상을 15가지로 분류해 비판했다. 기본 텍스트는 '김풍일'(김노아 목사 전 이름)이란 저자명으로 발행한 『保惠師』(1996년, 473쪽)였다.[1]

이대위는 김 목사의 사과문이나 해명 설교에 대해서도 "일부에서 보혜사에 대한 잘못을 지적하므로 이 점에 대해서만 변명을 했지만, 다른 문제들은 전혀 언급치 않고 있다"며 "그는 자신의 주장을 번복하는 사례들이 있기 때문에 그의 사과문이나 해명 설교 등은 믿을 수가 없다"고 지적했다. 이대위는 "7년 전 회개하고 사과문을 낸 후로 자신의 이단성 있는 교리를 수정하였으며 자신의 교리 책자를 폐기하고 판매 금지하였다고 해명한다"고 하였지만 "이와 같은 문제들이 분명하게 밝혀질 때까지 1년간 예의 주시하기로 한다"고 결의했다.[2]

I. 총회 자료

다음은 총회 이단(사이비)피해대책조사연구위원에서 제103회 총회에 발표한 연구 보고이다.

---

1 "자칭 보혜사 논란 김노아 목사, 1년간 더 지켜본다," https://kkho1105.tistory.com/19931. 2025.06.27. 접속.
2 같은 자료.

1. 서론

김풍일은 새빛등대중앙교회 목사로 김노아라는 이름을 사용하고 있다. 김풍일은 교회 이름을 지속적으로 변경하였다. 한국예수교 '실로 교회'에서 실로등대중앙교회로 그리고 새 빛 등대 중앙교회에서 세광중앙교회로 변경하였다. 현재 교단은 예장 성서총회라는 명칭으로 한기총에 가입이 되어 있다. 김풍일은 '짝' 이론으로 성경의 가르침을 왜곡시키고 있다. 예를 들면 천국과 낙원, 구름, 보혜사, 추수꾼, 생명나무, 동방, 천년왕국 등의 해석은 성경의 가르침에 반한다. 그의 짝 이론은 유사한 성경 구절들을 구약에서부터 신약에 이르기까지 짝으로 대비시키면서 엉터리 해석을 통해 자신의 주장을 펴고 있다. 그중에서 그의 주장을 이단적이라고 말할 수 있는 대표적인 것은 그의 보혜사론이다. 그는 1996년 473쪽에 달하는 『保惠師』란 책을 출판하였다. 이 책을 중심으로 그의 이단사상을 우선 논하고 다른 저서들(『生命나무』, 『啓示錄 실상 上下』, 『永遠한 福音 새 言約』, 『譬喩와 實狀』, 『씨의 秘密과 예수 誕生』, 『生命 나무』)의 이단적인 사상을 정리하려 한다. 이단으로 규정할 수 있는 가장 반성경적인 가르침의 하나는 자신을 "또 다른 보혜사"로 암시하면서 말세에 나타날 이긴 자, 대언자, 선지자, 심판자로 가르치는 경우이다. 지금까지 이단으로 규정된 대부분의 이단들은 이와 같이 자신을 말세의 종으로 암시하거나 지칭하였다. 그리고 자신의 가르침을 성경적 진리로 절대화한 것이 문제가 되었다.[3]

2. 본론

1) 김풍일은 자신이 보혜사임을 암시하고 있다

"전술한 바와 같이 보혜사(保惠師)는 영적인 존재가 아니요 진리를 구하는 모든 자의 대언자요 변호자요 상담자이다. 다만 참보혜사의 사명자가 받은 성령은 진리의 성령(요 15:26)인 것을 깨달아야 할 것이다."[4]

---

[3] 같은 자료.
[4] 김풍일, 『보혜사』, 3.

2) 김풍일은 보혜사는 영이 아니고 사람이라고 주장한다

"보혜사, 협조자, 대언자, 변호사 되신 예수님은 영이 아니고 사람으로 오셨기 때문에 고난의 십자가를 지셨던 것이다. 이로써 보혜사(保惠師)는 영이 아니고 사람이라는 것을 알아야 한다."[5]

3) 김풍일은 이중 보혜사론을 주장한다

"보혜사를 사람으로 보지 아니하고 성령이라고 말하는 오늘날 이 세대에 위와 같이 혁명적인 논제를 편 것은 대단히 다행한 일이며 큰 개혁적인 새 말씀이라고 할 수 있다. 전술한 내용과 같이 예수로 온 파라클레트가 있고 또 다른 파라클레트가 있으며 그는 예수를 계승하는 또 다른 페라클레트라고 한 신학적인 사실에 대하여 놀라움을 느낀다. 이 … 성경은 보혜사와 또 다른 보혜사로 구분하고 있다."[6]

4) 김풍일은 자신을 통달 성령을 받은 자로 암시한다

"진리는 말씀이라고 하였고 진리의 성령은 모든 진리 가운데로 인도한다고 하였으므로 보혜사 성령 곧 진리의 성령을 받으면 진리의 모든 것을 알고 또한 모든 사람들을 모든 진리 가운데로 인도하는 자가 된다. 그러므로 보혜사 성령 곧 진리의 성령을 받은 자는 통달 성령을 받은 자인 것을 알 수 있다. 우리 모두는 진리의 성령, 통달 성령을 받은 자를 통하여 우리도 진리의 성령, 통달 성령을 받을 수 있는 것이다."[7]

5) 김풍일은 예수의 육체적 재림을 부인하고 빛으로 오신다고 주장한다

"번개가 동편에서 번쩍하여 서편까지 비추는 것같이 오시는 주심을 어떻게 볼 수 있겠는가? 이는 육체로 오시는 주님이 아니요 번개와 같이 빛으로 오시는 주님인 것을 알 수 있다."[8]

---

[5] 같은 책, 44-45.
[6] 같은 책, 51.
[7] 같은 책, 66.
[8] 같은 책, 84.

6) 김풍일은 이 세상의 교권주의자들은 이미 심판을 받았다고 주장한다

"… 이 세상 임금이 이미 심판을 받았다는 사실로써 재판을 받지도 아니하고 이미 구원의 길을 잃어버린 것이다. 이 세상 임금은 '또 다른 보혜사'가 출현함과 동시에 이미 지옥 가기로 결정되었으므로 재판받을 필요도 없이 멸망받을 자로 결정된 것이다. 이 세상 임금이란 누구를 지칭한 말인가? … 이들이 세상에서 정치와 상관한 음녀들이요 교권주의자들이요 교주들이다. 이들이 땅에서 거룩한 백성들 앞에서 임금 노릇을 한 가증한 자들이다."[9]

"전술한 말씀들을 통하여 정리하면 이 세상 임금이란 곧 오늘날 종교지도자들이요 교권주의자들이다. '또 다른 보혜사'가 출현함과 동시에 이미 심판을 받은 자들로서 선고를 받은 자들이다."[10]

7) 김풍일은 다른 보혜사인 자신은 하나님을 본 자라고 암시한다

"… 하나님께로서 온 또 다른 보혜사는 하나님을 본 자요 하나님의 가르침을 받은 사람이요 성령을 한량없이 받은 자이다."[11]

8) 김풍일은 계시록의 작은 책을 받아먹은 자인 자신이 사명자임을 암시한다

"하나님은 인봉된 책을 가지시고 예수님은 인봉된 책을 받아서 펴심으로 개봉된 책이 되게 하셨으며 예수님의 손에 있는 펴 놓인 작은 책을 달라고 하니 예수님께서 먹으라고 하므로 작은 책을 받아먹은 자가 있으니 이는 예수로부터 받아먹은 자이므로 예수 아니 다른 사명자를 상징하고 있다."[12]

9) 김풍일은 작은 책을 받아먹은 자인 자신이 계시록의 참뜻을 알 수 있다고 주장한다

"오늘날까지 계시록에 숨겨진 예언의 참뜻을 알 수 없었던 것은 하나님의 정하신 때가 되지 아니하였기 때문이요(전 3:1) 또한 지금까지 작은 책을 받아먹은 자가 출현하지 아니하였으므로 다시 예언되는 말씀을 듣지 못하였기 때

---

9   같은 책, 86-87.
10   같은 책, 88.
11   같은 책, 96.
12   같은 책, 105.

문이다."[13]

10) 김풍일은 자신이 시온산의 어린양이며 14만 4천 명이 자신의 추종자라고 주장한다
"그러므로 또 다른 보혜사 곧 시온산 어린양은 십사만 사천 인에게 새 노래를 가르치는 자요 새 노래를 함께 부르는 사명자이다. 보좌와 네 생물과 장로들 앞에서 부르는 새 노래의 내용은 무엇이며 새 노래가 이 땅 위에 발표되고 실상으로 많은 사람들이 내 노래를 부를 때에 이 세상은 어떠한 변화를 가져오겠는가? 새 노래를 부르는 십사만 사천은 어떤 자들인가?"[14]

11) 김풍일은 다른 사명자인 자신에게 인침을 받아야 영생하고 왕 노릇한다고 주장한다
또 다른 사명자인 자신을 통해 인침을 받은 자들이 "영생의 몸으로 그리스도의 나라가 된 세상에서 세세토록 왕 노릇할 수 있는 자들로 축복을 받게 된다"[15]는 것이다.

12) 김풍일은 다른 보혜사인 자신이 사명자로 심판의 사명을 감당한다고 주장한다
"… 또 다른 보혜사의 말씀은 죄와 의와 심판에 대하여 성경대로 책망하심으로써 심판의 사명을 감당하게 되는 것이다(요 16:7~14)."[16]

13) 김풍일은 자신이 천국 건설의 사명과 인도의 사명자임을 주장한다
"보혜사 곧 시온산 어린양은 하나님의 백성들에게 천국 길을 인도할 때에 실상의 길을 인도하는 것과 같이 인도하는 것이 아니요 기록된 말씀과 같이 진리의 성령으로 하나님의 백성들을 진리 가운데로 인도하여 장래 일을 알게 하는 것이다 … 또 다른 보혜사의 인도를 받는 자들만이 성경을 바로 이해할 수 있고 성경의 예언을 읽고 듣고 지키는 자들이 되어서 … 거짓말이 없고 흠이 없는 자들로 구원받을 수 있는 것이다."[17]

---

[13] 같은 책, 107.
[14] 같은 책, 112.
[15] 같은 책, 139.
[16] 같은 책, 145.
[17] 같은 책, 158.

14) 김풍일은 예수의 신성을 부인하는 주장을 한다

"기록된 말씀[롬 1:3~4]과 같이 예수님이 육신으로 다윗의 혈통에서 나셨지만 성결의 영으로는 부활하여 하나님의 아들로 인정되셨다고 하였으니 예수님이 하나님의 속성이 되신 것은 육신이 속성이 된 것이 아니요 영으로 된 것이다. 예수님이 부활하여 능력으로 하나님의 아들로 인정되셨다고 하였으니 본래의 아들이면 인정받을 필요가 있겠는가? 예수의 육체는 하나님 본체의 아들이 아니지만 하나님이 죽을 수 없음 같이 예수님 또한 죽을 수 없는 하나님의 속성의 영(靈)으로 부활하신 것이다. 예수 그리스도 부활 그 자체가 하나님의 속성인 것이다."[18]

15) 김풍일은 자신이 예수의 속성을 가진 자라고 암시한다

"또 다른 보혜사의 자격을 논하면서 자세하게 설명한 바 있으나 하나님의 속성으로 오신 분이 예수님이신 것과 같이 예수님의 속성으로 오신 분이 또 다른 보혜사임을 속성(屬性)의 차원에서 다시 논하고자 한다."[19]

3. 결론

김풍일은 최근에 자신을 보혜사라고 주장한 바 없고, 보혜사도 아니며, 단지 기독교 백과사전을 잘못 이해하고 적용하여 발생한 무지의 탓이라고 주장한다. 그러나 그는 자신이 보혜사요 심판자요 사명자요 대언자 그리고 신적 속성을 가진 자임을 암시하는 많은 자신의 저서들을 통해 밝히고 가르쳐 왔다. 일부에서 보혜사에 대한 잘못을 지적하자 이 점에 대해서는 변명을 했지만 다른 문제들은 전혀 언급하지 않고 있다. 그는 자신의 주장을 번복하는 사례들이 있기 때문에 그의 사과문이나 해명 설교 등은 믿을 수가 없다. 그가 자신의 잘못된 주장을 회개했다면 다행한 일이지만 아직도 풀어야 할 많은 문제가 남아 있다. 그리고 회개의 진정성을 믿을 수 없다. 예를 들면 김풍일 목사는 2009년 기독교 언론기관을 통해 자신의 주장에 대해 사과하고 회개한

---

[18] 같은 책, 270.
[19] 같은 책, 270.

다는 공적인 사과문을 발표하였다. 그러나 2014년 기독교 포털사이트에 보도된 내용을 보면 자신의 사과문은 사실이 아니라고 부인하고 여전히 석연치 않는 답변을 하고 있다. 그 내용은 다음과 같다.

기독교보(2009.7.1.4면), 기독개혁신보(2009.7.25.5면), 한국기독공보(2009.7.25.12면)에 김풍일 목사는 "하나님 앞에 회개하고 한국 교회 앞에 진심으로 사과드립니다"라는 제하에서 자신을 "예수님이 약속한 보혜사"라고 주장하거나 가르쳐온 것을 진심으로 사과한다고 광고하였다. 그리고 예수를 사람의 "씨"라고 주장하고 또한 성경을 비유와 비사로 풀고 한국을 성경에 나오는 동방이라고 하며 천국이 한국 땅에서 이루어진다고 주장한 것에 대해서도 잘못을 인정한다고 하였다.[20]

김풍일 목사는 최근 2017년 6월 14일 세광중앙교회에서 "성경적·신학적·사전에 의한 보혜사 증거집회"라는 제목으로 보혜사에 대한 자신의 주장을 설교하였다. 이 집회에 순서를 맡은 목사들은 개혁총회 증경총회장 정학채 목사, 합동 개혁 총회장 강기원 목사, 합선총회 총회장 이병순 목사 그리고 한기총 명예회장 이승렬 목사이다. 그는 설교에서 보혜사를 사람이라 한 것은 요한일서 2장 1절에 "누가 죄를 범하면 아버지 앞에서 우리에게 대언자가 있으니"라는 표현이 있고 주해에 보면 이 "대언자"가 보혜사라고 명기되어 있다는 것이다. 그리고 67명의 신학대학장, 박사, 교수, 목사들이 집필한 성서 백과 대사전 제5권도 보혜사를 "대언자 혹은 인격성이 있는 분"으로 해석했기 때문에 보혜사를 사람으로 간주했다는 것이다. 그래서 요한일서 2장 1절에 대한 성서 주해와 성서 백과 대사전에서 보혜사를 사람인 대언자라고 했기 때문에 보혜사는 사람이라고 했다는 것이다. 그리고 이러한 해석으로 말미암아 본인이 "자칭 보혜사 성령"이라고 오해를 받았다는 것이다. 그러나 김풍일 목사는 자신을 "보혜사 성령"이라고 말한 적은 결코 없다는 것이다. 그는 7년 전 회개하고 사과문을 낸 후로 자신의 이단성 있는 교리를 수정하였으며 자신의 교리 책자를 폐기하고 판매 금지하였다고 해명한다. 이와 같은 문제들이 분명하게 밝혀질 때까지 1년간 예의 주시키로 한다.

---

[20] 「기독교보」 2009.7.1.4면, 「기독 개혁 신보」 2009.7.25.5면, 「한국 기독 공보」 2009.7.25. 12면.

4. 김풍일(노아) 목사의 예의주시에 대한 조사 결론

1) 김풍일(노아) 목사에 대해서 지난 101회기 이대위가 조사 과정에서 밝힌 것처럼 101회기 이대위원들 앞에서 7년 전에 회개했다고 했는데, 그가 참으로 회개를 했다면 자신의 잘못된 설교를 인터넷과 유튜브에서 모두 내렸어야 한다. "그는 7년 전 회개하고 사과문을 보낸 후로 자신의 이단성 있는 교리를 수정하였으며 자신의 교리 책자를 폐기하고 판매 금지하였다고 해명한다"고 하였지만 여전히 그의 설교는 유튜브에서 수많은 사람들이 듣고 있다. 여전히 이단적인 내용들이 전해지고 있다. 이는 심각한 것임을 지적하는 바이다.

2) 김풍일(노아) 목사에 대해서 지난 101회기 이대위가 "이미 김풍일(노아)의 저작 연구를 통해 그의 이단성이 명확하게 발견되었기 때문에 더 이상 연구할 가치가 없다고 본다"는 결론을 102회기 이대위도 그대로 수용하는 바이다. 본 제102회기 이대위는 김풍일(노아) 목사의 사상에 대해서 분명하게 정통교회의 교리와는 다른 이단사상이 있어 보이므로 본 제102회기 이대위는 김풍일의 집회에 참석 및 교류를 금하는 바이다.

본 제102회기 이대위는 김풍일(노아) 목사의 사상에 대해서 아직까지 정통교회의 교리와는 다른 이단 사상이 있어 보이므로 본 제102회기 이대위는 김풍일(노아) 목사의 집회에 참석 및 교류를 금하는 바이며, 단 2018년 8월 24일 본 이대위는 김노아(풍일) 씨를 최종 소환하여 그의 사상에 대하여 조사한 바 15가지 지적한 내용에 대해서 이미 수정했고 잘못된 문서들은 수정 내지 폐기하였다고 기독신문에 성명서로 발표하였다. 그러나 아직도 정통교회와 다른 주장을 했던 문제성 있던 내용이 있는 것은 2019년 5월 31일까지 다 삭제하기로 하며 또한 김노아(풍일) 목사 소속의 교단 목회자들의 재교육을 2박 3일 동안 받기로 다짐했다. 따라서 두 가지 사상이 실행이 되었을 경우 다시 재론하기로 하다.[21]

---

[21] "김풍일(노아)의 이단성 '예의주시' 합동 판결, 2018 예장합동 이단(사이비)피해대책조사연구위원회 보고," https://ome83.tistory.com/15974773. 2025.06.27. 접속.

 10. 김형민(빛의 자녀교회)

제104회 총회에서 기독교한국침례회 총회로 돌려보내어 교단의 진행 중인 검토와 검증의 시간을 주기로 하였으며, 다음 회기에 재론키로 하였다.

I. 총회 자료
다음은 이단(사이비)피해대책조사연구위원회가 제105회 총회에 보고한 내용이다.

1. 문제제기
김형민 목사의 이단성에 대한 103회기 이단대책위원회에서는 "앞으로 오해를 불러일으킬 만한 단어 사용을 자제하고 철저하게 신학적 근거를 뒷받침할 만한 단어 선택으로 설교를 준비하겠다"는 그 약속을 받고, 김형민 목사의 신학적 문제에 대하여 기독교한국침례회의 협조공문을 수용하여, 다시는 재발하지 않도록 엄중 경고하고 본 건을 기독교한국침례회 총회로 돌려보내어 교단의 진행 중인 검토와 검증의 시간을 주기로 하였으며, 다음 회기에 재론하기로 하다라고 했습니다.

2. 이대위 진행 절차
제104회기 이단대책위원회에서는 먼저 2020년 5월 22일에 김형민 목사(빛의 자녀교회)의 건에 대하여 기독교한국침례회 총회의 검토와 검증 자료를 요청하였고, 2020년 5월 29일에 이에 대하여, "본 교단 총회(기독교침례회)에서 김형민 관련 건에 대한 결정이 되어지면 귀 교단(대한예수교장로회한국합동)에 통보할 것"이라는 회신이 왔지만, 기독교한국침례회 총회는 2020년 7월 7일까지 아무 답이 없기에 본 이대위에서 절차를 밟아 재론을 하게 되었습니다.

3. 김형민 목사의 이단성

본 이대위는 2019년 김형민 목사를 불러 질의응답을 한 이후로 김형민 목사의 설교가 약속대로 지켜지고 있는가를 검증하기로 하고, 김형민 목사의 설교들을 듣고서 심각한 문제점을 발견했습니다. 첫째로 김형민 목사는 신비주의적인 개인 체험을 설교 및 간증함으로써 마치 개인의 꿈을 하나님이 보여주신 것처럼 객관화하였습니다. "꿈에서 칼을 보았는데 칼기가 떨어졌다"는 이런 주장은 성도들로 하여금 말씀 중심의 신앙을 가볍게 여기게 할 수 있는 위험성의 정도가 심각하다고 여겨집니다. 둘째로 김형민 목사는 하나님과 예수께 기도하면 개인에게 천사를 보내주고 천사가 오면 모든 것이 형통하게 된다고 주장함으로 이 설교를 듣는 교인들에게 천사동원령과 같은 사이비적인 사상이 심어질 위험의 정도가 심각하다고 여겨집니다. 셋째로 김형민 목사는 말씀을 알아도 계시가 없으면 사명을 감당할 수 없다고 주장함으로 이 설교를 듣는 자들로 하여금 하나님의 말씀인 성경 말고 또 다른 계시를 받아야 하는 것처럼 오해하게 될 위험성이 있다고 여겨집니다.

4. 연구 결론

김형민 목사는 개인의 신비주의적인 경험을 설교의 재료로 삼아 하나님의 말씀 중심의 신앙을 신비체험 신앙으로 변질시킬 우려가 있습니다. 따라서 김형민 목사가 침례회 목사이지만, 방송을 통해서 전달되는 그의 설교와 강의가 교파를 초월해서 전체 기독교인들에게 비성경적인 사상이 전파될 가능성이 많음으로 본 교단 산하 교회는 그의 집회에 참여를 금지하고 교류를 금지하기로 하다.

11. 나운몽(용문산기도원)

나운몽 씨는 용문산기도원(龍門山祈禱院, www.용문산.kr)의 설립자이다. 2009년 사망 전까지 고령의 나이에도 불구하고 왕성하게 활동했다. 그는 1940년에 애향숙(愛鄕熟)이라는 단체를 설립했는데 이는 한국 개신교 기도원 운동의 모체라 불리기도 했다. 그러나 나운몽 씨는 장로교회로부터 1955년과 1956년에 잇따라 강단 금지와 집회참석 금지 결정을 받았다. 예장통합은 1998년에 나 씨에 대해 재연구한 다음 그의 이단성을 재확인한 바 있다.

I. 기타 자료
다음은 예장통합 측이 나운몽 씨에 대해 규정한 내용이다.

1. 1990년대 상황
1990년대에 출판된 나운몽 씨의 저서들을 살펴 본 결과 한마디로 그의 비성경적, 비교리적 주장을 논리적으로 더 체계화하고 있음이 드러났다. 나운몽 씨는 특히 『2천년 전통교리에 이상 있다 - 성경정통교리론』이라는 책에서 기독교의 교리를 많은 부분에서 부정하고, 자신이 주장하는 바를 성경정통교리라고 한다. 즉 그의 논지는 자신의 주장은 성경에 근거한 것이기에 성경정통교리이고 그 동안 기독교가 믿어오고 가르쳐 온 교리는 이상이 있다고 하여 기독교의 정통성과 역사성을 부인하고 있다.

나운몽 씨의 저서에서 표현된 이단사상을 부언하여 정리하면 다음과 같다.
1) 나운몽 씨는 복수의 하늘의 존재를 주장하여 창조 이전의 창조와 복수의 하늘나라와 독생자를 주장한다. 그러나 성경이 표현하는 '셋째 하늘'(고후 12:2)과 '하늘들의 하늘'(신 10:14)등의 히브리어 표현은 문자적으로 복수형이지만 양적 복수 개념이 아니다. 즉 이 표현들은 질적 구분이나 차원적인

구분 또는 문학적 강조로 이해되어야 한다.

2) 나운몽 씨는 우리 조상의 민속적인 하나님(한울님)과 성경의 하나님이 동일하다고 주장한다(『2000년 전통교리 이상 있다』, 76~77).
3) 나운몽 씨는 '하나님께서 이 지구를 지으실 때에 하나님의 아들들이 많이 있었다'고 주장한다(23).
4) 나운몽 씨는 영계를 3층으로 이해하여 낙원, 음부, 영옥 등 셋으로 나눠 영옥(연옥)에 있는 영들은 아직 낙원이나 음부로 가기 전 영들로 존재한다고 주장하므로 천주교의 연옥설과 유사한 주장을 하고 있다(269).
5) 나운몽 씨는 우리 조상들이 섬긴 무속적인 신을 동일한 하나님이라 주장한다(76-77).
6) 나운몽 씨는 한민족의 뿌리가 셈의 후손이라고 주장하며 성경에서 말하는 동방을 한국이라고 주장한다. '그 중 지파가 만주를 거쳐 한반도에까지 해 뜨는 곳을 찾아와서 백두산 산정 천지가 있는 곳에서 동해에서 해 떠올라오는 것을 보면서 기원전 2333년에 건국하였다'(106).
7) 나운몽 씨는 공자와 석가를 하나님의 경륜에 따른 선지자로써 인생을 그리스도에게로 인도하는 몽학 선생의 역할을 한다고 주장한다(120).

2. 연구 결론

나운몽 씨의 주장은 성경해석이 편향적 해석으로 대단히 주관적이요 비역사적이며 한계를 넘은 알레고리칼(Allegorical)로, 성경이 가르치고 뜻하는 바를 떠나 있어, 우리 신앙으로서는 도저히 납득할 수도 받아들일 수도 없는 내용들이 많다. 그뿐만 아니라 그의 가르침은 우리가 경계해야 할 혼합주의적 요소가 강하다. 나 씨는 이를 공공연히 책과 언론매체(복음신문)를 통하여 전파하고 있다. 따라서 우리는 어떤 변화도 없음을 직시하고 이미 오래전에 우리 총회가 결의한 바 그대로 지켜가야 할 것이다. 나운몽(羅雲夢, 1914~2009)은 한국의 대표적인 신비주의·계시주의 성향의 인물로, 말년에는 극단적인 이단 사상으로 전개되었다.

나운몽은 한국의 신비주의의 틀을 제공한 대표적 인물이며 신천지와 박태선 계열, 그리고 현대 신비주의와 예언 운동의 아류들은 그 연장선에 있다고 볼 수 있다.

12. 단 사상

주요 교단들의 정기총회에서 이단·사이비 관련 보고서들이 보고되었다. 예장합동(총회장 박무용 목사)은 제100회 총회에서 신학부의 연구 보고서들을 받아 '장례문화'를 비롯해 '이단과 사이비와 이단성 분류', '십일조', '가정교회 운동', '단 사상' 그리고 '신사도 운동' 등에 대해 총회적 입장을 정리했다. 예장합동 제100회 총회에 보고된 신학부의 총회적 입장 정리를 위한 연구 보고서들을 소개한다.[1]

전국에 단군 조형물을 세우고 뇌 호흡 등으로 유명세를 이어가고 있는 이승헌과 그의 단학 사상에 대해 "종교라고 볼 수 없으나 종교적 행위를 하므로 위험성이 있다"며 '출입 금지'를 결정했다. 예장합동(총회장 박무용 목사)은 제100회 총회에서 신학부의 연구 보고에 따라 "적지 않은 기독교인들이 이승헌의 단학선원을 단순히 건강 요법을 가르쳐 주는 정도로 알고 있다"며 "요가 같은 수련도 문제가 있지만 이승헌의 단학선원은 더 심각한 문제를 안고 있다"고 지적하고 교회 성도들에게 이승헌의 단학 사상이 갖고 있는 위험성과 허구성을 알리고 출입을 금하기로 했다.[2]

이승헌의 단학 사상에 위험성이 있다며 '출입 금지'를 결정했다. 신학부는 "이승헌 본인도 단학은 종교도 아니고 철학도 아니라고 주장한다"면서 "따라서 이승헌의 단학 사상을 기독교 이단이라고 분류할 가치가 없으나 기독교인들이 단학 사상에 심취함으로 인해 기독교 신앙을 저버리는 경우들이 있으므로 이승헌의 단학 사상에 경각심을 가져야 한다"고 경계했다. 이어 "이승헌은 자신의 단학 사상을 절대적 진리로 만들기 위해서 기독교 교리들도 인용

---

[1] "이승헌 단학 사상 단학선원… 교회 성도 출입 금지, 예장합동 제100회 총회 신학부의 총회적 입장 정리 연구," https://www.amennews.com/news/articleView.html?idxno=14039. 2025.06.27. 접속.
[2] 같은 자료.

하며 자신에게 유리하도록 이단처럼 해석한다"고 지적하고 "이승헌은 단학 사상은 종교가 아니라고 하면서도 종교적으로 만들었다. 유교 불교, 증산교, 대종교 등의 가르침도 필요에 따라 이용한다"고 설명했다.[3]

특히, "이승헌은 이단의 교주처럼 자신을 신격화한다"고 밝히고, "정신적으로 불안정하고 육신적 질병으로 고생하고 경제적으로 어려운 평범한 사람들을 유혹하여 자신의 단학선원에 등록하도록 한다"고 하면서 "자신의 사업체를 확장하기 위해 이단 종파처럼 사람들을 착취하고 협박한 사실들이 매스컴을 통해서 확인되고 있다"고 비판했다. '단학선원'은 '단월드'로 개명했다. 이에 앞서 예장합신은 지난 2007년 92회 총회에서 "기훈련 관련 프로그램이 '유사 종교성'이 있다"며, "뇌호흡·기(氣)체조·단요가·명상·기 상품 등에 대해 '참여 금지'할 것"을 규정한 바 있다.[4]

I. 총회 자료

다음은 총회신학부에서 제100회 총회에 보고한 단 사상에 대한 총회적 입장 정리 전문이다.[5]

1. 단 사상

1) 이승헌의 단학 사상은 종교라고 볼 수 없으나 종교적 행위를 하므로 위험성이 있다. 이승헌 본인도 단학은 종교도 아니고 철학도 아니라고 주장한다. 따라서 이승헌의 단학사상을 기독교 이단이라고 분류할 가치가 없으나 기독교인들이 단학사상에 심취함으로 인해 기독교 신앙을 저버리는 경우들이 있으므로 이승헌의 단학사상에 경각심을 가져야 한다.
2) 이승헌은 자신의 단학사상을 절대적 진리로 만들기 위해서 기독교 교리들도 인용하며 자신에게 유리하도록 이단처럼 해석한다.
3) 이승헌은 단학사상은 종교가 아니라고 하면서도 종교적으로 만들었다. 유교, 불교, 증산교, 대종교 등의 가르침도 필요에 따라 이용한다.

---

3 같은 자료.
4 같은 자료.
5 같은 자료.

4) 이승헌은 오직 돈을 벌기 위해서 단학사상을 과학이라고 하고 한국 고유의 전통이라고 하고 세계적으로 인정받는 이론이라며 각양 그럴듯한 말들을 갖다 붙이나 그의 말들은 허구다.
5) 이승헌은 이단의 교주처럼 자신을 신격화한다. 정신적으로 불안정하고 육신적 질병으로 고생하고 경제적으로 어려운 평범한 사람들을 유혹하여 자신의 단학선원에 등록하도록 한다. 자신의 사업체를 확장하기 위해 이단 종파처럼 사람들을 착취하고 협박한 사실들이 매스컴을 통해서 확인되고 있다.

2. 연구 결과

적지 않은 기독교인들이 이승헌의 단학선원을 단순히 건강 요법을 가르쳐 주는 정도로 알고 있다. 요가 같은 수련도 문제가 있지만 이승헌의 단학선원은 더 심각한 문제를 안고 있다. 따라서 교회 성도들에게 이승헌의 단학 사상이 갖고 있는 위험성과 허구성을 알리고 출입을 금해야 한다.

II. 기타 자료

단학사상에 대한 기본적인 이해를 위하여 단학의 정의로부터 시작하여 단학의 창시자로서의 이승헌 그리고 일지 이승헌의 사상과 이승헌의 종교관에 이어 새로운 인간상: 뉴 휴먼 (New Human)과 단군상 건립 운동에 대하여 살펴보고, 비판적 고찰을 시도하고자 한다.[6]

1. 단학의 정의

단학선원을 이해하기에 앞서 단학이란 무엇인가? 이 점을 알아봐야 하겠다. 단이란 우리 민족의 고유한 선도(禪道)의 형태를 말한다. 본래 단에서 이야기하는 수련이란 '자아를 찾아가는 과정'을 말하는데, 이는 인간의 본성을 찾는 것이다. 그런데 단학선원에서 말하는 단이란 원래 우리 민족의 고유한 단사

---

[6] "단학선원," https://cafe.daum.net/EUNSAN/DYrO/49?q=%EC%9D%B4%EC%8A%B9%ED%97%8C%EC%9D%98%20EB%8B%A8%ED%95%99%EC%82%AC%EC%83%81&re=1. 2025.06.27. 접속.

상과는 다르다는 것이 정통 단학자들의 의견이다.

　단학선원에서 설명하는 인생관은 다음과 같다. "사람은 천지기운에 의해 태어나서 그 기운의 힘으로 생각하고, 말하고, 듣고, 보고, 걷고, 뛰면서 살아가다가 그 기운이 끊어지면 사망한다." 따라서 단학선원 추종자들에 의하면 사람이 태어난다는 것은 '천지기운'의 힘으로 가능하며, 인간의 모든 행위는 이 천지기운에 의해 좌우된다고 한다. 그런 의미에서 단학선원에서는 단학을 다음과 같이 정의한다. "온갖 생명체 가운데서 사람이 생리 활동을 하면서, 천지기운과 인체 내의 기운이 서로 유통하게 해주는 이치를 터득하고, 체내 기혈의 순환을 원활하게 해주어 대우주의 순환법칙에 순응케 함으로써 생명의 참모습을 바로 깨달을 수 있게 하는 민족 학문이다." 이렇게 보면 단학은 단순한 건강수련법으로 보이기까지 한다. 그러나 분명한 것은 이 단학이 단지 수련에만 머물지 않고, 종교적인 색채를 그 이면에 가지고 있기에 문제라 하겠다.

2. 단학의 창시자

단학선원의 창시자는 이승헌이다. 그는 현재 새천년 평화재단 총재, 한문화운동연합 총재, 새천년 평화재단 총재, 밀레니엄 세계 평화회의 이사, 밀레니엄 아시아 평화회의 회장, 세계 한민족 개천절 기념사업회 공동 회장, 한국 인체과학원 원장, 한민족아리랑연합회 이사장, 홍익 문화 운동연합 명예 총재 등의 직함을 갖고 있다. 그는 1950년 충남 천안의 산골 마을에서 태어났는데, 어린 시절부터 정신적인 문제에 크게 몰두하고 있었으며, 학과과정보다는 무술 방면에 더 힘을 썼다고 한다. 거의 학우 관계가 없을 만큼 항상 혼자 지내면서, 자신 안의 갈등과 고뇌의 싸움을 했다고 전해진다. 그들에 의하면 이승헌이 신비한 기운의 존재를 감지한 것은 초등학교 2학년 때라 한다. 먼 곳을 다녀오다가 어두운 눈 길을 어떤 신비한 힘의 보호를 받으며 돌아온 경험을 예로 들고 있다. 그 신비한 것이 무엇일까? 하는 고민은 급기야 청년 시절까지 이어졌고, 그런 와중에 호랑이 환시를 보고 난 후, 마음의 안정을 되찾고 공부를 계속했다고 한다. 그 결과 병리학과 체육학을 전공했으며, 결혼 후에도 그는 이 의문을 해결하기 위해 여러 가지 노력을 했으며, 그 결과 전주 모악산에서 대각을 이루고 고차원적 신공을 터득했다고 한다. 다시 말해서 이제 자신 안에 천지 기운이 있으며 자신의 모든 마음먹은 기운이 또한 천지 기운임을 알게 되었다고 그들은 주장한다. 그래서 이승헌은 1982년 안양시 충현탑 공원에서 자신이 깨달은 단학을 보급하기 시작하였다. 우연히 만난 중풍병자를 치료한 것이 소문이 나 여기저기서 사람들이 몰려들어 제자들도 생겼으며, 마침내 1985년 그는 본격적으로 단학선원을 설립하기에 이른다.

오늘날 단학선원은 매우 빠르게 확산되고 있는데, 그 빠른 성장의 밑바탕에는 사단법인 한문화원이 자리 잡고 있다. 1985년 2월 설립된 한문화원은 회원들의 회비, 대기업으로부터 받은 기부금 등으로 튼튼한 재정상태를 유지한다고 알려져 있다. 그 외 죽염, 정충환, 활기환 같은 무허가 식품 및 약품판매에서 나오는 수입도 대단한 것으로 알려져 있다.

금전적 배경 외에 단학선원의 조직체계 역시 대단하다. 전국을 12개 지역으로 나누어 330개의 지원과 해외에 30여 개의 지원을 설립하여 7천억 대의 자금과 약 2만 명의 인원을 확보하고 있다 한다. 더욱이 많은 기업체, 국가 기관 등에 직장 선원이 개설되어 있다. 40여 개가 넘는 대학에도 동아리가 결성되어 활동 중이다. 한편 군단학회는 군대 내에서 많은 단학 지도자를 양성했고, ROTC 등 단기 복무 장교는 전역과 동시에 현역 지도자로 전환하는 것을 1차 목표로 세웠다 한다. 특히 이들은 종교법인 설립을 목적으로 백만 명 회원을 확보하기 위해, 우리 문화를 지키자는 명목으로 전국 각처에서 서명운동을 벌이기도 한다.

한편 단학선원은 사회진출을 위한 자금 확보를 위해 여러 계열사를 두고 있다. 대표적인 것으로는 전통 의상을 보급하는 천지인 상사, 한문화 아카데미, 천지 신성원, 한세계여행사, 한세계건설, 한문화 기획, 한문화 출판사 등이다.

3. 일지 이승헌의 사상

그런데 단학선원의 실체를 알기 위해서는 먼저 그 창립자의 사상을 살펴야한다. 으레 모든 신흥종교 창시자가 그러하듯, 이승헌도 현대사회와 기술문명에 대한 비판에서 그 사상적 시작점을 두고 있다. 오늘날 전 세계의 인류는 가치관 혼란과 한계 상황에 치달으면서, 인간의 영혼은 상대적으로 극도의 갈증과 고통을 겪고 있다는 것이다. 그 원인은 이승헌에 의하면 천기와 지기, 즉 하늘의 기운과 땅의 기운이 조화를 이루지 못했기 때문이라 한다. 정신과 물질의 균형과 조화가 이루어지지 않은 결과라는 것이다. 즉 인간은 오직 땅의 기운, 즉 물질에만 신경쓰고 있는 관계로, 천기에 대한 결핍을 가져왔는데, 이에 대해 단학이야말로 천기를 마시는 법을 연구, 수련하는 학문이라고 강조한다. 따라서 사람들에게 천기를 불러일으킴으로써, 본능 위주의 삶을 버리고, 남을 위해 사는 이상적인 삶을 이룩할 수 있다고 주장하는 것이다.

그는 한걸음 더 나아가, 우리 민족이 처한 상황이 전적으로 국조에 대해 소홀히 함으로써 초래된 결과라 분석한다. 국조인 단군을 박대함으로써 혈통 줄이 끊어진 채, 민족 공통의 목표와 구심점을 찾지 못하고, 마음이 사분오열되어, 민족혼이 질식될 위험에 처해 있다는 주장이다. 그런데 지금 우리 민족에게는 화합과 상생의 기운이 증가함으로써 바야흐로 일찍이 없었던 대도약의 운세에 접어들고 있다고 사람들을 현혹하고 있다. 따라서 이 상황에서 가장 먼저 해야 할 일은 국조인 단군을 중심으로 민족정기를 확립하고 민족혼을 되살리는 것이라 주장하였다. 바로 이 점 때문에 많은 개신교 신자들로부터 비난을 받고 있는 것이다.

아울러 그는 다음과 같이 말하고 있다. "단학의 최종 목적은 평화와 광명 세계의 건설이다. 인간 모두가 이 우주의 주인공임을 확실히 깨닫고, 한마음이 될 때, 천지가 성공하는 순간이요, 바로 그것이 지상천국이 완성되는 시기라 한다." 하지만 이럴 때 우리 하느님은 어디 계시는 것인가? 그의 주장 안에 인간이 바로 하느님이라는 사상이 내포된 것이 아닌가?

4. 이승헌의 종교관

이승헌도 오늘날의 종교관을 부정적으로 보고 있다. 그는 오늘날 종교가 그 창시자의 뜻과는 완전히 바뀌거나 빗나간 상황이라고 주장한다. 그런데 단학은 모든 고등종교의 교조인 역대 성인의 가르침을 안전히 이해할 수 있는 도법이기에, 각 종교의 참뜻을 온전히 깨닫게 해준다고 설파한다. 나아가 단학이 모든 종교 체계의 모순을 해결할 수 있는 유일한 대안이라 주장한다. 그러면서도 단학은 종교가 아니라고 말하고 있다. 더욱이 그는 1990년, 도서출판 유림에서 출간된 『신이 되는 길』 170쪽에서 그리스도교의 하느님을 다음과 같이 설명하고 있다.

"천부경이 한인 천제를 통해 환웅 천황에게 내려왔고 천황의 막내아들이 중국의 시조인 태호 복희이고, 태호 복희의 여동생이 여호와입니다. 이스라엘의 아브라함이 공부한 것은 여호와가 영향을 미친 성경이었고, 바빌로니아가 수메르를 정복하면서 아브라함이 이스라엘로 가게 되었고, 아브라함에 의해 발견된 것이 여호와 하느님입니다." 한마디로 그는 우리 민족의 건국신화에 나오는 이야기에서 성서가 파생되어 나온 것이라고 주장하고 있다. 나아가 그는 하느님이란 다른 곳에 계신 것이 아니라 인간 자신이 하느님이라고 주장하며 다음과 같이 말한다. "모든 사람이 다 창조주를 만날 수 있습니다. 모든 사람이 다 창조주가 될 수 있습니다. 모든 사람이 다 창조주가 되어야 합니다. 그것을 막는 지식이나 신념 체계가 있다면 그것은 창조주를 만나지 못한 사람들에 의해 만들어진 미숙한 생산물에 지나지 않습니다." 이와 같이 그에 의하면 인간이 바로 창조주이고 하느님이라는 것이다. 나아가 그는 종교통합마저 바라고 있다. 그는 단학이 종교인들에게 자신의 종교적 참 의미를 가르쳐줄 수 있을 것이며, 비종교인들은 특정한 종교를 갖지 않고서도 단학 수련만으로도 생명의 실상으로 바로 깨닫고, 자신의 참모습과 함께 사명도 알 수 있다고 강조한다. 따라서 그는 단군조 이래로 이어온 우리 민족의 고유한 풍류도를 기성종교와 종교인들이 배워서, "단군의 눈으로 시대를 바라보고, 단군의 눈으로 예수를 바라보고, 단군의 눈으로 석가를 바라보고, 단군의 마음이 내 마음이고, 내 마음이 단군의 마음일 때 한민족은 하나가 된다"고 가르치고 있다.

5. 새로운 인간상: 뉴 휴먼(New Human)

마침내 이승헌은 이러한 단학 수련을 통해 완성되는 새로운 인간에 관하여 역설한다. 그는 이런 희망 없는 시대를 사는 인간에게 유일한 대안은 바로 뉴 휴먼이고, 뉴 휴먼은 의식의 혁명을 통해 이루어질 수 있다고 주장하고 있다. 그는 주장을 요약하면 다음과 같다. "모든 문제와 답은 사람 안에 있습니다. 더 정확히 말해 우리 두뇌에 문제 해결의 열쇠가 들어 있는 것입니다. 뇌에서 인간 의식이 발생하기 때문이지요. 지금까지 인류 문제를 해결하기 위한 많은 시도가 있었습니다. 그러나 그 어떤 시도도 인간을 구원하지 못했지요. 교육은 경쟁을 바탕으로 한 개인주의의 함정에 빠졌고, 종교는 인류애를 내세운 집단 이기주의의 함정에 빠져 있고, 정치는 (중략) 그래서 우리는 이제 스스로를 구원하는 방법을 알아야 합니다. 그 누구에게도 의지해서는 안 됩니다. 그 방법은 뇌호흡을 하는 것입니다. 뇌호흡은 뇌를 활용해서 인간의 의식을 가장 빨리 진화시킬 수 있는 방법이기 때문입니다." 아울러 그는 이 뇌호흡을 토대로 하여 새로운 인간상을 구축하려 한다. 그래서 다음과 같이 말하고 있다. "만일 당신이 '나는 이 지구를 구하는 삶을 살겠다'는 정보를 입력시키면 그 순간 당신의 의식은 놀랄 정도로 확장될 것입니다. 그래서 뇌가 바뀌면 지구가 바뀝니다. 이러한 일들은 특별한 전문가들만 할 수 있는 일들이 아닙니다. 인간 본래의 모습을 회복하고자 하는 순수함과 진지함만 있으면 누구나 가능한 것입니다."

이 말은 결국 단학 수련을 통해 이루어진 초인이 뉴 휴먼임을 말하는 것이다. 누구나 도인으로 살기를 결단하면, 그는 이미 도인으로서 살고 있는 것이고, 이를 이끌어줄 수 있는 것이 바로 단학 수련이라는 것이 그들의 최종 결론이라 하겠다. 게다가 이 단학 수련은 기존의 모든 종교가 망각하고 있는 창시자의 가르침을 그대로 살려준다고까지 주장하고 있다.

6. 단군상 건립 운동

한편 홍익 문화운동연합에서는 단군상 건립 운동을 벌이고 있다. 이에 맞서 일부 개신교 측에서는 단군상 철폐 운동을 전개하며, 단군상 훼손을 하여 사회문제화되고 있는 현실이다. 이 단체에서 단군상 건립 운동을 펼치는 이면에는 종교적 색채가 강하기에 우리 역시 신중히 대처해야 하겠다.

7. 비판

지금까지 살펴본 단학 사상에 대하여 특정 사상의 주입과 단학의 종교성, 그리고 이승헌의 신격화에 대하여 비판적으로 고찰한 뒤 결론을 내리고자 한다.

1) 특정 사상의 주입

지금까지 단학선원 창시자인 이승헌의 사상을 간략하게나마 살펴보았는데, 문제는 자신들은 종교가 아니라 하면서도 내적으로는 종교적 요소를 갖고 있는 점이다. 더군다나 그리스도교에 대해서는 상당히 비판적이며, 반대 입장을 취하고 있기에 더욱 주의를 기울여야만 한다. 물론 단학선원은 외적으로 종교성을 표방하지 않고, 그저 건강 프로그램의 일환으로 생각하게끔 만들기에 언뜻 보아 큰 문제가 없는 듯 보이기도 한다. 그러나 시간이 흐를수록 단학선원의 정체가 밝혀지고 있으며, 그에 대한 피해 사례들 역시 속속들이 나오고 있다. 먼저 단학선원에 심취했던 사람 중에서 점점 깊이 들어갈수록 회의를 느낀 나머지 다음과 고백하는 사람이 있다. "처음 이야기했던 본질과 달라지고 있습니다. 단순히 운동만 하는 것이 아닙니다. 정신훈련을 시켜요. 말로는 '정신교양 강좌'라고 하면서 회원들을 안심시키는데 실은 정신을 지배하려는 경향이 보입니다. 개운치 않은 구석이 느껴져 이제 발길을 끊었습니다." 정신을 지배하려는 경향이란 사이비 종교나 일부 신흥종교에서 많이 보이는 현상이다. 바로 신도들의 사고 영역의 틀을 자신의 가르침에 묶어두려는 경향이라 하겠다. 사실 단학선원에서 선 체조나 선 수련을 한 사람들은 경지에 오를수록 그곳 관리 책임자들과 언쟁을 하는 경우가 많이 생긴다고 한다. 바로 이 단학선원이 특정 사상에 대한 주입을 강요하기 때문이라는 분석이다.

처음 단학선원을 찾는 이들은 대개 1개월 정도 시험 삼아 해보려고 찾아오는 사람들이 대부분이라고 하는데, 단학선원 관리자들은 이들이 찾아오면 먼저 이들의 기 점검을 해준다는 명목으로 방문자의 신체를 꼼꼼하게 가늠해본다고 한다. 그리곤 기운의 청탁 강약을 파악하고, 척추 좌우 비대칭, 골반의 틀어짐, 다리 길이의 차이, 장의 굳은 정도 등을 지적하고, 6개월 수련이라는 판정을 내려서 방문자를 설득한다고 한다. 이렇게 되면 대부분 자신의 건강에 대해 자신을 잃으며, 돈보다는 몸을 빨리 고치겠다는 생각에 6개월 수련에 응한다. 수련에 있어서 초심자들은 어느 정도 효험을 본다고 한다. 그러나 이러한 효험은 단학선원 말고도 '국선도' 등의 여러 수련단체에서도 나타나는 것이며, 더욱 근본적으로는 이미 한의학적 연구결과로도 그런 효험이 얼마든지 있을 수 있다는 것이 정설이다. 그럼에도 불구하고 단학선원 측은 그런 여타의 수련법이 매우 복잡하지만, 자신들의 수련법은 쉽게 할 수 있는 것이고, 이러한 것을 초월적인 대상으로부터 전수받았음을 암시한다고 한다. 즉 이승헌 씨는 기, 즉 천지기운이 내부에서 나오는 것이 아닌 외부 어딘가에서 전수받는 것이라는 특이한 주장을 하고 있다. 이 점이 기존의 정통 단학자들과 확연히 다른 점이다. 아울러 이 단체의 특징은 이승헌이라는 한 사람에게만 모든 초점이 맞추어지는 결과를 수반하고 있기에 큰 문제라 하겠다.

2) 단학의 종교성

단학선원에서는 차츰 기성종교에 대한 불신을 조장하는 가르침을 펼친다. 특히 그 주된 대상은 그리스도교이다. 그 이유는 그리스도교가 서양에서 들어왔기 때문이라 한다. 특히 이승헌은 '그리스도교는 죄의식을 불러일으켜 의식세계를 통솔하려는 종교'라고 비난한다. 그는 그리스도교는 천당과 지옥을 이야기하면서, 사람들의 자유로운 의식을 구속해, 겁주고 있으며, 회개와 기도 또한 에너지 쟁탈전으로 수치심과 죄의식을 느끼게 하여, 결국은 사람들의 기를 빼앗으려는, 종교 지도자들의 전략이라고 말한다. 그 외에도 그는 심지어 예수님은 세례자 요한과 마리아와의 불륜 관계에서 태어났다느니, 성령잉태설은 조작된 것이니 하며 극도로 그리스도교를 모독하기도 한다. 결국 그가 이렇게 다른 종교를 비난하는 것은 결국 단학선원이 종교적 이념을 지니고 있다는 것을 드러내는 것이라 하겠다. 또한 이를 증거하듯 그는 이 같은 종교예식을 구체적으로 행하고 있다. 일반적으로 평생회원에 가입하거나 지원으로부터 열심을 인정받은 회원들은 개혈수련이라는 다음 단계로 유도한다. 이것은 겉으로는 천지기운을 받을 수 있는 신비적 수련절차라 하지만, 사실은 단학선원이 숨겨왔던 종교적 속내를 드러내는 것이라 하겠다. 특히 이 단계에서 몸이 떨리면서 흔히 무당이 내림굿을 하는 것과 똑같은 현상이 나타나기도 한다고 전해진다. 이를 진동이라 부른다. 이와 함께 무의식 상태에서 춤추도록 유도하기도 한다. 이를 단무(丹舞)라 부르고 있다. 이 역시 신비체험의 일종으로써 신내림 현상과 다르지 않다고 한다. 단무와 진동은 특히 사범 등 하부 지도자 교육에서 심하게 나타나는데, 심지어 이로 인해 정신이상자까지 생겼다는 후문도 들려오고 있다. 또한 단학선원에서는 회원들에게 절수련이라는 이름으로 하루에 평균 103배 이상을 백 일간 하도록 지시한다고 한다. 이 목적은 이승헌 자신에 대한 복종심을 강화하려는 데 있다고 분석된다. 이는 전형적인 사이비적 교주의 카리스마 집중화 현상이라고 볼 수밖에 없다. 하지만 요즈음 들어 죽은 영혼을 저 세상으로 천도해준다는 천도제 등 종교적 색채가 다분히 행하는 것을 목격한 회원들이 거세게 반발하기도 하며 회비를 반납해달라고 요구하기도 한다. 어느 천주교 신자는 그곳에서 단군을 위한 제사를 드리는 것을 목격하고는 그곳의 정체를 비로소 알게 되었다고도 고백하고 있다.

3) 이승헌의 신격화

그는 인류 평화와 인간 완성의 지름길은 바로 자신으로부터 천지기운을 받을 때 가능해진다고 교육하고 있다. 직접 천상의 단군으로부터 법을 세상에 전수하라는 사명을 받았다며, 스스로를 단군신법의 메신저라는 등 최상의 지도자로 회원들을 세뇌시키느라 여념이 없다. 또한 사범들 앞으로 이승헌이 비밀리에 보내오는 팩스에는 "나는 절대자 하느님이다. 다른 생각은 절대 하지 말고, 무조건 믿어라. 그것만이 살길이다. 나는 살아 있는 단군이다"라는 등 스스로를 신격화시키는 표현들이 노골적으로 사용되고 있다 한다. 또한 이승헌은 자신의 이러한 우상화 정책을 현대에 걸맞게 보급하고 있다. 즉 자신의 호를 따서 이름 붙인 '일지 파워'라는 스티커를 고가에 판매하고 있는데, 이것이 바로 그가 하늘로부터 받은 천지기운을 넣어 동봉한 물품이라는 것이다. 따라서 이 일지 파워를 붙이면, 재앙이 물러가고, 병이 치유되며, 복이 들어온다고 주장하는 것이다. 주로 손바닥과 이마 등에 붙이고 앉아 있으면 천지기운이 들어온다는 '현대의 인스턴트식 수련법'이라며 회원들에게 구입을 강요하고 있다 한다. 더욱이 그는 이 일지파워를 100일이 지나면 그 효과가 없어지므로 계속 새 것으로 바꿔주어야 한다고 주장하는 실정이다. 특히 한국 인체과학회라는 단체를 앞세우며 마치 일지파워가 과학적으로 검증이 된 것처럼 일반인들에게 선전하고 있다.

4) 결론

일반적으로 단학하면, 단군 사상을 선뜻 떠올리는 사람이 많다. 이처럼 단학은 사회적 문제점을 지니고 있음에도 불구하고 이들이 철저히 '한민족 고유의 사상이고 건강수련'이라는 간판 아래 모든 것이 감추어져 있는 실정이다. 특히 종교성을 표방하지 않은 채 그리스도교 신자들을 많이 현혹하기에 우리에게는 심각한 도전이 아닐 수 없다. 결국 단학선원 역시 뉴에이지 운동의 한 부류임을 알 수 있다. 따라서 우리는 신자들에게 참된 하느님관을 심어주고 성숙된 신앙심을 갖도록 교육시키는 데 힘을 쏟아야 하겠다.

 13. 류광수(세계복음화전도협회)

류광수 씨는 "다락방의 복음이 2,000년 만에 회복된 복음이다", "한국 교회의 98%가 마귀에 들렸다"는 등 극단적 주장을 한 사람으로 유명하다. 실제로 다락방 관련 교회에 다닌 사람들은 자신들만이 세계복음화를 위해 헌신하는 양 착각 속에 사는 경우가 많다. 그만큼 그들은 '다락방' 외에는 모른다. 이런 극단성으로 류 씨의 다락방이 보급되는 교회마다 분열되는 아픔을 겪었던 것이 1995년 즈음의 한국 교회의 현실이었다. 당시 한국의 주요 교단들은 활발하게 류광수 씨의 다락방전도운동(http://darak.net)에 대해 연구했다. 결국 많은 교단들이 다락방전도운동에 문제가 있음을 지적하고 그 관련자를 치리하는 결정을 내렸다. 각 교단에서 이탈 또는 치리를 받은 다락방전도운동 관련자들은 지난 1997년 '전도총회'(http://pcea.or.kr)라는 교단을 독자적으로 결성하게 되었다. 이후 류 씨는 2004년도에 본 교단에 가입을 청원하는 등 정통교단에 편입되기를 희망했으나 부결됐다. 다락방 측의 관련 단체로는 '세계복음화전도협회', '세계복음화신문', 대학선교단체인 'DCM', 인터넷 방송(darak.net) 등이 있다.

I. 총회 자료
다음은 1996년 제81회 총회에서 규정한 내용을 요약한 것이다.

1. 개요
류광수 씨는 고신대학교 신학대학원 2년을 수료하고(1984) 총신대학교 신학대학원 3학년에 편입학하여 동 대학원을 졸업한(1985) 후 부산노회에서 안수 받았으나 1991년 11월 26일 부산노회 제133회 1차 임시노회에서 다락방 교리 및 도덕적인 문제로 인해 목사 면직의 판결을 받은 바 있다.

그 후 류광수 씨는 교단을 옮겨 대한예수교장로회(고신) 남부산노회에 가입하였으나(1993년 10월 정기노회 시) 대한예수교장로회(고신) 부산노회에서 교회의 위치와 소속 노회의 지역이 상이하다는 문제를 제기하고 류광수 씨가 고신측 남부산노회에 가입한 것을 불법이라고 주장함으로써 그의 해 노회 가입이 원인 무효화되기에 이르자, 류광수 씨는 다시 당 교단을 탈퇴하게 되었다. 그리고 교단의 재적(在籍) 문제와 관련 다시 이전의 위치로 환원하고자 1994년 10월에 그는 본 교단 산하 부산노회에 주사 면직(1993년 11월 26일)에 대한 재심 청구를 올렸다. 따라서 본 교단은 지난 제80회 총회에서 "다락방 확산 방지 및 이단성규명위원회"를 구성하고 류광수 씨의 다락방 운동에 대한 구체적인 조사에 착수하게 된 것이다.

2. 문제점

1) 구원론의 문제

류광수 씨는 예수 이름으로 구원받는 단계를 5항목(아는 단계, 믿는 단계, 영접하는 단계, 시인하는 단계, 나타나는 단계)으로 나누고 예수를 믿는 것과 영접하는 것을 구분한다(『성령이 말씀하시는 전도 기초 훈련』 69면, 79면). 그는 믿는 단계로 요한복음 3:16의 성경적 증거를 들고, 또한 영접하는 단계로 요한복음 1:12, 요한계시록 3:20을 들고 있다. 그러나 신자가 구원받는 단계에서 믿는 것과 영접하는 것을 구분하여 두 단계로 교리화하는 것은 비성경적이다. 류광수 씨는 예수를 믿는 것과 영접하는 것을 구분하고 특히 여기 영접이라는 말을 요한일서 3:8 "하나님의 아들이 나타나신 것은 마귀의 일을 멸하려 하심이니라"의 말씀에 기술된 그러한 예수를 영접한다는 의미로 사용함으로써, 예수를 믿음으로 구원받는 것 외에 영접하는 단계가 필요하다고 역설하고, 이를 통해 "영접"하는 자를 요원화하고 결국 다락방화하는 자세를 취하고 있다. 이 경우 류광수 씨의 가르침에는 성경적 구원론과 교회론에 있어서 심각한 문제가 제기된다.

2) 교회론의 문제

이와 같이 예수를 믿는 단계와 예수 이름으로 사탄을 결박하고 사탄의 권세를 이기는, 영접하는 단계를 상호 구분하는 것은 교회 안의 신자들을 구별하는 이론으로서, 그리스도를 머리로 하고 신자들이 그리스도의 한 몸을 이룬다는 공교회의 교회론에 어긋난다고 생각하는 바이다. 성경에서 믿는 것과 영접하는 것은 두 단계가 아니다(요 1:12; 3:16; 5:24; 롬 8:16-17; 엡 2:8; 4:1-6; 엡 4:13-16). 결국 류광수 씨가 신자의 구원을 두고 "믿는 단계"와 "영접하는 단계"를 구분하는 것은 기존 신자를 요원화, 다락방화하여 결국 공교회와 분리시켜 사조직화하는 행위라고 해석하는 것이 가능하며 또 그런 결과를 가져올 수 있다고 본다.

3) 교회의 질서 유지 문제

다락방 전도 훈련은 기존 신자들을 "요원화"하고 다락방화한다는 점에서 기성 교회를 분열시킬 수 있으며 또한 교회 안에 위화감을 조장할 만한 원인을 제공한다. 따라서 다락방전도운동은 그리스도의 몸으로서 공교회가 지향해야 할 건전하고 성경적인 전도 운동은 아니라고 생각된다.

3. 교회의 대응책

지금까지 조사한 바에 의하면, 류광수 씨와 다락방 전도 훈련의 내용이 일견 복음적이요 기존의 교회 주변 운동과 별반 다르지 않은 것으로 보일 수 있으나, 믿는 단계와 영접하는 단계를 구분하고 요한일서 3:8을 그 핵으로 강조하고 있다는 점에서 구원론에 있어 중대한 결함을 안고 있으며, 기존 신자들을 요원화하고 다락방화한다는 점에서 교회론에 심각한 문제를 제기하고 있다고 판단된다. 이런 이유로, 다락방 전도 훈련은 구원론에 있어 신자를 오도할 우려가 있을 뿐만 아니라 교회 내에서 다락방화된 신자와 그렇지 못한 신자 사이에 위화감을 조장하고 분열을 일으킬 위험성이 있다. 그러므로 다락방전도운동을 받아들이거나 다락방 훈련교재 및 테이프 등을 교회 안에서 신자 양육용으로 사용하는 것을 금하는 것이 마땅하다고 사료된다.

류광수 씨의 교재들에 김기동 씨의 마귀론과 흡사한 내용이 자주 언급된다. 가령 미혹의 영, 천사 동원권, 미혹의 영들에 의한 병듦, 특히 요한일서 3:8("하나님의 아들이 나타나신 것은 마귀의 일을 멸하려 하심이니라")을 제 이론의 구심점으로 삼기 등이 그것이다. 이와 같은 김기동의 그것과 유사한 가르침들은 개혁교회의 원리에 배치된다.

지금까지 진술한 제반 이유로 인해, 부산노회가 류광수 씨의 목사 면직을 판결하고 이를 공고한 것은 정당하다고 보며, 류광수 씨가 자신의 목사 면직에 대한 재심 청구서를 제출한 것과 관련, 이상의 문제점들을 완전히 시정하기 전에는 이를 기각함이 마땅하다고 생각된다.

동시에, 이후로 본 교단 산하 모든 목사 및 성도들은 류광수 씨의 집회 및 다락방 전도 훈련의 조직과 기구에 참여하지 말 것이며, 다락방 전도훈련을 지교회에 도입하는 것도 삼가야 할 것이다.

다음은 예장고신 교단이 1995년 제45회 총회에서 연구 발표한 내용을 요약한 것이다.

본 총회 이단(사이비)피해대책조사연구위원회에서는 다음과 같이 제언한다.

첫째, 류광수 씨가 모 교단 B노회로부터 면직된 것은 이유 있다고 보며 본 교단 B노회의 처사도 합당하게 치리된 것으로 본다.

둘째, 현재 교단의 120여 교회와 230여 명의 교역자가 참여하고 있는 현실은 가볍게 볼 수 없다. 참여한 교회들 중에는 교회 성장이나 화평과 인정에 손해를 가져오는 경우도 있지만 반면에 열매를 얻고 있는 교회가 있는 것도 사실임을 인정한다. 그러므로 개인적인 입장에서 전도를 배우는 것은 있을 수 있겠지만 드러난 문제점을 감안하여 볼 때 개인적이라 하더라도 신중을 기해야 할 필요가 있고 '다락방 전도운동'의 조직과 기구에 참여하여 일하는 것은 일체 금지되어야 한다고 본다.

셋째, 법적으로 강단 교류를 하는 H 교단에서 목사면직을 받은 사람이기에 목사라는 호칭으로 부를 수 없고 목사라는 호칭으로 부를 수 없는 사람이기에 목사로 가입시킬 수도 없는 일이라 본다.

넷째, 류 씨를 신봉하는 교단 내의 지도자들과 성도들이 있기 때문에 항상 표면적으로 문제가 발생될 수 있으므로 교단의 화합을 유지하는 차원에서 지혜를 가지고 대처, 처리해야 할 것으로 사료되는 바이다.

4. 연구 결론

1) 성경을 전도와 영적 투쟁 중심으로 해석하여 문맥과 의미를 왜곡하는 오류를 범하고 있다. 예를 들면 창세기 3장의 '원죄 사건'을 영적 문제의 뿌리로 이해하면서 자신의 전도 전략의 근거로 왜곡한 경우이다.
2) 신자의 삶을 사탄과의 영적 투쟁에 치우쳐 복음의 본질인 그리스도의 죽음과 부활 등 대속적 사건의 의미보다는 그리스도를 사탄과의 싸움을 중심으로 이해함으로 신사도적 영적전쟁과 김기동의 마귀론과 유사한 영성을 갖고 있다.
3) 그리스도의 죽음과 부활의 대속적 의미보다는 사탄을 이긴 그리스도라는 측면에 치우쳐 신사도적 영적 전쟁 개념과 유사한 방식으로 성경을 이해하고 있다.
4) 다락방은 교회론에서 다락방 조직 중심의 전도, 훈련, 파송 시스템을 강조하면서 기존 교회의 정체성을 약화시킨다. 즉 교회를 단순히 성령의 역사와 전도 운동의 확장 등으로 단순화시킨다.

14. 몰몬교
(예수그리스도후기성도교회)

예수그리스도후기성도교회는 여호와의 증인, 통일교, 안식교와 함께 세계 4대 이단으로 분류되는 단체다. 예전에는 말일성도예수그리스도교회라는 명칭을 썼으나 2005년 7월 5일부로 예수그리스도후기성도교회라는 이름으로 공식 교체했다.

현재 한국인 몰몬교 신도는 8만여 명으로 추산된다. 이들은 유동 인구가 많은 지역에서 각종 선전물을 벌여 놓고 외국인이 직접 포교하는 것으로 유명하다.

몰몬교 신도로서 유명한 사람으로는 미국의 세계적인 호텔 체인인 메리어트 호텔의 CEO인 J. W. 메리어트가 있다. 이로 인해 어느 나라를 가든지 메리어트 호텔에는 객실마다 성경과 몰몬경이 함께 비치되어 있다. 국내에 세워진 서울(고속터미널 인근)과 부산의 메리어트 호텔의 객실도 예외가 아니다.

몰몬교인 유명 인사로는 '걸면 걸리는 걸리버' 등 각종 CF와 연예 프로그램에 출연하여 잘 알려진 방송인 겸 국제 변호사 로버트 할리가 있다. 『성공하는 사람들의 7가지 습관』의 저자 스티븐 코비도 몰몬교인이다.

몰몬교에 대해 예장합신 측에서는 △성경 이외에 몰몬경을 더 권위 있는 계시로 받아들인다 △아직도 계시가 계속되고 있으며 선지자도 예언자도 계속된다고 믿는다 △하나님을 피조된 인간의 승화된 존재로 전락시킨다 △흑인들은 저주받은 함의 자손으로 구원받을 가치가 없다고 여긴다며 이단이라고 발표한 바 있다.

I. 기타 자료

다음은 예장합신 측이 몰몬교에 대해 연구 발표한 내용을 요약한 것이다.

1. 성경적인 오류

1) 성경에 대하여

몰몬교는 네 권의 경전을 가지고 있다. 『성경』, 『몰몬경』, 『교리와 성약』, 『값진 진주』이다. 또한 현재 살아 있는 예언자들의 말씀도 같은 권위를 가진다. 몰몬교의 신앙조항을 보면 "우리는 성경을 바르게 번역되어진 한도 내에서만 하나님의 말씀이라고 믿는다"라고 기록되어 있고, "우리는 또한 몰몬경도 하나님의 말씀으로 믿는다"고 되어 있다.

2) 예수 그리스도에 대하여

몰몬교가 주장하는 예수 그리스도는 하나님의 독생자가 아니며 창조주로서 신성을 가지신 분도 아니다. 단순히 우리와 같은 인간인데 하나님의 불꽃으로 감화되어 신적인 존재가 된 것에 불과하다고 한다. 그러므로 몰몬교들에게는 그리스도의 신성이나 그의 대속적인 죽음은 아무 의미가 없다. 하나님 자신도 인간이 승화되어 신이 되었다면 예수님의 하나님 되심도 결국 같은 결과로 나아갈 수밖에 없다.

2. 문제점들

1) 성경 이외에 몰몬경을 더 권위 있는 계시로 받아들이므로 이단이다.
2) 아직도 계시가 계속되고 있으며 선지자도 예언자도 계속된다고 믿어 성경의 완전성을 무너트리고 있다.
3) 일부다처주의를 주장하고 실시했으므로 성경이 말하는 가정윤리를 곡해하고 있을 뿐 아니라 현행법을 어기고 있다.
4) 하나님을 피조된 인간의 승화한 존재로 전락시켜 신성을 모독하고 있다.
5) 흑인들은 저주받은 함의 자손으로 구원받을 가치가 없다고 여기면서 인종차별의 정당성을 부여하고 있다.

예장고신의 연구보고서에서는 '그리스도관에 나타난 몰몬교의 이단사상'을 다음과 같이 정리하고 있다(『유사종교연구』 1-4합본, 73쪽).

몰몬교에서는 그리스도의 신성(神性)을 부인한다. 예수는 하나님과 마리아 사이의 성적관계에서 태어난 지상적(地上的) 산물로 본다. 우리 인간과 똑같은 방법에서 출생되었으며 우리의 맏형 격이라고 하면서, 예수는 다처가(多妻家)였다고 말하고 있다. 또 루시퍼(Lucifer)의 형제라고 주장한다. 예수님은 하나님으로 승진되었으니 우리들도 예수처럼 하나님이 된다는 주장이다.

또 그들은 마귀(魔鬼)도 엘로힘의 자녀요, 예수의 형제라고 주장한다. 물론 그리스도의 대속(代贖)을 믿지 않는다. 몰몬교의 계명을 지킴으로 구원을 얻게 된다고 한다. 이렇게 몰몬교의 주장은 비성경적이다. 누가복음 1:35에 "… 성령이 네게 임하시고 지극히 높으신 이의 능력이 너를 덮으시리니 이러므로 나실 바 거룩한 자는 하나님의 아들이라 일컬으리라"고 기록되어 있다.

3. 연구 결론

몰몬교의 경전은 1830년 초판 발행 후 4,000번이나 문구를 개정했다. 만약에 요셉 스미스가 황금판 계시를 받은 것이라면 어떻게 계속 개정될 수 있을까? 이것은 계시의 오류를 인정하는 것이다. 특히『몰몬경』은 솔로몬 스폴딩이란 은퇴 목사가 쓴 두 권의 공상 소설을 표절한 것으로 알려져 있다.

15. 박명호
(한농복구회, 구 엘리야 복음선교원)

스스로를 메시아 격인 소위 '엘리야'로 자처했던 박명호 씨(본명 광규)는 근자에 들어 '돌나라 한국농촌복구회'를 창립하여 활동하고 있다(http://www.hannong.com 이하 한농). 한농은 현재 국내 10개 지부, 해외 9개 지부가 있다.

이외에도 박 씨는 '석선'이라는 자신의 호를 따서 『석선시집』(돌나라 刊)이라는 책을 펴내기도 했다. 예장통합 측은 1991년 제76회 총회에서 박명호 씨를 이단으로 규정했다.

I. 기타 자료

다음은 예장통합 측이 연구 발표한 내용을 요약한 것이다.

박명호 씨는 안식교인이었다가 이탈하여 '엘리야복음선교원'을 이끌고 있다. 본명은 박광규이고, 엘리야복음선교원의 주 집회 장소는 강원도 원성군(현 원주시) 소초면 둔둔리 산 171-1이었다. 이곳에서 거의 매달마다 10일간의 천막촌합숙집회를 인도해왔다. 이들은 '세계엘리야복음선교총회'라는 이름을 쓰기도 한다. '석국'(石國)이라는 출판사를 통해 박 씨의 책들을 만들고 있다. 박씨는 평시 경북 상주군 화북면 상호2리 신성동 706번지에 거주했던 것으로 알려졌다.

「교회와 신앙」 1994년 3월호(p.197)의 보도에 의하면 '지구 종말이 앞으로 1년 남았다'며 모든 공식적인 활동을 중단하고 전국에 산재해 있는 200여 개의 기도처에 신도들을 분산시키고 '인치는 천사'를 맞이하기 위해 기도 중이라는 것이다.

또 박 씨는 속리산에 거주하면서 계시를 받는 중이고, 지금이 서기 1994년이 아니고 1998년으로서 지구 종말 연도가 1년밖에 남지 않았다는 시한부 종말을 은밀하게 유포하고 있다고 전하고 있다.

1. 박명호 씨를 교주로 한 엘리야복음선교원의 현황

공식 명칭을 '엘리야복음선교원'(Elijah Gospel Missionary)이라 하고, 교주는 본명이 박광규(朴光圭)인데 박명호(朴鳴呼)라고 부르고 있으며, '울면서 부르시는 아버지의 심정을 대표한다'는 뜻이라고 한다.

1984년 6월 25일 강원도 원성군 소초면 둔둔리 산 171-1에 추종자들이 집단을 이루어 천막생활을 시작한 이래 전국에 50여 집회소와 미국, 일본, 아르헨티나 등 국제집회소까지 있는 것으로 알려지고 있다.

2. 박명호 씨의 가르침과 문제점

1) 잘못된 성경관

(1) 원래 안식교인이었던 박명호 씨는 중졸 후 고아원에서 지내다가 천호동 뒷산에서 환상을 보았는데 유명한 안식교 목사들이 양 떼들을 멸망의 길로 끌고 가는 것을 보고 놀라서 "엘리야의 하나님, 나를 엘리야로 보내소서"라고 외치다가 깨어났다고 한다. 박 씨는 자신을 마지막 시대의 엘리야라고 하는데 1982년 2월 10일 새벽에 7명의 제자들에게 "마지막 남은 자손들의 신조"라는 새로운 가르침을 내렸다고 한다. 박 씨는 이것을 근거로 세 가지 성경을 주장하는데 제1성경이 천연계(天然界), 제2성경이 66권, 제3성경이 대언의 영이라고 함으로써 피조물을 성경으로 격상시키고 있을 뿐만 아니라 대언의 영을 성경이라고 하여 자신의 가르침도 성경이라는 통로를 열어 놓고 있다(『하늘가는 사람들』 343쪽).

(2) "선악과에 무서운 독이 들어 있어서 아담과 하와는 독 있는 선악과를 먹고 즉시 죽었다"(『이것이 영생이다』 24쪽)고 하는 등 잘못된 성경해석을 하고 있다.

2) 잘못된 신관

(1) 삼위일체관이 잘못되었다.
① "세 하나님은 각각 한 몸씩 가지신 세 하나님들"(『하늘가는 사람들』 122쪽)이라는 주장을 하여 '삼신관'을 가지고 있다.
② 성부 성자 동행동시수난설을 취하고 있다.
"하나님 아버지가 지신 큰 십자가와 아들 예수가 지신 작은 십자가가 있었다."(『이것이 영생이다』 54쪽).
"아버지 가슴 한복판에 땅! 땅! 대못을 박으시는 것을 생각할 때 가슴이 뭉클 고개가 떨구어진답니다"(위의 책 55쪽).
"상하고 찢어지고 파멸된 하나님의 가슴을 통곡하라"(위의 책 183쪽).

(2) 성부관이 잘못되었다.
"우리 하나님은 머리와 머리털을 가지고 계신다"(위의 책 35~38쪽)고 하여 하나님이 인간의 모습을 가졌다는 신인동형동성설(神人同形同性說)을 주장하고 있다.

(3) 성자관이 잘못되었다.
"우리 모두는 작은 예수들로서 마지막 세상 끝날에 큰 예수를 따라서 승천"(위의 책)이라고 하는가 하면 "예수님의 제자들은 제2의 작은 예수들"(『하늘가는 사람들』 135쪽) 또 "완전한 작은 예수들 완전한 수입품 예수들 예수님과 똑같은 거룩한 제2의 예수"(위의 책, 149쪽)라는 등 신자들을 '작은 예수', '제2의 예수'라고 하여 사람을 예수님과 같게 또는 예수님을 사람과 같은 수준으로 제한하고 있다. 이것은 "인간은 창조되지 않고 전부 하나님의 태 '영의 조물태'에서 낳았다"(『이것이 영생이다』 58~63, 73, 82, 165쪽)는 그의 사상에서 기인하는 것인데 심지어 "맏형님 예수님"(위의 책, 418쪽)이라거나 "하와 누이, 아담 형"(위의 책, 72쪽)이라는 말까지 쓰고 있는 것은 같은 사상에서 나온 말이다.

3) 잘못된 구원관

믿음으로 구원 얻는다는 것은 '사탄의 거짓'이라 비난하고, '스쳐가는 생각까지'라도 범죄치 아니하는 제2의 예수가 되지 않고는 어느 누구도 구원받을 수 없다고 하며 "너도 예수가 되라", "너도 하나님이 되라"는 제목으로 설교하며, 박명호 씨는 '기성교회 교인들은 한 사람도 이 목표에 도달하지 못했으며 오직 자신의 교리를 통해서만 될 수 있다'고 주장함으로 행위구원을 강조하고 정통교회를 비난한다.

① "기적적으로 중생할 수 있는 공식 … 오직 중생이란 결실은 성령님과 사람의 공동노력과 공동가꿈과 공동힘씀에서 얻어지게 되는 수확"(『이것이 영생이다』 412쪽)이라고 하여 회개가 빠져버린 인간 노력을 강조한다.
② "사람이 비록 예수도 모르고 성경을 몰라도 속세를 떠나 '천연계 제일 성경' 속에 들어가서 하나님과 깊이 교제함으로 그의 형상과 모습을 닮은 사람들은 곧 신선(神仙)이 되어 승천하게 된다고 선지자를 통하여 성령께서도 분명히 말씀하셨다"(『하늘가는 사람들』 346쪽)고 하는데 성품의 털끝만 한 오점만 있어도 구원받지 못하며 구원받기 위해서는 예수님과 똑같이 변화되어야 한다는 것이다.
③ "이방 신선(神仙)들은 예수도 성경도 몰랐지만 예수께서 재림시에 데려가신다고 말씀하셨다"(『하늘가는 사람들』 351쪽)는 주장으로 예수를 믿는 것 이외에 구원을 말하는가 하면 신선이 되어야 한다며 사람(人)이 산(山)에서 사는 것이 신선(仙) 되는 길이라고 하면서 신도들로 하여금 산속에서 살게 하고 있다.

4) 잘못된 교회관

① 기성 교회를 모두 마귀가 만든 것이라고 했다(박명호 씨의 녹음테이프 6번). "대원수 '큰 용' 마귀 … 이 원수는 수많은 자들을 일으켜 그리스도 예수의 교회라는 간판까지 버젓하게 달도록 해 놓고 속에는 전혀 그리스도가 아닌 사탄 악마 자기가 들어 앉아서 하나님의 자녀들을 고스란히 죽이고 있지 아니한가!"(위의 책 114쪽).

② 그러면서도 기성 교회에 침투하기 위하여 선교합창단을 조직해 예배시간에 특별순서를 요청하여 교주의 설교와 가르침을 담은 카세트와 책을 판매선전했다.

5) 안식교의 분파이다
① 안식일(토요일) 준수를 가르친다.
② 안식교의 조사심판설을 수용하고 있다(『이것이 영생이다』 350쪽, 『하늘가는 사람들』 204쪽).

3. 연구 결론

박명호 씨는 안식교의 사상을 기초로 하여 자기의 신비체험 등을 교리화하여 한국은 성경 이사야 41:25에서 가리키는 동방이요 특히 강원도 원성군이 동방의 중심지요, 동방에 나타나는 마지막 선지자 엘리야가 자신이라고 하면서 주장한 절박한 말세 심판설은 신도들에게 속세에 대한 절망감을 야기시켜 산속으로 도피케 하고 있는 바, 이로 인한 부부의 별거, 이혼 등으로 인한 가정파괴가 빚어지고 학업을 포기하는 등 사회적 문제를 야기시키고 있다. 특히 이신득의의 진리를 거부하고 성경에서 벗어나 천연계에 들어가 신선이 되어야 구원받는다는 교리를 가지고 있으며 인간이 신이 되며 예수처럼 될 수 있다고 주장하고 있어 명백히 이단으로 판단된다. 특히 성경 외에 자연 전체와 교주 개인의 계시의 권위를 믿고 있으며 성경보다 더 권위 있다고 주장하는 교주의 계시 말씀인 『석국』이란 경전이 있다. 이들은 박명호를 말세의 엘리야로 믿고 추종하고 있다. 그리고 그는 특별한 계시를 받은 선지자적 존재로 인식하고 있다. 이들의 핵심교리와 주장은 예수 그리스도가 아닌 박명호의 메시지와 주장이 신앙의 중심이 되어 있다. 그리고 박명호의 특별계시가 성경과 동등하거나 권위 있다고 믿는다. 그리고 자신들의 주장과 메시지에 순종해야 구원에 이른다고 믿기에 엘리야 복음선교원만이 참진리의 수호자요 전파자라고 주장한다.

16. 박무수(부산제일교회)

박무수 씨의 본명은 박무용이다. 부산제일교회 담임목사이며 교단은 대한예수교장로회 법통총회 소속인 것으로 알려져 있다. 삼사신학교, 임마누엘기도원, 도서출판 34 등의 대표이다. 이들은 하나님께서 한국을 사랑하셔서 동방의 독수리 박무수 씨에게 4단계 회개의 복음을 계시해 주셔서 제2의 종교개혁을 하고 있다고 주장한다.

삼사신학교란 박무수 씨의 추종자들이 매주 금요일에 부산제일교회에 모여 철야를 하면서 토요일까지 교육을 받으며 '삼위일체와 4단계 회개'를 공부하는 곳이기 때문에 붙인 이름이라고 한다. 박무수 씨의 '4단계 회개'란 첫 번째 단계는 죄를 깨닫는 것이고, 두 번째 단계는 하나님 앞에 있는 죄를 지우는 것이며, 세 번째 단계는 자신의 마음에 있는 죄를 없애는 것이고, 네 번째 단계는 감사라고 한다.

특히 네 번째 단계의 감사는 입술로만 감사하는 것이 아니라 감사헌금을 해야 4단계 회계가 완성된다는 것으로 감사헌금을 하지 않으면 잠시 후에 마귀가 와서 은혜를 쪼아 먹기 때문에 완성에 이르지 못한다는 것이다.

박무수 씨의 4단계 회개 사상에 대해서 예장통합 교단은 '비성경적, 사이비적 주장'이라고 일축했다. 기성 교단은 '이단'이라고 더욱 강하게 규정했다(제54회 총회 1999년).

I. 기타 자료

다음은 예장통합 측이 1999년 제84회 총회에서 연구 발표한 내용이다.

1. 연구 배경

부산 동 노회의 '부동노 제 35-37호(1998. 3. 4) 박무수 씨의 사이비 이단성에 대한 조사 연구 질의의 건'이 총회 사이비이단대책위원회로 이첩(예장총 제 82-452호, 1998. 3. 20.)됨에 따라 연구에 착수하였으며, 추후에 충청노회에서도 '충노 제 30-32호(1999. 4. 12.) 사이비 이단에 대한 조사 연구'로 박무수 씨의 4단계 회개에 대한 조사 연구를 의뢰해 왔다.

2. 연구 과정

1) 박무수 씨 문제의 개요

박무수 씨의 본명은 박무용이다. 부산제일교회(부산 북구 감전 2동 135-10) 담임목사이며 교단은 대한예수교장로회 법통총회 소속인 것으로 알려져 있다. 삼사신학교, 임마누엘기도원, 도서출판 34 등의 대표이다. 하나님께서 한국을 사랑하셔서 동방의 독수리 박무수 씨에게 4단계 회개의 복음을 계시해 주셔서 제2의 종교 개혁을 하고 있다고 한다. 삼사신학교란 박무수 씨의 추종자들이 매주 금요일에 부산제일교회에 모여들어 철야를 하면서 토요일까지 교육을 받으며 '삼위일체와 4단계 회개'를 공부하는 곳이기 때문에 붙인 이름이라고 한다. 박무수 씨의 문제점은 여러 부분에서 나타나고 있다.

그러나 본 연구보고서에서는 가장 크게 문제시되는 4단계 회개론을 중점적으로 다루고 그 이외에 나타난 문제점을 살펴보고 그에 대한 평가를 내리고자 한다.

2) 4단계 회개

박무수 씨의 '4단계 회개'란 첫 번째 단계는 죄를 깨닫는 것이고, 두 번째 단계는 하나님 앞에 있는 죄를 지우는 것이며, 세 번째 단계는 자신의 마음에 있는 죄를 없애는 것이고, 네 번째 단계는 감사라고 한다.

사람이 죄를 지으면 먼저 마음으로 죄를 깨닫고 제단 뿔과 마음 판에 기록되기 때문에, 죄를 깨달아 제단 뿔에 기록된 것을 지우고 자기 마음 판에 새겨진 것을 고치는 3단계를 거쳐야 예수님의 3일 만의 부활을 체험하게 되며 그리스도 안으로 들어갈 수 있게 된다고 한다. 회개할 때 이런 구체적인 단계를 거치지 않고 죄만 열거하고 용서받은 것으로 믿어 버리는 것으로는 3

일 만의 부활을 통하지 않았으므로 거듭나지 못한다는 것이다. 네 번째 단계의 감사는 입술로만 감사하는 것이 아니라 감사헌금을 해야 4단계 회개가 완성된다는 것으로 감사헌금을 하지 않으면 잠시 후에 마귀가 와서 은혜를 쪼아 먹기 때문에 완성에 이르지 못한다는 것이다. 감사예물이 구원을 확실하게 보장해 주며, 4단계 회개는 매일 아니 매순간마다 해야 하며, 4단계 회개를 확실하게 하지 않거나 중단하면 나갔던 귀신도 다시 더 크게 들어오고 거듭나지 못할 뿐 아니라 구원이 취소된다고 한다.

4단계 회개의 성경적 근거는 "군병들이 예수를 십자가에 못 박고 그의 옷을 취하여 네 깃으로 나눠 각각 한 깃씩 얻고 …"(요 19:23)로서 예수님이 십자가에 달리실 때 입고 있던 옷이 넷으로 나누어졌기 때문에 4단계의 회개를 해서 그 옷을 붙여 주어야 한다는 것이다.

그의 주장하는 바를 살펴볼 때에 그가 4단계의 회개의 성경적 근거로 주장하는 요한복음 19장 23절은 회개와 아무런 연관성이 없는 구절일 뿐만 아니라, 그 옷을 붙여 주어야 할 하등의 이유도 없다. 요한복음 19장 23절의 말씀은 박무수 씨의 4단계 회개와는 아무 상관이 없는 예수님의 십자가의 고난의 장면을 나타내는 치욕적 사건으로 군병들이 옷을 찢어 나눈 것은 예수께서 죽은 것으로 알고 로마법의 풍습에 따라 옷을 나눈 것뿐이다. 회개는 구원을 위한 회개와 성화를 위한 회개가 있다. 구원파는 구원을 위한 회개만 강조하고, 성화를 위한 회개를 부정한다. 이미 과거 현재 미래의 모든 죄를 용서하셨는데 구원받은 이후에도 죄를 용서해 달라고 회개하는 것은 아직 용서받을 죄가 있기 때문에 구원을 받을 수 없다는 것이 구원파이다.

박무수는 이와 반대로 성화를 위한 회개를 너무 강조한 나머지 4단계 회개를 구원의 조건으로 삼는 오류를 범하고 있다. 거듭남은 한 번으로 족한 것이다(요 10:28~29). 또한 "너희가 그 은혜를 인하여 믿음으로 말미암아 구원을 얻었나니 이것이 너희에게서 난 것이 아니요 하나님의 선물이라 행위에서 난 것이 아니니 이는 누구든지 자랑치 못하게 하려 함이라"(엡 1:8~9)는 말씀에 따르지 않고 있다.

그가 주장한 4단계 회개는 회개를 지나치게 인위적으로 구분한다는 문제점을 가지고 있을 뿐만 아니라 구원에 있어서 하나님의 은혜를 약화시키고 인간 행위를 강조하므로 율법주의적이고도 인본주의적이다. 또한 그가 주장한 회개는 결국 물질로 표현하게 하므로 영적이라기보다는 육적 그리고 물질화하는 점이 특히 우려되는 바이다.

3) 기타의 문제점들

박무수 씨가 주장하는 바를 살펴보면 한 마디로 신학적 무지에서 비롯되어 혼란스럽기 그지없다. 몇 가지 예를 들어 본다면, 예수 그리스도를 예수와 그리스도로 구분하여 예수는 하나님과의 관계에서만 논할 수 있고(예수는 손등이라고 함), 그리스도는 우리와 관계되기 때문에(그리스도는 손바닥이라고 함) 그리스도만이 우리의 지도자라 하면서 그리스도가 내 속에 들어오면 그 뒤에 예수가 계시기에 그래서 그리스도 예수라고 한다고 하면서 나 → 그리스도 → 예수 → 하나님 → 성령의 순서로 이어진다고 한 점, 사이비 이단들이 주장하는 직통계시를 강조하여 그는 설교를 준비할 필요를 느끼지 않고 그냥 지시하는 대로 하기만 하면 된다는 점, 삼위일체를 설명하면서 이사야 41장 8절 "그러나 나의 종 너 이스라엘아! 나의 택한 야곱아, 나의 벗 아브라함의 자손아"의 말씀이 삼위일체를 나타낸다는 점, 죽은 자의 혼령인 귀신이 사람에게 들어가 사람을 미치게 한다는 정령숭배 사상에서 비롯된 무속주의적 귀신론, 그리고 교회를 적대시하고 신학 교육 자체의 무용론을 주장하는 점 등과 함께 박무수 씨를 동방의 독수리요, 그 추종자들은 동방의 왕들이다(사 46:11, 계 16:12)라고 주장한 점들이다.

이는 성경적으로 신학적으로 도저히 받아들일 수도 없고 용납할 수 없는 주장들이다. 그는 성경을 지나치게 주관적으로 그리고 자의적으로 해석하여 성경이 가르치고 뜻하는 바의 의미를 전하지 못하고 있다.

3. 연구 결론

박무수 씨의 4단계 회개를 비롯하여 기타의 문제점들을 볼 때에 그의 가르침은 용납할 수 없는 비성경적 사이비적인 요소가 많은 것으로 사료된다. 따라서 그의 주장하는 바의 그릇됨을 엄중히 경고함과 더불어 경계심을 가지고 계속 지켜보아야 할 것이며, 또 이 같은 그의 비성경적인 주장의 사이비적 위험성을 교인들에게 주지시키고 그의 가르침에 현혹되지 않도록 지도해야 할 것이다.

# 17. 박윤식
(평강제일교회, 구 대성교회)

서북노회에 평강제일교회의 가입을 취소하고 총신대학교 교수회가 제출한 박윤식 관련 연구보고서를 총회 공식입장으로 채택하다(제90회 총회회의 결의 및 요람 38쪽).

I. 총신대학교 교수회 보고서

1. 서론

박윤식의 이단성에 대한 개요는 다음과 같다. 본 교단에서는 박윤식의 교단 가입을 둘러싸고 큰 신학적 파동이 있었다. 그를 동조하는 교단의 지도자들로 인해 큰 논란의 질곡을 벗어나야 했다. 박윤식은 정략적으로 총신대 교수들과 교단 지도자들을 초청하여 강단에 세웠고 자신의 교회 사역자들을 총신대 신대원에 진학시켜 은밀하게 교단의 깊숙한 곳까지 침투해 왔다. 그러나 신대원 교수들은 박윤식의 교단 영입을 막기 위해 그의 이단성을 신학적으로 검토하여 발표하여 박윤식의 교단 가입은 무산되었다. 총신대 교수들이 연구한 박윤식의 이단성을 요약하면 다음과 같다. 특히 박윤식 이단성의 대표적인 이슈인 '씨앗 속임'(1981)을 바탕으로 그의 신학과 교리의 비성경적 요소를 분석하고 이단성을 지적하려 한다.

2. 본론

1) 영적 성관계

박윤식은 하와와 뱀과의 육적 혹은 영적 성관계를 주장한다. 이브는 아담을 속이고 뱀(사탄)과 성관계를 했다는 것이다. 이 성관계를 통해 태어난 자식인가인은 실제로 뱀의 자식(씨)이라는 것이다. 그래서 부정한 혈통이 인류에게 유전되었다는 것이다. '씨앗 속임' 혹은 '죄의 유전 혈통 유전' 이론을 펼친다. 이러한 주장이 공격을 받자 뱀을 사탄의 존재로 영적으로 해석하여 사탄이 사람의 모습으로 이브를 유혹하여 성관계를 가졌다는 황당한 주장을 하고 있다. 이러한 해석은 창조론, 인죄론 그리고 구속론 등 중요한 기독교의 진리를 심각하게 훼손하였다. 박윤식의 씨앗 속임은 파충류가 인간의 모습으로 육화된 존재가 뱀이라는 변찬린의 주장에 유비가 된다(박윤식, '씨앗 속임' 설교 녹취록 87쪽).

2) 직통계시

박윤식은 자신을 말씀의 아버지로 십자가의 핏속에 숨겨진 비밀을 계시받은 자임을 주장한다. 그래서 자신을 통해 말씀의 비밀 혹은 직통계시의 교리를 알 수 있다는 것이다. 그는 『말씀의 승리가』 29장에서 셈의 후손에서 동방의 아버지가 올 것인데 그가 말씀의 아버지가 될 것이라고 주장한다. 이러한 논리로 자신을 '동방에 오신 아버지'요 '말씀의 아버지'라 칭하는 근거가 된다. 셈의 후손은 자신이며 황인종을 통해 오시는 아버지는 성부 하나님도 초림 예수도 아니고 박윤식 자신이라는 것이다(『말씀의 승리가』 41쪽).

3. 결론

박윤식의 이단적 주장을 요약하면 에덴 동산 사건을 하와와 뱀의 성관계로 해석했다. 이는 통일교의 교리와 무관하지 않다. 그의 씨앗 속임 설교는 이를 반증한다. 이로 인해 아담과 하와를 성적 범죄자로 오도한다. 이는 창세기의 문자적 의미와 역사성을 훼손한다. 자신을 말씀의 아버지로 십자가의 특별계시를 독자적으로 전하는 자라는 허구성을 말하며 성경의 완전 충분성을 부인하게 한다.

18. 박주형(새벧엘교회)

제87회 총회(2002년)에서 서울 송파구 석촌동에 위치한 새벧엘교회(박주형 목사)와 '강단 교류 금지'의 결정을 했다. 새벧엘교회에서 지나친 신비주의와 잘못된 계시관, 주관적 성경해석 등의 문제점이 발견된다는 것이 그 이유다. 박주형의 이단성의 주요 문제점을 정리하면 다음과 같다.

1. 직통계시
박주형은 직통계시를 주장한다. 환상과 음성을 통해 말씀을 직접 받았다고 주장한다. "하나님께서 내게 직접 말씀하시기를…", "이 말씀은 꿈을 통해 계시로 받은 것이다"는 등의 직통계시를 주장한다. 이단들이 가진 공통적인 계시 체험 신앙이다.

2. 신격화
박주형은 자신을 교주화 혹은 신격화하는 발언들을 쏟아낸다. "내가 영계에서 싸워 승리했다." "나를 따르지 않는 자는 결국 멸망할 것이다." "내가 가진 비밀을 알지 못하면 구원에 이르지 못한다."

3. 신사도 운동
가계저주, 귀신축사, 영적 전쟁, 돌파(breakthrough)등을 주장하며 귀신론을 말하는 것으로 보면 그는 신사도 운동과 유사한 계열이다.

4. 연구 결론
박주형은 성경과 교리에 반하는 자의적 성경해석과 계시론을 주장한다. 특히 그는 신사도적 요소와 직통계시 등 신비주의적 이단성을 말한다.

19. 박철수(아시아교회)

사람의 중생, 즉 거듭남은 무엇으로 알 수 있을까? 중생은 그 사람이 복음을 받아들이느냐 안 받아들였느냐에 따라 달라진다. 그런데 사람의 얼굴만 보고도 "중생했네요", "못 했네요"라고 말한다면 그 사람이 과연 건전한 사람이라 할 수 있을까?

박철수 목사가 원장으로 있는 새생활영성훈련원이 바로 위와 같은 행태를 보이는 곳이다. 박 원장 스스로 신앙상담을 하면서 중생 여부를 얼굴만 보고 판단하는 행태를 자행하고 있다. 또한 박 목사는 영을 또 하나의 인격으로 보는 사상을 고수하고 있다. 한마디로 영에도 눈과 코와 입 등 사지백체가 있다는 것이다. 그리고 이 영은 인간이 갖고 있는 아이큐보다 만 배나 고차원적이라는 주장이다.

박 목사(아시아교회, http://csm21.com)는 이러한 비성경적인 행태와 사상으로 본 교단, 예장합신 교단 등으로부터 각각 '비성경적인 영성 사상', '위험한 신비주의' 등으로 '관계금지'라는 규정을 받은 바 있다.

이러한 주요 교단들의 비판이 있던 중 박 목사는 예장통합측 교단지인『기독공보』2004년 8월 7일자에 사과문을 발표한 바 있다. 이 사과문에서 박 목사는 "아시아교회와 기독교영성운동본부를 설립하고 전국에 30, 40개의 영성훈련지원을 개설하여 지역교회에 심려를 끼쳐 드린 점 사과드린다"며 △『영성훈련입문』,『변화되는 삶을 경험하라』2001년 4월부로 전량 회수 폐기 처분했고 △2004년 3월부로 기독교영성운동본부, 영성훈련지원 해체했으며 △남은 임기 동안 목회사역에 전념하겠다고 약속했다.

그러나 인터넷신문『교회와 신앙』(www.amenews.com) 2006년 9월자 보도에 따르면 이 사과문 발표 이후에도 박 목사의 교회 서점에서는 '폐기처분했다'던『영성훈련입문』,『변화되는 삶을 경험하라』는 책이 고스란히 판매되고 있었다. 이로 보아 박 목사의 사과문은 하나의 제스처에 불과할 뿐 그가 진실한 회개를 한 것으로는 보이지 않는다.

총회는 박 목사에 대해 "(그)는 개혁신학을 따른다고 말을 하지만 개혁신학을 파괴하고 체험, 명상, 직관, 개인적인 사고를 중심으로 교리와 신학, 신앙을 형성"하고 있다며, 박 씨는 실제적으로 "개혁신학을 떠날 뿐만 아니라 기존 교회에 혼란"을 불러일으키고 있다고 강도 있게 비판하며 교류금지할 것을 결정한 바 있다. 반면 예장통합 측은 「기독공보」에 발표한 사과문을 받아들여 박 목사에 대해 더 이상 문제 삼지 않기로 한다는 결정을 내렸다.

I. 총회 자료

다음은 2000년 제85회 총회에서 발표한 연구 내용을 요약한 것이다.

1. 박철수 목사는 정규 대학과정을 뛰어넘고 바로 신학을 공부했습니다. 따라서 독서와 사고와 종합능력에 체계적인 훈련을 받지 못하고 자의적이고 독단적인 수학의 길을 걸은 것으로 판단됩니다. 이런 식으로 신학교육을 받으면 아무래도 체험적이고 독단적인 교리 체계를 만들어내기 마련입니다.
2. 그의 영성훈련은 적지 않은 물의를 불러일으키고 반발을 사고 있습니다. 이 때문에 소속 호헌 측에서도 이탈하여 지금은 독자적인 노선을 가고 있습니다. 주변으로부터 많은 피해 사례와 경계적 질의가 「교회와 신앙」을 비롯한 이단관계 연구 기관에 접수되어, 「교회와 신앙」(발행인: 최삼경 목사)은 2000년 5월부터 계속 특집으로 다루고 있습니다.

박 목사는 기본적으로 개혁신학을 따르면 성경을 신앙과 삶의 유일하고 절대적인 기준으로 받아들이고 있다고 하지만 실제로는 체험을 중요시할 수 있는 교리 체계를 가지고 있습니다. 그것은 첫째, 성경을 읽을 때 성령님의 내적 조명을 지나치게 강조하고 있습니다. … 특히 성경의 기록이 자신의 체험에 잘 들어맞지 않을 때나, 자신의 생각을 억지로 성경에서 증명하려고 할 때 현재 역사하시는 성령님께서 조명해주실 수 있다는 점에 의존하고 있습니다. 이렇게 되면 우선 성경과 설교의 경계선, 권위의 차이가 없어집니다. 그리고 자신에게 떠오르는 생각을 성경보다 우위에 둘 수 있는 길이 열립니다. 박 목사는 개혁신학을 따른다고 말을 하지만 개혁신학을 파괴하고 체험, 명상, 직관, 개인적인 사고를 중심으로 교리와 신학, 신앙을 형성해 갈 근거를 가지고 있고, 실제로는 개혁신학을 떠날 뿐만 아니라 기존 교회에 혼란을 불러오고 있습니다.

박철수 목사의 영성훈련의 핵심은 인간론이며 이 인간론에 영성훈련의 체계를 쌓아 올렸습니다. … 인간론에 있어서 박 목사의 사상이 가장 크게 성경을 이탈하는 부분은 인간의 영에 대한 설명입니다. 그는 영을 몸과 같은 또 하나의 몸으로 설명합니다. 그는 이를 위해 영체, 유체, 혹은 천사와 같은 몸의 말을 사용합니다. 영을 몸과 같은 또 하나의 개체로 보는 것은 그가 그의 책에 그려 놓은 도표에서 확연합니다.

이 그림에 의하면 영도 눈과 귀, 입, 사지백체를 다 가지고 있습니다. 배꼽도 있고, 심장도 있습니다. 다만 성기가 없는 것이 육체와 다른 점이라고 합니다. 이러한 그림은 그가 영이 무엇인지 더 잘 설명하기 위하여 만들어 낸 단순한 예화가 아닙니다. 그가 영을 실제로 이와 같은 몸으로 이해하고 가르치고 있다는 것은 그의 책에 삽입해 놓은 카메라에 잡힌 영의 모습을 보여주는 사진에서 확인됩니다. 이러한 영의 존재는 기독교인이거나 비기독교인이거나 특수한 방법 훈련을 통해서 인지할 수도 있고, 자라게 할 수도 있으며 훈련, 성장, 성숙케 할 수 있다고 주장합니다.

영과 혼의 관계 설명에서 다음과 같은 위험이 발견되었습니다. 박 목사의 견해를 따르면 인간은 누구나 이중인격, 즉 영의 인격과 혼의 인격을 가진 것이 됩니다. 물론 이것은 영이 충분히 성장한 사람에게 해당되는 말입니다. … 그리하여 영의 자아가 육신의 자아를 보고 관찰할 수도 있고, 혼의 자아가 영의 몸을 보고 관찰할 수도 있습니다. … 심지어 박 목사는 영의 심장이 뛰는 것을 여러 번 경험했다고 합니다.

결론적으로 말하면 박철수 목사의 인간론에 치명적인 비성경적 요소가 있습니다. 그는 이것이 성경적이라고 말하지만 성경은 영, 혼, 몸을 본체적으로나 인격적으로 구분하고 있지 않습니다. 다만 그러한 용어를 사용할 뿐입니다. 또 성경에 사용된 이 용어들은 박 목사의 이론을 결코 지원하지 않습니다. … 성경에서 육체이탈이나, 이중인격이나, 영의 자기각성, 영과 혼의 본체적·인격적 분리, 혼의 자아파쇄와 영원한 안식 등을 결코 증명할 수 없습니다. 증명할 수 없는 것을 영, 영적, 영성 내지 영성훈련이라고 부름으로써 이 영성훈련 체계는 박 목사만이 이해하고 가르칠 수 있는 독단적인 권위의 길이 마련된 것입니다.

영의 중생에서 시작하여 영이 어느 정도 성장했는지를 판가름하는 것이 박 목사가 독특하게 가르치는 신앙생활의 단계구분입니다. 영의 성장 성숙도에 따라, 구약성경을 모델로 하여 애굽 단계, 광야 단계, 가나안 단계 등으로 구분하는 것은 지극히 비성경적이고, 독단적입니다. 영의 성장을 판가름할 수 있는 사람은 소위 육체이탈과 같은 경험을 함으로써 영의 실제를 알고 느끼고 그렇게 생활하는 사람들뿐이기 때문에 박 목사 이외의 모든 사람들의 신앙생활은 예수님이나 하나님에게 얽매이기보다는 박 목사에게 얽매일 수밖에 없는 전형적 신비주의 신앙체계를 가지고 있습니다.

연구 결론

박철수의 가장 근본적인 신학적 문제는 육체 이탈 사상이다. 그는 영이 육에서 분리되는 영의 육체 이탈을 영성 훈련의 필수과정으로 삼고 있다. 영이 하나님을 인식하게 되며 영서(靈書)를 통해 방언, 예언을 체험하게 하는 훈련을 하며 신비체험과 주관적 영적 계시 그리고 직통 계시를 주장한다. 육체에서 영이 완전히 독립하여 활동한다는 주장은 초대교회의 이단들의 이원론 사상과 맥을 같이한다. 그가 주장하는 육체와 영의 분리, 신비 체험, 그리고 직통계시와 은사론은 그의 이단성을 분명히 나타내고 있다.

 20. 박태선 (한국천부교전도관부흥협회)

다음은 박태선 씨와 관련 예장통합(http://www.pck.or.kr)이 연구 발표한 보고서다.

박태선(朴泰善) 하면 전도관(傳道館)이 떠오른다. 1955년 창립된 기독교계 신흥종교로서 초기 공식 명칭은 한국예수교부흥협회였다가 그후 한국예수교전도관부흥협회로 불렀고 1980년 1월부터 한국천부교전도관부흥협회로 변경하였다. 즉 박태선 자신이 천부(天父)가 되었음을 선포함으로써 많은 이탈자들이 생겨났고 박태선은 1990년 2월 7일 사망했다. 전도관(천부교)의 분열의 양태는 몹시도 복잡하여 계열분파만 20여 개 파에 이르고 있을 정도이다.

9세 때 그의 모친이 사망했고 2년 후 아버지마저 사망하여 고아 신세가 된 박태선과 그의 형은 고향에서 얼마 떨어지지 않은 덕천교회 주일학교에 다녔다. 해방이 되자 남대문교회를 다녔고 열심 있는 집사로서 노방전도까지 했다. 이때 부흥사 이성봉 목사의 집회에 참석하여 큰 은혜를 체험하였는데 그가 신앙생활을 한 지 21년 만이었다. 사흘을 밤낮으로 식음을 전폐하고 기도를 한 결과, 사흘째 되는 날 새벽 4시 회개의 역사가 일어남과 동시에 뜨거운 성령의 불을 받았다는 것이며 그후 6.25사변으로 피난 도중 평택역에서 비행기 폭격으로 생사의 갈림길에 있을 때 자신의 피가 소변으로 빠져 나가고 성령의 피가 체내에 들어옴을 느끼는 피가름의 은사를 받았다고 한다.

여기서부터 과열된 박태선의 광신과 맹신은 걷잡을 수 없었고 1954년부터 전국에 걸쳐 부흥집회를 다니기 시작했다. 그 무렵 남대문교회를 떠나서 창동교회의 장로가 된 박태선은 1955년 1월 1~7일에 서울 성동구 무학교회 집회를 하게 되었고 3월 26~4월 5일의 10일 동안 남산에서 천막을 쳐놓고 대집회를 가지면서 기성 교회를 비판하기 시작했으며 1955년 6월에는 칼빈의 예정론을 뒤집어 엎고 자신이 소속한 예수교장로회를 떠나 그해 7월 1일 한국예수교부흥협회를 조직하여 오늘날 전도관의 모체를 이루었다.

박태선의 전도관 운동이 탈선의 길로 치닫자 1955년 7월 한국기독교연합회(NCC)는 사이비종교운동이라는 성명을 발표했고, 1956년 2월 15일 경기노회에서도 박태선을 이단으로 규정했으며, 제41회 총회(1956. 9. 20~25)도 박태선을 이단으로 규정했다.

1957년 4월 30일 박태선은 자신이 하늘의 권세를 부여받았다고 설교 중에 선언했고 5월 18일에는 조작된 성화를 가지고 사진에 은혜의 상징이 나타났다고 선언했으며 6월 9일에는 자신이 식물성 감람나무라고 자칭했다.

1957년 9월 1일 말세에 심판을 피하고 구원을 얻으려면 신앙촌으로 들어와야 한다고 하면서 신앙촌 건설을 서둘렀고 동년 10월 23일에는 자신이 '동방의 의인'이라고 선포하고 10월 25일에는 '기성 교회는 마귀의 전당이니 구원이 없고 전도관에만 구원이 있다'고 외쳤다. 1958년 4월 6일 소사에 소래산(蘇來山)이 있으니 예수가 재림하는 산이라고 주장하였다.

1961년도에 덕소에 오토바이 공장을 설립하면 집집마다 자가용 1대, 피아노 1대, 전축 1대씩을 주겠다고 호언장담을 하였으나 이루어지지 않고 도리어 신도들의 피땀 어린 돈을 갖은 방법으로 착취했다. 덕소에 제1신앙촌, 소사에 제2신앙촌, 경남 기장에 제3신앙촌을 설립하고 신도들의 노동력과 재산을 착취하여 엄청난 부를 축적했다. 박태선 교주에 대한 별칭은 참으로 다양하다. '영모님(靈母任)', '감람나무', '동방의 의인', '이긴 자', '이슬성신', '참구세주'는 물론 또 1980년 1월 1일부터는 자신이 이 땅에 오신 '새 하나님'이라고 선언했다.

초창기 그가 자신을 '동방의 의인'이라고 주장한 것은 이사야 41:2 "주가 동방에서 사람을 일으키며…"는 바로 박태선 자신을 가리키는 것이고 동방은 동양이며, 이사야 41:25 "해 돋는 곳…"이란 동방 중의 극동을 가리키며 극동은 일본, 한국, 중국 세 나라가 있는데, 이사야 41:1 "섬들아 내 앞에 잠잠하라…" 했으니 일본 섬나라는 조용하라는 뜻이고, 이사야 41:9 "내가 땅 모퉁이에서부터 너를 부르고…" 했으니 아시아 대륙 모퉁이에 붙은 한국이 바로 동방의 그 나라이며, 41:25 "내가 한 사람을 일으켜 북방에서 오게 하였나니…" 했으니 박태선의 고향이 이북으로 북쪽에서 월남했다는 뜻으로 해석, 자신을 동방의 의인이라고 주장하고 나선 것이다.

또한 박태선을 감람나무라고 한 것은 스가랴 4:11~14과 요한계시록 11:4에 기록된 것으로 "동방의 의인이요 감람나무인 박태선에게 이슬 같은 성령의 은혜를 내려 준다"고 전도관 기관지인 「국제 기독교 뉴스」(1969. 9. 29)는 말하고 있다.

박태선 신앙촌 헌장 제23조에 의하면 교역자의 심령 성결 여부를 박태선이 안찰 안수한 후 확인을 거쳐 임명하는 것으로 되어 있는데 안찰이란 죄를 지적하고 죄를 사하며 성령을 물 붓듯 부어주는 이긴 자의 권능이므로 죄 때문에 생긴 병은 안찰을 함으로써 치유된다고 주장한다.

전도관은 생수의 교리 때문에 유지해 왔다고 해도 과언이 아니다. 생수를 신앙촌 상품 판매의 경쟁에 악용해 왔고 특별생수권과 정기생수권까지 구분하여 값을 다르게 매기기까지 했다. 생수의 근거를 요한복음 4:10의 예수께서 사마리아 여인과 행한 대화에서 나오는 생수에 두고 있으며 만병통치약으로 신도들이 믿도록 만능의 물로 선전했다. 생수는 병 치료뿐 아니라 죄를 사하는 데도 사용한다고 알려져 있다.

1980년 초부터 박태선의 심경에 급격한 변화가 생겨 공공연하게 강단에서 자신이 이 땅 위에 오신 5,798세까지의 새 하나님이며 예수는 99%가 거짓이고 크리스마스 날은 마귀 날이므로 폐지한다는 충격적인 발표를 한 것으로 알려졌으며, 한때 삭발령까지 내렸는데 그 이유는 모발에 마귀가 붙어 있다며 부부 별거, 이혼 명령까지 내렸었다는 것이다.

그러나 새 하나님을 자처하는 박태선이 성경까지 없애도록 지시하는 등 개인 우상화에 몰두하자 신도들이 속속 이탈하여 100만 명을 헤아린다던 신도 수가 1990년 2월 7일 박태선이 사망할 당시 약 2천 명으로 추산될 정도로 몰락했다.

연구 결론

박태선은 다른 이단과 마찬가지로 자신을 보혜사 성령이며 재림 주로 자칭하며 정통교회의 삼위일체, 그리스도론, 구원론을 정면으로 부정한다. 그리고 정통 기독교 교리를 왜곡시키고 성경을 자의적으로 해석하며 성경 말씀이 아닌 체험 중심의 교리를 주장한다. 그는 그리스도의 유일성을 거부하고 다른 구원의 경로를 제시한다. 또한 신비주의적 신앙을 강조하며 신도와 교회를 미혹한다.

21. 방춘희
(김포 큰은혜기도원교회)

다음은 총회 이단(사이비)피해대책조사연구위원회에서 제105회 총회에 발표한 연구 내용이다.

경기중부노회장 최광염 씨가 헌의한 김포 큰 은혜기도원 방춘희 원장에 대한 이단성과 사이비 여부 조사 처리건에 대하여 제94회(2009)년 대한예수교장로회(통합) 이단과 사이비에 대한 연구보고서에 나타난 자료를 근거로 그의 신학적 배경을 보면 1977년 개혁신학교 졸업, 경기도 김포 소재 서남노회 서암교회(통합) 한요섭 목사에게 1994년 서리집사 직분을 받았고, 2000년도 서암교회를 떠나 2002년 김포 큰은혜교회를 개척 전도사로 시무했으며 제94회(2009년) 통합교단에서 조사할 당시는 독립교단 소속이었고 지금은(2020년) 백석교단 서울강동노회 김포 큰은혜기도원교회로 소속되어 있다.

큰은혜교회(기도원) 조직은 다음과 같다.
1. 기도원 원장 : 방춘희
2. 목사 : 이자훈, 2017년 5월 20일 백석교단 서울강동노회 목사 안수, 위임은 하지 않았지만 노회 행정적인 것은 이자훈 목사가 교회를 대표함.
3. 시무장로 : 최진순, 유만기, 김중돈 (이상 2019년 10월 6일 주보 기준)

이미 제94회(2009)년 통합교단에서 방춘희 원장에 대하여 강원동노회가 "김포 큰은혜교회 방춘희 원장 조사 건"(2009.10.1)을 통해 방춘희 씨(김포 큰은혜교회 기도원 원장)의 신학적 배경과 예언 및 신유 집회의 문제점과 방춘희 씨를 영적 어머니라고 칭하는 것에 대한 조사 요청을 통해 타 교단 소속으로 신학적으로 검증이 되지 않았으며 목사 안수도 받지 않은 전도사를 초청하는 일에 신중을 가하고 사역에 미신적인 형태로 전락할 소지가 많으므로 초청에 신중할 필요가 있다.

(참조) 방춘희 씨의 '예언 신유 집회'에 관한 연구보고서

(http://theologia.kr/borad_idan/25418)

그 후 방춘희 원장의 문제점에 대하여 본 교단 교회의 피해를 중점으로 조사하니
1) 치유 기도와 예언 기도를 통하여 영적 길들이기로 가정의 갈등이 발생한다. 특히 신유 치유 기도시 가족력을 강조하며 마귀가 공격을 해서 병이 커진다고 한다.
2) 예언 기도를 통해서 성도들의 삶을 방춘원 원장에게 맹신하게 한다.
3) 강도권의 심각한 문제가 있으며 이자훈 목사가 있음에도 주일예배를 방춘희 원장이 매주 설교하고 이자훈 목사는 축도만 한다.
4) 기존 교회에서 성도들을 이탈하게 한다. 본 교단의 모 교회가 심각한 피해를 준다. 특히 큰은혜교회만 올바른 교회라는 프레임을 가져 청년들이 기존 교회에서 이탈하게 한다.

연구 결론

비성경적인 신앙 행위와 올바르지 못한 교회론의 행위를 통해 볼 때 정상적인 신앙생활과 올바른 교회들을 혼란케 하는 요소가 분명하다. 따라서 본 교단에서는 방춘희 씨와 김포 큰은혜기도원교회를 사이비성 신앙단체로 규정한다. 그리고 본 교단 목회자와 성도들의 출입을 금지할 것을 요청하며 이를 위반시 교단 및 교회법에 위거하여 조치를 취할 것을 결의하기로 하다.

22. 백남주

백남주는 이용도와 함께 1933년 제22회 총회에서 이단으로 규정된 자이다. 다음은 예장통합 측이 발표한 연구 보고서다.

스베덴보리(E. Swedenborg)의 사상에 심취하여 기독교신앙의 신령주의적 체험을 중시하여 1933년 6월 신비주의계 부흥사였던 이용도, 이호빈 목사 등과 함께 '조선예수교회'라는 새로운 교단을 창설하였다.

백남주는 1929년부터 이미 원산에서 접신극(接神劇)으로 친림주(親臨主)를 자처하고 있었던 유명화(劉明花)라는 여인과 친밀한 관계였다. 유명화는 예수가 자신에게 친림 내재하고 있다고 주장하며 자신의 모든 '말'이 곧 예수의 말씀이라고 방언(放言)하였다. 또 백남주는 1935년 여름 평북 철산에서 '새주'(主)를 자칭하는 여권사 김성도(金成道)와 손 잡고 '새주교회'를 설립하였고, 김성도의 아들 정모(鄭某)를 그 새교회의 복음사(福音使)로 임명하는 등 그릇된 행위를 자행하였다.

백남주의 신앙은 신비주의적 체험과 신령주의적 친림체험이 특징적이었지만 심오한 신학의 기초가 결여되었기 때문에 쉽게 이설(異說)에 흘렀고, 따라서 전통적 교리의 신앙을 냉소하는 오류를 범하였다. 그의 신앙은 한국 교회 신앙 유형 분류상 최초의 신령주의 실험자로서 이용도와 함께 신비주의로 대변되는 인물이다.

연구 결론

백남주는 한국 교회를 혼란케 한 한국 교회 이단들의 기원이 되었다. 백남주는 자신을 재림예수라 하였고 신격화했으며 정통교회의 교리를 부정하고 사탄이라고 칭하며 계시의 독자성을 주장하였다. 자신을 신격화하는 것은 물론이고 성경해석을 자의적 해석으로 독점화하여 교인들을 현혹시켰다. 그는 계시와 성령 체험 등을 주장하였고 이것은 후대에 한국 교회의 이단의 대표적 특징이었다. 백남주는 신비체험을 주장하였는데 그의 신비체험은 기도 중에 이루어졌다. 그 후 한국 교회의 이단들은 백남주처럼 대부분 기도 중에 신비체험을 통해 발생하였다. 즉 백남주의 영적 계보는 다음과 같다. 문선명(통일교), 박태선(전도관), 유재열(장막성전), 이만희(신천지), 그리고 조희성(십계교) 계열이다.

```
백남주
    ┕ 박태선 (천부교)
        ┕ 유재열 (장막성전)
            ┕ 이만희 (신천지)
    ┕ 조희성 (십계교)
    ┕ [사상 유사] 문선명 (통일교)
```

23. 빈야드 운동

빈야드 운동은 존 윔버 목사를 중심으로 빈야드 크리스챤 펠로우쉽에 소속된 교회와 목회자들이 중심이 되어 표적과 기사를 통한 사역을 함으로써 기독교 세계에 새로운 영향을 미치고 있는 운동이다. 이 운동은 존 윔버를 통해서 시작되었는데, 소위 '성령의 제3의 물결'이란 표현으로 불리기도 했다. 빈야드 운동은 1995년을 전후해 한국 교회에 큰 이슈로 부상했었다. 집회 중 성령을 체험했다며 나타나는 현상 때문이었는데 집회에 참석한 이들이 성령이 임했다며 뒤로 넘어지고, 깔깔거리며 큰 소리로 웃고 듣기 거북한 괴성을 지르기도 했다. 심지어 여우·닭 등 짐승 소리를 지르기도 했다.

이에 본 교단은 빈야드 운동이 체험만을 신앙의 기초인 것처럼 주장한다며 참여자·동조자는 징계조치를 한다고 규정했다. 예장통합은 빈야드 운동은 성령과 그 사역에 대한 이해가 치우쳐 있고, 거룩한 웃음, 떨림, 쓰러짐, 짐승 소리 등을 정당화하기 위한 그들의 성경 해석은 올바르지 않으며 또한 무질서한 예배도 바람직하지 않다며 도입금지 규정을 내렸다. 이외에도 예장고신은 참여 금지, 기독교대한성결교회 측은 사이비성이 있다고 결의했다.

I. 총회 자료

다음은 1997년 제82회 총회에서 채택한 연구보고서를 요약한 것이다.

1. 빈야드 운동이란 무엇인가?

빈야드 운동은 우리말로 옮기면 "포도원을 세우는 운동"이다. 빈야드 운동이라고 하면 어떤 이들은 세계 빈야드 교회의 모교회라고 할 수 있는 미국 애너하임 빈야드 교회 집회나 세미나 시간에 이루어지고 있는 격식 없는, 프로그램화 되지 않은 단순한 예배 절차, 찬양과 치유 사역, 넘어짐, 방언, 전율,

중보기도, 예언사역 등을 연상하기도 하고 또는 캐나다 토론토에서 포트 빈 야드 교회 예배와 세미나 시간에 일어나고 있는 거룩한 웃음들, 넘어짐, 기이한 짐승 소리(사자, 개, 닭)등을 연상하기도 하고 또는 존 윔버(John Wimber)가 제창한 능력전도, 능력치유, 능력목회, 교회성장 등을 연상하기도 한다. 그러나 이런 것들은 빈야드 운동의 특징적 여러 단면을 보여준 것으로 빈야드 운동 전체를 말한다고 하기는 힘들다.

이 운동은 오순절 운동과 은사 운동처럼 예수님과 초대 교회에 있었던 강한 성령의 역사가 오늘날에도 그대로 재현될 수 있다고 믿고 있다.

빈야드 운동을 정리하면 존 윔버를 중심으로 국제 빈야드 교회(협의회)에 소속된 교회와 목사들이 주창하는 표적과 기사를 통한 사역을 행함으로써 기독교 세계에 새로운 영향을 미치고 있는 운동이라고 보인다.

2. 존 윔버(John Wimber)

1934년 불신자 가정에서 출생, 아버지가 일찍 사망하여 청소년 시절 재혼한 어머니와 의붓아버지 슬하에서 보냈다. 1952년 고등학교를 졸업하고 음악을 좋아하여 음악 전문대학에 진학하여 1954년 졸업 후 1960년대 인기를 끌었던 록 음악 그룹인 Righteous Brothers 보컬 그룹을 만들어 라스베가스 쇼에도 관여하였다. 1962년 말 아내와 이혼 직전에 아내와 함께 뜻하지 않은 계기를 통하여 퀘이커 교도들이 인도하던 성경 공부에 참여하여 공부하면서 뜻밖의 개인적인 회심, 체험을 통하여 부부가 함께 기독교 신앙에 열렬하게 헌신하게 되었다. 회심 후 음악계를 떠났고 그 동안 모은 재산을 모두 자선단체에 기부하고 공장에서 일하면서 성경 공부와 개인전도 사역에 헌신됐다.

1970년에 퀘이커 교단 소속인 요르바 린다 포랜드(형제 교단) 교회에서 수사 안수를 받은 후 1970년에서 1973년 사이에 아주사 퍼시픽 성경 대학에 편입하여 신학공부를 하였다. 1974년 풀러 신학대학원에 가서 신약학 교수 G. E. Ladd의 하나님의 나라 사상에 깊은 관심을 갖게 되었다. 선교 대학원에서 풀러 복음전도 및 교회성장 연구소 설립에 관계하게 되었고 이 연구소의 분과 책임자(1982) 및 교회성장학 조교수로 일하게 되었다. 교회성장학에 깊이 관여하면서 교회성장학 교수들인 Peter Wagner, Donald A. Mc Gavvran,

Charles Kraft, Russel Splitter의 강의와 그들의 제3세계 선교보고 등을 통해서 지금 이 시대에도 예수님과 사도 시대에 있었던 강력한 성령의 역사와 초자연적인 표적과 기사들이 동반되는 하나님 나라의 복음 사역이 가능하다는 사실을 깨닫게 되었다. 영국 신학자 Donald Gee의 저서 "*Concerning Spiritual Gifts*"(영적 은사에 관하여)와 Marton Kelsey의 "*Healing and Christianity*"(치유와 기독교)를 통해 오늘날도 성경적인 치유가 가능하다는 사실을 접하게 되었다.

그는 복음서 연구를 통해 이들의 가르침이 옳다고 믿고 개인적으로 표적과 기사와 치유 등이 동반하는 복음 전파 능력전도에 깊은 관심을 갖게 되었다. 1977년 요르바 린다 갈보리 채플을 설립하였고 치유와 은사 운동으로 급격한 교인 수 증가를 체험했다.

그 후 1982년 Peter Wagner의 주선으로 풀러 신학교에서 시간 강사로 "표적과 기사와 교회성장"을 강의하면서 제3의 물결 운동을 주도했다. 그 동안 풀러에서 배우고 깨닫고 체험한 바를 목회에 직접 접목시키는 일을 시작하였다. 1983년 갈보리 교단에서 탈퇴, Kenn Gullikson의 예수운동에 소속되어 있던 젊은 청년들을 중심으로 빈야드 교회 펠로십에 가입하였다. 빈야드 교회는 John Wimber 목사의 탁월한 지도력과 그가 제창한 빈야드 운동 하나님 나라 운동을 오늘 우리 시대에 재현하자는 운동에 의해 13년이 지난 1996년 현재 약 550개의 소속 교회로 윔버가 개척한 애너하임 빈야드 교회는 현재 약 6,000명이 회집하는 교회로 성장했다.

3. 빈야드 운동의 현상

1) 토론토 블레싱 사건

빈야드 운동은 토론토 블레싱이란 사건과 연관된 것으로 1994년 1월 26일 캐나다 국제공항 근처에 있는 한 자그마한 빈야드 교회에서 일어난 사건이다. 이 교회(빈야드 교회) 아르노토 수사는 빈야드 운동에 적극적으로 협력하고 있는 랜디 플라크 구사를 초청하여 부흥회를 갖게 되었는데 바로 그 집회에서 참석한 많은 사람들이 성령의 권능에 압도되어 넘어지기도 하고 거룩한 웃음을 웃으며 방언의 역사와 치유의 역사가 일어난 것이다. 토론토 블레싱 사건은 빈야드 운동의 또 하나의 영적 사건으로 간주되었고 오순절 운동과 신유 은사 운동에 관심 있던 사람들에게 새로운 영적 물결로 관심을 불러일으키는 계기를 만들어 준 것이다.

2) 빈야드의 영적 체험 현상

빈야드주의자들은 개혁주의자들이 성령의 일반 은사를 강조하는 것과는 달리 특이한 현상 또는 육체적인 체험 신앙을 필수 요건으로 간주한다. 성령의 체험으로 나타난다고 하는 육체적인 체험 현상은 다음과 같다.

(1) 몸의 진동과 떨림이다

이 떨림에는 평온한 진동과 격렬한 진동이 있는데 평온한 진동은 "영적 갱신이나 목회 사역을 위해 성령께서 능력을 부어주시는 일"과 관련이 있고 격렬한 진동은 "성령께서 악령과 대치하는 경우 또는 어떠한 심각하면서도 회개하지 않은 죄나 마음의 상처'와 관련이 있다고 한다(『능력치유』 355쪽).

(2) 고꾸라지는 현상이다

이를 체험하면 새로운 능력으로 가득 차게 된다고 윔버는 주장한다(『능력치유』 366쪽).

(3) 술 취한 듯한 행동이다

이 현상은 하나님의 은총을 새로이 깨닫는 것이다.

(4) 몸부림치거나 경련을 일으키는 현상이다

이러한 현상은 주로 성적인 범죄로 인한 내적인 갈등이 표출되는 경우에 자주 나타난다고 한다.

(5) 웃거나 흐느껴 우는 현상이 있다

정서적인 치유가 필요하거나 새롭게 하나님의 거룩함을 체험한 데서 오는 반응(흐느낌) 또는 그분의 은총을 체험한 데서 오는 반응(웃음)일 수도 있다고 한다(『능력치유』 362쪽).

(6) 장시간에 걸쳐 하나님께 찬송을 돌리는 행위가 있다
이런 경우 "방언의 은사를 받는 일과 관련되어 있으며 성령의 능력을 새로이 부여받았다는 징표로 나타나는 것이 보통이다"라고 했다(363쪽).

4. 빈야드 예배 현상
빈야드 세미나와 예배에는 먼저 기타, 하모니카, 키보드 등 악기로 젊은 사역자들이 맨발에 반바지를 입고 껌을 씹으며 악기를 다룬다. 빈야드에서는 빈야드 찬양을 해야 한다.

모든 것을 성령의 인도하심을 따라 한다고 한다. 세미나 강사가 자신이 "믿음"이라는 제목으로 강의하려고 했는데 문에 들어오는 순간 성령께서 "겸손"을 강의하라고 해서 겸손이란 제목으로 즉흥적으로 했다. 그때의 성령의 지시하심을 따라 하면 된다는 것이다.

빈야드 예배에서는 기도가 없다. 대중 기도 및 목사의 축도도 없다. 죄 고백과 사도신경 고백도 없다. 오직 빈야드 찬양, 광고, 헌금, 설교 그리고 사역이다. 빈야드 교회 예배는 형식과 의식을 초월한 무형식의 형식이다. 빈야드 예배는 인도자와 예배하는 회중의 복장이 자유롭다. 예배의 시작은 있지만 끝이 분명치 않다.

형식이 전혀 없는 것 같지만 그들 나름의 형식이 있다. 예배 인도자가 사회하는데 중앙 무대에서 기타, 키보드를 연주하며 찬양 팀과 함께 빈야드 찬양을 리드하는 음악 전문 사역자이다. 준비된 악단 형식의 밴드에 의해 모두 일어나 무용을 곁들인 찬양을 약 1시간 부르는데 성령의 임재를 구하는 찬양이라고 한다. 이 찬양은 가스펠 송의 형태거나 그들이 만든 빈야드 찬송이다. 찬양을 부르는 동안 회중은 감격하고 눈물을 흘리고 양손을 펴 들고 할렐루야를 외치고 어느 정도 분위기가 고조되면 리더가 간절한 목소리로 읊조린다. 무릎을 꿇고 바닥에 엎드려 기도하는 이들과 몸을 떠는 이들의 자유스러운 행위 가운데서 성령의 내재하심을 경험한다는 것이다. 이러한 거룩한 무질서가 지나간 후에 광고하고 헌금하고 간증하고 간증이 끝나면 항상 기도하여 쓰러지게 한다. 그다음 설교가 진행되는데 집회 설교는 목사가 할 때도 있으나 세미나 중에는 평신도가 주도했다. 설교는 20-30분 정도로 짧다. 설교가 끝나면 빈야드에서 가장 중요시하는 능력의 사역이 시작된다. 사역이란 은사를 체험하는 능력받는 시간이다. 기도받기를 원하는 자들은 앞 무대로 나와서 전문사역자들을 함께 동반하고 사역자들은 인도하게 한다. 이 사역자들은 평소 훈련된 빈야드 운동의 능력을 행사하는 평신도 기도자로서 이들에 의해 성령의 역사와 여러 가지 은사적 현상들이 이루어지게 된다. 이 순서는 빈야드 예배의 절정을 이루는 시간이다. 병자들과 안수기도를 받고자 하는 자, 능력받기를 원하는 자는 한 손은 머리 위에 한 손은 손을 잡고 기도한다. 하나님의 능력(표적과 기사)이 나타나기를 위한 기도이다. 이때 설교한 목사는 권능의 손으로 손을 흔들거나 치유의 은사를 경험하러 나온 자 앞에서 손으로 밀며 뒤로 넘어지며 쓰러트린다. 넘어질 때까지 계속한다. 안 넘어지면 "믿음 없다. 나무 막대기 같다"고 한다. 계속해서 넘어지도록 주문을 외듯 기도하고 안 넘어지면 손으로 이마를 밀고 귀 부분을 누른다. 가슴에 손을 대고 밀기도 하고 최종 방법으로 두 발로 양쪽 발가락을 밟기도 한다. 이것이 반복되면 거의 모두가 넘어지게 된다. 바르르 떠는 사람들은 방언을 하며 거룩한 웃음을 터트린다.

빈야드 운동의 주일예배는 이런 행위의 반복으로 진행되며 빈야드 예배는 찬양과 경배라는 예배에다 표적과 기사의 성령의 직접적인 역사의 행위를 혼합해 놓은 거룩한 무질서의 형식과 의식을 초월한 예배라고 할 수 있다.

5. 빈야드 운동의 문제점

1) 존 윔버의 빈야드 운동의 배경과 신학 기초

(1) 신학적 기초

빈야드 운동의 존 윔버의 신학은 사도행전의 은사들이 역사 속에서 연속된다는 신학적 전제에 기초한다. 그는 "표적과 기사는 결코 종식될 수 없는 것으로서 정도의 차이는 있을지언정 사도 시대로부터 오늘날까지 끊임없이 일어나고 있다. 이러한 현상이야말로 성경과 교회사가 공히 입증하고 있는 것이라고 할 수 있다"(『능력전도』 167쪽)고 했다.

이러한 은사들의 목적은 치유이며 치유를 통하여 모든 질병과 연약함만이 아니라 죽음까지 살릴 수 있다고 주장했다(『능력전도』 278쪽). 말씀만으로 믿지 않는 자들도 치유 이적을 통하여 기독교 신앙에 돌아올 수 있으며 치유는 하나님의 나라를 확장하는 가장 중요한 수단이라고 했다. 이 같은 전제에 기초하여 영적인 체험을 강조하는데 그 체험은 몸의 진동과 떨림, 꼬꾸라지는 행위, 예언과 방언, 계시, 투시 현상이다.

(2) 퀘이커교의 신령주의적 배경

윔버는 퀘이커교도를 통해 기독교에 입문했고 거기서 목사 안수를 받았다(프렌즈 교단-퀘이커교회). 퀘이커교회는 기성 교회들이 객관적인 신앙만을 강조하다가 내적인 빛의 사역을 제한하여 성경의 가르침을 떠났다고 주장하여 영국의 신령주의자 조지 폭스에 의해 세워졌다. 내적인 빛은 퀘이커의 가장 중요 주제이다.

그 빛은 양심이나 이성과 혼돈해서는 안 되고 인간들에게 직접적인 하나님의 임재와 인간들을 위한 하나님의 뜻을 깨닫게 하는 인간 내부에 있는 하나님의 빛인 것이다. 그 빛은 양심을 깨우쳐 이성에게 다시 명령을 내린다. 이러한 내적인 인도에 귀를 기울이는 경험은 신비적이고 공동적인 성격을 지니며 실제적인 것이다. 요한복음 1:9-18에서 말한 내적인 빛만이 그리스도께 갈 수 있는 길이며 성도를 순수하게 이끌어 갈 것이라고 생각하여 제도와 형식에 매인 교회를 무시한다. 신앙의 절대적 권유가 계시인 성경의 가르침이나 계시의존 사색이 아니라 사람의 심령 가운데서 말씀하시는 "내적인 빛"이라고 한다. 성경계시의 객관성과 절대성을 부인하고 환상이나 직관을 통해서 하나님의 직접 계시를 받는다는 주체적 체험, 신비적인 것을 신앙의 기초로 삼았다.

윔버는 신령주의적 퀘이커교에 사상에 기초하여 "분별의 은사"들이 지혜의 말씀, 지식의 말씀, 분별의 은사로 구성되었는데 모든 초자연적인 통찰력을 부여해 주는 은사들로 그것들을 통해서 마치 하나님께서 사물을 파악하시듯이 사물을 파악하게 된다고 하였다.

지혜의 말씀은 "하나님께서 특정한 상황에 지혜와 통찰력을 계시해 주시는 것", 지식의 말씀은 "하나님께서 전혀 사전 지식이 없는 상황에 정보나 사실을 계시해 주시는 것", 영분별의 은사란 "어떤 사람에게 특정한 동기를 유발하는 요인이 인간적, 신적 혹은 마귀적인 것인가를 분별할 수 있는 초자연적인 통찰력을 말한다(『능력치유』 321~322쪽). 이 같이 윔버는 주체적인 직관을 신학의 원리로 삼았는데 이러한 내적인 빛을 체험할 수 있는 방법으로 영감, 꿈, 환상, 성경구절이 있다고 했다(322쪽). 윔버에게는 내적인 인상이나 투시가 최고 판단의 기준이 되고 있다. 퀘이커의 직관이나 윔버의 투시 현상은 기독교의 판단의 근거가(기준이) 될 수 없다.

(3) 체험 중심

개혁주의자들과 우리 교단은 성경을 통하여 성령이 역사하고 성령의 사역인 이적 기사를 이해하고 성경을 벗어나 직접 계시, 주체적인 체험을 신학과 신앙의 중심으로 삼지 않는다. 윔버는 성경을 신학의 기초 출발점으로 삼지 않고 상황을 출발점으로 삼았다. 성경을 신앙과 삶의 유일한 기준 근거로 삼지 않고 개인 체험이나 이성이 판단 기준이 될 때 거짓된 사상이 출현했다. 윔버는 이러한 주체주의적인 신학은 위험한 사상이다.

퀘이커의 직관에 기초하여 치유, 즉 질병, 가난을 사탄이 주는 것이라는 전제 아래 이뤄지는 치유사역을 예수 그리스도의 지상 사역의 핵심이라고 했다. 예수께서는 설교보다는 치유사역이나 귀신을 쫓아내는 일에 그 사역의 대부분을 할애하셨다고 한다(『능력전도』 85쪽). 병과 가난을 죄값으로 보며 그리스도의 사역을 치유 제한으로 성경을 해석한다.

(4) 치유신학의 혼합주의

윔버의 신학은 성경에 기초한 것이 아니라 자신의 사역(능력의 목회), 예수님과 사도들이 행한 기사, 표적이 오늘날에도 그대로 재현된다는 주장을 변호, 증명, 합리화하기 위하여 성경을 이용한 것이다. "나는 치유 특히 예수님의 사역에 나타나 있는 치유 사역을 보다 정확히 이해하기 위하여 성경을 연구하기 시작했다. 치유에 관한 기독교 서적들을 닥치는 대로 읽어 나갔다. 내가 그렇게 했던 것은 병든 자를 위하여 효과적으로 기도할 수 있는 방법뿐만 아니라 우리 교회 교인들 모두를 그렇게 할 수 있도록 훈련시키고 무장시킬 수 있는 방법을 배우기 위해서였다"(『능력치유』 102쪽). 윔버는 성경대로 병든 자를 위하여 기도하다가 실패하고 오랄로-버츠의 오순절 모델, 성공회와 로마 천주교의 성례전적 모델, 치유 훈련을 강조하는 산 오순절 모델, 마귀 축출 방법, 상처와 원한의 치유에 관심 두는 심령적 영적 모델, 내적치유 모델을 참고하여 치유 신학을 발전시켰다고 한다(『능력치유』 309~311쪽). 이러한 모델로부터 배운 바를 빈야드 기독교회에 적용하였다(『능력치유』 284쪽). 윔버의 치유 신학은 성경에서 나온 것이 아니라 인간에게 나온 것으로 성경을 교재로 사용한 것이 아니라 여러 참고서로 사용 발전시킨 인위적 사상이라 할 수 있다.

2) 성경 해석학적 문제

빈야드 운동은 성경에 나타나 있는 예수님과 그의 사역, 메시아적 사역, 이적, 병고침, 귀신축출, 죽은 자의 살림 등 초자연적인 이적들과 초대교회 신자들에게 나타났던 방언, 예언, 통역 등 다양한 성령의 은사들이 오늘날에도 계속된다고 믿고 있다.

빈야드 운동의 지나친 모방주의는 사람들의 관심을 성경 자체가 강조하는 예수 그리스도의 독특한 인격과 사역에 두기보다 표적과 이적 그 자체에 관심을 두게 할 위험이 있다. 빈야드 운동은 오순절 운동과 은사 운동가들이 그렇게 하였던 것처럼 지나치게 특정한 은사를 규범화, 모델화할 뿐만 아니라 그 은사를 발휘할 수 있도록 사역자 훈련을 실시한다. 윔버 목사는 『능력치유』(283-385쪽)에서 오늘날 사역자들(성도, 목사)도 예수님과 사도들처럼 치유사역을 할 수 있다는 전제 아래 빈야드 운동의 치유 모델과 5단계 치유 단계를 제시하고 있다.

1단계 : 면담으로서 "어디가 어떻게 아픈가?"라는 의문에 대한 해답을 얻어 내는 과정이다.
2단계 : 진단을 내리는 일로서 어떤 사람이 가지고 있는 문제의 근원을 명확하게 찾아내는 일이다. 진단은 '이 사람이 왜 이러한 병을 앓고 있는 가?'라는 의문에 대한 답을 얻어 내는 과정이다.

3단계 : 기도의 선택하는 일로서 '이는 이 사람을 돕기 위해 어떠한 종류의 기도가 필요한가?'라는 문제에 대한 해답을 얻어내는 과정이다.

4단계 : 기도의 시행으로서 이를 통해 '우리의 기도가 얼마나 효과적인가?'라는 문제에 대한 해답이 얻어지게 된다.

5단계 : 기도가 끝난 후의 취하는 후속 조치로서 이는 '이 사람이 치유된 상태를 유지하기 위하여는 어떻게 하여야 하는가?' 하는 문제에 해답을 제공한다.

윔버 목사의 치유모델과 5단계는 규범화, 교리화되어 있다. 은사의 모방과 은사의 사역 훈련은 은사가 우리의 노력과 훈련에 의하여 조정될 수 있다는 전제를 가지고 있다는 오해를 벗어나기 어렵다. 사도 바울은 우리가 다 사도나 선지자가 될 수 없다는 것과 우리가 다 치유나 예언 방언 등의 은사를 받을 수 없다는 사실을 말하고 있다(고전 2:28-31). 신약성경에 어느 곳에서도 예수님이나 사도들이 제시하는 치유사역의 모델이나 치유사역 단계 훈련 프로그램을 발견할 수 없고, 훈련시켰다는 기록도 없다. 개혁주의자들은 은사를 부인하는 것이 아니라 은사주의를 반대한다.

3) 경험론의 문제

빈야드 운동가들은 오순절 운동과 은사 운동이 그랬던 것처럼 자신들의 경험론을 지나치게 누가에게(복음서-사도행전) 의존하고 있다. 편협하고 획일적인 성경 이해로 성경을 한편으로 자신들의 프로그램 경험, 체험 등을 정당화시키는 방편으로 다른 한편으로는 자신들의 모델을 이끌어 내는 방편으로 삼으려고 하는 것과 뿌리를 같이하고 있다고 볼 수 있다. 빈야드 운동가들은 신약성경 안에 나타나 있는 성령의 가르침에 대한 구절들을 획일적으로 뽑아서 그 구절들을 자신들의 특정한 신학이나 신앙 경험이나 교리나 운동을 변증하고 옹호하고 정당화하기 위한 수단으로 삼고 있다는 비판을 벗어나기 어렵다.

빈야드 운동은 성령을 받음으로 오늘도 우리가 복음서와 사도행전에 기록되어 있는 예수와 사도들의 사역을 할 수 있다는 구호 아래 모든 것을 성령께 의존하려고 한다. 예배의 진행까지도 성령의 인도하심에 맡기기 위해 빈야드 교회는 예배 순서지를 만들지 않는다. 지나치게 성령에 의존한 나머지 빈야드 교회나 집회에서 일어나고 있는 여러 현상들을 너무 쉽게 성령의 역사로 돌려버린다. 신약성경 안에서도 그 실례가 없는 비성경적인 현상들을 – 최근에 토론토 에어포트 빈야드 교회에서 일어나고 있는 웃음, 뒤로 넘어짐, 이상한 짐승 소리까지도 – 성령의 역사로 간주한다.

윔버의 성경 인용은 자신의 사역의 목표에 맞추는 것이지 성경의 본의와는 관계가 먼 것이다. 성경 해석도 성경적인 근거나 신학적 배경도 없는 자신의 주체적인 체험에 근거한 것들이다.

4) 빈야드 예배의 문제점

빈야드 예배는 찬양과 경배의 예배로 표적과 기사의 성령의 직접적인 역사의 행위를 합쳐 놓은 것이라 할 수 있다.

빈야드 운동이 생겨나고 예배가 이루어지는 환경은 다양한 민족문화가 현존하는 미국문화적 배경을 가지고 있다. 빈야드 예배는 기존 교회의 형식과 의식을 초월하고 있다.

빈야드 운동에 심취한 이들은 미국이 가장 번성하고 번영과 자유를 누리던 시대에 출생한 자로서 그들의 자유스러운 생활 습관은 예배에 임할 때 자유로운 복장과 태도, 찬양과 경배로 키보드, 드럼, 밴드를 동원한 빈야드 음악, 가스펠송이 이 시대의 문화적인 성향과 맞물려 왔다. 아무리 사람들의 욕구에 충족되고 성향에 맞는다 하더라도 예배의 형식과 의식 없이는 그 어떤 예배도 하나님과의 만남도 표현할 길이 없다는 것을 생각해야 한다.

빈야드 교회의 예배에는 주보도 없다. 성령님의 인도를 받아 예배를 드린다고 한다. 보이지 않는 성령님의 질서에 따라 예배를 드린다는 것이다. 예배의 시작 시간은 있으나 끝나는 시간이 없다. 순서에 맞추는 것이 아니라 성령님의 인도와 역사에 맞추기 때문이다. 예배드리며 박수 치고 기도하는 모습도 각각 다르다. 성령의 인도와 역사가 체험되는 대로 자유스럽게 표현한다. 어떤 형식의 기준이 없다.

5) 예배 신학

빈야드 예배는 찬양과 경배로 하나님과의 만남이 시작된 것으로 간주된다. 빈야드 예배는 신학적으로 성령의 강조는 있으나 그리스도의 십자가의 의미와 관련된 화해의 신학적인 표현이 결여된 예배라는 것을 지적할 수 있을 것이다. 개신교 예배의 내 마음은 하나님의 말씀을 선포하는 설교이다. 하나님의 말씀은 우리에게 은혜를 받는 수단이면서 동시에 성령으로 함께하시는 하나님과의 만남과 교제로 상징화된다. 기독교 예배의 모든 순서는 하나님의 말씀의 직접적인 표현이거나 간접적인 표현으로 형성되어야 한다. 개신교의 예배나 마음은 설교에 두는 것이다. 말씀 중심 예배는 단순히 설교뿐 아니라 예배의 모든 순서가 말씀에 기초하여 표현되어야 한다. 빈야드 예배는 하나님의 살아 계신 말씀과의 관계에서 추구되는 인격적인 만남으로서의 예배가 아니라 표적과 기사라는 성령의 가시적인 영적 체험의 관계에서 하나님의 경험을 예배의 중심에 두고 있기 때문에 개신교의 역사와 전통에서 벗어난 예배의 모습으로 전환된 것이다.

빈야드 예배는 성령의 직접적인 경험을 가시화하려고 기도 사역의 순서에서 안수와 방언의 기도, 치유와 귀신축출 등의 신유적인 형태를 예배의 중심으로 삼고 예배 중에 거룩한 무질서를 행하는 것이다. 빈야드 예배는 치유의 은사와 방언과 쓰러짐과 거룩한 웃음 등으로 굉장히 소란스럽다. 그들이 바라는 것은 예배 가운데서 하나님이 함께하시는 증거가 느껴지는 것뿐이다.

종교개혁은 말씀과 성례가 은혜받는 수단이라고 했으나 웨스트민스터 신조와 장로교 헌법에는 '말씀과 성례와 기도이다'라고 제시되어 있다. 빈야드 운동과 예배는 새로운 방향으로의 전환과 방법론 추구에 도전과 혼란을 일으키고 신학적인 문제가 있다. 예배는 성령으로 임재하는 하나님을 통한 기적과 은사를 경험하기 위한 수단이 아니라 말씀을 통하여 성령으로 임하신 하나님과 교제하여 마음과 뜻을 나누며 하나님을 사랑하고 섬기는 일이며 삶에 필요한 영적인 힘을 공급받는 은혜의 사건으로서 문화적 도구들을 사용하여 준비된 가운데 이루어져야 할 교회의 영적 사건이어야 한다.

6) 빈야드 운동이 왜 이렇게 관심이 되고 있는가?

한국 교회 목회자 안에 빈야드 신드롬이 불같이 휘몰아치는 이유가 어디에 있는가? 교리적인 면에서 오순절 운동이나 은사 운동에 거리를 두던 보수 교단 목사들을 끌어들일 수 있는 요소가 있다는 것이다.

(1) 목회 탈출구

목회자 속에 있는 어떤 공통분모를 발견할 수 있다. 영적으로 피곤하고 너무 공허해 계속 목회를 해야 하느냐 하는 지경에 이르렀는데 와그너(Wagner) 박사의 제3의 바람을 읽고 빈야드 교회를 다녀오면서 분명히 회복을 맛보았다고 했다. 빈야드 운동에 참여하게 된 목회자들이 단순히 교회 성장을 위한 도구로 제3의 물결이 말하는 기사와 이적에 관심을 가지기보다 근본적으로 자신의 목회 상황에 대한 새로운 좌표 설정에 목말라 하는 외침의 발로라고 본다. 좌절감과 패배 의식 상실감에서 목회자의 자기 정체의식에 강한 위기를 맞게 되었을 때 기존의 모든 형식과 질서를 근본적으로 뒤엎는 엄청난 변화를 제시하는 빈야드 운동은 보수적인 목회자들에게 새로운 탈출구로 보여진 것이다.

(2) 교회 성장의 모델

교회 성장의 압박에서 벗어나지 못했는데 교회 성장을 위해서라면 물불, 수단 방법을 가리지 않으려다 보니 기존의 형식과 질서를 벗어난 빈야드 운동 사역을 비판 없이 받아들이게 된 것이다.

(3) 예배문화적 입장

빈야드 운동이 생겨나고 예배가 이루어지는 환경은 서구적이며 미국적 배경을 가지고 있다. 빈야드 예배의 기본 구도는 시작은 있지만 끝은 없다. 복장도 자유롭다. 예배 인도자도 담임 목사로 제한되지 않는다. 현대인은 기존의 예배가 지나치게 형식에 얽매이고 의식에 사로잡힐 때 본능적으로 거부감을 느낀다. 그래서 기존의 형식과 의식 틀에서 벗어난 빈야드 예배에 관심이 집중되는 것이다.

(4) 성령의 임재를 체험하려고

빈야드 운동에서는 성령의 직접적인 경험을 가시화하려고 한다. 신약의 성령의 은사적 나타남 현상을 재현함으로써 하나님을 경험하도록 하려는 것이다. 성령의 가시적인 경험 때문에 기도 사역에서 안수 방언의 기도, 치유와 귀신축출, 신유적인 형태로 거룩한 무질서가 행해진다. 성령의 나타난 현상을 체험하려는 관심에서다.

이상의 관점에서 관심이 집중되지만 빈야드 운동이 교회성장에 미치는 영향보다는 목회자에게 미치는 영향이 더욱 심각하다. 빈야드 운동은 현실적으로 성장보다는 오히려 감소 추세를 보이고 있고 때로는 분열되기도 한다.

6. 연구 결론: 빈야드 운동에 대한 입장과 대안

빈야드 운동은 제3의 물결이라고 지칭하는 하나의 새로운 물결이라기보다는 오순절 운동과 은사 운동처럼 예수님과 초대교회에 있었던 강한 성령의 역사가 오늘날에도 그대로 재현될 수 있다고 믿는 은사 갱신 운동의 발전된 다음 단계로 보고 있다(윔버『능력전도』8장, '성령의 역사 새로운 물결').

존 윔버를 비롯한 빈야드주의자들은 내적으로 들려오는 음성이나 투사, 직관을 하나님의 음성으로 간주하여 신앙을 주관화하고 진동이나 넘어짐, 이상하게 하루 종일 웃어대는 웃음, 몸부림치는 것과 같은 육체에 가시적으로 나타나는 현상을 영적인 체험으로 간주하여 체험만이 신앙의 기초인 것처럼 주장하고 있다.

기독교는 살아 계신 하나님과 영적인 체험을 신앙의 본질로 이해한다. 그러나 신앙을 주체화하거나 체험주의화하는 것을 반대한다. 객관적인 하나님의 말씀 대신 체험이 신앙의 온전한 판단 기준이 된다면 기독교가 계시종교가 될 수 없고 모든 판단 기준이 결국 인간 자신이 된다. 체험을 강조하는 것은 부패한 죄성의 영향을 받는 자율주의로 나가게 되고 자율주의는 극단적으로 변질될 수 있는 토양을 마련하고 있다. 토론토 에어포트, 빈야드 교회는 신비적인 체험을 강조하고 그것이 성령이 능력으로 역사한 것이라고 한다.

존 윔버는 극단적인 체험주의로 나가는 토론토 빈야드 교회를 그들의 모임에서 제명하였는데 이는 빈야드주의자들의 신학이 가지는 한계성을 보여주는 것이다. 개혁주의 교단인 우리 교단의 신학에서는 신앙의 주체적인 성격을 강조하지만 객관적인 면을 중요시한다. 하나님을 만나는 가시적인 현상의 체험만이 아니라 이 세상에서 하나님의 뜻을 실현해 가는 삶의 체험의 필요성을 인정한다. 성령의 사역성을 강조하면서도 말씀의 중요성을 주장한다.

칼빈(Calvin)은 신학의 원리로 하나님의 말씀과 말씀을 통한 성령을 내세웠고, 개혁주의 신학자들도 신학적인 전통에 서서 말씀만을 강조하여 성령의 사역을 제한하려고 하지 않았고 성령만을 강조하여 하나님의 말씀을 배척하는 실수를 범하지 않으려 했다.

빈야드 운동은 사람들, 특히 젊은 층에게 호응하는 은사 운동으로, 거센 물결을 전면에서 가로막아 내기에는 우리 교단과 한국 교회에 파장이 클 것이다. 그러나 이 운동은 계속 더 조사 연구의 여지가 많은 것으로 우리 교단의 성경적 신학적, 실천 신학적 면에서 그대로 수용할 수 없는 것으로 더욱 분명하게 걸러질 때까지 경계 금지해야 될 것이다.

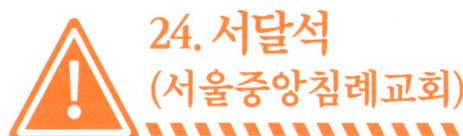
24. 서달석
(서울중앙침례교회)

예장통합 교단은 1997년 82회 총회에서 서달석 씨의 단체에 출석하는 것을 엄금하고 그에 의한 간행물도 구독을 철저히 금지해야 한다고 규정했다. 그 이유는 서 씨가 구원관에 있어서 이단으로 규정한 구원파와 같은 주장을 하는 등 성경의 가르침과 본 장로교회의 교리에 현저히 위배된다는 것이었다. 또한 예장통합 측은 서달석 씨의 문제점을 연구 조사한 결과 세 가지 문제점이 있다고 지적했다. 그 첫째는 종말론에 대한 것이고, 둘째는 구원과 회개에 대한 것, 셋째는 정통 개신교회를 로마 가톨릭과 더불어 비판한다는 점이었다.

이에 대한 서 씨의 반발은 거셌다. 예장통합 측에 대해 1992년부터 '출판물에 의한 명예훼손'를 제기했고 서울지방법원에 '출판물배포금지 등 가처분 신청'을 제기했다. 서울지방법원 남부지원에는 '손해배상' 청구소송을 제기하는 등 다각도의 법정소송을 제기했다. 1997년까지 지리한 법정공방을 벌인 결과 통합 측이 대법원에서 모두 승소하면서 이 문제는 일단락된다.

I. 기타 자료
다음은 예장통합 측이 1997년 제82회 총회에서 서 씨에 대해 채택한 보고서 내용이다.

1. 종말론 문제
서달석 씨는 이장림 등 1992년 10월 28일 시한부 종말론자들의 사상적인 토대가 되는 수많은 책을 번역 또는 집필하여 출판 보급해 왔다(『세계정부음모』, 『현실로 나타난 666』, 『현실로 나타난 101 재림 예언』, 『성경 숫자의 영적 비밀』, 『종말론 특별 세미나 바인더 교재』, 『지금이 왜 마지막 때인가?』, 『적그리스도의 정체』, 『최후의 중동사태』,「월간 바이블 뉴스」 등). 서 씨는 그의 666 해석 문제로 인하여 한국기독교장로회로부터 '유사 이단'으로 지목되고(『한국기독교장로회 회보』 1990년 10, 11월 합본호, 36-38쪽) 서 씨와 유사한 사상을 가지고 있던 이장림이 이단으로 규정되면서 '시한부 종말론'이 언론의 질타를 받자 자신의 주장에 대해서 '과거에 오류가 있었으며 완전히 수정했다'고 밝힌 바 있다.

그러나 서 씨는 그 후에도 여전히 그가 발행인으로 있는 「바이블 뉴스」 1992년 9월호에 『세계정부음모』, 『현실로 나타난 666』, 『현실로 나타난 101 재림 예언』, 『숫자의 영적 비밀』, 『특별 세미나 바인더 교재』, 『지금이 왜 마지막 때인가?』, 『적그리스도의 정체』 등을, 1993년 7월호에는 『성경 숫자의 영적 비밀』, 『종말론 특별세미나 바인더 교재』, 『지금이 왜 마지막 때인가?』, 『최후의 중동사태』,「월간 바이블 뉴스」(1988년 9월호부터) 등의 출판물들을 계속 보급하고 있음을 광고하여 '사과' 따로 '행동' 따로의 이중적 모습을 보이고 있어 진실성이 의문시된다.

2. 구원과 회개의 문제

서 씨는 회개를 계속하는 것은 예수님을 십자가에 다시 못 박는 것이라고 한다. 죄사함을 깨닫고 거듭나는 순간 구원을 받으며(『영혼구원』 54~55쪽), 모든 죄는 십자가에서 이미 용서되었기 때문에 반복해서 회개할 필요가 없다고 주장하며, 심지어 아나니아와 삽비라도 구원받았다고 하는 등(『종교에서 복음으로』 137쪽) 구원파 권신찬 씨와 같은 주장을 하고 있다. 계속 회개하는 것은 죄를 사함받은 것을 믿지 않는 것이므로 구원과 영생이 없고 심판과 지옥이 기다리고 있다면서(『성막에서 얻은 죄사함』 239~241쪽) 이는 예수님의 말씀에 대항하는 것이며 죄를 범하는 것으로(『종교에서 복음으로』 83~84쪽) 예수님을 십자가에 다시 못 박는 것이라고 한다(『종교에서 복음으로』 87쪽, 녹음테이프).

서 씨는 이런 생각에서 주기도문도 암송하지 말라고 하는데(『종교에서 복음으로』 151쪽) 이는 '우리가 우리에게 죄 지은 자를 사하여 준같이 우리 죄를 사하여 주옵시고'라는 부분 때문에 그렇게 가르치고 있는 것이다. 이는 구원을 위한 단회적인 회개(히 6:1 이하)와 성화를 위한 반복적인 회개를 구별하지 못하고 있기 때문이다(헌법, 제1편 교리 제4부 웨스트민스터 신앙고백, 제13장 성화에 관하여 제14장 구원에 이르게 하는 믿음에 관하여 제15장 생명에 이르게 하는 회개에 관하여 참조).

신자는 하나님의 은혜로 예수 그리스도로 말미암아 의롭다 함을 얻고 성령의 역사 속에서 성화되어 가는 것이며, 참된 믿음은 하나님 앞에서 스스로를 언제나 죄인이라고 고백하는 것이 성경적인 것인데(시 51편, 삼하 24:10, 마 6:12, 요일 1:8-9, 딤후 1:15) 이를 부정함으로 결국 서 씨의 구원관과 회개에 대한 견해는 본 교단이 이단으로 규정한 바 있는 구원파(제77회 총회)와 같은 것이다.

3. 교회의 의식과 절기 문제

서 씨는 유아세례, 부활절, 성탄절 등은 성경에 없는 것으로서 바알 숭배에서 나온 것이므로 버려야 한다고 한다. 또 로마 가톨릭은 죽은 바벨론 의식으로 가득 차 있다고 맹렬히 비판하면서 개신교도 역시 그 바알 신을 섬기는 죽은 의식을 행하고 있다고 말한다(「바이블뉴스」 1992년 11월호, 7-12쪽). 서 씨는 유아세례를 바벨론에서 행한 '인신 회생 제물의식'이라고 하는가 하면, 부활절 행사, 명칭, 계란 먹는 풍습도 바벨론의 음란한 풍습이라 하고(「바이블뉴스」 1992년 11월호, 15쪽), 성탄절은 태양신 축제일로서 바알 숭배 의식이라고 한다(「바이블뉴스」 1992년 11월호, 16-19쪽).

그러나 유아세례는 칼뱅을 위시한 종교개혁자들도 성경적이라고 인정했으며(창 17:7, 9, 갈 3:9, 14, 골 2:11, 12, 행 2:38, 39, 롬 4:11, 12, 고전 7:14, 마 28:19, 막 10:13-16, 눅 18:15) 이는 개혁교회의 전통과 일치하는 것으로(웨스트민스터 신앙고백 제28장 세례에 관하여 4항. 예배와 의식 제11장 세례 3항) 본 교단이 지켜 행하는 교회의 성례의식이다. 또 우리가 부활절과 성탄절에 행사를 갖는 것은 다름 아니라 죽음을 이기신 우리 주님의 권능과 부활의 승리가 우리에게 함께 있을 것을 바라는 소망을 심고, 평화의 왕으로 찾아오신 우리 주님 앞에 감사와 찬송으로 경배하며 새로운 기쁨과 희망을 갖도록 하는 의미를 되새기자는 것이다(예배와 예식 제4장 예배의 내용 5항).

4. 연구 결론

이상의 연구내용을 종합해 볼 때 서달석 씨의 주장은 구원관에 있어서 이단으로 규정된 구원파 권신찬 씨와 같은 주장을 하는 등 성경의 가르침과 본 장로교회의 신경에 현저히 위배되므로 그의 집회에 참석하는 것을 엄금하고 그에 의한 간행물에 대해서도 구독을 철저히 금지해야 될 줄로 사료된다.

25. 서울평강교회
(곽성률, 구 장안교회)

곽성률 씨는 모친인 이판님 권사를 재림주라고 주장하고 설교 때마다 성경 중심이 아닌 모친을 우상화한다는 비판을 받은 바 있다. 이에 예장통합 측 2005년 제90회 총회에서 "그의 가르침은 비성경적이고 이단 사이비적인 행위라고 볼 수 있다"고 결의했다.

예장통합 측은 곽성률 씨에 대해 △설교할 때나 교육을 시킬 때 이 권사의 예언의 능력과 병 고침의 신비성을 자주 말하며 모친 우상화 발언을 서슴지 않는다 △곽 씨는 오늘날 주의 종들이 하나님을 학문적으로 지식적으로만 알 뿐 영적인 하나님을 알지 못한다고 주장한다 △모친의 영이 살아서 직접 계시해 주심을 따라 전하라 하는 것만 해야지 그렇지 않으면 죽는다 △모친이 재림예수다, 그 이름으로 기도해야 한다고 주장했다고 밝혔다. 특히 찬송가 444장의 '예수가 거느리시니'의 부분 중 '예수'를 빼고 모친의 이름을 대신 넣기도 했다고 지적했다. 한기총도 곽 씨에 대해 2005년 이단으로 규정했다.

I. 기타 자료

다음은 예장통합 측이 2005년 제90회 총회 때 발표한 보고서를 요약한 것이다.

1. 곽성률 씨의 이단 사이비성

1) 곽성률 씨는 설교할 때나 교육을 시킬 때 자기 어머니 이판님 권사의 예언의 능력과 병 고침의 신비성을 자주 말하여 모친 우상화 발언을 서슴지 않고 있다. 예를 들면 1996년 5월경에 설교하는 가운데서 김영삼 대통령도 자기 어머니 이판님 권사의 예언을 받고 그 예언대로 표가 나와 대통령에 당선되었다고 말한 것, 또 어머니가 미국에 있는 큰아들 곽성국의 집에 갔을 때 인근의 공장에서 먼지가 날아와 집 안이 더러워짐을 보고 한국에 와

서 이를 두고 기도를 했더니 그 공장이 이사 갔다는 소식을 형으로부터 듣게 되었다는 것, 그래서 어머니의 기도 위력은 미국에까지도 그 능력을 미친다고 하고 주일 낮 예배시 자기 어머니를 자랑하고 함께 박수를 치면서 찬송하게 한 점이다.

2) 2000년 10월경부터 이미 고인이 된 모친 이판님 권사가 곽 목사에게 지시를 한다고 하면서 이런 것은 이렇게 저런 것은 저렇게 하라고 한다고 공언하기도 했다. 그리고 곽성률 씨는 어머니가 지시한 대로 하면 모든 일이 잘되고 편안하다고 주장하였다.

3) 곽성률 씨는 오늘날 주의 종들이 하나님을 학문적으로 지식적으로만 알 뿐 영적인 하나님을 알지 못한다고 주장하였다.

4) 곽성률 씨는 지금부터는 이판님 권사의 영이 살아서 직접 계시해 주심을 따라 전하라 하는 것만 전할 것인데 그렇지 않으면 자기는 죽는다고 하였다.

5) 곽성률 씨는 기도할 때에 이판님 권사 재림 예수의 이름으로 기도해야 한다고 말하면서 2000년 11월 4일 새벽기도회 설교 가운데서 "이판님 권사는 재림 예수다"라고 선포하였고 11월 12일(주일)에는 "이판님 권사는 재림 예수요 영으로 살아 계시므로 그 이름(이판님)으로 기도해야 한다"고 설교했다가 교인들의 강력한 제지를 받았다.

6) 2001년 5월경 곽성률 씨는 장안교회당에서 쫓겨난 후 비우지 않고 점거하고 있던 장안교회 목사 사택에서 저들끼리 예배하는 가운데 찬송가 444장의 '예수가 거느리시니'의 부분 중 예수 대신 이판님을 넣어 부르게 하였다.

7) 곽성률 씨는 1999년 5월 25일 밤 10시경 병원에 입원해 있는 모친 이판님 권사에게 자필로 작성한 서약서에 "저희 죄와 죽음과 형벌을 친히 몸으로 담당해 주시고 새 교회를 피로 세워서 맡겨 주신 어머니의 사랑과 은혜를 진심으로 감사드립니다. 평강교회를 섬기며 사는 동안 어머니의 은혜와 사랑을 항상 잊지 않으며 끝까지 변질됨이 없이 어머니의 말씀을 존중하며, 잘 될수록 그 수고와 희생을 생각하고 겸손히 행하여 어머니의 은혜가 결코 헛되이 되지 않도록 다짐하고 약속합니다. 또한 형제들이 저의 교만을 지적하여 줄 때 달게 받아들일 것을 약속합니다. 1999. 5. 25 여의도

성모 병원 응급실에서 아들 곽성률."(모인 찍음) 등을 작성하였다.

2. 연구 결론

이상의 연구 결과 곽성률 씨는 모친인 이판님 권사를 재림주라고 주장하고, 설교 때마다 성경 중심이 아닌 모친 이판님 권사를 우상화한 것으로 볼 때 그의 가르침은 비성경적이고 이단·사이비적인 행위라고 볼 수 있다.

26. 세계신유복음선교회
(원장 강은숙)

I. 총회자료

다음은 총회신학부에서 연구하여 제88회 총회에 보고한 내용을 요약한 것이다.

1. 개요

세계신유복음선교회 원장 강은숙의 이단성 시비는 이미 오래전부터 세간에 있었던 사건이다. 만병통치로 통하는 밀가루 사건은 제87회 총회에 전북 노회장 유성종 목사의 '신유복음선교회'(원장 강은숙)의 이단성에 대하여 조사하여 주실 것을 헌의한 바가 있어 본 위원회에서는 본 건의 사실 여부를 조사하여 연구한 바를 보고하게 된 것이다.[1]

1) 설립일

세계신유복음선교회는 1988년 1월 5일 전북 익산시 신흥동 368-3번지 대광교회에 설립하여 경산, 서울, 부산, 순천, 제주도 등지에 지부를 두고 있으며, 해외 선교 지부를 필리핀(바기오), 방글라데시 등지에 두어 그 위세가 날로 확장하고 있는 실정이다.

2) 설립 동기 및 사역

불신 가정에서 태어나 유년 주일학교 때부터 예수를 믿기 시작했고 17세 때에 은혜받고 현신애 권사 집회에서 신유사역을 해야 할 뜨거운 마음을 갖게 되어 기도하던 중 밀가루 환상을 보고 밀가루 신유 복음 사역을 시작하게 된 것이

---

1 제88회 『총회(합동) 보고서』, 406~412.

다(기도할 때 꿈에 본즉 하늘에서 광야의 이스라엘 백성들에게 만나를 내리시듯 하얀 가루가 내려오는 것을 보았다. 그것을 보는 순간 밀가루를 사용하여 환자를 치료하라는 하나님의 음성으로 받아들이기 시작하였다. 처음에는 자기가 원하는 것이 아니었기에 거부감이 생겼으나 다시 기도하니 성령님께서 다시 한번 환상을 보여주시는데 하얀 가루가 수없이 많이 내려오는 것을 보고 하라는 응답인 줄 믿고 시작하였다고 함).[2]

2. 세계신유복음선교회의 이단성 시비의 문제점

1) 신유 복음 사역을 시행함에 있어 밀가루 위에 손을 얹고 안수 기도한 후 그 밀가루를 뿌리거나 반죽하여 환처에 붙이거나 밀가루 물을 마시게 하여 치료하되 예수 이름으로 그 일을 한다는 것이다.[3]
2) 강은숙 원장은 자신이 본 환상의 하얀 가루를 처음은 거절했으나 하나님께서 원하는 것이므로 하나님이 주신 치료 약이라고 생각하고 밀가루 치유 사역을 했다.[4]
3) 밀가루 환상이 기도 응답이요 성령의 음성이라는 것이다.[5]
4) 강은숙 원장은 밀가루 물을 마시고 밀가루 반죽을 환처에 붙일 때 고쳐주실 것을 믿음으로 해야 할 것을 가르치고 있다. 문제는 밀가루나 밀가루 물을 음식으로 먹는 것이 아니고 약으로 사용하여 그것을 의존하게 하는 것이다.[6]
5) 비성경적인 방법으로 치유 사역을 하고 있는데도 이를 묵과하고 교단의 기라성 같은 목사들이 설교와 기도로 그의 사역에 도움을 주고 있으므로 전혀 시정되고 있지 않다는 점이 부각되고 있다.[7]

3. 본 사건에 대한 본 위원회의 최종적 입장

본 위원회는 제87회 총회의 헌의된 안건을 배당받아 10여 차례 회의 및 토

---

2 같은 책, 406.
3 같은 책, 407.
4 같은 책.
5 같은 책, 408.
6 같은 책.
7 같은 책, 409.

의, 현장을 탐방하여 조사하여 왔다. 이상의 자료들을 검토하고 조사 연구한 바를 아래와 같이 밝히는 바이다.[8]

1) 강은숙은 본 총회가 인준한 전북신학교를 졸업한 자로서 대한예수교장로회 익산 대광교회를 개척 설립하고, 세계신유복음선교회를 세워 회장으로서 사역 중에 있는 자이다.[9]
2) 그는 본 총회의 증경총회장 유인식 목사, 이봉학 목사의 지도를 받는 자이며, 본 총회 및 타 교회의 저명인사가 관여된 것으로 조사되었다.[10]
3) 그는 불건전한 신비주의 및 밀가루 안수 등 교계의 강한 비판을 받아온 것이 사실이다. 그러나 불건전한 신비주의 문제는 그리 심각한 수준은 아닌 것으로 사료되었으며, 다만 밀가루 안수 문제는 신학적으로 비판의 빌미를 주고 있기 때문에 본 위원회는 사용을 금지할 것을 지적한 바 있었다.[11]
4) 그는 공식적으로 밀가루 치유사역을 일체 하지 아니할 것을 본 위원회 앞으로 각서한 바 있으며, 본 위원회가 경산지부 현장을 방문하여 확인한 바 있다.[12]
5) 그는 본 총회(본 연구위원회)의 신학 사상과 신앙에 이탈하지 않고 따르고 지도받을 것을 각서한 바 있는 자이다.[13]

그러므로 본회는 현실적으로 볼 때 강은숙은 신학 지식이 부족하여 실수한 바가 있었고 밀가루 안수 문제로 물의도 있었으나 위의 보고한 바와 같이 철저히 회개하고 고치기로 서약한 대로 지금 개선 실행하고 있음을 감안하여 볼 때 미흡한 부분이 없지는 않지만 향후 한 회기 동안 더 관찰하는 것이 좋을 것으로 사료된다.[14]

---

8 같은 책, 411.
9 같은 책.
10 같은 책.
11 같은 책.
12 같은 책, 411.
13 같은 책.
14 같은 책.

27. 신사도 운동

I. 총회 자료
다음은 총회신학부에서 제100회 총회에 보고한 내용이다.

1. 신사도 운동의 배경
신사도 운동은 피터 와그너의 영적·신학적 경험에 뿌리를 두고 있다. 그의 경험은 오순절교회의 성령운동과 연관되어 있다.

2. 신사도 운동의 특징
신사도 운동의 특징은 사도의 직임이 오늘날에도 계속되고 있다는 전제하에 개혁주의 신학과 목양에 수많은 부작용을 양산하고 있다.
1) 신사도 운동은 초대교회의 중보자, 예언자, 사도의 직임이 오늘날에도 주어진다고 주장한다.
2) 신사도 운동은 기존의 교회를 낡은 가죽 부대, 신사도 운동을 새로운 가죽 부대라고 주장한다.
3) 신사도 운동은 자신을 반대하는 세력을 사탄의 계략에 빠진 종교의 영들이라고 주장한다.
4) 신사도 운동은 하나님 나라의 권세는 기존 교회의 운영체제에 속한 것이 아니라 사도와 선지자와 같은 개인에 속한다고 주장한다.
5) 신사도 운동은 전통교회의 교회 중심 사역을 거부하고 일터의 사도적 사역과 지역의 사도적 사역 등을 주장한다.
6) 신사도 운동은 사도적 선포는 특별한 권세와 능력이 있다고 주장한다.
7) 신사도 운동은 하나님 나라의 실현을 위해 새로운 영적 도구들이 필요하다고 주장한다.

8) 신사도 운동은 사탄(지역의 영들)과의 싸움을 복음 전파를 위한 사역의 주된 임무라고 주장한다.
9) 신사도 운동은 전통적인 신학교 교육은 영적 전쟁에서 대항할 능력을 상실한 교육을 하고 있다고 하여 전통적인 신학교육의 무용론을 주장한다. 신사도 운동은 전통 신학과 교리 등은 인간 지식의 산물이라고 주장한다.
10) 신사도 운동은 사도적 지도자들의 완전한 성결을 주장한다.
11) 신사도 운동은 견고한 진을 파한다며 선포 기도를 하는 행위와 전통 교회와 영적 묶임(soul-tie)에서 해방시킨다는 용어, 성령의 은사 전이(임파테이션) 등의 용어를 주로 사용한다

3. 주관적인 은사 중심의 체험을 강조

주관적인 은사 중심의 체험을 강조하는 신사도 운동은 성경이 말씀하시는 성령의 존재와 역할을 훼손했다. 성령의 역사하시는 역동성을 교회 전통이나 교리적 도그마로 제한해서는 안 되지만 잘못된 주관적 은사주의가 우리를 그리스도에게로 인도하시고 가르치시는 성령의 역사에 대한 부정적인 시각을 갖게 하는 사탄의 고단수 전략이 숨어 있음도 잊어서는 안 된다.

오순절 교회의 성령운동의 여파로 나타난 주관적인 은사 중심의 체험은 신사도 운동을 낳았고 신사도 운동은 교회관은 물론이고 기독교 세계관까지 혼란을 가져왔다.

그동안 교회 성장을 위해서 온갖 종류의 교회 성장 프로그램들을 선호한 한국 교회 목회자들의 목회 방법으로 교회는 세상과 다르지 않다는 부정적인 이미지를 만들었고 건강한 교회를 보여주는 데 실패하였다. 교회 역사는 교회가 말씀을 중심으로 하지 못하면 항상 부작용이 생긴다는 것을 말해준다. 초대교회 이단들이 그랬고, 중세교회가 그랬고, 16세기 재세례파와 같은 영성주의자들이 그랬다. 그리고 20세기에 들어와 무분별한 영적 체험 신앙이 그랬다. 건강한 교회를 위해서 주관적인 은사체험이 아니라 말씀 중심으로 인격과 생활의 변화를 위한 목회사역에 집중해야 한다.

4. 연구 결과

신사도 운동은 성경 말씀을 중심으로 하는 개혁주의 신학 사상과 많은 부분 다른 면을 가지고 있다. 따라서 신사도 운동은 엄히 '경계'하여야 한다.

II. 기타 자료
피터 와그너의 신사도 운동에 대한 소고[1]

1. 서론

미국 풀러 신학교에서 선교학 교수로 재직한 피터 와그너의 영적, 신학적 진화는 신사도 운동이라는 제2의 사도 시대의 발견으로 이어진다. 그는 이것을 "신사도적 종교개혁"(New Apostolic Reformation: NAR)이라 칭한다. 그는 예수의 12제자인 사도들과 예언자들이 오늘날도 재현되어야 한다고 주장한다. 그의 주장에 현혹된 많은 종교지도자들과 신학생들이 사도가 되기 위해 훈련을 받고 사도의 권세를 회복하여 기적, 예언, 축사, 귀신 몰아내기 등 사도 시대에 일어났던 은사 운동의 재현에 심취해 있다. 그는 역사적인 정통 기독교를 "종교의 영" 혹은 "낡은 가죽 부대"로 규정하고 신사도 운동을 새 가죽 부대와 포도주라고 주장한다. 그의 주장에 대해 검토하고 문제점들을 지적하려 한다.

2. 본론

1) 피터 와그너의 은사운동

피터 와그너의 신사도 운동은 그의 은사운동에 대한 관점의 변화에서 시작한다. 그의 신앙의 변화는 자신의 저작인 *Wind of the Thirds*의 제2장 "내가 제3의 물결을 발견하기까지"에 기술되어 있다. 와그너는 비기독교인 가정에서 태어났고 대학 시절에 '도리스'라는 독실한 여학생을 통해 개종하게 된다. 도리스는 당시 선교사 지원생이었다. 와그너는 1950년 그녀의 부모님 농장

---

[1] 이 글은 심창섭 교수의 연구자료임을 밝혀둔다.

에서 함께 무릎을 꿇고 기도하였고 그곳에서 예수를 영접한다. 그리고 선교사로 봉사할 것을 결심한다. 도리스는 와그너의 청혼을 받아들여 결혼하게 된다.[2]

와그너가 처음 다닌 교회는 보수적인 전통 교회였다. 그는 I.V.F 단체와 연결되었고 여기서 복음주의 기독교를 알게 된다. 그는 근본주의 성서교회(Fundamental Bible Church)에 출석하면서 안수를 받게 된다. 그는 선교사가 되기 위해 풀러 신학교에 입학하였고 남미선교회와 S.I.M 소속 선교사로 볼리비아에 파송된다. 그는 반오순절주의자로, 보수 복음주의자로 기적과 은사의 능력에 대해 부정적인 시각을 갖고 16년간 선교활동을 하였고 성공적으로 평가받게 된다.[3] 그는 제3의 물결을 발견하기까지 15년간 4단계를 걸쳐 세계관의 변화를 가져왔다고 서술하고 있다.

첫 번째 변화는 1960년대 중반에 볼리비아에 있었던 인도 선교사인 스탠리 존스의 전도 집회를 참석하면서 시작되었다. 스탠리 존스는 신유집회를 하고 있었고 그의 기도를 통해 와그너는 자신의 목에 생긴 혹 제거 수술 후 악화된 환부를 치유받게 된다. 하룻밤 사이에 그의 혹 수술 부위가 깨끗이 치유되는 경험을 하게 된 와그너는 '변화의 노정'에 들어서게 되었다고 자신의 심경을 서술한다.[4]

두 번째 변화는 1960년대 말에 풀러 신학교에서 도날드 맥가브란의 교회성장학 강의를 들으면서 시작되었다. 그는 맥가브란의 말대로 성장하는 교회를 연구하던 중남미(특히 칠레)의 오순절 은사주의 교회의 성장이 두드러짐을 발견하고 예언과 성령의 은사에 대한 새로운 시각을 갖게 된다. "그들의 예배에는 무엇인가 다른 것이 있었다. 대다수의 우리 복음주의적 교회의 질서 정연하고 차분한 예배와는 달리 오순절 신자들의 예배에는 기쁨과 즐거움이 넘치는 것 같았다. 그들은 성령 안에서 노래하고 춤추고 손뼉 치며 함께 손잡고 그 손들을 높이 들기도 하였다. 어색하게 그들의 흉내를 내던 나는 곧 그런 예배를 즐거워하게 되었다. 그들이 하는 방언과 예언 등을 들으

---

2 피터 와그너, 정운교 역, 『피터 와그너의 제3의 바람』 (서울: 하늘 기획, 2006), 41.
3 같은 책, 42-45.
4 같은 책, 46-47.

면서 나는 이런 은사들이 사도 시대에 종결된 것이 아니라는 생각을 하게 되었다."[5] 선교지에서 오순절 교회의 은사 체험과 교회 성장의 경험을 한 후 그는 풀러 신학교에서 강의하였고 *Spiritual Power and Church Growth*를 저작하면서 세계관의 큰 변화를 가지게 되었다.

세 번째 변화는 하나님의 교회 신자들을 만나면서 시작되었다. 와그너는 1970년 중반에 클리블랜드 테네시 소재 하나님의 교회와 동역을 하게 된다. 그는 그곳에서 강의하면서 오순절 교인들로부터 영적인 새로움을 경험하게 된다. 그리고 자신도 오순절 교인이 되고 싶은 소망을 갖게 된다.[6]

네 번째의 변화는 존 윔버를 만나면서였고 이것은 그의 세계관 변화의 클라이맥스였다. 와그너가 존 윔버를 만난 것은 1975년 윔버가 퀘이커 목사로 와그너의 목회학 박사과정의 교회 성장학 강의를 받게 되면서부터였다. 와그너는 윔버를 통해 병자를 위한 기도, 이적, 기사 등에 대한 기적을 알게 된다. 와그너는 방언의 은사에서 병자치유의 은사체험으로 진입하게 된다. 와그너는 자신의 강의를 할애하여 윔버에게 '이적, 기사와 교회성장'(Signs, Wonders and Church Growth)이라는 제목으로 강의를 하게 한다.[7] 그리고 이 강의는 곧 풀러 신학교의 정식강의(MC510)로 채택된다.[8] 이 강의에 와그너는 방청객으로 참석했다. 강의 중 존 윔버는 육체적 치유를 원하는 자에게 기도하는 순서를 가졌다. 그때 와그너는 고혈압 치료를 받기 위해 윔버의 기도를 받았다. 그때의 상황을 와그너는 다음과 같이 묘사하고 있다.

"굉장한 느낌의 평화가 나를 사로잡았다. 나는 완전히 맥이 풀려 이러다가 강의실 바닥에 쓰러지지 않을까 걱정했다. 희미한 의식 속에서 나는 '존'이 지금 나에게 일어나는 일에 대해서 중계방송하듯이 설명하는 소리를 들었다. '성령께서 와그너 박사에게 임하셨습니다. 여러분들은 지금 그에게 임한 성령을 보실 수 있습니까?' 아마 나는 5분 정도 거기 앉아 있었을 것이다. '존'이

---

[5] 같은 책, 48.
[6] 같은 책, 49.
[7] 같은 책, 50-51.
[8] 같은 책, 51.

나에게 말하기를 '성령께서 당신에게 사역하시는 것을 느낄 수 있었습니다. 그러나 의사의 허락을 받기 전에는 약을 중지하지 마십시오'라고 말했다."[9]

이 일이 있는 후 와그너는 점차 혈압약을 줄였고 몇 달 후 완전히 약을 끊었다는 것이다. 그리고 와그너는 자신의 세계관을 완전히 바꾸었다고 고백한다. 그는 회의론자에서 방관자로, 방관자에서 참여자로 변했다는 것이다. 그는 병자에게 손을 얹고 기도하기 시작했다. 처음에는 치유되는 환자가 소수였지만 점차 많은 환자가 치유되었다고 기술하고 있다. 그러나 이런 일은 아직 그가 신유의 은사를 받기 전의 일이었다고 말한다.[10]

그의 은사 경험은 레이크 에비뉴 회중 교회, 성인 주일 성경 공부반을 통해서였다. 사도행전의 성경 공부를 통해서 공부반에 참석한 개인들에게 은사 체험이 강하게 나타난 것이다. 중보기도, 신유, 축사, 예언의 은사, 행정, 영분별, 지식의 말씀 등의 여러 가지 은사가 나타난 것이다.[11]

와그너가 신유의 은사를 하나님께 받은 것은 1984년 여름이었다. 그의 신유 은사 체험은 랭카스터의 루터교 목사 후레드 루디의 사역을 통해서였다. 후레드 루디 목사가 그의 교회 성장학 강좌를 수강하였고 이를 통해 친교를 가지게 되었다. "나는 120명 펠로우쉽 지도자들과 함께 후레드 루디를 집으로 초청했다. 후레드 루디는 치유를 위한 기도가 필요한 사람이 있느냐고 우리에게 질문하였고 그때 한쪽 다리가 짧은 사람이 있었다. 후레드는 그때 나에게 '하나님께서는 당신이 이 다리를 위해 기도하시기를 원하십니다'라고 하였다. 그의 말에 따라 나는 기도하였고 즉시로 짧았던 다리가 길어졌다. 그뿐 아니라 하나님은 그날 두 명의 짧은 다리와 척추 통증을 치유하게 했던 것이다. 그 후에 4개월 동안 하나님께서 내게 신유의 은사를 주셨다는 확신을 갖게 하는 표징들을 발견하였다."[12]

---

9   같은 책, 52.
10 같은 책.
11 같은 책, 53.
12 같은 책, 55-56.

"첫 번째 표징으로 존 윔버의 포도원 교회 집회에서 나는 성령의 강한 임재를 체험하였고 하나님의 영으로 집단 치유의 명령을 받았다. 나는 순종했고 그날 밤 적어도 50명의 사람들의 짧은 다리가 길어졌고 척추통증과 질병들이 치유되었던 것이다."[13]

"두 번째 표징으로 조용기 목사의 방문 시에 나타났다. 조용기 목사는 와그너에게 짧은 다리가 길어지는 것을 보고 싶다고 하였다. 그다음 날 10세 때 열차 바퀴에 한쪽 다리를 다쳐 다리가 흉하게 짧아진 이집트의 정교회 목사에게 기도하여 다리가 길어졌던 것이다. 조용기 목사는 한국에 가서 예배 시간에 나의 이야기를 하였고 엉덩이뼈가 망가진 여집사님이 목사의 이야기를 듣고 나에게 치유를 받기 위해 미국으로 왔다. 그녀는 나의 사무실에 들어올 때 목발을 짚고 왔고 나갈 때는 목발을 버리고 갔다. 그녀는 한국에 돌아가기 전 두 장의 엑스레이를 갖고 왔다. 하나는 기도하기 전 것이고 다른 하나는 기도한 후의 사진이었다. 기도한 후의 사진은 엉덩이뼈 조직들이 새로 자라난 흔적의 사진이었다."[14]

이러한 경험을 통해 와그너는 자신이 하나님께로부터 신유의 은사를 받았음을 확신하고 있다. 피너 와그너는 이러한 자신의 신유의 은사체험을 통해 오순절교회의 은사운동을 전적으로 수용하게 된다. 그리고 이러한 오순절교회와 은사주의 운동의 진정성을 위한 반증으로 하나님의 성회 등 초대형 교회의 성장의 사례를 열거한다. 즉 오순절교회와 같은 은사운동 계열의 교회가 세계에서 가장 성장한 교회가 되었다는 것이다. 그는 성장하는 교회의 80%는 오순절이나 은사운동 교회임을 지적한다.[15] 대표적인 사례로 조용기 목사의 여의도 순복음교회는 교인 수 50만 명에 달한다. W. F. 쿠무이 목사의 깊은 생명성서 교회는 45만 명의 교인수를 갖고 있고 수년 동안 나병으로 고통받던 존 마누마와 마세리나의 치유로 인해 폭발적인 은사의 능력을 발휘한다.

---

[13] 같은 책, 56.
[14] 같은 책, 57.
[15] 같은 책, 75.

"두 사람에게 각각 쿠무이 목사가 안수를 하자 두 사람은 모두 자신들의 몸 전체에 서늘한 기운이 스쳐 감을 느꼈다고 했다. 이들은 모두 기적적인 치유를 경험했고 그 결과 신실한 그리스도인들이 되었다."[16]

와그너는 이외에 스웨덴의 생명의 말씀교회, 영국의 은사 운동 가정교회, 라틴아메리카의 폭발적인 은사 운동교회의 성장을 소개한다. 그리고 말레이시아의 갈보리교회, 싱가포르의 갈보리 카리스마틱 센터, 그리고 방콕의 소망교회 같은 은사 운동교회의 두드러진 성장 등을 언급한다. 이 중에 특이한 것은 한국의 김기동 목사도 제3의 물결의 부류로 소개한다. 와그너는 김기동 목사 교회의 주일예배를 인도하기도 하였다. 그는 이렇게 김기동 목사의 성공적인 기적에 대해 소개한다. "김 목사는 10명의 죽은 자를 살려내었고 수천의 귀신들을 쫓아내었으며 59명의 완전한 절름발이를 걷게 했다고 증거되고 있다."[17]

피터 와그너는 또한 간첩 김신조의 아내 위암이 김기동 목사의 기도로 완전치유되었다고 보고한다. 그리고 이로 인해 김신조가 김기동 목사를 만나게 되었고 김 목사는 김신조에게 붙어 있던 3마리의 귀신을 쫓아내었고 김신조는 즉시 마음을 열고 구원받게 되었다는 것이다.[18] 피터 와그너의 세계관 변화는 신유 은사 운동 주의에서 클라이맥스에 도달하는 것처럼 보인다. 그러나 그것은 신사도 개혁(New Apostolic Reformation)이라는 제2의 사도 시대를 출범시키기 위한 전주곡에 불과하였다.

2) 신사도 운동(제2의 사도 시대)의 출범

피터 와그너는 신사도 개혁의 족보를 자신의 세계관 변화와 더불어 그동안 발생한 은사운동의 아류들로부터 기술한다. 1830년대 영국의 에드워드 어빙(Edward Irving), 1900년경 아프리카 독립교회, 1970년대의 미국의 은사주의 운동(charismatic movement), 그리고 1970년대 중반의 중국의 가정교회 운동,

---

16 같은 책, 76.
17 같은 책, 74.
18 같은 책, 95.

그리고 1970년 후반의 남미의 풀뿌리교회운동(grassroots church movement) 등이다. 또한 1988년 자신의 동료인 빌 해이몬의 예언적 사도운동을 신사도 개혁의 자양분으로 소개한다.[19]

이와 같은 많은 뿌리의 자양분을 받은 신사도적 운동은 성경의 예에서 볼 수 있는 바와 같이 예언을 통하여 그 결실을 맺었다. "주 여호와께서는 자기의 비밀을 그 종 선지자들에게 보이지 아니하시고는 결코 행하심이 없으시리라"(암 3:7). 미국 기독교의 역사적 흐름에서 신사도적 개혁의 족보가 고전적인 오순절 운동과 함께 시작되었고, 그 뒤를 이어 독립 은사주의 운동과 더불어 진행되어 왔다는 것을 아는 것은 도움이 된다.[20]

그리고 와그너는 여기까지 진행된 신사도의 족보가 형성되는 데 있었던 갈등도 기술한다. 1940년대의 회복 운동, 치유 운동, 늦은 비 운동 등이 하나님의 성회와 고전적 오순절교회로부터 갈라섰던 언급한다. 그러나 그는 이러한 신사도 운동의 뿌리들이 힘을 얻지 못한 것은 때가 성숙하지 못한 탓이라고 판단한다.[21] 그런데 지금은 때가 무르익어 임계질량이 채워졌다는 것이다. 바로 "2001년이 제2의 사도 시대가 개막된 시점"이라는 것이다.[22] 즉 피터 와그너는 오순절 계통에서 사이비 운동으로 단절된 늦은 비 운동과 같은 은사운동도 제2의 사도 시대를 도래하게 한 뿌리라는 주장을 한다.

3) 신사도 운동의 특징

신사도 운동은 오늘날에도 사도와 예언자가 나타날 수 있다는 주장을 한다. 이것이 신사도 운동의 핵심적인 과제이다. "신사도 개혁운동의 가장 급진적인 특징은 사도의 직임이 오늘날에 그리스도의 몸에서도 그 역할을 하고 있음을 널리 인정하게 되었다는 데 있다."[23] 이러한 주장의 내용들을 정리하면 다음과 같다.

---

19 피터 와그너, 김영우 역, 『신사도적 교회로의 변화』 (서울: 쉐키나, 2006), 10-11.
20 같은 책.
21 같은 책, 12.
22 같은 책, 13.
23 같은 책, 14.

(1) **신사도 운동은 초대교회 사도의 직임이 오늘날에도 주어진다는 것이다. 이는 역사적으로 중보자, 예언자, 그리고 사도의 3단계의 직분을 거쳐 완성되어진 것이다.**

신사도 운동의 첫 번째 직분은 중보자의 직분이다. 중보자는 원수 마귀를 물리쳐 그들이 설치해 놓은 장애물들을 제거하여 사람들이 하나님의 음성을 뚜렷하게 들을 수 있게 하는 중재의 직무를 갖고 있다. 두 번째 직분인 선지자들은 하나님의 음성을 직접 듣게 하는 직무를 갖고 있다. 하나님은 자기의 비밀을 선지자에게 보이지 않고는 행하지 아니하신다(암 3:7). 세 번째 직분은 사도의 직분이다. 사도는 하나님의 뜻을 수행하는 직무이다. 그래서 사도는 전체의 질서를 잡는 사람들이다(딛 1:5).[24]

와그너는 지난 1,800년 동안 교회 역사에서 초대교회의 100-200년간을 제외하고는 사도 시대의 성경적인 체제가 확립되지 못했다고 진단한다. 그는 사도의 직임 회복이야말로 하나님 나라를 이 땅에 임하게 하는 길임을 확신한다.[25]

(2) **신사도 운동은 기존 교회를 낡은 가죽 부대로 규정한다.**

"오늘날 우리는 새로운 가죽 부대, 즉 제2의 사도 시대에 들어왔다."[26] 와그너는 예수가 새 포도주를 낡은 가죽 부대에 넣지 아니한다는 성경 말씀(마 9:17)을 인용하여 전통적인 교회의 스타일을 낡은 가죽 부대로 규정한다. 이미 전통교회는 쓰임받는 시대가 지났고 새 가죽 부대, 즉 제2의 사도교회가 도래했다는 것이다.[27] "교회 역사를 살펴보면 하나님은 자신의 교회를 위해서 새로운 가죽 부대들을 연이어 만들어 오셨음을 알 수 있다. 오늘날 우리는 새로운 가죽 부대로 들어왔다. 이것을 나는 제2의 사도 시대라고 부른다."[28]

---

[24] 같은 책.
[25] 같은 책, 14-15.
[26] 같은 책, 15.
[27] 같은 책, 16-18.
[28] 같은 책, 18.

(3) 신사도 운동은 신사도 운동을 반대하는 세력을 사탄의 계략에 놀아나는 종교의 영들의 무리로 규정한다.

"종교의 영은 종교적 수단들을 사용하여 변화를 막고 현상을 유지하는 일을 맡은 사탄의 사자이다."[29] 와그너는 두 개의 종교의 영에 대해 언급한다. 비기독교 종교청을 맡은 영과 기독교청을 맡은 영이다. 비기독교 종교청의 영은 자신의 종교를 사용하여 그리스도께 충성하는 것을 막는 영들이다. 이들은 이슬람, 일본의 태양의 여신, 태국의 부처, 안데스의 인티와 같은 이방 종교들이다. 기독교청에는 두 개의 국이 존재한다고 가정한다. 하나는 개인종교 보안국으로 개인이 구원받거나 성령 충만을 받는 것을 방지하고 있다. 다른 하나는 교회 구조국이다. 이 종교의 영은 종교적 권력과 조직들로 하여금 '장로의 유전'에 집착케 하여 새로운 가죽 부대인 제2의 사도 시대를 가로막는 주 세력이다. 이 영은 종교 지도자들로 하여금 현재의 상태를 유지하게 만들고 낡은 가죽 부대를 유지하도록 한다.[30]

(4) 신사도 운동은 하나님 나라의 권세는 집단에 속한 것이 아니라 사도와 선지자와 같은 개인에 속한다고 주장한다.

"참으로 이상한 것은, 복음 전하는 자와 목사와 교사의 직분에 대해서는 편안해하는 기독교 지도자들이 사도와 선지자의 직분은 지나간 시대에만 해당되는 것이라고 상상하는 것이다."[31] 와그너는 옛 가죽 부대인 전통교회의 권세는 집단, 즉 교회의 운영체제(당회, 공동의회, 집사회, 총회, 등)에 속했지만 제2의 사도 시대는 이러한 통치 권세는 사도적 권위에 속한 것이라고 주장한다. 그는 다음과 같이 이 점을 설명한다.

> "여러 지역교회들을 관할하는 사도적 리더십은 이와 사뭇 다르다. 이 리더십은 교회적 직위에 의해서가 아니라 개인적인 관계에 의해서 세움받거나 폐해진다. 사도적 네트워크가 교단을 대신한다. … 그들[목사들]은 광역 사도의

---

[29] 같은 책, 22.
[30] 같은 책, 23-24.
[31] 같은 책, 37.

영적보호(spiritual covering) 아래 들어갈 것인지 말 것인지를 결단하여 선택한다. 이것은 사도와의 인격적 동의에 따라 성립되는 관계이다. 이 관계 안에서 사도는 영적 권위를 가지고 목사를 지도하며 그 삶에 영향을 행사하고 외부의 도움이 필요한 사역의 문제들을 해결하는 데 도움을 주며 영적 아버지로서 목사를 격려하는 것이다. 이에 보답으로 목사는 사도의 삶과 사역을 위해 필요한 재정을 공급하는 일을 섬기게 된다."[32]

(5) 신사도 운동은 일터의 사도적 사역과 지역적 사도적 사역을 말한다.

와그너는 사도와 선지자의 사역을 교회의 사역 대신 일터에서 발생하는 삶의 영역의 사역으로 규정한다. 이것은 교회의 비전에서 하나님 나라의 비전으로 이동하는 것이다. 일터의 분량은 "재정, 과학기술, 가사, 운송, 농업, 군사, 정부, 법조, 통신, 사업, 체육" 등 인간의 삶의 전 영역을 포함한다.[33] 그리고 사도는 지역 전체를 관할하는 사역의 직무를 맡았다는 것이다. 지역적 사도는 특정한 지역사회 전체가 하나님의 뜻을 수행하도록 궁극적 사역을 받은 자들이다.[34]

(6) 신사도 운동은 사도적 선포를 주장한다.

"줄리안 와츠의 이야기는 사도의 기름부음이 특정한 지역사회 전체가 하나님이 정하신 궁극적 사명을 회복하도록 도울 수 있음을 보여주는 실제적인 예가 된다."[35]

사도는 하나님께로부터 분명한 지시를 받는다. 그리고 하나님의 뜻을 그대로 선포하여 이루게 하는 것이다. 와그너는 줄리안 와츠의 사례를 들어 설명하면서 이사야 61장 10절-62장 4절의 말씀이 길드포드라는 도시에 이루어지기를 사도적 선포를 해야 한다는 것이다. 즉 사도는 지역 전체가 하나님의 뜻대로 회복하도록 선포를 한다는 것이다.[36] 줄리안 와츠는 길드포드 시를

---

32 같은 책, 41-42.
33 같은 책, 83.
34 같은 책, 101.
35 같은 책, 100.
36 같은 책, 99-100.

위해 다음과 같이 선포하였다.

"나는 [길드포드]의 의가 빛같이, [길드포드]의 구원이 횃불같이 나타나도록 [길드포드]를 위하여 잠잠하지 아니하며 [길드포드]를 위하여 쉬지 아니할 것인즉 이방 나라들이 네 공의를, 뭇 왕이 다 네 영광을 볼 것이요 너는 여호와의 입으로 정하실 새 이름('신부의 도시')으로 일컬음이 될 것이며… 다시는 너를 버림받은 자라 부르지 아니하며 다시는 네 땅을 황무지라 부르지 아니하고 오직 너를 헵시바라 하며 네 땅을 쁄라(히브리어로 '결혼한'이라는 의미)라 하리니 이는 여호와께서 너를 기뻐하실 것이며 네 땅이 결혼한 것처럼 될 것임이라"(사 61:10, 62:1~2, 4).[37]

(7) 신사도 운동은 하나님 나라의 실현을 위해 새로운 도구들을 사용하고 있다.

신사도 운동은 "영적 도해, 동일시 회개(identificational repentance: 자신이 직접 그 죄에 관여하지 않았을지라도 그 죄를 자신의 죄로 받아들이고 회개하는 기도), 사도적 중보기도, 땅 밟기(prayer-walking), 전략적 차원의 영적전쟁(strategic-level spiritual warfare)" 등을 행한다.[38]

(8) 신사도 운동은 사탄(지역의 영들)과의 싸움을 사역의 주제로 삼고 있다.

"하늘에 있는 악의 영들에 대항하는 '공중전'은 전 세계의 미전도 종족들에게 나아가 사역하는 전도자들, 교회 개척자들, 그리고 목사들이 수행할 지상전의 길을 닦기 위해 필요하다."[39]

와그너는 기독교 역사에서 영적 전쟁에 대한 강조가 부족한 점을 지적한다. 그리고 제2의 사도 시대에는 마귀와 영적 싸움을 하는 것이 전도자의 주된 관심사가 되어야 한다는 것이다. "복음서를 보면 마귀의 세력과 싸우는 일은 예수님의 생각 속에서 하찮은 주제가 아니라 중심적인 관심사였음을 분명히 알 수 있다. 예수님에게는 귀신을 쫓아내는 사역을 포함시키지 않고 하

---

[37] 같은 책, 100.
[38] 같은 책, 110.
[39] 같은 책, 130.

나님 나라의 복음을 전하시는 것은 생각도 할 수 없는 일이었던 것이다."[40]

그래서 와그너는 1989년 마닐라에서 개최된 제2차 로잔회의에서 "지역의 영들"(territorial spirits)이란 주제로 강의를 하였다. 와그너는 바울의 말(엡 6:12: 정사와 권세와 이 어두움의 세상 주관자들과 하늘에 있는 악의 영들에 대한 싸움)을 인용하여 복음전파의 사역자들은 적극적으로 마귀와의 '공중전'이 필요하다는 것이다.[41]

와그너는 마닐라를 떠나기 전 하나님이 세미한 음성으로 자신에게 말씀해 주시는 것을 느꼈다는 것이다. "내 아들아, 나는 네가 지역의 영들에 관한 영역에 지도자로 서기를 원하노라." 그리고 와그너는 이것이 하나님의 은성임을 확신했다는 것이다.[42]

와그너는 그 뒤『원수를 대적하라』(Engaging Enemy), 『지역의 영들』(Territorial Spirits) 등의 단행본을 출간하여 자신의 저서를 통한 영적 전쟁에 대한 근거들을 제공하였다. 그리고 '지역의 영'들에 통찰력이 있는 25명 지도자들로 구성된 싱크탱크를 구성하여 '영적 전쟁 네트워크'(SWN)를 결성하였다. 이 모임에서는 영적 운동의 수준을 정하였다. 기초적 수준의 영적 전쟁은 귀신을 쫓아내는 사역이고, 주술적 영적 전쟁은 사탄주의, 마술, 뉴에이지, 프리메이슨, 동양종교 등 조직된 악의 세력을 대적하는 사역이고, 그리고 전략적 수준의 영적전쟁은 지역의 영들과 같은 높은 지위의 어둠의 정사들과의 싸우는 사역이다.[43]

그래서 와그너는 "참된 사도의 특징 중의 하나는 교회를 이끌어 사탄의 나라를 침노하도록 하는 것이다"라고 하였다.[44] 와그너는 영들을 대적해서 싸운다는 의미에서 사도를 "하나님의 군대에서 장군으로 복무하라는 명을 받은 사람들이다"라고 하였다.[45]

---

40 같은 책, 126.
41 같은 책, 129.
42 같은 책, 130.
43 같은 책, 130-131.
44 같은 책, 132.
45 같은 책, 144.

(9) 신사도 운동은 전통적인 신학교 교육의 무용론을 주장한다.

"수도원은 존경할 만한 성직자는 반드시 일반 평신도보다 더 많이 배운 사람이어야 한다는 생각을 교회에 심었다."[46]

와그너는 정규신학교육은 실제적인 영적 싸움에 대항할 능력을 배양하는 것이 아니라 아카데믹한 지식 교육에만 치중에 있는 비현실적인 수도원 적 사고방식의 교육임을 주장한다. 와그너는 사도로 인정받은 350명의 탁월한 지도자로 구성된 국제사도협의회(ICA)의 통계에 의하면 회원 중 60%가 정규 신학교 교육을 받지 아니했다는 것이다. 그는 슈바르츠의 말을 인용하여 다음과 같이 신학교육의 무용론에 대해 말한다.[47]

"정규 신학교육은 교회 성장 및 교회의 전반적 자질과 음의 상관관계를 가지고 있다."[48] 그리고 와그너는 종교의 영이 이러한 현 상태의 신학교육을 유지하게 하여 제2의 사도 시대의 개혁을 방해하는 요소를 만들어 낸다는 것이다.[49] 와그너는 더 나아가 정규 신학교육을 받은 후에 목사에게 주어지는 안수도 특정인에게 제한된 것이 아니라 모든 사역자에게 다 주어야 한다고 주장한다. "안수가 목사직 안수에만 적용되지 않는 것은 분명하다. 사도, 선지자, 복음 전하는 자, 교사 등도 목사와 마찬가지로 안수의 대상이 된다. 어떤 사람들은 중보자, 선교회 사역 지도자, 축사 사역자, 경배 사역자, 상담 사역자 등 안수의 대상이 된다고 본다."[50] 와그너는 백투예루살렘 운동의 사례를 들어 자신의 이러한 주장을 반증한다.

"일반적인 서구식 선교 방법에 따르면 이 사역자들은 자격이 갖추어져 있지 않다. 그들 중에는 정규 신학공부를 한 사람도 없고 그들 중 대부분은 신학교 학위는 온도계에서나 볼 수 있는 것이라고 생각하고 있다(학위를 의미하는 degree라는 말이 온도를 의미하기도 함). 그러나 그들은 하나님으로부터 직접 훈련을 받은 사람들이다. 즉 고난의 풀무 안에서 경험적인 훈련을 받은 사람들

---

[46] 같은 책, 152.
[47] 같은 책, 151-152.
[48] 같은 책, 147.
[49] 같은 책, 156.
[50] 같은 책, 161.

이다. 이것은 교실에서 배울 수 있는 것보다 훨씬 중요한 훈련이다."[51]

마침내 와그너는 정규 신학교육의 무용론의 대안으로 새로운 형태의 지도자 훈련체제인 '사도적 교육협의회'(ACEA)를 결성한다. 와그너는 또한 자신이 세운 리더십 연구소(WLI)의 사도적 교육의 내용을 함께 소개한다.

(1) 하나님의 성도들을 모두 사역을 위해 준비시킨다(학력에 관계 없음).
(2) 신학교육에서 정보전달은 이차이고 은사 전달이 일차이다.
(3) 은사 전달이 중심이므로 학점이 필요 없고 은사를 받으면 통과한다.
(4) 일정한 표준의 커리큘럼이 아닌 학생들의 필요에 의해 조정된다.
(5) 전임 학생이나 교수가 없이 필요에 따라 방문 체제를 활용한다.

와그너는 이러한 지도자 훈련이야말로 변화를 가져올 수 있는 성령의 사역에 응한다는 것이다.[52]

(10) 신사도 운동은 전통 신학과 교리에 도전하고 있다.

"신학은 하나님의 말씀과 하나님의 역사하심을 합리적이고 체계적으로 설명하기 위한 인간의 시도이다."[53]

와그너는 기독교는 핵심적인 절대 진리가 있는데 이 절대 진리를 해석과 추론의 과정을 거쳐 각자의 주관적인 이론으로 이어진다는 것이다. 이와 같은 도식에 의해 그는 칼빈주의의 5대 교리인 튤립(TULIP)을 절대 진리의 범주 밖으로 옮겨진 사례임을 주장한다. 특히 그는 인간의 전적 타락, 제한된 구속, 성도의 견인 등의 교리에 대한 부정적인 견해를 서술한다. 와그너는 칼빈의 전적타락이나 제한적인 구속 그리고 성도의 견인에서 인간의 자유의지와 선택을 강조하지 않는다는 것이다. 그의 견해는 칼빈주의적이기보다는

---

[51] 같은 책, 164.
[52] 같은 책, 171.
[53] 같은 책, 178.

존 웨슬리적이다.[54]

와그너의 또 다른 신학적 견해는 그의 삼위일체론이다. 와그너는 325년의 니케아 종교회의에서 이단으로 규정한 양태론에 대해 긍정적인 입장을 취한다. 그 자신은 삼위일체론자이지만 단일신론을 주장하는 양태론자들을 수용할 수 있어야 한다는 것이다. 이것이 열린 신학의 태도라는 것이다. 그리고 세계 오순절 성회, 연합 국제 오순절 교회가 양태론 입장을 취하고 있지만 이들은 이단이 아니라는 것이다. 그는 사도적 지도자들의 폭 넓은 교리 이해에 대해 다음과 같이 언급한다.[55] "오늘날 대부분의 사도적 지도자들은 여전히 삼위일체에 대한 강한 개인적인 확신들을 가지고 있다. 그러나 우리가 어떤 사람들과 관계를 맺을 것인가를 선택할 때에는 우리의 교리적인 부담을 가볍게 하고 있다."[56]

(11) 신사도 운동은 사도적 지도자들의 완전한 성결을 주장한다.

"하나님은 교사들보다 사도들을 더욱 엄격하게 심판하실 것이 분명하다. 그러므로 어떤 사람들이 사도로 공인받는 것을 두려워하는 것도 무리는 아니다."[57]

와그너는 사도적 지도자들의 온전한 성화를 요구하면서 개혁주의 성화론보다 웨슬리의 성화론을 선호하는 입장에 선다. 비록 자신은 개혁주의의 신학적 견해인 성경의 권위, 이신칭의의 교리, 만인제사장설 같은 개혁주의자들의 주장을 믿고 있으며 또한 이것이 사도적 교리의 핵심임을 밝히지만 루터나 칼빈의 주장들은 타협함 없이 굳게 붙잡아야 할 절대적 진리의 범주에 속한 것은 아니라는 것이다. 특히 개혁주의 성화론의 약점은 웨슬리의 성결론으로 보완해야 한다는 것이다.[58] 그는 웨슬리의 성화론을 다음과 같이 요약한다. "존 웨슬리가 성경연구를 통해 확신하게 된 바는, 믿는 자들은 개인적인 성결에 이를 수 있을 뿐 아니라 하나님도 믿는 자들이 그렇게 성결해지

---

54 같은 책, 185-187.
55 같은 책, 194-195.
56 같은 책, 195.
57 같은 책, 204.
58 같은 책, 206-207.

기를 기대하신다는 것이다."⁵⁹ 웨슬리의 성결론을 수용한 와그너는 개인적인 성결을 위해서는 죄악 된 본성을 가진 우리는 성령 충만을 통해서만 성결의 능력을 가질 수 있다는 것이다. "올바른 선택을 할 수 있는 능력은 오직 성령 충만을 통해서만 온다."⁶⁰ 와그너는 자신의 성결한 생활에 대해 다음과 같이 설명한다.

> "나의 결론은 이렇다. 내가 죄를 짓지 않고 하루를 살 수 있다면 그 다음날도 그럴 수 있고 아무리 오랜 기간이라도 그렇게 살 수 있을 것이다. 그러나 어느 때든지 – 전혀 예상치 못한 순간에 – 죄가 내 삶에 침투할 수 있기에 나는 계속 기도하며 성령 충만을 유지하고자 한다."⁶¹

와그너는 사도적 지도자들은 웨슬리의 성화론처럼 거룩한 삶을 살 수 있기 때문에 성령의 능력을 힘입어 바울과 같은 거룩한 삶의 소유자가 되어야 한다는 것이다. 더 나아가서 하나님이 책망할 것이 없는 자들을 사도로 세우셨기 때문에 사도적 지도자들도 사도들처럼 책망할 것이 없는 거룩한 자가 되어야 한다는 것이다. 물론 와그너는 사도가 완전한 존재라고는 하지 않는다. 그러나 신사도 운동의 사도들은 초대교회의 사도적인 거룩함을 회복해야 한다는 것이다.⁶² 이러한 견해는 교회사에서 완전주의(perfectionism)를 추구하던 이단들의 주장과 유사한 것이다.

4) 신사도 운동에 대한 평가

(1) 사도들의 출현에 대한 평가

신사도 운동의 지도자 와그너는 자신을 비롯한 지도자들이 사도임을 자청한다. 문제는 오늘날에도 사도가 존재할 수 있는가이다. 피터 와그너는 에베소

---

[59] 같은 책, 211.
[60] 같은 책, 219.
[61] 같은 책, 221.
[62] 같은 책, 222-224.

서 4:11과 고린도전서 12:28을 인용하여 사도직의 연속성을 주장한다.[63] 그의 견해는 전통적인 교회가 주장하는 사도 직분의 단회성에 반대되는 입장이다.

교회사적으로 보면, 12 사도들이 활동하던 시대를 지나면 사도들의 임무가 종결되었기 때문에 동일한 사도들이 나타나지 아니했다. 사도들이 전도하면서 다른 교회 지도자들에게 사도의 직분을 주지도 아니했고 새로운 사도들을 교회에 임면한 적이 없다. 바울의 경우에도 장로들을 교회의 감독으로 세웠으나 그들을 사도라 칭한 적이 없다. 바울은 디모데, 디도, 아굴라, 오네시모, 등의 초대 동역자들을 사도로 칭하지 아니했다. 바나바와 야고보의 경우에 사도라고 칭한 적이 있지만 그들은 다른 사도들과 함께 호칭되었을 때 포함된 것이며(행 14:4, 14; 고전 15:7; 갈 1:19) 그들을 확실한 사도로 인정했는지는 분명하지 않다. 왜냐하면 그 뒤로 그들을 사도의 위치에 세운 적이 없기 때문이다. 초대교회의 사도들은 예수님이 직접 세운 직분으로 독특한 의무를 가진 단회적인 명칭이었다. 성경은 오히려 거짓 사도들을 경계하라고 가르치고 있다. "저런 사람들은 거짓 사도요, 궤휼의 역군이니 자기를 그리스도의 사도로 가장하는 자들이니라"(고후 11:3), "내가 네 행위와 수고와 네 인내를 알고 또 악한 자들을 용납지 아니한 것과 자칭 사도라 하되 아닌 자들을 시험하여 그 거짓된 것을 네가 드러낸 것과"(계 2:2).

2세기(AD. 156년경)에 예언과 방언을 하며 은사운동을 주도한 몬타누스주의(Montanism)파는 막시밀라와 프리스킬라를 여선지자로 인정하였지만 초대교회는 이들을 이단으로 정죄하였다. 초대교회 지도자들은 성경에서 말하는 초대교회의 사도나 선지자나 예언자의 역할은 종결된 것으로 해석했던 것이다. 특히 바울은 에베소서 4:11과 고린도전서 12:28에서 교회의 직분들을 언급할 때 그 직분들이 영원히 존재할 것이라고는 말하지 않고 있다. 바울은 교회에 있어야 할 영원한 덕목은 믿음, 소망, 사랑이라고 하였다(고전 13:13). 바울이 언급한 교회의 직분들 중 어떤 것은 하나님께서 특별한 경우에 교회

---

[63] 같은 책, 37-38.

에 필요해서 세운 단회적인 것이 될 수 있다.[64] 그리고 어떤 직분은 지속될 수 있었던 것이다. 그래서 교회역사에서 사도나 선지자의 직분은 중단되었고 목사와 교사 같은 다른 직분은 존재하고 있는 것이다.

신사도 운동가들이 주장하는 것처럼 성경의 직분들을 문자적으로 해석, 적용하여 현재에도 사도나 선지자들이 나타난다면 오늘날에도 다윗이나 모세가 나타나야 할 것이다. 예수 당시의 사람들도 신사도 운동가와 같은 맥락에서 엘리야와 세례 요한 혹은 예레미야나 선지자가 다시 온다고 믿었다(마 16:14). 그러나 그들이 기다리던 자들이 온 것이 아니라 예수가 오셨고 예수가 바로 살아 계신 하나님의 아들이었던 것이다(마 16:16). 마호메트가 실수한 것도 같은 맥락이다. 예수가 마지막 엘리야요 선지자로 세상에 왔음에도 불구하고 마호메트는 여전히 또 다른 선지자가 나타났다고 주장하면서 예수가 마지막이 아니고 자신이 마지막 선지자라고 주장하였다. 신사도 운동가들도 동일한 맥락에서 자신들이 사도와 선지자가 되었다는 것이다.

신사도 운동가들의 사도와 선지자의 재현은 교회직분의 연속성과 불연속성을 이해하지 못한 무지의 소치에서 비롯된 것이다. 초대교회에서 사도들은 예수가 한 일들의 목격자들이요, 증인들이었다(행 11:21~22). 그래서 이들 외에 아무나 사도로 인정되지 아니했으며, 사도들은 특별한 지위를 가진 지도자들이었다. 바울은 분명히 교회의 직분을 세울 때, 사도나 선지에 대해서는 말하지 않고, 감독(장로)과 집사의 자격에 대해서만 언급하고 있다(딤전 3:1~13).

(2) 사도들의 권세에 대한 평가

사도와 선지자의 재현을 주장하는 신사도 운동가들은 사도들에게 특이한 권위를 부여한다. 신사도 운동은 신약 성경의 사도의 은사와 직분을 재확인하면서 성령께서 자신들의 사도들에게 영적인 권위를 위임했다는 것이다. 전통교회에서 교회의 권위가 공동의회나 제직회와 같은 교회의 구조에 있다고 보는 반면 신사도 운동은 자신들의 사도 개인들에게 교회를 다스리는 권세가 주어

---

[64] 정의철, 『교회 운동에 빠진 교회』 (서울: 새물결플러스, 2013), 82-84.

졌다는 새로운 권위 구조를 주장한다.[65] 그리고 사도가 지역의 실질적인 최고 지도자로 목사들을 총괄하는 권력과 권세를 갖게 된다. 사도들에겐 목사들보다 뛰어난 영적 권위가 부여되면서 목사를 지도하게 된다. 즉 사도들은 목사의 영적 아버지로 군림하여 목사들로부터 재정적인 지원을 요구하고 있다. 그러나 성경에 목사가 사도를 공궤해야 한다는 가르침이 한 군데도 없다.

초대교회의 사도들은 신사도 운동처럼 사도 협의체를 구성하여 통치한 적이 없으며 모두들 복음 전파의 순례자로서 활동하였다. 그리고 예루살렘에서의 최초의 회의도 사도들만 참석한 것이 아니라 교회의 지도자들이 함께 모였던 것이다. 그래서 사도 개인의 권세보다는 교회공동체의 의견을 존중하는 교회 체제였던 것이다. 사도 개인들이 모든 것을 지도하고 관장한 것이 아니라 도리어 사도들은 말씀 전파에 전념하기 위해 재정적인 책무를 집사들에게 위임하면서 권력의 분할 정책을 시도하였다. 이러한 모습은 신사도 운동이 반대하는 전통 교회의 민주적인 정치체제의 효시라고 할 수 있다.

유세비우스의 교회사와 사도들의 장전에 나타나는 사도들과 복음전파자들의 생활은 철저하게 지역 담당 통치가 아니었고 순례자로서 청빈한 삶을 살았던 것이다. 어떤 경우에는 한 곳에서 3일을 머물지 못하도록 할 만큼 엄격하게 사도들의 겸손과 청빈의 삶을 요구하고 있다. 신사도 운동가들이 자신의 사도들에게 권세의 특권을 부여하는 것은 초대교회의 사도의 역할을 잘못 이해한 결과에서 비롯된 것이다. 그들의 주장은 결국 로마 가톨릭교회 교황제의 부활에 지나지 않는다.

(3) 사도들의 완전한 성결의 삶에 대한 평가

와그너는 사도적 지도자들은 성령의 능력을 힘입어 바울과 같은 거룩한 삶의 소유자가 되어야 한다고 주장한다. 왜냐하면 하나님이 사도들을 책망할 것이 없는 자들로 세우셨기 때문이라는 것이다. 그래서 사도적 지도자들도 사도들처럼 책망할 것이 없는 거룩한 자가 되어야 한다는 것이다. 물론 와그너

---

[65] 피터 와그너, 김재서 외 역, 『교회 성장 될 수밖에 없는 성령의 은사 27가지』 (서울: 예찬사, 1999), 359.

는 사도가 완전한 존재는 아니라는 전제를 하고 있지만 신사도 운동의 사도들은 초대교회의 사도적인 거룩함을 회복해야 한다는 것이다. 그러나 신사도 운동가들은 현실적으로 사도적인 삶과는 동떨어진 추문에 휩싸여 있다.

신사도 운동 사도들과 선지자들에게도 유명한 일화들이 많다. 문신의 사도 타드 벤틀리, 선지자들의 아버지라 불리는 밥 존스, 대예언자 폴 케인, 또 다른 거짓 사도 테드 헤거드(Ted Haggard) 등 신사도 개혁운동의 운동가들의 이력에는 빈번한 감옥살이, 마약, 정신병력, 사탄과의 블루스, 동성연애, 어린 시절부터의 빈번했던 천사들과의 만남, 무당 계보의 가문 등을 비롯한 다양한 이야기는 물론이고 결혼하면 질투 나니 독신으로 살아 달라는 예수의 부탁을 들은 사람도 있다고 한다.[66]

사도와 선지자로 자칭하는 수많은 사람들이 모여 기도하는 캔사스시티의 IHOP의 참석자들 중에도 위와 같이 다를 바 없는 사람들이 모여 있다.[67]

피터 와그너는 자신들의 사도적 권위를 높이기 위해 신사도들의 도덕적 절대 우월성을 주장하지만 현실적으로는 그와 반대의 삶을 살고 있는 실정이다. 특히 와그너는 완전한 성화론을 위해 칼빈의 전적 타락의 원리를 떠나 아르미니안적인 성화론을 따르는 경향으로 진화하였다고 볼 수 있다. 그는 사도 바울의 성결을 신사도 성결의 모델로 언급하지만 사실 바울은 자신을 만삭되지 못한 자로 태어났고 죄인 중에 괴수이며 곤고한 자라고 자백하였던 것이다.

(4) 신사도 운동의 세계관 평가

신사도 운동은 역사를 사탄과 하나님과의 영적 전쟁의 구도로 해석한다. 와그너는 기독교 역사에서 영적 전쟁에 대해 말하면서 제2의 사도 시대의 사도들은 마귀와 영적 싸움을 하는 것이 주된 관심사가 되어야 한다고 주장한다. 그리고 지역의 영들을 타파해야 한다고 말한다. 그는 이를 위해 '지역의 영'들에 통찰력이 있는 25명 지도자들로 구성된 싱크탱크를 구성하여 '영적 전

---

[66] 정의철, 『교회 운동에 빠진 교회』, 76.
[67] 같은 책, 76.

쟁 네트워크'(SWN)를 결성하였다. 그리고 귀신을 쫓아내며 어둠의 정사들과 싸워 물리쳐야 한다는 것이다. 특히 점령하고 있는 악한 영들을 우선적으로 몰아내야 한다는 것이다. 이런 의미에서 사도들은 지역의 영적 전쟁에서 군대와 장군으로 명령을 받았다는 것이다.

제2차 로잔대회의 연사들은 지역의 영들과 싸워 전 세계의 미전도 종족 전도를 위해 사역하는 전도자들을 도와야 한다는 것이다. 특히 일부 연사들은 "사탄이 특정한 지리적인 영역들을 영적인 어두움에 가두어 놓기 위해 그 지역들을 영적으로 관할하는 일을 위임한 마귀적인 정사들이 존재할 수 있다"고 주장했다. 그들은 "다니엘서에 나오는 바사군과 헬라군(단 10:20 참조)이라는 이름의 영들이 오늘날 역사하는 지역의 영들의 원형으로 볼 수 있다"고 역설했다.[68] 와그너는 마닐라를 떠나기 전에 자신이 지역의 영역에 대한 지도자로 나서기로 원했다고 고백한다. 그리고 그것이 하나님의 음성임을 확신했다는 것이다.[69]

이 지역의 영들은 오순절의 세대주의인 루이스 부쉬의 10/40창의 이론으로 연결되었고 영적도해 사상이 발달하였다. 중국 가정교회의 토마스 왕의 백투예루살렘 운동도 이와 유관된 유사운동으로 나타났고 인터콥의 최바울도 백투예루살렘을 주장한 바 있다. 아이러니한 것은 이러한 서진 운동으로 인하여 이슬람 세계가 보복행위로 일어난 것이 9.11사태라는 터무니없는 이론을 전개하는 것이다.[70]

그러나 이러한 신사도 운동의 세계관은 전통 오순절교회에서 추방당한 늦은비 운동, 캔서스예언그룹, 빈야드 운동과 토론토 블레싱 등을 모태로 태어난 것이다. 이들은 전부 이단적인 주장을 한 집단으로 확인된 것이다.[71]

신사도 운동의 세계관의 큰 오류는 위와 같이 세계역사를 하나님과 사탄의 대결구도로 해석하는 데 기인한다. 기독교 세계관은 공중에 권세 잡은 자를 물리치는 영적 전쟁의 역사가 아니라 하나님의 주권을 선포하고 그에게

---

68 피터 와그너, 김영우 역, 『신사도적 교회로의 변화』, 130.
69 같은 책.
70 이인규, 『신사도 운동의 정체와 비판』(서울: 대림문화사, 2011), 53.
71 같은 책, 54.

순종하며 영광을 돌리는 것이다. 김재성 교수는 다음과 같이 정의한다.

하나님은 보좌에서 다스리시며, 사탄의 간섭의 간섭을 최소화하여 자신의 계획에 따라서 통치하신다. 성경에서 나오는 구속사의 사건들 하나하나는 '머리카락 하나라도, 참새 한 마리라도' 그저 지나가는 것이 아니라 하나님의 영광을 위하여 도구로 사용된다. 개신교 정통신학은 성경 전체의 전망과 하나님의 구원역사를 종합적으로 제시하는 것이다. 와그너와 찰스 그래프트가 갖고 있는바, 사탄과 하나님의 영적 대립이라는 기본구도 설정이 맞을 수 없다는 말이다. 기독교의 본질은 하나님이 통치하시는 하나님의 나라가 언약과 예수 그리스도의 왕권을 통해서 나타나고, 성령의 내주하심과 돌보심 가운데서 임재하는 것이다. 기독교의 본질은 하나님의 통치와 절대주권과 예수 그리스도의 구속 사역과 성취, 성령의 재창조, 보호하심과 임재하심을 밝혀 알려주는 데 있다.[72]

(5) 신사도 운동이 이적에 대한 평가

피터 와그너가 오순절 은사주의를 경험하고 신사도 운동을 주장하게 된 가장 큰 원인은 자신이 치유 은사의 능력을 받았기 때문이라고 말한다. 와그너는 자신의 목에 있었던 혹과 혈압이 치유되는 과정에서 은사에 대해 부정적인 시각에서 긍정적인 시각으로 변화되었다고 한다. 그리고 존 윔버 등을 만나면서 자신도 은사의 능력을 하나님께로부터 받았다고 주장한다. 그 결과 그는 많은 병자, 특히 다리가 짧은 환자들을 많이 치유하였다고 보고한다. 그리고 자신의 주면에 있는 주로 오순절 계통의 은사주의자들의 사례를 통해 자신의 치유 은사의 정당성을 주장하고 있다. 그가 신사도 운동을 시작하게 된 것도 이러한 치유의 은사를 경험하면서부터였다.

피터 와그너는 자신의 치유에 대한 결과를 참된 치유로 변증하지만 객관적인 확실한 데이터는 제시하지 못한다. 그의 조사에 의하면 1986-1987년 동안 치유한 환자들에게 설문 조사를 했다는 것이다. 그 설문 조사에서 전혀 차도 없음 18%, 조금 좋아졌음 28%, 상당히 좋아졌음 25%, 완전히 좋아졌음

---

72 김재성,『교회를 허무는 두 대적』(서울: 킹덤북스, 2013), 27-28.

이 29%로 나타났다는 것이다. 그래서 그는 회신된 편지의 82%가 기도 후에 효과가 나타난 것으로 보고 자신의 치유에 대한 긍정적인 견해를 서술하였다.[73] 치유해 준 병의 종류가 무엇인지는 밝히지 않았지만 환자는 시간이 가면 좋아질 수도 있고 많이 좋아질 수도 있고 그리고 완전히 치유될 수도 있다. 그리고 하나님의 이름으로 치유된 환자들이 즉석에 완전한 치유가 이루어지지 않고 점진적으로 치유되었다는 것이 성경의 치유 사건과는 너무나도 다르다.

그리고 그는 세계의 유명한 은사주의들의 치유 사역에 대한 내용을 보고하면서 한국의 김기동 목사의 경우도 포함시켜서 치유의 사례를 열거했다. 와그너의 보고에 의하면 김기동 목사는 "10명의 죽은 자를 살려내었고 수천의 귀신들을 쫓아내었으며, 59명의 완전한 절름발이를 걷게 했다"는 것이다.[74] 다른 이적은 차치하고 10명의 죽은 자들이 살아났다는 황당한 이야기를 사실로 인정하고 서술하는 것을 보면 그가 보고하는 치유의 은사들이 객관적인 사실이라고 인정할 수가 없는 것이다. 그리고 치유의 이적들은 다른 종교나 무속 신앙에서도 발생하는 경우가 있을 수 있다. 기독교의 핵심은 이적과 기사에 있지 아니하고 그리스도를 통한 구속의 은혜에 감사하며 인격적인 삶을 사는 것이다.

3. 연구 결론

신사도 운동은 은사 중심의 사역을 강조한다. 그리고 그 근원은 사도 시대의 이적과 기사에 두고 있다. 제2의 사도 시대 혹은 신사도적 개혁이란 운동은 결국 그들의 은사운동의 마지막 단계로 등장한 것이다. 사도들이 다시 출현한다는 것은 결코 성경적이지도 않다. 그리고 참되고 건강한 교회의 모습은 성경의 가르침에 따라 인격적인 공동체를 이루는 것이다. 바울이 말하는 성도가 지녀야 할 더 중요한 성령 충만함은 방언, 이적, 기사와 같은 영적 은사가 아니라 오직 심령을 새롭게 하여 "하나님을 따라 의와 진리의 거룩함으로

---

[73] 피터 와그너, 정운교 역, 『피터 와그너의 제3의 바람』, 256–257.
[74] 같은 책, 74.

지으심을 받은 새 사람을 입으라"는 것이다(엡 4:24). 그리고 "오직 성령의 열매는 사랑과 희락과 화평과 오래 참음과 자비와 양선과 충성과 온유와 절제"라는 것이다(엡 5:22). 이것이 교회가 건강해지기를 소원하는 바울의 마음이었다. 신사도 운동은 남가주 은혜한인교회의 김광신과도 맥을 같이하여 미국의 한인 교회와 한국 교회에 영향을 미쳤다. 지금도 은혜한인교회는 국제선교사역(GMI)을 통해 선교 현장에 활발히 포교 활동을 하고 있다. 그리고 '일천번제 특별 새벽기도'와 '금요 기도회'를 통해 귀신론과 신사도 운동의 주장과 맥을 같이하고 있다.

참고 문헌

김재성, 『교회를 허무는 두 대적』 (서울: 킹덤북스, 2013).
이인규, 『신사도 운동의 정체와 비판』 (서울: 대림문화사, 2011).
정이철, 『교회 운동에 빠진 교회』 (서울: 새물결플러스, 2013).
피터 와그너, 정운교 역, 『피터 와그너의 제3의 바람』 (서울: 하늘 기획, 2006).
피터 와그너, 김영우 역, 『신사도적 교회로의 변화』 (서울: 쉐키나, 2006).

28. 신옥주
(은혜로교회)

I. 총회 자료
다음은 총회신학부가 제101회 총회에 발표한 연구 내용이다.

1. 신옥주는 누구인가?

신옥주 씨는 중앙 총회 신학을 졸업하고, 대한예수교장로회 해외 합동총회 서북노회 소속 목사였다. 2014년에 예장합신 교단으로부터 이단으로 규정되고 교단을 탈퇴하였으나 2015년 7월 9일에 예수교장로회(합동 총신) 서북노회는 신옥주 씨를 노회원으로 받아들였다(서북노회 27차 회의록). 그런데 해외 합동총회와 합동 총신은 서로 이중교적을 허락하는 교단으로 알려져 별 의미가 없는 일이다.

신옥주 씨는 선교사로 중국에 갔다가 귀국해서 2008년 은혜로교회를 개척했고 2009년 8월에는 신 씨가 원장으로 바울 사관 아카데미를 개원했다. 지교회로는 일본 오사카, 호주 시드니, 미국 뉴욕과 중국에 4개 교회와 천안, 대전, 진주, 울산, 대구, 제주 등을 비롯해서 9개 교회로 국내외에 도합 13개가 있다. 2011년 4월에는 용인시 기흥구 중동에 혜로교회의 바울 사관 아카데미 본원을 두고 여러 곳에 분원을 만들었고, 2013년에는 바울 사관 아카데미를 영적 군사 훈련원이란 이름으로 바꾸었다.

신 씨의 신앙 배경은 유재열 계열의 영향과, 열린문 두란노 성경연구원의 이수종 목사의 영향을 받았다. 신 씨 스스로 밝히는 바에 의하면 자신은 '단 한 번도 어디에 가서 배운 적이 없다'고 하는데 그러면서도 "열린문 두란노 성경연구원 이수종 목사와 주의 일을 같이했을 뿐이다"[1]라고 하였다. 그리고

---
1 신옥주, 『교회 안에 무당』(제주: 은혜로 선교회, 2012), 239-240.

장막성전 유재열의 후계자였던 오평호 씨가 신옥주를 자신의 제자라고 밝히고 있는 점을 볼 때(『종교와 진리』, 2015년 10월호) 그는 유재열과 이수종의 영향을 받았다고 보아야 한다.

신 씨는 그동안 자신의 주장이 옳다며 '홈페이지에 들어와 얼마든지 설교를 듣고 성경적인 문제를 성경으로 비판하라'고 큰소리를 치다가 무슨 이유에서인지 갑자기 지난 8년 동안 유지해온 홈페이지를 2016년 6월 6일 0시를 기해 전면 폐쇄하여 그의 설교를 쉽게 볼 수 없게 되었다. 이는 최근 자신에게 쏟아지는 이단 논쟁과 세상 법에서 연속적으로 패하는 사건, 그리고 '피지'로 추종자들을 이주하게 하는 일과 무관하지 않다고 본다.

2. 신옥주의 이단사상은 무엇인가?

1) 신옥주 씨는 성경을 '방언'이라 하고 방언인 성경을 해석하는 것이 '방언 통역'이며 그것이 곧 '예언'이라고 하여 자신의 성경해석을 예언처럼 만들고 있다.

신옥주 씨는 "성경대로 보고 성경대로 믿고 성경대로 행동한다"고 강조하지만, 사실은 성경을 아전인수 격으로 해석하는 엉터리 해석이다. 신 씨는 특별계시가 있기 때문에 그것을 해석하기 위해서는 비밀한 것을 풀어낼 수 있는 무엇인가가 필요하며,[2] 하나님 앞에 예정된 자녀들에게만 그 성경이 열린 문서이며,[3] 성경을 방언이라고 한다. "성경은 축자 영감으로 기록된 말로서 문자적으로 말하면 하늘나라 방언이라는 뜻이고 이 방언 속에는 하나님의 뜻을 담고 있다."[4] 그래서 방언은 통역해야 하듯 "이제는 육체의 예법인 도의 초보를 벗어나서 온전하게 영육 간에 성경을 보고 '성경적으로 방언하고 방언 통역'을 해야 한다. 그래야 우리 주님이 다시 강림하시는 때인 지금 이 시대에 반드시 다시 오실 주님을 맞이할 수 있다"[5]고 한다. 하늘나라 방언인 성경을 해석하고 설교하는 것이 곧 '예언'이라는 황당한 주장을 하고 있다. "이

---

2   신옥주, 『내 생각은 너희 생각과 다르고』 (제주: 도서출판 세줄, 2009), 17.
3   같은 책, 18.
4   같은 책, 35.
5   신옥주, 『성경과 다른 거짓말』 (제주: 은혜로 선교회, 2019), 272-273.

렇게 복음을 전하는 것을 다른 말로 표현하면 성경적으로 방언하고 방언 통역(성경적인 예언)을 하는 것이며 또 다른 말로 표현하면 '다시 예언'하는 것이다."[6]

신 씨가 '성경이 방언'이라고 하는 주장이나 '방언을 통역하는 방언 통역이 성경해석이며 그것이 예언'이라고 하는 것은 자신과 자신에게 속한 자들만이 성경을 해석하고 비밀을 풀어줄 능력을 가진 특별한 집단처럼 하려는 의도에서 나온 무지한 성경해석이다.

2) 신옥주 씨는 '개혁'이란 이름으로 기성 교회 목사들을 폄하하고 비판한다.

신옥주 씨는 자신의 격에 맞지 않게 '개혁'을 외치고(『뉴스앤조이』, '이단 의혹' 신옥주 목사 은혜로교회, '한국 교회 개혁' 집회. 2015.12.05.), 개혁이란 이름으로 히브리서 9장 10절을 인용하여 기성 교회 목사들을 폄하한다.[7] 또한 신 씨는 욥기 30장 1절의 말씀을 근거로 '개는 양 떼를 지키는 짐승이다'라는 말로 바로 몰각한(몰지각한) 목회자를 가리켜 개라고 하는데, 형식적으로는 몰지각한 목사들이라고 지칭하는 것으로 보이지만 결국 자기를 따르지 않는 모든 목회자들을 가리켜 하는 말이다.[8]

3) 신옥주 씨는 표적과 기적을 부정하고 오늘날 주장하는 기적(표적)은 사탄을 따라 역사하는 불법이라고 한다.

신 씨는 모든 표적과 기사를 부정하는 한편 "전 우주적으로 성경적인 이적은 신부 단장을 온전하게 한 그리스도의 신부들인 거룩한 자들이 들림받는 사건과 그리스도께서 거룩한 자들(성도, 천사)과 함께 다시 강림하시는 사건이다. 이외에 어떤 이적과 기사도 믿지 말아야 한다"[9]고 주장한다. 말세에 "거짓 그리스도들과 거짓 선지자들이 일어나 큰 표적과 기사를 보여 할 수만 있으면 택하신 자들도 미혹하리라"(마 24:24)고 하신 주님의 말씀을 볼 때 무조건 표

---

6 같은 책, 19.
7 같은 책, 59.
8 같은 책, 115.
9 같은 책, 174.

적과 기사만 보고 믿고 따르는 것은 비성경적이다. 그러나 신 씨의 주장처럼 기적 자체를 다 부정하면 지금도 살아 계셔서 성도를 돌보시는 전능하신 하나님을 부정하는 것이 되고 만다. 이 또한 기성 교회를 비판하기 위한 수단으로 보인다.

4) 신옥주 씨는 '예수는 인성이고 그리스도는 신성이다'라는 이상한 기독론을 주장한다.

신옥주 씨는 반드시 '예수는 그리스도다'라고 전해야 성경적인 믿음이 생긴다고 하며,[10] "예수(인성)는 그리스도(신성)라는 인성과 신성을 성경적으로 온전하게 전한 복음 전도자가 많이 없었다"며 이것을 전해야 한다고 한다.[11] 그리고 이를 자기만이 깨달은 진리처럼 말하는데 본 교단에서 이단으로 규정한 류광수(81회, 99회) 씨도 '예수는 그리스도다'라는 유사한 주장을 한 바가 있다.

5) 신옥주 씨는 '피지'를 피난처로 삼고 그곳에 가는 것은 죄를 짓지 않을 환경에서 살게 하기 위함이라고 주장한다.

신 씨는 급박한 종말을 강조하지만, 또한 종말관은 이 지구가 멸망하는 것은 아니라고 말하는 것이다. 지구가 망하여 없어지는 것처럼 하는 것은 비성경적인 것이며 종말이 무엇인지 모르고 성경 한 절도 모르는 사람들의 주장이라는 것이다(은혜로교회 피지 피난처, 피지 예수 재림설, 피지 탈주극? 유튜브 영상 녹취). 그래서 신 씨는 피지를 '피난처'로 삼고 따르는 사람들을 이주시키고 있는데 그것은 하나님의 자녀들에게 이생의 염려를 하지 않고 절대 죄는 짓지 않고 살 수 있는 환경을 만들어주어야 하는데 그 최적의 장소가 피지라고 밝히고 있다(은혜로교회 피지 피난처, 피지 예수 재림설, 피지 탈주극? 유튜브 영상 녹취).

이러한 주장은 베드로가 베드로후서 3장 7절에서 "이제 하늘과 땅은 그 동일한 말씀으로 불사르기 위하여 보호하신 바 되어"라고 했고, 또한 10절에

---

10 신옥주, 『성경과 다른 거짓말』, 166.
11 신옥주, 『교회 안에 무당』, 22.

서는 "그러나 주의 날이 도둑 같이 오리니 그 날에는 하늘이 큰 소리로 떠나가고 물질이 뜨거운 불에 풀어지고"라고 한 말씀과 위배된다. 그뿐만 아니라 신 씨가 주장한 것처럼 피지는 '죄를 짓지 않을 환경'도 아니고 염려가 없는 곳도 아니다. 지상에는 그런 곳이 없으며 죄란 어느 지역에서 오는 것이 아니다. 신 씨는 피지를 피난처로 삼으려는 미혹에서 나온 주장에 불과하며 과거 모든 이단 교주들이 이런 형태의 피난처를 주장하였지만 다 실패했던 것처럼 실패할 것이 분명하다.

6) 신옥주 씨의 회개관은 지은 죄를 공개적으로 자백하게 하는 소위 '회개파' 이단과 같다.

신옥주 씨가 세운 은혜로교회 신자들의 특징은 자신들의 죄를 공개적으로 자백하게 한다. 이런 공개적 자복의 근거는 요한일서 1장 9절로서 "우리의 죄를 자백하면"이라는 말씀으로 잠언 28장 13절의 "자기의 죄를 숨기는 자는 형통하지 못하나 죄를 자복하고 버리는 자는 불쌍히 여김을 받으리라"는 말씀이다. 이들은 공개적으로 과거에 지은 죄를 낱낱이 고백하게 하고 그것을 또 인터넷에 띄우기까지 했다. 그 공개적 자백에는 마땅히 부끄러운 성적 죄까지 구체적으로 자백하게 하는 것을 볼 수 있는데 이는 한국 교회 핵심 교단으로부터(예장합동, 통합, 고신, 합신, 기성) 이단 결의된 이유빈 씨의 사상과 같은 것이다.[12]

3. 연구 결론

신옥주 씨가 성경이 방언이며 그것을 해석하는 것이 방언 통역인데 그것이 바로 예언이라고 하는 점, 정통교회 목사를 폄하하는 말, 예수는 인성을 그리스도는 신성을 나타낸다는 주장, 그리고 죄를 공개적으로 자백하게 하는 행위, 휴거나 그리스도의 재림과 거룩한 자들(성도, 천사)과 함께 다시 강림하시는 사건 외에는 어떤 이적과 기사도 믿지 말아야 한다는 주장, 또한 피지

---

[12] 이유빈 〈예수전도협회〉는 합동(1999/ 84 참여금지), 기성(1999/54/경계집단), 합신(2000/85/참여금지), 통합(2001/86/참여금지), 고신(2004/54/공개적 죄 자백금지).

섬을 '이생의 염려를 하지 않고 절대 죄를 짓지 않고 살 수 있는 환경'이라고 하여 성도들을 그곳으로 이주하게 하는 것들은 비성경적이고도 이단적인 주장이다.

따라서 본 교단 성도들은 이에 미혹을 받지 않도록 주의해야 하고, 신 씨의 집회에 참석하거나, 동조하거나, 헌금을 하는 일을 엄하게 금해야 할 것이다.

29. 심재웅
(예수왕권세계선교회)

심재웅 목사(예수왕권세계선교회)의 집회는 신도들의 춤추기, 말씀 받아먹는 시늉 하기, 뒤로 넘어가기, 집회 장소 떼굴떼굴 구르기 등의 이상한 행태가 자행되는 곳이다. 집회 중 신도들은 집단적으로 입을 크게 벌려 마치 음식이라도 받아먹는 듯 양손으로 무엇인가 입에다 집어넣는 행위를 격렬하게 반복한다. '말씀을 먹는다'는 것이다. 게다가 심 목사는 이곳에 참석한 신도들을 향해 '마귀', '병신', '그것도 얼굴이라고 달고 다니냐?' 등 인격모독적 발언을 서슴지 않는다. 심 목사는 "왕권에만 생명이 있다. 구원이 있다. 이곳을 떠나면 지옥이다"는 등의 주장도 하고 있다. 예장합동(2005년, 2006년), 예장통합(2005년), 예장합신(2006년) 등의 교단에서 이단성과 사이비성이 농후하다며 참석 금지 결정을 했다.

I. 총회 자료
다음은 총회신학부에서 2005년 제90회 총회에 발표한 연구 내용이다.

1. 사역 형태
40대에 순복음신학교를 졸업하고 여의도 순복음교회에서 전도사로 사역함. 그 이후에 잠깐 개척교회도 하고 기존 교회 부임목회도 하다가 2003년 4월경에 부천시 소방서 뒤편 ○○교회 안에서 지금 형태의 사역을 시작함. 그러다가 경기도 안산시 단원구 고잔동 710-2로 이전했고, 현재는 경기도 안산시 단원구 원곡동 994-7 건물 2층을 임대하여 사용 중. 약 1,000여 평.

2. 예수왕권세계선교회의 핵심 주장
1) 왕권 운동은 말씀운동, 생명운동, 사랑운동이며 왕권이 회복된 사람만

이 구원을 받는다(예수님은 왕으로 오셨다. 마 2:2, 눅 1:33, 딤전 6:15, 히 7:2, 계 11:15, 사 9:6 인용).

2) 옛사람이 변하여 새사람이 되려면 왕권을 받아야 한다. 그런데 인간의 이성과 지식이 이 왕권을 방해한다(롬 7:18~20, 갈 2:20).

3) 왕권을 받기 위해서는 왕권선교회의 운동에 참여하고 교육을 받아야 한다(요일 3:9).

4) 영의 모양도 육의 모양과 똑같다(육은 겉사람이고 영은 속사람이다. 엡 4:22~24). 속사람도 자라야 하기 때문에 입을 크게 벌리고 눈을 크게 뜨고 배로 헐떡이며 정결한 처녀가 될 때까지 양식(불)을 먹어야 한다(겔 2:8~3:2, 시 119:130~131).

5) 심재웅 목사가 하는 말은 그 안에 있는 주님께서 하시는 것이다.

3. 예수왕권세계선교회의 문제점

1) 성경을 엉터리라고 하고 불을 받아야 구원받는다고 주장한다.
기존 성경의 25~30%가 오역이요 엉터리라고 주장하면서 "눈이 열리고 보니 개역성경은 엄청난 오역이 있다. 그러나 사람들은 오역인지도 모른다. 얼마나 오역이 있는지 누가 번역했는지는 몰라도 형편없는 성경이다. 25~30%가 오역이다. 진짜 엉터리다"라고 말한다.

심 목사는 "성경을 알려고 들면 안 된다. 해석을 해서도 안 된다. 가르쳐서도 안 된다. 이것은 마귀가 하는 수법이다"라고 말한다. 그리고 말씀을 먹는 방법에 있어서는 "머리에 있는 것을 내려놓고 아멘(입을 벌리고 받아먹는 것)만 하면 생명이 들어간다"고 한다. 실제로 이들이 하는 집회에는 참석자 어느 누구도 성경을 펴 놓은 이가 없다. 성경을 아예 가져오지 말라고 한다. 왜냐하면 성경보다 심 목사의 말에 더 권위를 두기 때문이요 엉터리라고 하는 성경을 읽을 필요가 없다고 생각하기 때문이다.

또한 예수를 믿어 구원받는다고 가르치는 것이 아니라 "왕권에만 생명이 있다. 구원 있다. 이곳을 떠나면 지옥이다"라고 하며 "생명이 채워지지 않으면 천국에 못 간다"라고 주장한다. 이뿐 아니라 김○○ 씨는 심재웅 목사가

"주님이 내 속에 하면 된다. 입만 벌리면 다 들어온다면서 성경도 보지 말라. 기도도 하지 말라"는 주장을 일삼았다고 말했다.

2) 기성 교회의 목회자들을 비하시킨다(신앙의 현주소).

"한국의 목사 99.9%가 가짜다"라고 하며 예수왕권에서는 목사들을 '먹사'라 부르며 그 권위를 여지없이 짓밟고 있다. 세상 일에 대하여 근심하고 생명이 없거나 덜 찬 목사를 먹사로 비하시킨다. 그리고 대부분의 기성 교회 목사들은 여기에 해당한다고 말한다.

3) 예수왕권은 우민화를 추구하며 신학을 부정한다.

예수왕권은 그들이 전하는 말씀을 그저 입 벌리고 받아먹으라고 한다. 그 말씀이 맞는 것인지 틀린 것인지 전혀 생각하지 말라고 한다. 생각하거나 의식하거나 이성적으로 판단하면 그것은 다 지식이 되어 율법이 되기 때문에 전혀 무자각, 무지각 속에서 말씀을 먹으라는 것이다. 그래서 필기하는 것을 금지한다. 필기를 하면 다 머리로 들어간다는 것이다. 이것은 일종의 세뇌작업이라고 볼 수 있으며, 그리고 "신학을 많이 할수록 하나님과 원수가 되고, 신학박사 천 개 받아도 소용없다. 완전히 돌팔이다"라고 하며 기존 신학을 부정하고 있다. 또한 "바울은 한 번도 은사를 쓴 적이 없다"고 하면서 성경의 은사를 전면 부인한다.

4) 예수왕권은 생명이 차면 회개할 필요가 없다고 한다.

"생명이 차면 회개할 필요가 없다. 주님이 다 하셨기 때문이다"라고 하며 회개를 부정하여 성도들로 하여금 회개할 기회마저도 빼앗아가 버린다.

4. 연구 결론

예수왕권세계선교회(회장 심재웅 목사)는 성경에 대해 주관적 해석이 지나치다. 예를 들면 에베소서 5:22, 25의 순서를 뒤바꾸어 남편들이 먼저 죽어야 아내들이 복종한다는 식으로 해석하여 남편 기 죽이기에 앞장서고 있다. 또 갈라디아서 5:22을 곡해하여 '나'라는 존재는 없어지고 껍데기뿐이라는 흡수

통합론을 주장한다. 그러나 이는 "죄와 허물로 죽은 우리를 그리스도와 함께 살리셨고"(엡 2:5)라는 말씀을 간과한 극단적이고 주관적 해석인 것이다.

이런 여러 가지 신학적, 성경적, 행태적인 잘못된 모습을 볼 때 심재웅 목사와 예수왕권세계선교회는 사이비성과 이단성이 농후하므로 우리는 계속하여 예의 주시할 것이며 현재로서는 본 교단 목회자와 성도들은 심재웅 씨의 강의, 예배, 집회에 참석하지 않는 것이 바람직하다.

30. 스베덴보리 (Emanuel Swedenborg)

I. 총회 자료

다음은 이단(사이비)피해대책조사연구위원회에서 제102회 총회에 발표한 연구 내용이다.

1. 서론

임마누엘 스베덴보리(Emanuel Swedenborg, 1688년 1월 29일~1772년 3월 29일)는 스웨덴 스톡홀름에서 태어났다. 그는 과학자요 철학자요 기독교 신비 운동가였으나 정통 기독교에서 벗어난 영적 체험들과 거짓된 성경해석들로 이단, 사이비설을 주장한 사람이었다.

그는 84세로 세상을 떠났는데 그의 생애 전반은 대과학자로, 중반은 대철학자로, 후반은 대종교가로서 특히 그는 이 저서에서 "나는 과거 13년간 천사들과 더불어 사람들과 대화하듯 이야기를 나눌 수 있었으며 또 천국과 지옥에 있는 사물을 볼 수 있도록 허락받았다"라고 했다.[1]

그가 55세 되던 해 예수께서 그에게 나타나셔서 모든 영적인 능력을 주셨고 특히 영안을 열어주셔서 영계를 직관할 수 있는 특별한 은총을 주셨다고 한다. 예수의 명령에 따라 13년 동안 영계를 출입하여 많은 영인들과 천사와 대화하고 그가 천국과 지옥에 대하여 친히 보고 들은 것을 스베덴보리가 기록한 것이 성문서 35권에 담겨 있다.[2] 심지어 스베덴보리는 "나는 주님의 허락을 받고 지옥의 내부까지 볼 수 있었다. 주님이 허락하실 때는 영이나 천사의 시각으로 지옥의 밑바닥까지 꿰뚫어볼 수 있기 때문이다"[3]라고 하며 자

---

[1] Emanuel Swedenborg, 곽진평 역, 『천계의 비의』(서울: 열린 말씀 새교회출판사, 2003), 14-16.
[2] 같은 책, 14-16.
[3] Emanuel Swedenborg, 김지우 역, 『천국과 지옥』(서울: 열린 말씀 새교회출판사, 2010), 151.

기가 천국과 지옥을 직접 가서 보고 들은 것을 기록했다고 주장한다.

또한 스베덴보리는 자기 자신만이 영적지식인 성경의 속뜻을 알도록 허락받았고 그 이전에는 아무도 알 수 없는 숨겨진 비밀이었던 성경의 참된 뜻인 영적인 속뜻을 밝히도록 허락받았다[4]고 주장하며 영적 지식이 스베덴보리 자신을 통해서만 해석된 성경 지식이 참된 지식이라 하는 한국의 계시받은 사이비교주들과 똑같은 주장을 한다.

이렇게 해서 그가 저술한 책들(스베덴보리가 받은 계시들을 기록한 일명 '성문서'라 부르는 35권의 책)은 『천국의 비밀』(Arcana Coelestia, Heavenly Secrets, 천계의 비전), 『천국과 지옥』(Heaven and Hell, 천계와 지옥), 『흰 말』(White Horse), 『새 예루살렘 교리』(New Jerusalem and Its Heavenly Doctrine), 『우주 속의 지구』(Earths in the Universe), 『마지막 심판』(Last Judgment), 『주님에 대한 교리』(Doctrine of the Lord), 『성경에 대한 교리』(Doctrine of the Sacred Scripture), 『인생에 대한 교리』(Doctrine of Life), 『믿음에 대한 교리』(Doctrine of Faith), 『마지막 심판에 대하여』(Continuation Concerning the Last Judgment), 『하나님의 사랑과 지혜』(Divine Love and Wisdom, 신지와 신애), 『하나님의 섭리』(Divine Providence), 『드러난 묵시』(Apocalypse Revealed), 『부부의 사랑』(Conjugial Love, 결혼애, 혼인애), 『강해 요약』(Summary Exposition or Brief Exposition), 『영혼과 몸』(Intercourse of the soul and the Body), 『진정한 기독교』(True Christian Religion) 등이 있다.

2. 본론

스베덴보리가 주장하는 교리적인 오류와 잘못된 것들을 살펴보면 다음과 같다.

1) 잘못된 신론

스베덴보리의 신론은 정통교회의 신관과 전혀 다르다. 그는 "하나님이 인간이다"라고 주장한다. 즉 하나님을 '인간적인 존재'로 파악한 것이다. 스베덴보리는 하나님은 한 분이라 주장한다. 정통교회의 삼위일체를 정면으로 부

---

[4] Emanuel Swedenborg, 곽진평 역, 『천계의 비의』, 62.

정한다. 그는 또한 그 한 분 하나님이 인성을 신성과 합일시킨 과정을 통해 이 땅에 육체로 오신 분이 예수님이라 주장한다. 즉 주님의 인성이 하나님의 신성과 합일되었다는 신일합일을 통해 예수님이 영화 되신 것이고 인성과 신성이 온전히 합일된 사람이고 하나님이라는 것이다.

스베덴보리의 신관을 요약하면 다음과 같다.

첫째, 정통교회의 삼위일체를 정면으로 부정하고 있다.
둘째, 예수님이 신인합일 되신 분이라 주장함으로 그리스도론을 정면으로 부정하고 있다.
셋째, 하나님은 한 분이며 그분이 구주 예수 그리스도라고 주장한다.
넷째, 하나님이 인간이라 주장한다.[5]

2) 잘못된 삼위일체 이해

스베덴보리의 삼위일체론은 정통교회의 삼위일체로부터 완전히 이탈되어 있다. 그는 삼위인 성부, 성자, 성령은 하나님의 삼일성이라 주장함으로 단일신론적 삼위일체로 한 분이신 하나님이 구속주로 인성 안에 계시는 여호와이고 구약에서는 여호와 하나님으로, 신약에서는 주님으로 호칭되는 것이라 주장한다. 주님은 인성 안에 계시는 여호와를 의미한다.[6] 한 분 하나님이 구속 대업을 성취하기 위해서 세상에 오셔서 사람이 되셨다[7]고 주장함으로 한 분 하나님이 구약에는 여호와이시고 신약에는 주님으로 오셨다는 것이다. 정통 기독교의 위격으로서의 '삼위'를 '삼신' 개념으로 보았다. 그는 하나님의 "삼일성"으로 삼위일체를 주장한다.[8] 또한 니케아 종교회의는 기독교계의 가장 큰 문제 있는 회의였다 주장한다. '아버지와 아들이 하나라는 사실을 등한히 여겼다.' 즉 아타나시우스 신경을 따르는 삼위일체설에서 하나님에 대한

---

5   Emanuel Swedenborg, 김지우 역, 『참된 기독교』 (서울: 열린 말씀 한국 새교회출판사, 2010), 17-18, 21.
6   같은 책, 55.
7   같은 책, 57.
8   같은 책, 62.

거짓된 신관들이 생겼다고 주장한다.[9]

3) 잘못된 구원론
스베덴보리의 구원론은 정통교회의 구원을 정면으로 부인하고 있다. 예수 그리스도를 믿음으로 얻는 구원은 잘못된 것이라 주장한다. 구원은 어느 종교나 다 있다.[10] 천국은 어떤 특정한 종교의 전유물이 아니다. 천국은 전 인류를 위해 지어졌고 하나님은 누구나 천국에 갈 수 있는 길을 공평하게 제시해 놓았다. 하나님은 만 인류의 아버지시요, 예수 그리스도는 만 인류의 구세주이시라고 주장함으로 정통 기독교가 가르치는 구원관을 부정하고 있다.

4) 성령론
스베덴보리는 성령을 '제삼위로서의 성령 하나님'으로 보지 않는다. 그는 성령을 유일하시며 전능한 하나님으로부터 나오는 신적인 활동(divine operation proceeding from the one and omnipresent god)으로 본다. 그는 성령을 유일신 하나님으로부터 나오는 신적인 진리(divine truth), 신적인 에너지(divine energy) 그리고 신적인 작용(operation), 신적인 활동으로 본다.[11] 이렇게 말함으로써 스베덴보리는 정통 기독교에서 신앙하고 있는 인격적이신 삼위로서의 성령 하나님을 부정한다.

5) 잘못된 종말론
스베덴보리는 정통교회나 성경이 가르치는 종말론과 크게 다르게 주장한다. 그가 말하는 종말은 인류역사 끝이 아니라 종교 세계의 끝이라 주장한다. 즉 이 시대의 종말은 교회의 종말이고 이것은 교회의 진리의 타락이라고 주장하고 있다. 그 근거 구절들로 이사야 28장 22절. 10장 22절, 스바냐 1장 18절, 다니엘 9장 27절, 마태복음 13장 30~40절을 들고 있으며 "교회의 마지막이

9　같은 책, 113.
10　Emanuel Swedenborg, 스베덴보리연구회 편역, 『위대한 선물』 (서울: 다산북스, 2009), 253.
11　같은 책, 95, 138-158.

시대의 마지막이다"라고 주장한다.[12] 즉 종말은 인류 역사의 끝이 아니라 종교 세계의 끝으로 그 종교 세계가 끝나면 더 발전한 종교 세계로 나가는 윤회적 사관으로 정반합으로 보고 있다.[13]

6) 잘못된 계시관

스베덴보리는 요한계시록 5장 1절 '안팎으로'에서 성경 말씀에 속뜻과 겉 뜻이 있다고 말한다.[14] "성경의 문자적 뜻(문자적 뜻)이 있고, 속에는 영적인 뜻이 있고, 그 영적인 뜻을 알지 못하면 말씀의 진정한 뜻을 모른다. 그 속에 감추어진 영적 뜻을 주님은 내게 계시하셨다. 이 책은 그런 주님의 계시를 근거로 쓴 것이다"[15]라고 주장한다.

스베덴보리의 계시관은 자신을 통해 주님이 새 계시를 주신 것이라 주장하나 성경의 내용과 전혀 다른 것으로 이것은 정통교회가 가지고 있는 성경적 계시관에서 크게 벗어난 것이다. 특히 한국의 사이비종교에서 하는 비유풀이식 성경 해석을 통해 그것이 주님이 스베덴보리 자신에게 주신 영적 새 계시라고 주장하고 있다. 자신이 계시받은 자로 등장하고 계시 전달자라 주장한다. 이렇게 말함으로써 스베덴보리는 정통 기독교에서 고백하는 성경 계시의 완전성을 부정한다.

7) 잘못된 재림론

스베덴보리의 재림론 또한 정통교회와 완전히 다르다. 그는 "주님 재림이 육체적 재림이 아니라 말씀 재림(말씀 가운데, in the Word)으로 오신다"[16]고 주장한다. 또한 "성경의 많은 구절들에서 주님이 하늘의 구름 가운데 오시리라고 한 것을 읽을 수 있지만"(마 17:5; 24:30; 26:64; 막 14:62; 눅 9:34, 35; 21:27; 계 1:7; 14:14; 단 7:13), 그러나 하늘의 구름이 무엇을 의미하는지 그때까지 아무

---

12 같은 책, 297.
13 같은 책, 297-300.
14 Emanuel Swedenborg, 김지우 역, 『천국과 지옥』, 38.
15 Emanuel Swedenborg, 김지우 역, 『참된 기독교』, 116.
16 같은 책, 306. 주님의 재림은 사람으로 오시는 것이 아니고, 주님 자신의 말씀으로 오신다. 즉 주님 재림은 말씀의 재림이다.

도 몰랐다고 하면서, "'하늘의 구름들'이란 여자적 의미에서(in its literal sense) '말씀'을 의미한다"고 주장했다. 그리고 마태복음 24장 30절에서의 주님이 오실 그때의 영광과 능력이란 말씀의 영적 의미(spiritual sense of the word)를 의미한다고 가르침으로써(true christian religion, chadwick n. 776. vii) 말씀으로 재림한다[17]고 주장한다. 주님 재림의 목표도 최후의 심판이 아니라 새 교회를 세우기 위한 것이고,[18] 새 교회로 재림하는 것이라는 이상한 재림론을 주장하고 있다.[19] 성경과 정통교회의 인격적, 육체적, 가시적 재림과 전혀 다른 그릇된 주장들을 하고 있다.

8) 잘못된 교회론

스베덴보리는 초대교회로부터 시작되는 정통교회를 부정하고 진리가 없으며 타락한 교회이고 교회의 종말은 진리가 왜곡되거나 거부되었을 때 발생한다고 주장하며, 그래서 진리가 고사되고 그때가 세상의 종말인 교회의 종말이며 오늘날은 기독교회의 마지막이라 주장한다.[20]

오늘날 기성교회는 "가장 이단적인 교회이고 '멸망의 가증한 것이 거룩한 곳에 서 있는' 실상이고 그래서 기독교의 종말이라"[21]는 거짓된 주장을 통해 기성 교회를 부정한다. 그래서 주님이 말씀으로 재림하셨다. 재림의 목적은 지상에 새 교회를 세우기 위한 것이고,[22] 그래서 새 교회에만 구원이 있다 주장한다. "새 천국과 새 교회가 주님에 의해서 세워지지 않고는 어떤 사람도 구원받을 수 없다"[23]라고 주장하는 것이다.

마태복음 24장 21-22절 "그 날들을 감한다"는 것은 오늘날 왜곡된 교회를 종식시킨다는 뜻이고 새로운 교회를 세우는 것을 뜻한다. 계시록은 이전 교회의 종말과 새 교회의 시작을 설명하고 있는데 '새 교회'는 '새 예루살렘으

---

17 같은 책, 306.
18 같은 책, 304.
19 같은 책, 299-304.
20 Emanuel Swedenborg, 정인보 역, 『최후 심판과 주의 재림』 (서울: 열린 말씀 한국새교회출판사, 2012), 3-5.
21 Emanuel Swedenborg, 김지우 역, 『참된 기독교』, 297-299.
22 같은 책, 304.
23 같은 책, 113.

로', '어린 양의 신부'로 설명한다.[24] 이 새 교회에 대한 계시록의 예언은 지상의 시간으로 1770년 6월 19일에 일어났다고 주장한다.

이와 같이 스베덴보리는 주님이 세우신 사도적 정통교회를 부정하고 구원이 없으며, 진리를 떠난 타락한 교회이고 새 교회만이 참된 진리가 있고 구원이 있는 교회라는 거짓된 가르침으로 주님의 교회를 무너뜨리기 위해 세워진 한국의 거짓 그리스도들과 그 집단들과 같은 그릇된 교회론을 주장하고 있다.

3. 결론

지금까지 나온 결론 부분을 참고하면 다음과 같다. 스베덴보리는 유래를 찾기 어려울 정도로 무서운 이단적인 요소들이 있다. 그가 받은 계시는 두 가지로 그 첫째는 성경에서 완전히 벗어난 거짓 환상들이고, 그 둘째는 하나님께로부터 허락받았다는 비유 풀이식 성경해석이다.

그가 받은 두 가지 형태의 계시(환상, 비유 풀이식 성경해석)는 성경에서 벗어난 거짓된 영적 지식들로 성경의 가르침들과 정통 기독교회의 가르침들과 전혀 다른 것들이다. 따라서 다음의 세 가지 부분에서 결론이 내려져야 한다.

첫째, 스베덴보리는 이단성이 있는 자로 예의 주시하여 볼 것이다.

둘째, 이러한 스베덴보리의 계시라고 하는 책(35권)들이 한국 교회 성도들에게 보급되는 것을 막아야 한다.

셋째, 스베덴보리를 추종하는 "한국 새교회", "새 예루살렘 총회", "예수교회" 등은 스베덴보리가 받은 계시의 책들을 성경의 권위 위에 두고 하나님의 새 계시로 받아들이고 그것을 따르고 있는 집단으로 정통교회를 부정하고 있기에 이단적인 요소가 있다. 그러므로 예의 주시해야 할 것으로 사료된다.

---

[24] 마태복음 19:7, 21:2,9.

참고 문헌

Emanuel Swedenborg. 『우주 안의 지구들』. 김요안 역. 서울: 한국스베덴보리재단, 2002.
Emanuel Swedenborg. 『천계의 비의』. 곽진평 역. 서울: 열린 말씀 새교회출판사, 2003.
Emanuel Swedenborg. 『영계 다큐멘터리』. 다키하시 카즈오, 곽진평, 김남종 공역. 서울: 열린말씀 새교회 출판사, 2003.
Emanuel Swedenborg. 『위대한 선물』. 스베덴보리연구회 편역. 서울: 다산북스, 2009.
Emanuel Swedenborg. 『천국과 지옥』. 김지우 역. 서울: 열린 말씀 새교회출판사, 2010.
Emanuel Swedenborg. 『참된 기독교』. 김지우 역. 서울: 열린 말씀 한국 새교회출판사, 2010.
Emanuel Swedenborg. 『사대 교리』. 이순철, 김은경 공역. 서울: 한국새교회 출판부, 2010.
Emanuel Swedenborg. 『최후 심판과 주의 재림』. 정인보 역. 서울: 열린 말씀 한국새교회출판사, 2012.
Emanuel Swedenborg. 『하나님의 사랑과 지혜』. 정인보 역. 서울:한국새교회 출판부, 2013.
Emanuel Swedenborg. 『하나님의 섭리』. 정인보 역. 서울: 한국새교회 출판사, 2014.
Emanuel Swedenborg. 『요한계시록 풀이 해설판 Ⅰ.Ⅱ』. 양규대 역. 서울:도서출판 좋은땅, 2015.
Emanuel Swedenborg. 『계시록 해설Ⅰ』. 이순철 역. 서울: 한국새교회출판부, 2016.
정인보. 『스베덴보리의 생애와 사상(스베덴보리의 일기)』. 서울: 한국새교회 출판부, 2014.
새예루살렘총회 홈페이지 스베덴보리에서 발췌. http://www.newchurch.or.kr/ 2016년 6월 13일 인출.

31. 안상홍증인회
(하나님의교회 세계복음선교협회)

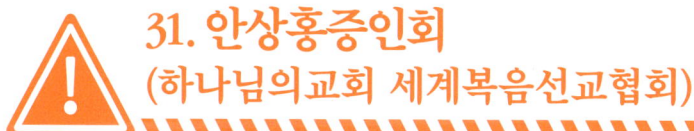

안상홍증인회(일명 하나님의교회)는 1985년에 별세한 안상홍 씨뿐만 아니라 장길자 씨를 하나님이라고 주장하는 단체다. 안상홍·장길자가 하나님이라고 주장하며 대놓고 포교하면 아무도 이곳에 빠지지 않을 것이다. 그러나 이들은 가가호호 방문 전도나 설문조사를 통해 정통교인에게 접근하면서 안식일·유월절을 지켜야 한다, 크리스마스와 일요일 예배는 우상숭배하는 것이라며 정통교인들을 미혹한다.

가장 주의해야 할 대상은 아이를 가진 주부들이다. 집에 있는 시간이 많기 때문에 안상홍증인회들의 포교에 노출될 가능성이 크다. 한기총은 2000년, 이들에 대해 이단으로 규정했다. 이외에도 예장통합 측이 2002년 87회 총회에서 이단으로, 예장합신 측이 2003년 88회 총회에서 이단으로 규정했다.

I. 총회 자료
다음은 제93회 총회(2008년) 보고 자료이다.

1. 설립 배경
'안상홍증인회 하나님의교회'는 경기도 성남시 분당구 이매동 45-2에 그 본부(총회장: 김주철)를 두고 있는 집단으로 그동안 가정파괴, 가출, 재산 헌납, 시한부 종말론 등의 문제로 물의를 일으켜 일반언론에서도 수 차례 보도한 바 있는 집단이다.

하나님의교회는 안상홍을 하나님으로 섬기고 있는데, 그는 1918년 1월 13일에 전북 장수군 개남면 명덕리에서 태어나 1947년에 안식교에 입교하였고, 30세에 안식교 목사 이명덕 씨에게 침례를 받고 소위 〈시기파〉로 1962년까지 안식교에서 활동하였다. 그후 1962년에 〈안상홍증인회 하나님의교회〉

를 창설하여 활동을 하다가, 1985년 2월 25일 67세에 부산의 모식당에서 식사 중에 뇌졸중으로 사망하였다.

그가 죽은 후 장길자(1943년 10월 29일생)라는 여자가 교주 노릇을 하고 있는데, 그 여자는 남편 김재훈과 함께 안상홍증인회의 집사였으나 김재훈과 이혼하고 안상홍의 첩이 되었다. 안상홍이 죽은 후 장길자는 자신을 하나님의 신부, 하늘에서 내려온 새 예루살렘, 위에 있는 어머니 등으로 주장하여 〈안상홍증인회 하나님의교회〉의 여자 교주가 되어 현재까지 이 집단을 이끌고 있다. 최근에는 문제가 많이 발생하자 〈안상홍증인회〉라는 이름은 감추고 〈하나님의교회〉, 또는 〈하나님의교회 세계복음선교협회〉라는 이름만으로 활동을 하기도 한다.

안상홍과 장길자를 교주로 하고 있는 〈안상홍증인회 하나님의교회〉에는 다음과 같은 이단사상이 있다.

2. 신학적 문제점과 비판

1) 〈안상홍증인회 하나님의교회〉는 교주 안상홍을 육신을 입고 온 하나님으로 믿는다.

〈안상홍증인회 하나님의교회〉는 교주 안상홍을 육신을 입고 세상에 온 하나님이며 성경에 예언된 재림주라고 주장한다(안상홍, 멜기세덱 출판사, 『하나님의 비밀과 생명수의 샘』, p. 190, 201). 따라서 안상홍의 이름으로 기도하고 있으며, 추종자들은 죽은 안상홍이 다시 강림할 것을 믿고 기다리고 있다.

2) 〈안상홍증인회 하나님의교회〉는 안상홍 외에 여교주 장길자를 하나님의 아내요 신부로 믿는다.

여교주 장길자는 요한계시록 21장 9절과 22장 17절에 나오는 '어린양의 아내'요 '신부'이며, 요한계시록 21장에 나오는 하늘에서 내려오는 '새 예루살렘'이라고 하며, 갈라디아서 4장 26절에 나오는 '어머니'라고 주장하고 있다(『하나님의교회 구역장교재』, p. 26). 그리고 장길자가 하늘로부터 내려온 어머니, 신부가 된 것은 그들이 하나님으로 믿는 안상홍이 그렇게 신부로 지명했기 때문이라고 한다. 그러나 장길자가 하늘에서 내려온 새예루살렘이며 하나님의 신부라고 하는 것은 엉터리 주장이다.

장길자가 요한계시록의 새 예루살렘이 되려면 하늘에서 내려왔어야 한다. 그러나 장길자는 하늘에서 내려온 여자가 아니다. 장씨 집안의 딸로 태어난 단순한 인간에 불과하다.

3) 〈안상홍증인회 하나님의교회〉는 교주 안상홍을 재림주라고 주장한다.

안상홍은 자신을 재림 예수로 만들기 위하여 여러 가지 교리를 만들었는데 그중에 하나가 재림과 강림교리다. 성경에서 구름은 인간의 육체를 가리키기 때문에 구름을 타고 재림한다는 구절은 모두 하나님이 육신의 몸을 입고 온 것을 말하는 것이라고 주장한다. 이렇게 구름을 타고 재림한 예수는 안상홍인데 많은 사람들이 알 수 없게 마지막 암행어사로 왔다는 것이다(안상홍, 『하나님의 비밀과 생명수의샘』, p. 201).

그러나 성경이 '구름=인간'이라고 말하고 있는가? 전혀 그렇지 않다. 성경에서 구름은 어떤 때는 하나님의 영광으로(출16:10, 겔 10:4), 어떤 때는 인간의 죄와 허물로(사 44:22), 어떤 때는 환란과 고난(사5:30, 습 1:15) 등으로 다양하게 '묘사'하고 있을 뿐이다. 그런데도 구름을 굳이 '인간'이라고 말한다는 것은 대단히 작위적인 해석이라고 지적할 수밖에 없다.

4) 〈안상홍증인회 하나님의교회〉는 토요일 안식일을 주장하고 지킨다.

안상홍이 안식교 출신이기 때문에 안식일 교리를 주장하는 방법이나 그 증거로 제시하는 성경구절이 안식교와 동일하다. 안식일이 '영원한 표징'이라는 출애굽기 31장 13절, 에스겔 20장 20절의 말씀과, 안식일에 자기의 '규례대로' 회당에 들어갔다는 누가복음 4장 16절, 사도행전 17장 2절의 말씀과, '인자는 안식일의 주인'이라고 한 마태복음 12장 8절의 말씀을 통하여 안식일을 지켜야 한다고 하는 것이 안식교와 동일하다. 그리고 콘스탄티누스가 주후 321년에 칙령을 내려 토요일 안식일을 일요일 안식일로 바꾸었다고 주장하는 것도, 가톨릭이 안식일을 주일로 바꾸었다고 하는 것도 안식교와 같다(『하나님의교회 구역장 교재』, pp. 413).

안상홍 집단은 기성교인들을 미혹할 때 가장 먼저 안식일 문제를 내세운다. 물론 이들의 핵심교리는 교주 안상홍이 하나님이며, 여교주 장길자가 하나님의 신부이며 어머니라고 주장하는 교주 신격화이지만, 그들이 먼저 내세우는 것은 안식일과 유월절 문제이다. 안식일 문제와 유월절 문제를 가르쳐서 사람들의 마음이 열리면 기성교회를 비판하고 그들의 목적인 교주 안상홍 신격화 교리를 가르치는 것이다.

5) 〈안상홍증인회 하나님의교회〉는 예배 시 여자들이 수건을 써야 하나님께서 예배를 받으신다고 주장한다.

안상홍증인회는 예배 시에 여자들이 머리에 수건을 써야 한다고 주장한다. 이들은 고린도전서 11장 2-15절의 말씀을 잘못 해석하여 예배 시에 여자들은 머리에 수건을 쓰고 예배를 드려야만 하나님이 예배를 받으신다고 한다(김주철 발행, 월간 「십사만사천」, 도서출판 멜기세덱, 1998년 9월호).

그러나 고전 11장에 있는 수건 문제를 언급하며 바울은 이것이 하나님의 명령이 아니라 유전이라고 먼저 밝혔다. "너희가 모든 일에 나를 기억하고 또 내가 너희에게 전하여 준 대로 그 유전을 너희가 지키므로 너희를 칭찬하노라"(2절). 즉 이 수건 문제는 하나님의 계명이 아니고 바울 자신이 전하여 준 유전이라는 것이다. 안상홍 집단은 이 구절을 인용하여 수건 교리를 주장하기 전에 먼저 이 내용이 반드시 지켜야 할 하나님의 계명에 관한 것인지, 바울 자신의 의견인지, 유전인지를 살펴보고 주장해야 할 것이다.

6) 〈안상홍증인회 하나님의교회〉는 자기들의 교적부를 생명책이라고 주장한다.

이들은 생명책이 자기들에게만 있다고 주장하고 있다. 성경(계시록 13장 8절, 20장 12절)에 보면 하늘에 생명책이 있다고 되어 있고 생명책에 이름이 기록되어야만 구원받는다고 되어 있는데, 그 생명책이 자기들에게만 있다고 하는데, 그것은 그들의 교적부를 두고 하는 말이다(월간 「교회와 신앙」, 1997년 11월호, p. 144).

7) 〈안상홍증인회 하나님의교회〉는 성탄절을 태양신 숭배일이라고 주장한다.
안상홍증인회에서는 정통교인들에게 성탄절 축하는 우상숭배이기 때문에 불법을 행하는 것이니 성탄절을 지키는 교회에서 나와야 한다고 미혹하고 있다.

8) 〈안상홍증인회 하나님의교회〉는 십자가를 우상이라고 주장한다.
안상홍 측은 십자가 사용이 우상이라는 이유로 다음의 세 가지를 들고 있다. 첫째, 십자가는 기독교에서 사용하기 전에 이교도들이 사용한 것이기 때문에 우상이라고 주장한다. 둘째, 초대교회에서 십자가를 사용하지 않았다는 것이다. 셋째, 십자가가 우상이라고 성경에 예언되어 있다는 것이다. 그러나 십자가는 신앙의 대상이나 숭배의 대상이 아니라 상징물이요 표식이다. 결코 우상이 아니다. 우상숭배는 하나님 외에 다른 신인 안상홍이나 장길자를 하나님으로 섬기는 안상홍 집단이 하고 있는 것이다.

9) 〈안상홍증인회 하나님의교회〉는 성경의 동방을 한국이라고 주장한다.
한국 땅의 거짓 그리스도들은 이사야서에 예언된 소위 '동방의 의인, 동방의 독수리'를 자신이라고 주장하기 위해 '성경에 예언된 동방은 한국'이라고 억지 해석을 하고 있다. 이렇게 아전인수격으로 해석하여 스스로를 동방의 의인이라고 일컬었던 자들은 '전도관'의 박태선, '통일교'의 문선명, '엘리야복음선교원'의 박명호 등이다. 물론 안상홍도 예외가 아니다. 이들이 동일하게 주장하는 동방의 의인에 대한 성경 구절들은 이사야 41:1~2, 46:11 등이다. 그러나 성경 어느 곳에도 동방을 한국이라고 해석한 곳은 없다. 특히 계시록 16:12에는 "또 여섯째가 그 대접을 큰 강 유브라데에 쏟으매 강물이 말라서 동방에서 오는 왕들의 길이 예비되더라"고 했는데, 유브라데는 한국에 있는 강이 아니라 이스라엘 땅에 있는 강이다(신 11:24; 수 1:4). 동방을 한국이라고 해석하는 것은 비성경적인 엉터리 주장이다.

3. 연구 결론
위와 같은 연구 결과, 〈안상홍증인회 하나님의교회〉는 정통교회로부터 이단으로 규정받은 안식교 계열에서 나온 또 다른 이단으로서 성경적으로 비판할 가치조차 없는 집단이다. 현재 이들은 한국 교회에 너무나 큰 피해를 주고 있는 단체로 모든 교회들이 초교파적으로 연합하여 대처해야 할 것으로 사료되는 바이다.

참고도서 및 자료
구역장교재, 하나님의교회세계선교협회
김주철, 일어나 빛을 발하라 1권, 멜기세덱성서통신교육원
안상홍, 하나님의 비밀과 생명수의 샘, 1996년10월30일
안상홍, 선악과와 복음, 멜기세덱출판사, 1996년 5월 10일판
진용식, 안상홍증인회의 실체는?, 도서출판성산, 1999년 3월 31일
인터넷신문 〈교회와신앙〉(www.amennews.com) 1997년 11월~1998년 2월,
월간 〈현대종교〉 1998년 9월 ~ 1999년 2월
한국기독교총연합회, 2000년 10월 안상홍증인회 하나님의교회에 대한 연구보고
하나님의교회 홈페이지(http://www.watv.org)

II. 기타 자료
다음은 한기총이 2000년 안상홍증인회에 대해 발표한 연구보고서다.

안상홍증인회 하나님의교회는 서울 관악구 봉천 6동 63-16호에 그 본부(총회장: 김주철)를 두고 있는 집단으로 그 동안 가정파괴, 가출, 재산 헌납, 시한부 종말론 등의 문제로 물의를 일으켜 일반 언론에서조차 여러 차례 보도된 바 있는 집단이다.

하나님의교회는 교주 안상홍을 하나님으로 섬기고 있는데, 그는 1918년 1월 13에 전북 장수군 개남면 명덕리에서 태어나 1947년에 안식교에 입교하였고, 30세에 안식교 목사 이명덕 씨에게 침례를 받고 소위 시기파로 1962년까지 안식교에서 활동하였다. 그 후 1962년에 안상홍증인회 하나님의교회를 창설하여 활동을 하다가, 1985년 2월 25일 67세에 부산의 모 식당에서 식사 중에 뇌졸중으로 사망하였다.

그가 죽은 후 장길자(1943년 10월 29일)라는 여자가 교주 노릇을 하고 있는데, 그 여자는 남편 김재훈과 함께 안상홍증인회의 집사였으나 김재훈과 이혼하고 안상홍의 첩이 되었다.

안상홍이 죽은 후 장길자는 자신을 하나님의 신부, 하늘에서 내려온 새 예루살렘, 위에 있는 어머니 등으로 주장하여 안상홍증인회 하나님의교회의 교주가 되어 현재까지 이 집단을 이끌고 있다. 최근에는 문제가 많이 발생하자 안상홍증인회라는 이름은 감추고 하나님의교회라는 이름만으로 활동을 하기도 한다.

안상홍과 장길자를 교주로 하고 있는 안상홍증인회 하나님의교회에는 다음과 같은 이단사상이 있다.

1. 안상홍증인회 하나님의교회는 교주 안상홍을 육신을 입고 온 하나님으로 믿는다

안상홍증인회 하나님의교회는 교주 안상홍을 육신을 입고 세상에 온 하나님이며 성경에 예언된 재림주라고 주장한다(안상홍, 『하나님의 비밀과 생명수의 샘』, 멜기세덱 출판사, 190쪽, 201쪽). 따라서 안상홍의 이름으로 기도하고 있으며, 추종자들은 죽은 안상홍이 다시 강림할 것을 기다리고 있다.

안상홍증인회 하나님의교회가 교주 안상홍을 재림주라고 주장하는 성경적 근거는, 예수님이 다윗의 위로 왔으나(눅 1:32) 다윗의 재위 기간인 40년을 채우지 못하고 공생애 3년밖에 못하고 죽었다는 것이다. 그러나 안상홍이 30세에 침례를 받고 67세에 죽으므로 37년간 사역하여 예수님이 하지 못한 다윗의 재위기간 40년을 채웠기 때문에 재림주라고 한다(위의 책, 55쪽).

또 안상홍(安商洪)이라는 이름은 하나님의 새 이름이라고 주장하는데 그 이름이 성경에 이미 기록되어 있다고 한다. 요한계시록 14:1-2의 "또 내가 보니 보라 어린양이 시온 산에 섰고 그와 함께 십사만 사천이 섰는데 그 이마에 어린양의 이름과 그 아버지의 이름을 쓴 것이 있도다 내가 하늘에서 나는 소리를 들으니 많은 물소리도 같고 큰 뇌성도 같은데 내게 들리는 소리는 거문고 타는 자들의 그 거문고 타는 것 같더라"는 말씀에서 '많은 물소리 같고'라고 했는데 이는 큰 물 '홍(洪)'을 말하고, '거문고 타는 것 같더라' 한 것은 거문고 소리 '상(商)'을 말하는 것이라고 주장한다(『하나님의교회, 빛을 발하라』 1권, 8쪽).

그리고 요한복음 16장에는 예수님께서 보혜사를 보내 주시겠다고 했는데 그 약속된 보혜사가 바로 안상홍이라는 것이다. 그래서 성부 하나님의 이름은 '여호와'이며 성자 하나님의 이름은 '예수'이며 성령 하나님의 이름은 '안상홍'이라고 한다(위의 책, 8쪽).

2. 안상홍증인회 하나님의교회는 안상홍 외에 여교주 장길자를 하나님의 아내요 신부로 믿는다

여교주 장길자는 요한계시록 21장 9절과 22장 17절에 나오는 '어린양의 아내'요 '신부'이며, 요한계시록 21장에 나오는 하늘에서 내려오는 '새 예루살렘'이라고 하며, 갈라디아서 4장 26절에 나오는 '어머니'라고 주장하고 있다(하나님의교회 구역장 교재, 26쪽). 그리고 장길자가 하늘로부터 내려온 어머니, 신부가 된 것은 그들이 하나님으로 믿는 안상홍이 그렇게 신부로 지명했기 때문이라고 한다.

3. 안상홍증인회 하나님의교회는 토요일 안식일을 주장하고 지킨다

안상홍이 안식교 출신이기 때문에 안식일 교리를 주장하는 방법이나 그 증거로 제시하는 성경 구절이 안식교와 동일하다. 안식일이 '영원한 표징'이라는 출애굽기 31:13, 에스겔 20:20의 말씀과, 안식일에 자기의 '규례대로' 회당에 들어갔다는 누가복음 4:16, 사도행전 17:2의 말씀과, '인자는 안식일의 주인'이라고 한 마태복음 12:8의 말씀을 통하여 안식일을 지켜야 한다고 하는 것이 안식교와 동일하다.

그리고 콘스탄티누스가 주후 321년에 칙령을 내려 토요일 안식일을 일요일 안식일로 바꾸었다고 주장하는 것도, 가톨릭이 안식일을 주일로 바꾸었다고 하는 것도 안식교와 같다(하나님의교회, 구역장 교재, 4-13쪽).

4. 안상홍증인회 하나님의교회는 구약의 유월절과 절기를 지켜야 구원을 받는다고 주장한다

안상홍증인회는 유월절 및 절기를 지켜야 한다고 주장하는데 유월절은 영생의 길이며, 유월절을 통하여 구속을 받으며 유월절을 통하여 죄 사함을 받는 것이라고 주장하고 있다(안상홍, 『선악과와 복음』, 멜기세덱출판사, 54~58쪽).

5. 안상홍증인회 하나님의교회는 예배 시 여자들이 수건을 써야 하나님께서 예배를 받으신다고 주장한다

안상홍증인회는 예배 시에 여자들이 머리에 수건을 써야 한다고 주장한다. 이들은 고린도전서 11장 2-15절의 말씀을 잘못 해석하여 예배 시에 여자들은 머리에 수건을 쓰고 예배를 드려야만 하나님이 예배를 받으신다고 한다 (김주철 발행, 월간 「십사만사천」, 도서출판 멜기세덱, 1998년 9월호).

6. 안상홍증인회 하나님의교회는 시한부 종말론을 주장한다

안상홍증인회는 1988년 서울 올림픽 때에 안상홍이 강림한다고 주장하였다가 불발로 끝났으며, 또한 1999년 말에 종말이 온다고 주장하였다가 역시 불발로 끝난 일이 있는 집단으로(월간 「교회와 신앙」, 1997년 1월호, 146쪽) 상습적인 시한부 종말론자라 할 수 있다.

7. 안상홍증인회 하나님의교회에는 자기들의 교적부를 생명책이라고 주장한다

이들은 생명책이 자기들에게만 있다고 주장하고 있다. 성경 요한계시록 13:8, 20:12에 보면 하늘에 생명책이 있다고 되어 있고 생명책에 이름이 기록되어야만 구원받는다고 되어 있는데, 그 생명책이 자기들에게만 있다고 하며, 그것은 그들의 교적부를 두고 하는 말이다(월간 「교회와 신앙」, 1997년 1월호, 144쪽).

8. 연구 결론

위와 같은 연구 결과, 안상홍증인회 하나님의교회는 정통교회로부터 이단으로 규정받은 안식교 계열에서 나온 또 다른 이단으로서 성경적으로 비판할 가치조차 없는 집단이다. 현재 이들은 한국 교회에 너무나 큰 피해를 주고 있는 단체로 모든 교회들이 초교파적으로 연합하여 대처해야 할 것으로 사료되는 바이다.

# 32. 안식교
(제칠일안식일예수재림교회)

안식교(www.adventistkr.org)는 성도들이 교회나 관련 기관보다도 사업체를 접하는 경우가 더 많은 단체 중 하나다. 이들은 적지 않은 관련 사업체를 두고 있기 때문이다. '삼육'이라는 글자가 들어간 제품은 안식교 관련 기업체가 생산해 내는 제품들이다. 대학가에서는 SDA영어 학원이 유명하다. 이외에도 서울 청량리 인근에 위치한 위생병원이 안식교와 관계된 병원이다.

혹자는 '이단은 이단이고 제품이 좋으면 이용할 수도 있는 것 아니냐'며 반문을 한다. 그러나 내가 이단과 유관한 단체의 물품을 구입하거나 사용하는 것은 결국은 이단단체에 헌금하는 것과 다를 바가 없는 행위다.

안식교 관련 기관들로는 미션네트워크 21C, 「재림신문」, 영원한 복음, 건강복음연구회, BACK TO EDEN(여수요양원), 무지개 청소년 오케스트라 등이 있다.

I. 기타 자료

다음은 예장통합 측이 1994년 제80회 총회에서 발표한 내용이다.

1. 한국의 안식교 현황

미국에서 시한부종말론주의자 윌리암 밀러(William Miller)의 사상을 이어받은 엘렌 지 화이트(Ellen G. White)로부터 시작된 '제칠일안식일예수재림교'(Seventh day Adventists 일명 안식교)는 1904년에 하와이로 이민 가던 한국인들이 일본 체류 중에 안식교인이 되어 되돌아와 포교를 시작함으로 한국에 유입되었다.

2. 윌리암 밀러의 시한부종말론과 안식교의 출발

안식교는 1844년 10월 22일에 예수님이 재림한다는 윌리암 밀러의 소위 시한부종말론에서부터 그 뿌리가 시작되었다고 볼 수 있다. 즉 불발로 끝난 윌리암 밀러의 시한부종말론을 추종했던 사람 중에 한 사람인 엘렌 지 화이트가 계시를 받아 밀러의 시한부종말론을 나름대로 재해석함으로 생겨난 종파가 모여서 소위 '제칠일안식일예수재림교'(Seventh day Adventists)가 만들어졌다.

3. 율법적인 구원관

안식교는 믿음으로 얻는 구원을 말하고는 있지만 실상은 행함으로 얻는 구원을 주장하는 집단이다. 왜냐하면 율법의 행위를 구원의 조건으로 하고 있고, 현세의 완전한 성화를 주장하고 있으며, 또한 품성의 변화를 위해서 부정한 음식과 육식을 금하고 채식을 강조하기 때문이다(『제칠일안식일예수재림교 기본교리 27』 85쪽, 127~129쪽, 265~266쪽, 『대쟁투 상』 433쪽).

4. 안식일 문제

안식교의 주장에 의하면 안식교는 '남은 자손'으로서 참교회요, 로마 가톨릭은 배도(背道)했으며 개신교회는 성경 진리로부터 떠났다고 한다.

그런데 토요일 안식일을 지키지 않고 일요일에 예배하는 것은 하나님의 계명이 아닌 인간의 계명을 따르는 것으로 거짓 예배이기 때문에 하나님이 받는 예배가 될 수 없고, '짐승의 표'를 받으며, 가장 참혹한 심판을 초래한다고 주장함으로서 '안식일 준수'는 그들에게 구원의 조건이 되는 것이다(『제칠일안식일예수재림교 기본교리 27』 151~161쪽, 238~241쪽, 244쪽).

5. 계시론

안식교에서는 비록 성경만이 모든 교리의 기준이며 하나의 신경이라고 말하고 있지만, 엘렌 지 화이트가 보았다는 환상이나 그녀가 쓴 책들 또한 그들의 특별계시이다.

특히 말세의 참교회의 특징은 예언의 은사를 가진다고 주장하는데 바로 엘렌 지 화이트야말로 그 '예언의 신의 은사'를 받은 선지자로서 그가 받았다는 계시가 말세의 백성들에게 주신 하나님의 지시라고 주장함으로 안식교는 성경 계시 외에 다른 계시를 가진 자들이다(『제칠일안식일예수재림교 기본교리 27』 204~211쪽, 156~157쪽).

6. 영혼멸절의 문제

안식교는 여호와 증인의 주장과 같이 영원한 지옥과 사후의 영혼의 존재를 부정함으로 소위 영혼멸절설을 취한다. 즉 의인은 부활하여 영생하지만, 악인은 부활하여 불태워 소멸되기 때문에 지옥도 존재하지 않는다고 주장한다 (『제칠일안식일예수재림교 기본교리 27』 340~341쪽).

7. 연구 결론

안식교는 율법주의적 구원론, 토요일 안식일 문제, 엘렌 지 화이트의 계시론, 영혼멸절설, 영원지옥부재설, 또는 조사심판 및 2300주야 문제 등의 비성경적인 교리를 주장하는 이단이다. 그런데도 이들이 건강문제를 앞세우고, 정통교회를 표방하는 요소가 있기 때문에 그 미혹성이 더 심각하다 할 수 있다.

33. 여호와의 증인(왕국회관)

가가호호 방문 전도를 가장 지속적으로 하는 이단단체를 꼽으라면 여호와의 증인이 빠지지 않는다. 이들은 오늘도 정통교회 성도들이 기거하는 집의 초인종을 누르며 방문할지 모른다. 반드시 2명씩 짝지어서 다니는 이들은 '성경을 연구하는 사람들'이라고 자신들을 소개하는 경우가 많다.

'수혈거부', '집총거부' 등을 하는 것으로도 이들은 잘 알려져 있다. 수혈을 거부하는 이유는 동물의 피째 먹지 말라는 성경말씀을 따르기 위해서다. 입으로만이 아니라 주사바늘을 통해서 수혈을 하는 것도 '피를 먹는 것'의 범주에 포함하는 것으로 보기 때문이다. 종종 병원에서 수혈거부를 하다가 사망하는 사례가 발생하는데 이들 대다수가 여호와의 증인 신도들이다.

집총을 거부하는 이유에 대해 여호와의 증인 측은 살인하지 말라는 말씀에 따른 것이라고 주장한다. 그러나 그 이면에는 국가를 사탄의 통치체제로 보는 교리적 이유가 있다. 사탄의 통치체제인 국가를 위해 총을 드는 군사가 돼서는 안 된다는 것이다. 병역거부를 하는 소수자의 양심을 보호해 달라는 여호와의 증인들은 자신들의 단체 내에서 '병역의 의무를 다하겠다'는 소수자에 대해서는 제명시키는 강경책을 사용한다. 이들이 정말로 소수자의 양심을 보호해야 한다고 생각하는 사람들이라면 자신들의 단체 내에서 '병역을 이행하겠다'는 소수자에 대한 양심의 자유를 보장해야 할 것이다.

여호와의 증인은 현재 왕국회관 1,500개, 교직자 수 7천여 명, 신도 8만여 명에 이르는 것으로 알려졌다.

I. 기타 자료

다음은 기성 측의 연구 발표 내용을 요약한 것이다(『구원이 있는가?』, 1993년, 50~51쪽).

1. 구원론에 나타난 이단성

◎ 여호와의 증인의 주장

① 인간의 지상생활을 통한 자원적 봉사생활을 통하여 영생을 얻음.
② 성별된 무리, 즉 14만 4천 명의 특수 구원 대상자를 말하며 이들은 개인의 헌신, 충성된 공로로 인하여 구원된다고 주장한다. 이 '성별된 무리'의 선택은 하나님의 주권적 행동이라고 말하나 사실은 1차적으로 14만 4천은 하늘을 향한 그들 자신의 길을 스스로 노력하여 얻는다고 봄이 분명하다 (Hoekema 283쪽).
③ 요한복음 10:16의 '다른 양들'과 요한계시록 7:9의 '셀 수 없는 무리'를 같은 무리로 보며 이들의 구원은 중생, 의인, 성별, 성화 없이 이루어진다고 한다.
④ 만인제사장 직분을 부정하며 '성별된 무리' 14만 4천 명만이 하늘 천국으로 불리움받고, '다른 양들'(요 10:16)은 지상왕국에서 살며 천년왕국이 지난 후에 칭의를 받을 수 있다고 한다.
⑤ '성별된 무리'를 '고급계층의 무리'라고 하고, '다른 양들'을 보다 '낮은 계층의 무리'라 일컫는다. '다른 양들'은 생명의 주 예수 그리스도의 지상 자녀들이 되며 특수한 입장에서는 하나님의 손자들이 되는 것이다(God Be True 163쪽).
⑥ 구원에 있어서 그리스도는 가능한 길을 터 놓았을 뿐 결국 인간 편의 절대적 헌신과 봉사로 말미암아 얻어진다고 한다(자력 구원설).

◎ 성경적 반증

① 죄와 허물로 죽었던 우리가(엡 2:1, 5) 그리스도의 대속적 죽음에 근거하여(고후 5:21) 그 은혜를 믿음으로 말미암아 구원을 얻는다(엡 2:8, 롬 9:24-25). 그러므로 그리스도 예수 안에 있는 자에게는 결코 정죄함이 없고 죄와 사망의 법에서 해방되었다(롬 8:1-2).
② 모든 믿는 자에게는 구원을 주신다(롬 1:16, 10:9-10).
③ 오직 믿음으로만 구원을 얻을 수 있다(롬 1:17).

④ 모든 신자들이 그리스도와 더불어 왕 노릇한다(계 20:4).
⑤ 천국의 복락은 결코 등급이나 차별이 없다(롬 3:22, 10:12).

2. 교회론에 나타난 이단성

◎ 여호와의 증인의 주장
① 여호와의 증인만이 참된 하나님의 진정한 교회이다. 다른 기독교회는 마귀를 따르는 무리다.
② 진정한 교회의 회복은 1870년 럿셀이 여호와 증인파 운동을 하기 시작하면서부터이며 하나님의 참된 백성의 완전한 구원은 1919년까지는 일어나지 않았다(Hoekema 287쪽).
③ 유형교회는 부정하고 여호와의 증인의 왕국회관만이 진정한 교회라고 한다.

◎ 성경적 반증
① 예수 그리스도를 믿는 참신자는 모두 동일한 교회의 회원이다(엡 2:19-22).
② 교회의 회복은 루터의 종교개혁 이후부터이며 그리스도의 피를 믿음으로써 의롭다고 인정되는 것이다(롬 1:17).
③ 교회는 유형교회와 무형교회가 있다(마 16:18).

3. 연구 결론

여호와의 증인은 기독교 신앙의 근간을 이루는 삼위일체 교리, 예수 그리스도와 성령의 신성, 인간 영혼의 존재, 지옥의 실재, 오직 믿음으로 말미암는 구원 등을 조직적으로 부인하며, 자신들만이 참된 신앙 공동체라고 주장한다. 이러한 교리적 입장은 정통 기독교 교리와 본질적으로 충돌하며, 복음의 본질을 왜곡하는 심각한 이단적 성격을 지닌다. 그러므로 여호와의 증인의 가르침은 성경적 진리와 신학적 기준에 비추어 기독교 정통교리를 정면으로 부인하는 심각한 이단이다.

34. 예장합동혁신총회
(남서울신학교)

본 교단이 타 교단 자체를 이단성으로 규정한 경우가 '예장합동혁신총회'다. 이는 매우 이례적인 일이다. 그만큼 예장합동혁신총회의 문제점이 크다는 반증이다. 본 교단은 2002년 87회 총회에서 예장합동혁신총회와 산하 남서울신학교에 대해 건전하지 못한 이단성이 있는 교단과 신학교라고 규정했다.

그 이유는 성경해석학적 원칙에서 벗어난 무리한 성경해석을 시도함으로 지나치게 왜곡된 사상으로 흐르고 있다는 것이었다. 본 교단은 합동혁신총회가 『성경의 핵심진리 강해』라는 책을 통해 연옥교리, 성경도 부족함이 있다는 주장을 펴고 있으며 요한계시록을 임의로 해석하는 오류를 범하고 있다고 지적했다.

I. 총회 자료
다음은 2002년 제87회 총회에 보고한 내용을 요약한 것이다.

1. 종말론

1) 종말론적 기초 견해
- 한 이레 조약(단 9:27): 한 이레는 7년을 가리켜 말하며 한 이레 조약은 이스라엘과 유럽연방국(재생 로마제국) 사이에 맺게 되는 7년 조약을 의미한다고 주장한다.
- 적그리스도(계 13:1; 살후 2:4): 대환난 중, 후 3년 반 환난이 시작될 때 나타나며 자칭 재림 메시아, 만왕의 왕이라고 주장하면서 하나님을 대적하고 교회와 성도들을 미혹하고 핍박하게 될 것이다.
- 천년왕국(계 20:4; 사 65:17; 11:6-9): 메시아 왕국이라고도 한다. 예수님께서 지

상으로 재림하신 직후 불신자들을 멸망시키시고 성도들을 위하여 창조하시게 될 천년지상낙원을 가리켜 말한다.

2) 성경에 계시된 종말의 징조들(43-48쪽)
- **이스라엘 민족의 고토 귀환**(겔 39:25-29; 36:24-31; 롬11:25~26) (43~45쪽)

이스라엘 백성들이 고토, 즉 가나안 땅으로 돌아오는 것이 왜 마지막 때의 징조가 되는가?

에스겔 39:29에 하나님께서 이스라엘 백성들을 고토로 돌아오게 하는 것은 예수님을 믿고 구원을 얻도록 하기 위함이라고 하였다.

- **적그리스도가 준비됨**(계 13:12; 요일 2:18-19) (46-48쪽)

대환난은 예수님께서 말씀하신 바와 같이 전무후무한 환난이 일어나고 적그리스도가 나타나 성도들을 미혹하고 박해하는 때이다. 이 적그리스도에 대하여 요한계시록 13:1에 "내가 보니 바다에서 한 짐승이 있는데 뿔이 열이요 머리가 일곱이라 그 뿔에는 열 면류관이 있고 그 머리들에는 참람된 이름들이 있더라"고 표현하고 있다. 이 말씀 중에 '바다'는 요한계시록 17:1, 15에 '세상'을 의미하며 '짐승'은 요한계시록 13:18에 짐승이 아니라 '사람'을 가리키며, '열 뿔'은 요한계시록 17:12에 열 나라가 통합된 '연방국가'로, '면류관'은 '이스라엘을 지배한다'는 의미라고 한다.

3) 재림시 성도들의 자세
- **연단의 조건 필요**(단 12:10) (51-52쪽)

모든 성도들은 연단을 받는 가운데 정결하게 되어 예수님께서 재림하실 때 추수할 수 있을 만큼 익은 열매가 되어야 한다는 것이다.

모든 성도들은 세 종류로 구분하여 추수하시는 원리가 있다고 주장한다. 예수님께서 공중으로 강림하실 때 처음 익은 열매들을 추수할 것이며, 대환난 중에 흰 구름 위에 앉으셔서 두 번째 익은 열매들, 즉 순교자들을 추수할 것이며, 지상으로 재림하실 때 대환난 동안 연단을 받고 살아남은 성도들을 추수하신다는 것이다.

- **휴거되는 성도들(환난 때 시험을 면제) (54-56쪽)**

요한계시록 3:10에 예수께서 '네가'라는 말과 '너를'이라는 말을 사용하신 것을 볼 때 빌라델비아 교회의 목회자 개인을 향하여 주신 말씀이라는 것을 알 수 있다. 그 목회자는 예수님께로부터 인정받은 성도이기 때문에 장차 온 세상에 임하는 시험의 때를 면제받게 된다는 것이다.

- **신비주의 강조 (72-74쪽)**

마빈 포드라는 사람은 캐비닛을 만드는 공장에서 일하던 중에 지병인 심장병이 악화되어 병원에 입원했는데, 1972년 1월 1일 그 병원에서 30분간 완전히 죽었다가 다시 살아나는 기적을 체험했다. 그는 30분 동안 천국에 들어가서 수많은 것들을 구경하였으며 예수님으로부터 여러 가지 중요한 말씀도 듣고 돌아왔다.

4) 연단에 대한 교리 (75-87쪽)

히브리서 5:14에 "단단한 식물은 장성한 자의 것이니 저희는 지각을 사용하므로 연단을 받아 선악을 분변하는 자들이니라"를 인용하여, 성도들은 익은 열매가 되기 위하여 빛에 대한 진리를 정하고 자세하게 깨달아야 하고, 이 진리를 어떠한 환경과 조건 가운데서도 계속적으로 실천하면서 연단을 받고 정결해져야 한다는 것이다. 연단을 받지 않으면 절대로 영적 성장이 있을 수 없다는 말이다. 또한 연단을 받을수록 선과 악에 대하여 정확한 분별력을 갖게 된다는 것이다(슥 13:7-9, 참조).

2. 연구 결론

상기에 열거된 내용들을 미루어 볼 때 전통적인 기독교의 교리에 없는 새로운 교리들을 주장하고 있으며 이것들은 매우 잘못된 이단적 요소라고 할 수 있다. 전통적인 신비주의 학자의 사상을 그대로 수용하는 등 비성경적인 신비주의로 완전히 가고 있음이 드러나고 있다. 특히 성경 해석학적 원칙에서 벗어난 무리한 성경해석을 시도하여 지나치게 왜곡된 사상으로 흐르고 있다.

예장합동이란 교단 명칭을 사용하여 일반 평신도들에게 본 교단과 같거나 비슷한 이미지를 풍기고 있기에 예장합동 혁신 측은 예장합동과 다르고, 본질적인 차이가 있음을 분명히 밝힘이 필요하다. 그러므로 상기 교단은 건전하지 못한 이단성이 있는 교단과 산하 신학교임을 명백하게 밝혀 드러냄이 마땅한 줄로 사료된다.

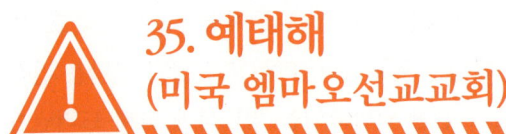

35. 예태해
(미국 엠마오선교교회)

최근 '쓰러짐'과 같은 신비주의적 현상이 한국 교회 내에 넓게 번지고 있다. 어떤 이는 이를 두고 '성령의 제3의 물결' 또는 '은사'라 칭하며 그 현상들을 받아들이는가 하면, 어떤 이는 '이단성이 있다'며 강하게 부정하기도 한다. 이 현상의 선두주자격 인사가 예태해 씨다.

예 씨의 집회에는 정통교회 성도들이 납득할 수 없는 행태들이 많이 일어난다. 집회 중 예 씨에게 안수받은 사람들이 뒤로 쓰러져 '소리'를 지른다. 여기저기서 깔깔대고 웃는 사람들도 눈에 띈다.

이러한 정통교회에서 납득할 수 없는 집회 행태로 한국 교회의 주요 교단들은 예 씨에 대해 적잖은 연구를 했다. 본 교단은 물론 예장개혁에 이어 1996년에는 한국기독교장로회 측도 예 씨 문제를 다루었다.

이중 본 교단은 예 씨에 대해 가장 적극적으로 연구한 교단이다. 그 결과 예 씨에 대해 이단성 혐의가 있다고 규정했다. 기장은 단호 대처로 규정했다. 이러한 교단의 정확한 규정에도 불구하고 본 교단에 소속된 목회자가 기도원을 운영하며 예 씨에게 집회공간을 내어 준다든가, 예 씨를 교회 집회에 초빙하는 일은 삼가야 할 것이다. 그리고 해당 노회는 이러한 일이 발생할 시 반드시 해당 목회자를 치리 또는 징계해야 할 것이다.

I. 총회 자료

다음은 1994년 제79회 총회에서 연구 발표한 내용을 요약한 것이다.

1. 구원론에 나타난 예태해 씨의 신학사상

예태해 씨의 신학과 신앙의 특징은 '속사람'에 집중되어 있다. 그는 '속사람'을 강조함으로 사람의 인격을 영·혼·육으로 분리시켰다. 그는 영은 죄를 범하지 아니하고 육이 죄를 범하며, 영이 혼·육을 구원한다는 헬라 철학의 이원론에 근거한 비성경적인 주장에 빠져 있다. 그의 『속사람』 책을 살펴보면 예수 그리스도의 십자가 구속도 완전히 성취된 것이 아니며, 부분적으로 불완전하다는 주장이 있다.

그는 "우리의 영은 성령으로 거듭나서 구원되고 혼과 육은 우리의 영이 구원한다"고 했다. 성령으로 말미암아 거듭난 우리 영이 우리의 혼과 육을 구원하는데 우리가 스스로 십자가의 말씀을 듣고 혼적인 것을 파괴하면서 새로움을 입어가야 한다. 그래야 우리의 혼과 육이 구원되어진다는 것이다. 이것은 육신을 입은 예수 그리스도의 구원이 불완전하다는 주장이 된다. 하나님은 우리의 영만 구원하시기에 혼과 육은 우리의 노력과 훈련으로 구원시켜야 된다는 것이다. 우리는 아담의 범죄로 전인격이 전적으로 타락하고 부패한 것이지 영은 범죄치 아니하고 혼·육만 범죄하였다는 인성의 부분적 범죄와 타락 이론은 주님의 고난도, 죽음도, 부활도, 구원도 전인격적이 아니고 부분적인 것으로 만드는 것이다.

이에서 살펴볼 때 예태해 씨의 신앙도 신학도 계시의존(성경중심) 신앙과 신학 위에 정립된 것이라기보다 그의 주관적 체험을 중시하는 목회현장에서의 현상과 성경 계시 이외의 계시(음성예언)를 중시하여 '속사람'이라는 자기 나름의 신학을 세워 인간의 성품을 영·혼·육 3분설로 지나치게 세분하여 성경 본래의 뜻을 외면하고 성경을 짜맞추기로 해석하고 있다.

성경의 진리를 바로 세우기 위해 신학이 정립되는 것이지 자기의 주관적 체험이나 이방철학의 설에서 비롯된 3분설을 내세우고 그것을 정당한 것으로 증명하기 위해 성경의 진리를 왜곡되게 이용한다는 것은 인간 자율주의의 지나친 발상에서 비롯된 것이라 할 수 있다.

2. 연구 결론

우리가 조사해 보건대 예태해 씨는 한국기독교장로회(기장) 목사의 가정에서 태어나 자라서 교직에 몸담고 있다가 미국에서 늦게 침례교 신학과 그 외 여러 신학을 하고 미 연합장로교 목사가 되었다. 그는 신앙과 신학이 일관성 있게 정리되지 않은 상태에서 신비한 주관적 체험을 중시하는 자기 나름대로의 신학을 정리하였다.

그의 신앙과 신학을 대표하는 『속사람』이라는 책에서 속사람을 너무 강조하여 인간을 영·혼·육으로 분리하여, 영은 죄를 짓지 아니하고 혼과 육이 죄를 범하고 영이 혼과 육을 구원한다는 영지주의적인 주장을 하고 있다.

인간의 죄를 전적으로 부패하고 타락한 범죄가 아닌 부분적인 것이라는 설명은 전인적 구원이 아닌 부분적 구원으로 연결이 된다. 그는 성령에 대해서도 인격적인 성령보다 기운이나 힘과 같이 나타나는 현상을 중시하고 부분적으로 제한하여, 안수하여 넘어짐의 현상을 성령의 지배당함이라고 주장한다.

이것을 성경의 진리인 것으로 증명하기 위해 성경을 인용하고 있지만 그 성경 인용이 올바르게 적용되지 않았다. 이상으로 볼 때에 예태해 씨의 신학 성분은 상당한 문제점을 가지고 있다.

 # 36. 왕의 기도(손기철)

I. 총회 자료
다음은 총회신학부가 제96회 총회에 발표한 연구 내용이다.

'왕의 기도'를 주장하는 손기철 장로는 온누리교회 소속 장로로 매주 월요일 저녁 3,000여 명의 성도가 운집하는 성남의 치유집회와 국내외 순회 집회를 인도하고 있다. 교계와 사회적으로 알려진 그는 창조과학회 이사이자 건국대학교 생명환경과학대학 교수로 재직하고 있으며 자신의 치유집회를 HTM(Heavenly Touch Ministry)으로 자처하고 있어 총회 산하 교회 및 성도들이 무분별하게 받아들일 우려가 있어 총회적 차원의 입장을 다음과 같이 정리한다.

첫째, 손 장로는 인간의 믿음이 기적의 조건임을 강조한다. 그리고 말씀이 실체(substance)가 된다는 주장은 성육신의 가르침을 왜곡시킬 위험이 있다.

둘째, 손 장로는 성령론의 오류와 무분별한 성령체험을 주장한다.

셋째, 손 장로의 사도적 치유사역에 대한 신학적 검토가 필요하다. 손 장로는 치유의 은사가 나타나야 하나님의 나라가 임한다고 주장하며, 사도적인 치유의 사역이 이 시대에 임해야 한다고 주장한다. 또한 손 장로가 특수한 상황에서 하나님이 교회를 이 땅에 세우기 위해 특별한 은사를 준 사도들과 동일하게 자신이 기적과 치유의 능력을 가졌다고 주장하는 것은 오만이며 하나님의 경륜을 자의적으로 이해하려는 것이다.

넷째, 손 장로의 능력전이(impartation)와 혼절은 비성경적이다.

다섯째, 손 장로의 치유사역은 신학적으로 위험하다. 손 장로는 모든 질병의 원인을 죄로 인한 결과라고 주장한다. 그는 죄 사함의 복음은 반쪽 복음이며 치유가 동반되어야 완전한 복음이 된다고 주장한다. 그리고 이것이 하나님 나라의 실현이라는 것이다.

여섯째, 손 장로의 선포식 왕의 기도는 주관적인 계시체험에 기초하고 있다. 손 장로의 직통계시 체험은 교회사적으로 이단들이 체험했다는 직통계시 체험과 유사하다. 정통 기독교의 개혁신앙은 직통계시의 신빙성에 대해 부정적이었다.

일곱째, 손 장로의 선포식 왕의 기도는 심리적인 확신을 통한 최면술의 경향이 짙으며 선포식 기도가 기도의 대표적인 전형이 될 수 없다.

여덟째, 손 장로는 가계 혹은 지역 저주론과 인간론에서 위험한 표현을 하고 있다.

따라서 왕의 기도의 문제점을 다음과 같이 정리한다.

첫째, 개혁주의 신학사상과 반하는 자의적 성경해석을 하는 부분이 많다.
둘째, 성령론의 오류로 은사론에 대한 잘못이 많다.
셋째, 치유사역에 대한 잘못된 이해로 신학적으로 위험하고 다수의 부작용을 낳는다.
넷째, 주관적인 계시체험을 강조함으로써 직통계시의 위험 수준에 와 있다.
다섯째, 잘못된 은사우월론을 주장하며 다수 교회와 성도들을 분열시키고 있다.
여섯째, 유사 신비주의와 이단사상에 문을 열어놓는 역할도 하고 있다. 현재 손 장로의 저서 및 세미나가 복음주의 대형 교회, 선호 도서, 크리스천 지성인의 배경과 호기심을 이끄는 이적 중심의 신앙 모습으로 큰 영향을 주고 있다. 더불어서 본 교단 산하의 목회자, 신학생, 평신도 일부가 적극적으로 참여하고 영향을 받아 확장일로에 있다.

결론적으로 총회 산하 교회의 성도들은 영적이며 지적인 교류를 삼가고 집회에 참여치 말아야 할 것이며, 총회 이단대책위원회에 회부하여 계속 연구토록 한다.

II. 기타 자료

손기철 장로의 신앙사상 - 사도적 치유능력, 성령체험, 왕의 기도에 대한 신학 검토 -

1. 서론

은사집회의 진원지였던 순복음교회의 담장을 훨씬 뛰어넘는 네오(neo) 은사집회가 요즘 기존 교회의 성도들을 뒤흔들고 있다. 그런데 이러한 대부분의 은사집회들은 신사도 운동의 아류에 속한 것으로 보인다. 한국 교회에 요즘 이런 신사도 운동이 확산되어 가고 있다. 이 중에 대표적인 운동이 온누리교회 손기철 장로의 경우이다. 그는 매주 월요일 저녁 3,000명의 성도가 운집하는 성남의 치유집회와 국내외 순회 집회를 통해 교계에 선풍적인 인기를 얻고 있다. 손기철 장로는 현재 온누리교회의 장로로 하용조 목사의 영적 제자이다. 그는 교계와 사회적으로도 지명도가 높은 인물이다. 창조과학회 이사이며 건국대학교 생명환경과학대학 교수로 재직하고 있다. 그는 자신의 치유집회를 HTM(Heavenly Touch Ministry)으로 자처하고 있다. 그의 HTM치유사역은 곧 킹덤멘털리티(Kingdom Mentality), 즉 하나님나라 백성들의 사고체계로 이어진다. 이는 성령의 능력을 체험한 자들이 하나님의 영의 인도를 받아 이 땅에 하나님의 나라를 이루어야 한다는 개념이다. 그러나 이러한 그의 사상과 치유집회는 독창적인 것은 아니며 신사도 운동가로부터 받은 영향에서 출발한 것으로 보인다. 그는 신사도 운동의 원조인 피터 와그너와 함께 치유사역을 한 존 윔버의 저서를 통해 힘을 얻었고[1] 온누리교회에서 크리스 해리슨 목사에게서 성령체험과 치유능력을 경험하였다.[2] 그는 늦은비 운동가인 빌 존슨 목사의 책을 읽고 집회에 참석하여 신유사역자로서의 확인을 받게 되었다.[3] 그리고 그의 아내는 이미 2001년 예수전도단 출신 도나 조단을 통해 계시와 환상의 체험을 알게 되었고 손 장로는 그의 아내의 환상을 통해

---

1 손기철, 고맙습니다. 성령님 (서울: 규장, 2007) p. 137.
2 같은 책, pp. 44-49, 73-74.
3 같은 책, pp.171-174.

서도 자신의 치유사역의 능력을 확인하게 된다.[4] 그는 자신의 신앙사상을 집회를 통해서 뿐만 아니라 저작을 통해서 강력하게 영향을 미치고 있다. 손 장로는 『고맙습니다 성령님』, 『왕의 기도』, 『기름 부으심』, 『치유기도』, 『기적을 일으키는 믿음』, 『치유와 권능』, 『기대합니다 성령님』 등의 저서를 출판했다. 그는 대학교수로서 논리적인 사고를 동원하여 감동적인 저술을 했기 때문에 그의 책을 읽는 사람들은 상당한 감화를 받고 있다.

도대체 이러한 신유의 능력을 주장하면서 감동적인 설교를 하는 손 장로의 집회와 저작들을 어떻게 볼 것인가. 진정한 성령운동인지, 건전한 신학에 근거한 신앙운동인지, 그의 저서들을 통해 손 장로의 신앙사상을 검토해 보려 한다.

2. 본론

1) 손 장로는 인간의 믿음이 기적의 조건임을 강조한다. 그리고 말씀이 실체(substance)가 된다는 주장은 성육신의 가르침을 왜곡시킬 위험이 있다

손기철 장로는 치유사역에서 성령이 역사하면 "말씀이 사건이 되고 실체가 된다"고 말한다.[5] 그러나 위의 언급에서 성령의 역사하심을 말하지만 실제로는 성령의 사역보다는 인간의 믿음에 대한 것을 강조하고 있다. 실례로 예수님의 탄생 사건에 대해 설명한다. 가브리엘 천사가 마리아에게 "보라 처녀가 잉태하여 아들을 낳으리니 그 이름을 예수라 하라"(눅 1:31)라고 말했을 때 마리아는 "말씀대로 이루어지이다"라고 하였고(믿음) 그때 그 마리아의 믿음 때문에 말씀이 실체로 변화되기 시작하였다는 것이다.

> "말씀이 주어졌더라도 그것을 받아들이는 자의 믿음으로 그의 안에 그 말씀이 착상되고 잉태된다는 사실입니다. 그러니까 마리아에게 임한 것은 하나님의 말씀입니다. 이 말씀은 생명의 씨앗입니다. 마리아는 그 씨앗을 자신의

---

[4] 같은 책, pp.174-176.
[5] 손기철, 『기적을 일으키는 믿음』 (서울: 규장, 2009) p. 156.

마음 판에 심었습니다. 마리아가 그 말씀을 믿음으로 취하자 그 말씀이 실체로 변화되기 시작했습니다. 따라서 말씀이 실체가 되고 사건이 되는 것은 우리에게도 가능합니다. 그 말씀의 증거자이신 성령님의 지극히 높으신 능력이 우리를 덮고 있을 때, 우리가 그 말씀을 마음에 심으면 말씀이 실체로 변화되기 때문입니다."[6]

위의 인용문에서 손 장로는 그리스도의 성육신이 "그 말씀[하나님의 말씀] 자체로 이루어지는 것이 아니라" 마리아가 말씀을 믿을 때(믿음) 그 말씀이 실체로 변화한다고 주장한다. 물론 손 장로는 성령의 능력이 임할 때 가능하다고 하지만 마리아의 믿음에 의해 성육신이 되었다는 주장은 황당한 견해이다. 즉 마리아는 자신의 눈에 보이는 것은 아무것도 없는 상태였지만 기도하고 구하는 것은 이미 받은 줄로 믿었기 때문에 그 믿음으로 인해 말씀이 이 땅에 실체로 변화되기 시작했다는 것이다.

그러나 마리아가 성령으로 예수를 잉태한 것은 하나님의 선포에 의해 이루어진 하나님의 절대적인 주권이다. 그리고 이것은 구약의 약속에 의해 성취된 사건이다. 하나님의 말씀이 마리아의 믿음에 의해 실체가 되는 것이 아니라 하나님의 약속과 말씀 자체가 실현된 것이다. 마리아는 단지 하나님의 약속의 말씀을 순종했을 뿐이다. 그래서 마리아는 "주의 여종이오니 말씀대로 내게 이루어지이다"라고 하였던 것이다. 손 장로가 성령의 능력과 더불어 마리아의 믿음을 성육신의 조건으로 내세우는 이유는 자신의 치유능력의 근거를 인간의 믿음에 두고 있기 때문이다. 그는 말씀한 대로 믿기만 하면 치유와 기적이 나타난다고 지속적으로 주장한다. 그러나 치유와 기적은 절대적인 하나님의 주권에 속한 것이다. 인간이 조절하거나 판단할 수 있는 영역이 아니다. 하나님의 말씀이 인간의 믿음을 조건으로 실현된다는 것은 잘못된 견해이다. 하나님의 말씀은 사람들의 믿음이나 느낌에 관계없이 생명력 있는 말씀인 것이다. "하나님의 말씀은 잠갔거나 죽었거나 하는 것이 아니다."[7]

---

6 같은 책. p. 160.
7 조창훈, 『손기철의 사상에 대한 고찰』, p. 6.

손 장로의 표현 중 말씀이 실체가 되었다는 주장은 또한 삼위일체의 교리를 파손하는 행위로 이해될 수도 있다. 특히 그는 실체를 'substance'라는 용어로 표현하고 있다. 손 장로는 "그 말씀을 마음에 심으면 말씀이 실체로 변화된다"고 주장한다.[8] 그러나 하나님의 말씀 자체가 실체(substance)로 변화되는 것은 아니다. 아마 그는 말씀이 육신이 되었다는 말을 연상하는 모양인데 "처녀가 잉태하여 아들을 낳으리라"는 성육신에 대한 말씀은 말씀 그 자체가 육신적인 실체로 변화되었다는 의미는 아니다. 즉 잉태하리라는 하나님의 말씀 그 자체와 성육신하신 그리스도와 어떤 유기적인 생태적 관계가 있는 것은 아니다. 그러나 말씀이 실체가 되었다는 표현은 이런 유기적인 관계에서 성육신을 이해하도록 오도하고 있다. 그는 이러한 신학적으로 모호한 표현을 사용하여 삼위일체의 교리를 양태론에 빠뜨리는 위험을 초래하기도 한다.

"성령님을 잘 알지 못하는 사람은 성령님과 예수님을 따로 분리하여 생각합니다. 그러나 성령님은 예수 그리스도의 영이시고, 하나님 아버지의 영이십니다. 성령님이 곧 내 안에 오신 예수님이십니다."[9]

손 장로는 이런 식으로 말씀과 성령 그리고 그리스도를 구분 없이 양태론적으로 자주 사용한다.

"말씀은 하나님의 본질이고 실체이며 증거입니다."[10] "말씀은 주님이시고, 주님은 인격이십니다."[11] "말씀은 그 자체가 생명이십니다."[12] "그 말씀이 하나님이시고, 말씀이 예수님이고, 말씀이 성령님이시기 때문입니다."[13]

손 장로는 또한 예수의 생명을 자신의 생명과 일치시키는 동인투사성을

---

8   손기철, 『기적을 일으키는 믿음』, p. 160.
9   손기철, 『고맙습니다 성령님』 (서울: 규장, 2010) p. 114.
10 손기철, 『왕의 기도』 (서울: 규장, 2010) p. 145.
11 손기철, 같은 책, p. 146.
12 손기철, 같은 책, p. 146.
13 손기철, 같은 책, p. 149.

주장한다.

> "마침내 내 안에 예수의 생명이 들어와 내가 예수 그리스도의 생명의 일부가 된 것을 알게 될 때 진정한 자유를 누리는 의존자의 삶이 시작되는 것이다."[14]

위와 같이 손 장로는 위험스러운 표현을 사용하면서 체험신앙과 신적인 임재의 감각성을 추구하고 있다. 말씀이 실체가 되었다는 그의 표현도 이런 의미에서 신학적인 많은 오해를 불러오는 것이다.

하나님의 말씀은 인간의 말과는 다르고 생명력이 있지만 말씀 자체가 생명이 아닌 것처럼 말씀 자체가 하나님, 성령 그리고 예수의 실체(substance)는 아니다. 말씀이 실체가 된 것이 아니라 말씀이 마리아를 통하여 이루어진 것이다. 그리스도의 성육신의 사건은 마리아에게 일어난 사건이지만 유일한 역사적인 사건으로 하나님이 세상을 창조하실 때처럼 하나님의 능력에 의해 이루어진 것이다(마리아의 믿음에 의존하지 않고). 특히 손 장로는 마리아가 기도하고 구하는 것은 받은 줄로 믿고 선포하였고, 그때 그 믿음으로 말씀이 이 땅에 실체로 변화되었다고 하는데 이러한 주장은 전적으로 성령의 조성(formatio)으로 잉태된 예수의 성육신의 교리를 파괴하는 주장이다. 마리아의 믿음이 그의 주장과 같이 기적을 일으키는 표상이라면 우리에게도 동일한 현상이 나타날 수 있다는 황당한 표현을 하고 있는 것이다.

2) 손 장로는 성령론의 오류와 무분별한 성령체험을 주장한다

손 장로는 성령의 사역을 지나치게 주장하면서 예수의 사역도 성령의 능력에 의존한 것으로 해석한다. 그는 "죄 없으신 예수님은 오직 성령에 의지하여 사탄을 패배시켰다"라고 주장한다.[15] 손 장로의 다음과 같은 표현은 더욱 확실하게 예수의 사역을 성령에 의존한 것으로 보는 그의 주장을 잘 나타내고 있다.

---

[14] 손기철, 같은 책, p. 199.
[15] 손기철, 『기름부으심이 넘치는 치유와 권능』 (서울: 두란노, 2008) p. 290, 재인용, 조창훈, 같은 책, p. 6.

"예수님이 행하셨던 초자연적인 사역은 그 자신에 의해서가 아니고 성령의 역사에 의해서였다. 그분 자신이 하나님이셨기 때문에 자신이 기적을 행할 수 없었던 것은 아니었다. 그러나 그는 자발적인 순종으로 사탄의 직접적인 도전을 받을 때 스스로의 뜻으로 행하시는 것을 거부하셨고, 궁극적으로 우리에게 우리도 가능한 그리스도인의 삶의 모범을 보여주셨다. 결국, 그가 행한 권능과 기사와 표적은 하나님으로서가 아닌, 하나님과 올바른 관계를 맺고 있는 인간으로 행하신 것이다."[16]

위의 주장에서 나타난 손 장로의 성령의 사역에 대한 오류는 예수의 초자연적인 능력을 성령의 능력으로 이해하는 관점이다. 기적을 행하신 주체는 그리스도 자신이다. 그리고 성령의 사역과 그리스도의 사역을 분리해서 해석하는 것은 잘못이다. 그리스도의 능력과 성령의 능력이 별개의 것으로 이해하는 것은 기독론과 성령론의 오류를 범하는 것이다. 그리고 초자연적인 이적 행위가 하나님과의 올바른 관계에서 이루어진다는 주장은 잘못이다. 기적은 하나님의 주권적인 행위이며 인간의 의지와 관계없는 것이다.

손 장로는 성령의 모독하는 위험한 발언들을 자주 한다. 그는 성령의 신적 권위와 경외를 격하는 태도를 자주 취한다.[17]

손 장로의 무분별한 성령체험에 대한 고백은 그의 개종에서부터 시작된다. 손 장로의 성령체험은 지속적으로 진화하고 있다. 손 장로는 성령이 자신에게 임하는 과정을 3단계로 소개한다. 성령체험(방언), 성령세례(성령충만), 그리고 기름부음(성령님의 행하심-치유행위)이다. 손 장로는 미국 유학시 아덴스 한인장로교회에서 새벽기도 중 안수를 받고 땅바닥에 뒹굴면서 방언(아라라라 라라라카)을 받고 성령체험을 한다. 그것은 그에 의하면 성령세례가 아니라 성령체험이었다.[18] 성령체험을 받은 후 손 장로는 성령충만한 삶을 살기 위해 성령세례가 필요함을 역설한다. 그는 온누리교회에서 크리스 해리슨

---

16 같은 책, p. 292. 재인용, 조창훈, 같은 책, p. 6.
17 "성령님, 같이 드시죠?, 어떤 걸로 드시겠어요?, 성령님, 먼저 타시죠?, 성령님, 제 옆에 앉으세요. 나는 수 없이 이렇게 성령님과 대화를 나누었습니다." cf. 손기철, 『왕의 기도』, (서울: 규장), p.111.
18 손기철, 『고맙습니다 성령님』 (서울: 규장, 2010) pp. 24-27.

목사에게서 안수를 받고 성령세례를 받는다.

"갑자기 아지랑이와 같은 것이 온몸으로 퍼지듯이 내 안으로 쑥 들어오는 듯한 기분을 느꼈습니다. 마치 안개 속에 누워 있는 듯한 다른 사람들의 말소리가 아득하게 들려왔습니다. 눈을 감은 것도 아닌데 주변이 어스름하게 보였습니다. 이 세상은 온데 간데 없고 구속한 주님과 나만 있는 것 같은 황홀경을 맛보았습니다. 아, 성령님께서 강력하게 나를 사로잡아 내 전 존재를 감싸고 계셨던 것입니다. … 십 수 년 전 유학시절에 경험했던 그 경험을 다시 하게 된 것입니다. 그러나 이제는 성령체험이 아닌 바로 성령세례가 임한 것입니다."[19]

손 장로는 성령 세례 후 치유의 능력을 위한 성령의 기름부음을 체험한다. 성령세례 후 손 장로는 크리스 해리슨 목사와 지속적인 관계를 맺고 있었고 어느 날 기도모임에 참석했을 때 방언과 더불어 치유를 위한 기름부음을 받는다.

"얼마나 지났을까 깊은 기도에 빠져 있을 때, 갑자기 팔꿈치에서부터 양손가락 끝까지 수만 볼트의 전기가 통하는 느낌이 들었습니다. 손이 불같이 달아올라 너무 놀란 나는 방언기도를 하다 말고 '어! 어! 어!'라고 큰 소리로 외쳤습니다. 어림짐작으로 약 3분 정도 계속 손이 불에 덴 것 같이 뜨거웠습니다. 옆에 있는 사람에게 손을 대면 그 사람이 타 죽을 것 같다는 생각이 들었습니다. 할렐루야! 나는 주께서 내 손을 들어 다른 사람들을 치유하는 데 쓰기 원하신다는 것을 알았습니다. 그러나 실제로 치유의 역사가 일어난 것은 이 일이 있고 나서 한참 지난 뒤였습니다."[20]

이와 같이 손 장로는 성령의 체험의 단계를 구분하여 이해한다. 성령체험

---

[19] 손기철, 『고맙습니다 성령님』, pp. 48-49.
[20] 손기철, 같은 책, pp. 73-74.

도 부족하고, 성령세례도 부족하고 성령의 기름 부으심이 있어야 치유의 능력을 행할 수 있다는 것이다. 이러한 견해는 자신의 경험론에서 유추하여 정리한 것으로 보인다. 그러나 성경 어디에서도 성령의 사역이 진화적으로 발전해 가는 것을 말하지 않는다. 사도행전에서는 오순절 성령체험을 한 후 방언과 이적이 동시에 나타났다고 기록하고 있다. 손 장로는 사도 시대의 성령체험과 치유은사를 재현하려는 신사도 운동에 뿌리를 둔 것은 물론이고 신사도 운동과 오순절파의 담을 넘어 성령체험에 대한 역사를 진화시키고 있다. 왜냐하면 그는 기름 부음도 단회적으로 만족되는 것이 아니고 지속적인 행위로 발전되어야 한다고 보기 때문이다.

"또한 성령세례는 한 번만 받는 것인데 기름 부으심도 한 번만 받는 것인지 아니면 여러 번 받아도 되는 것인지에 대한 의문입니다. 성령세례는 물세례와 마찬가지로 한 번만 받지만 기름 부으심은 하나님의 뜻을 넓고 강력하게 나타내기 위해 하나님이 허락하시는 한 여러 번 받아야 합니다. 나는 지금도 기름 부으심을 사모하고 있습니다."[21]

이러한 진화적인 손 장로의 성령의 체험은 성령의 능력을 어느 사건과 사점에 제한하는 우를 범하고 있다. 손 장로가 사용하는 성령체험, 성령세례, 기름 부으심은 동일한 성령의 사역에 불과하다. 즉 이들은 모두 같은 동일한 성령의 역사에 관한 자신의 경험적인 해석에 불과하다. 성령의 오심은 단번에 우리를 회개시키고 중생시키며 성령의 능력을 경험하게 한다. 그리고 지속적으로 내주하며 진리를 깨닫게 하시고 인도하시며 말씀에 순종하여 살게 하시는 것이다. 사도들 시대와 동일한 성령의 역사를 재현하려는 신사도 운동에 영향을 받은 손 장로의 성령에 대한 견해는 초대교회의 영파였던 영지주의와 몬타누스 그리고 16세기의 재세례파의 일부 주장과 다를 것이 없다. 손 장로는 성령체험의 표로 방언을 주장한다. 그는 방언훈련법을 통해 방언을 자꾸 하다보면 성령님의 임재를 느끼며 성령님이 방언을 입 밖으로 밀어

---

[21] 손기철, 『기름 부으심』 (서울: 규장, 2011) p. 28.

내는 것을 알게 된다는 것이다. 손 장로는 어린아이들이 처음 말을 배울 때처럼 아기방언부터 연습시켜야 한다는 것이다. 예를 들면, "랄랄랄, 디디디디"를 반복하는 것이다. 이러한 되풀이 되는 방언을 통해 영적 경지에 오르는 연습은 초대교회의 대표적인 이단인 영지주의자들이 하는 방언과 유사하다. 영지주의자들은 영적인 여러 단계를 설정해 놓고 몰입상태에서 방언을 되풀이하였다.[22]

손 장로는 예언 그리고 환상에 대해 말하는데 특히 아내의 환상과 예언에 대한 이야기를 한다.[23] 초대교회의 몬타누스도 예언하며 환상을 보았다. 재세례파들을 종교개혁자들은 환상파라고 불렀다. 정통교회는 역사적으로 이러한 돌변하는 성령파들의 주장을 말씀과 건강한 상식으로 대처하면서 그리스도의 몸 된 교회를 보존하였다. 바울은 고린도교회의 성령체험과 은사를 경험하면서 교회를 교회답게 하기 위해 성령체험을 교회가 가져야 할 최고의 덕목으로 삼지 아니하고 믿음, 소망, 사랑을 최고의 덕목을 삼았으며 그 중에서 사랑이라고 하였다(고전 13:13). 그리고 성령의 최고의 열매는 사랑, 희락, 평화라고 하였다(갈 5:22).

3) 손 장로의 사도적 치유사역에 대한 신학적 검토가 필요하다

손기철 장로의 사역의 절정은 치유(자신은 전인치유라고 함)의 능력에 있다. 이로 인해 하나님의 나라를 임하게 해야 한다는 것이다. 그에게는 치유의 은사가 나타나야 하나님의 나라가 임하는 것이다. 특히 사도적인 치유의 사역이 이 시대에 임해야 한다는 것이다. 치유를 위해 그리스도의 이름으로 '선포'와 '명령'을 수단으로 사용한다. 그가 선포한 말씀에 환자들이 믿음으로 반응하면 치유를 받는다는 것이다.[24] 그는 예수의 이름과 권능으로 선포하거나 명령하면 된다는 것이다. 예를 들면 "예수 그리스도의 이름으로 명하노니 … 병이 치유될지어다. 예수 그리스도의 이름으로 명하노니 더러운 ○○는 떠날

---

[22] "uuuuuuuuu, ooooooo…"
[23] 손기철, 『기대합니다 성령님』(서울: 규장, 2011) pp. 16-22.
[24] 손기철, 같은 책, p. 229.

지어다" 등이다.[25] 이러한 손 장로의 주장은 오늘날도 사도들이 존재한다는 피터 와그너와 같은 신사도적인 신앙의 계열이다. 그는 사실 실제적으로 피터 와그너와 헌터 부부의 기도 치유에 관한 이야기를 읽고 그런 체험을 지속적으로 갈망하였다.[26] 손 장로의 사도적 치유사역은 인간이 예수의 능력을 대신하려는 오만에서 비롯된 것이다. 그가 고백했듯이 예수님처럼 모든 병을 고치지도 못하고 있다.

"암이나 정신질환 그리고 우울증은 대부분 한 번의 기도로 치유되지 않습니다. 가끔 집회에 참석한 성도가 소천하거나 심한 우울증으로 자살했다는 소식을 들을 때마다 나는 가슴이 미어집니다."[27]

그럼에도 불구하고 그는 서울에 500명에서 1,000명을 수용할 수 있는 치유센터를 건립하겠다는 소신을 밝히고 있다.[28] 손 장로는 사도들의 능력의 재현을 주장하지만 사도들의 경우는 오늘날의 경우와 너무나 다르다. 사도들은 계시를 받고, 또한 많은 치유능력을 주님으로부터 직접 받은 자들이다. 그리고 성령의 특별한 능력을 경험한 자들이다. 이것이 사도들의 특성이었다. 손 장로가 특수한 상황에서 하나님이 교회를 이 땅에 세우기 위해 특별한 은사를 준 사도들과 동일하게 자신이 기적과 치유의 능력을 가졌다고 주장하는 것은 오만이며 하나님의 경륜을 자의적으로 이해하려는 것이다. 오늘날 누구도 사도와 같은 치유능력과 계시를 소유할 수 없는 것이다. 손 장로의 치유사역의 영적 스승인 존 윔버도 객관적인 자료에 의하면 0.5% 미만으로 치유가 이루어졌다는 것이다.[29] 전 장에서 언급한 것처럼 사도적 은사 지속론을 주장한 자들은 교회사에서 이단으로 판정받은 이단과 사이비집단

---

[25] 손기철, 『고맙습니다 성령님』, p. 119-120.
[26] 손기철, 같은 책, pp. 137-138: 와그너 목사의 감기를 전염시킨 역사에 대한 기록도 특이하게 기도의 효력으로 보고 있다. "어느 때는 감기 든 사람에게 손을 얹어 기도한 후 다른 사람들에게 안수기도를 했더니, 모든 사람들이 전부 감기에 걸리는 웃지 못할 일이 벌어지기도 했습니다. 치유가 아니라 병을 전염시키는 목사로 악명 높아졌습니다."
[27] 손기철, 같은 책, p. 235.
[28] 손기철, 같은 책, p. 256.
[29] 조창훈, 같은 책, p. 4.

들이었다.[30]

손 장로의 치유사역은 여러 가지 부작용을 동반하고 있다. 몇 가지를 저적하면 다음과 같다.

첫째, 손 장로의 치유사역은 기독교 신앙을 표적과 이적을 구하는 종교로 전락시키고 있다.
둘째, 손 장로의 치유사역은 치유사역을 하지 않는 목회자들을 성령의 능력을 받지 못한 무능한 목회자로 인식시킨다.
셋째, 손 장로의 치유사역은 치유를 받지 못한 성도들을 믿음이 없는 자로 취급하여 성도를 절망케 한다.
넷째, 손 장로의 치유사역은 완전한 치유가 아님에도 불구하고 치유의 능력을 포장하여 성도들을 기만하고 있다.
다섯째, 손 장로의 치유사역은 하나님의 주권적인 섭리를 인위적으로 조정하려는 시험에 빠지고 있다.
여섯째, 손 장로의 치유사역은 영적세계를 혼돈스럽게 하고 있다. 교회사적으로 병 고침 받고 악령에 빠져 성도들을 유혹한 경우들이 있기 때문이다. 성경에도 거짓예언자들을 경계하라고 가르치고 있다. 그들도 "주여 주여 우리가 주의 이름으로 선지자 노릇하며 주의 이름으로 귀신을 쫓아내며 주의 이름으로 많은 권능을 행치 아니 하였나이까"라고 말하기 때문이다(마 7:21~22). 그리고 마가는 "거짓 그리스도들과 거짓 선지자들이 일어나서 이적과 기사를 행하여 할 수만 있으면 택하신 백성을 미혹케 하려 하리라"라고 기록하고 있다(막 13:22).

4) 손 장로의 능력전이(impartation)와 혼절은 비성경적이다
손 장로는 임파테이션에 대해 다음과 같이 말한다.

---

[30] 옥성호, 『방언, 정말 하늘의 언어인가?』(서울: 부흥과 개혁사, 2010) p. 9. 재인용, 조창훈, 같은 책, p. 4.

"기름부음은 다른 사람에게 '전이'(impartation,임파테이션)되기까지 합니다. 내가 기름 부으심이 넘치는 목사님에게 안수기도를 받을 때, 나에게 기름 부으심이 흘러들어 왔습니다. 이와 동일하게, 내가 다른 사람을 위해 기름 부으심을 흘러 보내는 기도를 하면 성령님의 능력이 전달되고, 그 기도를 받은 사람도 나와 같은 사역을 할 수 있게 됩니다. 단 기름 부으심이 무조건 전이되는 것은 아닙니다. 하나님의 계획하심과 기름 부으심을 흘러 보내는 사람과 받는 사람의 믿음과 마음의 상태가 결정적인 역할을 한다고 합니다."[31]

손 장로는 기름부음의 전이에 대한 성경적인 근거로 마태복음 9:17을 인용하는데 이 성경구절은 전혀 능력전이와는 관계없는 성경구절이다. "새 포도주를 낡은 가죽 부대에 넣지 아니하나니 그렇게 하면 부대가 터져 포도주도 쏟아지고 부대도 버리게 됨이라 새 포도주는 새 부대에 넣어야 둘이 다 보전되니라." 손 장로는 자신의 주장을 뒷받침하기 위해 성경 구절을 비교적 적절하게 인용하는데 여기서는 아예 적절한 성경구절을 찾지 못하고 있다. 그의 주장에 의하면 기름부음으로 능력을 받은 사람들이 가는 곳에는 흘러 보내는 사람과 받는 사람의 믿음과 마음의 상태가 통한다면 기계적으로 능력이 전이된다는 것이다. 즉 기름부음은 주는 사람에게서 능력의 전이를 받은 사람은 동일한 능력이 나타낸다는 것이다. 이러한 전이는 자신이 크리스 해리슨 목사의 안수 등을 통해 능력을 얻게 되었다는 경험론에 기초한 것으로 보인다. 그러나 성경은 손 장로와 같은 능력전이를 말하고 있지 않다.

그리고 이러한 손 장로의 능력전이는 혼절현상에서 주로 나타난다. 혼절현상은 감리교 운동의 창시자 존 웨슬리가 부흥회를 인도할 때에도 종종 나타난 현상이었다. 미국의 대각성 운동의 주인공 조나단 에드워드의 집회 현장에서도 혼절하는 사람들이 종종 있었다. 그리고 한국의 1907년 평양 부흥 운동 때에도 나타난 현상이었다.

그러나 여기서 주목해야 할 것은 혼절이 반드시 성경적이 아니라는 것이다. 빈야드 운동의 혼절을 보면 혼절로 인해 쓰러진 사람 때문에 카펫이 보

---

31 손기철, 『고맙습니다 성령님』 p. 186.

이지 않을 지경이다. '플로리다 부흥'으로 한동안 유명했던 타드 밴틀리라는 사람이 인도하는 집회에서는 혼절에 대한 경이로운 모습이 나타난다.

"그의 손이 근처에 가거나, 올라가려고 하거나, 위에서 아래로 긁거나 내려치는 액션이 나오면 사람들은 그대로 혼절한다. 타드 밴틀리는 거기서 멈추지 않고 쓰러져 바닥에 퍼진 사람의 가슴을 향하여 손바닥으로 뭔가를 쏘는 시늉을 하면서 '뱅! 뱅! 뱅!' 하고 소리를 친다. 그러면 쓰러진 사람에게 뭔가 어떤 힘이 가해지는지, 혼절한 사람들이 팔 다리가 들썩거리는 장면이 자주 나온다."[32]

위의 혼절에 대한 상황은 손 장로의 혼절 시행과 유사하다.

"[손 장로가] 그를 향하여 일어서고 다가가는 모든 사람은 모두 쓰러진다. 영상을 보았더니 손을 이마에 대면 쓰러졌다. 조금 떨어져서 오른손을 위에서 아래로 비스듬히 줄을 긋듯이 내어질러도 쓰러졌다. 그래도 안 쓰러지면 그는 '주여! 더! 더! 더!'라고 소리를 지른다. 그게 기도인지, 기합인지, 주문인지 … 뭔지 나는 잘 모르겠다. 하여간 쓰러뜨리고야 만다."[33]

혼절의 경우는 또한 IHOP, 알파코스, 알파코스의 후속 프로그램인 G12에서도 각종 기적과 함께 나타난다. 이러한 운동도 신사도 운동의 사상과 계열에 속했거나 영향을 받은 것이다. 그런데 문제는 빈야드 운동의 선구자인 존 윔버, 신사도 운동의 학문적 틀을 완성한 피터 와그너, 그리고 베니힌도 손 장로에게 영적인 영향을 준 대표적인 인물들이다.[34] 베니힌의 혼절 장면에 대한 묘사는 다음과 같다.

"신사도 운동이라는 공통분모가 없는데도 잘 혼절시키는 사람이 있다. 바로

---

[32] http://blog.chosun.com/gc1234/5418489
[33] http://blog.chosun.com/gc1234/5418489
[34] http://blog.chosun.com/gc1234/5418489

베니힌이다. 그의 집회의 영상을 보니 그 역시 가히 혼절의 대마왕이었다. 무대 위에 5-6명을 둘러 세우고 이쪽저쪽을 춤추듯이 움직이면서 마치 큰 합창단의 지휘자처럼 멋지게 손을 휘저으며 살포시 때리듯이 밀면 사람들이 춤추듯이 쓰러졌다. 한 판의 퍼포먼스가 끝이 나자 다 쓰러지고 무대에는 오직 베니힌만 남았었다. 예수님도 계속 임재하여 그곳에 서서 계시려면 베니힌에게 넘어뜨리지 말라고 부탁해야 하는 분위기였다. 오직 말짱히 서 있는 사람은 베니뿐이었고, 그만이 장엄한 조명을 받으며 서 있었다. 그는 다시 무대 아래로 걸어가면서 왼손 오른손으로 번갈아 사람들을 건드렸는데, 또 사람들은 환상적으로 혼절하며 쓰러졌다. 베니힌은 신처럼 행동했다. 실제로 그는 인간도 종류가 다른 미약한 하나님이라는 사상을 가진 사람이다. 소가 새끼를 낳으면 소 새끼이고 말이 새끼를 낳으면 말 새끼이듯, 하나님의 자녀들은 작은 하나님 새끼, 즉 God은 아니라도 god은 된다고 주장한다. 그래서 대부분의 복음적인 교회들은 그를 더욱 이단으로 정죄하고 교류를 단절하였다."[35]

손 장로는 신사도 운동 그룹 안에서도 대표적인 예언자요 선지자인 릭 조이너에게서 두 차례 임파테이션(안수)을 받았다. 릭 조이너는 기존 교회를 마귀의 통치에서 벗어나지 못하는 죽은 교회로 규정하고 있다. 손 장로는 이런 사람들에게서 능력전이를 받은 것이다. 이런 신사도 운동을 통해 혼절이 전승된 것이다.

이처럼 요지경 같은 혼절에 대한 성경적인 근거가 있는가? 손 장로가 혼절의 근거로 제시한 성경구절은 역대하 5:14이다. "제사장이 구름으로 인하여 능히 서서 섬기지 못하였으니 이는 여호와의 영광이 하나님의 전에 가득함이었더라." 여기서 말하는 제사장이 능히 서서 섬기지 못했다는 표현은 혼절과는 무관하다. 제사장이 혼절했거나 쓰러진 상태를 묘사한 것은 아니다. 하나님이 그 제사에 친히 임하셔서 제사장들이 감히 엎드리지 않고는 견딜 수 없었음을 표현하고 있다. 손 장로는 또 다른 성경구절로 요한복음 18장에서 예수님이 자신을 체포하기 위해 찾아온 로마 군병이 "내로라!" 하는 예수

---

35 http://blog.chosun.com/gc1234/5418489

님의 말씀에 쓰러진 것을 예로 들고 있다. 그러나 이 구절도 손 장로가 주장하는 것처럼 혼절의 근거가 될 수 없는 구절이다. 군병이 쓰러진 것은 예수님의 신적인 위엄 앞에 압도되었기 때문이다(물론 그는 예수의 신적존재에 대해 알 수 없었지만). 로마 군병이 쓰러진 것은 능력의 전이로 인해 쓰러진 것은 아니다.

그러면 예수님의 기적의 사역에는 쓰러지거나 기절하는 혼절의 경우가 없는가? 마가복음 9:20과 누가복음 9:42에 보면 예수님이 귀신 들린 사람을 치유할 때 꺼꾸러지고, 경련을 일으키고, 엎드려 거품을 흘리는 현상이 나타난다. 그러나 여기서 귀신 들린 아이가 예수님 앞에서 넘어졌지만 이 아이를 혼절케 한 것은 예수님이 아니고 귀신이다. 그리고 예수님을 만나기 전에도 귀신은 이미 아이에게 꺼꾸러뜨리고, 경련을 일으키고, 그리고 거품을 내게 하였다(막 9:18). 기절과 쓰러짐은 귀신이 떠나갈 때 나타나는 가장 흔한 현상이다. 예수님은 도리어 귀신으로 인해 혼절하는 사람을 더 이상 혼절하지 않도록 완전히 치유시킨 것이다. 그런데도 불구하고 혼절 현상을 성령의 능력을 나타내는 현상으로 보는 것은 잘못된 것이다. 그리고 성경은 혼절을 믿음의 능력의 현상으로 언급하지도 않으며 강조하지도 않는다. 성경은 오히려 귀신들이 발동하여 사람을 혼절시키며 괴롭게 하는 것으로 묘사하고 있다. 신사도 운동의 영향을 받은 손 장로의 혼절 현상은 미혹하는 더러운 영들의 속임수일 수도 있고 심리적인 최면술의 현상일 수도 있다.

5) 손 장로의 치유사역은 신학적으로 위험하다

손 장로는 모든 질병의 원인을 죄로 인한 결과라고 주장한다.[36] 그는 죄 사함의 복음은 반쪽 복음이며[37] 치유가 동반되어야 완전한 복음이 된다는 것이다. 그리고 이것이 하나님 나라의 실현이라는 것이다. 이러한 손 장로의 주장에서 두 가지 중요한 오류를 발견하게 된다. 첫째, 육신적인 치유의 능력이 없는 죄 사함은 완전한 복음이 아니라는 주장이다. 손 장로는 죄 사함의 복음

---

[36] 손기철, 『치유기도』 (서울: 규장, 2010) p. 22. 재인용, 조창훈, 같은 책, p. 2.
[37] 조창훈, 같은 책, p. 2.

이 복음의 근본이요 완전함임을 간과하고 있다. 치유현상은 죄 사함의 결과로 그리고 죄 사함과 함께 나타나는 것은 아니다. 하나님의 사랑과 주권적인 판단에 의해 치유의 은혜가 임하는 것이다. 둘째, 손 장로는 하나님의 나라를 치유 사역에 국한시키는 오류를 범하고 있다. 하나님의 나라는 능력에만 있는 것이 아니라 우주를 통치하시는 하나님의 다스림으로 이루어지는 것이다. 치유는 하나님의 다스림의 작은 일부분에 속할 뿐이다.

6) 손 장로의 선포식 왕의 기도는 주관적인 계시체험에 기초하고 있다

손 장로는 선포기도를 할 때 성령님의 임재를 통해 나온다는 것이다.

> "성령님의 임재 가운데 계시적인 말씀이 흘러 나와야 합니다. 왕의 기도의 핵심을 계시적인 말씀의 흐름에 있습니다. 계시적 말씀이란 성령님께서 어느 순간에 주시는 살아 있는 하나님의 말씀입니다."[38]

손 장로는 선포식 기도의 횟수와 경험이 늘어날수록 하나님의 말씀이 자신의 내면 깊숙한 곳에서 생수의 흐름을 따라 흘러나온다는 것이다.[39]

> "나는 집회 시 줄지어 서 있는 성도들에게 기도해 줍니다. 한 사람 한 사람씩 지나가며 기도할 때마다 나의 생각과는 전혀 상관없는 말들이 나의 내면으로부터 입술을 통해서 선포됩니다. 전혀 예측할 수 없는 내용의 말이지만 그 말 한 마디에 울부짖고 쓰러지고 악한 영이 떠나가는 역사가 일어납니다. 그 말은 내 머리의 생각이 아니라 계시의 흐름에 따라 하나님이 주시는 말씀이기 때문입니다."[40]

이러한 손기철 장로의 체험과 주장은 직통계시를 받은 인상을 주고 있다. 어느 집회에서 손 장로가 체험한 직통계시에 대한 기록은 다음과 같다.

---

[38] 손기철, 『왕의 기도』, p. 152.
[39] 송기철, 같은 책, p. 153.
[40] 손기철, 같은 책, p. 153.

"주님, 말씀이 선포될 때 이 말씀을 믿음으로 취하는 자가 치유되며, 말씀을 믿는 자에게 베푸시는 능력의 크고 놀라운 비밀을 알게 하시고, 주께서 어떻게 역사하시는지 목도하게 하옵소서! 주님, 이 말씀이 선포될 때 몇 사람을 치유하기 원하십니까? 그러자 나의 심령에 4명이라는 내적 감동이 왔습니다. 나는 다시 하나님께 '하나님, 4명이 맞습니까?'라고 물었습니다. 그런데 하나님께서 '아니, 6명이야'라고 말씀하셨습니다. 이것은 모두 나의 내면에서 순간적으로 진행된 일입니다."[41]

손기철 장로의 이러한 체험은 교회사적으로 이단들이 체험했다는 직통계시 체험과 유사하다. 정통 기독교의 개혁신앙은 직통계시의 신빙성에 대해 부정적이었다. 성경 외에 직통계시를 주장한 자들은 대부분 이단으로 전락했기 때문이다. 몰몬교, 안식교, 여호와의 증인, 그리고 한국의 통일교, 박태선의 천부교와 신천지 등이 직통계시를 받은 대표적인 이단들이다.

7) 손 장로의 선포식 왕의 기도는 심리적인 확신을 통한 최면술의 경향이 짙으며 선포식 기도가 기도의 대표적인 전형이 될 수 없다

손 장로의 기도를 대변하는 특징은 선포와 명령의 기도이다. 손 장로는 선포와 명령의 기도는 예수의 이름으로 선포하고 명령하는 것이다. 왕의 기도는 반드시 선포하고 명령해야 한다는 것이다. 우리의 왕이신 예수님이 선포하고 명령했기 때문이라는 것이다.

"예수님은 중풍병자에게 일어나 집으로 가라고 선포하셨습니다. … 회당에서 안식일에 손 마른 사람의 손이 회복되도록 선포하셨습니다. … 베데스다 못에서 38년된 병자에게 자리를 들고 걸어가라고 선포하셨습니다. … 10명의 문둥병자에게 제사장에게 가서 보이라고 선포하셨습니다. … 날 때부터 소경된 사람을 실로암 못에 가서 씻으라고 선포하셨습니다. … 그리고 시몬 베드

---

[41] 손기철, 같은 책, pp. 138-139.

로의 집에서 열병이 난 그의 장모를 향해 선포하셨습니다."[42]

손 장로는 예수의 선포와 명령기도를 따라 치유를 위해 왕의 기도를 실행하면서 직접적으로 선포하고 꾸짖고 명령한다. "뒤틀어진 뼈들 원위치! 돌아가! 돌아가! 돌아가! 미혹의 영, 영, 떠나가! 떠나가!"[43] 다음은 집회 현장에 참석한 기자의 기사내용이다.

"손을 벌리는 자, 예수 이름을 부르는 자, 하나님의 영광을 맛볼지어다. 더 주님! 더 주님! 더 주님! (비명) 터치! 문을 박차고 나오십시오. 예수님이 기다리고 계십니다. 그분을 만지십시오. 그분의 이름을 부르십시오. 예수님! 예수님! 터치! 터치! 터치! 예수의 이름으로 깨끗함을 받을지어다. 예수의 이름으로 해방될지어다! 예수의 이름으로 질병이 떠나갈지어다!"[44]

위의 치유기도에서 나타난 손 장로의 치유기도는 되풀이되는 말들로 능력을 고조시킨다. "더 주님! 더 주님! 더 주님! (비명) 터치! 문을 박차고 나오십시오." "계십니다." "만지십시오." "부르십시오." "예수님! 예수님! 터치! 터치! 터치!" "깨끗함을 받을지어다." "해방될지어다." "질병이 떠나갈지어다." "떠나가! 떠나가!" "뼈들이 원위치로 돌아가! 돌아가!" 등의 반복적인 명령과 선포가 손 장로의 치유기도의 특징이다.

그러나 이러한 반복적인 선포, 명령, 그리고 외침은 치유를 소원하는 자에게 그렇게 될 것이라는 심리적인 암시성(suggestion)을 유발시키게 된다. 반복적인 명령과 선포는 치유 경험을 간절히 염원하는 취약한 상태에 있는 약한 환자에게 평안과 고통을 경감시키며 암시적인 치유의 경험을 갖게 한다. 그러나 실제로는 치유가 된 것은 아니다. 그럼에도 불구하고 치유받은 자는 일시적으로 치유가 된 것처럼 착각에 빠질 수 있다. 그래서 손 장로의 치유집

---

[42] 손기철, 같은 책, pp. 178-180.
[43] 손기철, 『왕의 기도』, 2008, p. 9. 재인용, 김지찬, 손기철 장로 신비주의 은사(치유)집회, 어떻게 볼 것인가? 바른 영성에 대한 개혁주의 신학적 조망, 총회신학부, 2011, p. 281.
[44] 총회신학부, 같은 책, p. 281.

회에서 일어나는 치유가 모두 성경적이고 기독교적이라고는 말할 수 없다.

    손 장로는 선포와 명령의 기도가 아닌 일반적인 기도는 간구에 불과하며 진정한 기도는 선포되어야 한다고 주장한다. 그러나 예수님의 기도의 대부분은 간구기도였다. 예수의 겟세마네 동산의 기도도 간구기도였다. 마태복음 26:39, "아버지여 할 수만 있으면 이 잔을 내게서 지나가게 하옵소서 그러나 나의 원대로 마시옵고 아버지의 원대로 하옵소서." 그리고 예수님이 제자들에게 가르쳐준 기도의 모범인 주기도문도 간구의 기도였다. 주기도문 어디에서도 명령과 선포의 기도를 하라는 가르침은 없다(마 6:9~13). 예수님이 명령하신 것은 치유를 위해서 특별히 취하신 형태만은 아니었다. 다른 경우에도 예수님은 명령하시고 선포하셨다. 예를 들면 예수님은 일상적으로 제자들에게 명령하신다. "너희는 이렇게 기도하라"라고 명령하신다(마 6:9), "나를 따라 오라"(마 4:19), "원수를 사랑하라" 그리고 "판단하지 말라." 이러한 명령형은 제자들을 향한 예수님의 전형적인 표현의 패턴이었다. 예수님은 신적 권위로 많은 경우에 명령을 하셨다. 그런데 이러한 일상적인 예수님의 선포와 명령을 손 장로는 마치 치유의 사역에서 치유를 위해서는 반드시 사용해야 할 패턴으로 보는 것은 잘못이다. 치유의 능력은 말에 있지 아니하고 하나님의 능력과 주권에 있는 것이다. 그리고 신·구약 성경에는 명령과 선포의 기도보다는 간구의 기도가 전형적인 기도의 형식임을 보여준다.

8) 손 장로는 가계 혹은 지역 저주론과 인간론에서 위험한 표현을 하고 있다

손 장로는 "치유기도가 진전이 없을 때 저주가 있지 않나 의심해 볼 필요가 있다"고 주장한다.[45] 그리고 특정한 땅들은 성도들이 거주하기 전에 먼저 땅을 회복해야 한다는 것이다. 왜냐하면 저주받은 곳이기 때문이다.[46]

> "결론적으로 말하자면, 우상적인 행위는 가증히 여겨야 하지만, 땅과 어떤 장소가 저주받을 수 있다는 것과 그것을 하나님의 방법으로 회복시키는 것은

---

[45] 손기철, 『기름부으심이 넘치는 치유와 권능』 (서울: 두란노, 2008), p. 378. 재인용, 조창훈, p.8.
[46] 손기철, 같은 책, p. 383. 조창훈, p. 8.

성경적이라는 사실이다."[47]

손 장로는 이런 저주받은 지역에서 일어나는 악행들을 대신해서 기도하여 회개와 보혈의 힘으로 그 장소의 저주를 물리칠 수 있다는 것이다.

"의식적이든 무의식적이든 혹은 직접적이든 우리 인간의 동의에 의해서 더 럽혀진 땅은 인간에 의해서 다시 회복되지 않으면 계속 저주 아래 놓이게 된다. 악한 영에게 묶여 있는 땅은 우리가 그 묶임을 끊고 하나님의 말씀을 선포하는 만큼 회복되어질 것이다."[48]

손 장로의 이런 주장은 대단히 위험한 발상이며 성경을 자의적으로 해석한 결과이다. 손 장로는 또한 인간을 삼분설로 보는 경향을 갖고 있다. 손 장로는 인간은 영, 혼, 육의 요소를 갖고 있다고 주장한다. "성경은 분명히 혼과 육이 영을 통제하는 것이 아니라. 영이 혼과 육을 통제하는 삶이 진정한 그리스도인의 삶이라고 말하고 있다. 혼과 육이 영을 통제하는 삶은 율법주의로 갈 수밖에 없다."[49]

비성경적인 삼분설은 주로 이단들의 대표적인 인간론이며 성경은 이분설을 말하고 있다는 견해가 개혁주의의 입장이다.

3. 연구 결론

손기철 장로가 주장하는 치유능력은 신사도 운동의 영향을 받은 것이다. 손 장로는 지나친 자신의 영적충동을 성령의 임재하는 능력으로 확신하고 있으며 이러한 그의 치유집회는 위험 수위에 달하고 있다. 그리고 특별한 성령의 능력을 강조하면서 말씀 중심의 기독교 신앙을 표적과 이적 중심의 기독교로 왜곡시키고 있다. 그러나 손 장로와 같은 성령체험과 직통계시의 체험은 교회사적으로 무수히 발생하였다가 소멸되었다. 그리고 이러한 운동은 주로

---

[47] 손기철, 같은 책, p. 384, 재인용, 오창훈, p. 6.
[48] 손기철, 같은 책, p. 390, 재인용, 오창훈, p. 6.
[49] 손기철, 같은 책, pp. 25-26, 재인용, 오창훈, p. 9.

이단들의 특징이었다. 초대교회의 영지주의, 마르시온, 몬타누스, 중세의 신비주의자와 천년왕국론자들, 그리고 16세기의 재세례파와 환상적인 성령파들도 같은 주장을 하였다. 또한 근대의 이단으로 규정된 몰몬교, 안식교, 여호와의 증인, 한국의 통일교, 천부교, 신천지도 같은 성향을 갖고 있다. 아직 손기철 장로를 이단으로 규정할 수 있는가에 대해서는 더 지켜보아야 할 것이지만 그의 신앙사상은 상당한 위험 수위에 처해 있음을 알 수 있다. 그러나 논자의 식견으로는 그의 성령체험과 영적운동은 진화할 것으로 보인다. 그의 왕의 기도를 통한 치유가 어디까지 갈 것인가에 대해서는 지켜보아야 할 것이다. 언젠가 자신의 입에서 신적인 권위를 가진 존재로 자신을 부각시키는 내용의 언질이 나올 가능성이 보인다. 왜냐하면 이러한 영적 운동을 시도한 자들은 항상 진화하기 때문이다. 손 장로는 치유사역을 통해 많은 영향을 미치고 있지만 그가 많은 영향을 미치는 만큼 말씀 중심의 건강한 교회가 훼손될 것이다. 우리는 손 장로의 행보를 경각심을 가지고 지켜보아야 할 것이다.

37. 이만희
(신천지예수교증거장막성전)

이단문제 전문가들에게 한국 교회를 가장 어지럽히는 이단 단체를 꼽으라면 주저하지 않고 신천지예수교증거장막성전(신천지)을 거론할 것이다. 신천지 측이 독특한 포교법으로 정통교회 성도들을 미혹하고 혼란을 가중시키고 있기 때문이다.

신천지는 신도들을 직접 정통교회로 파송해서 전략적으로 교묘하게 미혹하는 이단단체다. 이들은 자신의 신도들을 정통교회로 파송해(일명 '추수꾼'이라고 한다) 교회와 성도들의 정보들을 빼낸다. 그리고 빼돌린 정보를 근거로 신천지 측 제3의 인물을 정통교회 신도에게 접근시킨다.

교회를 통째로 집어삼키는 '산 옮기기' 전략도 충격적이다. 선량한 신도로 위장해 교회로 들어간 다음 또 다른 신천지 신도를 정통교회로 전도한 것처럼 위장해 교회에 등록시킨다. 세력을 규합해 전도사를 쫓아내고 나중에는 목사까지 쫓아내는 방법이 그들의 '교회 통째로 먹기 수법'이다.

신천지에 대처하려면 이단문제 전문가들을 초빙해 이단세미나를 열거나, '신천지 대처 세미나'를 기획하는 것이 가장 좋은 방법이다. 그리고 지역 목회자들은 교회 성장의 스킬이나 기술에만 관심을 가질 게 아니라 성도를 구원의 확신을 가진 진정한 제자로 성숙시켜야 한다. 이것이 신천지에 대처하는 좋은 방법이 될 것이다.

I. 총회 자료 1

다음은 제80회 총회(1995년)에서 발표한 보고서를 요약한 것이다.

1. 이만희의 개인적 이력

1) 출생 배경 및 신앙체험

1931년 9월 15일 경북 청도군 풍각면 현리 702번지에 출생하였으며, 17세의 나이로 서울 성동구 금호동 형님 집에 기거하면서 건축업에 종사하다가 한 전도사의 안내로 창경원 앞에 있는 한 천막교회에서 침례를 받았다. 이렇다 할 신앙 체험이 없던 상태에서 낙향하여 풍각장로교회를 출석하는 중 본격적인 신앙생활이 이루어지고 『박군의 심령』, 『학생 문창 독본』 등의 서적을 탐독하였다.

어느 날 신비한 체험을 한 후, 유재열(장막성전) 씨를 열성적으로 추종하다 이탈하여 80년도부터 설파해 온 것이 오늘날의 '무료성경신학'의 모체인 것이다.

2) 학력·경력 및 신학 수업 배경

정상적인 신학 수업을 한 흔적이 전혀 밝혀지지 않고 있으며, 장막성전의 유재열의 강한 영향력을 받은 것이 전부인 것으로 조사되어지고 있다.

2. 교재에 근거한 이단성 분석

고등교재는 계시록을 내용으로 하고 있기에 이만희의 『계시록의 진상』을 분석하면 아래와 같다(『천국 비밀 계시록의 진상』, 도서출판 신천지, 1986년 판).

1) 자신이 직접 주님으로부터 계시를 받고 보는 자로서 성경 저자와 동등자 내지 그 이상의 존재로 자칭하는 자로서 성경의 충족성을 무시하는 자이다

"이 책은 사람의 생각으로 연구한 것이 아니요, 또 사람에게서 배운 것도 아니요, 오직 살아계신 주님의 성령과 천사들로부터 보고, 듣고 지시에 따라 증거한 것이므로 이 증거는 참이며 진실이다. 필자가 주님으로부터 듣고, 보고, 기록한 이 증거가 참인 것은 성경 66권을 기록한 선지자들도 필자와 같이 하나님으로부터 듣고 본 것만을 기록했기 때문이다"(3쪽).

2) 자신의 저서만이 참진리를 담고 있기에 다른 신학자나 목회자의 저서는 일고의 가치가 없는 것으로 매도하고 있다

"하나님의 책이 봉함된 오늘날의 목자들이 사 29장의 내용과 같이 사람의 계명으로 연구한 주석을 가지고 성경 위에서 왕노릇 하였지만 오늘날 성경이 개봉될 때는 주석(사이비)은 그 빛과 권세를 잃고 감추게 될 것이다"(91쪽).

"사람이 연구한 주석은 생명이 없으며 주석은 사이비요, 이단의 교리이다"(92쪽).

3. 결론

1) 그들은 성경을 단순 임의적으로 해석하는 자들로서 정통 성경해석 원리를 근본적으로 무시한 자들이다.
2) 그들은 성경을 비유적 개념으로만 풀어 나아가려고 하는 매우 무지한 소지를 취하고 있는 자들이다.
3) 그곳에서 가르치는 자들은 정상적인 신학수업을 받지 못한 자들이기에 신학적 기반이 없으므로 지도자로 나서기에는 매우 위험스러운 자들이다.
4) 일정한 그들의 기준에 도달한 자만이 그들의 교회 및 단체에 관여케 하는 비밀집단 체제 방법을 갖고 있다.
5) 종말론을 강조하면서 기성 교회와의 괴리를 시도하며 기성 성도들을 위협하고 있다.
6) 건전한 기독단체인 것처럼 위장전술을 사용하고 있다.
7) 일고의 신학적, 신앙적 가치가 없는 집단으로 밝혀지고 있다.

II. 총회 자료 2

다음은 제92회 총회(2007년)에서 발표한 보고서를 정리한 것이다.

1. 신천지의 창시자 이만희는 누구인가?

경기도 과천시 별양동 1-11 벽산빌딩 5층에 본부를 두고 있는 신천지예수교 장막성전의 대표, 교주는 이만희(1931년 경북 청도 출생)이다. 총회장이라고 하

는 이만희 씨는 1931년 경북 청도군에서 12아들 중 6번째로 태어났다. 그의 이름이 '만희'가 된 이유는 다음과 같다. 그의 할아버지가 꿈속에서 해, 달, 별이 어두워지고 떨어진 후 다시 하늘이 열리더니 빛이 나와 어머니에게 비추는 것을 보고 '빛'이라는 뜻을 지닌 만희(萬熙)라고 지었다고 한다.

이 씨는 17세의 나이가 됐을 때 서울 성동구 금호동 형님 집에 기거하면서 건축업에 종사하다 어느 전도사의 안내로 창경원 앞에 있는 어느 천막 교회에서 침례를 받았다. 1969년 당시에는 증거장막성전 유재열 씨의 집회에 참석하며 유 씨를 열성적으로 추종했고 1970년 초에는 자신이 하나님이라고 주장한 백만봉 씨를 따라 장막성전을 이탈했다. 백 씨를 추종하던 중 "1980년 3월 13일에 천국이 이루어진다"는 주장과 달리 아무 일도 일어나지 않자, 그곳을 다시 탈퇴했다. 그 후 경기도 안양시 비산동에 '새증거장막'이라 하여 지금의 신천지교회를 1980년 3월 14일 세웠다가 1984년 3월 14일에는 12지파를 창설하고 출범하게 된다.

출범할 당시 이만희 씨는 홍종효 씨와 함께 자칭 '두 증인', 또는 '모세'와 '아론'으로 행세하기도 했다. 그러나 둘은 1987년에 사소한 문제로 다툰 후 결별하게 됐고 홍종효 씨는 자신을 '진짜 재림예수'라고 주장하고 있으나, 홍 씨의 세력은 극히 미미한 반면 이만희 씨의 단체는 점점세력을 넓혀 정통교회를 위협하고 있다. 특히 최근에는 교회에 '추수꾼'들을 파송하여 한국 교회 성도들을 미혹하고 혼란하게 하고 있다. 신천지를 추종하는 자들은 전국의 원생과 교인을 합쳐 약 3만 5천 정도의 신도들이 있는 것으로 파악되며, 이들은 각 지역별로 12사도의 이름대로 12지파를 만들어 부르고 있다. 이만희는 자신의 전력 때문에 유재열과 홍종효를 비판하고 있지만, 어쩔 수 없이 교리의 뿌리를 저들과 같이하고 있는 것이다.

2. 신천지의 교과 과정

신천지는 '무료성경신학원', '시온기독교신학원', '평신도 신학원' 등 다양한 이름으로 활동하여 가능한 신천지라는 이름을 숨겨 정통교회를 미혹하고 있는데, 최근에는 '복음방'이라는 과정을 추가하기도 하였는데, 이는 사람들을 신학원에 데리고 가기 전까지 훈련하는 또 다른 위장단체이다. 신천지에는 지파마다 조금의 차이는 있으나 초등, 중등, 고등으로 나누어서 가르치는데 각각 2개월씩 소요된다.

3. 신천지(교주 이만희)의 이단 교리는 무엇인가?

1) 신론

① 이만희 씨는 자신을 알파와 오메가라고 주장한다. 교주 이만희 씨는 자신을 사도 요한 격인 사명자, 요한계시록의 알파와 오메가, 보혜사 성령, 인치는 천사 등으로 주장하고 있다(이만희, 『계시록의 진상』, 도서출판 신천지, pp. 36~37).

② 이만희 씨는 자신을 인치는 천사라고 주장한다. 교주 이만희는 자신을 사도 요한 같은 입장의 지상 사명자로서 인을 가지고 해 돋는 데서 올라온 다른 천사라고 한다(위의 책, p.108).

③ 이만희 씨는 자신을 보혜사라고 주장하며 자신이 삼위일체의 하나님 중에 성령이라고 주장한다. 이만희는 자신을 사도 요한 격인 사람이라고 하며, 또한 이 사도 요한 격인 사람이 또 보혜사라고도 주장한다. 이만희 씨는 자신이 저술한 책 표지에 '보혜사 이만희 저'라고 기재해 놓기도 했다. 즉 이 씨는 자신을 삼위 중 하나라고 신격화한다는 얘기다(이만희, 『계시록의 진상2』, 도서출판 신천지, p.37, 50, 52)

2) 계시론

① 이 씨는 성경의 대부분이 비유와 상징으로 되어 있다고 주장한다. 이 씨는 이처럼 성경을 비유로 풀어야 한다고 주장한다. 문자로 성경을 해석하는 것은 하나님의 뜻에 맞지 않는다는 것이다(이만희, 『성도와 천국』, 도서출판 신천지, p. 26, 1995). 이 씨처럼 비유 풀이를 강조하여 성경을 영적으로 풀어야 한다는 주장은 대부분의 가짜 재림주들의 공통적인 주장으로, 이는 이 씨를 재림주로 만들기 위한 방편에 불과하다. 왜냐하면 성경을 문자적이요, 신학적으로 해석하면 교주를 재림주로 만들기가 불가능하기 때문이다. 예컨대 예수님은 재림하실 때, 하늘로부터 와야 하고, 구름을 타고

오셔야 하고, 호령과 천사장의 나팔도 울려야 한다. 그러나 대부분의 가짜 재림주들이 비유 풀이라는 형식을 빌어 자신을 신격화하듯 이 씨도 비유 풀이를 통하여 자신을 재림주로 만들고 있다.

② 이 씨는 직통계시자이다. 많은 이단 교주들의 공통점 중에 하나는 직통계시성이다. 이 씨 역시 자신이 증거한 책은 성령과 천사들로부터 직접 보고 듣고 지시에 의해 하나님의 말씀과 실상을 동시에 증거한 것이라고 하였고(이만희, 『계시록의 실상』, 도서출판 신천지 p.3), 또한 "필자(주: 이만희)가 하늘의 하나님을 찾아 나선 배움의 길에서 하나님의 계시를 직접 보고 듣고 깨달은 하나님의 말씀(요 6:45)을 본 책 『성도와 천국』에 실어 모든 형제들에게 편지로 전하는 것이니 보고 깨달아 그토록 원하는 소망의 나라 천국에 이르기를 간절히 바라는 바이다"(이만희, 『성도와 천국』, 도서출판 신천지 p.1)라고 하였을 뿐 아니라, "이 책은 직통계시를 받은 것을 기록한 것이며 듣지도 보지도 못한 새 일이요, 천국의 비밀이다. 이 책은 인류 역사상 제일의 책이요, 만국을 다스릴 철장권세이다. 천국에 소망을 둔 자라면 한 번은 꼭 읽고 깨달을 영원한 복음이다"(위의 책, p.22)라고 하였다.

3) 기독론

① 이 씨는 자신을 재림주라고 주장한다. 이 씨의 모든 교리는 자신을 재림주로 만들기 위한 수단에 불과하다. 이 씨는 예수님께서 구름 타고 오신다는 것은 영으로 어떤 인간 육체에 임하시는 것으로서, 예수님의 재림을 영적인 것으로 주장하고, 바로 자신에게 영으로 임하신 것이 재림이라고 함으로 자신이 재림주가 되는 것이다(이만희, 『성도와 천국』, 도서출판 신천지, pp. 77~78, 이만희, 『계시』, 도서출판 신천지, p. 43, 95).

② 이 씨는 자신이 철장으로 만국을 다스릴 자라고 주장한다. 계시록 12장의 철장으로 만국을 다스릴 아이(남자)가 바로 자신이라고 가르친다. "아이를 낳은 여자가 뱀의 낯을 피하여 광야 자기 곳으로 도망가서 거기서 1,260일간 양육받게 된다는 말은 그가 엘리야와 세례 요한의 입장에서 약속의 목자(주: 이만희 씨를 말함)인 이 아이 앞에 먼저 온 것을 알려주는 말이다"(이만희, 『계시』, 도서출판 신천지, p. 221)라고 하였고, "초림 예수님은 육적

인 말구유에서 나셨지만, 오늘날의 주인공 곧 장차 철장으로 만국을 다스릴 아이는 이곳 영적 말구유에서 탄생된 것이다. …그러므로 만백성은 이 아이(남자) 곧 철장을 받은 사명자(주: 이만희를 말함)에게 배워야만 하나님의 뜻대로 하는 자가 된다(마 7:21)"(이만희, 『계시』, 도서출판 신천지, p. 224).

4) 구원론

① 이 씨는 교주인 자신을 믿어야 구원받는다고 가르친다. 이 씨는 초림 때는 예수님을 택하여 심판과 구원의 역사를 이룬 것처럼 재림 때인 지금은 한 목자인 교주 이 씨를 택하여 심판과 구원의 역사를 이룬다고 한다(이만희, 『성도와 천국』, 도서출판 신천지, p. 95, 96).

"그러므로 우리가 찾고 만나야 할 사람은 사도 요한 격인 야곱(보혜사; 이스라엘-주: 이만희를 가리킴) 곧 승리자를 만나야 아버지와 아들의 계시를 받게 되고 영생에 들어가게 된다는 것을 명심해야 할 것이다"(이만희, 『계시록의 진상』, 도서출판 신천지, p. 52).

"성도는 하나님의 편지 성경의 약속을 먼저 깨달아 알고 믿고 구원받아 천국에 참예하기 위해서 약속한 목자(요 16:14; 계 10:11)와 성전(계 15:5)을 찾아 증거를 받아야 한다"(이만희, 『성도와 천국』, 도서출판 신천지, p. 113).

② 이 씨는 새 언약과 새 일을 지키는 자가 구원을 받게 된다고 가르친다.

이 씨의 구원론을 한마디로 요약한다면, 이만희 씨를 하나님께서 약속한 참목자로 믿어야 한다는 것이다. 또한 이 씨의 피로 만들어주는 새 언약을 받아야 한다는 것이다. 이 씨가 그렇게 강조하는 새 언약이란, 성경에서 말하는 예수 그리스도의 피로 세워진 신약, 즉 구원의 복음을 말하는 것이 아니라 교주 자신이 혈서로 써서 만들었다는 새 언약서를 말한다(『신천지발전사』, 도서출판 신천지, p. 49). 이 씨가 말하는 새 일은 모든 교회나 목자가 다 끝나고 한 목자가 나타나 심판을 하는 것을 말하는데, 이는 이 씨 자신을 참목자로 믿고 이 씨의 집단에 와야 구원받는다는 주장이다(위의 책, p. 107, 108, 111, 112).

5) 종말론

① 이 씨는 자신을 믿지 않는 것이 곧 심판이라고 주장한다. 이 씨는 노아로부터 모세까지의 일들을 심판이라고 주장하는데 이는 자신을 구원자, 심판자로 신격화하기 위한 주장이다. 이 씨는 이 시대에는 교주 자신을 믿어야 구원이며 교주 이 씨를 받아들이지 않는 것이 심판이라는 주장이다 (이만희, 『성도와 천국』, 도서출판 신천지, p.91, 93, 95).

② 이 씨는 종말이 시대마다 온다고 주장한다. 한 세대가 끝나고 또 한 세대가 올 때 그때가 바로 종말이라는 것이다. 즉 시대마다 여러 번의 종말이 있었다는 것이다. 이 씨의 이러한 주장은 지구의 종말을 부인하고 새로운 인물이 나타날 때 그 인물에 의하여 그 시대의 종말이 온다는 주장이다(이만희, 『성도와 천국』, 도서출판 신천지, p.92, 93).

③ 이 씨는 이 시대는 교주인 자신이 나왔으니 종말이 되었다고 한다. 이 씨의 말세 심판 교리는 자신을 믿어야 구원받을 수 있다는 말로서, 자신이 나왔으니 종말이라고 한다(이만희, 『성도와 천국』, 도서출판 신천지 pp. 111~112).

4. 신천지예수교증거장막성전(교주 이만희)에 대한 연구 결론

경기도 과천시 별양동 1-11 벽산빌딩 5층에 본부를 두고 있는 신천지예수교장막성전의 대표요, 교주인 이만희(1931년 경북 청도 출생) 씨는, 자신을 알파와 오메가로서, 인치는 천사라고 주장하며, 심지어 보혜사라고 한다. 또한 이 씨는 자신을 신격화하기 위한 방편으로 성경을 비유와 상징으로 해석한다. 결국 이 씨는 철장으로 만국을 다스릴 자라고 하고, 새 언약과 새 일을 지키는 자가 구원을 받게 된다고 가르쳐 자신을 믿어야 구원받는다고 가르치는데, 이 시대는 교주인 자신이 나왔으니 종말이 되었다고 하고, 자신을 믿지 않는 것이 곧 심판이라고 주장하는 재림주이다.

이만희는 한국 교회에 그 유래를 찾기 어려울 정도로 무서운 이단으로서 모든 교회가 최선을 다하여 대처해야 할 것으로 사료된다.

III. 기타 자료

다음은 인터넷신문 「교회와 신앙」(www.amennews.com)이 "'신천지 추수꾼'인지 어떻게 알 수 있나?"라는 제목으로 보도한 기사(인터넷신문 「교회와 신앙」, 정윤석, 2007년 6월 4일)를 요약한 것이다.

인천 J 장로교회 P 목사는 믿을 만한 동료 목사로부터 경악할 만한 내용을 전해 들었다. 자신의 교회에 전도왕으로 이름을 올린 A 신도가 사실은 신천지예수교증거장막성전(신천지, 총회장 이만희 씨) 추수꾼(신천지 측에서 포교를 목적으로 정통교회에 보낸 신도: 편집자 주)이라는 정보였다. 당장 A 신도를 불렀다. '신천지'인지를 확인하는 질문을 던졌다. 그러나 A 신도는 "목사님이 순수하게 교회에 다니는 나를 의심하다니 너무 서운하다"며 눈물을 흘렸다. 자신은 절대 신천지 추수꾼이 아니라고 잡아뗐다. P 목사는 마음이 흔들렸다. 그러나 조건을 내세웠다. 경기도 안산에 있는 이단상담소에서 몇 가지 기초적인 상담에 응해만 준다면 믿고 받아주겠다는 것이었다. 그러나 A 신도는 여러 가지 사정을 얘기하면서 이단상담을 받을 이유가 없다고 거절했다.

며칠이 지난 후 이 신도는 교회를 나오지 않았다. 그리고 이 신도는 P 목사가 자신을 신천지 추수꾼으로 매도했다며 명예훼손으로 고소하겠다는 등 황당한 발언을 하고 다니기 시작했다. P 목사는 "이젠 추수꾼들이 교회 전도왕까지 차지하는 현실이 개탄스럽다"고 말했다.

신천지 추수꾼에 대한 경험은 J 장로교회 P 목사만이 아니다. 이는 거의 전국적 현상이 되고 있다고 해도 과언이 아니다.

추수꾼이 처음 교회에 발을 들여 놓는 방법은 다양했다. … 신천지 전도특공대 출신의 박현진 씨(가명, 25)의 경우 의심을 사지 않고 들어가는 방법으로 '전도당하기'가 가장 좋았다고 꼽았다.

"전도대성회 등 교회의 특별 행사 기간에 교회를 어슬렁거린다. 그러면 장로·권사님들, 심지어 목사님에게도 전도를 받아서 교회로 들어간다. 콘셉트를 생각해 놓기도 한다. 주로 '이사를 왔는데 다닐 교회를 정하지 못했다'고 말한다. 초신자라고는 말하지 않는다. 왜냐하면 교회에 들어가 주요 요직을 차지하는 전략을 쓰는 경우도 있기 때문이다. 초신자라고 하면 포교에 지장을 받는다."

한 교회에 추수꾼이 들어가서 단기적으로 목표달성을 할 것이냐, 아니면 장기적으로 이뤄갈 것이냐에 따라 이들의 활동성격은 조금씩 달라진다.
단기포교 계획의 경우 추수꾼은 정통교회에 들어가 '안테나' 역할을 주로 해낸다. 신천지에 20여 년간 주요 요직에 있다가 최근 탈퇴한 D 씨는 본 사이트(www.amennews.com) 「교회와 신앙」 기자와의 인터뷰에서 "교회에 들어간 추수꾼은 절대로 직접 전도를 하지 않는다"며 "그가 하는 역할은 할 수 있는 한 교회의 모든 정보, 즉 신도들의 이메일, 주소, 연락처, 현재 처한 상황 등을 정리해 또 다른 신천지 신도에게 제공하는 것이다"고 밝혔다. 추수꾼은 '정보제공자' 역할만 하고 직접 포교 등은 교회 밖에 있는 또 다른 신천지인에게 맡긴다는 얘기다. 이것이 교회 안의 추수꾼 색출을 더 어렵게 하고 있다. 교회는 추수꾼에 의해 교회 정보뿐만 아니라 교인들까지 신천지 측에 무방비 상태로 노출당하고 있는 셈이다.
장기포교 계획의 경우 추수꾼이 교회 내부에서 주요요직을 차지하는 방향으로 가닥을 잡는다. 박현진 씨는 다음과 같이 말한다.

"추수밭(추수꾼의 활동 대상이 되는 정통 교회를 의미한다: 편집자 주)에 들어가면 1년 정도는 신천지 측에 정보만 주는 활동을 한다. 그 외에 신천지와 관련한 활동은 교회 안에서 전혀 하지 않고 교회 담임목사님과 신뢰를 쌓는 데 주력한다. 청년의 경우 리더, 장년의 경우 남전도회나 여전도회장을 맡는 것을 목표로 한다. 내가 양육할 교회 식구들이 생기고 신뢰가 구축되면 은밀하게 신천지 말씀을 가르친다. 정통교회 구역장으로 추수활동을 하던 여자는 자신의 구역원 17명을 신천지로 미혹하기도 했다. 문제는 신천지에 미혹된 정통교회의 구역원들이 또다시 그 교회에 눌러앉아 그대로 추수꾼으로 활동한다는 점이다. 그 교회의 상황은 심각했다."

그렇다면 이렇게 교묘하게 교회로 들어온 추수꾼들의 가장 쉬운 먹잇감은 누구이며 반대로 가장 어려운 사람은 누구일까? D 씨는 가장 포교하기 쉬운 사람으로 △교회에 적대감이 있고 △담임 목회자나 사역자들과 트러블이 있으며 △목사님의 말씀에 은혜를 받지 못하고 만족하지 못하는 사람들이라고 꼽았다. 교회생활에 적응하지 못하고 겉도는 사람도 주요 타깃이 된다. 반면 △목사님을 신뢰하고 △설교에 은혜를 받으며 △교회에서 맡은 직분에 충성하고 △구원의 확신이 강한 사람은 상대적으로 미혹하기 어렵다고 전했다.

그렇다면 이렇게 해서 발각되거나 드러난 추수꾼들은 어떻게 치리하고 내보낼 것인가? 섣부른 접근은 금물이다. 추수꾼들은 절대로 자신을 '신천지'라고 인정하지 않는다.

임웅기 전도사는 '신천지 신도분별과 치리'라는 자료에서 "신천지 추수꾼이 교회에 들어왔을 때는 반드시 출교를 시켜야 하며 그 사람의 사진과 그가 남긴 문서 등의 자료가 있다면 남겨 놓고, 교회 측에서도 그 사람과 관련한 사건 파일을 하나 만들어 둬야 한다"고 말한다. 또한 그는 "이렇듯 추수꾼에 미혹된 교회 성도가 있다는 게 파악되면 가족과 상의하여 반드시 이단개종 상담을 통해 회심을 시키도록 권유하는 것이 좋다"고 말한다. 또한 임 전도사는 "교회 추수꾼 및 신천지에 미혹된 신도들은 출교를 당할 때 전화 및 핸드폰 문자를 통해 '담임목사님이 나를 신천지 신도라고 음해한다', '교회에서 너무나 많은 일을 시켜서 힘들어 나간다', '교회에서 나를 아무런 이유 없이 쫓아낸다'는 등의 유언비어를 퍼트려 교회분열을 조장한다"며 "이럴 때일수록 당회를 비롯한 교회 기관장 및 임역원 그리고 성도들은 유언비어에 속지 말고 더욱 담임목사님과 당회 중심으로 하나가 돼야 한다"고 강조했다.

38. 이용도

다음은 이용도에 대해 1933년 제22회 총회 당시 발표한 자료다.

산 기도와 금식기도에 열심을 낸 이용도는 1928년 12월 24일 새벽 통천교회에서 기도 중 환상 중에 악마를 추방하는 성령체험을 하고 다시 1년 후 1929년 1월 4일 양양교회에서 역시 유사한 체험을 한 후 그의 설교에 감화력이 넘쳐 부흥사로 이름이 알려지기 시작했다. 그러나 그의 부흥운동은 순탄치만은 않았다. 황해도 재령교회에서 크게 역사하였으나 재령교회 훼방, 여신도와의 서신거래, 소등(消燈)기도, 교역자 공격, 무교회주의자라는 등 여러 가지 조건을 들어 금족령이 내려졌다.

기독교의 진수는 믿음보다는 사랑에 있다는 확신이 그의 생을 지배했는데, 사랑의 융합을 통해서 주님과의 혈관적 연결을 이룬다고 믿고 있었으며 자기를 고난당하는 그리스도와 동일시하기까지 하였다. 그는 무조건의 사랑을 표방하면서 심지어 사탄에게도 배울 것이 있으며 불경이나 사회주의 책에서도 배울 것이 있다고 강조하는 한편, 신학과 교리의 기독교를 공격함으로써 신비주의의 공통의 오류에 빠졌다.

1931년 8월 12일 황해노회가 그에게 금족령(禁足令)을 내렸고, 1932년 10월에 평양노회는 1) 타 교파의 강사를 집회에 청할 때에는 규정된 수속을 취할 것, 2) 조용히 기도하고 떠들지 말 것, 3) 무인가 단체를 해산할 것 등의 결의를 하였다. 또 「기독신보」 사설은 그를 '이세벨의 무리'로 정죄하고 나섰다. 감리교회에서도 그가 속한 경성지방회 교역자회의는 그를 소환하여 오랜 시간 증언을 청취하였으며 1933년 3월 중부연회는 휴직 처분을 내렸다.

장로교의 1933년 9월 제22회 총회는 "이용도, 백남주, 한준명, 이호빈 등을 이단으로 간주한다"고 결의하였다.

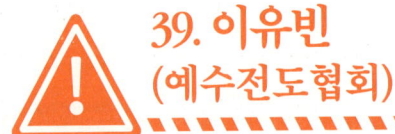

39. 이유빈
(예수전도협회)

"예수천당, 불신지옥, 간음한 죄, 음란한 죄 회개하라. 너희에게도 죄가 있다. 그 죄 때문에 지옥 간다. 예수천당, 불신지옥!"

길거리에서 이런 내용으로 외침전도를 하는 사람들 중 일부는 이유빈 씨의 예수전도협회(www.eafj.org)에서 훈련을 받은 신도들일 것이다. 그런데 이 외침전도 때문에 교회와 갈등을 일으키는가 하면 심지어 지역 주민들과도 적지 않게 마찰을 빚어 1998년 당시 심각한 문제가 된 바 있다.

이들은 전도를 하며 사람을 향해 손가락을 곧게 펴고 '음란죄 회개하라'고 외치기도 한다. 실제로 짧은 반바지 차림의 여자를 향해 예수전도협회에서 훈련을 받은 신도가 "간음하고 낙태한 죄 회개하라, 옷차림이 음란하다"고 외친 적이 있다. 이로 인해 그 여자는 자신의 남편을 불러 왔고 외침전도라는 것을 한 사람과 실랑이를 벌이기도 했다.

예수전도협회 이유빈 씨의 사상 중 '공개 죄 자백 사상'도 문제다. 자신이 지은 죄를 공개적인 석상에서 그대로 드러내 놓고 자백을 하도록 하는 것이다. 이 씨에 의하면 하나님 앞에 회개하는 것만으로는 충분치 않으며 사람들 앞에서 행해지는 공개적인 죄 자백이 반드시 있어야 한다.

이 씨가 대표로 있는 예수전도협회에 대해 본 교단은 1999년 제84회 총회에서 참여금지의 결론을 내렸다. 이어서 예장합신이 2000년에, 예장통합이 2001년에 참여금지 규정을 내렸다. 예장고신은 2004년에 공개 죄 자백 금지, 기성이 1999년에 경계집단 등으로 결의했다.

I. 총회 자료

다음은 1999년 제84회 총회에서 발표한 연구 보고서다.

1. 개요

이유빈 장로의 가르침이 주어지는 집회에서는 죄를 회개하게 하는 일을 중심적으로 행하는바, 죄 고백의 방법이 회중 앞에서 공적으로 죄를 고백하도록 하고 있는 것이다(이유빈, 『고난주간 전도전략』, 예수전도협회, 19쪽). 이러한 행위가 모여든 회중들에게 어떤 고백으로든 은혜를 끼치기도 하지만, 어떤 죄의 고백은 개인적으로뿐 아니라 가족적으로나 교회적으로도 오히려 많은 문제가 되고 있다고도 한다. 이러한 그의 죄 고백에 대한 이해와 그가 제시하는 죄 고백의 방법에는 쉽게 수용할 수 없는 문제성이 있는 것으로 판단된다.

2. 문제점

1) 자범죄에 대한 고백의 필요성을 강조함에 있어서

이유빈은 그의 문서 『전도는 쉽다』라는 책, 제12장 '부흥의 실제'라는 주제하에서 진정한 부흥에 대한 하나님의 원칙이 무엇인가를 말하면서 먼저 "개인의 심령에 부흥이 일어나는 원칙은 우리 속에 있는 무거운 것들과 얽매이기 쉬운 죄를 벗어버리는 데에 있다"(246쪽)는 점을 전제한다.

무거운 것을 벗어야 한다는 것은 인간이 예수를 믿고 난 후에도 죄를 짓게 되는 자범죄에 대한 것을 말하고 있다. 그리고 그 죄를 벗어 버려야만이 삶의 현장에서 주님의 얼굴을 보게 될 것이며, 그것이 부흥(復興)이라고 설명한다(272쪽).

그리고 '얽매이기 쉬운 죄'는 많은 사람들이 예수를 믿되 기쁨으로 믿지 못하는 이유가 해결되지 않은 바로 이 죄 때문이라고 말한다(272쪽). 그는 "물론 십자가에서 모든 죄가 다 해결되었으나, 우리가 어떤 특정한 죄를 믿음으로 주님께 맡기지 못하기 때문에 그 죄의 짐과 중압감을 그대로 가지고 살게 된다"는 것을 강조하고 있다. 그는 여기서 신학적으로는 인간의 원죄가 예수의 십자가의 은혜로 해결되었다는 것을 전제하고 있다. 그러나 '자범죄'에 대하여 진정한 회개를 해야만이 복된 신앙생활이 회복된다는 것을 강조한다. 그리고 이것을 그는 부흥이라고 말한다.

이유빈은 에스겔 36장 21절의 말씀을 그리스도인의 자범죄의 고백과 그리스도의 교회를 연결 지어 해석한다. 그는 역시 이러한 그의 주장을 뒷받침하기 위하여 다시 에스겔 36장 26절을 인용한다. 그리고 하나님은 예나 지금이나 그의 백성들을 교회를 통하여 거룩하게 하시며, 교회를 통하여 그의 거룩함을 나타내신다는 것이다. "교회의 거룩함은 죄를 감추거나 꾸며짐으로부터 오는 거룩함이 아니고 죄를 내놓고 자백하고 용서함을 받는 거룩함"이라고 설명한다(276쪽).

이러한 그의 해석과 증거에서 중요한 것은 개인의 죄는 하나님 앞에서 고백되어야 하며, 그것은 교회의 거룩함을 드러내는 길이라는 것을 강조하는 점이다. 이러한 이유빈의 자범죄에 대한 이해에 있어서 죄 고백에 대한 강조는 먼저 성경 해석적으로 문제를 가진다고 할 것이다. 왜냐하면 그가 인용하고 있는 에스겔 36장 21절 이하의 본문들은 에스겔의 성경본문 전체의 맥락에서 특별히 역사적 맥락에서 해석되고 있지 않다. 그 본문에 나타나는 역사적이며 신학적인 의미는 하나님의 백성으로 택함받은 이스라엘 백성을 가리킨 것이며, 그들이 하나님을 떠나 살고, 하나님의 거룩한 이름을 이 땅 가운데서 욕되게 한 범죄와 타락한 자리에서 다시 물러나 하나님의 약속의 땅으로 되돌림으로 하나님의 이름이 거룩하게 회복되는 언약의 새롭게 함을 보여주시기 때문이다(새 언약의 은혜). 그리고 이 본문은 에스겔의 입을 통하여 열국의 사람들이 여호와 하나님의 이름을 알고, 그를 섬기게 될 때에 대한 예언이기 때문이다. 그것은 곧 예수 그리스도를 통하여 나타날 신약 시대의 새 언약에 의한 복음전도 운동을 예언한 것으로 일반적으로 이해한다. 그리고 세계만민이 그리스도를 통하여 구원받게 될 기독교 기독교의 복음전도에 대한 예언이다.

그리고 이유빈이 설명하고 있는 에스라 시대의 죄 고백과 부흥, 미스바의 부흥, 히스기야 시대의 부흥 등은 개인적인 윤리적인 죄에 대한 것이기보다는 이스라엘 백성들이 공적으로 하나님 섬기기를 잃어버림과 예루살렘과 성전의 붕괴 등에 대한 공동적 책임에 대한 죄 고백이었던 것이다.

그러나 이유빈은 이 점을 간과하고 일방적으로 개인의 윤리적인 죄가 주된 것으로 일일이 공중 앞에서 고백되어진 것처럼 강조하고 있기 때문이다.

이유빈은 그의 글에서 계속하여 개인적인 죄를 공중 앞에서 회개하는 일이 한국 교회적으로는 1907년에 평양에서 일어난 부흥운동도 많은 성도들이 그들의 생활 속에 감추어져 있던 죄들을 울면서 고백을 하기 시작하였다고 주장한다(280쪽). 그는 또한 간음죄의 고백과 도적질한 죄 등의 개인적인 죄를 교회 앞에서 고백함으로 교회의 부흥이 일어났다는 것을 주장한다(281쪽).

그러나 그의 이러한 주장은 그 당시 정황을 올바르게 이해하지 않고 역사적 사실만을 자신의 가르침의 정당화를 위하여 인용하는 것으로밖에 이해되지 않는다. 생각해 보면 당시 집회에 참여된 자들의 입에서 개인적인 죄들이 고백된 것은 분명하지만 회중 앞에서 하나님의 공식적인 행사로 이루어진 것이 아니라 말씀의 은혜로 성령의 감동을 받은 청중들이 그 은혜 가운데서 자연스럽게 하나님 앞에 자기의 지은 죄들을 고백한 것이라고 보아야 할 것이다.

2) 이유빈의 죄 고백의 방법과 관련하여 깊이 생각되어야 할 점

그리스도인들이 개인의 죄를 공중 앞에 고백했을 때 얻게 될 유익점이 무엇인가를 구별할 필요에 대한 것이다. 즉 그것이 과연 근본적으로 하나님의 영광을 드러내는 것이 될 것인가? 아니면 오히려 공중과 개인의 더 큰 시험에 빠지는 결과를 초래하는 것은 아닌가? 하는 점이다. 왜냐하면 개인의 죄 고백이 공동체에 유익을 가져오지 못하고, 그 반대의 현상이 나타난다면 그것은 더 큰 문제가 되기 때문이다.

인간이 지은 죄는 숨김 없이 다 하나님 앞에 고백되어야 하며, 하나님의 긍휼과 자비의 은혜인 죄 용서함을 입어야 하는 것이다. 그것은 그리스도의 피의 공로를 의지하여 믿음으로 속죄함을 받는 것이다. 그러나 그 죄 고백의 방법은 반드시 교회의 공중 앞에서 모든 죄가 고백되어야 하는 것은 아니라고 할 것이다. 오히려 개인적인 죄에 대해서는 오히려 그 당사자들과 해결되어야 할 것이 있음을 성경은 더 많이 교훈을 주고 있음을 본다(마 5:23-24; 마 6:12). 특별히 역사적으로 칼빈은 로마 가톨릭교회의 고해성사를 반대하면서 (신부의 사적인 행위로), 오히려 죄 고백은 공적인 행사로서 예배에서 공동의 고백문으로 죄책에 대한 고백이 시행되기를 희망하였고, 직접 제네바 교회의 예배모범에 죄 고백의 순서를 만들어 죄책에 대한 고백문으로 공중 앞에서 죄를 고백하게 하는 모범을 제시하기도 하였다(개혁교회 예배의 전통). 따라서 칼빈은 죄 고백은 하나님께만 하고 사람에게는 하지 말라고 강력히 말하였다 (『기독교강요』 III.4.9).

3. 연구 결론

이유빈의 주장에서 죄 고백의 방법이 지나치게 공중의 모임에서 공개적으로 고백되어야 한다는 것을 강조한다면, 그리고 그가 행하는 집회의 분위기가 참여자들로 하여금 그러한 일에 빠져들게 하고 있다면 그 집회는 문제를 가진 것으로 지적될 수밖에 없을 것이다. 왜냐하면 성령의 은혜는 결코 강요나 억지로 이루어지게 하는 것이 아니라 그의 기쁘신 뜻대로 개인 스스로의 판단과 자유함을 전제하고 있기 때문이다(고후 3:17).

40. 이인규(세이연)

제103회 이단(사이비)피해대책조사연구위원회에서 연구하여 제104회 총회에 보고하였다.

1. 서론 : 이인규 씨는 누구인가?

이인규 씨는 감리교 권사로서 사업을 하다가 이단 연구를 하면서 이단 연구가가 되었다. 신학을 공부하지 않았기 때문에 '평신도 이단 연구가'라고 할 수 있다. 현재 그는 '기독교 이단 대책협회'(회장 백남선)란 단체에서 사무총장으로 일하고 있으며, 또한 '평신도 이단 대책협의회'(평이협)의 대표로 "무엇이든 물어보세요"라는 카페를 운영하고 있고,[1] 「예레미야 이단 연구소」라는 인터넷 신문을 주동적으로 이끌어가는 자이다.[2]

2. 본론 : 이인규 씨의 사상의 문제점은 무엇인가?

이인규의 문제점은 크게 네 가지로 요약된다. 첫째는 오늘날도 특별계시가 있다는 것이며, 둘째는 십자가 복음과 부활 복음을 이원화하며, 셋째는 예수님은 십자가에서 속죄(vicarious atonement)를 이루시고, 부활하심으로 구속(redemption)을 이루셨다고 하며, 넷째는 하늘 성소가 실제로 존재하는데 예수님께서 십자가에 죽으신 후 실제로 하늘 성소에 들어가 다시 피를 뿌렸다는 것이다.

---

1 "무엇이든 물어보세요," http://cafe.naver.com/anyquestion.cafe.
2 "예레미야 이단 연구소," http://researchheresy.com/.

1) 이인규 씨는 "오늘날에도 특별계시가 있다"고 주장한다

이인규 씨는 "계시는 일반계시와 특별계시가 있다. 특별계시는 현현, 전언, 기적 등으로 분류할 수 있는데, 물론 오늘날에도 특별계시가 없다고 말할 수는 없다. 성경도 특별계시이다. 대부분 일반 교회에서는 계시의 종결성을 주장하는데, 이러한 주장은 직통 계시의 종결성을 뜻한다. … 계시의 종결이라는 주장은 앞으로 모든 계시가 모두 끝났다는 뜻이 아니다"[3]라고 했다.

이 씨는 기적을 특별계시의 하나로 보고 오늘날에도 하나님의 계시가 있다는 것을 전적으로 부정할 수는 없다고 하며,[4] "조직신학적으로 특별계시가 오직 성경만 해당되는 것이 결코 아닙니다"[5]라고 주장한다. 본 교단의 이대위에 보낸 소명 자료에서조차 아래와 같이 이를 분명히 했다. "오늘날에도 기적과 이사라고 하는 특별계시는 지속적으로 존재한다"고 주장한다(이인규, 합동 이대위에 제출한 소명자료, p.8).

이인규 씨는 신학을 하지 않았기 때문에 '특별계시'의 바른 의미를 모르고 있는 것으로 보인다. 현현, 전언, 기적은 특별계시 자체가 아니라 특별계시의 방법이다. 특별계시를 주신 방법을 가지고 특별계시가 남아 있다고 하는 견해는 근본적으로 잘못이다. 만일 기적이나 꿈이 있다고 해서 특별계시가 있다고 주장하면 모든 기적, 모든 꿈이 특별계시라는 말이 되고 만다. 예를 들어 성경은 사도들이 쓴 글이 다 성경이 아니라 사도들이 성령의 영감으로 쓴 것만 성경이 되는 것처럼, 하나님께서 특별계시를 위하여 현현, 전언, 기적 등을 쓰시는 것이지, 현현, 전언, 기적이 특별계시는 아닌 것이다. 본 교단의 신앙의 근거가 되는 『웨스트민스터 신앙고백』제1장 1항을 보면 "주님은 여러 시대에 그리고 여러 가지 방식으로 자신을 계시하시고(히 1:1) 자기의 교회에 자신의 뜻을 선포하시기를 기뻐하셨으며, 그 후에는 진리를 더 잘 보존하고, 전파하기 위해서 그리고 육신의 부패와 사탄과 세상의 악에 대비하여 교회를 더욱 견고하게 하며, 위로하시기 위해서 바로 그 진리를 온전히 기록해 두시는 것을 기뻐하셨다(잠 22:19~21; 눅 1:3~4; 롬 15:4; 마 4:4, 7,

---

[3] 이인규, 『신사도 운동의 정체와 비판』, 182.
[4] 이인규, 『다른 예수, 다른 영, 다른 복음』, 36.
[5] 이인규, 『계시와 특별계시, 직통계시』, 2016. 7. 24.

10; 사 8:19~20). 이 같은 이유로 성경이 절대적으로 필요하게 된 것이다(딤후 3:15; 벧후 1:19). 그리하여 하나님께서 자기 백성에게 자신의 뜻을 직접 계시해 주시던 과거의 방식들은 이제 중단되었다"(히 1:1~2)라고 한 점을 보면 지금도 특별계시가 존재한다는 사상과 배치됨을 알 수 있다.

2) 이인규 씨도 김성로 목사와 같이 예수님은 십자가에서 속죄(vicarious atonement)를 이루시고, 부활하심으로 구속(redemption)을 이루셨다고 주장한다(기독교 이단대책협회가 김성로 목사에게 드리는 제언, 2016. 4. 14)

성경은 속죄와 구속을 구별하지 않는다. 에베소서 1장 7절 "우리가 그리스도 안에서 그의 은혜의 풍성함을 따라 그의 피로 말미암아 구속 곧 죄 사함을 받았으니"라고 한 점을 보면 구속과 죄 사함은 하나임을 알 수 있다. 골로새서 1장 14절에서 "그 아들 안에서 우리가 구속 곧 죄 사함을 얻었도다"라는 말이나, 디도서 2장 14절에서 "그가 우리를 대신하여 자신을 주심은 모든 불법에서 우리를 구속하시고 우리를 깨끗하게 하사 선한 일에 열심하는 친 백성이 되게 하려 하심이니라"고 한 점이나, 히브리서 2장 17절에서 "그러므로 저가 범사에 형제들과 같이 되심이 마땅하도다 이는 하나님의 일에 자비하고 충성된 대제사장이 되어 백성의 죄를 구속하려 하심이라"고 한 점을 보면 구속과 속죄(죄사함)는 같은 것이 명백하다.

3) 이인규 씨는 하늘 성소가 실제로 존재한다고 하고, 예수님께서 십자가에 죽으시고 부활하신 후에 하늘 성소에 들어가 다시 피를 뿌렸다고 한다

이 또한 김성로 목사와 같은 사상으로 히브리서 9장 11~12절에 대한 잘못된 성경 해석에서 나온 것이지만 김성로 목사의 십자가와 부활의 이원성을 합리화하기 위하여 한 주장이다. 그러나 히브리서 9장 11~12절의 "손으로 짓지 아니한 것 곧 이 창조에 속하지 아니한 더 크고 온전한 장막"은 하늘에 또 다른 성막이 실제로 존재한다는 것이 아니라 그리스도께서 피 흘리신 십자가 사건을 의미하는 것이 분명하다. 이 말씀은 구약에 성전에서 드려지던 '동물의 피의 제사'와는 전적으로 다른 그리스도의 십자가 제사를 설명하는 내용으로 보는 것이 바른 해석이다.

3. 연구 결론

이인규 씨는 평신도로서 이단 연구를 하고 있는 점이 훌륭한 점이기도 하지만, 평신도가 이단 연구를 한다는 점이 얼마나 위험한 일인가를 말해주고 있다. 이단 연구란 최고의 신학적 훈련과 인격적 품위와 사랑과 영적 성숙함 속에서 이루어져야 할 일이기 때문이다. 그동안 이인규 씨는 평신도로서 많은 이단 연구를 했던 점을 보면, 바람직하지 못한 이단 연구를 했다고 볼 수 있다. 장본인은 자신을 돌아보고 자숙하고, 본 교단 성도들은 개혁주의 신학과 맞지 않고 이단성이 있는 이인규 씨의 이단 연구 결과물을 의지하는 것을 삼가야 할 것이며, 본 교단 산하 교회와 목회자와 성도는 그의 인터넷 신문과 인터넷 '무엇이든지 물어보세요' 카페에 기고, 구독, 광고 및 후원하는 것과 교류를 철저히 금지해야 할 것이다.

4. 제104회 총회 보고

여기에 제104회 총회 시 이대위의 보고 내용과 총회결의 사항을 첨부하도록 하겠다.[6]

예장합동 총회가 세계한인기독교이단대책연합회(이하 세이연)에 대해 이단으로 규정하고, 교류를 금지하기로 결의했다. 또 감리교 평신도로 '무엇이든 물어보세요' 카페 운영자로 활동하고 있는 이인규 씨에 대해서도 이단으로 규정하고, 교류를 금지했다. 이와 함께 이인규 씨와 관련된 인터넷 신문과 '무엇이든 물어보세요' 카페 이용 및 기고, 구독, 광고, 후원하는 것 등 교류도 금지키로 했다. 이대위는 104회기 총회 수임 안건 최종 보고를 통해 세이연은 반삼위일체를 주장함으로 이단으로 규정하고, 교류를 금지하기로 자구 수정해 받기로 가결했다.

또 이인규 씨와 관련, 104회기 이대위는 조사 청원을 통해 "이인규(감리교 권사) 씨는 특별계시가 계속된다는 주장으로 2017년 본 교단 102회 총회에서

---

[6] "예장합동 이인규 씨, 세이연 이단 규정 및 교류 금지 재차 확인," https://m.blog.naver.com/jr0191/222100536972. 2025.07.08. 접속.

'교류 금지'로 결의된 자다"라며 "예수님의 여호와 되심을 부인하는 이인규를 조사하여 이단성이 있다"고 보고했다. 이대위는 특히 "본 교단 102회 이단대책위원회 총회보고서는「이인규 씨는 감리교 권사로서 사업을 하다가 이단 연구를 하면서 이단 연구가가 되었다. 그가 신학을 공부하지 않았기 때문에 평신도 이단 연구가라고 할 수 있다. 이인규 씨의 사상의 문제점은 크게 네 가지로 요약된다.」고 전제한 후, "첫째는 오늘날도 특별계시가 있다는 것이며, 둘째는 십자가 복음과 부활 복음을 이원화하며, 셋째는 예수님은 십자가에서 속죄를 이루시고, 부활하심으로 구속(redemption)을 이루셨다고 하며, 넷째는 하늘 성소가 실제로 존재하는데 예수님께서 십자가에 죽으신 후 실제로 하늘 성소에 들어가 다시 피를 뿌렸다는 것이다.」본 교단의 연구 결론으로「이인규 씨는 평신도로서 이단 연구를 하고 있는 것이 얼마나 위험한 일인가를 말해주고 있다.」고 지적한 바 있다.

이와 함께 이대위는 "본 교단 성도들은 개혁주의 신학과 맞지 않고 이단성이 있는 이인규 씨의 이단 연구 결과물에 의지하는 것을 삼가야 한다"며, "본 교단 산하 교회와 목회자와 성도는 그의 인터넷 신문과 인터넷 '무엇이든지 물어보세요' 카페에 기고, 구독, 광고 및 후원하는 것과 철저히 교류 금지해야 할 것이다라고 결론을 내렸다"고 했다.

결론적으로 이대위는 "이인규 씨는 본 교단 목사에 대한 이단성 공격을 일삼아오면서 혼란을 가중시키고 있다"면서 "본 104회 이단대책위원회에서는 이인규와 같은 입장에 있는 세이연에 대하여, 본 교단 산하 교회와 목회자와 성도는 세이연과 그와 관련된 모든 인터넷신문과 인터넷 등에 기고, 구독, 광고 및 후원하는 것과 철저히 교류를 금지하기로 했다"고 보고했다.

41. 이장림(시한부종말론)

I. 기타 자료

다음은 예장통합 측이 발표한 보고서이다.

1. 서론

이장림 씨는 1992년 10월 28일 예수님의 재림을 주장하며 한국 교회를 크게 소란케 했던 자이다.

  1980년대 말부터 퍼지기 시작한 '시한부 종말론'은 '1992년 10월 28일 휴거'로 구체화된 가운데, 1991년 초에 터진 걸프전(戰)을 계기로 한국 사회 전체로 확산되었다. 이 '시한부 종말론'을 주장하는 자들의 대표격은 아무래도 이장림 씨라고 할 수 있다. 그는 '다미선교회'를 조직하여 국내 도시들에 지부를 설립하는가 하면 해외에까지 그 세력을 넓혀 갖가지 문제를 일으켰다.

  '다미선교회'란 이 씨가 '시한부 종말론'를 처음 유포하기 시작한 그의 책 『다가올 미래를 대비하라』(1988년)의 약자이다. 이 씨는 물론 처음부터 '1992년 10월 28일 휴거'를 공개적으로 주장하지 않았다. 그러나 『하늘문이 열린다』(1988년), 『경고의 나팔』(1989년)이라는 후속 저서를 통하여 암시적이던 것을 구체화시켜 나가다가 『1992년의 열풍』(1991년)이라는 책에서 이를 못 박기에 이르렀다. 처음에는 1992년 10월 10일이었으나 나중에는 10월 28일로 고착되었다.

  이 씨 주장의 이론적 근거는 크게 두 가지로 볼 수 있다.

  먼저 성경에서 제시하는 것인데 마태복음 24:32~35의 무화과나무의 비유, 요한계시록 7:25과 12:14 그리고 다니엘서 9장에서 도출한 7년, 그리고 다니엘 7:7의 열 뿔과 E.C.(유럽공동체)가 그것이다.

  여기에 구약 시대 4,000년과 신약 시대 2,000년 후의 천년왕국설을 서로 유기적으로 결합하여 도출한 것이다. 요약하면 서기 2000년이면 천년왕국으로 들어간다면서 1999년이 끝이 되므로(이스라엘 독립년도인 1948년에 한 세대 50년을 더하면 1988년으로 대강 맞아 떨어진다), 거기서 '7년 대환란' 기간 7년을 빼면 1992년이 되는데, 바로 이때 유럽공동체의 통합이 이루어지니 계산상으로 제법 모양을 갖추게 된다.

다음으로는 '예언' 또는 '직통계시'이다. 노스트라다무스와 에드가 케이시가 '1999년 7월'과 '1998년과 2000년 사이'를 세계의 종말이라고 '예언'했다는 것이고, '어린 종'들을 중심으로 한 40여 건의 '직통계시'가 이를 강력하게 뒷받침하고 있다는 것이었다. '어린 종'의 대표적 인물은 '진 군'(김현진으로 알려짐)과 'H 군'(하방익), 'K 소녀'(권미나)였다. 나중에 이장림 씨의 통제로부터 벗어난 '어린 종'들은 독자 세력을 형성했다. 하방익의 아버지 하재호 씨는 '다미선교교회'라는 간판으로 걸고 '다베랴 선교교회'로, 권미나의 아버지 권수용 씨는 '성화선교교회' 또는 '성화선교회'라는 명칭으로 활동했다.

이들의 '시한부 종말론'으로 인한 피해가 점차 확산되자 총회 사이비신앙운동 및 기독교이단대책위원회(제75회기 위원장 정행업)는 장로회신학대학 다원화목회연구원과 함께 『시한부 종말론 과연 성경적인가』라는 책을 출판(1991년 5월 10일, 총회출판국)하는 한편 '시한부 종말론과 그 대책'이라는 주제로 '사이비이단대책을 위한 서울지역대회'를 1991년 5월 13일 한국 교회100주년기념관 대강당에서 개최했다. 1,000여명이 참석한 이 대회를 마치고 '전국교회에 드리는 글'이라는 시한부 종말론에 대한 성명서를 채택하여 발표했다(제76회 총회록 사이비신앙운동 및 기독교이단대책위원회보고 629쪽, 631쪽). 이어 제주노회에서도 제주지역대회를 가졌다(1991. 6. 24~25). 그리고 총회 신학교육부에서도 제12회 전국신학교수세미나(1991. 7. 8~10, 유성관광호텔)를 '한국교회와 종말론'이라는 주제로 개최했다(제76회 총회록 신학교육부보고 425쪽).

경북노회와 포항노회의 '이장림 씨(다미선교회)의 이단성 여부에 대한 질의'에 따라 제75회기 사이비신앙운동 및 기독교이단대책위원회(위원장 정행업)는 연구결과 이단으로 밝혀졌다고 총회(제76회, 1991년)에 보고했고 그대로 가결되었다(제76회 총회록 사이비신앙운동 및 기독교이단대책위원회보고 81쪽). '1992년 10월 28일 휴거'를 주장하는 '시한부 종말론자'들의 성경해석이나 '어린 종'들의 직통계시는 엉터리였다. 이장림 씨는 구속되어 실형을 살았고, 문제의 '그 날' 휴거는 없었다.

45여 개에 달했던 이 시한부 종말론 교회들은 더러 해체되기도 했지만 아직도 그 환상에 젖어 있는 무리들도 있다.

2. 본문

1) 구원론의 측면에서

1992년 휴거를 부정하는 자는 휴거하지 못하게 되므로 지옥에 가든지 부끄러운 구원을 얻는다 함으로써 휴거신앙이 구원의 조건이 되었는데 이는 예수 그리스도만 주시는 정통적인 구원관이 무시되거나 간과되었다(『다가오는 미래 IV권』 64쪽, 테이프).

2) 계시론의 측면에서

이장림 씨는 1992년 10월 휴거설을 주장함에 있어서 성경을 자의적으로 해석하고 일반 예언가들(노스트라다무스, 케이시 등)의 예언을 성경계시와 동등한 수준에서 신뢰할 뿐 아니라(『다가오는 미래』 I권 51~60쪽, 『다가오는 미래』 IV권 25쪽 이하), 40여 명의 아이들이 받은 직통계시를 신봉하되 성경계시 위의 계시로 본다(『다가오는 미래』 I권 11~15쪽, II권 19~31쪽, III권 67~86쪽, IV권 221~234쪽 등).

3) 교회론의 측면에서

이장림 씨는 다미선교회나 같은 단체에만 구원이 있는 것처럼 하며 특히 장로교인들은 대부분 휴거하지 못할 것이라고 함으로(테이프), 많은 정통교회 성도들을 미혹하고 어지럽게 하고 있다.

4) 종말론의 측면에서

성경은 명백하게 예수님의 재림 시기는 아버지 외에 모른다고 하고 있는데(마 24:36, 25:13, 막 13:35~37 등), 이장림 씨는 이것을 부인하며 재림의 시기를 알아야 하며(『다가오는 미래』 I권 55~60쪽, IV권 57~64쪽) 그렇지 않으면 적그리스도라는 암시를 함으로써(테이프) 시한부 종말론에서 이단성을 드러냈고 그 시한부종말론을 절대화함으로 더욱 이단성이 깊어진 것이다.

3. 연구 결론

이상에서 본 바와 같이 이장림 씨(다미선교회)는 구원론, 계시론, 교회론, 종말론 등 각 측면에서 이단성이 명백히 밝혀졌다.

 42. 이재록(만민중앙교회)

몸에 있는 피를 다 쏟아서 원죄·자범죄가 사해졌다고 주장하는 사람이 있다. 만민중앙교회의 이재록 씨다. 원죄·자범죄를 자신의 체험을 통해 해결했다는 이 씨의 주장은 그를 이해하는 데 있어서 가장 중요한 키워드다. 이로 보아 그는 예수 그리스도의 구속사역을 부인하는 사람이라고 해도 과언이 아니다.

이 씨는 자신이 이렇게 원죄, 자범죄가 없는 존재가 됐기 때문에 하나님의 아들로 인을 맞고, 하나님의 보좌 좌편에 앉은 존재이며, 신·구약 성경에서 물 위를 걷는 것만 빼고는 다 이루었다고 주장하는 것이다.

한기총은 1999년 이재록 씨를 '극단적인 신비주의 형태의 무서운 이단자'로 결론 내렸다. 이 보고서에서 이재록 씨는 "(나에게는) 죽고 사는 권세가 있다", "(나는) 원죄와 자범죄가 없다", "(나는) 물 위를 걷는 것 외에 성경 66권의 모든 말씀을 이루었다"는 등의 해괴한 주장을 펼친 것으로 확인된다. 이재록 씨는 지난 1990년 그가 속했던 예수교대한성결교회 총회에 의해 이미 '이단'으로 규정된 바 있다. 또한 예장통합이 1999년 84회 총회에서, 예장합신이 2000년 85회 총회에서 각각 이단으로 규정했다.

I. 기타 자료
다음은 한기총이 2000년에 연구 발표한 보고서를 요약한 것이다.

1. 구원론 및 이재록의 신격화 현상
이재록 자신은 자신을 신격화한다는 사실을 부정하고 있으나, 그를 추종하는 사람들에 의해서 그가 신격화되고 있는 상황은 너무나 심각한 것이며, 이재록 자신도 그렇게 가르치고 있다.

1) 이재록이 아브라함 등 모든 선지자들과 주님의 제자들을 부르면 사장이 부르면 오는 전무처럼 나타나는데, 선지자나 제자들을 '님' 자를 빼고 불러도 온다는 것이며, 그리고 선지자들과 제자들이 자신에게 인사를 한다고 하며(1998년 7월 5일 저녁예배, 1998년 7월 17일 금요철야집회).
2) 이재록은 1992년 부모로부터 받은 피를 몽땅 쏟아버리고 죄성이 없는 피를 받아 원죄와 자범죄가 없어져 버렸다고 하며 그것을 예수님의 죄 없는 피와 비교하여 주장하였고(1998년 7월 5일 저녁예배).
3) 이재록에게는 죽음이 피해 가고(1998년 7월 5일 저녁예배).
4) 이재록의 영이 하나님 보좌 좌편에 앉아 있으며(1998년 7월 5일 저녁예배).
5) 이재록에게는 죽고 사는 권세가 있으며(1998년 7월 5일 저녁예배).
6) 또한 이재록에게는 원죄와 자범죄가 없고, 주님과 자신은 하나이기 때문에 자신을 해와 달 속에 넣어 세상에 공포하였다고 하며(1998년 7월 5일 저녁예배).
7) 이재록은 물 위를 걷는 것 외에 66권의 모든 말씀을 이루었다고 하며(1998년 6월 21일 주일예배).
8) 이재록이 심판 날에 주님 옆에서 성도들을 위해 직접 변호해 줄 것이라고 하며(998년 7월 5일 저녁예배).
9) 이재록은 부모로부터 받은 피를 흘려 원죄와 자범죄가 없기 때문에 죽음이 피해 간다고 했으며(1998년 7월 5일 저녁예배).
10) 98년 7월 3일에 새예루살렘 열쇠를 놓고 가셨다고 하며(1998년 7월 5일 저녁예배).
11) 자신과 하나님이 하나가 되었기에 해와 달에 나타나는데 이는 자신이 특허를 낸 것이라고 하며(1998년 6월 28일 주일예배, 98년 10월 16일 금요철야 집회), 이재록은 성경 66권 말씀을 그대로 믿고 순종하여 증거해 드렸기 때문에 우리 하나님과 하나 되어 보좌 좌편에 있다고 했으며(1998년 7월 5일 저녁예배), 그리고 하나님께서 이재록을 달 속에 전등 속에 놓으시고 '나와 너는 하나'라고 하셨다는 것이며(1998년 7월 17일 금요철야집회).
12) 그리고 영안이 열려서 보면 하나님의 모습이 보이는데 큰 입과 빨려 들어갈 것 같은 눈과 입술이 이재록의 체형을 닮았다고 하며(1998년 6월 28일

저녁예배),

13) 이재록 외에 약속받은 증거를 각종 빛을 통해 증거해 준 일은 창세 이래 없었다고 주장하며(1998년 6월 28일 저녁예배),
14) 2천 년 전의 예수님은 구약 율법을 완성하셨고, 이재록 자신은 66권의 말씀을 이뤘다고 주장하며(1998년 6월 26일 저녁예배),
15) 이재록은 어디를 가도 비를 맞지 않으며(1998년 6월 26일 저녁 예배), 이재록이 명령하면 연탄가스도 물러간다고 하며(1998년 6월 26일 저녁 예배), 병든 사람도 자신이 기도한 손수건만 만져도 치료된다고 하였다(1998년 8월 9일 저녁예배).

2. 비평

먼저, 이재록이 부르면 아브라함 등 모든 선지자들과 주님의 제자들이 나타난다는 말은 일종의 초혼사상이다. 이는 그 유례를 성경에서 찾아볼 수 없는 일로 하나님께서 엄격하게 금하는 이교도적 행위인 것이다(신 18:11).

다음으로, 이재록 씨는 자신을 신격화하지 않았다고 주장한다. 그러나 이는 한국의 다른 많은 교주들이 실제적으로는 신으로 행동하면서도 겉으로는 그렇지 않다고 주장하는 것과 유사한 속임수에 불과하다. 이재록 씨는 부모로부터 받은 피를 몽땅 쏟아버리고 죄성이 없는 피를 받아 원죄와 자범죄가 없어져 버렸다고 하는 주장이나, 이재록 씨에게는 죽음이 피해 간다고 한 말이나, 그의 영이 하나님 보좌 좌편에 앉아 있다는 말이나, 이재록 씨에게는 죽고 사는 권세가 있다는 말이나, 또한 주님과 자신은 하나이기 때문에 자신을 해와 달 속에 넣어 세상에 공포하였는데 이는 자신에게 특허를 낸 것이라고 하는 말이나, 이재록 씨가 물 위를 걷는 것 외에 심판 날에 주님 옆에서 성도들을 위해 직접 변호해 줄 것이라고 한 말이나, 자신에게 새예루살렘 열쇠를 놓고 가셨다고 한 말이나, 하나님의 모습이 이재록 씨의 체형을 닮았다고 하는 말이나, 이재록 씨 외에 약속받은 증거를 각종 빛을 통해 증거해 준 일은 창세 이래 없었다고 주장하는 것이나, 2천 년 전의 예수님은 구약 율법을 완성하셨고 이재록 씨 자신은 66권의 말씀을 이뤘다고 주장하는 말 등을 볼 때 그가 신격화되지 않고는 도저히 할 수 없는 말들이다.

결국 위와 같은 이재록 씨의 신격화 사상은 기독론적으로는 물론 구원론에서도 무서운 이단 사상을 낳게 하였다.

3. 결론

이재록 씨는 이미 그가 전에 속했던 예수교대한성결교회(예성)로부터 이단으로 규정된 바가 있다(1990년 5월). 그러나 교계의 몇몇 방송, 언론매체 그리고 일부 목회자와 부흥사들이 그의 울타리가 되어 한국 교회에 그의 이단사상을 확산하는 데 도움을 주었다.

위와 같은 연구 결과 이재록 씨는 '극단적인 신비주의 형태의 무서운 이단자'로서 한국 교회는 철저하게 그를 경계해야 할 것으로 사료된다. 만일 한국 정통교회들이 이재록 씨를 용납한다면 예기치 못할 피해가 예상되므로 모든 교회들이 초교파적으로 연합하여 대치해야 할 것으로 사료되는 바이다.

43. 이초석(예수중심교회)

이초석(李礎錫) 목사의 '한국예루살렘교회'가 사람들의 주목을 받기 시작한 것은 1988년 펄시 콜레(Percy Collet)와의 연합집회와 1990년 2월의 서울대 전도집회를 통해서였다. 펄시 콜레는 『내가 본 천국』,[1] 『콜레 박사가 밝히는 100가지 천국의 비밀』[2] 등의 종말적인 책을 출판하여 한국 교회에 물의를 일으킨 바가 있었던 사람이다. 이초석 목사는 펄시 콜레를 한국에 초대하여 집회를 주최했으며, 인천집회에서는 단상에 오르자마자 쓰러진 펄시 콜레를 안수하여 깨어나게 하기도 했다. 그는 펄시 콜레의 명성에 편승하여 한국 교계에 자신의 영향력과 위치를 확고히 다지려고 했지만, 오히려 이 집회를 계기로 그의 신앙관이 이단적이라는 시비를 불러일으켰다.[3] 특히 이초석 목사의 귀신 축출과 귀신에 대한 이해는 성락침례교회(베뢰아 아카데미) 김기동 목사의 귀신관과 동일하다. 그는 1991년 예장통합 측 총회에서 이단으로 규정되었다. 그 이유는 김기동 목사의 귀신론을 추종한다는 것과 성경해석상에 있어서 지나친 신비주의적인 경향과 오류 때문이었다. 독자들은 이 글을 지난 호에 다루었던 "김기동 목사의 귀신론(베뢰아 아카데미)에 대하여"와 비교하면서 읽는다면, 보다 쉽게 이초석 목사의 주장을 이해할 수 있을 것이다.[4]

집회 때마다 흰색 싱글 정장에 백구두를 신고 등장하는 남자가 있다. 그가 바로 이초석 씨다. 그는 집회 시, 안수를 받고자 하는 사람들의 얼굴을 두 손으로 잡고 "너 어디서 왔어?"라고 묻는다. 그러면 얼굴을 잡힌 사람의 입에

---

[1] Percy Collet, *I Walked in heaven with Jesus*, 배상현, 『내가 본 천국』(서울: 정명사, 1987).
[2] Percy Collet, 이장림 역, 『콜레 박사가 밝히는 100가지 천국의 비밀』(서울: 그루터기, 1988).
[3] 김상수, "이초석 목사(한국예루살렘교회, 땅끝 예수 전도단) 무엇이 문제인가?," https://m.cafe.daum.net/timo0691/8K5h/21?q=%EC%9D%B4%EC%B4%88%EC%84%9D+%EB%AA%A9%EC%82%AC+%EC%9D%B4%EB%8B%A8&, 2025.06.27. 접속.
[4] 같은 자료.

서 이상한 소리가 흘러나오는 경우가 있다. 괴성을 지르며 육두문자를 쓰는 경우도 있다. 그러면 이 씨는 상대의 눈을 양손으로 뒤집는다. '귀신아 나가라'고 큰 소리를 지른다. 그러면 신도는 괴성을 지르며 뒤로 나자빠진다. 이 씨에게 안수라는 것을 직접 받은 사람뿐만 아니라, 이 씨의 손길이 가리키는 곳이라면 집회 장소의 어느 자리건 나동그라지는 신도가 보인다. 이처럼 축사 사역으로 유명한 이 씨의 단체명이 현재는 예수중심교회로 바뀌었다. 집회 장소는 KBS 88체육관이며, 국내외 300여 개의 지교회가 있는 것으로 파악되고 있다.

I. 기타 자료 1

다음은 예장통합 측이 1991년 제76회 총회에서 발표한 내용을 요약한 것이다.[5]

이초석 씨는 '김기동 귀신론'의 아류이다. 더 정확히 한다면, 그 계열로 알려진 한만영 씨의 영향을 받았다고 할 수 있다. 경기도 광명시에서 한국예루살렘교회를 개척했고 교회의 위치는 인천직할시 남구 숭의 3동에 있으며, 원래 박태선 전도관이 있던 곳이다. 이 씨는 '땅 끝 예수 전도단'을 운영하고 있다. 주일 오후나 목요일 밤에 잠실학생체육관이나 역도경기장에서 '축사(귀신을 쫓아냄)를 통해 병을 고친다'는 '특별집회'를 대대적으로 열어 한국 교회를 소란케 했다. 김기동 씨와 연합집회도 가졌다.

1. 이초석 씨의 주장과 문제점

1) 성경론에 대하여

이초석 씨는 "성경에서 죽은 지 나흘 된 자가 일어났으면 지금도 일어나야 그 성경이 진짜가 아니겠습니까?"[6]라고 하여 신·구약 성경이 우리의 경험과 관계없이 그 자체만으로 정확 무오한 하나님의 말씀임을 부정하고 있다. 그

---

[5] http://www.pck.or.kr/PckCommunity/NoticeView.asp?TC_Board=7830&ArticleId=60&page=5. 예장통합 홈페이지 이단 코너. 제76회 총회-1991년.
[6] 이초석, 『길을 찾아라. 첩경은 있다』 (인천: 도서출판 에스더, 1988), 71.

는 또 "너희 이름이 하늘에 기록된 것을 기뻐하라"(눅 10:20)를 "너희가 귀신을 추방함으로 너희 이름이 하늘나라에 기록된 것으로 기뻐하라"[7]는 것으로 그의 귀신론에 맞추어 자의적으로 성경을 해석하여 정통교회의 성경관에서 크게 벗어나고 있다.

2) 신론에 대하여

이초석 씨는 성부와 성자와 성령의 이름이 예수라고 하며,[8] 다시 말하면, 이초석은 삼위일체 하나님의 공식 명칭이 예수라고 주장한다.[9] 그리고 그 근거로서 요한복음 17장 11절, "내게 주신 아버지의 이름으로 저희를 보전하사 우리와 같이 저희도 하나가 되게 하옵소서"를 제시하고 있다. 이는 삼위일체 신관을 부정하는 양태론에 빠져 있음을 알 수 있다.

3) 창조론에 대하여

이초석 씨는 "이 땅 즉 우주를 마귀가 갇혀 있는 음부라고 하며,"[10] 우주와 세상을 음부와 동일시한다.[11] 현재 마귀가 있는 곳이 곧 이 세상이라는 것이다. 이 음부를 하나님께서 창조하셨다고[12] 주장함으로써 하나님의 선하시고 온전하신 창조를 부인하고 있다.

4) 인간론에 대하여

이초석 씨는 인간에 대하여, "하나님은 인간을 만드실 때 영혼을 하나만 지으셨으며, 그다음부터 그 영혼은 분리되어 가는 것입니다"[13]라고 주장함으로써 영혼 창조(창 2:7)설을 취하는 정통개혁주의 입장에서 벗어나고 있다.

---

7   이초석,『내 백성이 지식이 없어 망한다』(서울: 한국복음문서연구회, 1987), 21.
8   이초석,『길을 찾아라. 첩경은 있다』, 25.
9   이초석,『길을 찾아라. 첩경은 있다』(인천: 도서출판 에스더, 1988), 23~25.
10 이초석,『내 백성이 지식이 없어 망한다』, 35, 이초석,『길을 찾아라. 첩경은 있다』, 58.
11 같은 책, 152-3.
12 이초석,『길을 찾아라. 첩경은 있다』, 87.
13 이초석,『한국예루살렘교회 안내』(인천: 도서출판 에스더, 1987), 17.

5) 기독론에 대하여

이초석 씨는 예수께서 영의 육체를 입고 오셨다[14]고 주장함으로서 예수께서 죄만 없으실 뿐이지 우리와 똑같은 육체를 입고 오셨다는 성육신 신앙을 부인하고 있다. 그는 또 예수님의 메시아 되심을 나타내주는 데 불과한 귀신 추방을 예수님의 주된 일이었다[15]고 주장함으로써 예수 그리스도의 지상 사역을 심히 왜곡 제한시켜 부분을 전체화하고, 상대적인 것을 절대화하는 오류를 범하고 있다.

6) 구원론에 대하여

기독교 복음의 핵심이 예수 그리스도의 십자가 구속에 의한 영생에 있음에도 불구하고 이초석 씨는 십자가를 믿으면 영생을 얻는다는 말이 성경에 한 군데도 없다[16]고 말하고 있다. 그에게 있어서 구원이란 인간을 억누르고 있는 귀신의 세력으로부터 자유함을 입는 것이며, 바로 이 일을 위하여 예수 그리스도께서 오셨다[17]고 주장함으로써 믿음으로 구원을 얻는다는 이신득의의 진리를 부정하고 있다.

7) 귀신론에 대하여

이초석 씨는 귀신의 정체가 불신자의 사후 존재[18]라고 하며, 이 귀신이 사람 몸에 직접 들어와서 병들게 하고 망하게 한다[19]라고 주장함으로써 본 교단 제73회 총회에서 이단으로 정죄된 바 있는 김기동 씨의 귀신론을 추종하고 있다. 그는 김기동 씨의 귀신론을 추종한다는 이유로 예장 성합 측 총회에서 제명된 바 있다.

14　이초석, 『길을 찾아라. 첩경은 있다』, 41.
15　같은 책, 138.
16　이초석, 『길을 찾아라. 첩경은 있다』, 211.
17　이초석, 『한국예루살렘교회 안내』, 49.
18　같은 책, 50.
19　같은 책, 51.

II. 기타 자료 2

이초석은 천사가 타락하여 마귀가 되었다는 것을 인정하지만, 귀신 역시 타락한 천사라는 기독교 전통적인 입장을 부인했다. 그는 귀신의 정체를 '제명에 죽지 못한 불신자의 사후의 존재'로 규정한다. 또한 이초석은 귀신에게도 감정이 있어서 욕설이나 저주를 싫어하기 때문에 귀신을 저주하고 미워하는 것과 비례하여 쫓겨나가는 속도가 결정된다고 주장한다. 이것들은 성락침례교회 김기동의 귀신론과 동일한 것으로서 비성서적이고 무속적(巫俗的)인 신앙관인 것이다.[20] 이렇듯 이초석의 비성경적이고 무속적인 신앙관에 근거한 귀신론의 문제점들을 정리하면 다음과 같다.

첫째, 이초석은 천사가 타락하여 마귀가 되었다는 것을 인정했으나 귀신 역시 타락한 천사라는 기독교 전통적인 입장을 부정했다. 귀신은 불신자의 사후 영혼이라는 것이다. 이러한 견해는 김기동의 입장과 동일한 것이다.[21] 이와 같이 귀신을 불신자의 사후 존재로 보는 것은 비성서적이며 무속 신앙적인 것이다. 정확히 말하면 기독교사상과 무속신앙을 혼합한 것이다. 마귀의 기원에 대해서는 기독교의 천사 타락설을 받아들인 반면, 귀신의 기원에 대해서는 제명대로 살지 못한 원혼이라는 무속사상을 받아들인 것이다.

둘째, 이초석은 귀신을 영적 존재로 간주했으나, 수명, 처소, 활동 영역, 지식 등에서는 제한된 존재로 취급했다. 이 주장 역시 김기동의 견해와 동일하다. 두 사람 모두 귀신은 영적 존재이나 수명이 있다고 하였다. 불신자가 제명대로 살지 못하고 죽었을 때, 그 사후 존재는 귀신이 되어 본래의 수명이 차기까지 활동하다 무저갱에 들어가 활동을 그친다. 그러나 성경은 귀신이 수명이 있는 제한적 존재라는 것을 부정한다. 성경은 마귀와 귀신들인 세상 끝 날까지 활동하다 최후 심판 때 무저갱에 갇힌다고 말하고 있다(마25:41,

---

20 김상수, "이초석 목사(한국예루살렘교회, 땅끝 예수 전도단) 무엇이 문제인가?," https://m.cafe.daum.net/timo0691/8K5h/21?q=%EC%9D%B4%EC%B4%88%EC%84%9D+%EB%AA%A9%EC%82%AC+%EC%9D%B4%EB%8B%A8&, 2025.06.27. 접속.
21 김기동, 『성서적 신학적 현상적 마귀론』, 88, 167.

계 20:1~3, 7~10). 따라서 이초석과 김기동의 주장은 귀신에게 수명이 있다고 보는 무속 사상과 기독교사상을 혼합한 것이다.[22]

셋째, 이초석은 귀신을 모든 병의 원인으로 취급했다.[23] 그는 예수께서 귀신을 쫓아내어 모든 병을 고쳤다는 이유를 들어 귀신 이외의 다른 어떤 원인으로부터 병이 일어날 가능성을 부정했다. 김기동 역시 모든 질병의 원인을 귀신이라고 주장한다. 병에 걸리는 것은 귀신이 사람 몸에 침입하는 것이며, 병 고치는 것은 귀신을 쫓아내는 것이다.

성경 역시 귀신으로 인해 병에 걸릴 수 있음을 말한다(마 9:31~34, 막 9:17~27, 마 12:22, 눅 8:2). 그러나 문제는 모든 질병의 원인이 과연 귀신이냐 하는 것이다. 성경은 마귀나 귀신 이외에도 죄, 불경건한 생활, 과로, 부주의, 하나님의 영광을 위한 것 등의 이유로 병이 올 수 있음을 말하고 있다(창 12:17, 마 9:1~8, 고전 11:27~30, 빌 2:25~30, 요 11:4). 따라서 이초석과 김기동의 주장은 성서에 근거한 것이 아니라 모든 질병을 귀신의 인체 침입으로 간주하는 무속신앙에 기초한 것이다.

넷째, 이초석은 예수의 근본적인 사명과 공생애 동안의 주요 사역이 귀신을 쫓는 것이었다고 주장한다. 그뿐만 아니라 귀신을 쫓아야 하는 것이 기독교인의 사명이자 그리스도의 명령이라고 한다. 김기동의 견해도 마찬가지이다. 성락침례교회의 목사로 김기동의 마귀론을 변호하는 글 "베뢰아의 마귀론"을 쓴 한상식도 이를 분명히 인정하고 있다. "귀신 추방 곧 축사는 하나님의 뜻이요 예수의 주된 사역 가운데 하나이며, 믿는 자에게 남겨진 주님의 명령이요 부탁이다."[24] 이와 같이 예수의 전 사역을 귀신을 쫓아내고 마귀를 대적하는 것으로 해석하는 것은 성경의 교훈에 일치하지 않는다. 축사는 예수의 사역 일부일 뿐이지 전부나 중심적인 일은 아니다. 그러한 주장은 세계적인 창조나 역사의 발전을 하나님과 인간의 관계가 아닌 하나님과 사탄의

---

22 같은 책, 223-230.
23 같은 책, 133.
24 한상식, "베뢰아의 마귀론", 「목회와 신학」, 1990년 10월호, 70.

관계로 이해하는 이원론적 세계관에 근거한 것이다. 뿐만 아니라, 예수 그리스도의 십자가 부활과 구속사건을 믿음으로 획득되는 의인의 복음을 귀신 쫓아냄과 병 고치는 복음으로 변질시키고 있다.

다섯째, 이초석은 음부를 이 세상으로 해석하고 귀신이 떠돌아다니는 장소라고 주장한다. 이 주장 역시 김기동의 입장과 동일하다. "어떤 사람은 죽은 불신자들은 지옥에 갔다고 말하지만 아직 지옥에 간 사람은 없습니다. 예수께서 재림하여 세상을 형벌하기까지는 아무도 지옥에 갈 수 없습니다. 그러면 불신자가 죽으면 어디로 가는 것입니까? … 사망과 음부가 바로 세상 안에 있고 또 그리스도의 구속이 세상 안에서 이루어진 것입니다."[25]

이와 같이 이초석과 김기동이 음부를 세상으로 해석하는 것은 불신자의 사후 영혼이 귀신이 되어 이 세상을 떠돌아다닌다는 주장을 합리화하려는 시도로 이해된다. 예수님은 부자와 거지 나사로의 비유를 통해 불신자가 죽으면 그 사람의 영혼은 곧 음부에 가는 것임을 보여주셨다(눅 16:22~23). 따라서 불신자의 사후 영혼이 귀신이 되고, 귀신의 활동 무대가 이 세상이라고 주장하기 위해서는 음부가 곧 이 세상이라고 해석해야 되는 것이다.

그러나 성경은 이 세상이 곧 음부라는 견해를 부정하고 있다. 전술한 예수님의 비유에서 보듯이 부자의 영혼이 간 곳과 나사로의 영혼이 간 곳이 다르다. 또한 음부는 죽은 사람의 영혼이 가는 곳이지 살아 있는 사람이 활동하는 이 세상은 아니다. 따라서 음부를 이 세상으로 보는 것은 비성서적이다. 이는 무속신앙의 귀신론과 성경의 음부 개념을 혼합시킨 것이라고 하겠다.

이상에서 우리는 이초석의 특이한 주장 중에서 귀신론을 선택하여 김기동의 견해와의 비교를 통해 그 문제점을 지적했다. 이초석과 김기동의 견해는 거의 동일하다고 볼 수 있으며, 성경에 근거했다기보다는 한국 무속신앙의

---

25 김영한, "한국 교회 이대로 좋은가?", 「성경과 신학」, 제7권, 305.

영향을 강하게 받았다고 평가된다.[26]

2. 연구 결론

이초석 목사는 김기동 목사의 성락침례교회와 조용기 목사의 여의도 순복음교회를 모델로 하여 불과 수년 만에 한국 예루살렘 교회를 급성장시킨 인물이다. 그의 신앙 노선은 신비주의적 열광주의에 기초하고 있으며 귀신 축출, 긍정적인 사고, 기복주의적 축복관을 강조하는 것이 특징이다. 그러므로 이초석 씨는 신비적 열광주의에 기초하면서 계시의 객관성을 무시한 극단적 주관주의를 바탕으로 현세적이며 물질적인 축복과 귀신 축출을 강조하여 기존 교회 교인들을 미혹시켜 건전한 신앙 형성을 저해하고 정통교회 및 그 목회자들을 불신케 하여 교회의 혼란을 초래하는 이단이므로 이초석 씨의 모든 집회에 본 교단 소속 목회자 및 모든 교인의 참석을 금해야 할 것으로 사료된다.

---

26 김기동, 『성서적 신학적 현상적 마귀론』, 40-41.

44. 이현래(대구교회)

한국기독교총연합회는 2005년 이현래 씨를 이단으로 규정했다. 한기총 임원회는 최근 대구기독교총연합회(대표회장 신현진 목사)가 올린 '대구교회(이현래) 이단성 문제 판단 요청의 건'에 대한 이단 사이비 대책위원회(위원장 한명국 목사)의 보고 내용을 그대로 받았다. 이대위는 이현래 씨에 대한 연구 보고서에서 "이현래(대구교회)는 예장통합과 예장고신 총회(1991년)에서 각각 이단으로 규정된 위트니스 리(중국어: 李常受, 병음: Li Chángshòu 리창서우, 1905~1997, 지방교회, 회복 교회)의 사상을 변형 발전시킨 자"라며, "이 씨의 가르침과 주장은 여러 면에서 이단성을 다양하게 나타내는데, 이는 위트니스 리의 신인 합일주의 사상에 뿌리를 둔 것으로서 이단으로 규정하여 한국 교회는 각별히 경계해야 할 것으로 사료된다"고 밝혔다.[1]

이현래 목사는 하이텔에서 하표사(하나님을 표현하는 사람들)라는 카페를 통하여 지방교회와 유사한 교리를 주장하다가 한기총으로부터 2005년에 이단으로 규정되었다. 이현래 목사는 C.C.C 출신 목사였는데, 워치만 니(중국어: 倪柝聲, 병음: Ní Tuòshēng 니퉈성, 1903~1972)의 책을 읽고, 빠져서 스스로 자생적인 지방교회가 된 것이다. 지방교회(워치만 니, 위트니스 리)의 이단적인 교리는 다음과 같다. 거의 모든 신학적인 견해에서 모두 정통신학과 다른 이단성을 나타내고 있다고 보면 명백하다. 그의 이단성에 대하여 조직신학적으로 간략히 정리하면 다음과 같다.

1. 성경론 : 워치만 니와 위트니스 리의 해석을 추종, 계시, 비밀, 풍유적 해석.

---

[1] "한기총, 이현래·곽성률 씨 이단 규정," https://cafe.daum.net/chambit.chambit/RQui/270?q=%EB%8C%80%EA%B5%AC%20%EA%B5%90%ED%9A%8C%20%EC%9D%B4%ED%98%84%EB%9E%98%20%EB%AA%A9%EC%82%AC%20%EC%9D%B4%EB%8B%A8&re=1. 2025.06.26. 접속.

2. 신론 : 삼일론(양태론적 단일신론)

3. 인간론 : 영과 혼과 육을 공간적, 장소적으로 분리하는 3분법.

4. 기독론 : 아폴로내리우스 주의(그리스도의 인성과 신성을 분리).

5. 구원론 : 신화 사상(신인 합일론), 단체구원론.

6. 교회론 : 기독교를 사탄의 교회로 주장하며 배타적, 독선적, 부정적 교회론.

7. 종말론 : 내세 부정, 연옥과 같은 중간 처소 주장, 극단적 세대주의적 경향.

이현래 목사에게는 곤혹스러운 평가가 되겠지만, 그의 책 『주의 손에 이끌려』[2]를 읽을수록 '주님의 손'과 '워치만 니의 손'을 같은 의미로 표현한 것이라고 말할 수 있기 때문이다. 그 책에서 이현래 목사는 성경을 읽고 거듭난 사람이 아니라, 워치만 니의 책을 읽고 거듭난 사람이라고 스스로 반복하여 강조하고 있으며, 워치만 니의 성경해석을 자신을 거듭나게 한 100% 진리로 평가하고 있다. 그는 기성교회의 신학과 교단이라는 제도 자체를 강하게 비난하고 있는데, 워치만 니와 위트니스 리의 주장과 대동소이하다. 그러나 그 역시 또 다른 신학과 또 다른 교단에 빠져 있다는 것을 스스로 느끼지 못하는 것뿐이라고 생각된다.

1. 워치만 니의 책을 읽고, 그 사상과 교리에 빠지게 되었다는 증언

"70년대 우리나라 교역자로서 '워치만 니' 저서의 시리즈를 접하지 않은 사람은 거의 없었을 것이다. 그러나 그들 중 누구도 순수하게 이 복음의 노선을 따른 사람은 없었던 것으로 알고 있다. 생명은 자기의 고유한 노선이 있는 것이다. 다른 노선 안에서는 성장이 어렵다. 혹시 성장한다 해도 왜곡되거나 퇴색하기 마련이다. 그러므로 주님께서는 나를 그분을 만날 수 있는 여건 안으로 이끄셨고, 그 생명이 장애 없이 성장할 수 있는 자유로운 세계로 해방시켜 주셨다."[3]

"나는 C.C.C에 들어가서 권위를 알게 된 것이 첫 번째 공과였고, 뒤에 워

---

[2] 이현래. 『주의 손에 이끌려』(대구: 교회생활사, 2018).
[3] 이현래. 『주의 손에 이끌려』(대구: 교회생활사, 2018), 62.

치만 니의 '권위와 승복', 혹은 '영적 권위'라는 책을 통해 말씀으로 확인하게 되었다. 이 공과는 주님을 따르는 내 일생의 기초가 되었다."[4]

"그래서 정처 없이 시내에 나갔다가 작은 기독교 서점에 들렀다. 그때 내 눈에 뜨인 것이 『주의 형상을 닮아』라는 책이었다. 책 크기가 부담 없었기 때문에 그것을 사서 돌아와 읽었는데 이 책 한권이 내 인생과 사역을 완전히 바꿔 놓을 줄은 미처 생각지도 못했다. 책을 펴자 그 말씀에 빨려 들어 어느새 한 권을 다 읽었다. 나는 그 때까지 어떤 책도 단숨에 읽어 본 적이 없었다. 그런데 이 책에서 눈을 뗄 수가 없었다. 어쩌면 이렇게 심오할 수 있는가. 누구나 다 아는 아브라함과 이삭과 야곱의 역사를 말하는데 그 성경에 그런 말씀이 있었던가? 그런 뜻이었던가? 어쩌면 성경을 이렇게 볼 수 있단 말인가! 안 목사님 강의가 좋긴 했지만, 그런 차원이 아니었다. 어느 책에서도 한 번도 보지 못했고 그 누구에게서도 들어보지 못했던 말씀이었다. 두 번째 읽기 시작했다. 그때 나는 '아! 이것은 연구한 결과가 아니구나'라는 것을 알았다. 일반적으로 성경 공부는 읽고 연구하고 기도하고 적용하고 이런 식인데 이것은 그런 유가 아닌 것이다. 어떻게 아브라함과 이삭을 이렇게 잘 알며 그들을 상대하시는 여호와를 이렇게 잘 알고 있는지! 실로 기이한 일이었다. '다 알고 있구나!' 부처님이 자신의 손바닥에서 노는 손오공을 알고 있듯이 이 사람들을 너무나 잘 알고 있는 것이다. 어쩌면 그들 자신도 모르는 그 자신들을 더 잘 알고 있는 사람 같았다. 나는 그때 알아졌다. 이분은 성경을 깊이 알기 전에 하나님을 깊이 체험하고 자신과 하나님과의 관계를 통하여 사람을 깊이 아는 사람이구나! 그렇다. 이분은 아브라함과 이삭과 야곱과 같은 경험을 가짐으로써 그들을 잘 알고 있었고 자신도 하나님에게 그들과 같은 다루심을 체험했던 사람이구나! 그렇지 않고서야 어떻게 이렇게 속속들이 하나님 마음을 말고 사람들의 마음을 안단 말인가?"[5]

"내가 C.C.C에 들어가서 일했던 4년은 뜻밖의 일이었고 더구나 거기 있을 동안 워치만 니를 알게 되어 내 인생이 완전히 전환되었다는 것 또한 경

---

4 같은 책, 89.
5 같은 책, 118-119.

이로운 일이었다. 교단에 순조롭게 있었더라면 나는 평범한 목회자의 길을 갔을 것인데 거기서 나오게 되어 C.C.C에 들어감으로써 많은 것을 배웠고 특히 김준곤 목사님께 많은 영향을 받았다. 그렇지만 그곳 또한 내가 그대로 있었다면 C.C.C 간사로서 일생을 마쳤을 것이다. 그런데 거기서 해임됨으로 꿈에도 생각할 수 없었던 그리스도와 교회의 세계를 보게 되었고 여기서 영원한 나라 새 예루살렘만을 바라보는 코스로 들어서게 되었다."[6]

"워치만 니를 만난 후, 나는 동굴 속에서 나온 사람처럼 새로워졌고 하늘에서 내려온 사람처럼 구름을 타고 있었다. 세상 안에서 살지만 거기서 구별되었고 사역을 하지만 거기서 구별되었다. 이상했다. 나는 분명히 엊그제의 나인데 나 아닌 내가 된 것이다. 내가 안다고 했던 모든 것은 종이 축이 말려서 바람에 날려가듯 어디론지 사라지고 내 앞에는 오직 환한 길, 대낮처럼 밝은 길이 있었고 나는 그 위를 걷고 있는 것이었다."[7]

"워치만 니는 이런 문제들에 대해 오직 그리스도 예수 그분 자신만을 말하고 있었다. 성경은 예수 그리스도 그분만을 증거하고 있다. 결코 기독교인의 생활이나 종교생활을 위해 기록한 책이 아니다. 그것들은 부수적인 문제들일 뿐이다. 나도 그분을 만난 후에는 40년을 한 교회에서 사역했지만, 그리스도 예수 그분 자신 외에 다른 것은 말해 본 일이 별로 없다."[8]

다음의 글을 보면, 그는 오직 워치만 니의 책을 완전한 말씀으로 생각하고 그것만을 전했다는 내용이 나타난다. 결과적으로 워치만 니는 그의 우상이었으며 그의 하나님이었다. 어떤 사람들이 이단에 빠지면, 그 교주를 하나님과 같이 생각하게 되며, 그 교주의 주장을 가장 성경적이라고 생각하게 된다.

"나는 대구에 내려왔을 때 주로 워치만 니의 서적들을 그대로 소화해서 전했다. 그 말씀들은 『주의 형상을 닮아』, 『영광스러운 교회』, 『영적권위』, 『영에 속한 사람』, 『신약이란 무엇인가』, 『노래 중의 노래』 등의 책이었다. 말

---

[6] 같은 책, 148.
[7] 같은 책, 307.
[8] 같은 책, 316.

씀은 하나도 뺄 것도 없고 더할 것도 없었다. 내가 꼭 들어야 하고 전해야 할 말씀들이었다. 이렇게 완전한 말씀이 없었던 것이다."[9]

믿음이 좋았던 어느 청년이 이단에 빠진 후에 메시아를 만났다고 간증하는 것과 무엇이 다른가?

2. 성경적인 문제점과 신학적인 문제점

이현래 목사의 책은 비록 자서전이었지만, 지방교회의 교리가 은연중에 나타난다. 그들의 구원론은 사람이 하나님이 되는 것인데, 그렇게 하기 위하여 하나님이 사람이 된 것이라고 주장한다. 그들은 예수를 God-man이 된 첫 샘플이라고 주장한다. 이현래 목사는 오래전부터 지방교회와 같이 "사람이 성육신이 되어야 한다"고 주장해 왔다. 그러나 성경은 썩어질 사람을 썩지 않는 하나님으로 바꾸는 것을 우상이라고 말한다.

로마서 1:23 "썩어지지 아니하는 하나님의 영광을 썩어질 사람과 금수와 버러지 형상의 우상으로 바꾸었느니라." 또한 사탄은 스스로 성전에 앉아 하나님이 되려고 한다. 데살로니가후서 2:4 "그는 대적하는 자라 신이라고 불리는 모든 것과 숭배함을 받는 것에 대항하여 그 위에 자기를 높이고 하나님의 성전에 앉아 자기를 하나님이라고 내세우느니라."

이현래 목사는 성경이 아닌 워치만 니의 서적을 보고 그 책을 생명의 말씀이라고 주장한다.

그때 나는 워치만 니의 서적들을 읽으면서 새로운 세계에 눈이 뜨였고 새로운 말씀에 귀가 열려서 말씀의 진보가 빨라졌다. 단 한 절도 빼놓을 수 없는 그분의 살아 있고 오묘한 말씀은 나를 그 양식으로 젖게 했고, 그 말씀은 나를 점유하여 육신이 되고 있었던 것이다. 말씀, 생명의 말씀은 육신이 된다. 교리는 생각에서 떠돌지만 생명의 말씀은 받는 자에게 곧바로 육신이 되는 것이다. 지금도 우리는 말씀이 육신이 된다는 말을 쉽게 하는데, 이것을 모르

---

9 같은 책, 535.

는 사람들은 예수님이 말씀이 육신이 되었지? 누가 또 육신이 된다는 것이냐고 몰라서 달아나서 비난한다. 예수님이 말씀이 육신이 되신 것은 예레미야로 미리 예언된 것이며(렘 31:31 참조) 이는 예수 한 분만을 지칭하는 것이 아니다. '그들'이라는 복수로서 하나님의 은총을 받은 모든 사람을 의미하는 것이다. 예수님은 이 말씀의 첫 열매가 되신 분이고 그가 이 독생자에서 맏아들(롬 8:29, 히 1:6 참조)이 되시려면 모든 사람이 그로 인하여 말씀이 육체가 되는 새사람이 되어야 한다. 이것은 하나님의 영원한 뜻이며 계획이다. 동산에 지으신 사람을 두시고 생명나무 열매를 먹게 하셨던 것은 그 나무 열매를 먹고 그 생명나무가 아담의 육체, 즉 생명나무 열매로 육체가 된 아담이 되게 하려고 하신 것이다. 그러나 아담은 이 생명을 받지 않고 사탄의 유혹대로 선악을 알게 하는 지식의 나무를 먹었다. 창세기 6장에서는 "저들이 육체가 되었다"고 했는데 이것은 선악을 알게 하는 지식 나무 열매로 육체가 된 아담을 말하는 것이다. 예수는 생명나무 열매(말씀)로 육체가 되는 우리를 위한 맏아들이시다. 하나님 말씀이 육체가 되지 못하면 율법이 되고 교리가 된다. 그래서 이것들은 생명을 가로막고 말리며 죽이는 도구로 변하는 것이다. 음식을 먹으면 소화되어 살과 피가 된다. 그런데 먹고 소화되지 못하면 썩어서 독이 발생하고 균이 발생하여 살과 피가 되는 것을 방해하고 부패케 하며 심하면 죽음에 이르게 하는 것이다. 소화되지 않은 말씀으로 교리를 만들어 두면 어느 날 그것은 부패하여 사람을 잡는 도구로 변하게 되는 것이다. 기독교는 이것을 도구로 해서 얼마나 많은 사람을 저주하고 살육했던가![10]

이렇듯 이현래 목사는 워치만 니의 서적을 보고, 그 책을 생명의 말씀이라고 여겼던 것이다. 그 결과 그에게는 다양한 문제들이 생겨나게 되었다.

1) 이현래 목사의 책에는 해석적인 오류와 신학적인 오류도 나타났다

그에게 나타난 성경을 해석하는 데 있어서 알레고리적인 해석을 하는 오류를 범하고 있다. 그 예를 하나 살펴보면 다음과 같다.

---

[10] 같은 책, 161-163.

렘 31:31 "여호와의 말씀이니라 보라 날이 이르리니 내가 이스라엘 집과 유다 집에 새 언약을 맺으리라." 렘 31:32 "이 언약은 내가 그들의 조상들의 손을 잡고 애굽 땅에서 인도하여 내던 날에 맺은 것과 같지 아니할 것은 내가 그들의 남편이 되었어도 그들이 내 언약을 깨뜨렸음이라 여호와의 말씀이니라." 렘 31:33 "그러나 그 날 후에 내가 이스라엘 집과 맺을 언약은 이러하니 곧 내가 나의 법을 그들의 속에 두며 그들의 마음에 기록하여 나는 그들의 하나님이 되고 그들은 내 백성이 될 것이라 여호와의 말씀이니라."

위 인용문 예레미야 31:31의 본문이 예수님이 말씀으로 오셨다는 것과 무슨 상관이 있으며, 그들이라는 복수 대명사가 무슨 상관이 있다는 것인가? 구약성경의 '말씀'을 모두 그리스도로 해석하는 것 같다. 이런 알레고리적인 해석을 하는 것이 올바른 성경해석이라는 것인지 의심스럽다. 더욱이 창세기 6장에서 "육체가 된다"는 것이 지식의 나무로 육신이 된 아담을 가리킨다는 해석도 황당스럽다. 자신의 교리와 사상을 정당화시키기 위하여 성경을 인위적으로 해석하는 것은 이단들의 전형적인 수법이 아니던가?

2) 삼위일체를 부정하는 주장도 반복하여 나온다

정통 삼위일체를 교리라고 부정하는 이현래 목사는 또 하나의 교리에 지나지 않는 지방교회의 양태론을 옳다고 말하는 것이다. 이현래 목사는 워치만 니의 주장은 결국 인간의 이론과 지식이 아니라, 하나님의 뜻이며 진리로 평가가 되고 있는 것이다.

아버지와 아들 성령의 관계가 모호하다 해서 토의와 회의를 거쳐 연구 끝에 황제의 재가를 통해 만든 것이 삼위일체론이다. 사람들은 이 결정의 권위를 인정하고 하나님을 삼위일체적인 분으로 믿게 되었다. 하나님이 인간의 지식적 제한 안에 갇히게 된 것이다. 인간이 하나님을 구조적으로 정의하고 이를 확정하게 된 것이다. 그러나 인간의 이성 안에 제한될 하나님은 없는 것이다. 만일 인간 이상 속에 확정된 하나님이 있다면 그 역시 우상에 불과한 것이다.

이성은 피조물의 한 기능에 불과하다.[11]

이와 같이 이현래 목사는 교회사마저 조작하고 있다. 니케아 회의에서 삼위일체가 결정된 것이 아니다. 오히려 큰 동조 세력을 갖고 있었던 유사 본질을 주장한 아리우스 장로에 비하여 동일본질을 주장한 아타나시우스 청년 집사가 매우 불리한 입장에 있었지만, 토론이 거듭되는 가운데 아타나시우스가 토론에서 승리를 거두게 된 회의였다.

3) 인간 특히 아리안족의 지혜는 무엇이나 객관화하려고 한다

"심지어 하나님도 객관화하고 그 구조를 분석하여 '삼위일체 하나님'이라는 이름을 붙여 놓은 것이다. 그러나 내 아버지는 객관화될 수 없다. 그래서 예수께서는 '아버지 하나님'이라고 하신 것이며, 사도들은 '우리 주 예수 그리스도의 아버지 하나님'이라고 장황하게 부른 것이다. 나는 내 아버지께로 가는 길은 될 수 있지만 예수의 아버지께로 가는 길은 될 수 없다. 예수의 아버지께로 가는 길은 오직 예수뿐이다. 각자는 다 자기 아버지께로 가는 길이다. 그러나 예수의 아버지께로 가는 길은 아닌 것이다. 예수께서는 천당에 거할 곳이 많다고 하지 않으셨다. '내 아버지 집에 거할 곳이 많다'고 하셨다. 그런데 도마는 '주여 어디로 가시는지 우리가 알지 못하거늘 그 길을 어찌 알 수 있겠습니까?'라고 했다. 도마는 또 객관적인 길을 묻고 있었다. 그래서 예수께서는 '내가 곧 길이다'라고 하셨던 것이다. 천당은 객관적인 길로 갈 것이다. 천당을 만든 사람들은 그 길도 만들어 놓았다. 그러나 '내 아버지 집'으로 가는 객관적인 길은 없고 그런 진리와 생명도 없는 것이다."[12]

4) 이현래 목사는 지방교회와 같이 사후 천국도 부정한다

그는 주관적인 이론이 진리이고, 객관화된 사실은 진리가 아니라고 생각하는 것 같다. 그가 그토록 진리라고 생각하는 워치만 니의 성경해석은 주관

---

11 같은 책, 173.
12 같은 책, 395-396.

적이므로 진리라고 생각하는 것 같다. 하나님을 표현하는 인격이 된다는 표현은 전형적인 지방교회의 표현이다. 이현래 목사의 대구교회가 인터넷에서 사용하던 카페 명칭은 하표사(하나님을 표현하는 사람들)였다. 이현래 목사의 삼위일체는 세 인격이 아니라 한 인격이며, 그리스도와 성도는 동일한 한 인격을 갖는다. 또한, 이현래 목사의 교인들은 오래전부터 인터넷에서 "말씀과 하나 된 사람을 보러 오라, 성육신 된 사람을 보러 오라"라고 말해 왔고, "말씀이 육신이 된 그리스도를 만나러 오라"라고 말해 왔다. 그 그리스도가 된 사람이 곧 이현래 목사이다. 그것이 지방교회에서 말하는 소위 성육신 사상이다. 그래서 그는 다음과 같이 주장한다.

> 나는 워치만 니로부터 깨우침을 받았을 때 '한 사람'이 보였다. 주님의 부르심을 받고 다시 여러 과정의 연단을 거쳐 아담의 성분이 제거된 그 사람, 순수하게 주님께 순종함으로써 그분의 경륜을 수행했던 그 사람, 그 결정으로 예수께서 십자가를 지시고 하나님 앞에 한 인간으로서 서신 것을 보면서 이런 사람을 하나님이 찾고 있다는 것을 본 것이었다. 나는 처음부터 한 인격에 의해 부름받고 변화되었으며 사역자가 되었다. 그래서 사람이 아닌 교리나 제도는 아예 염두에 없었고 이것이 오늘 우리 교회의 모습에 근원적으로 영향을 주었던 것이다. 한 인격, 말씀이 육신이 되신 그리스도는 우리 교회의 표어가 되었다.[13]

그는 계속해서 "돌이켜 보면 나는 충주에서 워치만 니를 만나고 나서 하나님에 의해 새로 만들어지는 그 '한 사람'이 보이면서 지금까지 내가 짊어지고 있던 모든 짐에서 해방되었던 것이다"[14]라고 주장하고 있다.

그는 영과 혼과 육을 분리시키는 워치만 니의 인간론을 옳다고 말하고 있으며, 정통신학적인 인간론을 사탄의 가르침으로 비유하고 있다. "『영에 속한 사람』 서문에 워치만 니는 그 책을 쓸 당시 폐결핵으로 사형선고를 받고

---

[13] 같은 책, 233.
[14] 같은 책, 240.

마지막 글이라고 생각하고 죽을 힘을 다해 집필했다고 했다. 심지어 각혈을 하면서 가슴이 아프니까 책상에 엎드려 가슴을 압박하며 죽음을 보류시켜 놓고 그 글을 썼는데 그때 그는 사탄의 많은 방해를 받았노라고 했다. 나는 그의 말을 그대로 믿었다. 영과 혼과 육의 분리는 사탄이 경계하고 싫어하는 일이라는 것을 알았기 때문이었다. 사탄은 영과 혼과 육을(살전 5:23 참조) 한데 몰아 넣어 흔들어 놓고 그 안에서 자신의 뜻을 펼쳐가는 것이다."[15]

3. 교단의 신학과 교회를 비난하는 글

교단의 신학과 교회를 비난하는 글도 자주 발견된다. 그러나 결국 이현래 목사는 워치만 니의 지방교회와 동일한 또 하나의 신학과 교회를 만든 것이며, 그것은 워치만 니라고 하는 사람의 사상과 교리를 따르는 것뿐이다. 그는 자신이 스스로 교단의 신학과 다르다는 것을 말하고 있다. 다시 말하여 정통교단의 교리는 쓰레기이며, 워치만 니의 교리는 하나님의 말씀으로 받아들이고 있는 것이다. 그는 아마 그런 생각을 자랑스럽게 생각하고 있을 것이다.

"그런데도 어떤 사람들은 '김 목사는 신학적 무덤이다'라고 했다고 한다. 나는 이 무덤이 단순하고 편하고 따질 일 없고 싸울 일 없으니 얼마나 좋았던지, 그동안 미주알고주알 배웠던 지식을 쓰레기통에 던져 버리고 책도 대부분 없애 버렸다. 홀가분해서 좋았다. 해방된 기분이었다. … 교단, 교회, 신학, 교리 이런 것이 지긋지긋하고 꼴도 보기 싫었던 나는 그 모든 옷을 벗고 알몸으로 시원하게 흐르는 강물에서 멱을 즐기고 있었다. 그리고 김 목사님의 자연스러운 인간성은 그동안 공연히 굳어져 있었던 나를 원래의 내 성향대로 되돌려 놓았다."[16]

"필자는 주석으로 성경을 연구한 지 한 두어 달이 지났을까 나에게는 어둠이 몰려들었다. 왜 이렇게 진전이 없는가? 학생들은 왜 이렇게 반응이 없는가? 이 물음에서 고민하다가 뜻밖에 워치만 니라는 분을 만나게 되었는데 그는 내가 가는 길에 세 번째 만난 스승이었다. 나는 이 분의 책 한 권을 읽고

---

15 같은 책, 338-339.
16 같은 책, 124.

너무나 놀라운 경험을 하게 되었다. 처음 듣는 말씀이었다. … 그러나 워치만 니의 책을 읽어 본 나는 다른 세계를 만났던 것이다. 같은 말씀인데 이렇게 다르게 볼 수 있는가? 이런 뜻이 과연 그 안에 있었던가? 지금까지 한 번도 들어보지 못한 말씀이 이렇게도 쉽게 감춰져 있었단 말인가? 그동안 별 공부는 못했지만 그래도 신학을 공부하고 목회를 하다 보면 이 책 저 책 읽기 마련인데 어느 책에서도 듣지도 보지도 못했던 말씀이 그 안에서 흐르고 있었던 것이다."[17]

1) 예수는 누구인가? 참사람은 누구인가? 하나님의 나라는 어떤 나라인가?

"이 당연한 기초를 새로 보기 시작했다. 그때까지 배웠고 들었고 보았던 모든 것은 종이 축이 말려가듯이 말려가 버렸고, 모든 것이 새로워지고 새롭게 되는 신기한 세계를 걷게 되었다. 나는 새로워졌다. 옛것은 없고 새것만 남아 있었다. 멀고도 멀리 계시던 그 주님 안에 내가 있었다. 그동안 나는 찾았지만 얻지 못했고 따라갔지만 길을 알지 못했다. 그러나 그날 이후 지금까지 그분은 나를 떠나지 않았고, 나는 그분 안에 있다."[18] 그는 왜 성경을 읽지 않고 워치만 니의 책만을 읽었을까? 그는 워치만 니의 눈과 입과 머리로 성경책을 보았기 때문이다. "나는 1년 이상 성경을 읽지 못했다. 다 알았던 성경이 왜 아무것도 모르는 것으로 가득 차 있는가? 그래도 나는 아는 것만 말하기로 했다. 이상한 일이다."[19]

"개는 개대로 알고, 소는 소대로 안다. 아브라함은 아브라함대로, 이삭은 이삭대로, 야곱은 야곱대로 알았다. 나는 이 사실을 안 이후 분수를 쌓았다. 모르는 것이 무엇인지를 알았는데, 복잡한 내 머리가 정지되었다. 그릭내 지식은 정지되었다. 나는 그때까지 모았던 책을 거의 다 버렸다. 나는 나와는 아무 상관도 없는 책들에 눌리고 있었고 그 내용이 자기들도 모르는 것을 써 놓은 것이었다. '아는 사람'이 쓴 책이 아니면 손이 가지 않았으므로 다

---

[17] 같은 책, 12-127.
[18] 같은 책, 128.
[19] 같은 책, 308.

버렸다."[20] 지방교회 워치만 니와 위트니스 리가 표현하는 소위 "건축"이라는 용어인데, 하나님 자신의 "공급과 분배"라고도 말한다. 위트니스 리는 하나님은 사람을 통하여 자신을 대량 생산하였다고도 말한다.

"나는 40년을 지나오면서 두 가지 건축을 보고 있다. 교리나 지식이나 제도나 은사나 인간의 열심 같은 것으로 건축된 호화롭고 거창한 교회를 보는 반면 생명으로만 건축된 살아 있는 교회를 본다. … 생명나무들은 적셔진 땅에서 자라고 보석들은 흐르는 강물에서 연마된다. 그러면 생명나무 열매에서 생명이 공급되고 보석들은 건축이 되는데 생명을 먹었으므로 이 건축은 생명의 건축이 된다. 새 예루살렘은 생명의 건축이다. 이 생명은 인격 안에 공급되고 인격으로 나타나서 하나님을 표현한다."[21]

이렇듯 건축, 생명나무, 새 예루살렘, 보석… 모두 지방교회가 항상 사용하는 용어이다. 이현래 목사는 워치만 니에게 배운 교리가 정통 조직신학과 전혀 다르다는 증거를 스스로 말하고 있다.

그때 나는 공부를 더 할 수 있다면 보수적인 조직신학을 공부해서 올바른 교리와 신학을 세워야겠다고 생각했지만, 기회를 얻지 못했다. 지금 생각하면 그것이 얼마나 다행이었는지 모른다. 그런 것들은 기독교를 확립하는 데 도움이 되겠지만 나와 다른 사람들을 살리는 데는 아무 소용이 없기 때문이다. 나는 이 사실을 목회를 통해 체험했으나 그 깨달음이 분명하지 못하다가 C.C.C에 가서야 그것이 분명해졌고, 워치만 니를 만나면서 더욱 확실해졌다. 살리는 것은 신학이나 교리가 아니다. "살리는 것은 영이니 육은 무익하니라"(요 6:63)라고 했다. 신학이나 교리와 같은 지식은 육에 속한 것이다. 영은 신비로운 영을 말하는 것인가? "내가 너희에게 이른 말이 영이요 생명이라" 하셨다. 주님의 살아 있는 말씀이 살리는 것이다. 생명의 말씀이 오면 살아난

---

[20] 같은 책, 309.
[21] 같은 책, 177-178.

다. 교리나 신학이 없어서 죽은 것이 아니라 생명의 말씀이 없어서 죽은 것이다. 아담은 사탄의 말을 듣고 죽었다.[22]

2) 신학과 교리는 육에 속한 것이라고 말한다

워치만 니의 신학과 교리는 진리라고 말하는 이현래 목사는 또 하나의 신학과 교리를 추종하는 자생적인 지방교회에 지나지 않는다. 구원은 워치만 니가 아니라, 기록된 예수의 말씀으로 거듭나는 것이다. 아담과 하와를 미혹했던 뱀의 말은 "과실을 먹으면 하나님같이 된다"는 것이었다. 사람은 하나님이 될 수 없으며, 그것은 사탄의 유혹이었다(창 3:4).

이현래 목사가 지금이라도 하나님이 될 수 있다는 그 신화 사상이 성경과 전혀 다른 사상이라는 것을 깨닫기 바란다. 성경이 말하는 육에 속한 것과 영에 속한 것의 차이는 거듭나지 않은 것과 거듭남의 차이다. 우리는 비록 육에 있지만, 거듭난 사람은 영에 있다고 말하며, 거듭나지 않은 사람은 육에 있다고 표현한다.

"만일 너희 속에 하나님의 영이 거하시면 너희가 육신에 있지 아니하고 영에 있나니 누구든지 그리스도의 영이 없으면 그리스도의 사람이 아니라"(고전 8:9). "육에 속한 사람은 하나님의 성령의 일을 받지 아니하나니, 저희에게는 미련하게 보임이요 또 깨닫지도 못하나니 이런 일은 영적으로라야 분변함이니라"(고전 2:14). "그들이 너희에게 말하기를 마지막 때에 자기의 경건하지 않은 정욕대로 행하며 조롱하는 자들이 있으리라 하였나니 이 사람들은 분열을 일으키는 자며 육에 속한 자며 성령이 없는 자니라"(유 1:18-19). "육신(인간)의 생각은 하나님(성령)과 원수가 되나니 이는 하나님의 법에 굴복치 아니할 뿐 아니라 할 수도 없음이라 육신에 있는 자들은 하나님을 기쁘시게 할 수 없느니라 만일 너희 속에 하나님의 영이 거하시면 너희가 육신에 있지 않고 영에 있나니 누구든지 그리스도의 영이 없으면 그리스도의 사람이 아니라"(롬 8:7~9).

---

22 같은 책, 261-362.

3) 연구 결론

이현래 씨는 통합 측 교단(1991년)과 고신 측 교단(1991년)으로부터 이단자로 규정된 위트니스 리(지방교회, 회복교회)의 사상을 자기 멋대로 변형 발전시킨 자로서 위트니스 리의 아류라고 할 수 있다. 이 씨의 이단사상은 여러 면에서 다양하게 나타나는데, 특히 다음과 같은 이유로 이단성이 명백하다고 결론지을 수 있다. 하나님과 예수님의 본질 및 사역에 대한 신학적 재구성, 구원 및 재림에 대한 성경과의 불일치, 교회와 천국에 대한 왜곡된 개념 도입, 인간의 역할을 과도하게 신격화함으로써 창조주와 피조물의 관계 역전이다. 이는 위트니스 리의 신인합일주의 사상에 뿌리를 둔 이단자로서 한국 교회는 각별히 경계해야 할 것으로 사료되는 바이다.

45. 이명범(레마선교회)

이명범 씨는 레마선교회(레마성경연구원, www.rem.or.kr)를 통해 렘(REM), 트레스 디아스(Tres Dias), 비다 뉴바(Vida Nueva) 등의 훈련 프로그램을 진행하고 있다. 이 씨는 서울 서초구 반포 4동에 있는 예일교회(www.yaeil.org)를 개척했다. 현재 이 교회는 조준환 목사가 담임으로 있으며 이 씨의 예일교회는 마포예일교회, 산본예일교회 등을 지교회로 두고 있다.

관련 학교로 예일신학대학원대학교(http://yaeil.ac.kr), 레마성경연구원 등이 있다. 이명범 씨는 1992년 예장통합으로부터 '극단적 신비주의 형태의 이단'으로 규정된 바 있다.

I. 기타 자료
다음은 예장통합 측이 발표한 내용을 요약한 것이다.

1. 삼위일체의 문제점
이 씨의 삼위일체론은 김기동 씨나 그와 같은 부류의 사람들과 같은 것으로써 곧 양태론이다. 이 씨는 성부 성자 성령의 이름이 예수라고 하며, 또한 삼위일체 하나님은 예수라는 하나님 따로, 여호와라는 하나님이 따로 있는 신이 아니라고 한다(이명범, 『믿음생활을 위한 출발』, 209쪽).

이는 김기동 씨의 아류인 이초석 씨와도 같은 주장이며, 또 하나의 아류인 이태화 씨가 쓴 책(『조직신학 3권』, 125쪽)에 있는 내용과 똑같은 것으로, 인격을 하나로 보는 양태론적 삼위일체론이다.

이 씨가 1981년 8월 24일에 강의한 내용에 의하면 성부 하나님은 하나님의 본질이요, 성자 하나님은 하나님의 본체요, 성신 하나님은 하나님의 본영이라고 하였는데, 이 본질 본체 본영이라는 말은 김기동 씨가 만들어 낸 전문 용어이다(최삼경, 『베뢰아 귀신론을 비판한다』, 47쪽). 그러므로 이 씨의 삼위일체론은 우리의 전통적 삼위일체론에 정면으로 위배되는 것이다.

2. 창조론의 문제점

1) 이 씨의 창조론에 의하면 하나님의 온전한 창조가 무너진다

이 씨는 하나님의 창조는 무에서 유가 나온 것이라고 가르치면서도 창세기 1:1을 '하나님이 천지를 창조하실 때에'라고 해석하고 1:2의 상태는 눈에 볼 수 없는 안개 상태 즉 원자 상태로 창조하였는데 종말에 심판을 받고 나면 이 땅이 원자상태로 돌아간다고 하여('창세기' 강의테이프 1984년 4월 30일), 결국 1:2의 원자 상태는 원래 존재하는 것이 되어 버렸다.

2) 인간의 타락은 선악과를 먹을 때가 아니라 그전이라고 한다

이 씨는 죄의 기원이 선악과를 먹을 때 시작된 것이 아니고 하와가 뱀과 대화할 때부터 시작되었다고 한다. 즉 이 씨는 주인인 인간이 뱀과 같은 종과 대화한 것 자체가 타락이라는 것이다(1984년 6월 11일 테이프).

3) 하나님이 마귀를 멸하려고 인간을 창조했다고 한다

하나님께서 사탄과 싸우면 똑같은 존재가 되어 버리기 때문에 사탄을 멸하려고 인간을 창조했으며 그렇기 때문에 성경의 삼분의 일을 차지하고 있는 사탄의 일을 해결해야만 성경이 이해된다고 하였는데(1984년 6월 11일 테이프), 이는 곧 베뢰아의 사상 그대로이다.

3. 인간관의 문제점

1) 영에는 인격적 직능이 없다고 한다

이 씨가 사람은 육과 혼과 영으로 되어 있다는 삼분설을 바탕으로 혼에만 지, 정, 의의 인격이 있다고 한 것은(이명범, 『경건생활을 위한 출발』, 9~11쪽. 1984년 5월 28일 테이프) 역시 김기동 씨의 사상으로 김기동 씨가 영은 인격이 아니라 항구적 가치를 가진 존재라고 한 것과 같은 것으로(김기동, 『마귀론 상』, 80쪽, 『마귀론 하』, 62쪽), 모든 인격적 기능은 혼에 있고 영은 단지 신과 교제하는 능력이라고 언어만 바꾸었으나(『믿음생활을 위한 출발』, 48쪽, 50쪽) 역시 김기동 씨 사상이다.

2) 예수의 십자가에서의 죽음은 인간의 육체 구원만을 위한 것이 된다

이 씨는 하나님께서 뱀에게 흙을 먹으라고 저주하신 것은 사탄이 인간의 지상영역(earth part)만 지배할 수 있다는 뜻이고 사람의 영은 건드릴 수 없으며, 따라서 하나님께서 범죄한 인간에게도 흙으로 돌아가라고 한 것은 이 때문이라고 했는데(1984년 6월 18일 테이프), 이는 결국 범죄한 인간의 영 속에는 사탄이 못 들어왔으니 영은 타락하지 않았다는 것이고 예수 그리스도의 구속은 사탄의 지배 아래 들어간 흙인 육체만을 위한 것이 될 수밖에 없다.

3) 이 씨의 인간 창조는 김기동 씨의 이중아담론과 같은 것이다

이 씨는 창세기 1장의 인간에게는 육과 혼(인격)만 있고 창세기 2장의 인간에게는 영이 주어졌다고 하는 말은(『믿음생활을 위한 출발』, 45쪽) 김기동 씨가 1장의 인간은 혼과 몸만 가진 동물의 자웅을 칭하는 것이요, 2장의 인간은 그 중에 뽑힌 개화된 인간 즉 영을 가진 존재라고 주장하는(김기동, 『마귀론 상』, 79쪽) 소위 이중아담론과 같은 것이다.

4. 연구 결론

이상에서 본 바와 같이 이 씨는 본 교단에서 이단으로 규정한 김기동 씨의 사상과 별 차이가 없는 극단적인 신비주의 형태의 이단이다. 그가 김기동 식으로 축사 행위를 하였던 것과 최근에는 '렘' 집회시 고고춤을 방불할 춤판을 남녀가 벌이고 있다는 점은 염려스러운 일이 아닐 수 없다. 레마선교회는 개인의 계시 중심적 신비주의에 빠져 자신들의 체험을 '이 순간을 위한 하나님의 말씀'이라는 황당한 주장을 한다. 사도 및 예언자 직분을 주장하고 영적 전쟁과 축귀 중심의 사역을 강조하므로 신사도 운동의 아류로 분류할 수 있다. 특히 예언, 방언, 쓰러짐, 환상 등의 비성경적이고 신비체험을 신앙의 표지로 삼는 위험에 빠져 있다. 그리고 물질적 축복, 건강 등 번영신학으로 치우쳐 있다. 이것은 예수 중심의 십자가의 구속과 부활 그리고 믿음을 통한 구원의 메시지를 왜곡시키거나 약화시킬 위험이 있다.

46. 이송오(말씀보존학회)

말씀보존학회는 한국 교회가 사용하는 한글개역성경을 '사탄이 변개한 것'이라며 극단적인 주장을 하는 곳으로 유명하다. 한글개역성경뿐만 아니라 10여 종의 한글 번역 성경과 NIV, NASB 등 10여 종에 이르는 영어성경에 대해서도 똑같이 비판하고 있다. 특히, NIV 성경은 이들에 의하면 '배교의 결정판'이라고까지 혹평을 당하고 있다.

그들은 「성경대로 믿는 사람들」이라는 월간지를 발행하고 있다. 성경침례교회, 킹제임스성경신학대학, 서울크리스천중고등학교, 인터넷신문 바이블파워(http://www.biblepower.co.kr) 등이 말씀보존학회 측과 관련한 단체들이다.

본 교단 제83회 총회는 말씀보존학회(이송오)를 '이단'으로 규정했다. '성경을 가지고 전혀 비성경적인 주장을 펼치며 주님의 몸된 교회를 어지럽힌다'는 것이 그 이유다. 총회의 '이단' 규정에도 불구하고 말씀보존학회에서 발간하는 다수의 책들이 전국 대도시의 기독교서점과 기독교인터넷서점에서 빠지지 않고 발견되고 있어 성도들의 주의와 경계가 필요하다. 이들의 출판사명은 '말씀보존학회'이며 이곳에서 발행하는 성경은 한글킹제임스성경, 월간지는 「성경대로 믿는 사람들」이다.

I. 총회 자료

다음은 1998년 제83회 총회에서 말씀보존학회(이송오 씨)를 이단으로 규정한 내용을 요약한 것이다.

1. 말씀보존학회의 정체, 그는 어디에서 영향을 받았는가?

말씀보존학회 책자와 그의 글 속에서 발견하는 특징은 그가 피터 럭크만(Peter S. Ruckman)이라는 인물에 지대한 영향을 받고 있다는 점이다. 피터 럭크만은 미국 펜사콜라 성경신학원(약칭 PBI)의 학장으로 소개된다. 럭크만은 1965년 9월에 미국 플로리다 주 펜사콜라 시에 성경신학원을 설립했다. 럭크만은 성경침례교회의 담임 목사이다.

2. 말씀보존학회(이송오 목사)의 주장은 무엇인가?

이송오 목사의 주장은 의외로 단순하고 간단하게 요약할 수 있다. 목회자들이 알기 쉽게 쓴다면 Sola Scriptura(오직 성경)이 아닌 Sola KJV(오직 킹제임스성경)을 주장한다고 하겠다. 한 마디로 이송오 목사는 KJV로 쓰지 않는 교회는 교회도 아니며 KJV를 가르치지 않는 성경공부는 아무런 가치가 없다는 것이다. 이유는 KJV가 원문으로 채택한 TR이라는 사본만이 하나님이 섭리로 이 땅에 남겨주신 유일한 성경이기 때문이다. 바로 이 부분에서 복음주의적인 교회와 또 신학자들과 어긋나간 것이다. TR을 여러 사본들 중의 하나로 보지 않고 유일한 사본으로 삼기 때문에 그것으로 번역한 한글개역성경, 그들이 그토록 저주하는 영어의 NIV, RSV 등은 성경이 될 수 없다는 주장이다.

이송오 목사는 더 나아가 자신이 혼자 13년 동안 영어 KJV에서 한글로 옮겼다는 한글판 킹제임스성경을 권위적이니 최종 권위의 유일한 성경이니 하면서 개인적 번역본을 하나님이 이 땅에 주신 유일한 성경으로 주장하고 있으니 이 얼마나 어리석은 행동인지 판단할 수 있다.

3. 경계해야 할 말씀보존학회의 위험한 주장들

1) 재창조설(再創造設, 중조론, The Gap Theory) 주장

재창조설 혹은 중조론이란 우주가 2차에 걸쳐 창조되었다는 이론으로서 재창조설에 의하면 온 우주가 창조되었으나 천사가 타락하는 이변적 사건으로 인하여 하나님께서 지구를 심판하신 결과 어둠과 물로 뒤덮인 혼돈과 공허가 생기게 되었는데 하나님이 6일 동안 다시 재정비 창조하게 되었다는 설(設)이다(피터 럭크만, 『배교의 결정판 NIV』 p.29).

재창조설 혹은 중조론은 현대 시조라고 할 수 있는 토마스 찰머스(Thomas Chalmers)가 1814년에 발표한 것으로서 개혁주의 신학에서는 성경적 근거가 희박하고 성경에 모순되며 성경 해석자의 권한을 벗어난 월권행위로, 받아들일 수 없는 비성경적 교리이다(참조, 유재원 교수, 『창세기 강해 1장』, p. 27).

피터 럭크만은 KJV의 오역을 의심해 볼 의지가 전혀 없기 때문에 바르게 교정된 성경을 악한 무리에 의한 고의적 변개로 생각하고 있는 것이다. 성경적인 안목의 결여와 KJV를 무오하다고 여기는 잘못된 성경관이 빚어낸 그릇된 주장인 것이다.

2) 칼빈주의를 이단으로 보는 견해

이송오 목사는 그의 속마음은 칼빈주의에 대한 증오로 가득 차 있다고 할 만큼 칼빈주의를 어리석은 것으로 여기고 있다.

한 마디로 럭크만과 이송오 목사가 주장하는 극단적 칼빈주의란 용어는 칼빈주의 5대 교리를 전적으로 부정하는 것에 대한 보호막이며, 그들이 주장하는 칼빈주의자는, 비성경적이며 날조된 것이 분명한 칼빈주의 5대 교리(TULIP)를 믿지 않는 칼빈주의인 것이다.

이송오 목사의 칼빈주의에 대한 이해 부족이 여실히 드러난다. 인간의 의지는 타락하지 않았다는 주장과 하나님은 예지에 근거하여 조건적으로 선택하신다는 것, 믿음은 오직 인간의 의지의 결과일 뿐이라는 것, 그리스도의 구속은 인간이 그것을 받아들이도록 선택할 때에만 유효하다는 것, 하나님의 은총은 거스릴 수 있다는 주장으로 요약될 수 있는 그의 주장은 전형적인 아르미니안주의적 견해이다.

3) 보편적 교회를 부정하며 성경침례교회만이 성경의 교리를 실천하는 교회라는 주장

결국 말씀보존학회의 눈으로 보는 한국 교회는 개역성경을 쓰기 때문에 구원받을 수 없는 교회다.

"한글개역 성경으로는 구원을 받을 수 없습니다. 또한 그 성경으로는 신학적인 논쟁이나 교리적인 연구는 물론, 잘못된 이단교리와 논쟁할 수 없습니다."(말씀보존학회 연구원 조승규 씨의 「교회와 신앙」 인터뷰 중, 95. 2)

"이 나라는 130여 년 동안 올바른 하나님의 말씀이 없이 지내왔기에 사탄의 무법천지가 될 수 있었다. 지난 130여 년 동안에 이 나라에는 성도의 영적 깊이를 깨닫게 해주는 단 한 권의 책도 쓴 사람이 없다. 이는 하나님의 말씀이 없었기 때문이다. 지난 130년 동안 이 나라를 영적으로 부흥시킨 부흥사도 단 한 사람 나온 적이 없다."(「성경대로 믿는 사람들」 3호 2쪽)

(1) 성경침례교회는 교회의 전통적인 절기, 새벽기도, 철야기도, 사도신경, 주기도문을 비성경적인 것으로 여긴다.
(2) 침례만을 세례로 인정하며, 유아세례는 인정하지 않는다.
(3) 개역성경을 사용하는 교회는 말씀을 깨달을 수 없다.
(4) 교단에 가입하지 말라.
(5) 이 땅에 교회는 없었다. 말씀보존학회의 주장에 따르면 이 땅에 성경침례교회가 나오기까지는 교회가 없었던 나라이다.
(6) 성경침례교회 외의 다른 교회는 가지 말라.

4. 연구 결론

말씀보존학회와 그 대표자인 이송오 목사의 주장은 살피면 살필수록 균형을 상실한 것임을 확인할 수 있다. 사상적으로는 미국 펜사콜라신학교의 피터 럭크만의 영향을 그대로 받았고, 해석학적으로는 세대주의적 방법과 관점을 그대로 쓰고 있으며 전천년설을 주장하면서 헬라어 사본 중의 하나인 TR만이 유일한 성경이고 또 그것을 번역한 KJV, 또한 자신이 이것을 보고 13년간 번역했다는 한글 킹제임스성경만을 인정하는 것으로 그의 주장을 요약할 수 있다.

이 글의 서두에서도 밝혔지만 이송오 목사의 주장이 터무니없고 그릇된 학문으로 교묘히 포장된 사이비적인 가르침임에도 불구하고 이것이 사람들에게 혼란을 가져다주는 것은 단순히 성경을 해석하는 방법이 아닌 성경 자체에 대한 부정과 비판 때문이다.

현재 우리가 사용하고 있는 개역성경이 마치 구원을 알려주지 못하는, 사탄이 변개하여 품에 안겨준 성경이라 말하며, 숨겨져 있는, 섭리로 보존된 성경이 '따로 있는 듯' 주장할 때, 평신도들뿐 아니라 원문비평학에 익숙치 않은 목회자들까지도 미혹될 수 있다는 점이 대단히 위험하다. 특별히 비판의식이 높고 아직 성숙된 성경 이해가 없는 청년층과 교회에 대한 반항감이 많은 사람들에게 이들의 가르침이 전해질 때 미혹되기 쉽다는 점에서 개신교회와 목회자들의 주의가 요구된다. 자신이 번역한 한글 킹제임스성경이 완전하지만 유죄가 판명될 때까지는 무죄라며 이상한 논리를 펴는 이송오 목사, 성경을 가지고 전혀 비성경적인 주장을 펼치며 주님의 몸된 교회를 어지럽히는 말씀보존학회에 이제 한국 교회와 교단이 유죄를 선언할 때가 된 것이다. 특히 말씀보존학회가 주장하는 킹제임스 번역은 가장 오래되고 객관성 있는 TR(Textus Receptus, 공인본문), 즉 표준 원문의 번역판이 아니다. 성경학자들은 킹제임스 번역판 이후에 가장 오래되고 객관성 있는 사본들을 발견하고 연구하였다. 1885년에는 영어개역(English Revised Version) 그리고 1901년에는 미국 표준역(American Standard Version)이 출간되었다. 그러나 구약 본문의 번역상 신뢰도가 떨어진다는 평을 받았다. 많은 저명한 복음주의 학자들에 의해 NIV(New International Version)가 출간되었다. 그리고 이것은 본문에 가장 충실한 번역본이라는 평가를 받았다. 이와 같이 성경 번역본은 여러 단계를 거쳐 완성을 위해 진행되고 있다. 킹제임스 번역이 가장 완전한 성경번역이란 주장은 터무니없는 이단적 독선이다.

47. 인터콥(최바울)

(104회) 제98회기 이단(사이비)피해대책조사연구위원회 보고서에 의하면 「동대전노회장이 청원한 인터콥의 이단성이 있는지에 대한 건은 인터콥 자료를 GMS에 요청하기로 하다.」 제102회기 이단(사이비)피해대책조사연구위원회 보고서에 의하면 전남노회장 윤인웅 씨가 헌의한 「인터콥에 대한 제98회 총회결의 시행의 건은 제98회 총회 결의대로 하기로 하다」라고 결론을 내렸다. 제98회 총회보고서의 신학부 최종보고(연구결론)에 의하면 「최바울 선교사는 여전히 극단적인 세대주의적인 종말론을 견지하고 있다. 최바울 선교사는 프리메이슨의 음모론을 근거로 인류문명을 타락한 문명으로 단정 짓는 극단적인 논지를 갖고 있다. 이로 인해 젊은이들과 평신도들에게 현실도피의 신앙을 갖도록 하는 위험성을 갖고 있다. … 그러므로 본 교단은 최바울 선교사와 그가 이끄는 선교단체(인터콥)와는 이후로 일체의 교류를 단절하고 산하 지교회와 성도들에게 이 사실을 고지하여야 한다. 또한 이미 참여한 개인이나 교회는 탈피하여야 한다」라고 결론을 내리고 있다.

2018. 5. 24. 'GMS총회세계선교회의 인터콥에 대한 입장 표명의 건'에서 「그동안 끊임없이 제기된 선교필드에서 발생되고 있는 인터콥의 부정적 영향에 관하여 본 단체의 일관된 입장을 정리합니다. 이러한 우리의 문제제기가 한국선교의 현장을 건강하게 하고, 선교역량의 약화를 방지하며, 변화하는 선교현장의 유효적절한 방향을 설정하는 데, 다시 한 번 공동의 지혜를 모으는 계기가 되기를 기대합니다. … 선교현장에서 더 이상 동일한 실수를 반복하지 않는 결단이 있기를 촉구합니다」라고 KWMA에 답신을 보낸 바가 있다.

이에 2018.8.17. 대한예수교장로회총회(개혁)에서 보내온 '최바울 선교사(인터콥선교회) 재심사 청원의 건'에서 「인터콥선교회는 GMS인터콥조사위원회의 지적에 대하여 신학문제, 선교지 선교방법, 교회관계 등 지적사항을 수용하고 개선 노력을 하였습니다. 선교지 선교방법에 대하여, 대형집회 중단 요구에 따라 즉시 중단하였고, … 현장에서 인터콥 장기선교사들이 타 단체 선교사들과 협력하며 관계개선에 노력해 왔습니다. 등 지적된 문제들이 현저히 개선되었습니다.라고 보내왔으며, 103회기 이대위에서는 2019. 6. 7. 최바울 선교사를 만나 질의응답 시간을 가진 바가 있으나 사실 확인을 위한 시간이 필요하다는 것을 인식하게 되었다. 본 이대위에서는 모든 공문과 상황을 면밀하게 검토하였다.

결론적으로 최바울(본명 최한우) 선교사의 개선노력에 많은 힘을 기울인 만큼에 비하여 인터콥에 대한 이단 조사 관련 헌의안이 해마다 반복되고 있고, 현지에 있는 다른 선교사들과의 선교방식 방식으로 인한 마찰 보고가 접수되고 있는 현실에서 신중함이 필요하다는 입장에서 현재의 본 교단 결의를 유지하기로 하다.

I. 인터콥(Inter CP)은 어떤 단체인가?[1]

1. 인터콥 역사: 1980년 KTM(Korea Tent maker Mission)으로 시작. 1983년 최바울 대표의 비전, 열정으로 대학생(서울대, 외대 중심) 선교 운동으로 출발하였다.
2. 인터콥 선교의 특징: 이슬람 지역 개척 선교를 목표와 방향으로 설정. 평신도 중심의 단체, 교회와의 협력 강조. 대학생 운동에서 최근 중장년층 동원 훈련으로 급성장하였다.
3. 인터콥의 현황: 40개국 600여 명 선교사 파송. 본부 리더 6명, 국내지부 44개, 해외지부 40여 개가 있다.
4. 인터콥의 장점: 헌신, 열정, 역동성, 유연성, 운동성 등을 들 수 있겠다.
5. 인터콥의 약점: 선교 신학 문제, 선교 방법 문제, 교회론과 지역교회와의 이질감 등이다.

---

1 "인터콥에 대한 정통 교단의 연구 보고서 모음," https://blog.naver.com/hongi1975/222502120417. 2025.07.08. 접속.

II. 인터콥의 문제점[2]

1. 선교 신학적 문제
1) 최근 능력 대결 운동과 관련된 지역 악령론 등 신귀신론의 문제점
2) 복음주의 내에서 수용하는 구속 신학과 하나님 나라의 신학의 균형문제
3) 신사도 운동과 관련된 IHOP과의 관련성 문제
4) 신학적 세대주의에 기초한 종말론과 예루살렘 회복 강조

2. 선교 방법의 문제
1) 공격적 선교의 문제점: 대형 집회를 통한 공격적 선교(Impact Ministry)의 문제점과 이슬람 국가의 자극과 반발.
2) 영적 도해(Spiritual Mapping)에 기초한 땅 밟기 기도
3) '백투 예루살렘 운동'과 예루살렘 회복의 강조

3. 교회론과 교회와의 관계의 문제
1) 최바울 씨의 교회에 관한 이해의 문제
2) 교회가 느끼는 인터콥에 대한 이질감 문제
3) 비전 스쿨 등 선교 훈련에 관한 문제점
4) 목회자들의 지도의 어려움

4. 선교지와 교회의 문제 사례들
1) 선교지의 사례: 아프간 사태, 중동, 중앙아시아, 북아프리카, 러시아
2) 교회의 사례: 수도권, 창원, 부산, 전남, 울산

---

2 같은 자료.

III. 총회 결의문

다음은 총회신학부에서 제98회 총회에 발표한 '인터콥 신학 노선의 총회적 입장 정리' 내용이다.

    2013년을 기준으로 이전과 이후의 최바울 선교사의 저서를 통해 검토해 본 결과 그의 '위험한 선교 신학 사상'은 지도를 받은 후에도 크게 변화된 것으로 보이지 않는다. 2013년 2월 4일 발행된 『하나님의 나라』는 그의 사상이 전체적으로 종합된 저서였다. 이 최근의 저서에서 최바울 선교사는 프리메이슨의 음모론을 그대로 수용하여 자신의 선교 신학을 정립하였다. 이로 인해 최바울 선교사는 인간 타락과 종말론에 이르기까지 많은 위험한 요소들을 전개하였다. 최바울 선교사는 여전히 극단적인 세대주의적인 종말론을 견지하고 있으며 프리메이슨의 음모론을 근거로 인류 문명을 타락한 문명으로 단정 짓는 극단적인 논지를 갖고 있다. 이로 인해 젊은이들과 평신들에게 현실 포기의 신앙을 갖도록 하는 위험성을 갖고 있다.

    최바울 선교사는 하나님과 사탄의 세력을 대비하면서 철저한 이원론적 이분법을 따라 진행하므로 하나님의 절대 주권적인 통치를 무시하는 강한 경향성을 갖고 있다. 그리고 여전히 신사도와 아이홉(IHOP)이 주장한 영적 도해의 근간을 유지하고 있으며, 김기동의 마귀론에 대한 근간도 여전히 유지하고 있다.

    그가 주장한 부의 이동은 신자들로 하여금 무분별하게 자기의 재산을 선교에만 헌신케 할 위험성을 갖고 있다. 최바울 선교사는 성경을 여러 군데서 자신의 입장에 맞도록 자의적으로 주해하여 자신의 논지의 근거로 삼고 있다. 최바울 선교사의 저서들에서 발견되는 그의 사상체계는 정통교회와 신학자들이 수용할 수 없는 많은 요소들이 포함되어 있다. 최바울 선교사의 선교적인 열정과 노력은 높이 평가하지만, 바른 역사관과 선교 신학의 정립을 위하여서는 많은 지도가 필요하다. 한 사람을 이단으로 단정하는 데는 많은 공감대와 총회의 심도 있는 조사와 연구가 더 필요하겠지만 그의 선교 신학에서 발견된 신학 사상은 이단으로 빠져들 수 있는 충분한 위험 요소들을 갖고 있다.

그러므로 본 교단은 최바울 선교사와 그가 이끄는 선교단체(인터콥)와는 이후로 일체의 교류를 단절하고, 산하 지교회와 성도들에게 이 사실을 고지하여야 한다. 또한 이미 참여한 개인이나 교회는 탈퇴하도록 한다.

48. 임보라(퀴어성경주석)

⟨105회기 신학부 결의 사항⟩
퀴어 신학은 동성애 옹호라는 대단히 잘못된 전제와 성경해석으로 인해 심각하게 성경의 진리를 왜곡한 이단 신학이다.

또한 퀴어 신학은 우리 교단이 가르치고 있는 개혁주의 신학의 가르침과 전혀 맞지 않고, 특히 우리 교단 장로교 헌법에서 명백하게 동성애를 전면으로 거부하고 있으므로 동성애를 토대로 형성된 퀴어신학은 명백히 이단이며 철저하게 배격해야 할 것이다.

그러므로 퀴어신학을 성경에 근거한 것으로 해석하여 이를 추종하거나 가르치는 자들과 단체들은 이단으로 간주해야 할 것이다.

I. 총회 자료
다음은 총회 이단(사이비)피해대책조사연구위원회에서 제102회 총회에 발표한 연구 내용이다.

1. 임보라 씨의 약력
△ 섬돌 향린교회 담임목사(한국기독교장로회 서울노회 소속, 서울특별시 마포구 서교동 소재) 이하 향린교회 인터넷홈페이지 www.hyanglin.org/bbs/hyang03/928 참조.
△ 퀴어성경주석 번역 주도. 제주 강정마을 해군기지 건설 저지 운동을 벌이다 벌금형(2014. 5.)을 받음.
△ 대구 퀴어문화축제 설교와 축도(2014. 6.)
△ 희년을 일구는 노래모임 '새 하늘 새 땅' 가수, 차별 없는 세상을 위한 기독인 연대 공동대표, 한국기독교장로회(기장) 여교역자 협의회 실행 위원/

국제위원회 부위원장, WCC 총회 한국 측 준비위원회 위원(기장 여교역자 대표),
△ 공동 저서 : 『하느님과 만난 동성애』(한울 출판사, 2010).

학력
△ 한신대학교 영어영문학과 졸업(1991)
△ 한신대학교 신학대학원 졸업(1995, M. Div., 실천신학 전공, 논문 : "한국 교회의 올바른 노래문화 형성을 위한 연구")
△ StFX 대학교(St. Francis Xavier University〈성 프란시스 자비에르 대학교〉, 캐나다, 노바 스코티아, 안티고니시에 위치) 부설, 코디 인터내셔널 인스티튜트(Coady International Institute), 커뮤니티 개발 지도자 과정 졸업(2009, Diploma) 및 특수과정(갈등변혁과 평화구축 및 옹호와 시민연대) 수료(2009).

경력
△ 1996-2003 : 토론토 명성교회 전도사, 교육 목사
△ 2003-2012 : 향린교회 부목사
△ 2013-현재 : 섬돌 향린교회 담임목사

2. 퀴어성경주석에 관한 자료

『퀴어성서주석』[1]의 한국어 발간과 관련한 원전의 이름은 *The Queer Bible Commentary*이다. 이 저서는 4인의 편집자들에 의해 편찬된 책이다(*The Queer Bible Commentary*. Ed. Deryn Guest, Robert E. Goss, Mona West, Thomas Bohache. London: SCM Press, 2006). 4인의 편집자들은 데린 게스트, 로버트 고스, 모나 웨스트, 토머스 보하쉬이며, 영국 런던의 SCM 출판사에서 2006년에 출판되었다. 이 저서는 단권 주석으로 31명의 신학자들과 목회자들이 참여한 저작

---

[1] 책 제목에 사용된 퀴어(Queer)의 뜻은 사전에서 본래 '이상한', '색다른' 등을 나타내는 단어였지만, 현재는 성소수자(레즈비언·게이·양성애자·트랜스젠더 등)를 포괄하는 단어로 사용되고 있다. 이 말은 주로 동성애자, 성소수자를 뜻하는 말로 사용되며, 이 밖에 퀴어 축제, 퀴어 소설, 퀴어 영화, 퀴어 해석 등에 사용되고 있다. https://ko.wikipedia.org/wiki/퀴어 참조.

이며, 859페이지에 달하고, 저술의 방향은 레즈비언/게이/양성애자/트랜스젠더 공동체를 위한 저술을 지향하고 있다.[2]

이 주석은 크게 제1부와 제2부로 구성되어 있다. 제1부는 첫 언약(The First Testament)으로 구약의 창세기(Genesis)/시작(Breshit)으로 시작하여 12 소선지서(The Book of the Twelve Minor Prophets)로 끝맺고 있으며(pp. 19-484), 제2부는 둘째 언약(The Second Testament)으로 신약의 마태복음에서 시작하여 요한계시록(Revelation)/묵시록(Apocalypse)으로 끝맺고 있다(pp. 487-768).

이 밖에 책의 시작 부분에 속표지(i-iv)와 목차(v-vi) 그리고 31명의 저자 소개가 있으며(vii-xii), 이어서 책의 서문(Introduction)이 첫 페이지에서 18페이지에까지 소개되고 있다. 책의 끝부분에 참고도서 소개(pp. 769-825)가 있고, 이어서 책에 인용된 이름과 주제색인이 859페이지까지 걸쳐 있다.

3. 퀴어성경주석 번역 발간과 관련한 자료

1) 2009년 국내에서 퀴어성경주석 발간 논의 그러나 방대한 양으로 인해 미루어 둠.
2) 2013 WCC 제10차 총회(부산) 때 모인 퀴어 그리스도인들 모임의 계속(온라인, 스카이프 등)과 퀴어성경주석 번역 논의, Presbyterian Pub. Corp.에서 출판된, The Queer Bible Commentary(2007) 책을 번역하기로 논의하다.
3) 2015년부터 번역 작업을 시작하다.
4) 2016년 10월까지, 5권 정도의 번역만이 남아 있다고 함.[3]
5) 2015년 10월, 남부산동노회 등에서 임보라 목사 퀴어성경주석 번역 발간과 관련한 이단성 조사 헌의. 2016년 101회 총회에 상정되어 '임보라 목사

2　Richard S. Briggs, "The Queer Bible Commentary. Edited by Deryn Guest, Robert E Goss, Mona West, Thomas Bohache, "The Heythrop Journal, vol. 50, Issue 1(Jan. 2009) : 171. 퀴어성경해석학(Queer Bible Hermeneutics) 또는 퀴어 비평(Queer Criticism)에 대하여,
www.oxfordbiblicalstudies.com/resource/lgbtq_bible.xhtml,
https://blog.smu.edu/ot8317/2016/05/06/queer-theory/,
https://en.wikipedia.org/wiki/Queer_theology,
유연희, "퀴어 비평: 성서 되찾기," 제3시대그리스도교연구소 106차 월례포럼(2017년 2월 25일, 서대문 한백교회), pp. 1-11 등을 참조하라.
3　"2016-10-09 목회운영위원회 회의록,"3-5. 섬돌향린교회 인터넷홈페이지 www.sumdol.org/참조.

퀴어성경주석 번역 발간과 관련한 이단성 조사'는 이단대책위원회로 넘겨서 1년 동안 연구하여 102회 총회 시 보고하기로 결의하다.
6) 2016년 9월 23일까지 퀴어성경주석은 발간되지 않음.
7) 2017년 3월 30일, 퀴어성경주석이 "완역되어 출판을 준비"하고 있다고 임보라 목사가 밝힘.
8) 기장 측 향린교회가 2013년 설립한 사회선교센터인 길목협동조합의 제36회 정기 월례 강좌(2017년 5월 17일 개최)에서 '투박하게 시작하는 한국퀴어신학 운동'이라는 토크마당을 개최한다고 보도했다. 그리고 이 토크 마당은 '국제 성소수자 혐오반대의 날'(IDAHOT DAY)을 기념하고, 금년 후반기로 예정된『퀴어성서주석』(이하 주석) 완역 및 출간 환영의 의미를 갖는다고 밝히고 있다.[4]

4. 퀴어성경주석과 동성애에 대한 임보라 씨의 주장

1) 임보라 씨의 동성애 축제 적극 가담

대한성공회 길 찾는 교회, 기장 섬돌 향린교회 등 일부 교회들과 동성애 교인들은 부스를 설치해 찬양을 부르고, 섬돌 향린교회 임보라 씨 등 목회자 대표들은 카퍼레이드 맨 앞에서 행진하는 모습을 보였다. 임보라 목사는 카퍼레이드 행진 전 기도문을 낭독하고, "어떤 피조물도 하나님에게 떼어 낼 수 없다. 하나님이 택하신 자들을 누가 감히 단죄할 수 있으며 그리스도의 사랑에서 끊을 수 있는가? 다양성 속에 일치를 이루게 하신다. 하나님이 우리를 부르시고 그분의 선한 뜻을 이루어 주실 것"이라고 전했다. 2017년 3월 26일 섬돌 향린교회 주보에는 다음과 같은 내용이 실렸다.[5] 위의 주보에 따르면, 임보라 씨 자신이 성소수자들을 적극 지지하고 있음이 분명하다고 하겠다.

---

[4] 「크리스천투데이」, 2017년 5월 15일 자, 1면.
[5] "주보 20170326 사순절4." 섬돌향린교회 인터넷홈페이지 www.sumdol.org/

2) 임 씨의 글에 나타난 사상

임보라 씨는 퀴어성경주석 번역 프로젝트를 진행하고 있다. 퀴어성경주석을 번역하여 한국 교회와 한국 사회에 배포하고자 의도하는 임 씨의 사상과 신학적 입장을 그의 글을 통해 먼저 살펴보는 것도 의미 있는 일이라고 생각한다.

임보라 씨가 공동 저작한 『하느님과 만난 동성애』(한울출판사, 2010)는 '동성애자 기독교인' 에세이집으로 저서에 참여한 사람들은 성소수자들을 위한 기독교 단체인 '차별없는 세상을 위한 기독교인연대', 'LGBT(레즈비언, 게이, 바이섹슈얼, 트랜스젠더의 약자) 평신도네트워크', '향린교회여성인권소모임'의 몇몇 사람들과 비기독교 단체인 '한국성적소수자문화인권센터'가 함께 만든 프로젝트 모임 '숲 프로젝트' 사람들이다.

저서는 총 3부로 구성되어 있다. 1부는 동성애자들을 목회해 본 경험이 있는 목회자들의 이야기고, 2부는 동성애자 기독교인들의 삶의 이야기와 한국 교회를 향한 당부의 말이며, 3부는 기독지식인들이 동성애를 옹호하는 주장을 편 글을 엮었다.

임보라 씨의 글은 1부에 "모태 신앙인 내 아이, 무엇이 잘못된 걸까요?"란 제목으로 실려 있다.[6] 이 글은 『하느님과 만난 동성애』의 맨 처음에 실려 책 전체의 방향을 제시한다고 하겠다. 이 글의 내용은 "J의 못난 엄마"가 "임 목사님께" 올리는 편지 형태로 시작되고(pp. 18-24), 연속하여 "L 집사님께" 드리는 임보라 씨의 답하는 글로 되어 있다(pp. 24-33). J라는 남자 고등학생의 엄마가 자기 집에 공부하러 들른 W라는 남자 학생과 자기 아들이 포옹하고 키스하는 장면을 목격하고(p. 23), 또한 "J 하고 W는 만날 저렇게 붙어 다닌다고, 둘이 사귀는 거라고" 교회 고등부에 소문이 난 것을 알고는 질문하고 있다(pp. 23-24). 이 질문에 책 속의 "임보라 목사"는 이렇게 답변한다.

"그런데 집사님, 동성애자라고 해서 기독교 신앙을 갖고 있지 않을 것이라고 여기는 것은 일종의 편견이랍니다.[7] '동성애'와 '기독교'는 오랜 기간 서로 극

---

[6] 임보라 외, 『하느님과 만난 동성애』 (서울: 한울출판사, 2010), 18-33.
[7] 같은 책, 26.

과 극인 지점에 서 있어 왔던 것이 사실이고 또 현재도 그러합니다.[8] J는 그저 동성에게 자연스레 사랑의 감정을 느끼는 사람으로 태어났을 뿐, 누구 때문에 또는 어떤 문제가 생겨서 동성애자가 된 것은 아니라는 거지요.[9] 그리고 현재 J에게 가장 필요한 것이 무엇일지 헤아려 보는 데 긍정적인 에너지를 쏟아보세요. 그것이 바로 성령의 도우심이 아니겠어요?[10]

소돔과 고모라 이야기 창세기 19장, 레위기에 등장하는 망측한 짓 레위기 18장, 로마서에 나오는 바르지 못한 관계와 부끄러운 짓 로마서 1장, 고린도전서와 디모데전서의 남색하는 자 고린도전서 6장, 디모데전서 1장 등등, 그런데 집사님, 성경이 본디 한국어로 쓰인 게 아니라는 건 알고 계시지요? … 예를 들어 고린도전서 6장만 하더라도 '남색하는 자'에 malakoi와 arsenokoitai가 다양한 말로 번역되어 있답니다. … 정확히 남자와 동침하는 남자라는 뜻인지 그 말이 당시에 어떤 의도로 쓰였는지 많은 성서학자의 연구로도 현재를 사는 우리로서는 정확히 알 수 없다는 이야기입니다. 그러니 말뜻의 본디 의미를 살피기보다는 편견과 오해로 이미 결론을 내린 상태에서 성경의 본문을 해석하려는 태도를 조심해야 합니다."[11]

위의 몇 직접적인 인용문에서 임보라 씨의 성경과 성경해석에 대한 자신의 신학적 입장과 친동성애자인 자신의 사상을 살펴볼 수 있다고 사료된다.

또한, 동 저서의 "나의 커밍아웃 이야기 : 하나님, 나 그리고 신앙 공동체에게"라는 제목의 글에서, 공동 저자 중 한 사람인 양지에 따르면, "내가 같은 여성을 사랑한다는 것이 세상과 공동체를 위하여 하나님께서 은사(선물)라는 것을 알기까지 정말 오랜 시간이 걸렸습니다"라고 고백하고 있다.[12]

또한, "내 안에도 주님이 계십니다"라는 제목의 글에서 임 씨는 다음과 같이 밝히고 있다.[13] "마르크스주의자로서의 새 삶은 나를 기독교로부터 죄의

---

8   같은 책, 27.
9   같은 책, 28.
10 같은 책.
11 같은 책, 29-30.
12 같은 책, 186, 212.
13 같은 책, 113.

식 없이 멀어지게 해주었다. 유물론자로서 신을 진지하게 믿는다는 것이 어쩐지 어리석은 일 같기도 했다. 물론 나는 지금도 마르크스에게 감사해하고 있다. 마르크시즘을 접하면서 신에 대한 맹목적인 추종과 막연한 죄의식으로부터 벗어날 수 있었기 때문이다. 그와 거의 동시에 나는 '결혼의 당위성'과 '이성애 중심적인 사고'에서도 벗어나기 시작했다. … 레즈비언 동호회에 나가게 되었고 처음으로 이반들을 만난 것이다."

5. 임보라 씨의 문제점

△ 임보라 씨는 자신이 동성애를 지지하고 있으며, 현재에도 기장 소속 섬돌 향린교회 목사로서 동성애자들을 위한 목회를 하고 있다고 하는 점.[14]
△ 임보라 씨의 사상과 신학적 입장은 퀴어성경해석을 따르고 있다는 점.[15]
△ 차별금지법 제정에 앞장서고 있으며 사회에서 차별금지 확산을 위한 시민운동에 적극 참여하고 있다는 점.
△ 성소수자 차별금지법 제정과 차별금지 확산을 위한 퀴어성경주석 번역 및 발간에 앞장서고 있다는 점.

6. 제언

임보라 씨의 신학적 사상에 대하여 우려하는 바는 임 씨가 그 자신이 친동성애자라거나 또는 자신이 담임하는 교회에서 동성애자들을 위한 목회를 현재에도 하고 있다는 데 있지 않다. 오히려 임 씨는 현재 기장 교단에 속한 교회에서 목회활동을 하고 있는 자로서 정통 성경해석을 반대하여 파괴하고 있으며, 동성애를 지지할 뿐만 아니라 차별금지법 제정에 앞장서고 있는 등 성경에 위배된 행동을 하고 있다는 것이다. 교계의 각종 연합운동에 참여하고 있는 기장 교단에서조차 아직 결의한 바 없는 퀴어성경해석을 한국 교계에 도입하여 한국 사회에서 동성애와 차별금지 확산에 앞장서고 있는 점에서 건전한 교회연합 운동에 위배되는 행동을 하고 있다는 것을 지적하고자 한다. 그

---

[14] "주보 2017.03.26. 사순절 4."섬돌 향린교회 인터넷홈페이지 www.sumdol.org/ 참조.
[15] 임보라 외, 『하느님과 만난 동성애』, 29. 또한 임보라. 2013년 9월 22일자 CBS 크리스천 NOW TV 토론; 임보라. 2014년 6월 14일 자, 국민 TV 이요나 목사와의 토론 참조.

리고 특히 임보라 씨의 퀴어성경주석 번역 발간과 관련한 이단성 여부에 대하여는 퀴어성경주석이 완역된 것으로 여겨지지만, 아직 출판되지 않은 것으로 사료되어 확인 중에 있다.

따라서 임보라 씨의 퀴어성경주석 번역 발간과 관련하여 퀴어성경주석의 원전의 성격과 이의 번역을 주도한 임보라 씨의 사상이 교계뿐만 아니라 사회에서 동성애의 합법화와 차별금지의 확산과 연계되어 비성경적인 사상이 매우 농후하다고 하겠다. 그리고 현재로서는 임보라 씨가 인도하거나 발표하는 집회에 참여하는 것을 금지하는 것과, 또한 이 책이 출간되어도 총회 산하 노회나 교회뿐만 아니라 성도들이 사용하는 것을 금하며, 특히 젊은이들이 교회의 공적 모임에서나 사적 모임에서 사용하는 것을 금하는 것이 옳다고 사료된다.

49. 전광훈

고신 측의 제71회 총회 전광훈 목사 결정 사항은 다음과 같다.
 제70회 총회 유안건인 "전광훈 목사의 '이단 옹호자 규정'은 소속 총회의 자체 조사결과가 나올 때까지 1년간 유보하기로 한 건"은 이단대책위원회의 보고대로 그의 행적과 언행에 근거하여 '이단성이 있음으로 규정'하고 '참여와 교류 금지'하기로 가결하다.

I. 기타 자료
다음은 고신 측 이단대책위원회의 제71회 총회 보고 내용이다.

1. 제목
전광훈 씨의 "이단성이 있는 이단 옹호자 규정" 및 "이단규정" 청원(한기총 이단 옹호단체 규정 및 전광훈 대표회장 이단 옹호자 규정 청원)

2. 제70회 총회 결정사항
경기북부노회장 최식 목사가 청원하고 이단대책위원회에 맡겨 1년간 연구하여 차기총회에 보고하기로 한 '한기총 이단 옹호단체 규정 및 전광훈 대표회장 이단 옹호자 규정 청원'건(보고서 233~238쪽)은 보고서대로 받되 한기총은 이단 옹호단체로 규정하고, 전광훈 목사는 소속 총회의 자체 조사결과가 나올 때까지 1년간 유보하기로 가결하다.

3. 이단대책위원회 보고
본 이단대책위원회에서는 지난 70회 총회에 전광훈 목사의 이단적 언행과 행적에 근거하여 전광훈 목사를 "이단성 있는 이단 옹호자"로 규정해 줄 것을 보고한 바 있습니다(붙임1). 그러나 당시 전 목사 소속 교단으로부터 자신들의 교단 조사위원회의 결과가 나올 때까지 유보해 줄 것을 요청해 온바 본 총회에서는 전 목사가 소속된 교단의 조사결과가 나올 때까지 1년간 유보할 것을 결의한 바 있습니다. 그러나 지난 1년간 저희 위원회에서는 4회에 걸쳐 전 목사 소속 교단의 조사결과에 대한 답변을 요구했지만 전혀 반응이 없었습니다. 오히려 그의 이단성 행적은 도를 넘어 본 교단을 아예 "사탄적 이단"이라고 규정하며 옥중서신이라는 이름으로 유튜브를 통해 공개적으로 선언하는가 하면 이미 보고된 대로 "하나님 까불면 나한테 죽어", "날 보고 성령의 본체라 그래. 여러분도 그렇게 될지어다"라는 언행에서 볼 수 있듯이 비성경적인 언행을 지속적으로 지적받아 온 바 있습니다. 따라서 저희 이단대책위원회에서는 지난 총회에 보고된 전광훈 목사의 "이단성이 있는 이단단체옹호자 규정"은 그대로 받아 주심이 가한 줄 아오며 이어서 추후 2개월 안에 본 총회에 공개사과와 회개의 증거가 없을 시는 이미 보고된(붙임보고서 참조) 그의 이단적 행적과 언행에 근거하여 이단으로 규정함과 동시에 참여와 교류 금지를 결정함이 가한 줄로 압니다.

※ 참고 : 전광훈 씨 이단 규정의 근거
1) 보고서에 지적된 내용과 같은 이단적 언사와 행태
2) 하나님에 대한 공개적 모욕(레위기 24장)
3) 성령님에 대한 모독과 훼방(마태복음 12장)
4) 회개하지 않는 완악함
5) 고신총회를 이단이라고 공개적으로 선언

4. 전광훈 씨의 비성경적 발언과 그에 대한 이대위의 대처 경과보고

1) 경과
(1) 지난 제70회 총회는 '전광훈 목사 이단옹호에 관한 연구보고는 그대로 받되 그 소속총회의 자체 조사결과가 나올 때까지 1년간 유보하기로 가결'하였다.

⑵ 그 후 전광훈 씨는 자신의 잘못된 발언을 회개하지 않고 2020년 11월 옥중서신에서 "고신은 사탄에 붙잡혀 사탄적 행위를 하는 이단이다"고 공개적으로 비난했다.

⑶ 이에 이단대책위원회는 전광훈 씨가 소속된 대한예수교장로회(대신복원)에 4차에 걸쳐서
  ① 조사위원회 활동 및 그 결과와
  ② 전광훈 씨의 옥중 발언에 관한 내용에 대한 해명 및 공개사과를 요청하였다: 2021.3.9.(총회이대위 70-4) 발송된 공문(본 교단 총회보고서 및 전광훈씨 발언 관련 질의서 첨부)과 2021.4.30.(총회이대외 70-8)에 발송된 공문, 2021.6.24.(총회이대위 70-15), 2021.7.20.(총회이대위 70-17)

⑷ 그러나 해당 총회로부터 아무런 해명이나 전광훈 씨의 공개사과가 없다.

2) 전광훈 대표회장 이단옹호에 관한 연구 보고, 제70회 총회회록 722-727:

제69회(2019년) 고신총회에서는 경기북부노회장 최식 목사가 청원한 "한국기독교총연합회(한기총) 이단옹호단체 및 전광훈 목사(대표회장) 이단옹호자 규정에 관한 질의" 건을 이단대책위원회에서 1년간 연구하여 차기 총회에 보고키로 결의하였다. 이에 이단대책위원회는 보고한다.

한기총은 2011년 전까지, 한국 교회 연합사업 및 이단 사이비를 막아내는 훌륭한 대표적 연합 기구였다. 그러나 2011-2012년부터 한국 교회 주요 총회가 이단이나 불건전하여 교류 금지된 단체나 개인을 무차별로 옹호하고 해제하였다. 이에 한국 교회 중추적 역할을 하는 총회가 한기총을 모두 탈퇴하기에 이르렀다. 급기야 2019년에는 한기총 대표회장으로 선임된 전광훈 목사가 이미 여러 총회로부터 이단으로 규정된 바 있는 변승우 씨(사랑하는교회)를 이단 해제하여 공동회장에 임명하기에 이르렀다. 이에 이단대책위원회는 사실에 입각하여 보고한다.

3) 한기총의 이단옹호 역사기록

⑴ 2019년에 한기총(대표 전광훈)은 변승우 씨 이단 해제를 결의하였다.
2019년 3월 6일, 한기총(대표 전광훈 목사)은 변승우 씨(사랑하는 교회)를 이단 해제하였다. 보고자 정동섭 목사의 주장에 근거하여 이단을 해제하였는데, 후에 정동섭 목사는 잘못을 시인하고 자신의 보고를 철회하고 탈퇴하였다. 전광훈 목사는 변승우 씨를 이단 해제를 하는 것은 물론 한기총 공동회장으로 임명까지 하였다(2019년 4월 9일).

⑵ 전광훈 목사의 신학사상 및 이단 옹호 행적
먼저 전제한다. 전광훈 목사의 정치적 행동에 찬성과 반대의 의견이 엇갈린다. 그러므로 본 보고서는 전광훈 목사의 정치적 행보를 일체 다루지 않고 다만 그의 신앙과 신학적 사실만 다룬다.

5. 전광훈 목사의 발언록(이하 발언록은 지난 회기 보고된 총회회록을 주제별로 정리함)

1) 성경 66권의 정경성을 부인
"모세 오경과 바울서신만 참된 성경이고 참된 해설서이며 다른 성경들은 열등한 권위를 가지고 있다"(2019년 6월 18일 실촌수양관).
"모세오경만 성경이고 그 나머지는 성경해설서다"(2020년 4월 8일 종교와 진리).

2) 자신이 특별계시를 받았음을 주장
"하늘을 본 자만 성경을 해석할 수 있다. 바울이 셋째 하늘에 올라갔다 이거다(아멘!). 거기서 보니까 모세가 시내산에서 본 것 같은 그것을 보게 된 거야. 그래서 성경을 이렇게 설명해야 되는 거야. 셋째 하늘에 입신해서 올라가 보니까 보인 거야. 아 모세가 이것을 보고 내려 갔구나. 이것을 보고 내려가서 성경을 썼구나(아멘!). … 바울이 동일한 것을 보고 내려와서 … 바울서신 13권을 쓴 것입니다"(2019년 6월 18일 실촌 수양관).
"하나님이 보여주신다. 하나님이 정확히 보여주셨다. 하나님이 보여 주시면 먼저 선포한다. 환상을 늘 본다. 박근혜가 초상집에서 손수건 가지고 울더라"(2019년 9월 1일 자유민주애국시민총연합).

"내가 성령의 감동으로 치고 나간다"(2019년 10월 15일).

"성경이 열렸다. 성경이 기록된 이후로 한 번도 열린 적이 없다고 했잖아요. 지난 주에 정필도 목사에 의해 증명되었잖아요"(아멘)(2019년 12월 10일 대구경북지도자기도회, 경주 더케이호텔).

"성령의 충동을 받게 되었다. 대한민국이 망한다"(2020년 4월 19일 jtbc).

3) 자기를 "성령의 본체"라고 주장

"날 보고 성령의 본체라 그래. 성령의 본체, 성령의 본체(아멘) 날 보고 사람이 아니라 그래 성령의 본체라 그래, 여러분도 그렇게 될지어다. … 내가 성경이 열려서 그런 거예요. 나는 입신한 체험이 있다. 내 영혼이 육체로부터 빠져나와 하늘로 올라갔다. 바울이 본 3층천에 올라간 거야. 대한민국의 사명을 보여준거야. 지구상의 250개 나라가 지금도 짐승으로 되어 있더라. 중국은 용, 북한은 킹콩, 대한민국은 빛으로 되어 있더라"(2020.2.3.).
- 한기총 정상화를 위한 교단장단체 대표 총무 임시총회준비를 위한 연석회의 : 이 연석회의 보고에서 성령의 본체 언급, 하나님 모독 발언, 교조적 위치의 발언, 비윤리적 여성 비하, 이단해제 명목 거액수수 기소 등을 내용으로 보고하며 이단성이 농후하다고 하였다(「교회와 신앙」 2020.7.28.).

4) 하나님의 이름을 망령되이 일컬음

"나에게 기름부음 임했고 나는 보좌를 꽉 잡고 산다. 하나님 꼼짝 마. 하나님 까불면 나한테 죽어"(2019년 10월 8일).

6. 연구 결론

1) 제70회 총회에서 한국기독교총연합회(한기총)를 이단 옹호단체로 결의했다. -내용 중략-
2) 전광훈 목사는 그동안 개인적인 차원에서 단체와 교회에서 활동해 왔다. 그의 수많은 집회에서의 발언이 도에 지나친 면이 많았으나 개인의 활동

정도로 보고 지나쳤다고도 볼 수 있다. 그러나 한기총의 대표회장으로서 활동과 발언은 다른 문제라고 본다. 한국 교회의 신앙과 신학에 지대한 영향력이 있기 때문이다. 한 예로 본 총회를 포함하여 주요교단 총회가 이단으로 규정한 변승우 목사를 이단에서 해제하고 회원으로 받아들였다는 것이다. 또한 전광훈 목사 개인의 신학적 견해와 사상은 분명 정통 기독교에서 벗어나 있다. 한기총 회장으로 결정한 것과 이단성 있는 발언과 행동은 분명 지탄받아 마땅한 부분이다. 따라서 전광훈 목사는 이단성이 있는 이단옹호자로 규정함이 가한 줄 안다(이상 전광훈 대표회장 이단옹호에 관한 연구 보고).

7. 전광훈 씨가 고신 측에 보낸 서신
전광훈 씨가 서울 구치소로부터 보낸 "옥중서신"(2020년 11월 '너알아 TV' 방영) 고신 교회를 다음과 같이 "율법주의적 사탄적 이단"이라고 공개선언함

(1) 정통신앙을 따르고 있는 고신 교회를 "고신은 사탄에 붙잡혀 사탄적 행위를 하는 이단"이라고 비난했다.
(2) "고신 측 목사"와 "고신교단"이 "율법주의와 외식주의", "형태를 본질보다 앞세운" "예수님 당시 바리새인과 사두개인들과 같은 존재로 변질"했다. 고신교단은 "여러분의 조상들이 항상 그런 짓을 해온 것"을 행한다.
(3) "고신 측 목사"와 "고신교단"은 "복음에 충실한 자들" "복음주의자들과 성령운동하는 자들"을 핍박했다.
(4) 고신교단이 "주사파 정치에 동조"한다.

전광훈 씨가 서울 구치소로부터 보낸 "옥중서신"(2020년 11월 '너알아 TV' 방영) 전문
반갑습니다. 너알아 TV를 시청하고 계시는 애국 국민 여러분 또 나라와 민족을 위해 깨어 기도하고 계시는 애국성도 여러분, 지금부터 전광훈 목사님의 옥중서신을 여러분들에게 전해드리도록 하겠습니다.
　고신 측 목사들과 외식하는 한국 교회 목사들에게 고합니다.
　마카비 형제로부터 시작된 유대 계파 바리새인들과 에세네파들이 처음 시

작된 신앙의 정통과 성결운동의 본질을 버리고 다시 율법주의와 외식주의로 전락하여 예수님께서 오셨을 때 주님의 책망의 대상이 되었던 것처럼 오늘날 고신 측 목회자와 외식주의 목사들을 보면 창조 후로 하나님의 사람들이 저지른 실수를 거듭하는 것으로 보입니다.

그들은 항상 시작할 때의 본질을 버리고 형태를 본질보다 앞세워 오히려 복음의 본질에 충실한 자들을 핍박하고 탄압했듯이 고신 측 목사들이 오늘날 똑같은 길을 가는 것을 보고 가슴 아프게 생각합니다. 예수님이 말씀하셨듯이 그들은 그들이 하는 행위를 알지 못하고 사탄에게 붙잡혀 자신들도 모르는 짓을 해왔습니다.

고신 측 교단이 왜 생겼나요? 소위 일제 신사참배 시대 때 굴복하지 않고 주기철, 손양원 정신을 이어받아 해방 후 신사참배에 동조한 자들과는 함께 할 수 없다고 만들어진 교단이 아닙니까? 그 후 자경 신학과 WCC를 비롯한 에큐메니컬 운동에 함께할 수 없고 정통 복음주의 신학의 이론과 칼빈주의 주권 신학으로 이어온 고신 교단이 오늘날, 마치 예수님 당시 바리새인과 사두개인들과 같은 존재로 변질하여 복음주의자들과 성령 운동하는 자들을 핍박하고 애국 운동하는 목사들을 탄압하고 오히려 주사파 정치에 동조하는 것은 무엇인가 크게 잘못되어 가고 있다고 봅니다. 저는 여러분들이 여러 가지 이유로 저를 탄압하여도 신경 쓰지 않는 것은 여러분들의 조상들이 항상 그런 짓을 해온 것을 알기 때문입니다.

물론 고신 측 목사들과 저를 탄압하는 자들이 다 그렇게 한 것은 아니지만 금번 총회에서 저를 이단성 혹은 이단 옹호자라고 핍박하는 내용을 보면

첫째, 모세 오경만 성경이고 나머지는 해설집이라고 하는 문제입니다. 이것은 제가 그렇게 믿는다는 것이 아니고, 백석대학교 변승복 교수가 청교도에 와서 강의하면서 유대인 랍비 학교는 9년 공부할 때 유대 정통 랍비 학교에서 모세 오경만 성경으로 하고 나머지는 해설집이라고 되어 있다고 한 말을 인용하여 한 말이고 또 성경 편찬 역사 과정에서 가장 먼저 모세 오경이 완성되었다는 것을 말씀하신 걸 인용했을 뿐 저는 작년 11월 광화문 이승만 광장에서 선포한 서울 고백서를 통해서 분명히 밝혔듯이 신·구약 성경을 완전 무오한 하나님의 말씀으로 믿는다고 세계를 향하여 선포했었습니다.

사람을 정죄하거나 비판할 때는 사실 조사를 정확히 하든가 당사자인 저에게 공식 질문조차 하지 않고 하는 행위는 사탄적 행위로 볼 수밖에 없습니다. 도리어 저에 대해 이단 언급하는 자들에 대해 한국 교회 이름으로 이단이라고 비판하지 않을 수 없습니다. 누가 누구를 이단이라 합니까?

또 변승우 목사를 한기총에 영입한 사건을 이단 옹호라고 하는데 변승우 목사는 저보다 먼저 한기총 대표를 지닌 합동 측의 대표 길자연 목사님과 통합 측 이광선 목사님과 성결교 이용규 목사님, 침례교 대표인 지덕 목사님을 비롯한 한국 교회 각 교단 최고의 대표들이 제가 한기총에 오기 전에 이미 다 결정지어서 한기총 이대위와 실사위, 윤리위를 거쳐 결정했고 저는 그들의 부탁으로 총회에서 선포했던 것입니다. 저 역시 그들의 부탁을 받고 저도 새로 조사하기로 하고 이대위, 실사위와 모든 과정을 새로 조사해본바 최삼경과 그에게 미혹된 각 교단 목사들의 주장처럼 직통 계시나 피터 와그너의 이론과 전혀 관계가 없고 오히려 그들을 비판하는 책을 4권 썼을 뿐이었습니다. 그가 성결교 신학을 나와 다시 백석대학 신대원을 공부하여 장로교 목사원 과정을 거친 것 등에 관하여 그를 한기총에서 엄격히 심문하고 통과되었던 것입니다.

그런데도 오늘날 고신 측과 최삼경에게 미혹된 일부 교단 이대위가 저를 음해하는 것은 용납할 수 없습니다.

또 제가 설교할 때 하나님과의 관계를 표현하면서 "하나님 까불면 나한테 죽어"라고 했던 말도 제가 여러 번 설명했듯 성경에 보면 하나님과의 관계를 선지자들은 저마다 자기의 신앙에 따라 표현해 왔었습니다. 아브라함은 하나님을 친구라고 했고, 예수님은 하나님을 아빠라고 하였다가 돌에 맞을 뻔 했고, 다윗은 하나님을 송축한다는 말로 하나님을 사람이 축복하고 심지어 안수해 주고 싶다고도 되어 있습니다. 심지어 호세아에는 하나님이 사람에게 장가든다고 했고 아가서는 하나님의 관계를 침상에서 만났다고 했던 것은 모두 다 하나님과의 관계를 친밀하게 각자의 표현으로 나타낸 것이라고 수없이 설명했는데도 아직도 비본질적 말을 가지고 음해하는 것은 예수님이 말씀하셨던 세상이 나를 핍박하는 것은 내게 속하지 않았다고 하신 것처럼 저를 음해하는 자들을 보면 바리새인들처럼 하나님의 복음의 본질을 전혀 모르고 껍질만 붙잡고 밥 먹고 살려는 사람들로 보입니다. 세상이 저를 핍박하는 것은 그들이 복음의 비밀을 모르기에 이해할 수 있습니다. 그들은 항상 그리했고, 예수와 바울을 죽인 자들이 무엇을 못 하겠습니까?

그러나 목사들이 저에 대해 오해하는 것은 그들의 영적 수준에 문제가 있다고 보지 않을 수 없어 참으로 개탄스럽습니다. 객관적으로도 저는 대한 예수교 장로회 대신 측 김치선 신학을 정통으로 공부하였고, 그의 아들인 김세창 대신에서 목사 안수를 받아 지금 대신 교단의 총회장과 한기총 대표를 역임했고 청교도 훈련을 통하여 국내외 8만 7천 명의 목회자들을 훈련해 왔고 2천 5백 회의 부흥회를 통해 각 교단 대표교회와 연합 성회, 특히 지난 1년 동안 광화문에서 수천 명의 국민들을 대상으로 애국 기도회를 인도했으며 지금도 한국 교회 각 교회 최고의 원로 목사님들과 신학자들의 절대적 지지를 받고 진행하고 있습니다.

누가 누구를 이단이라 합니까? 그럼에도 불구하고 지극히 소수의 무리들이 잘못된 선동에 빠져 저를 왜곡, 비판한다면 대다수의 목회자와 원로들과 신학자들이 저를 지지하는 것에 대한 도전이라고 볼 수밖에 없습니다. 오히려 저는 그들을 이단이라 규정하겠습니다.

존경하는 동역자 여러분, 우리가 이런 일에 허탄한 시간을 허비할 시간이 없습니다. 교회를 담고 있는 대한민국이 무너지고 있습니다. 이것은 저의 말이 아닙니다. 전 총리인 노재봉 총리와 정홍원 총리를 비롯한 많은 지도자들이 대한민국은 조용하게 해체되고 있다고 말하고 실무 현장에 있었던 정병호 검사도 며칠 전 37년 동안의 검사직을 퇴임하는 퇴임사에서 대한민국은 절체절명의 위기에 놓여 있다고 했습니다. 이렇게 말하는 자들이 한두 분이 아닙니다.

존경하는 동역자 여러분, 먼저 우리 모두 힘을 합쳐 주사파 정부가 추진하는 사회주의 개헌과 연방제 통일을 저지한 후에 교회와 선교에 대한 논쟁을 그 후에 해도 늦지 않을 것입니다. 저는 대한민국과 헌법과 복음주의 한국 교회를 지키는 데 생명을 던졌습니다. 이 일을 위해 감옥에 갇혀 있는 저를 더 이상 힘들게 하지 마시길 간곡히 부탁드립니다. 감히 바울 사도의 말을 인용하겠습니다. '이제 이후로는 더 나를 괴롭게 하지 말라 나는 그리스도의 흔적을 가졌노라.' 서울 구치소에서 전광훈 목사 드림.

이상 전광훈 목사님의 옥중서신을 여기서 마치도록 하겠습니다. 시청해 주셔서 대단히 감사합니다(이상 전광훈 씨가 서울 구치소로부터 보낸 "옥중서신", 2020년 11월 '너알아 TV' 방영).

8. 전광훈 씨의 옥중서신 조사요청서

고신총회 이대위가 대한예수교장로회 (대신 복원)에 보낸 전광훈 씨 "옥중서신" 조사요청서

"귀 교단 전광훈 목사 이단성 관련 조사위원회 활동 상황 문의 및 전광훈 목사의 고신은 이단' 주장 옥중서신에 대한 조사 청원"(총회 이대위 70-4, 2021. 3. 9)에 수록

가. 고신에 대해 다양하게 비난한 다음 내용에 대해 구체적으로 조사해 주십시오.
   1) "고신 측 목사"와 "고신교단"이 "율법주의와 외식주의", "형태를 본질보다 앞세운" "예수님 당시 바리새인과 사두개인들과 같은 존재로 변질"한 구체적 내용은 무엇입니까?
   2) "고신 측 목사"와 "고신교단"이 핍박한 "복음에 충실한 자들", "복음주의자들과 성령운동하는 자들"은 한 명이 아니라 여러 명을 지칭하는 바 그들은 누구인가? 고신 측의 신앙고백과 그들의 신앙고백 내용을 구체적으로 비교하여 근거를 제시하십시오.
   3) 고신교단이 "주사파 정치에 동조하는 것"의 구체적 사례를 제시하십시오.
   4) 고신교단은 "여러분의 조상들이 항상 그런 짓을 해 온 것"을 한다고 하는데, 우리 고신교단의 과거 역사에서 위의 1), 2), 3)과 같은 일을 행한 사례를 제시하십시오.
   5) 전 목사가 "하나님…"이라는 하나님의 거룩한 이름을 모독하는 것에 우리 이단대책위원회 보고서가 문제를 지적한 것에 대해 전 목사는 고신은 "복음의 본질을 모르고", "복음의 비밀을 모른다"고 비난하였습니다. 고신은 모르고 전 목사가 알고 있는 "복음의 본질과 비밀"이 무엇인지 제시하십시오.

나. 모세오경만 성경이고 나머지는 해설집이라는 자신의 발언에 대한 전 목사의 해명
  1) "바울서신만 참된 성경이다"라는 것은 신약성경을 믿지 않는 랍비학교에서 한 주장이라고 할 수 없습니다. 옥중서신의 해명이 거짓이 아닌지 여부를 조사해 주십시오.
  2) 만약 전 목사가 2019년 당시 그렇게 말했다면 정식으로 사과하고 발언을 취소한다는 것을 알려 주십시오.

다. 변승우 목사를 한기총에 영입한 사건에 대한 해명:
  1) 위의 해명에 의하면 전 목사는 여전히 국내 정통 교단들이 이단으로 규정한 변승우 목사가 이단이 아니라고 주장하기 때문에, 전 목사는 이단 옹호자라고 결론 내릴 수 있습니다. 이에 대해 전 목사의 현재 입장을 조사하여 알려 주십시오.

라. "하나님…" 발언에 대한 해명:
  1) 전 목사의 위 말에 대해 조사하셔서, 전 목사가 회개할 수 있도록 지도해 주시고, 우리 이단대책위원회에도 알려 주시기 바랍니다.

마. 전 목사 자신의 잘못된 생각을 절대화하는 경향:
  1) 공교회를 무시하면서 자기를 높이며 심지어 사도 바울과 자신을 동일시하는 듯한 이 태도는 이단성의 중요한 증거가 아닌지 조사해 주십시오.
  2) 이러한 전 목사를 절대적으로 지지하는 각 교회 최고의 원로 목사님들과 신학자들의 명단을 제시해 주십시오.

바. 고신은 이단이며 사탄에 붙잡혔다는 주장:
  1) 이러한 결론을 내리려면 상당한 근거가 있어야 합니다.
     한 교단이 이단으로 규정되기 위해서는 어떤 오류가 있어야 하며, 고신은 어떤 오류가 있어서 이단이라고 규정하는지 조사해 주십시오.
  2) 하나님의 공교회를 사탄에 붙잡혔다고 주장하는 것은 고신의 어떤 주

장을 두고 말하는지 구체적인 내용을 적시하여 조사해 주십시오.
3) 예수님에게 "마귀에 들렸다"고 말한 자들이 바로 "바리새인"이었으며 예수님께서는 그들이 마귀에 들렸다고 말씀하셨습니다(마 12:23~37, 요 8:44~59). 고신 혹은 전 목사 둘 중 하나가 이단이요, 마귀에 들렸다고 보아야 할 것입니다.

정통교단을 이단이라고 하고 사탄에 붙잡혔다고 주장하는 사람은 이단이라고 판단해야 하는 것이 아닌지요? 귀 조사위원회의 입장을 말해 주십시오.

사. 전 목사에게 사전 조사 없이 우리 이단대책위원회가 보고서를 발표했다는 주장:

우리 고신총회는 다른 교단들과 함께 전 목사에게 공적이고 공개적인 조사를 하도록 제안했지만 전 목사 측에서 거부했습니다.

1) 전 목사가 위 제안을 거부한 적이 있는 여부를 조사해 주십시오.
2) 전 목사에게 이제라도 이단대책위원회의 조사에 응할 의사가 있는지 확인해 주십시오

[이상 고신총회 이대위가 대한예수교장로회(대신 복원)에 보낸 전광훈씨 "옥중서신" 조사요청서, 2021.3.9]

9. 전광훈 목사에 대한 8개 교단 이단대책협의회의 입장

1) 공개질의서

8개 교단 이단대책협의회는 2019년 12월 19일 공개 질의서를 통해 전광훈 씨의 당해 10월 22일 발언 "나는 하나님 보좌를 딱 잡고 살아. 하나님 꼼짝 마. 하나님 까불면 나한테 죽어. 내가 이렇게 하나님하고 친하단 말이야. 친해"에 대한 의도와 의미를 물었다. 이에 전 씨는 올해 1월 30일 한기총 정기총회에서 해당 발언에 대해 사과하면서도 "당시 성령이 충만했다"는 핑계를

대며 다시 한 번 빈축을 샀다. 해당 발언에 대한 사과도 진정성은 없어 보인다. 그는 2월 4일 광주사랑의교회 초청 강연에서 "내가 '하나님 까불면 죽어' 그때(34살 때)는 해야 되는 건데, 그때 말이야"라며 해당 발언을 농담의 소재로 삼았다.

2) 비성경적 발언

이를 근거로 8개 교단 이단대책협의회는 2020년 2월 13일 발표문을 통해 "'하나님 까불면 나한테 죽어…'라는 말과 그 발언의 동기가 성령 충만으로 인한 것이란 말은 반성경적이며, 비신앙적이며, 비신학적"이라고 지적했다.

협의회는 발표문에서 전광훈 씨는 일련의 비성경적 발언 중단을 요구하고, 전 씨의 발언들이 한국 교회에 혼란과 피해를 줄 뿐 아니라 한국 교회의 신뢰도와 전도에 부정적인 영향을 주고 있다고 기술했으며 아울러 한국 교회 목회자들과 성도들이 전 씨로부터 신앙적으로 악영향을 받지 않도록 주의를 당부했다.

3) 이단옹호자

협의회는 또한 전광훈 씨를 '이단 옹호자'로 결의할 것을 각 교단에 요청하기로 합의하고 공문을 발송했다. 전광훈 씨가 각 교단이 이단에서 해제한 적이 없는 변승우 씨를 일방적으로 풀어주고 공동회장으로 받아들인 것을 이단 옹호에 해당한다고 판단했기 때문이다.

한편 한기총(대표 회장 전광훈)은 2019년 3월 이단 변승우를 이단에서 해제하여 주고 그가 담임하는 교회를 한기총에 가입시켜 주었다.

변승우 씨는 한국 교회 각 교단으로부터 이단(예장통합, 예수교대한성결교회), 이단성(예장합신), 교류·참여 금지(기성, 예장고신), 집회 참석 금지(예장합동), 예의 주시(기감) 등의 결의를 받아왔다. 구원론의 문제, 극단적 신비주의, 성경을 쓸 수 있는 권한을 가진 사도격 인물이 현대에도 존재하며 그가 자신이라는 신사도주의, 어그러진 계시관·성경관·교회관 등이 이유였다. 2008년부터 2014년까지 이루어져 현재에도 효력이 유지되는 공식 결의들이다.

심지어 한기총은 이전에도 이광선 목사가 대표 회장이었을 때부터 이단들을 한기총에 가입시켰다. 장재형에 대해 이단 해제를 하고, 다락방과 평강제일교회, 인터콥 등 주요 교단에서 이단성이 있다고 판정한 자들과, 사기죄로 징역형을 선고받은 바 있는 신현욱(시온세계선교교회) 등을 한기총에 가입시켰고 이로 인해 많은 교단들이 한기총을 떠났으며 그래서 만들어진 것이 한교총(한국교회총연합회)이다.

전광훈 씨를 비롯하여 한기총이 이단들에 대한 이단 해제를 철회하지 않으면 정통 기독교 교단들은 이들을 이단 옹호 인물, 이단 옹호 기관으로 정죄할 수밖에 없다. 왜냐하면 이들의 경솔한 이단 해제로 많은 성도들이 혼란에 빠져 있기 때문이다.

4) 신격화

이외에도 전광훈 씨는 자신을 성령의 본체라고 발언하기도 했으며 성경은 모세 오경만이 성경이고 나머지는 그 해설서라고도 하는 등 성령론과 성경관의 이단성을 보이기도 했다.

전광훈 목사의 말과 신학에 이단성이 있고 이단 옹호자이므로 예의 주시할 뿐 아니라 엄중 경고하여 재발을 방지키로 하고, 전광훈 목사와 관련된 모든 집회에 교류 및 참여 자제를 강력히 촉구하기로 하다. 한기총 또한 이단 옹호기관으로서 교류 및 참여 자제를 강력히 촉구하기로 하기로 하였다.

그런데 105회기에서는 전광훈 목사에 대해 다음과 같이 결의했다.

전광훈 목사의 순간적 발언에 이단성이 있었고 이단 옹호와 관계가 된 적은 있었지만 아직 명백하게 이단으로 규정하기에는 이르다고 여겨진다. 그의 광적 신앙이 편향된 정치적 성향으로 투사된 면이 있기에 앞으로 계속 예의 주시할 뿐 아니라 그의 이단성 발언을 더 확실히 회개토록 하고 목사로서 지나치게 편향된 정치 활동을 하지 않도록 엄중히 경고하기로 하다. 그리고 그가 공개적으로 회개할 때까지 전광훈 목사와 관련된 모든 집회에 교류 및 참여 자제를 촉구하기로 하다. (단, 한기총과 관련해서는 전광훈 목사가 한기총 대표회장 직을 사퇴하였으므로 한국 교회 각 연합기관 통합을 위하여 한기총과 교류를 허락하기로 하다.)

결론적으로 전광훈 씨 건은 발언 내용을 인정하고 회개할 때까지 신앙적 집회 참여 금지를 촉구키로 하다.

10. 연구 결과

본 교단 이단대책위원회는 제70회 총회의 결의에 따라 전광훈 목사의 이단성 여부에 대한 1년간의 유보 기간을 거쳐 본 보고서를 제출한다. 해당 유보 기간 동안 본 위원회는 전광훈 목사의 소속 교단인 대한예수교장로회 대신 복원 측에 4차례에 걸쳐 정식 공문을 발송하고 전광훈 목사의 이단성 관련 발언, 고신교단에 대한 모독, 문제 발언들에 대한 해명과 공개 사과를 요청하였으나 단 한 차례의 회신도 받지 못하였다. 오히려 전광훈 목사는 유튜브와 옥중서신을 통해 본 교단을 "사탄에 붙잡힌 이단", "율법주의와 외식주의에 빠진 집단", "복음의 본질을 모르는 자들"이라 규정하며 공개적으로 비난하였다. 전광훈 목사는 설교 중 "하나님 까불면 나한테 죽어", "나는 성령의 본체다", "날 보고 성령의 본체라 그래. 여러분도 그렇게 될지어다" 등의 신성모독적이며 반성경적인 발언을 지속적으로 하였고, 성경의 정경성에 대해서도 "모세오경과 바울서신만이 참된 성경"이라 하며 나머지는 해설서에 불과하다고 주장하여 교회 정통 신학과 성경관에서 벗어남이 명백히 드러났다. 또한 한기총 대표회장으로서 이미 다수 교단에서 이단으로 규정한 변승우 씨를 이단에서 해제하고 공동회장으로 임명하는 등 공개적이고 적극적인 이단 옹호 행위를 하였으며, 이 모든 사실은 본 교단의 이단 판정 기준에 따라 이단성과 이단 옹호자의 성격을 충족하는 것으로 판단된다. 위와 같은 이유로 본 위원회는 전광훈 목사를 '이단성이 있는 이단 옹호자'로 최종 규정하며, 그에 따른 모든 교류와 참여를 금지할 것을 총회에 보고한다. 또한 향후 일정 기간 내에 공개적인 회개와 사과가 없을 경우, 그를 정식으로 '이단'으로 규정할 것을 건의하며, 아울러 한국기독교총연합회(한기총)를 이단 옹호 단체로 재확인하고 이에 대한 교류 역시 전면 금지할 것을 보고한다. 이는 전광훈 목사의 반복적이고 공개적인 비성경적 발언, 정통 교단에 대한 모독, 이단 해제 및 옹호 행위, 그리고 회개 없는 완악한 태도에 대한 성경적이고 교단적이며 신학적인 판단에 따른 결과이며, 한국 교회 전체의 영적 건강과 신학적 정체성을 지키기 위한 결의임을 밝힌다.

 50. 전태식(진주 초대교회)

총회는 전태식 목사의 주장들에 이단·사이비성이 선명하게 드러난 것은 아니지만, 전 목사의 강의나 집회 모습에서 본 교단이 수용할 수 없는 구원관과 예배관을 담고 있기 때문에 참여 금지 단체로 규정한다고 발표했다. 전 목사에 대해 본 교단은 2005년 90회 총회에서, 예장고신 측은 2006년 56회 총회에서 각각 참여 금지 단체로 규정했다. 전태식 목사의 주장을 간략히 요약하면 다음과 같다.

기존 교회의 목사님들이 오직 믿음으로 구원받을 수 있다고 하는 것은 양들을 잘못 인도하는 것이기 때문에 대부분의 목사나 성도는 쭉정이로 구원받지 못한다고 한다. 믿음으로 영접한 자라도 계명(특히 헌금, 하나님을 위해 재산을 쓰는 것)을 다 지키지 못하면 가차 없으신 무서운 하나님께 버림받는 것을 강조한다. 성경만 인용하지만, 전태식 목사가 행위, 무서운 하나님에 관한 말씀만 인용하여 성도들을 두렵게 하고 기존 교회나 목사를 따르면 구원받지 못하고 교회에 헌금을 해야 구원을 받는다는 두려움을 갖게 한다. 또한, 모이는 신자들에게 무조건 방언을 받게 유도한다(하나님의 방언인지는 모르겠다).[1]

그럼에도 불구하고, 순복음 서울 진주 초대교회 전태식 담임목사에 대하여 예장합동과 합신 두 교단 제104회 총회에서 지난해에 이어 금년에도 "이단 사상이 명백하므로" 교류 및 참여 금지로 규정되었다.[2] 전태식 목사의 가

---

1 "전태식 목사 말씀의 위험성, 이단성에 대한 의심," https://m.cafe.daum.net/loverostov/IDVY/165?q=%EC%A0%84%ED%83%9C%EC%8B%9D+%EB%AA%A9%EC%82%AC%EC%9D%98+%EC%9D%B4%EB%8B%A8%EC%84%B1&, 2025.06.26. 접속.
2 오명옥, "전태식 목사, 이단사상이 명백하므로 교류 및 참여 금지! (합동, 합신 두 교단서)," https://m.blog.naver.com/omyk7789/221660777040, 2025.06.26. 접속.

장 핵심적인 이단성에 대하여 합신, 이대위는 다음과 같이 분석했다.

1. 예수의 십자가를 믿으면 '원죄'에서만 구원을 얻는다.
2. 예수를 믿은 이후 율법을 지켜야 천국 간다.
3. 그러므로 율법이 복음이다.[3]

기독교의 가장 핵심 교리인 이신칭의(以信稱義)를 부정하고 율법주의 행위 구원을 주장하는 전태식 목사의 사상은 이단 사상이 명백하므로 지난 총회에서 전태식 목사에 대하여 '참여금지' 결의한 것을 유지하고, 전태식 목사의 소속 교단인 기하성에 합신, 이대위가 조사한 내용을 제공하여 전태식 목사를 지도하는 일에 긴밀히 협조하기로 결의했다.[4] 합신 이대위가 전태식 목사에 대하여 지적한 문제점은 다음과 같다.

1. 구원론 : 율법주의 행위 구원론
2. 종말론 : 불건전한 세대주의 종말론
3. 예배론 : 인간의 만족 중심, 물질적 예배론
4. 교회론 : 장소적 건물이 교회이며, 교회 건물을 성전이라고 한다.
5. 직분론 : 목사를 선지자, 사도, 제사장으로 본다. 부교역자는 레위인으로 하나님께서 목사에게 주신 선물이다.
6. 성령론 : 성령세례와 방언이 구원에 필수적이라고 주장한다.
7. 물질관 : 회개할 때 속죄 예물을 드려야 한다.
8. 기복신앙 : 질병은 불순종의 결과다, 예수 믿으면 부유해진다.
9. 아바드 주석 성경 : 전태식 씨가 주석한 '아바드 주석 성경'이 세계에서 유일한 성경적인 주석 성경이다.[5]

---

[3] 같은 자료.
[4] 같은 자료.
[5] 같은 자료.

그러므로 교회와 성도들로 하여금 『아바드 성경』[6]을 읽거나 그 사상을 추종하지 않도록 해야 한다. 그가 행하고 있는 아바드 리더 시스템이란 세미나도 주의하여, 교회와 성도를 보호해야 할 것이다.

I. 총회 자료

다음은 2005년 제90회 총회에 발표한 보고서이다.

1. 개요

전태식 목사의 잘못된 주장은 다음과 같이 요약된다. 아르미니안주의 구원론과 교회에서만의 예배를 주장하는 예배론의 문제로 좀 더 구체적으로 확인하고자 한다.

1) 아르미니안주의 구원론

믿음으로 구원을 받으나, 행함이 없으면 구원을 상실한다. 그래서 전태식은 "기존 교회에서는 구원받기 힘들다"[7]고 주장하면서 다음과 같이 서술하고 있다.

> 믿음만으로 구원받지 못한다. 말씀에 순종해야 한다. 예수님의 십자가, 은혜는 언급하지 않고 구원받기 위해서는 하나님의 구약, 신약의 모든 계명을(특히 십일조: 그렇지 않으면 하나님 것을 도둑질한다고 함) 지켜야 한다고 한다. 계명을 지키지 않으면 가차 없으신 무서운 하나님이기에 구원을 받지 못한다고 한다. 사견으로 율법을 강조하여 기존 교회에서 강조하는 믿음만으로 구원받지 못하고 말씀을 지키지 못하면 가라지가 되어 지옥에 간다는 두려움을 사람들에게 끊임없이 강조한다.[8]

---

[6] 전태식, 『아바드 성경』 (진주: 초대출판사, 2014), (5판, 2쇄).
[7] "전태식 목사 말씀의 위험성, 이단성에 대한 의심," https://m.cafe.daum.net/loverostov/IDVY/165?q=%EC%A0%84%ED%83%9C%EC%8B%9D+%EB%AA%A9%EC%82%AC%EC%9D%98+%EC%9D%B4%EB%8B%A8%EC%84%B1&, 2025.06.26. 접속.
[8] 같은 자료.

그래서 전태식은 구원을 위하여 뭔가를 하지 않으면, 안 된다고 주장하면서 구원받는 자들이 행해야 할 것이 무엇인가를 밝히고 있다.

(1) 사랑의 열매를 맺는 사람이 마지막 때 부활한다.

"그러나 각기 자기 차례대로 되리니 먼저는 첫 열매인 그리스도요 다음에는 그리스도 강림하실 때에 그에게 붙은 자요"(고전 15:23). 그리스도께서 강림하실 때에 어떤 사람이 부활하게 된다고 합니까? '그에게 붙어 있는 자.' 어떤 사람이 그리스도에게 붙어 있는 자입니까? 요한복음 15장에서 그에게 붙어 있는 자는 사랑의 열매를 많이 맺게 된다고 했습니다. 그러므로 사랑의 열매를 맺는 자가 그리스도에게 붙어 있는 자요 이들이 그리스도께서 강림하실 때 부활하게 된다는 것입니다. … "이러므로 하나님의 자녀들과 마귀의 자녀들이 나타나나니 무릇 의를 행치 아니하는 자나 또는 그 형제를 사랑치 아니하는 자는 하나님께 속하지 아니하니라"(요일 3:10). 사랑의 열매를 맺느냐 맺지 않느냐에 따라 그가 하나님께 속한 자인지 마귀에 속한 자인지 분별할 수 있다는 것입니다.

예수님께 붙어 있는 자가 그리스도 강림하실 때 휴거된다는 것입니다. … 사랑의 열매를 맺는 자가 주님께서 강림하실 때 휴거된다는 것입니다. … "저희가 그 택하신 자들을 하늘 이 끝에서 저 끝까지 사방에서 모으리라"(마 24:30-31). … 그 택하신 자들이란 사랑으로 열매를 맺는 자를 뜻합니다.

고린도전서 12장 3절에는 성령으로 아니하고는 누구든지 예수를 주라고 시인할 수 없다고 했습니다. 따라서 '주의 이름을 불렀다'는 것은 하나님의 은혜와 성령의 역사로 예수 그리스도의 이름을 믿고 예수님을 나의 주, 나의 하나님으로 영접했다는 뜻입니다. 그러나 예수님은 "나더러 주여 주여 하는 자마다 천국에 다 들어갈 것이 아니요 다만 하늘에 계신 내 아버지의 뜻대로 행하는 자라야 들어 가리라"(마 7:21)고 말씀하셨습니다. 또 "주의 이름으로 선지자 노릇하며, 주의 이름으로 귀신을 쫓아내며, 주의 이름으로 많은 권능을 행하였다 할지라도 하나님의 뜻대로 행하지 아니하고 불법을 행하면 결단코 천국에 들어가지 못하게 된다"(마 7:22~23)고 말씀하셨습니다.

(2) 중생한 그리스도인의 구원도 상실될 수 있다.

여호와 하나님께서 출애굽(구약)의 때, 신명기를 통해서 증거하신 것은 하나님의 백성으로 택함받고 하나님의 전적인 은혜로 광야(교회)로 나와 신령한 은혜들을 체험했다 할지라도 마귀에게 미혹되어 언약(출 19:5) 곧 하나님의 규례와 율례와 법도를 지키지 아니하고 하나님의 명령에 불순종하면 안식에 들어갈 약속이 남아 있을지라도 그 약속에 미치지 못하고(히 4:1) 광야(교회)에서 멸망당하게 된다는 하나님의 심판과 구원에 관한 교훈인 것입니다. "이스라엘! 이제 내가 너희에게 가르치는 규례와 법도를 듣고 준행하라 그리하면 너희가 살 것이요"(신 4:1), "내가 오늘날 명하는 모든 명령을 너희는 지켜 행하라 그리하면 너희가 살고 번성하고"(신 8:1), '지켜 행하라 그리하면'이라는 것은 언약이요, 조건입니다. 요한복음 12장 49절에서 하나님의 말씀은 명령으로 나타난다고 했습니다. 시편 95편 11절, 히브리서 3장 11, 18절, 4장 1절에서는 젖과 꿀이 흐르는 가나안 땅을 안식, 곧 천국이라고 했습니다. 그러므로 이상의 말씀들(신 4:1, 8:1)은 하나님의 모든 말씀에 죽기까지 복종하라 그리하면 이 땅에서 살고, 즉 이 땅에서 신명기 28장 1-14절의 복락을 누리며 살고, 마지막 날에 천국을 유업으로 얻게 되리라는 뜻으로 결과적으로는 마태복음 5장 5절과 동일합니다. 그러므로 마태복음 5장 5절의 '온유한 자는 복이 있나니 저희가 땅을 기업으로 받을 것임이요'라는 말씀은 하나님은 예수님처럼 자기를 낮추어 하나님의 말씀에 죽기까지 복종하는 자에게 신명기 28장 1~14절의 복락을 주시며, 마지막 날에 천국을 유업으로 주시는 분임을 증거하고 있는 것입니다.

2) 교회에서만의 예배를 주장하는 예배론

그래서 에덴동산을 첫 번째 교회라 말하며, 이는 하나님이 택한 백성은 절대 세상 가운데 두지 않으시고 반드시 교회 안으로 들어오게 만드신다는 것을 말하고 있습니다. 이것은 출애굽도 마찬가지입니다. 하나님은 이스라엘 자손으로 애굽에서 하나님을 섬기도록 하지 않으시고 광야교회로 이끌어 내어 그곳에서 하나님을 섬기도록 명령하셨습니다. 교회가 '에클레시아' 거룩한 사람들의 모임이라면 집에서 가족들끼리 모여 예배드리면 그곳이 교회인데 왜 꼭 교회에 나가야 합니까?

　이미 살펴본 바와 같이 하나님은 택한 백성을 반드시 교회로 인도하시고, 그곳에서 하나님을 섬기라고 명령합니다. 이는 선택이 아니라 명령이며, 그의 명령이 영생이라고 하였습니다. … 한 마디로 세상에서 하나님을 섬기면 (예배하면-연구자의 해석) 마귀의 밥이 되기 때문에 반드시 교회 나가야 한다는 것입니다.

　그런데 세상에서는 마귀가 우리의 영혼을 죽입니다. 오직 성전에 거할 때 하나님께서 우리의 영혼을 책임져 주시고 보호해 주실 수 있다는 것입니다. 출애굽기 8장 26절에서 이는 세상에서 하나님을 섬기면 마귀가 우리를 죽이기 때문이라고 했습니다. 즉 세상에 있으면 하나님이 우리를 보호해 줄 수 없고 마귀의 밥이 되기 때문에 철저하게 광야교회로 나와야 한다는 것입니다. … 이는 우리가 교회 밖에서 세상에서 하나님을 섬기면 음부의 권세가 해하고 죽인다는 것입니다. 그래서 예수님은 자신의 몸을 깨트려 그 피값으로 교회를 세우셨습니다. 따라서 마태복음 18장 19-20절은 예수 믿는 두 세 사람이 주 예수의 이름으로 아무 곳에서나 모이기만 하면 주께서 그곳에 함께하사 그들의 기도에 응답하신다는 뜻이 아니라 엄밀하게 따지면 나에게 죄를 범한 형제를 용서한 두세 사람이 하나님의 이름이 있는 곳, 교회에 모여 합심하여 기도하면 하나님께서 그들 중에 함께 거하사 그들의 기도에 응답하신다는 뜻인 것입니다.

　그런데 이단 사설이 이미 교회 안에 들어와 성도들로 하여금 이 세 가지에 현혹되게 만들고 있다는 것입니다. 물론 어떤 주의 종도 직접적으로 호색하라, 탐심하라, 자기 영광을 구하라고 가르치지는 않습니다. 그러면 이것이 무슨 뜻입니까? 주의 종들이 교회에 날마다 모이도록 하지 않고 주일에 한 번만 나오고 나머지 날은 세상에서 충실하면 된다고 가르치고 있다는 것입니다. … 신약 시대에도 초대교회를 보면 그들은 날마다 성전에 모이기를 힘썼다고 하였습니다. 그러므로 구약이나 신약이나 날마다 성전에 모이는 것은 분명한 하나님의 뜻이요, 명령입니다. 왜? 성전에 거할 때만이 마귀가 우리의 영혼을 잠식할 수 없고 하나님의 보호를 받을 수 있기 때문입니다.

　창세기부터 요한계시록까지 주일에만 교회 나오고 나머지는 세상에 있어도 된다는 성경 구절이 어디 있습니까? "그에게 이르기를 히브리 사람의 하나님 여호와께서 나를 왕에게 보내어 이르시되 내 백성을 보내라 그들이 광야에서 나를 섬길 것이니라 하였으나 이제까지 네가 듣지 아니하도다"(출 7:16). 어디에서 하나님을 섬기라고 합니까? '광야에서' 하나님은 분명히 광야에서 섬기라고 명령하셨습니다. 그 광야는 어디입니까? 사도행전 7장 38절을 보십시오. "시내 산에서 말하던 그 천사와 및 우리 조상들과 함께 광야 교회에 있었고…" 광야가 어떻게 해석되고 있습니까? '광야교회' 따라서 광야에서 하나님을 섬기라는 것은 교회에서 하나님을 섬겨야 한다는 뜻인 것입니다.

2. 문제점

1) 사랑의 열매가 없으면, 마귀에게 속한 사람이며, 그리스도에게 붙은 사람이 아니며, 결과적으로 부활하지 못하며 구원받지 못한다고 주장하고 있다.

    예수님과 성경 본래의 의도(예수님 안에 거해야 하며, 사랑의 열매를 맺어야 한다는 당위)를 강조하지 못하고, 사랑의 열매의 유무(有無)를 최종적인 구원과 곧바로 연결한다(요 15장을 고전 15:23에 근거하여 해석하고 있기 때문이다). 열매를 강조하는 성경 본문과 '오직 은혜(믿음)로만 구원받는다'는 이신칭의(以信稱義)의 복음이 어떻게 조화되는지 해석하지 못하고 일방적으로 열매(행위/삶)로 우리의 구원이 결정됨을 강조하고 있다. '나더러 주여 주여 하는 사람들'을 예수님을 믿고 영접한 신자들로 정의함으로써 중생한 그리스도인도 천국에 들어갈 수 없을 수 있음을 주장한다.

2) 가나안 땅의 정체성 문제로서 가나안 땅을 축복의 땅으로 보지 않고 천국으로만 생각한다면, 출애굽 구원사건을 경험했으나, 광야에서 멸망당한 이스라엘 백성들은 천국에 가지 못한 결론에 이른다(노골적으로 말하자면 지옥에 갔다).

    '지켜 행하라 그리하면 살리라'는 명령을 이 땅에서의 형통한 삶의 비결로 생각하지 않고, 미래의 영원한 구원의 조건으로서 이해하고 있다.

전태식 목사의 주장이라면, 지금, 현재 교회에 다니는 그리스도인들은 모두 출애굽 광야세대의 사람들처럼, 구원은 받았으나 영원한 안식(천국)인 가나안은 경험하지 못한 사람들이며, 이들은 하나님의 말씀에 대한 순종 여부에 따라서 천국에 들어갈 수도 있고 없을 수도 있게 된다.

3) 에덴동산과 광야와 가나안 땅은 교회로 간주하고, 에덴동산 밖과 애굽과 갈대아 우르는 세상으로 보는 관점은 지나친 이분법적 성경해석이다.

에덴동산을 최초의 교회라고 볼 수 있지만 그렇다고 해서 에덴동산 밖을 교회가 아닌 곳, 악한 세상으로 보는 것은 옳지 않다. 성경은 '애굽은 세상이고, 광야는 교회이며 갈대아 우르는 세상이고 가나안 땅은 교회다'라는 내용을 담고 있지 않다. 아브라함과 이스라엘 백성이 가나안 땅에 거주하기를 하나님께서 원하셨기 때문에 이들을 가나안으로 인도하셨다. 가나안이 교회이기 때문에 가나안으로 이들을 인도한 것은 아니다.

이러한 이분법적 사고, 이원론적 생각은 '세상에 있으나 세상에 속하지 않은(in the world but not of the world)' 그리스도인의 신분과 삶의 정체성을 제대로 제시하지 못하며 결과적으로 세상 도피적인 그리스도인을 만들 수 있다. 세상에 거할 때, 세상에서 예배드릴 때는 마귀가 우리의 영혼을 죽이며 교회에서 예배드릴 때는 하나님께서 우리를 보호하신다는 것은 하나님의 능력을 제한하는 주장이다. 하나님은 우리가 세상 가운데 있으나, 교회에 있으나 언제나 우리를 보호하시고 지키시는 분이다.

교회에 잘 모이도록 가르쳐야 하지만, 또한 세상 가운데서 충실하게 살아가도록 선포하는 것은 성경의 가르침이다. 초대교회가 날마다 성전에 모였다는 것이 모든 시대, 모든 곳의 그리스도인들에게 규범으로 적용되는 것은 아니다. 교회에 열심히 모여야 하나, 날마다 모여야 한다고 규범적으로 제시하면 안 된다.

3. 결론

세상의 빛과 소금이라는 그리스도인의 사명을 강조한다는 점에서 열매를 맺는 삶을 강조하는 전태식 목사의 메시지를 이해는 하지만, 은혜로 구원받는다는 진리를 훼손하면서까지 열매 맺는 삶을 강조할 수는 없다. 이런 관점에서 전태식 목사의 구원관은 전형적인 아르미니안주의 입장으로서 칼빈주의를 지향하는 우리 교단의 개혁주의 신학과 신앙 노선에서는 수용할 수 없다. 그리고 주 5일제 근무가 확산되고 주일 예배 참석률이 저하되는 현 시점에서 주일 예배를 강조하는 전태식 목사의 설교를 이해는 하지만, 날마다 교회에 모이는 것이 규범이며 이렇게 가르치지 않는 것을 이단 사상이라 하며, 교회가 아닌 곳에서의 예배를 일체 부정하며, 세상에서는 마귀가 우리를 죽게 하고 하나님의 보호를 받을 수 없다는 그의 예배관은 잘못된 주장이다.

그러므로 전태식 목사의 신학과 사상은 지금까지 조사한 바에 의하면 이단과 사이비성이 선명하게 드러나지는 않았으나, 우리 교단이 수용할 수 없는 구원관과 예배관을 담고 있기 때문에 우리 교단과의 교류를 금하는 것이 바람직하다. 즉 목회자들과 성도들은 전태식 목사의 강의, 집회, 예배에 참석하지 않는 것이 바람직하다.

# 51. 정동수(사랑침례교회)

(제103회) (제104회) 총회결의에 의거 2019년 5월 31까지 지적한 내용을 수정하면 총회의 결정을 해제하기로 하였으나 소속 교단을 거짓 통보하여 기망한 사실과 아직 총회의 지시사항을 이행하지 않음에 따라 이단대책위원회의 보고 내용은 기각하고 제102회, 제103회 총회결의를 유지하기로 가결하다.

I. 총회 자료
다음은 이단(사이비)피해대책조사연구위원회에서 제105회 총회에 발표한 보고 내용이다.

1. 2019년 10월 24일 자로 "대한예수교장로회 합동교단의 정동수 목사 이단성 해지 연기결정"의 내용으로 입장문을 "합동총회, 부총회장, 이단대책위원장" 앞으로 보내왔으며, 동연 12월 5일 자로 대한예수교장로회합동 이대위원장 앞으로 문서를 보내왔고, 2020년 7월 6일 자로 본 교단 이단대책위원회 앞으로 탄원서를 보내왔지만 제104회 총회결의를 유지하기로 결의하였습니다.
2. 정동수 씨에 대한 재심 요청은 허락하지 않고 제104회 총회 결의대로 유지하기로 합니다. 이유는 제102회기 이대위는 정동수 씨에게 2019년 5월 31일까지 이단에서 해제받을 수 있는 기회를 주었지만 실행하지 않았기 때문입니다. 즉 자신의 가르침이 잘못되었다는 점을 공개적으로 회개하고, 관련 내용을 책자들을 폐기처분하고, 정동수 목사가 목회하는 교회의 홈페이지, 유튜브 등에서 삭제할 것을 요구했지만 지켜지지 않았습니다. 현재(2020.7.14.)까지도 킹제임스 유일주의를 주장하고 있다는 점입니다.

3. 결론

정동수 씨에 대하여는 본 교단이 요구하는 대로 실행에 옮겨질 때까지는 더 이상 논의하지 않기로 할 것과 정동수는 이단성이 있어 보이므로 참여 금지하고 더 이상 확산되지 않도록 엄히 경계해야 한다.

II. 기타 자료

1. 정동수 그는 누구인가?

정동수 그는 누구인가에 대한 이해를 위하여 정동수의 간략한 이력과 정동수의 국적, 그리고 정동수의 학력과 정동수의 신학 공부 과정과 수준에 대하여 살펴봄으로 정동수의 정체에 대한 이해를 도모하고자 한다.

1) 정동수의 간략한 이력

△ 1959년 인천에서 출생
△ 1982년 인하대학교 기계공학과 졸업 (학사)
△ 1984년 캐나다 뉴브런스윅 주립대학 기계공학과 졸업 (석사)
△ 1988년 미국 메릴랜드 주립대학 기계공학과 졸업 (박사)
△ 1988~1991년 미국 메릴랜드 주립대학 기계공학과 교수
△ 1992년 3월 ~ 인하대학교 기계공학과 교수
△ 1992년 3월 ~ 대한설비공학회 정회원
△ 1993년 1월 ~ 2013.12 한국정밀화학산업진흥회 CFC 컨설턴트
△ 1996년 1월 ~ 대한기계학회 정회원
△ 2001년 미국 펜사콜라 크리스천 대학 신학대학원 졸업 (석사)
△ 2001년 미국 Bible For Today 침례교회에서 목사 안수 받음
△ 현재) 인천 사랑침례교회 담임목사

2) 정동수의 국적

아래 글은 정동수에 대한 어떤 분의 질의에 대한 정동수 본인이 자신을 어떤 사람인가에 대하여 밝힌 것을 중심으로 정리한 것이다.

"저는 (대한민국 인천에서) 태어나서 32년 동안 줄곧 감리교회에서 믿음 생활한 평범한 크리스천입니다. 단 하루도 이단이라 불리는 곳에 몸담은 적이 없고, 협력한 일도 없습니다. 특히 '구원파'나 '말씀보존학회' 등과는 전혀 관련이 없습니다. 만 25세 이후로 제게 가장 큰 영향을 주신 분은 장로교 합동 측 선교사로 유럽과 캐나다 미국 등지에서 살면서 활동하던 구영재 선교사님이었습니다. 천주교, 이슬람, 진화론, 동성애 등에 대한 저의 보수적인 신학과 킹 제임스 성경에 대한 확고한 믿음 등은 이분의 영향을 통해 제게 각인되었습니다. 또한 저는 미국에서 공학을 공부하는 동안 침례교 근본주의 신학에 매료되어 밥 존스, 무디 신학교 등에서 가르치는 근본주의 교리를 심층 공부하였고, 자유주의 신학 사상은 철저히 배격하게 되었습니다. 저는 영어 킹 제임스 성경 신구약 전체를 번역한 뒤, 20여 명으로부터 교정을 받아 2000년 8월에 출간하였고, 저희 킹 제임스 흠정역 성경을 출간하는 '그리스도 예수 안에'라는 출판사는 그때부터 지금까지 생명의 말씀사와 총판 계약을 맺어 함께 일하고 있습니다. 저는 1988년에 미국에서 박사학위를 받은 뒤 취직을 위해 미국 시민권을 취득하였습니다. 그러나 1992년에 인하대학교로 취직이 되어 들어오면서 곧바로 미국 시민권을 버렸고, 그 이후로 대한민국 시민으로 10년짜리 미국 비자를 받아 1년에 한두 번 학회, 친지 방문 등으로 미국을 다녀옵니다. 이제는 나이가 들면서 미국 다녀오는 일도 지쳐서 가능하면 삼가려고 합니다. 가도 짧게 다녀오려 합니다. 다음 주에도 일이 있어 3월 21일(월)부터 26일(토)까지 미국에 잠시 다녀옵니다. 평안한 여정이 되도록 기도해 주십시오. 샬롬."[1]

3) 정동수의 학력

"저는 인하대학교에서 Bachelor of Science(BSc), 캐나다 뉴브런스윅 주립대학교에서 Master of Science(MSc), 그리고 미국 메릴랜드 주립대학교에서 Doctor of Philosophy (Ph.D.) 학위를 받았습니다. 공식 고유 명칭으로 이것들을 있는 그대로 번역해 쓰면 과학 학사, 과학 석사, 철학 박사입니다. 그런

---

[1] http://cbck.org/bbs/board.html?board_table=news&write_id=1903. 2017. 3. 21.

데 지금까지 한 번도 저는 과학 학사, 과학 석사, 철학 박사 학위를 받았다고 말한 적이 없습니다. 언제나 사람들 사이에서 늘 쓰이는 통용 명칭인 공학사, 공학 석사, 공학 박사 학위를 받았다고 말해 왔습니다. 이것은 저만 그런 것이 아니라 공학을 공부한 모든 사람이 동일하게 하는 일입니다. 사실 공식 고유 명칭은 철학 박사지만 저는 대학원에 다니면서 한 번도 철학 과목을 수강한 적이 없습니다. 이상한 일이지요. 그리고 왜 모든 사람과 학생이 저를 공학 박사라고 부를까요? 당연히 제가 공과 대학에서 박사과정을 공부하고 졸업하였기 때문입니다."

4) 정동수의 신학 공부

"교회 사이트에 공개된 사실처럼 저는 펜사콜라 크리스천 대학(Pensacola Christian College, PCC)의 신학대학원(Pensacola Theological Seminary, PTS)에서 2년 과정의 석사 공부를 마치고 졸업하였습니다.[2] '2001년 미국 펜사콜라 크리스천 대학 신학대학원 졸업(석사)'하고, 미국 플로리다 주 펜사콜라에 있는 펜사콜라 크리스천 대학(PCC)은 아마 전 세계에서 가장 큰 침례교 대학(Baptist college)일 것입니다. 학부생이 5,000명 정도가 되는 큰 대학입니다. 위키백과에 보면 설립자, 목표, 발전 과정 등에 대한 상세한 내용이 있습니다.

PCC에 대해 위키백과 편찬자들이 만든 "Faith and King James Bible only debate" 섹션을 보면 성경에 관한 이 학교의 입장이 다음과 같이 묘사되어 있습니다. "PCC also states that they believe the Textus Receptus is the superior Greek text of the Bible and upon this basis use the King James version of the Bible for all their pulpit ministry and classroom Bible instruction."[3]

즉 PCC는 그리스어 공인 본문(TR)이 천주교에서 나온 소수 본문 즉 '네슬레-알란드 본문'과 '연합성서 공회 본문'보다 월등히 좋은 본문이라고 믿으며, 따라서 공적 사역이나 수업 시간에 킹 제임스 성경을 사용한다고 되어 있습니다.

---

[2] http://cbck.org/html/chu02.html. 2017. 3. 21.
[3] https://en.wikipedia.org/wiki/Pensacola_Christian_College. 2017. 3. 21.

PCC를 세운 호튼 박사 부부는 50-60년 전에 미국에서 가장 근본적인 신학교로 알려진 밥 존스 대학(Bob Jones University, 극동방송의 김장환 목사님도 이곳 졸업, 미국의 유명한 John MacArthur 목사님도 밥 존스 아카데미 졸업)을 나왔습니다. 물론 밥 존스 대학 역시 킹 제임스 성경만을 사용하다가 최근에 입장을 바꾸었습니다.

사실 미국에서는 킹 제임스 성경만을 쓰는 것이 전혀 이상한 일이 아닙니다. 1611년 출간된 이래로 1970년경에 NIV가 나오기 전까지 영미권의 모든 교회들은 오직 킹 제임스 성경만 사용하였습니다. 그것만이 유일한 성경이었기 때문입니다. 그래서 성경을 잘 모르거나 교회에 다니지 않는 사람들도 그것이 가장 오래되고 권위 있는 성경임을 알고 있습니다. 또한 성경을 소장하고 있는 미국 가정의 과반수가 킹 제임스 성경을 소장하여 읽고 있을 정도로 킹 제임스 성경은 영어문화권에서 독보적 지위를 획득한 성경입니다.

저는 PCC의 믿음에 동의하여 PTS에서 2년 동안 석사 과정을 공부하였습니다. 이 과정의 정확한 명칭은 Master of Arts in Bible Exposition(성경 강해학 예술 석사)입니다. 이 과정에 대해서는 다음을 보시기 바랍니다.[4]

이 과정에서 저는 성경학, 조직신학, 신약 개론, 구약 개론, 계시록, 그리스도의 사역, 성경 신학 등 10과목을 배웠습니다. 내용을 보면 모두 일반적인 신학대학원 석사 과정에서 공통/필수로 가르치는 신학(Theology) 과목들입니다. 저는 이 학교에서 예술이나 문학을 공부한 적이 없고 100% 신학만 공부하였습니다. 그래서 학위의 고유 명칭을 그대로 번역하면 '성경 강해학 예술 석사'이지만 신학대학원에서 석사 과정을 마쳤으므로 짧게 신학 석사를 했다고 말합니다. 앞서 설명해 드린 대로 저는 철학 박사가 아니라 공과 대학에서 공학을 공부한 공학 박사이듯이 예술 석사가 아니라 신학대학원에서 신학만 공부한 신학 석사입니다.

신학대학원에서 주는 석사 학위는 여러 가지가 있습니다. 일반적으로 3년 동안의 과정을 통해 주로 목회할 사람들을 대상으로 하는 목회학 석사(Master of divinity)가 있습니다. 또한 정확히 혹은 아주 좁은 의미의 신학 석사는

---

[4] http://pts.pcci.edu/Academics/Degrees/MABibleExposition.aspx. 2017. 3. 21.

Master of Theology이고, 보통 1-2년 과정입니다. 이것은 줄여서 Th.M.이라고 합니다.

한국의 신학대학원에서는 통상 목회학 석사(M.Div.) 3년 과정을 마치고, 다시 2년 정도를 공부해서 신학 석사(Th.M.) 학위를 획득하는 경우가 많습니다. 그런데 한국과 달리 미국에서는 Th.M. 학위를 주는 신학교가 그리 많지는 않습니다. 그래서 어쩌면 더욱 제가 3년의 M.Div. 과정을 공부하지 않고, Th.M. 학위를 획득하기 위한 공부도 하지 않았으면서 마치 그런 과정을 거친 것처럼 신학 석사라고 자신을 포장했다고 오해하는 분들이 있을 수 있습니다. 그러나 이것은 미국의 사정이나 앞서 설명한 세 학위에 대한 이해가 부족해서 생기는 현상입니다.

저는 몇몇 분들이 의문을 제기하듯 그런 치졸한 방법으로 저를 포장할 그 어떤 필요도 느끼지 못하며 그러한 마음을 단 1초도 품어 본 적이 없습니다. 분명히 밝히지만 이 세 학위 모두 정규 신학대학원에서 석사 과정을 통해 신학을 공부할 때 주는 학위이므로 통칭은 당연히 모두 신학 석사입니다. 이 학위들을 만약 곧이곧대로 번역해 예술 석사(Maser of Arts)라고 하면 의아하게 생각하는 분들이 심히 많을 것입니다. 사실 우리나라에서는 아무도 그렇게 부르지 않습니다.

위키백과의 문학 석사(Master of Arts)를 보면 과학을 제외한 어떤 분야(음악, 문학, 미술, 심리학, 철학, 신학 등)의 학위를 뜻합니다. 그러므로 미술로 M.A.를 받은 사람을 문학 석사라 하면 벌써 뜻이 왜곡됩니다. 미술 전공은 미술학 석사, 음악 전공은 음악 석사, 디자인 전공은 디자인 석사, 저처럼 성경 강해 신학을 전공한 사람은 신학 석사라 해야 구별이 되고 다른 사람이 이해할 수 있는 것입니다. 이것들은 다 사실 문학 석사(M.A.)입니다.[5]

영문학을 해도 학위는 M.A.이고 음악, 철학, 국문학, 심리학을 해도 학위의 공식 명칭은 예술 석사입니다. 그런데 이런 명칭을 들어본 일이 있습니까? 한국에서는 어느 누구도 그렇게 부르지 않습니다. 아무도 알아듣지 못하고, 뜻이 왜곡되기 때문입니다. 영문학을 했으면 영문학 석사, 음악을 했

---

5 https://en.wikipedia.org/wiki/Master_of_Arts. 2017. 3. 21.

으면 음악 석사, 심리학을 했으면 심리학 석사라고 합니다. 우리 문화에서는 너무나 당연한 일이지요. 심리학을 하고 예술 석사 학위를 받았다고 하면 공부한 것과는 전혀 다른 공부를 한 것으로 오해하게 될 것입니다. 예술 석사 학위로 목회를 한다? 이것을 이해할 사람이 얼마나 되겠습니까?

사실 한국의 일부 신학교에서 2년 동안 배우는 Master of Arts in Theology 등의 M.A. 학위를 Th.M. 학위와 애써 구분하기 위해서 문학 석사라고 부르는 관행이 있는 것을 알고 있습니다. 그러나 이것은 엄밀히 말하면 잘못된 관행입니다. 2년 동안 신학과 관련된 과목을 공부한 사람을 문학 석사라고 불렀을 때 소수만 알고 있는 그런 관행을 모르는 사람들이 과연 그 학위에 대해 잘 이해할 수 있을까요. 그래서 당연히 한국에서도 신학을 공부해 M.A. 학위를 취득한 사람은 다른 사람에게 자신이 신학으로 석사를 획득했다고 설명할 것입니다.

그래서 저도 공식 약력에는 '2001년 미국 펜사콜라 크리스천 대학 신학대학원 졸업(석사)'라고 쓰고 간단히 부를 때는 통용 명칭으로 신학 석사라고 합니다. 그 이유는 앞에서 설명해 드린 대로 제가 석사 과정을 통해 오직 2년 동안 신학만 공부하였기 때문입니다. 신학에서 좀 더 세부적인 전공을 대라고 하면 '성경 강해학'이라고 할 것입니다. 물론 공식 학위 명칭은 '성경 강해학 예술 석사'이지만 아무도 그런 명칭을 쓰지 않습니다. 저는 제가 신학 석사를 했다고 답하고 소개할 때 처음부터 무언가 부풀리거나 왜곡할 의도가 없고, 그럴 필요를 전혀 느끼지 않았습니다. 그것은 이러한 일이 매우 상식적이며 해명이나 변호가 필요한 일이라고 느끼지 않았기 때문입니다. 그런 생각은 지금도 마찬가지입니다.

왜 제가 신학을 공부했는지 궁금해하는 분들이 있어 이것도 답하려고 합니다. 저는 애초 목사가 되려고 PTS에 가지 않았습니다. 그럴 의도가 있었다면 3년 과정의 목회학 석사를 했을지 모르지만 저는 흠정역 성경의 주 번역자로서 하나님과 성경에 대해 더 잘 배우기 위한 목적으로 간 것이고, 학업을 통해 그 목적을 충분히 달성하였습니다. 그 결과 킹 제임스 성경이 하나님께서 보존해 주신 성경임을 100% 확신하고, 킹 제임스 성경에 따라 말씀을 선포하고 가르칩니다.

저는 성경 전문 출판사인 '그리스도 예수 안에'(keepbible.com) 발행인이자 본 출판사에서 출간한 킹 제임스 흠정역 성경 주 번역자이며 인천시 남동구 논현동에 있는 사랑침례교회(ckbk.org)를 담임 목회하고 있는 정동수 목사입니다. 최근 들어 1611년 영국에서 반포된 킹 제임스 성경을 하나님의 완전한 말씀으로 믿는 성도들의 믿음을 문제 삼고 이를 공격하는 현상이 생겨났습니다. 그리고 이러한 비판은 저의 학력 등 신변에 대한 부분과 제가 주 번역자로서 출간한 우리말 킹 제임스 흠정역 성경을 둘러싼 문제 제기로 확산하였습니다. 그리고 급기야 그로 인해 크리스천 언론인협회지 2016년 4월호에 이에 관한 특집 기사가 게재되었습니다. 이 기사를 접한 독자들은 과연 킹 제임스 성경을 사용하는 그리스도인 그리고 저와 사랑침례교회가 문제가 많고 과격한 언행을 하는 사람들은 아닌가 하는 불필요한 오해와 불신을 갖게 되었을 것이라고 생각됩니다.[6] 그리고 저를 믿고 함께 말씀을 공부하는 많은 분들 덕분에 지금은 목회도 하고 있고, 하나님의 은혜로 제가 담임 목회하는 교회는 나름 꾸준히 성장해가고 있습니다."

위 정동수 본인이 증언하는 내용들을 중심으로 그의 신앙적 배경과 신학적 배경이 무엇인가에 대하여 평가가 가능하리라고 보여지며, 논의가 필요할 것으로 보여진다. 정동수는 신학 M. Div. 과정을 공부하지 않은 것으로 확인되는바 신학 전체에 대한 이해 부족이 없는지? M.A. 과정 30학점 이수한 것이 그의 신학 공부 모두라고 할 수 있을 것이다. 이 점을 고려하여 정동수 목사를 이해하고 평가할 필요가 있을 것 같다고 사료된다.

2. 킹 제임스 성경만이 유일하고 무오한 참성경이라는 주장

과연 정동수가 "킹 제임스 성경만이 유일하고 무오한 참성경"이라는 주장을 하고 있는가에 대한 1차 자료를 통하여 확인하는 것이 중요할 것이다. 정동수는 『사랑침례교회 정동수 목사의 킹 제임스 흠정역 성경 이야기』라는 책에

---

[6] http://www.kjbi.org/?m=179&g=&id=notice&uid=277&bbsMode=view&s=&tabMenu=&queryData=&page=1. 2017. 3. 21.

서 "오늘날 지상에 무오한 성경이 존재하고, 그 성경이 영어 킹 제임스 성경이라고 믿습니다. 이것은 강요나 주장이 아닌 확신이며…"[7]라고 말하고 있다. 또한 사랑침례교회 홈페이지에 보면, 우리의 믿음이라는 부분에 성경에 대한 다음과 같은 고백을 하고 있다.

> 우리는 창세기부터 계시록까지의 모든 말씀(단어들)이 하나님의 영감을 받고 섭리로 보존되어 오류가 전혀 없는 '완전한 하나님의 말씀'이라고 믿는다. 또한 우리는 영어 킹 제임스 성경(English King James Bible)이 지금, 이 시간 '완전한 하나님의 말씀들을' 그대로 담고 있는 '완전한 성경'이라고 믿는다. 또한 그 성경을 우리말로 신실하게 번역한 킹 제임스 흠정역 성경이 '바른 성경, 바른 믿음, 바른 구원, 바른 성화, 바른 가정, 바른 교회, 바른 사회'라는 목표를 이루는 데 충분한 성경이라고 믿는다. 따라서 우리는 교회에서 읽고 공부하고 가르치고 암송하고 설교할 때에 '우리말 킹 제임스 흠정역 성경'을 사용한다.[8]

또한 정동수 목사는 『세상을 바꾼 책 킹 제임스 성경(1611)』이라는 책 서문에서 다음과 같이 주장하고 있다.

> 이 책은 1611년 5월 2일, 전능자 하나님의 섭리로 이 세상에 등장하여 어둠의 세력들을 물리치며 많은 사람들을 구원으로 이끈 영어 킹 제임스 성경의 출간 배경과 역사적 의미를 보여 줍니다. 또한 영어 킹 제임스 성경이 현 시대 모든 성경들 중에서 유일무이하게 하나님의 말씀을 온전히 보존한 성경인지 그 이유를 보여 줍니다.[9]

---

[7] 정동수, 『사랑침례교회 정동수 목사의 킹 제임스 흠정역 성경 이야기』 (인천: 그리스도 예수 안에, 2017), 2.

[8] "사랑침례교회," https://www.cbck.org/

[9] 그리스도 예수 안에 편저, 김용묵·정동수 번역, 『세상을 바꾼 책 킹 제임스 성경(1611)』 (인천: 그리스도예수 안에, 2016), 6, 참고: 영어 킹 제임스 성경의 특징에 대하여 상대 윤리가 득세하는 세상 속에서 킹 제임스 성경은 지난 400년 동안 단 한 번의 개정 없이 신학과 말씀 선포에서 전 세계 모든 성도들의 표준 척도가 되어 왔습니다. 1970년대에 NIV가 나오기 전까지 영미 세상에서는 오직 킹 제임스 성경만이 단 하나의 'Holy Bible'로 사용되었습니다. 영어 킹 제임스 성경은 다음과 같은 특

위 인용문에서 확인할 수 있듯이 정동수와 그의 교회에서는 킹 제임스 성경 흠정역을 오류가 없는 완전한 성경이라고 믿고 있다.[10] 이들은 완전한 성경과 마귀가 부패한 불완전한 성경이라는 이분법적 성경관에 갇혀 있다. 이들이 이 사상을 그대로 유지하는 이상 겉으로는 조심하겠지만 이들에게 개역성경은 여전히 마귀가 변개한 성경일 뿐인 것으로 간주하고 있다고 판단된다.

1) 킹 제임스 성경의 완전 무오하게 보존되었다는 정동수의 입장과 주장에 대한 비판

정동수 목사가 1611년 킹 제임스 성경만 완전하고 무오한 하나님의 말씀이라고 주장하는 것이 사본학적으로 옳은 주장인지에 대하여 신현우 교수는 다음과 같이 평가하고 있다.

(1) 정동수의 주장은 번역의 특성을 무시한 것입니다. 킹 제임스 성경은 여러 가지 영어 성경 번역 중의 하나입니다. 모든 번역은 반역이라는 말이 있듯이 이 번역도 완전할 수는 없습니다. 성경의 원어인 히브리어와 헬라어 본문을 완벽하게 영어로 재현한다는 것은 원칙적으로 불가능하기 때문입니다. 그러므로 킹 제임스 역본이 완전하다는 주장은 이 원칙을 벗어난 예외가 있다는 주장인데, 이것은 번역의 특성을 아는 사람이라면 누구나 동의하지 못할

징을 가지고 있습니다. • 원어(히브리어 마소라 본문, 그리스어 공인 본문)의 단어들을 그대로 일대일 대응시켜 번역한 성경입니다. • 지난 400년 동안 한 번의 개정도 없이 순수하게 보존된 성경입니다. • 현대 역본들과 달리 단 한 구절도 빠진 데가 없이 완벽하게 모든 구절이 들어 있습니다. • 영어권에서 모든 성경과 모든 신학 서적의 표준이 된 성경입니다. • 매튜 헨리, 스펄전, 무디, 캠벨 모르건, 마틴 로이드 존스 등 권능의 사역자들이 사용한 복음 선포의 도구였습니다. • 전 세계 모든 성경 중에서 독보적으로 가장 많이 판매되고 읽히고 번역된 성경입니다. 이러한 특징들로 인해 2011년 4월에 미국 상원과 하원은 '영어 킹 제임스 성경이 미국에 미친 공헌'을 기념하기 위한 특별 안을 상정한 바 있습니다. 영국의 엘리자베스 여왕 역시 킹 제임스 성경이 영어를 형성하는 데 미친 혁혁한 공로를 치하하는 연설을 하였고 영국에서는 기념우표도 발간되었습니다(그리스도 예수 안에 편저, 김용묵·정동수 번역, 『세상을 바꾼 책 킹 제임스 성경(1611)』 20–21).

[10] 정동수는 자신이 번역한 킹 제임스 성경에 대하여 다음과 같이 평가하고 있다. '그리스도예수안에'의 우리말 킹 제임스 흠정역 성경은 다음과 같은 특징을 가지고 있습니다. • 1611년 영어 킹 제임스 성경을 충실하게 번역하여 '(없음)'으로 표시된 부분이 없습니다. • 루시퍼와 갈보리 등의 단어들이 살아 있으며 천국, 지옥, 삼위일체 등의 교리가 명확합니다. • 우리말 어법에 충실하게 옮겨 읽기 쉽고 이해하기 쉬우며 운율이 그대로 유지되어 감동이 살아 있습니다. • 정확한 용어색인이 가능하도록 대부분의 중요 단어를 통일하였습니다. • 역사성과 현실성이 반영되어 원어와 영어의 감동을 전해주는 하나님의 말씀입니다(그리스도 예수 안에 편저, 김용묵·정동수 번역, 『세상을 바꾼 책 킹 제임스 성경(1611)』 22–23).

것입니다. (2) 정동수의 주장은 학문의 특성을 무시한 것입니다. 킹 제임스 역본 외에도 많은 영어 번역본들이 있는데, 이러한 번역본들은 고어체인 킹 제임스 역본의 문제를 현대적으로 고치려는 노력을 함과 동시에 원어의 의미를 좀 더 정확하게 반영하려는 시도를 한 결과들입니다. 1611년의 킹 제임스 역본만이 완전하다는 주장은 그 이후의 번역들이 오히려 더 퇴보되었다는 주장인데, 이것은 과거에 토대하여 조금씩 발전하는 학문의 성격을 무시하는 것입니다. (3) 정동수의 주장은 사본학의 원리를 무시한 것입니다. 만일 킹 제임스 역본만이 완전하다는 주장이 이것이 토대한 사본이 무오하다는 주장이라면 이것은 더 큰 문제를 내포합니다. 어떤 역본이 토대한 사본이 원본 그 자체라고 해도 이 원본이 그것의 번역의 완전성을 보장하지는 못합니다. 더구나 킹 제임스 역본이 토대한 사본들의 본문이 원본의 본문과 동일하다는 것은 입증되지 않은 전제입니다. 저자 자신이 기록한 원본은 사라졌고, 지금 남아 있는 것은 사본들뿐이므로, 원본과 사본들을 비교해서 어떤 사본이 원본과 동일한지 판단할 수 없기에, 원본이 남아 있지 않은 상황에서 어떤 사본의 본문이 완전하다고 주장할 수는 없습니다. 더구나 킹 제임스 역본이 토대한 사본들은 신약성경의 경우 에라스무스가 손쉽게 구할 수 있었던 후기 사본들입니다. 이러한 후기 사본들이 더 오래된 사본들과 다른 곳에서 늘 옳다고 주장하는 것은 상식적으로 볼 때에도 납득할 수 없습니다. 후기 사본이 가끔 옳을 수는 있지만 대개의 경우 원본과 시간적 거리가 가까운 초기 사본들이 더욱 종종 옳을 수 있을 가능성이 더 높습니다.[11]

사본 또는 번역본이 오류가 없는 완전한 것이라는 주장은 상식적으로 받아들이기 어려운 주장이 아닐 수 없다고 보여진다. 정말 킹 제임스 성경은 하나님이 보존하신 유일한 성경일까? 최근 권동우는 킹 제임스 성경 연구소가 킹 제임스 유일론의 허구를 파헤친 『킹 제임스 성경 유일주의의 망상』을 출판했다. 권 대표의 저서와 지금까지 있어온 킹 제임스 성경이 하나님이 보존하신 유일한 성경이라는 주장에 대하여 몇 가지 사실들을 통하여 반론을

---

11 http://cafe.naver.com/anyquestion/57237. 2017. 3. 21.

전개하고 있다.

킹 제임스 성경의 탄생은 킹 제임스 성경은 말 그대로 영국의 제임스 왕에 의해 승인·번역된 성경이다. 킹 제임스 성경을 흠정역(Authorized Version)이라 부르는 이유도 이 때문이다. 필립 W. 컴포트는 킹 제임스 성경의 탄생을 다음과 같이 전한다.

> 스코틀랜드의 제임스 6세는 1603년에 영국의 왕이 된 후(이때부터 제임스 1세로 불림) 청교도와 성공회 간의 차이가 해소되기를 바라는 마음으로 그 두 교파에 속한 몇 사람의 성직자들을 초대해 화합을 가졌다. 그 화합은 소기의 목적을 이루지 못했으나, 회의가 진행되는 동안 청교도 측 지도자이자 옥스퍼드 코퍼스 크리스티 칼리지의 학장이었던 존 레이놀즈가 왕에게 새로운 번역본을 인가해 주기를 청했다. 당시 그는 이전의 번역본들보다 더 정확한 번역본을 기대하고 있었다.[12]

제임스 왕 역시 그 제안을 기뻐했는데, 그것은 그가 보기에 비숍 성경이 그다지 성공적이지 않았고, 제네바 성경에 들어 있는 주(註)들은 지나치게 선동적이었기 때문이다. 제임스 왕의 재가 이후 약 50명의 학자가 6개 팀으로 나눠 1607년부터 번역을 시작했고 킹 제임스 성경은 1611년에 완성됐다. 물론 1611년 판에는 오류가 많아 수차례의 수정 과정을 거치게 된다. 이후 킹 제임스 성경은 많은 이들에게 사랑받으며 오랫동안 권위를 인정받았다.

유일론자들의 시작은 다음과 같다. 킹 제임스 성경에 대한 사랑이 지나쳤을까. 어느 순간부터 킹 제임스 성경만이 가장 바른 성경이라고 주장하는 사람들이 나타났다. 이러한 현상에 대해 미국의 저명한 개혁주의 신학자 R. C. 스프로울은 킹 제임스 성경이 오랜 기간 탁월한 지위를 누리며 사람들에게 소중한 것이 되었기 때문에, 그 지위가 위협받을 때 나온 저항의 목소리라고 말한다.[13] 권동우 대표는 킹 제임스 성경만이 유일한 성경이라고 주장하는 뿌

---

[12] 필립 W. 컴포트, 김광남 옮김, 『성경의 기원』 (인천: 엔크리스토, 2010), 397.
[13] R. C. 스프로울, 『성경을 아는 지식』.

리가 제칠일 안식일 예수 재림교회 안식교 신학자였던 벤자민 G. 월킨슨이라고 전한다.

벤자민 G. 월킨슨(1872~1968)은 제7일 안식일 예수 재림교 선교사이자 제7일 안식일 워싱턴 재림대학교 신학부 학장이었다. 킹 제임스 성경의 유일주의는 월킨슨이 1930년에 출간한 『입증된 우리의 흠정역 성경』이란 제목의 책으로부터 비롯되었다. … 그는 시편 12:6~7을 잘못 적용하여, 그 말씀이 마치 킹 제임스 성경 보존에 대한 약속인 것처럼 주장한 최초의 사람이었다. 그러나 정작 월킨슨이 KJV를 지키려 했던 이유는 1881년 개정된 성경(RV)이 KJV보다 자신이 믿고 지지하고 있는 안식교 교리에 불리하게 작용했기 때문이었다.[14]

권동우는 월킨스 이후 제임스 재스퍼 레이, 데이비드 오티스 풀러, 에드워드 F. 힐즈, 피터 S. 럭크만 등에 의해 유일론이 그 맥을 이어왔다고 밝힌다. 레이가 시편 12:6~7을 마치 KJV의 보존에 대한 약속인 것처럼 잘못 해석하고 오용한 월킨슨의 오류를 그대로 답습한 것이다.[15]

피터 럭크만(Peter Ruckman, 1921~)은 1965년에 펜사콜라 성경연구원을 만들어 킹 제임스 성경을 영어권의 유일한 성경으로 홍보하기 시작했다. 유일주의를 주장하는 사람 중에서 가장 신랄하고 모욕적으로 다른 사람들을 공격하는 인물이다.[16] 그는 소위 현재 사용되는 성경은 C학점 수준의 쓰레기 더미를 사용하는 것이나 다름이 없다고 주장한다.[17]

신뢰성의 문제에 대하여 킹 제임스 유일론자들의 주장은 신뢰할 수 있을까? 정말 하나님은 하나의 성경만을 유일하게 보존하셨을까? 유일론자들의 주장을 받아들일 수 없는 결정적인 이유가 있다. 정동수는 "킹 제임스 성경의 근간이 된 공인 본문(Textus Receptus, TR)[18]이 유일하게 좋은 본문이므로 여

---

14 권동우, 『킹 제임스성경 유일주의의 망상』 (서울: CLC, 2016), 41~42.
15 권동우, 『킹 제임스성경 유일주의의 망상』, 43-48.
16 Ibid., 47.
17 Ibid.
18 Cf. '텍스투스 레셉투스'라는 말은 라틴(Latin)어 술어이다. '텍스투스'(textus)는 원래 망(網, web)을 의미하고, 따라서 직물(織物), 구조물(構造物)을 가리킨다. 거기서부터 파생되어 생각이 얽히고 짜여 있는 글을 가리키게 됐다. '레셉투스'(receptus)는 레시삐오(recipio)라는 동사의 수동분사로서 '받아진' '수락된' '용납된'(accepted, received)이라는 의미를 가진다. 그러므로 그 두 단어를 합하면 '공

기서 번역된 킹 제임스 성경이 최고이다"[19]라고 주장할 뿐 아니라, 럭크맨의 주장에 근거하여 "킹 제임스 성경은 새롭게 영감을 받은 성경이며, 심지어 원본을 뛰어넘는 새로운 계시이므로 최고이다"[20]라고 주장한다. 번역자들이 기본적으로 TR을 사용했다는 뜻이다. 문제는 학자들이 이 TR의 권위에 대해 많은 의문을 제기한다는 점이다. 그래서 킹 제임스 유일론의 논쟁은 TR 권위에 대한 논쟁이라 불리기도 한다. TR의 권위에 의문을 제기하는 이유는 간단하다. 바로 TR의 형성과정 때문이다. 브루스 M. 메쯔거는 자신의 저서 『사본학』에서 TR의 형성과정에 대해 자세하게 밝혔다.

최초로 발행된 헬라어 신약성경(즉 시판된 것)은 유명한 네덜란드 학자요 인문주의자인 로테르담의 데지데리우스 에라스무스가 준비한 판이었다. … 1514년 8월에 바젤을 방문했을 때, 그는 그러한 가능성을 잘 알려진 출판업자 요한 프로벤과 의논하였다(아마 처음은 아닌 것 같다). 그들의 상담은 처음에는 결렬된 것 같았지만 1515년 4월에 에라스무스가 케임브리지 대학을 방문했을 때 재개되었다. 프로벤이 친구 비아투스 리이니나누스를 통하여 에라스무스가 즉시 신약의 초판을 착수할 수 있도록 부탁하였다. 의심할 여지 없이 프로벤은 스페인의 다국어 대조 성경이 곧 나올 것이라고 들었으며, 헬라어 신약의 판이 시장화될 것을 알았고, 크시메네스의 작품이 끝나고 출판이 허가되기 전에 이 결정이 인쇄화될 것을 원했다. … 인쇄는 1515년 10월 2일에 시작되었고, 아주 짧은 시간 내에(1516년 3월 1일) 전체 판이 끝났고 … 에라스무스 자신이 후에 선언한 것과 같이 "편집되었다기보다 오히려 재촉되었다." 출판을 서둘렀기 때문에 책은 수백 군데의 오식을 갖게 되었다. 사실 스크리브너가 언젠가 "이것은 내가 아는 가장 나쁜 책이다"라고 말하였다. 에라스무스는 전부 헬라어로 된 성경 사본을 찾지 못하였으므로 신약의 몇몇 사본을 사용했다. … 계시록을 위해서는 12세기의 단 한 권의 사본밖에 없었

인된 글'(Received Text)이라는 말이 될 것이고 좀더 풀어서 '공인된 본문'이란 말로 이해할 수 있을 것이다(박창환, "텍스투스 레셉투스의 정체," 「성경원문 연구」, 1997년 8월호 제1호: 11–35).
19 정동수, 『사랑침례교회 정동수 목사의 킹 제임스 흠정역 성경 이야기』 (인천: 그리스도예수안에, 2017), 42.
20 Ibid.

는데, 그는 그것을 그의 친구 로이힐린에게서 빌렸다. 불행히도 이 사본은 그 책의 마지막 6개 구절들이 있는 마지막 장이 빠지고 없었다.[21]

이러한 구절들을 위해서 요한계시록의 헬라어 본문이나 그리스어 주석으로 사본이 보충된 책에는 곳곳에 있는 몇몇 다른 구절들이 거의 분간할 수 없도록 혼합되어 있는 것같이, 에라스무스는 라틴역에 의존하여 이 본문을 헬라어로 번역했다. 그러한 절차에서 기대되었던 것같이, 여기저기에 에라스무스 자신이 만든 헬라어 본문은 어떤 알려진 헬라어 사본에서 한 번도 볼 수 없었던 이문(異文)이었다. 그러나 그러한 것은 소위 말하는 헬라어 신약의 텍스투스 리셉투스(Textus Receptus)라는 인쇄물에서 오늘날에도 계속해서 영속되고 있다.[22]

에라스무스의 판본을 기초로 이후 스테파누스, 베자, 엘지비어 형제 등을 통해 성경이 출판되었다. 특히 엘지비어 형제의 상술로 생겨난 "모두가 받아들일 수 있는 본문"이라는 표현 때문에 이 성경들은 사람들로 하여금 모두에게 인정된 성경으로 인식되기 시작했다. 메쯔거는 계속해서 다음과 같이 말한다.

부분적으로 이 유행어(편집자 주: 텍스투스 리셉투스) 때문에 스테파누스, 베자, 엘 지비어가 출판한 판에 섞여 있는 헬라어 본문의 형태는 신약의 '유일하고 참된 본문'으로서 성공적으로 그것 자체를 성취시켰고 그다음 수백의 노예판들이 재판되었다. 이것은 1881년 이전 유럽의 언어로 된 모든 중요한 신교 번

---

[21] 브루스 M. 메쯔거, 강유중, 장국원 공역, 『사본학』, (서울: 기독교문서선교회, 1999), 123~124.
[22] 신약 성경 원본은 한 조각도 남아 있지 않으며(구약의 경우도 같다), 사본만 해도 5,500여 개가 있는데, 그것이 하나도 같지를 않다. 인쇄술이 발명된 이래 몇몇 사람이 후기의 몇 개의 사본을 비교하면서 자기 나름의 신약 원어 성경을 인쇄 출판한 것들이 수십 종류 남아 있다. 그 후에 헌신적인 학자들이 여러 곳에서 사본들을 발굴 혹은 발견하여 비교 연구하면서, 또 많은 비평판 신약 성경을 내놓은 것이다. 이러한 복잡한 과정과 역사 속에, 17세기 초의 인쇄업자였던 엘제비어(Elzevir) 형제가 신약 원어 성경을 출판하면서 초판을 1624년에 내었고, 이어 제2판을 1633년에 내었다. 그 때 그 제2판을 선전하면서 자기들이 낸 신약성경은 "모두가 수락하는 책"(textum ······ ab omnibus receptum)이라고 광고를 내었고, 그때부터 그 신약성경을 '텍스투스 레셉투스(Textus Receptus)'라고 부르기 시작했다. 그러나 그것 역시 그 앞에 나온 것이나 그 후에 나온 여러 인쇄본 성경들 중의 하나에 지나지 않는다(박창환, "텍스투스 레셉투스의 정체," 13).

역들과 흠정역의 근거가 되었다. 대단히 미신적인 존경이 텍스투스 리셉투스에 바쳐졌기 때문에, 어떤 경우에는 그것을 수정하며 비평하려는 시도는 신성모독과 같은 것으로 생각되었다.[23] 메쯔거가 밝힌 TR의 형성과정에 따르면, 에라스무스의 헬라어 성경은 다른 사본들에 비해 명백하게 열등할 수밖에 없다. 몇 개의 사본만 사용한 것도 문제지만 요한계시록의 경우 한 개의, 그것도 불완전한 사본으로 편집한 것이 에라스무스의 성경이었다.[24]

또한 학자들은 에라스무스의 편집본에는 기존의 어디에서도 볼 수 없는 본문이 들어가 있다고 지적한다. 에라스무스는 몇 차례 개정을 통해 본문을 수정했지만, 그 기초는 남아 있을 수밖에 없었고 이런 오류가 킹 제임스 성경에 유입되었다. 문제는 여기서 그치지 않는다. 일반적으로 킹 제임스 성경은 스테파누스 3판과 베자 3판을 사용해 번역함으로 TR을 대표한다고 알려져 있다. 하지만 킹 제임스 성경은 TR만으로 번역된 성경이 아니다. 필립 W. 컴포트는 킹 제임스 번역자들이 서문에서 다음과 같이 밝힌다고 전한다.

학자들은 비숍 성경을 기본적인 참고용 번역본으로 삼되, 틴데일, 매튜, 그리고 커버데일 역은 물론이고, 그것들이 원문을 보다 정확하게 번역하는 것으로 보일 경우 더 그레이트 바이블과 제네바 성경까지도 참고하라는 지시를 받았다. KJV가 이렇게 다른 번역본들에 의존하고 있다는 것은 그 번역본의 서문을 통해 잘 드러난다. "선한 그리스도인 독자들이여, 참으로 우리는 처음부터 우리가 어떤 새로운 번역본을 만들거나 나쁜 것을 좋은 것으로 만들어야 한다고는 결코 생각하지 않았다. ⋯ 오히려 우리는 좋은 것을 더 좋게 혹은 여러 가지 좋은 것들을 바탕으로 가장 좋은 것을 만들 필요가 있다고 생각했다.[25]

권동우는 "스크리브너(F. H. A Scriverner)는 영어 킹 제임스 성경을 헬라어

---

[23] 브루스 M. 메쯔거, 강유중, 장국원 공역, 『사본학』 (서울: 기독교문서선교회, 1999), 122-124.
[24] 같은 책, 124.
[25] 필립 W. 컴포트, 김광남 옮김, 『성경의 기원』 (인천: 엔크리스토, 2010), 398~399.

화하는 작업을 했다. 킹 제임스 성경이 어떤 TR에 의해서도 완벽하게 지지되지 않기 때문이다. 스크리브너의 작업 결과 킹 제임스 성경은 스테파누스와 베자 본문 외에도 라틴 불가타나 컴플루텐시안을 사용한 것으로 드러났다며, 이는 킹 제임스 성경이 특정한 TR에서 번역이 되었다고 볼 수 없는 대목"이라고 지적했다. 또한 최근 킹 제임스 유일론자로 교세를 넓혀가는 정동수 목사 사랑침례교회가 현존하는 비잔틴 사본 혹은 다수 본문의 99%가 TR을 지지하고 있다고 말하는 것은 사람들을 완벽하게 속이기 위한 것이라고 반박했다.[26]

한편 권동우는 킹 제임스 성경 구약에도 문제가 있다고 말한다. 그는 "킹 제임스 성경의 구약은 벤하임(Jacob Ben Chayim)의 제2랍비 맛소라 사본에서 번역되었다. 유일론자들은 1524년 벤하임의 제2랍비 성경만이 완전하고 무오한 구약이라고 주장한다.

그러나 학자들은 벤하임은 후기의 사본들을 이용해 벤 아세르의 순수한 본문을 보존하지 못했다고 말한다. 따라서 기독교보다 구약에 민감할 수밖에 없는 유대인들은 현재 예루살렘 히브리대학에서 벤 아세르의 알렙포 Aleppo Codex 사본을 통해 구약성경 복원프로젝트(Hebrew University Bible, HUB)를 진행하고 있다. 벤하임의 본문이 완전하고 무오하다는 유일론자들의 주장은 어떤 학자들에 의해서도 수긍되지 못한다"고 전했다.

가톨릭과의 연관성으로 킹 제임스 성경 유일론자들은 로마 가톨릭을 혹독하게 비판한다. 물론 가톨릭은 교리적으로 오류가 많다. 그런데 유일론자들의 속내에는 '다른 번역본들이 모두 로마 가톨릭의 영향을 받은 사본들'이라는 전제가 있다. 가톨릭을 더욱 거세게 비난하는 이유가 여기에 있다. 하지만 유일론자들은 킹 제임스 성경이 몇몇 TR에만 근거하지 않고 심지어 로마 가톨릭에서 여러 세기 동안 사용한 제롬의 '라틴 불가타' 성경에 영향을 받았다는 부분에 대한 명확한 답을 내놓아야 한다. 권 대표는 다음과 같이 지적한다.

"하나님께서는 이렇게 심히 부패한 라틴 불가타에 참된 본문을 보존하셔

---

26 권동우, 『킹 제임스 성경 유일주의의 망상』, 264-272.

서 그것을 공인본문과 킹 제임스 성경에 추가되도록 하셨다고 그들은 말한다. 이러한 납득할 수 없는 일들이 킹 제임스 성경을 일방적으로 지지하는 학자들에 의해서 합리화되는데 그들은 그것을 불가타역을 통한 하나님의 특별한 섭리라고 부른다. 하나님께서 특별한 섭리로 일부 다수 본문으로 잘못 전승되고 변개된 구절들을 로마 가톨릭의 라틴 불가타역을 통해 보존하셨다는 것이다. 이러한 문제에 대해 유일론자 진영의 본문비평학자인 에드워드 힐즈는 그것이 발전된 하나님의 보존 섭리라는 궤변을 늘어놓는다. 그들은 로마 가톨릭을 통해서 발견된 사본과 가톨릭적 신앙을 가진 웨스트코트와 호르트의 본문을 신뢰할 수 없다고 말하면서 한편으로는 로마 가톨릭을 통해서 하나님께서 참된 본문을 보존하셨다는 앞뒤가 맞지 않는 말을 하고 있는 것이다."[27]

이러한 문제에 대해 유일론자 진영의 본문 비평학자인 에드워드 힐즈는 그것이 발전된 하나님의 보존 섭리라는 궤변을 늘어놓는다. 그들은 로마 가톨릭을 통해서 발견된 사본과 가톨릭적 신앙을 가진 웨스트코트와 호르트의 본문을 신뢰할 수 없다고 말하면서 한편으로는 로마 가톨릭을 통해서 하나님께서 참된 본문을 보존하셨다는 앞뒤가 맞지 않는 말을 하고 있는 것이다. 킹 제임스 성경만이 유일하다는 주장은 현존하는 수천 개의 사본이 가지는 가치를 깡그리 무시하는 독단적이고 배타적인 주장이다. 유일론자들이 이 부분에 대해 정확하게 답변하지 못한다면 자가당착에 빠진 꼴이 되고 만다. 성경 유일론에 대한 비판의 내용을 종합해 정리했다.

실제적인 오류들이 있다. 학자들이 지적하는 킹 제임스 성경의 오류 중 가장 대표적인 것이 요한의 콤마로 알려진 요한일서 5장 7절과 바울의 질문인 사도행전 9장 6절이다. 킹 제임스 성경에는 다른 사본들에서는 찾을 수 없는 구절이 들어 있는데, 이는 에라스무스가 자의적으로 삽입했기 때문이다. 스프로울과 메쯔거는 각각 다음과 같이 밝힌다. 우선 스프로울은 『성경을 아는 지식』에는 요한일서 5장 7절이 다음과 같이 제시되어 있다.

---

27 같은 책, 329~330

"이는 하늘에 증거하시는 셋이 계시기 때문이니 곧 아버지와 말씀과 성령이 시라. 또한 이 셋은 하나이시니라(영어 직역, For there are three that bear record in heaven, the Father, the Word, and the Holy Ghost: and these three are one)." 이 구절은 명백하고 분명하게 삼위일체를 언급한다. … 나는 위에서 인용한 『흠정역』의 구절이 내용적으로는 참된 진술이라고 믿는다. 하지만 나는 사도 요한이 그 구절을 기록하지 않았으며, 따라서 요한일서의 원본에 등장할 자격이 없다고 확신한다. 왜 그런가? 우리가 소유하고 있는 최상의 헬라어 사본들이 압도적으로 그 구절을 반대로 증언하기 때문이다. 이 구절은 초기 헬라어 사본들에는 등장하지 않는다. 만일 필사자의 주석이 성경 본문에 우연히 삽입된 경우를 지적하려 한다면 『흠정역』의 이 본문이 거기에 해당된다. 4세기의 사본들에 등장하는 이 구절을 에라스무스가 16세기에 신약성경의 헬라어 본문을 재구성하면서 삽입한 것이다.[28]

또 메쯔거에 의하면 사도행전 9장 6절에 바울이 다메섹 도상에서 회개할 때 물은 질문 "그리고 그는 떨면서 놀라서 말했다. 주님, 저에게 무엇을 하려 하시나이까?"(And he trembling and astonished said, Lord, what wilt thou have me to do?)는 솔직히 말해서 에라스무스가 라틴역에서 가져와 삽입한 것이다. 다른 헬라어 사본에는 없는 이 부가물은 1611년에 만들어진 흠정역에서 부활되었다.[29] 특별히 이 요한의 콤마는 로마 가톨릭 학자들도 오역을 인정했다. 권동우는 "1965년 가톨릭 제2차 바티칸 공의회는 불가타역 개정위원회를 만들었다. 1980년대 요한 바오로 2세 때 노바 불가타 역(Nova Vulgata)을 출간했고, 사본학적으로 근거가 전혀 없는 요한의 콤마도 제거했다"[30]고 전했다.

킹 제임스 성경만이 유일하다는 주장은 사본학적으로 지지를 받지 못한다. 이는 현존하는 수천 개의 사본이 가진 가치를 깡그리 무시하는 독단적이고 배타적인 주장이다. 또한 킹 제임스 1611년 판은 이후 수차례 개정이 이

---

28 R. C. 스프로울, 『성경을 아는 지식』, 180~181.
29 브루스 M. 메쯔거, 『사본학』, 125.
30 권동우, 『킹 제임스 성경 유일주의의 망상』 (서울: CLC, 2016), 302.

뤄지면서 수만 곳 이상 수정된 것으로 알려졌다.

권동우는 "유일론자들은 이단이라는 말을 정확하게 표현해 주는 사람들로 상당히 많은 부분을 성경대로 가르치고 심지어는 자신들을 근본주의자이며 성경 신학자들이라고 말하지만, 결국은 하나님의 말씀으로 사기를 치는 사람들"이라며[31] "유일론자들의 거의 모든 주장은 처음부터 끝까지 객관적인 역사적 사실들과 완전히 다를 뿐 아니라 악의적으로 왜곡되어 있다"[32]고 비판했다. 현재 기성 교회에서는 '사본학' 자체를 들어보지 못하는 현실이다. 이런 현실을 배경으로 킹 제임스 유일론자들이 자리를 잡고 성도들을 미혹하고 있다. 한국 신학계와 교계는 성도들이 잘못된 주장에 미혹되지 않도록 예방하고 대처하는 일을 서둘러야 한다.

2) 한글 개역성경이 말씀을 삭제하고 빼먹었다는 "없음"의 주장에 대하여

한글 킹 제임스 성경을 홍보하면서 자신들의 성경만이 유일하게 "없음"이라는 구절이 없는 참된 성경이라 주장하고 있다. "없음"이라는 구절이 없기 때문에 삭제가 없는 유일한 성경이라는 그들의 주장이 얼마나 허무맹랑한 것인지에 대하여 사본학적 입장에서 논평하는 것이 필요하리라고 보여진다.

개역성경에 빠져 있는 13구절에 대해서 목회자들이나 일반 성도들이 이해할 수 있도록 설명해주는 사람이 딱히 없어 보인다. 그러나 그들이 없음이 없다고 자랑하는 것에 대한 진실을 알고 나면 이들의 사기행각에 화가 나게 된다. 먼저 개역성경에 없는 13구절 중 9개의 구절은 복음서에 집중되어 있는데, 복음서의 구절들은 다른 복음서에 의해서 병행구절로 상호 보완되어 있는 구절로 교리에 아무런 지장을 주지 않는 구절들이다. 정동수 목사는 개역개정 성경에 13개 구절이 없음이라고 되어져 있는 부분에 대하여 다음과 같은 이유를 들어 문제제기하고 있다.

---

[31] Ibid.
[32] Ibid.

● 절 번호는 있는데 '없음'이라고 되어 있어 의아해하지 않으셨습니까? 원래 이런 구절이 없었다면 절 번호가 있을 이유가 없었을 것입니다. ● 예수님께서는 "하늘과 땅은 없어지겠으나 내 말들은 없어지지 아니하리라"고 말씀하셨습니다(마 24:35). 그렇다면 과연 누가 이런 일을 했을까요? ● 사탄은 하나님의 말씀을 채어 갑니다. 그는 성경을 변경시켜 사람이 구원에 이르지 못하게 하려고 애를 씁니다.

정동수 목사는 기존의 성경에 절 번호만 있고, (없음)으로 표시된 13개의 구절을 아래와 같이 소개하고 있다.

그러나 오히려 킹 제임스 성경에 존재하는 일부 구절들은 사본학적으로 심각한 문제가 있는데, 누가복음 17:36의 경우 신뢰할 수 있는 어떠한 사본에도 존재하지 않는 구절이다. 즉 소수사본인 알렉산드리아 사본에도 없으며, 다수사본인 비잔틴 사본에도 없기 때문이다. 모든 다수 본문, 혹은 비잔틴 본문 편집본들은 아래와 같이 예외 없이 36절이 신뢰할 수 있는 사본에 존재하지 않는다고 표시하고 있다. 오히려 로마 가톨릭의 불가타역 성경에만 발견된다.[33] 또한, 복음서 외에 사도행전 8:3과 15:3도 소수 사본인 알렉산드리아 사본에도 없으며, 다수 사본인 비잔틴 사본에도 없는 구절로 로마 가톨릭의 불가타역 성경에만 발견된다.[34] 즉 정체가 없는 성경 구절이다.

이와 같이 3개의 구절은 사본학적으로 전혀 신뢰할 수 없는 것으로 하나님의 말씀으로 인정되지 않는 구절들이다. 그리고 빠져 있다고 말하는 리스트 중 13번 로마서 16장 24절 인사가 빠져 있다고 해서 교리적으로 어떤 문제가 생기겠는가? "우리 주 예수 그리스도의 은혜가 너희 모두와 함께 있기를 원하노라. 아멘(롬 16:24)." 킹 제임스 성경 유일주의자들은 개혁성경에 빠져 있는 13구절들을 마귀가 변개했다고 하는데, 그와는 정반대로 킹 제임스 성경에는 어떤 사본에도 근거하지 않는 구절을 포함하고 있기 때문에 사본학적으로는 열등한 성경이라고 볼 수 있다.

---

[33] 권동우, 『킹 제임스 성경 유일주의의 망상』(서울: CLC, 2016), 345.
[34] 같은 책.

왜 이 말씀들이 빠졌을까 궁금해한 적은 없습니까?

기존의 성경에 절 번호만 있고 (없음)으로 표시된 구절들

1	마 17:21	그럼에도 불구하고 이런 종류는 기도와 금식을 통하지 않고는 나가지 아니하느니라, 하시니라.
2	마 18:11	사람의 아들은 잃어버린 것을 구원하려고 왔느니라.
3	마 23:14	서기관들과 바리새인들, 위선자들아. 너희에게 화가 있을지어다! 너희가 과부들의 집을 삼키고 겉치레로 길게 기도하나니 그런즉 너희가 더 큰 정죄를 받으리라.
4	막 9:44	거기서는 그들의 벌레도 죽지 아니하고 불도 꺼지지 아니하느니라.
5	막 9:46	거기서는 그들의 벌레도 죽지 아니하고 불도 꺼지지 아니하느니라.
6	막 11:26	그러나 너희가 만일 용서하지 아니하면 하늘에 계신 너희 아버지께서도 너희의 범법을 용서하지 아니하시니라, 하시니라.
7	막 15:28	이로써. 그가 범법자들과 함께 계수되었도다. 하시는 성경 기록이 성취되었더라.
8	눅 17:36	두 남자가 들에 있을 터인데 하나는 붙잡혀 가고 다른 하나는 남겨지리라, 하시니라
9	눅 23:17	(이는 그 명절이 되면 그가 필연적으로 반드시 한 사람을 그들에게 놓아주어야 하기 때문이더라.)
10	행 8:37	빌립이 이르되, 만일 그대가 마음을 다하여 믿으면 받을 수 있느니라, 하니 그가 응답하여 이르되, 예수 그리스도께서 하나님의 아들이심을 내가 믿노라, 하니라.
11	행 15:34	그럼에도 불구하고 실라는 거기에 그대로 머무는 것을 기뻐하더라.
12	행 28:29	그가 이 말들을 하매 유대인들이 떠나서 자기들끼리 큰 논쟁을 벌이더라.
13	롬 16:24	우리 주 예수 그리스도의 은혜가 너희 모두와 함께 있기를 원하노라. 아멘.

9구절, 복음서 병행 구절

다수본문 소수본문
어떤 사본에도 '없음'

표. (없음)으로 표시된 13개 구절

 이러한 이유로 1881년 영국에서 킹 제임스 성경을 개정해야 한다는 공감대를 얻게 되었던 것이다. 당시 번역위원으로 참여했던 스크리브너 다수본문을 통한 개정을 외쳤던 존 버건 모두 개정의 필요성을 느끼고 있었던 것이다. 당시 존 버건의 경우는 마태복음에서만 150건의 개정이 필요하다고 말을 했을 정도로 오랫동안 사용된 킹 제임스 성경은 원어의 뜻을 완전하게 반영하지 못하고 있던 것이다. 킹 제임스 성경이 영어권에서 오랫동안 사랑을 받아왔고 사본학적으로 문제가 있지만 교리적으로 문제가 발생하지 않기 때문에 킹 제임스 성경에 대한 존중을 하는 의미로 좋은 번역본으로 평가를 하는 것이다. 그러나 킹 제임스 성경 유일주의자들은 이를 악용해서 킹 제임스 성경만 독보적으로 사용되어 왔고 사람들을 사본학적으로 속이면서까지 유일하고 완전한 하나님의 말씀이라고 주장하고 있는 것이다. 이들에게 계시록에 나오는 말씀 변개의 저주가 임할 것이라고 필자는 생각한다.[35] 사랑침례교회 정동수 목사는 99%의 사본이 킹 제임스 성경을 지지한다고 아래와 같이 도표까지 만들어서 설명하고 있다.[36]

⟨1.7⟩ 사본의 증거들

1927년도까지 존재한 그리스어 신약성경 사본의 수는 모두 5,255개이다. 이런 사본들에는 81개의 파피루스 사본과 267개의 대문자 사본, 2,764개의 소문자 사본, 2,143개의 기도문(혹은 교독문) 등이 있다. 다음의 표는 이런 사본들이 어떤 본문을 지지하는지 잘 보여 준다. 이 표에서 볼 수 있듯이 현존하는 사본들의 99%가 「공인본문」을 지지하며 이 사실은 초대교회로부터 하나님의 교회가 오직 「공인본문」을 하나님의 말씀으로 인정하고 필사하여 각 지역에서 사용했음을 잘 보여 준다.

사본들의 본문 지지도

사본 종류	개수	공인본문을 지지하는 사본들	웨스트코트/호르트 및 네슬레/알란드 본문을 지지하는 사본들
파피루스	81	75(85%)	13(15%)
대문자 사본	267	258(97%)	9(3%)
소문자 사본	2,764	2,741(99%)	23(1%)
기도문 등	2,143	2,143(100%)	0(0%)
합계	5,255	5,210(99%)	45(1%)

---

35 http://www.good-faith.net/news/articleView.html?idxno=769. 2017. 3. 24.
36 정동수 목사 킹 제임스 흠정역 부록, 30.

정동수 목사는 킹 제임스 흠정역 성경의 부록에 현존하는 사본들의 99%가 공인본문(TR)을 지지하고 있으며, 그것은 초대교회부터 지금까지 사용되어 온 것이라고 주장한다. 5,400개의 다수 본문 편집본과 킹 제임스 성경은 신약성경에서만 1,900개의 차이가 있다고 다수 본문학회는 말하고 있다.[37] 하지만 그것은 아무런 근거 없는 허구이자 지상 최대의 거짓말일 뿐이다.[38] 킹 제임스 성경은 일대일로 결코 직역될 수도 없을 뿐 아니라, 번역자들은 직역하지도 않았다. 킹 제임스 성경 번역자들은 그리스어 원어에서 직역한 것이 아니라, 대부분은 기존에 존재하던 영어성경의 용어들을 그대로 사용하였다. 번역자들은 서문에서도 자신들은 단어나 철자에 대해 자유롭게 사용하였으며 중요한 것은 일반 대중들조차도 쉽게 이해할 수 있도록 했다고 기록하고 있다.

그러므로 '단어 대 단어로 직역하는 문제'[39]를 완곡하게 이야기하자면, 우리는 그런 식으로 번역하는 것을 지혜보다는 기괴한 느낌이 더 크다고 생각했다. 그것이 경건한 독자에게 유익을 주기보다는 무신론자들에게 냉소를 불러일으킬 것으로 생각했다. 왜냐하면, 하나님의 나라가 단어나 철자에 달려 있단 말인가? 만일 우리가 자유로울 수도 있다면 왜 굳이 그런 것에 얽매여야 하는가? … 그러나 우리는 성경이 가나안 언어로 기록되었을 때에 그랬던 것처럼, 일반 대중들조차도 이해할 수 있는 말이 되기를 소원했다.[40]

번역자들은 하나님의 말씀을 단어와 철자에 매어 놓지 않았다. 그러나 오늘날 킹 제임스 성경 유일주의자들은 하나님을 자신들의 신념과 킹 제임스 성경의 단어와 철자에 가두고 자신들이 만든 하나님을 금송아지를 섬기듯 숭배하고 있다.

이런 신앙과 믿음이 단순히 번역본 선택의 문제가 아니라고 생각한 미

---

[37] http://www.good-faith.net/news/articleView.html?idxno=769, 2017. 3. 24.
[38] Ibid.
[39] 정동수, 『사랑침례교회 정동수 목사의 킹 제임스 흠정역 성경 이야기』, 62.
[40] The Translators To the Reader in The King James Bible 1611, Paragraph 15.

국 밥 존스 대학 총장인 밥 존스 주니어는 아래와 같이 말했다. Bob Jones, Jr. called the KJV-only position a "heresy" and "in a very definite sense, ablasphemy" 킹 제임스 성경 유일주의는 이단이며 정확한 의미에서 신성모독이라고 했던 것이다. 54명의 번역자 중 청교도는 단 한 사람에 불과했고 거의 모든 사람들이 가톨릭 신앙을 가지고 국교회 고교회주의자들로 청교도들을 핍박하고 박해했던 인물들이었다는 것을 언제까지 속일 것인가. 특별히 한국에서 번역하여 킹 제임스 성경 유일주의를 주장하는 자들의 모습은 판권을 자신이 가지고 모든 수익을 비공개로 하고 있는 것은 여러 목적의 순수함을 의심할 수 있기에 상당히 큰 문제라고 생각된다.

또한, 최근에 사랑침례교회 정동수 목사는 법원에서 킹 제임스 성경 전체를 처음부터 끝까지 혼자 번역했다고 발언했는데,[41] 신학적으로 어떠한 검증도 받지 않고 자신이 언제든지 마음만 먹으면 자신의 마음대로 수정할 수 있는 성경이 불특정의 성도들에게 판매되는 것은 상당히 위험하다고 볼 수 있다. 이들이 13구절의 없음이 없는 성경이라고 자랑하면서 아무것도 아닌 것을 가지고, 마치 마귀가 변개했다고 하며, 하나님의 말씀으로 사기를 치는 행위는 단순히 거짓말이라는 표현으로는 부족하다고 필자는 생각한다.

3. 한국 교회의 개역 개정 성경이 많은 이단들을 만들어 내는 주범이라는 주장과 개역 개정 성경은 마귀가 변개한 성경이라는 주장에 대한 평가

정동수 목사는 2014년 11월 16일 설교에서 한국 교회가 채택한 "개역(개정) 성경은 마귀가 부패시켜 놓은 작업이 들어간 성경"이라고 지적을 한다. 또한 사랑침례교회에서 정동수 목사와 함께 동역하는 김재욱 목사는 그의 설교에서 다음과 같은 주장을 한 바가 있다.

> 어느 나라보다 한국에서 기독교 이단이 많이 일어나는 이유는 가장 큰 것이 개역성경 때문입니다. 개역성경을 하나님의 말씀으로 알고 깊이 연구하면 할수록 이단에 빠지게 됩니다. 우리말 성경이 이단이라는 흡혈 기생충들이 우

---

41 정동수, 『사랑침례교회 정동수 목사의 킹 제임스 흠정역 성경 이야기』, 6.

글거리기 좋은 환경을 만들어주고 있습니다. 개역성경이 아니었다면 신천지라든지 베뢰아라든지 박태선이라든지 이런 사람들이 탄생하기 어려웠을 것입니다.[42]

위 주장에 대한 정동수의 견해가 동일한 것으로 확인한 후, 본격적인 문제 제기와 비평적 고찰이 필요하다고 보여진다. 정동수 목사는 개역성경이 마귀가 부패시켜 놓은 로마 가톨릭 사본을 사용하여 모든 교리에서 심각한 오류가 있다고 다음과 같이 주장한다.

개역성경이 진정 하나님의 순수한 말씀이라면 이런 교리들에서 단 한 점의 오류도 없어야 하지만 개역성경은 성경의 거의 모든 교리에서 심각한 오류를 보이고 있다. 개역성경 오류들의 대부분은 번역의 대본으로 취한 그리스어 본문에 의해 파생된 것으로 드러났다. 개역성경 번역자들은 그 당시 시대적 흐름과 중국 성경의 영향을 받아 NIV, NASB 등의 근간이 된 웨스트코트와 호르트의 부패한 신약성경 본문을 채택했고 키텔의 부패한 구약성경 본문을 채택했다.[43]

개역성경(한글 개역판)이 거의 모든 교리에서 심각한 오류를 보이고 있다는 정동수의 주장의 근거는 이 번역본이 토대한 사본들에 담긴 본문이 부패하였다는 것인데, 이러한 주장은 사본학적으로 받아들일 수 없다. 그 이유에 대하여 신현우 교수는 다음과 같이 주장한다.

(1) 이 주장은 사본에 담긴 본문의 차이를 지나치게 과장한다. 성경 사본들의 차이는 대개의 경우 표현의 차이이다. 그래서 번역을 할 때에는 내용상의 차이가 나지 않은 곳이 대부분이다. 내용의 차이가 있는 곳에서도 주요 교리에까지 영향을 미치는 경우는 없다고 볼 수 있다. 그러므로 어떤 번역본이 "거

---

[42] 김재욱, 사랑침례교회, 2014년 6월 1일 오후예배 내용 발췌.
[43] 정동수, 『개역 성경과 킹 제임스 성경 비교분석』 (인천: 말씀과 만남, 2003), 193.

의 모든 교리에서 심각한 오류를 보이고 있다"고 주장하는 것은 지나친 과장이다. 이러한 주장은 사본들의 차이를 관찰해 보지 않은 사람들을 현혹할 수는 있겠지만, 전문가들을 속일 수는 없다. 사본들의 본문은 서로 대부분 일치하고 서로 다른 약간의 부분도 표현의 차이가 대부분이며, 주요 교리는 기본적으로 서로 일치하는 부분에 토대하기 때문에 사본의 차이가 "거의 모든 교리에서 심각한 오류를 보이고 있다"고 주장하는 것은 사본들의 차이와 그 영향을 지나치게 과장한 것이다.[44] (2) 정동수의 주장은 증명되지 않은 자신의 전제에 토대한 것이다. 정동수는 고대 알렉산드리아 사본들의 본문을 부패한 본문이라고 전제하며 이 전제를 토대로 하여 이 본문을 번역한 역본들을 비판한다. 그러나 고대 알렉산드리아 사본들은 시내산 사본과 바티칸 사본의 경우 4세기에 필사된 사본들로서 가장 오래된 신약 사본들에 속한다. 이 오래된 사본들이 킹 제임스 성경이 토대한 비잔틴 사본들보다 더 부패한 본문을 가졌음을 입증하기란 쉽지 않은 일이다. 그러나 비잔틴 사본들이 상대적으로 더 부패한 본문을 가졌다는 것은 입증된 것이다.[45]

비잔틴 사본들에 담긴 본문이 상대적으로 후기에 발생한 것임은 상대적으로 후기에 발생된 특성을 가진 병합 독법들(conflate readings)의 관찰을 통하여 학계에서 입증되고 있는 바입니다. 그러므로 정동수의 전제는 입증되지 않았고, 오히려 그것이 틀렸음이 입증되었습니다. 그러므로 이러한 전제를 사용하여 내린 결론들을 신뢰할 수 없다.[46]

개역성경은 마귀가 변개한 성경이라는 주장은 성경 모독죄에 해당할 수 있는 위험한 발언이다. 개역성경을 따르는 대부분의 교회를 부정하며 배타성을 보이는 태도 또한 교회론적으로 불건전하다고 볼 수 있다. 우리는 우리를 반대하지 않는 사람들을 굳이 반대할 필요가 없다. 그들은 주님의 말씀대로 우리를 위하는 자들이다(막 9:40). 그러나 사본상의 사소한 차이를 교리적

---

44 http://cafe.naver.com/anyquestion/57237. 2017. 3. 21.
45 Ibid.
46 Ibid., cf. 이에 관한 증거로는 신현우, *Textual Criticism and the Synoptic Problem in Historical Jesus Research, CBET 36*, Leuven: Peeters, 2004, pp. 339-361를 참고하시기 바랍니다.

차이로 증폭시키고 이를 이단에 해당한다고 비판한다면 이것은 사본학을 잘 모르는 많은 대중을 현혹하는 속임이 아닐 수 없다. 사본에는 수십만 개의 이독이 존재하지만, 그중에 내용의 차이를 내포하는 것은 극소수이며, 교리의 차이를 가져오는 것은 사실상 없다. 개역성경은 좀 더 좋은 번역으로 개정되어야 하고, 때로 킹 제임스 역의 본문이 오히려 원문을 반영하는 경우도 가끔 있겠지만, 이 두 역본이 흑과 백처럼 하나는 천사의 성경이고 하나는 마귀의 성경이라고 할 수 없다. 이것은 서로 닮은 두 형제와 같고 결국 공동의 아버지를 보여주는 것이다. 정죄당하지 않으려거든 먼저 정죄하지 말아야 할 것이다.

4. 정동수의 구원론에는 어떤 문제가 있는가?

단순한 아르미니안주의적인 것인가 아니면 어떤 신학적인 오류를 범하고 있는가를 1차 자료에 근거하여 확인 점검하는 것이 필요하다고 보여진다. 정동수 목사는 '킹 제임스 흠정역 성경'만이 "구원을 바르게 받을 수 있는 유일한 성경"이며 "한국의 대부분의 개신교회는 뿌리가 천주교회이므로 언젠가는 종교통합의 미명하에 다시 천주교회로 돌아갈 가능성이 있다"는 등의 터무니없는 주장을 한다.

> 성경의 표지의 이름은 달라요. NIV, NASV, 현대인의 성경, 개역성경, 개역개정 표지의 이름은 달라도 다 똑같아요. 어디서 나온 거에요? 천주교 바티칸 사본에서 나왔기 때문에 다 똑같은 겁니다. 마귀가 부패시켜 놓은 그와 같은 작업이 그 안에 들어 있기 때문에 그 안의 내용이 동일해요. 선생들이여 내가 무엇을 해야 구원을 받으리이까? 하고 외치니까 바울과 실라가 뭐라고 해요? 주 예수 그리스도를 믿어라. 그리하면 네가 구원을 받고 네 집이 받는다. (킹 제임스 흠정역) 개역성경, NIV 가면 뭐라고 되어 있어요? 주 예수를 믿으라 아니예요? 주 예수를 믿으라. 주 예수 그리스도를 믿어야 그래야 구원받는 거예요. 얼마나 멋있어요?[47]

---

[47] 정동수, "왜 킹 제임스 성경인가?," 2014년 11월 16일 설교, 유튜브 동영상.

이렇듯 정동수 목사의 말대로 개역성경의 주 예수를 믿으면 안 되고, 킹 제임스 흠정역의 주 예수 그리스도를 믿어야 구원을 받을 수 있는 것인가? 언제부터 하나님의 구원이 단어와 철자 하나에 달려 있게 되었는가? 현재 그의 개역성경에 대한 비하의 지나침은 최고조에 달해 있는 상태이다.

정동수 목사는 "우리는 완전히 보존된 성경이 우리 손 안에 있다. 킹 제임스 성경만이 완전한 성경이며 100% 보존된 성경이다. 하나님의 숨이 그대로 전달되어 보존된 상태의 유일한 성경"이라며 "완전히 보존된 킹 제임스 성경이기에 원어를 읽지 않아도 된다며, 우리말과 하나님의 말씀 단어 하나하나가 일대일로 일치한 것이기에 2, 3천 년 전의 원문을 찾을 필요 없다"는 거짓되고 허황된 말장난에 불과한 주장을 하고 있다.

정동수 목사는 자신들이 완전하다고 믿고 있는 킹 제임스 성경을 제외하고 한국 교회가 사용하는 성경은 "기독교 핵심교리가 틀린 성경"이라고 주장한다. 이것은 결국 '개역(개정)성경은 마귀가 부패시켰기 때문에 구원은 있을 수 없는 성경으로 치부해 버리는 것'이다.

5. 정동수의 주장이 말씀보존학회(이송오 목사)와 동일한가, 유사한가에 대한 비교연구

말씀보존학회(이송오 목사)에 대해서는 이미 제83회 총회에서 이단으로 정죄한 바 있음으로 비교연구를 통한 정동수의 정체를 확인하는 것도 의미 있는 일이라고 보여진다. 비교연구에서 중요한 사실은 유사성과 차이점(상사성)을 구체적으로 확인하는 것이 필요하리라고 보여진다.

6. 결론

위에서 확인한 사실들을 근거로 정동수 목사가 이단인가, 사이비(분파)인가, 아니면 이단성을 띠고 있는 집단인가 정도를 결정하여야 할 것으로 보여진다.

1) 정동수 씨 집단은 성경을 가지고 성경을 공격하는 비성경적인 집단이다.
2) 개역성경을 통하여 구원받은 사람이 없을 것 같다는 반기독교적인 집단이다.

이들은 대단히 지식적이고 경건하고 성경 중심적인 것처럼 말하지만 결국은 교회를 파괴시키는 결과를 가져오게 만드는 집단으로 마지막 시대에 철저하게 경계해야 할 악랄한 집단이다.

52. 정명석
(JMS, 기독교복음선교회 CGM)

정명석 교주의 문제점 중 하나는 '섹스 타락론'이다. 정 씨의 대표적 저서 중 하나인 『비유론』[1]에서 인간의 타락을 '성적 타락'으로 풀어감을 볼 수 있다. 이 책에서 정 씨는 생명나무는 아담을, 선악을 알게 하는 나무는 하와를, 선악과는 하와의 금단의 사랑의 열매, 즉 여성의 성기를 비유한다고 주장한다. 즉 아담과 하와가 선악과를 따먹는 불순종으로 타락한 것이 아니라, '성관계'를 함으로 타락했다는 주장이다.

이는 곧 인류의 타락이 아담과 하와와의 섹스로 인한 것이기 때문에 구원의 방법에도 당연히 '섹스'가 빠져서는 안 된다는 주장으로 연결된다. 정 씨와 일부 여신도와의 성관계 및 성폭행 폭로가 잇따르는 데는 이러한 교리적 이유가 도사리고 있는 것이다.

이런 문제 많은 단체에 누가 발을 딛겠는가? 누구도 그것을 알고서는 이 단체에 들어가지 않는다. 접근법에 있어서 JMS는 자신들의 교리적 문제를 감추고 재즈댄스, 모델강습, 치어리더 등 각종 문화적 접촉점을 갖고 젊은이들에게 접근한다. 이렇게 관계성을 다져 놓고 '성경은 비유다'라는 등의 30개론 공부로 들어가는 것이다. 정 씨는 중국과 일본에서 계속적으로 뉴스메이커가 되다가 결국 2007년 5월 중국 여성 3명을 성폭행한 혐의로 구속됐다. 예장고신(1991), 예장통합(2001) 등의 교단에서는 정명석 씨를 '이단'으로 규정했다.[2]

---

1 정명석, 『비유론』 (서울: 도서출판 명, 1998).
2 "이단(3)," https://cafe.daum.net/oknjc/4B7R/82?q=2005%EB%85%84%2090%ED%9A%8C%20%EC%B4%9D%ED%9A%8C%EC%97%90%EC%84%9C%20%EC%A0%84%ED%83%9C%EC%8B%9D&re=1. 2025.06.27. 접속.

I. 총회 자료

다음은 제93회 총회(2008년) 보고 자료이다.

1. 설립 배경

정명석은 1945년 충남 금산군 진산면 석막리(월명동)에서 출생, 유년 시절 교회를 출석하였으나 본격적인 활동은 1975년 통일교와 관계를 맺고 통일교의 승공연합에서 반공 강사로 활동하며 통일교의 영향을 받은 것으로 추정된다. 그는 1977년부터 통일교의 반공 강의를 2년간 한 것으로 돼 있다. 정명석 자신이 통일교에서 강사로서 활동했다는 그의 개인적인 배경은 필연적으로 JMS와 통일교와의 운명적인 연결고리를 맺게 하고 있으며 이론적인 면에서도 연계되어 있다.

1980년 2월 서울 남가좌동에 애천 교회를 개척, 자신을 섭리사 혹은 선생님으로 칭하며 주로 청년층과 대학생들을 포교대상으로 활동 교세를 확장하였으며 자신의 집단을 국제크리스천연합으로 개칭하고 자신의 고향인 금산 석막리 일대를 성역화하고 있다.

1999년 여신도 납치 폭행 사건으로 사회에 문제가 불거지기 시작, 여신도 성추문 등의 의혹이 끊이지 않던 중 해외로 도피했다가 현재 한국으로 소환돼 구속 수사를 받으며 여성 신도 강간, 준강제추행 등과 관련한 재판도 받고 있다.

이들은 현재 기독교복음선교회(CGM)라는 명칭으로 대학가를 중심으로 활동하며 치어 댄스 강습, 모델강습 등을 통해 이에 관심 있는 신도들을 포섭해 간다. 그러나 사회적 시선을 받을 때마다 단체의 이름을 수시로 바꾸어 온 것으로 알려져 있다.

처음에는 애천선교회에서 시작했으며 세계청년대학생 MS 연맹, 동서 크리스챤연합, 국제크리스챤연합 등의 이름으로 개명하면서 지속적으로 활동을 하고 있다. 이 단체는 현재 전국 240곳의 지교회가 있다고 하며 전국의 거의 모든 대학교에 동아리가 구성되어 활동하고 있는 것으로 알려져 있다. 현재 이 JMS에 대한 정보는 한때 이 단체에 가담했다가 뒤늦게 돌이켜서 이들의 활동에 의해 피해를 당하는 사람들을 보호하기 위해 만들어진 인터넷사이트(www.antijms.net)를 통해서 활발하게 제공되고 있다.

JMS가 주장하는 교리적인 내용은 소위 30개론 체제로 정리되어 있는데 주로 통일교에서 영향을 받은 것으로 알려져 있다. 이 내용에 대해서 그들은 하나님께서 상징과 비유로 인봉해 놓은 성경의 비밀을 정명석이 알아내 만든 교리라고 주장하고 있다. 30개론의 구성은 입문과정(5과목), 초급과정(7과목), 중급과정(8과목), 그리고 고급과정(10과목) 등 4단계로 되어 있다.

2. 신학적 특징과 비판

1) 성경론

정명석의 치명적인 문제는 성경을 자신의 자의적이고 독선적인 방식으로 해석하면서 결국 자신이 재림주라는 초점을 향하도록 해석한다. JMS 측의 입문편 교재에서 성경해석의 원리로 제시하고 있는 것 중에서, 시대성적(차원적) 성경해석 원리와 비유적 성경해석 원리, 그리고 주관적 성경해석 원리를 살펴보면 JMS 측의 주장의 근거를 이해할 수 있을 것이다. 이 교재는 성경은 때와 시기를 따라 시대성과 차원성을 달리하면서 비유로 해석해야 한다고 주장한다. 문자로 보면 안 된다는 것이다.

JMS의 성경 해석의 오류를 정리하자면 다음과 같다.
① 성경을 문자적으로 해석하는 것을 전면 부인하고 있다.
② 성경의 초자연성을 부정하고 있다. 따라서 JMS의 주장에 의하면 성경에 등장하는 초자연적인 이적이나 사실성은 그 근거를 상실하게 된다.
③ 오직 정명석이 깨달았다고 주장하는 자의적이고 주관적인 해석이 시대급적인 해석이며 순리적인 해석이요 영혼과 육신의 양면적 해석으로서 완전한 해석이라고 독선적인 주장을 하고 있다.

2) 타락론

성경이 비유와 상징으로 되어 있다는 주장에 근거하여, JMS는 창조와 타락에 대한 이론을 전개하고 있다. 그들에 의하면 창조의 목적은 성장과 번성과 다스림인데 에덴동산에서 타락함으로 그 목적이 깨졌다고 주장하고 있다.

그들은 창조 시에 주어진 생명나무는 문자적인 의미의 생명나무가 아니라 그 시대의 섭리사의 주인인 생명나무라고 주장하고 있다. JMS 측의 자료집에 의하면 구약시대에는 에덴 동산의 첫 아담이, 신약시대에는 후 아담인 예수님이, 그리고 그들이 말하는 성약시대에는 재림주가 생명나무라고 말한다. JMS는 생명나무를 비유로 해석한다는 동일한 원칙으로 선악을 알게 하는 나무는 실제나무가 아니라 하와라고 말한다. 또한 JMS는 남자의 정자를 갈빗대라고 주장한다. 하와가 선악과를 따먹은 것은 성적인 타락이라고 주장한다. 따라서 이런 성적인 타락의 결과는 성적인 고통이며, 그 결과는 뱀(루시퍼), 여자, 아담 모두에게 주어졌다고 주장한다.

정 씨의 대표적 저서 중 하나인 『비유론』의 '타락론'에서 정 씨는 하나님의 말씀에 대한 불순종으로 인간이 타락했다는 정통 기독교의 가르침을 따르지 않고 아담과 하와의 성관계로 인간이 타락했다는 해석을 내놓는다. 한마디로 '섹스타락론'이다. 선악을 알게 하는 나무는 여자인 하와를 비유한 것이기 때문에 정 씨는 아담이 선악과를 따먹었다는 것은 하와를 취하여 '먹는다'는 것으로 해석한다. 즉 창세기에서 나오는 인류의 타락을 사탄과 하와가 성적 관계를 맺어서 타락하게 됐다는, '성직타락'으로 풀어가는 것이다.

정 씨의 〈비유론〉 51페이지 도표에는 재림주가 섭리하는 새 말씀 시대에는 재림주와 추종자의 관계가 신부이자, 애인 관계라는 점 또한 명시되어 있다. 신약시대 때는 시대적 지도자인 주님과 그를 따르는 사람들이 아버지와 아들의 관계를 맺지만 새 말씀 시대에는 재림 주님과 추종자들이 애인의 관계라는 것을 가르침으로 성적모티브의 가능성을 열어 놓았다는 것이다.

3) 부활·재림론

예수님의 부활에 대하여는 영의 부활이라며 육의 부활을 부정한다. 그리스도의 재림에 대해서는 "기독교에서는 예수님께서 공중으로부터 육신으로 구름을 타고 오신다고 믿고 고대하고 있으나 사실은 엘리야의 영이 세례 요한에게 재림하고, 모세의 영이 예수님에게 재림하듯 재림주는 부활 승천하였던 예수님이 육신으로 다시 오시는 것이 아니고 기독교인 가운데서 시대적 중심인물을 선택하여 그에게 예수님이 영으로 재림하여 협조하므로 재림에

수의 사명을 다하게 하신다는 것이다"라고 주장한다.

4) 구원론
정명석은 역사를 섭리에 따라서 구약 4,000년, 신약 2,000년, 그리고 성약 1,000년으로 나눈다고 주장한다. 따라서 정명석은 역사적으로 초림주인 예수를 통해서 구약에서 신약까지 나온 것이 1차 구원이며, 재림주를 통해서 신약에서 성약으로 나가는 것이 2차 구원이라고 주장하고 있다. 따라서 예수님에 의한 1차 구원으로는 불완전하며 2차 구원이 필요하다는 것을 이미 전제하고 있다.

JMS측 자료에 의하면 세례 요한은 그가 증거하는 예수님과 하나가 되어야 했지만 실족함으로 증거의 사명을 다하지 못하고 죽게 됐다. 이들의 주장을 따르면 예수님의 십자가의 고난은 원래 예정된 것이 아니었는데 세례 요한의 죽음 이후에 예수님을 메시아로서 증거할 수 있는 자가 없어졌기 때문에 신약의 역사가 완전히 깨지게 되었다는 것이다. 따라서 현재의 기독교인들도 초림 때 세례 요한이 초림주의 길을 예비했던 것처럼 재림주의 길을 예비해야 한다고 강조한다.

결국 JMS가 주장하는 것은 초림으로 오셨던 예수 그리스도의 구속은 불완전하게 끝나서 실패한 것이며, 이제 재림주로 온 그에게 충성을 다해서 구원을 완성해야 할 것을 주장함으로 예수 그리스도의 십자가의 구속을 심각하게 훼손하고 있으며, 자신을 재림주로 자처하는 전형적인 이단의 모습을 드러내고 있다.

5) 교회론
정 씨는 정통교회에 대해 "유대교는 영적인 실패자요 신약시대는 성령이 실패하였으며 기독교는 영적인 실패자이며 기독교에는 희망이 없다"(비유론 14페이지)고 주장한다.

3. 연구 결론
정명석의 주장은 성경관, 특히 인간의 타락론에서부터 성적 타락이라고 주장하는 것을 비롯, 부활·재림관, 구원관 등 전 분야에 걸쳐서 반기독교적인 이단이므로 이들의 주장에 동조하거나 현혹되지 않도록 성도들을 지도해야 할 것이다.

참고자료

대전광역시 기독교연합회 이단사이비대책위원회, 『우리시대의 이단들』(두란노서원, 2007)
JMS교리서 『입문편』, 『중급편』, 『고급편』, 『구원의 말씀』 (도서출판 명, 2005), 『비유론』 (도서출판 명, 1998)
인터넷신문 『교회와신앙』 '여신도들에게 정명석은 어떤 존재인가' 2007년 5월 28일자 기사
심창섭, 이단의 정의, 판정기준, 발생원인, 특징, 그리고 대책에 대한 연구, 『총신100만 연구논문집』(총신대학교, 2008)
www.antijms.net

II. 기타 자료 1

다음은 예장통합 측이 2001년 제87회 총회에서 발표한 보고서이다.

1. 연구 배경

정명석(JMS) 씨는 1945년 충남 금산군 진산면 석막리(월명동)에서 출생, 유년 시절 교회를 출석하였으나 본격적인 활동은 1975년 통일교와 관계를 맺고 통일교의 승공 연합에서 반공 강사로 활동하며 통일교의 영향을 받은 것으로 추정된다. 1980년 2월 서울 남가좌동에 애천교회를 개척, 자신을 섭리사, 혹은 선생님으로 칭하며 주로 청년층과 대학생들을 포교 대상으로 활동 교세를 확장하였으며 자신의 집단을 국제 크리스챤 연합으로 개칭하고 자신의 고향인 금산 석막리 일대를 성역화하는 등 전형적인 사교 집단 교주의 전형을 보여준다. 1999년 새해 벽두 여신도 납치 폭행 사건으로 그 실체가 드러나기 시작, 여신도 성추문, 사교적인 교단 운영 등이 드러남으로 해외에 도피하여 현재까지 이르고 있다.

2. 문제점

1) 성경의 해석

정명석 씨는 "기성교회는 성경을 시대성이나 과학성을 고려하지 않고 문자적, 교리적으로만 성경을 해석하는 등 성경을 잘못 해석하고 있다"고 주장하고 "오병이어는 결코 떡이 아니라 생명의 말씀이며 12광주리에 부스러기가 남았다는 것은 12제자들이 아직도 예수님이 전한 말씀 외에 부스러기 같은 말씀을 갖고 있다"[3]는 등 성경을 풍유적, 자의적으로 해석하여 성경의 본뜻을 왜곡시키고 있다.

2) 교회에 대하여

"유대교는 영적인 실패자요 신약 시대는 성령이 실패하였으며 기독교는 영적인 실패자이며 기독교에는 희망이 없다"[4]고 기독교회를 매도하는 한편 정명석 씨 자신이 "요시아 왕같이 하나님이 보낸 자이므로 기독교가 자기에게 무릎을 꿇을 것이다"라는 해괴한 주장으로 교회를 모독하고 비난하는 등 대부분 이단들이 기성교회를 부인하고 부정하고 비난하는 전형을 보여주고 있다.

3) 삼위일체에 대하여

정명석 씨는 자신의 주장인 30개론 중급 5) 영계론에서 "성부 성자 성신은 각 위로서 하나가 아니다. 삼위가 일체라면 하나님이 마리아 뱃속에 들어 갔다는 말인가?"라는 해괴한 주장으로 삼위일체를 부인하고 "삼위는 아버지(성부), 어머니(성신), 아들(성자)로 인간의 가정 관계와 같다." "예수님은 사람이다. 삼위일체인데 어째서 자기가 자기를 몰랐는가? 그것은 사람이기 때문이다"라고 사실상 정통 삼위일체를 부정하며 "기독교는 2천 년 동안 삼위일체를 해결 못하고 있는 잘못된 신학을 가르치고 있다"고 주장한다. 이러한 주장은 정통 삼위일체 신앙을 부인하는 이단적인 주장이다.

---

[3] 정명석, 『비유론』, 11, 14.
[4] 같은 책, 14.

4) 부활에 대하여

정명석 씨는 자신의 주장인 30개론 중급 2) 부활론 (5) 재림 부활과 중생 부활에서 "부활을 믿되 영이 다른 사람의 육신에 재림하는 것을 재림부활"이라고 주장하고 "엘리야는 요한의 몸에 재림 부활하였기에 몸은 요한의 몸이지만 실제로는 엘리야로 세례 요한은 요한과 엘리야 두 사람이다"라고 주장한다. 육신의 부활이란 행실의 부활이라고 말하며 예수의 부활은 영의 부활로 육의 부활을 부정한다. 또 "불교의 윤회설은 재림 부활의 결과"라고 주장한다. 이것은 성경이 가르치는 부활 사상이 아닌 무속적인 신내림(신접)의 상태를 말하는 것으로 이단적인 주장이다.

5) 그리스도의 재림에 대하여

또 재림론에서 "기독교에서는 예수님께서 공중으로부터 육신으로 구름을 타고 오신다고 믿고 고대하고 있으나 사실은 엘리야의 영이 세례 요한에게 재림하고, 모세의 영이 예수님에게 재림하듯 재림주는 부활 승천 하였던 예수님이 육신으로 다시 오시는 것이 아니고 기독교인 가운데서 시대적 중심인물을 선택하여 그에게 예수님이 영으로 재림하여 협조하므로 재림예수의 사명을 다하게 하신다는 것이다"라고 주장하며,[5] "정명석 씨 자신이 바로 이 시대에 보냄을 받은 자"이며 "자신은 앉아서도 영계를 돌아다닐 수 있다"고 주장한다. 이는 비성경적인 주장으로 결국 예수님도 모세의 영이 재림한 분으로 예수님의 신성과 인성 모두를 부인하며 정명석 씨 자신이 마치 재림주인 것 같은 주장을 펴는 등 그 주장이 모두 이단적이라 할 것이다.

3. 연구 결론

애천교회 정명석 씨의 주장은 성경관, 교회관, 기독론, 삼위일체론, 부활론, 재림론 등 전 분야에 걸쳐서 반기독교적인 이단이므로 이들의 주장에 동조함이나 현혹됨이 없도록 성도들을 지도해야 할 것이다.

---

5 정명석, 『비유론』, 9.

III. 기타 자료 2

정명석(JMS)이 설립한 '기독교복음선교회'(CGM)가 이단인 이유에 대하여 좀 더 구체적으로 살펴보기로 한다.[6]

1. 서론

기독교복음선교회(CGM)의 설립자 정명석 씨는 1945년 충남 금산군 진산면 석막리(월명동)에서 출생, 1975년 통일교와 관계를 맺고 통일교의 승공 연합에서 반공 강사로 활동하며 통일교의 영향을 받은 것으로 추정된다. 1980년 서울 남가좌동에 애천교회를 개척, 자신을 선생님으로 칭하며 주로 청년층과 대학생들을 포교 대상으로 활동하며 교세를 확장했다. 명칭도 세계 청년 대학생 MS연맹, 동서 크리스챤 연합, 국제 크리스챤 연합 등의 이름으로 변경하다가 현재는 기독교복음선교회란 명칭을 공식 단체명으로 사용한다.

정 씨 측 단체를 일명 JMS로도 부르는 이유는 정명석의 영문 첫 자를 의미하는 동시에 Jesus Christ Messiah Savior 혹은 Jesus Morning Star 등 예수가 메시아라는 의미를 담고 있다고도 한다. 정명석 씨는 2009년 4월 여신도 성폭행 혐의로 대법원에서 징역 10년형 확정판결을 받아 현재 복역 중이다. 예장 고신 측이 1991년 41회 총회에서 이단, 예장통합 측이 2002년 87회 총회에서 이단, 예장합동 측이 2008년 93회 총회에서 반기독교적 이단으로 규정했다. JMS의 이단성은 다음과 같다.

2. 정명석은 재림주가 육체로 한국 땅에서 1945년경 탄생할 것 주장

정명석은 재림주가 육체로 한국에서 탄생할 것이라 주장하고 있다. 그래서 구체적으로 살펴보기 위하여 예수님은 땅의 재림주의 육신을 쓰고 나타나신다는 것과 초림주는 서남아시아에서 재림주는 한국에서 태어난다고 주장 그리고 재림주의 탄생 연도가 1945-1946년이라는 주장에 대하여 살펴보도록 하겠다.

---

[6] "JMS가 이단인 이유," https://mickey.tistory.com/363. (2025.06.27. 접속)에 근거하여 작성된 것임을 밝혀둔다.

1) 예수님은 땅의 재림주의 육신을 쓰고 나타나신다고 주장한다

정명석은 자신이 쓴 『구원의 말씀』이란 책에서 재림주가 육체를 쓰고 나타날 것이라고 다음과 같이 주장한다.

> 하나님과 예수님이 오신다고 약속했으니, 오는 것은 틀림이 없다. 그러나 우리의 상식뿐 아니라 실체로 확인해 보아도 신은 보이지 않기 때문에 강림하여도 모른다. 하나님과 예수님은 영체이시다. 인간과 같은 육체가 아니다. 고로 인간들이 보고 느끼게 하려면 육신을 쓰고 나타나신다. 그 대상은 하나님이 택하신 메시아이다. 신약 때 하나님은 예수님의 육신을 쓰고 나타나셨고, 성약 때 예수님은 땅의 재림주의 육신을 쓰고 나타나신다.[7] 신약 2천 년이 끝나면 하나님과 예수님의 강림과 함께 땅에 메시아가 나타나 성약 역사를 펴게 된다. 때로 보아 하나님이 보내신 메시아는 와서 모든 자들의 마음문을 노크하고 간 지 꽤 오랜 시간이 흘렀음을 깨달아야 되겠다. 하나님이 예언한 대로 지상천국을 이루고 계심을 알고 부지런히 찾아 시대의 구원을 받을 때다. 공중에서 메시아를 맞는다는 말은 지구에서 메시아를 맞는다는 말이다.[8] 영은 보이지 않기 때문에 반드시 땅에 육을 쓴 자를 통해 나타나신다. 하나님이 강림하여 예수님의 육신을 쓰고 오셨듯이, 하나님과 예수님이 강림하여 구원 역사를 펴신다면 땅에 있는 이 시대 사람의 육신을 쓰고 오신다. 그를 재림주라 한다. 이것이 천륜의 법칙이고 이치다. 천하가 변해도 변할 수 없는 말씀이다. 신약의 말세라고 하는 1999~2000년을 기하여 지구촌 여기저기에서 엄청난 재난들이 많이 일어났다.[9]

위 인용문에서 보여주듯이 결국 신약 2천 년이 끝나는 현재는 성약 시대로서 예수님이 이 시대에 사는 사람의 육신을 쓰고 나타나는데 그가 곧 재림주라는 것이다.

---

7 정명석, 『구원의 말씀』 I 권, (서울: 도서출판 명, 2005), 191~192.
8 정명석, 『구원의 말씀』 II 권, 215~216.
9 정명석, 『구원의 말씀』 I 권, 129.

2) 정 씨는 초림주는 서남아시아에서 재림주는 한국에서 태어난다고 주장한다

정명석 씨는 초림주는 이스라엘에서 탄생할 것이고, 재림주는 한국에서 태어날 것이라고 구체적으로 장소까지 언급하고 있다.

> "해 돋는 데서 올라왔다는 것은 해 돋는 나라에서 하나님의 인치는 역사가 시작된다는 말이다. 예수님 당세 때는 이스라엘이었고 재림 때는 동방인 아시아를 말한다. 초림주는 서남아시아인 이스라엘에서 오셨고, 재림주는 극동아시아인 해 돋는 나라 한국에서 온다. 이와 같이 메시아는 알파와 오메가로 동방에서 온다. 옛날에도 해는 동쪽에서 떠올라 점점 서쪽으로 지듯이 초림주 때나 재림주 때나 동방에서 메시아가 나고 그 복음이 동방에서 점점 지방으로 전파하며 간다. 또한 하나님은 이사야 선지자를 통해 동방에 독수리를 보내어 하나님의 뜻을 이룬다고 말씀하셨다. 신약 때는 예수님을 보내어 말씀하셨다. 동방에 독수리를 보낸다는 말은 예수님을 통해 이루지 못한 뜻을 이루기 위하여 재림을 예언한 말씀도 된다."[10]

3) 재림주의 탄생 연도가 1945~1946년이라고 한다

정 씨의 말을 직접 들어보자. "루터 죽고 400년 있다가, 1546년에서 400년 더하면 얼마죠 1946년이잖아. 메시아는, 재림주는 1946년, 1945년에서 6년이예요. 왜, 양력으로 따질 때 음력으로 따질 때 있잖아. 1945년생이나 1946년생에서 메시아가 결정된다는 것입니다"[11]라고 강의한 바 있다. 이 말은 결국 재림주가 육신을 갖고 1945~1946년 여자의 몸을 입고 태어난다는 의미다. 참고로 정명석 씨는 1945년생이다. 그러나 성경은 예수님의 재림과 관련 다음과 같이 말씀한다.

첫째, 예수님의 재림은 하늘에서 땅의 모든 족속들이 볼 수 있도록 이뤄진다. "그 때에 인자의 징조가 하늘에서 보이겠고 그 때에 땅의 모든 족속들이 통곡하며 그들이 인자가 구름을 타고 능력과 큰 영광으로 오는 것을 보리

---

10 정명석, 『구원의 말씀』 Ⅱ 권, 228~229.
11 정명석, 2004년 5월 22일 수료식 정명석 직강 동영상 중에서 주장.

라"(마 24:30). 둘째, 재림의 때와 시기는 하나님의 권한에 있음으로 너희의 알 바가 아니라 하셨다(행 1:7). 즉 그때는 아무도 알 수가 없다. 셋째, 예수님은 땅에 있는 어떤 사람의 육신을 입고 오는 것이 아니라 가심을 본 그대로 오신다(행 1:11). 이것은 예수님이 재림 때 사람의 몸이 아닌 부활 승천하실 당시의 신령한 몸으로 오신다는 의미다.

3. 정 씨는 자신이 쓴 『구원의 말씀』을 읽고 믿고 행하는 자가 구원을 받는다고 주장

"지구촌에 수만 가지의 책들이 있건만 인생에 있어서 영원토록 필요한 것이 구원인데 구원에 대하여 제대로 쓴 책이 없다. 만일 있었으면 내가 굳이 쓸 필요 없이 그 책을 권장했을 것이다. 이 『구원의 말씀』을 읽고 믿고 행하는 자는 누구든지 사망의 주관권을 벗어나며 지옥을 면하고 영육이 시대의 천국을 이루며 구원을 받는다. 2천 년 전 이스라엘 나라에 나타나신 예수님께서 지옥과 천국에 대한 말씀을 외치니 듣는 자들이 모두 두려워서 우리가 어떻게 하여야 구원을 받을 수 있냐고 물었다. 예수님은 내 말을 듣고 나 보내신 하나님을 믿고 행하라고 말씀하셨다. 그 말씀을 듣고 행한 자들은 그 시대의 구원을 받고 지옥을 면하고 구원주가 가는 곳으로 구원을 받게 되었다. 어느 시대든지 하나님이 보내신 구원자를 통해 그 말씀을 듣고 행하며 하나님을 믿고 사랑할 때 그 시대에 해당하는 구원을 받는 것이다."[12]

정 씨는 "예수님 때보다 2천 년이나 더 발달되었으니, 이 시대 해당되는 진리가 필요하다"고 말한다. 그의 주장을 직접 들어보자.

"성경에 예언된 대로 하나님은 이 시대에 더 이상적인 구원역사를 약속하셨다. 예수님 때보다 2천 년이나 더 발달되었으니, 이 시대 해당되는 진리가 필요하고, 이 시대는 하나님이 온 인류를 신부로 대해주며 더 이상적인 구원역사를 하신다고 예언한 대망의 시대다. 구약 시대는 구약에 해당되는 구원을

---

[12] 정명석, 『구원의 말씀』 I 권, 14.

받아야 되고 신약 시대는 신약에 해당되는 구원을 받아야 되고 성약 시대는 성약에 해당되는 구원을 받아야 하나님이 인간에게 허락한 최고의 완전한 구원을 받는 것이다. 사람이 살아갈 때 과거보다 현재에 더 잘살아야 되고 현재보다 미래에 더 잘살아야 된다. 개인도 가정도 민족도 세계도 역사적으로 볼 때도 미래에 더 좋은 계획을 하고 목적을 두고 산다. 하나님도 그러하시다. 신약 시대는 예수님을 보내어 과거 구약 시대보다 더 이상적인 구원을 시켜 살게 하였고, 성약 시대는 재림주를 보내어 신약 시대보다 더 이상적이고 완전한 구원을 시켜 이상을 누리며 살게 하는 것이 하나님의 구원의 목적이다."[13]

그러나 구원과 진리와 관련 성경은 오직 믿음으로 구원을 얻으며 진리는 오직 예수라고 말씀하신다. 첫째, 구원은 믿음으로만 받는다(엡 2:8~9). 자칭 재림주라는 정명석 씨의 『구원의 말씀』을 읽고 믿고 행하는 것과는 아무런 관련이 없다. 둘째, 진리는 오직 예수뿐이다(요 14:6). 따라서 구약 시대의 구원과 신약 시대의 구원과 성약 시대의 구원이 따로 있지 않고 오직 예수를 통해서만 구원이 있다. 구약 시대의 백성들조차도 오실 메시아인 그리스도를 바라보는 믿음으로 살았다(히 11:26). 셋째, 예수만이 영원히 진리이고 구원이다(히 13:8). 구원이시고, 진리이신 예수는 어제나 오늘이나 영원토록 진리이고 구원이다. 따라서 구약, 신약, 성약에 따라 구원의 방법이 달라지고 성약 시대의 구원이 최고라는 정명석 씨의 주장은 비성경적이다. 넷째, 예수의 말씀이 말세지말의 마지막 말씀이다. 히브리서 1:2에 의하면 "이 모든 날 마지막에 아들로 우리에게 말씀하셨다"고 하신다. '이 모든 날 마지막'이란 구약 시대가 끝나고 메시아가 오심으로 시작된 새로운 시대, 곧 그리스도의 초림에서부터 재림 때까지의 모든 날을 가리킨다. 재림의 때까지 마지막 진리의 말씀은 '아들'이 유일하다. 그 외에 자신을 재림주다, 예수의 영이 임했다는 사람들은 다 절도요 강도다(요 10:8).

---

13 같은 책, 16.

4. 정명석 씨는 선악과 타락을 성적인 타락이라고 주장

"선악과를 문자 그대로 보면 안 된다." "성관계를 통해 인류가 타락하게 됐다." "만일 입으로 범죄한 것이라면 왜 아담과 하와가 하체를 가렸겠는가?" 위와 같은 어처구니 없는 '섹스 타락론'은 세계평화통일가정연합(통일교)의 교주 문선명 씨의 영향을 받은 사람들에게서 주로 발견되는 사상이다. 정 씨도 다르지 않다. 그는 『비유론』에서 선악과를 '여성의 성기'를 상징하는 것이라고 설명한다.

"아담을 생명나무로 비유했을진대 선악을 알게 하는 나무는 누구를 가리킨 것일까? 그것은 두말할 나위도 없이 아담 앞에 상대 기준이 되는 하와를 말한 것이 틀림없다. 남자를 생명나무라 칭했고, 여자를 선악을 알게 하는 나무라 칭했던 것이다. 이제 더 이상 다른 해석이나 다른 것을 찾기 위해 헤매지 말아야겠다. 하와를 선악을 알게 하는 나무로 비유했을진대 그 과실 역시 문자 그대로 과일이 아님을 알아야겠다."[14]

"하와는 선악과를 따 먹은 후 자기와 함께한 아담에게도 그 과일을 주었으며, 그도 먹었다고 했다. 먹었다는 말은 취했다는 말이다. 과일은 입으로 먹지만 이것은 취하여 먹는다는 단어로 풀어야 이치에 맞다고 하겠다. 그들은 그 과일을 따 먹은 후 우선 자기들의 벗은 수치를 알게 되었다. 어느 과일이 따 먹으니 옷의 벗음을 알게 될까? 그러면 과일을 안 따 먹으면 벗은 것을 모른단 말인가? 여기서도 모순이 있음을 알아야 된다. 그리고 하와의 행동을 볼진대 따 먹고 치마로 가렸다고 했으니, '치마 속에 감추인 사랑의 과일'이라는 점에서 힌트를 얻고 깨달을 수 있다. 사랑과 관계 있고 연관되는 것 중에 치맛 자락 속에 감추인 과일로 비유할 것이 또 다른 무엇이 있단 말인가. 각자가 깨닫고 알아야 할지니 그것은 두말할 것도 없이 하와의 사랑이 금단의 열매 곧 과일로 비유되었음을 근본적으로 알 수 있고 또 이같은 내용들은 흔히 우리 사회 속에서 상식 밖의 내용이 아니라 상식 안에서 늘 일어나는 내용들이다.

---

[14] 정명석, 『비유론』 (서울: 도서출판 명, 1998), 80.

> … 금단의 열매임을 알고 보니 하나님께서는 정말 꼭 인간을 위하여 만들 수밖에 없는 인간 지체 중의 하나요, 창세기 1장 22절의 하나님의 삼대 축복인 '생육, 번성, 만물 주관'의 뜻을 이루기 위해서도 만들어야 할 금단의 과일이었다. … 하나님께서는 이것을 평생 따 먹지 말고 취하지 말라는 것이 아니라 하나님적 가치로 성장하기 전에, 완성 전에 사랑의 행위를 저지르지 말라는 것이었다. 에덴동산의 생명나무와 선악나무는 이 지구촌 동산의 집집마다 존재하며 지금도 하나님이 동일하게 명하심을 알고 이제 우리는 성경을 제대로 풀어 깨달아 타락의 길을 가서는 안 되겠다."[15]

정명석 씨가 생명나무는 아담을, 선악을 알게 하는 나무는 하와를, 선악과는 하와의 금단의 사랑의 열매, 즉 여성의 성기를 비유한다고 주장함을 알 수 있다. 성장하기 전에 사랑의 행위를 저지르지 말라는 명령을 어기고 성관계를 함으로 타락했다는 주장이다. 이 사상은 통일교 문선명과 유사한 사상으로 심각한 문제를 안고 있다. 첫째, 창조-타락론을 연결해서 접근하게 되면 타락이 성적 타락임으로 그 회복도 필연적으로 혈연관계를 통해서 해야 한다는 전제를 갖게 된다. 둘째, JMS의 주장처럼 만일 선악과가 하와의 '사랑의 열매', 즉 성기를 상징하는 것이라면 모순이 발생한다. 하와가 자신의 성기를 따 먹었다는 말이 되기 때문이다. 그러나 성경은 인간의 타락에 대해 하나님이 금하신 '선악과'를 하와가 따 먹음으로 발생했다고 말씀한다(창 3:6). 하와의 성기와는 아무 관련이 없다.

5. 정 씨는 성약 시대는 하나님과 인간이 '애인 관계'인 '애인 시대'라고 주장

정 교주는 시대를 3가지로 구분한다. 구약, 신약, 성약 시대다. 구약 시대는 여호와 하나님과 인간이 주종관계를 맺는 시대라고 주장한다. 신약 시대는 부자(아버지와 아들) 관계를 맺는다고 주장한다. 이제 성약 시대가 도래했는데 이 시대는 새섭리 시대, 애인 시대, 신부 시대로 칭할 수 있다는 것이다.

---

15 같은 책, 80-81.

"마태복음 9장 14~17절에서 예수님은 신약 시대 때 하나님의 아들로 오셔서 자신의 입장이 마치 혼인집 신랑과 같음을 말씀하셨고 요한복음 3장 29절에서 세례 요한은 예수님을 들어 신랑이라고 말하였으며 그를 맞는 자들은 신부들이라 칭했다. 메시아로 오는 자는 종교적으로 볼 때 신랑이며 기다리는 자들은 신부라고, 종교적으로 밀접한 관계로써 비유하고 있다. 그러므로 지상의 이상세계, 곧 지상 천국이 주님의 재림으로 이루어질 때 주님과 우리들의 종교적 친분 관계는 애인적 관계, 신랑과 신부의 시대가 됨으로써 지상천국 시대를 신부 시대, 애인 시대로 부를 수 있으며 재림으로 말미암은 주님의 새섭리 시대 천년은 애인 시대, 신부 시대로 칭할 수 있을 것이다. 종에서 아들, 아들에서 애인으로 회복되고 복귀됨을 완전 회복이라 한다면 종으로서는 더 이상의 회복이 없을 것이다."[16]

이렇듯 정 씨의 애인 교리는 다음과 같은 위험성을 내포하고 있다. 그의 교리 중에는 '하나님은 영이시기에 인간들이 보고 느끼게 하려면 육신을 쓰고 나타나야 한다'는 것이 있다. 다음 글을 읽어 보자.

하나님과 예수님은 영체이시다. 인간과 같은 육체가 아니다. 고로 인간들이 보고 느끼게 하려면 육신을 쓰고 나타나신다. 그 대상은 하나님이 택하신 메시아이다. 신약 때 하나님은 예수님의 육신을 쓰고 나타나셨고, 성약 때 예수님은 땅의 재림주의 육신을 쓰고 나타나신다.[17]

결국 정 교주의 '애인 시대' 교리는 육신을 쓴 재림주와 애인관계가 돼야 한다는 필연성을 갖고 있는 것이다. 성경에서 말하는 '마음과 뜻과 목숨과 힘을 다해 주 너의 하나님을 사랑하라'는 말씀과 정 교주의 '애인교리'가 근본적으로 달라질 수밖에 없는 이유다. 성경에 하나님과 인간과의 관계를 '애인관계'라고 한 곳은 없다. 그러나 '신부'로 표현하기도 했는데 이 말씀은 JMS의 주장처럼

---

16 같은 책, 80.
17 정명석, 『구원의 말씀』 I 권, 191-192.

성약시대에 해당하는 것이 아니라 이미 구약·신약에, 하나님과 이스라엘의 관계, 예수님과 교회의 관계를 표현할 때 써왔던 것이다(사 62:4, 요 3:29, 계 21:2, 9).

6. 기타 교리 문제들

1) 정 씨는 예수님의 부활을 영의 부활이라고 한다

"또 예수님이 영으로 승천하였다면 그 영을 본 그대로 온다는 말씀인데 사람들은 예수님의 부활을 육체 부활로 보고 그 육체의 모습을 본 그대로 온다고 그릇되게 해석하고 있다. … 감람산에서 승천하신 예수님은 영으로 승천하였다. 예수님이 승천하시는 모습을 본 제자들과 갈릴리 사람들에게 흰 옷 입은 두 천사가 말하기를 너희 가운데 하늘로 올리우신 예수님은 하늘로 가심을 본 그대로 온다고 가르쳐 주었다. 영으로 갔으니 영으로 재림하신다는 것을 천사를 통해 미리 말했던 것이다."[18]

2) 정 씨는 성경을 문자대로 믿어서는 제대로 구원받지 못한다고 주장한다

"예수님이 말씀을 풀어준 대로 믿어야 말씀을 통한 구원을 받을 수가 있는 것이다. 말씀을 제대로 깨닫고 전하여야 구원이 이루어지는 것이다. 성경을 문자대로 믿어서는 절대 제대로 구원이 이루어지지 않는다. 문자대로 믿는 역사는 영영 이루어지지 않는 법이다."[19]

"재림주도 신약 말씀을 더욱 완전케 하기 위해 문자적으로 해석하던 성경 말씀을 풀어주는 새 시대 구원의 말씀을 선포하신다. 그 말씀을 믿고 따라야 이 시대 신부급 구원을 받는 것이다. 재림 때 하나님과 예수님이 강림하여 문자적 가르침을 버리도록 예수님 때와 같이 성경을 풀어 가르치며 시대 말씀을 선포한다. 그러나 성경을 문자적으로 풀고 고정관념의 사고를 가지고 있는 자들은 결국 사고를 저지른다. 이들은 자기들의 주관에 사로잡혀 성경을 문자대로 가르치지 않는다고 불신하게 된다."[20]

---

18 같은 책, 176.
19 같은 책, 241.
20 같은 책, 244.

3) 정 씨는 '동방'을 한국이라고 해석한다

"'내가 동방에서 독수리를 부르며 먼 나라에서 나의 모략을 이룰 사람을 부를 것이라 내가 말했은즉 정녕 이룰 것이며 경영하였은즉 정녕 행하리라'(사 46:11). 이 성경의 독수리를 문자 그대로 푼다면 어찌 독수리로 하나님의 뜻을 이룰 수가 있겠는가? 독수리 역시 사람을 두고 비유한 것이며 하나님의 큰 뜻을 이루기 위하여 보낸 자 곧 메시아를 독수리로 비유한 것이다. 동방의 독수리라 했으니 동방은 과연 어느 곳이며 어느 민족을 두고 얘기한 것인지를 알아야 되겠다. 동방은 아시아 즉 중국, 일본, 한국 등을 들 수가 있으나 하나님은 종교의 종주국인 한국을 말한 것임이 틀림없다."

"중국은 복음과는 먼 나라이고 일본은 아직도 미신적 토착신앙을 벗어나지 못하고 있으며 한국은 신교와 구교를 합한다면 1천만 명의 기독교인이 오실 주님을 기다리며 살고 있는 나라이다. 독수리는 곧 메시아를 비유한 것인데 재림 메시아 역시 초림주가 유대종교 신앙의 민족을 타고 나타났듯이 종교국을 타고 출현할 것임은 어떤 누구도 부인할 수 없는 역사적 근거가 있는 사실이다. 신랑이 신부를 찾아가고 신부가 신랑을 찾아가듯 종교의 사명을 받고 오는 메시아 역시 자기를 믿고 기다리는 나라로 가야 하기 때문에, 온다면 기독교를 중심한 나라로 온다는 것은 당연한 이치이다."[21]

7. 결론

위와 같은 명확한 이단성에도 불구하고 JMS에 청년·대학생들이 가장 많이 미혹되는 이유는 그들의 문화를 이용한 포교 전략 때문이다. JMS는 처음에는 치어댄스, 모델강습, 악기 강습, 연극·영화 동아리, 축구 등 문화적 코드를 갖고 청년·대학생들에게 접근한다. JMS는 교단 명칭으로 '예수교 대한감리회'를 주로 사용하며, 독특한 서체를 교회 명칭에 사용한다는 것을 알아두면 좋겠다. 공식적으로는 단체 명칭을 JMS라고 하지 않고, '기독교복음선교회(CGM)'라고 한다.

---

[21] 정명석, 『비유론』, 56.

53. 조희성(영생교)

이단들의 교주 중 가장 자신있게 육체로 영생한다고 주장한 사람은 누구일까? 바로 영생교의 조희성 씨다. MBC PD수첩에 보도됐던, "나를 영생한다고 믿는 신도들이 있으면 막걸리 받아 줘야겠다"고 능청을 떨던 이 모 교주와는 차원이 다른 정도였다. 조 씨는 자신의 집회 장소에 아예 '사람이 죽는 종교는 종교가 아니다'는 플래카드를 걸어 놓을 정도로 자신의 영생을 장담했다. 그뿐만이 아니다. 조 씨를 믿고 추종하는 사람들조차 자신의 단체에 들어오면 영생한다는 것을 강조했다.

그토록 호언장담하던 자칭 이긴 자이자, 정도령, 하나님이라던 조희성 씨는 신도 살해 교사 혐의로 긴급체포됐었다. 이후 무죄를 선고받았으나 범인도피혐의는 벗어나지 못해 징역 2년형을 선고받았다. 서울구치소에 수감된 후 징역을 살던 중 "가슴이 아프고 호흡이 힘들다"며 고통을 호소했는데 병원으로 옮겨 치료를 받다가 2004년 6월 19일 사망했다. 그는 경기도 김포의 한 공원묘지에 안장됐다. 그의 묘지에는 그가 자칭 재림주였는지, 이긴 자였는지, 하나님이었는지 아무런 표시도 되어 있지 않다.

I. 기타 자료

다음은 예장고신 측의 연구 발표 내용 요약이다(「유사종교연구」 1-4합본, 1992년, 353-368쪽).

1. 영생교 교주 조희성 씨의 정체

가. 조희성 교주는 1931.8.21. 경기도 김포군 김포읍 감정리 497번지에서 출생함.

나. 박태선 전도관 전도사로 지내다가 탈퇴하여 1980년 초에 교단을 창설함.

다. 현재 「승리신문」(1990.3.3 등록번호 다 1184 發行 조희성)을 발행하고 있고
라. 저술로는 『영생학』, 『정도령』, 『인간 몸이 영원히 사는 학설』, 『사람 몸이 죽지 않는 비결』, 『영생학 입문』, 『사람의 몸이 죽지 않고 영생하게 하는 구세주가 나타났다』, 『단 자손의 발자취』, 『완성자』, 『말세의 정도』, 『감로의 법무』, 『불법의 비밀』, 『살아 있다는 것』, 『한국 예언 문학의 해의』, 『정도령 시대』(해인 출판사) 등의 책이다.

2. 영생교가 내세우는 슬로건 '놀라운 희소식'은 다음과 같다

"여기에 행복의 비결이 있다. 만병통치의 비결이 있다. 젊어지는 비결이 있다. 사람을 죽지 않게 하는 고도의 학문이 있다. 삼신산의 불로초가 있다. 늙지 않는 비결이 있다. 하나님을 보여준다. 죽은 사람의 영혼도 보여준다. 선악과도 보여준다. 생명과도 보여주고 먹여준다."

3. 연구 결론

이상이 저들이 내세우는 놀라운 희소식이다. 이 말들은 사람의 모든 문제를 해결해 주는 영생교, 조희성 교주가 주장하는 교리가 다 포함된 말들인데 과연 그렇게 할 수 있는 교리가 있는가 살펴보면서 비판하고자 한다.

이들의 주장은 아무런 근거가 없고 생각되는 대로 짐작으로 말한 것이다. 예를 들면 예수님의 죽으신 곳이 성경에 분명히 기록되어 있고 예수님이 마리아와 대화를 나누셨고 십자가에 죽으시기까지의 긴 시간에 얼마나 큰 사건들이 많은데도 불구하고 이를 모두 부인하고 허무맹랑한 거짓을 꾸며서 말하니 일고의 가치도 없다.

54. 주종철(주안교회)

예장고신 측은 2006년 56회 총회에서 주종철 목사(주안교회)가 정통교회의 삼위일체론과 다른 양태론적 삼위일체설을 주장하고 있다는 유사 기독교 연구위원회의 '이단성 규정' 청원을 받아들였다. 유사 기독교 연구위원회는 주종철 목사의 사상에 대해 조사 연구한 결과 주 목사는 "그리스도의 영과 성령을 구분하여 다르게 해석한다"며, 본 교단 교역자 및 성도들이 현혹되는 일이 없도록 이단성 규정해 줄 것을 청원했다.

그리고 예장통합 측(총회장 손달익 목사)이 2012년 서울 압구정동 소망교회에서 열린 제97회 총회에서 주안교회 주종철 목사(새 생명 영성훈련원 대표)에 대해 "이단성이 농후하다"며 "교류를 금해야 한다"고 규정했다. 이대위는 보고서에서 "주종철 씨는 자신만이 갖는 독특한 성경관을 갖고 기성교회를 비판하고 차별화한다"며 "그의 저서와 강연에 나타난 그리스도론, 신론, 삼위일체론, 성령론, 종말론 등은 교회가 용납할 수 있는 범위를 벗어나 있다"고 밝혔다. 이대위는 또 "비록 그는 자신을 신격화하지는 않으나 자신의 주장에 초월적 권위를 부여하려는 시도도 하고 있다"며 "그의 신학 사상은 정통적인 신학 사상에서 벗어난 이단성이 대단히 농후한 사상"이라고 밝혔다.

예장통합 측은 주종철 목사가 "지속적으로 저술과 강연 그리고 영성 훈련 등을 통해 자신의 견해를 설파하고 있으므로 총회 소속 목회자나 성도들은 그의 집회에 참석하거나, 저서를 탐독하고, 강연 동영상을 시청하는 등 일체의 교류 행동을 엄격히 금해야 한다"는 이단 사이비 대책위원회(이대위, 위원장 최기학 목사)의 보고를 그대로 받았다.[1]

---

[1] "통합 측 주종철 목사 '이단성 농후'·'교류 금지' 규정, 97회 총회…초월적 권위 부여하려는 시도도 하고 있어," https://m.cafe.daum.net/0691144000/FFbP/599?q=%EC%A3%BC%EC%A2%85%EC%B2%A0+%EB%AA%A9%EC%82%AC+%EC%9D%B4%EB%8B%A8&, 2025.06.27. 접속.

I. 기타 자료

다음은 주종철 목사에 대한 예장통합 측의 연구 보고서 전문이다.[2]

1. 연구 경위

주종철 씨가 교계에 물의를 일으키고 있어 이단성을 밝혀 달라는 경안노회(노회장 이상훈 목사, 경안노 제2011-128호, 2011.11.18.)의 청원에 따라 이단 사이비 대책위원회(제96-4차 회의, 2011.12.15.)에서 연구하기로 결의하여 연구하게 되었다.

2. 연구 보고

1) 주종철 씨의 배경

주종철 씨는 광주 주안교회와 서울 주안교회 담임목사로 그리고 자신이 운영하는 새 생명 영성훈련원 대표로 알려져 있다. 주종철 씨는 한 교계 신문과의 인터뷰에서 자신은 광주의 순복음교회에서 신앙 생활하다가 순복음신학교에서 신학을 공부하고 목사 안수는 예장 개혁 홍은동 측에서 받았다고 밝힌다. 그는 자신의 저서를 대량으로 전국 교회에 무료로 배포하고 또 대중 집회와 영성 훈련 세미나를 통해 자신의 사상을 설파하고 있다. 그는 예장고신 제56회(2006년) 총회에서 이미 '이단성'이 있는 것으로 규정되었다.

2) 주종철 씨의 계시관과 성경관의 문제

주종철 씨는 하나님이 자신에게 "새 복음을 주셨다"고 주장하며, "기존 교회의 복음 말고 새 복음이 필요하다"고 주장한다. 이는 기성 교회를 비판하며 기성 교회가 가르치는 것과 다른 자신의 주장에 대해 초월적 권위를 부여하려는 의도로 보인다. 그러면서도 그는 계속 성경을 사용하고 인용하지만 자기 식대로 해석한다.

---

2 같은 자료.

3) 주종철 씨의 그리스도론의 문제

주종철 씨는 예수 그리스도의 선재성을 부인하고 예수님을 피조물이라고 주장한다. 이러한 그의 주장은 이미 교회에서 이단으로 정죄되고 축출된 아리우스주의의 반복이다. 그는 이렇게 말한다. "예수는 사람인 마리아를 통해서 낳았기 때문에 피조된 사람입니다. … 예수라는 육체, 곧 피가 흐르고 십자가에서 죽을 수 있는 육체는 피조된 것입니다. 그래서 예수님을 사람이라고 하는 것이고, 피조물이라고 하는 것입니다."[3]

또한 주종철 씨는 예수 그리스도께서 주시는 완전한 구원을 부정한다. 주종철 씨는 이에 대해 이렇게 말한다. "초림하신 예수님은 한 사람도 구원하지 못하시고 죄만 담당하시고 죽으셨다가 부활하셨습니다."[4]

"오늘날 기독교계의 교리를 보면 예수님을 하나님의 아들이라고 믿고 하나님의 아들인 예수 그리스도의 대속의 보혈을 믿으면 하나님의 자녀가 되는 줄 오해하고 있다. 성경은 하나님의 아들이 되기 위해서는 하나님의 아들인 예수 그리스도께서 믿는 사람 속에 들어오셔야 하나님의 아들이 된다고 말씀한다."[5]

4) 주종철 씨의 삼위일체론의 문제

주종철 씨는 정통적인 삼위일체 교리와 심각하게 상반된 주장을 지속적으로 펼치고 있다. 그는 정통적인 삼위일체를 폄훼하고 부정한다.

예수 그리스도 몸 안에 아버지가 계시고 성령이 계신다. 그래서 삼위일체란 예수님의 몸 하나에 아버지의 인격, 아들의 인격, 성령의 인격으로 계시는 분으로 믿어야 정확한 삼위일체 하나님을 믿게 되는 것이다. 오늘날 많은 기독교인들은 두 분 하나님이나 세 분 하나님들을 믿는다. 두 분 하나님들이나 세 분 하나님들을 믿는 자들은 하나님의 아들 예수 그리스도께서 믿는 자 속에

---

[3] 주종철, 『주 예수님을 바로 아는 강해』 (광주: 에벤에셀, 2009), 194.
[4] 주종철, 『당신이 주 예수가 되지 아니하면 하나님의 아들이 아닙니다』 (광주: 에벤에셀, 2010), 29.
[5] 주종철, 『예수 그리스도의 비밀』 (광주: 에벤에셀, 2003), 95.

오실 수가 없다. 그래서 이 신자는 종교적으로 예수님을 믿는다.[6] 예수 그리스도는 아들이요, 아버지요, 성령이신 분이 예수 그리스도다. 삼위일체 하나님이란 예수 그리스도 안에서만 용납되는 삼위일체 하나님을 믿어야 된다. 예수 그리스도 몸 안에 아버지가 계시고 성령이 계신다. 그래서 삼위일체란 예수님의 몸 하나에 아버지의 인격, 아들의 인격, 성령의 인격으로 계시는 분으로 믿어야 정확한 삼위일체 하나님을 믿게 되는 것이다.[7]

위 주장과 같이 주종철 씨는 삼위일체에 대한 심각한 문제를 안고 있으며, 같은 맥락에서 그는 성령의 인격성을 부정한다.

아버지와 아들은 모양이 있으나 성령 하나님은 모양이 없습니다. 그래서 독자적인 인격이 없습니다. … 그러나 성경 어디를 보아도 성령 하나님께서 사람의 모양을 하고 계셨다는 말씀은 없습니다. 왜 성령 하나님은 모양이 없습니까? 그것은 한 분 하나님의 활동이시기 때문입니다. … 성령은 하나님의 활동하시는 영이기 때문에 인격은 하나님의 인격이지만 아버지와 아들과 같이 구별되는 인격은 아닙니다.[8]

5) 주종철 씨의 교회론의 문제

주종철 씨는 자신의 주장을 펼치기 위해 지속적으로 기성 교회를 비판한다. 그리고 자신의 교회는 기성 교회와는 달리 죄를 다스리는 교회라고 주장한다. "이전 교회가 끝나고 새 교회가 시작됨으로 천지를 창조하신 목적이 이루어집니다. 새 교회는 예수 그리스도께서 믿는 자 안에 사시는 교회이기 때문에 죄를 100% 다스리는 교회입니다."[9]

---

[6] 주종철, 『예수 그리스도의 비밀』, 3-4.
[7] 같은 책.
[8] 주종철, 『죄에서 100% 해방되고 죄를 100% 다스릴 수 있는 길』 (광주: 에벤에셀, 2005), 303-304.
[9] 같은 책, 719.

6) 주종철 씨의 종말론의 문제

주종철 씨는 종말론에 대해서도 그릇된 견해를 가르치고 있다. 그는 심판하고 영원한 생명을 주시기 위해 오시는 예수 그리스도의 재림을 잘못 이해하고 있다. 그는 이렇게 말한다.

> 많은 기독교인이 우리를 구원하시는 과정을 많이 오해합니다. 예수님께서 하나님의 아들들을 얻는 과정이 초림, 재림, 강림으로 되어 있습니다. … 초림하신 예수님만 믿으면 죄 사함은 받아도 구원은 받지 못합니다. 두 번째는 구원을 이루기 위해서 재림하십니다. … 세 번째는 공중으로 강림하셨습니다. 강림하신 그리스도는 온전히 거룩하게 된 자들에게만 오십니다. 두 번째 오신 그리스도는 죄와 상관없이 초림하신 예수님이 하신 일을 믿는 자들에게 구원을 이루시기 위해 두 번째 오십니다. 그러나 강림하신 예수님은 영과 혼과 몸이 흠 없이 된 자들에게만 오십니다. … 구원받을 때 오시는 그리스도는 예수 그리스도의 생명이 들어오시고 강림하실 때 만나는 그리스도는 주 예수 그리스도를 만나는 것입니다. 그래서 강림하신 예수 그리스도는 나의 몸 밖에서 만나는 것이고 구원받은 그리스도는 영으로 성도의 안으로 오시는 것입니다."[10]

3. 연구 결론

이상에서 보듯이 주종철 씨는 자신만이 갖는 독특한 성경관을 갖고 기성교회를 비판하고 차별화한다. 또한 그의 저서와 강연에 나타난 그리스도론, 신론, 삼위일체론, 성령론, 종말론 등은 교회가 용납할 수 있는 범위를 벗어나 있다. 비록 그는 자신을 신격화하지는 않으나 자신의 주장에 초월적 권위를 부여하려는 시도도 하고 있다. 이렇게 그의 신학 사상은 정통적인 신학 사상에서 벗어난 이단성이 대단히 농후한 사상이다. 또는 그는 지속적으로 저술과 강연 그리고 영성 훈련 등을 통해 자신의 견해를 설파하고 있으므로 총회 소속 목회자나 성도들은 그의 집회에 참석하거나, 저서를 탐독하고, 강연 동영상을 시청하는 등 일체의 교류 행동을 엄격히 금해야 한다.

---

10 주종철, 『죄에서 100% 해방되고 죄를 100% 다스릴 수 있는 길』 (광주: 에벤에셀, 2005), 735-736.

55. 지방교회

지방교회는 정통교회를 '바벨론, 음녀'라며 비판한다. 게다가 이러한 기독교에는 하나님이 계시지 않다고까지 말한다. 지방교회의 대표적 인물인 위트니스 리(중국어: 李常受, 병음: Li Chángshòu 리창서우, 1905~1997, 지방교회, 회복 교회)의 말을 직접 들어보자.

> 오늘날 기독교가 그렇게 가련한 이유는 하나님이 그곳에 계시지 않기 때문이다. 천주교와 개신교와 그밖에 이교와 연루된 모든 단체는 하나님 보시기에 바벨론이다. 음녀들의 어미인 천주교회는 큰 음녀요, 그 밖에 모든 바벨론 단체는 그 딸들이다. 이것은 나의 가르침이 아니라 성경에 있는 하나님의 말씀이다. 기독교는 하나님의 이름을 갖고 있긴 하지만 하나님의 영광은 그곳에 없다. 그분이 우상 숭배와 이교주의로 가득찬 곳에 거하시는 것은 불가능하다.[1]

이런 배타적인 교회관 등으로 지방교회는 예장통합(1991/76/이단), 예장고신(1991/41/이단) 등의 교단에서 '이단'으로 규정했다. 이들은 출판사 '한국복음서원'을 통해 자신들의 사상을 전파하고 있다. 문제는 소위 '기독교 서점'이라는 곳에서 이들의 책자를 무분별하게 진열하고 판매하고 있다는 점이다. 한국 교회의 이단 대처와는 따로 노는 일부 기독교 서점들. 이단 문제 때문에 한국 교회가 골머리를 앓고 있다는 데 공감한다면 기독교 서점들은 지금이라도 한국 교회의 이단 대처 노력과 함께 가려는 '신앙적' 노력을 기울여야 할 것이다. 양서를 보급하는 것만큼이나 '악서', 즉 '이단 측 서적' 유통을 막

---

[1] 위트니스 리, 번역부, 『성경의 핵심』(서울: 한국복음서원, 1991), 94~95.

는 것도 기독교 서점들의 중요한 사역이다.

I. 기타 자료

다음은 예장통합 측이 1991년 제76회 총회에서 지방교회에 관한 연구 발표 내용을 요약한 것이다.

I. 신론의 문제점

1) 위트니스 리가 신인 합일주의를 가르치고 있다

위트니스 리는 하나님이 사람을 창조한 목적이 하나님 자신을 사람 속에 넣어서 사람과 연합하여 하나님과 같게 되게 하기 위해서였다고 한다.[2] "하나님 자신을 대량으로 생산할 것을 계획"[3], "자신을 제품으로 생산"[4]하는 것이라고 한다. 즉 창조주와 피조물의 관계가 아닌 하나님과 사람의 연합으로 사람이 하나님과 똑같이 되어야 한다는 것이다.[5] 위트니스 리의 사상은 전능하사 천지를 지으신 창조주 하나님과 피조물인 인간 사이에 뛰어넘을 수 없고 엄격한 차이를 인정해야 하는 우리의 신앙과 정면으로 위배되는 것이다.

2) 위트니스 리의 삼위일체론은 양태론이다

위트니스 리는 구약에서의 하나님에게는 신성만 있었으나[6] 성육신의 과정을 통과하여 '사람과 함께한 하나님', 즉 '하나님-사람'이 되었다가 부활을 통하여 인성을 포함한 영으로 변형됨으로써[7] "하나님의 세 인격은 세 영들이 아닌 하나의 영"[8]으로 세 인격이 한 영 안에 있는 '삼일(三一) 하나님'이 되었다고 한다. '삼일 하나님'이란 하나님은 성육신의 과정을 거치는 단계를 통해

---

2 위트니스 리, 번역부, 『내주하는 그리스도』 (서울: 한국복음서원, 1991), 10~11.
3 위트니스 리, 번역부, 『하나님의 경륜』 (서울: 한국복음서원, 2004), 10.
4 같은 책, 10.
5 위트니스 리, 『내주하는 그리스도』, 10; 『하나님의 경륜』, 244.
6 위트니스 리, 『하나님의 경륜』, 15.
7 위트니스 리, 『그 영과 몸』 (서울: 한국복음서원, 2000), 105~107.
8 위트니스 리, 『하나님의 경륜』, 16.

세 인격이 하나로 발전된 것이라는 말이다.[9] 그래서 그는 다음과 같은 예를 들어 설명한다.

> 아버지는 온전한 수박으로 설명된다. 아들은 조각난 수박으로, 성령은 수박의 즙으로 설명되어진다. 이제 여러분은 요점을 알 수 있다. 아버지는 아버지일 뿐 아니라, 아들도 된다. 그리고 아들은 아들일 뿐만 아니라, 성령이 되기도 한다. 바꿔 말하면 이 수박은 먹기 위한 조각도 되며, 우리 안에 있는 즙도 된다. 그 수박은 먹혀진 후 없어진다. 본래 그 수박은 식탁 위에 있었지만, 그것을 먹은 후에 그 수박은 온 가족 속에 있는 것이다.[10]

위트니스 리가 비록 양태론적 삼위일체관을 변형된 형태로 표현하고는 있지만 명백한 양태론으로서, 그의 사상은 하나님의 전능성에도 위배될 뿐만 아니라 또한 어제나 오늘이나 동일하신 하나님의 불변성과 영원성을 무너트리는 잘못된 것이다. 지방교회의 주장은 명백한 양태론이다. 어느 누가 보아도 양태론이 아니라고 말할 수가 없다. 정통 삼위일체는 본질(ουσια, 우시아, essence)로는 한 분이시지만, 인격(페르소나, person)으로는 셋으로서 서로 구별이 되며 상호교류가 가능하여야 한다. 그러나 지방교회는 한 인격과 한 실제를 주장하며, 한 인격이 세 과정과 세 단계를 거친다고 주장한다.

2. 기독론의 문제점

위트니스 리는 예수님의 인성에 변화가 있었다고 한다. 그는 다음과 같이 주장한다. "그의(예수) 인성이 아들의 명분으로 태어나기 위하여 부활이 필요했다. 부활 이전에 그리스도는 그의 신성에 따르면 하나님의 아들이었으나 그의 인성에 따르면 하나님의 아들이 아니었다"[11]고 하여, 인성을 입은 그리스도는 거룩하게 될 필요가 있었는데 부활을 통해 완성되었다[12]고 한다. 위트니

---

9 위트니스 리, 『그 영과 몸』, 110.
10 위트니스 리, 『하나님의 경륜』, 55-56.
11 같은 책, 73.
12 같은 책, 76.

스 리의 기독론은 결국 사람이 하나님과 똑같이 될 수 있다는 신인합일 사상에서 나온 것으로서 예수님이 나실 때부터 승천하시기까지 참하나님이시요 참인간이신 그리스도의 양성 교리에 어긋나는 것이다.

3. 교회론의 문제점

기성교회를 바벨론 음녀라고 하며, 기성교회 목사와 예배 등 대부분의 제도를 부정한다. 기독교를 바벨론이요 음녀라고 보아 기성교회는 타락해 죽어 있기 때문에 하나님이 계시지도 않고 불태워질 것이라고 한다.[13] 워치만 니 (중국어: 倪柝聲, 병음: Ní Tuòshēng 니퉈성, 1903~1972)는 기성교회의 목사와 예배를 부정하고,[14] 침례를 구원의 조건으로 삼으며,[15] 성령 충만을 위해 "오 주 예수여!"를 반복적으로 주문처럼 외우기만 하면 된다고 한다.[16]

이렇듯 이들은 자신들의 교리와 사상이 기독교와 다르다는 주장과 기독교는 사탄이 세운 종교라는 배타적인 주장을 한다. 아래 지방교회의 배타적인 교회론을 읽어 본다면, 그들이 기독교의 신학과 동일한 복음주의라고 주장하든지, 오해라고 변명하는 것은 모두 거짓 조작이라는 것을 알 수 있다. 주요 교리에서 대략 살펴보았듯이, 이들의 교리는 기독교의 교리와 전혀 다르며, 이들은 자신들을 포함한 극소수만이 이 교리(God-man)를 알고 있다고 주장을 한다.

4. 연구 결과

위트니스 리 사상은 워치만 니 사상과 함께 한국 교회의 많은 이단들을 낳게 하는(김기동, 권신찬, 이명범 등) 모태가 되는 명백한 이단이다.

---

[13] 위트니스 리, 『주의 회복에 관하여』 (서울: 한국복음서원, 2000) 12~13, 위트니스 리, 『성경의 핵심』, 94~97, 103, 위트니스 리, 『그리스도냐 종교냐』 (서울: 한국복음서원, 2003), 210~211, 위트니스 리, 『일곱 영』 (서울: 한국복음서원, 1991), 10~11, 49.
[14] 윗치만 니, 『사역의 재고』 (서울: 한국복음서원, 1991), 240~244, 251, 257~269.
[15] 윗치만 니, 『그리스도인 50 필수과정 1』, 7~18, 위트니스 리, 『진리공과—제1단계—제3권』, 86~89.
[16] 위트니스 리, 『성경의 핵심』, 138, 위트니스 리, 『그 영과 몸』, 27~28, 55~61, 83, 93, 110, 115, 위트니스 리, 『일곱 영』, 117.

56. 크리스챤신문

「크리스챤신문」에 대한 일반적이고 객관적인 이해를 위하여 「한국 민족문화 대백과사전」에 나타난 설명을 살펴보도록 하겠다. "「크리스챤신문」에 대한 내용은 1960년 7월 새문안교회 장로 김대보(金大輔)를 중심으로 몇몇 기독교인들에 의해 창간되었다. 교회의 혁신과 통일, 보도의 중립 등을 사시(社是)로 내걸고, 「크리스챤」이라는 제호로 B4판 4면을 서울 중구 저동 2가에서 발행하였다. 그 뒤 1963년 1월부터는 대판(大版) 4면으로 증면하면서 1964년 6월 운영체를 주식회사로 법인화하고, 「크리스챤신문」으로 개제하였다. 1969년 9월 세계문서선교회(World Literature Crudade, WLC)의 국내 조직인 '한국 가정문서선교회'로 경영권이 넘어가 복음선교의 비전, 교회쇄신과 일치, 신앙의 생활화를 3대 사시로 내세웠다. 1982년 5월 경영진이 바뀌면서 다시 사시를 '한국 교회의 방향을 바로잡는 신문, 평신도의 생활과 가정의 신문, 모든 사람에게 복음을 전하는 신문, 교회 활동과 사회봉사를 돕는 신문, 애국 반공정신을 계도(啓導)하는 신문, 전통문화의 계승 발전을 돕는 신문, 초교파적인 신문' 등으로 변경하여 종전의 교회 내부적 관심에서 국가와 사회에 기여하는 신문으로서의 사명을 강조하였다. 그러나 교계 행정 등 교계 중심의 소식을 주로 다루고 있으며, 독자의 대부분이 기독교 목사 등 교역자가 점하고 있는 순수한 종교지이다. 현재는 총 16면으로 매주 발행되고 있다."[1]

한국기독교총연합회와 주요 교단이 「크리스챤신문」을 이단 옹호 언론으로 규정했다. 한국기독교총연합회(한기총)는 2003년 성명서를 발표하고, "크리스챤신문」은 최근에 기사와 나아가 사설과 데스크 칼럼에 이르기까지 비판을

---

1 "크리스챤신문," 「한국 민족문화 대백과사전」, https://100.daum.net/encyclopedia/view/14XXE00586 75. 2025.06.27. 접속.

빙자하여 이단 사이비를 홍보 또는 옹호해주는 일이 빈번해졌다.""특히 한기총이 이단으로 규정한 '안상홍증인회'(안증회-하나님의 교회 세계복음선교협회)에 대해서는 그들의 입장을 대서특필하여 대변하는 듯한 기사마저 등장하고 있다"고 밝히며 이같이 규정했다.[2]

한기총은 특히 이 신문의 이단 광고 수시 게재 행위와 관련, "이단 사이비에게 광고 지면을 판매하면서도 '불의에 항거하는 신문'이라고 자임하는 태도가 후안무치(厚顔無恥)에까지 이르렀다"면서 "기독교 언론으로서의 정체성을 포기한 것이라고 규정하지 않을 수 없다"고 강도 높게 지적했다.[3]

△ 한기총은 또 더 이상 「크리스챤신문」의 탈선을 방치하는 것은 하나님과 한국 교회 앞에 직무 유기라고 한다.
△ 이단 사이비를 대변하고 홍보하는 기사와 광고를 게재하여 한국 교회를 혼란케 하는 「크리스챤신문」은 차라리 즉각 폐간하라.
△ 「크리스챤신문」에는 정체성 회복이 검증될 때까지 취재와 기고 및 광고 게재 등의 모든 협력을 중단할 것임을 천명하며, 한국 교회도 이에 동참해 줄 것을 당부한다.
△ 한국 교회는 건전한 기독교 언론 육성을 위해 노력해 줄 것을 요청한다고 밝혔다. 한기총은 앞으로 지속적인 모니터와 사례 발표로 탈선 예방에도 힘쓸 것을 천명했다.

본 교단 또한 2005년 90회 총회에서 「크리스챤신문」을 구독 금지 신문으로 규정했다. 예장통합 측도 2005년 90회 총회에서 「크리스챤신문」에 글을 게재하거나 광고를 내어 후원하는 일은 없어야 한다고 결정했다. 그 이유에 대해 통합 측은 "「크리스챤신문」은 '하나님의 교회 안상홍증인회', '신천지교회', '베뢰아', '이재록' 등을 옹호하는 기사와 인터뷰 그리고 광고 등을 끊임없이 싣고 있다.""이단을 옹호하는 글이나 그들의 광고를 게재하여 성도들

---

2 "크리스챤신문 연구보고서(90회기, 통합측), [이단 사이비 총회 주요 결의]," https://new.pck.or.kr/bbs/board.php?bo_table=SM02_18_06&wr_id=49. 2025.06.27. 접속.
3 같은 자료.

의 신앙생활에 혼란을 야기하고 있다"고 지적했다.[4]

통합 측은 그 증거의 일부분이라며 「크리스챤신문」이 2002년 11월 18일 자, 12월 23일 자, 2003년 3월 24일 자, 안상홍증인회 옹호 기사를, 2001년 6월 30일 자, 2002년 12월 16일 자, 2003년 3월 17일 자, 24일 자 기사로, 2003년 3월 24일 자 하단 광고로 신천지교회와 시온기독교신학원을 옹호했다. 2003년 4월 6일자 등 4건, 신천지교회(시온기독교신학원) 옹호 기사 및 광고 2003년 3월 24일 자 등 5건, 이재록 씨 관련 기사와 칼럼, 2003년 4월 28일은 만민중앙성결교회를 소개하여 "성령의 은사로 치유의 기적 넘친다"는 제목의 글을 실었고 같은 날짜에 이재록 씨의 사진이 실린 광고를 실었다. 12월 2일에는 인도에서 큰 부흥을 일으켰다고 이재록 씨를 소개하는 기사를 실었다. 그 후 2005년 8월 현재까지 매 호마다 이재록 씨의 칼럼을 싣고 있다.[5] 김기동 씨 이름의 근하신년 광고와 김기동 씨 전면 인터뷰(2003년 9월 8일), 베뢰아 신학 변호 관련 70여 회 이상 등을 게재했다고 밝혔다.

이렇듯 본 교단이 「크리스챤신문」을 이단 옹호 언론으로 규정했음으로 신문사의 기자들에게 보도 자료를 보낸다거나, 이 신문사의 기자의 취재에 응한다거나, 교단 소속 목사가 이 신문에 기사나 광고를 게재하는 일은 없어야 할 것이다.

[4] 같은 자료.
[5] 같은 자료.

 57. 통일교(문선명)

문선명 씨는 공자, 석가, 예수까지도 자신의 부하라며 자신을 재림주요 구세주라고 주장하는 통일교의 교주다. 통일교의 공식적인 단체 명칭은 1954년에는 세계기독교통일신령협회, 1994년에는 세계평화통일가정연합으로 변경됐다.

최근에는 주로 '스포츠'를 이용한 포교에 주력하고 있다. 피스컵 축구대회, 피스스타컵, 피스퀸컵 등이다. 전남 여수에는 지역 개발이라는 이름으로 '오션 파크 리조트 건설'과 '화양지구 300만 평 개발'을 진행하고 있다. 이에 지역 주민은 물론 기독교 단체와 마찰도 발생하고 있다.

최근 문선명 씨의 4남인 문현진 씨(세계평화청년연합회 회장)의 활동이 활발해지며 통일교의 지각변동을 예고하는 것 아니냐는 지적이 나오고 있다. 문현진 씨는 현재 통일교 측 규모 있는 대회에 자주 등장하는 것은 물론, 미국을 중심으로 통일교 원리 강연회 강사로 적극 활동하고 있다. 통일교는 이미 예장통합 등 주요 교단에서 '이단'으로 규정된 상태다.

I. 기타 자료

다음은 예장고신 측의 연구 발표 내용 요약이다(『유사종교연구』 1-4합본, 1992년, 386-387쪽).

통일교는 우리가 잘 아는 대로 기독교가 아니다. 그 이유는 무엇보다도 성경을 부인하기 때문이다. 그들은 신약성경을 가리켜 지금부터 2,000년 전에 심령과 지능이 극도로 낮았던 그 시대인들을 위하여 주신 하나의 과도기적인 교과서로 현대인들을 위해서는 고차원적인 내용과 과학적인 표현법에 따른 새 진리가 필요하다고 전제하고 있다. 그래서 『원리강론』을 성약성경(成約聖

書), 즉 하나님의 약속이 이루어진 참성경이라고 주장한다.

또 그들은 해(요 1:9)는 예수님의 말씀이고 달의 빛은 진리의 영으로 오신 성령인데 해와 달이 빛을 잃는다(마 24:29)고 한 것은 예수와 성령이 주신 신약성경이 빛을 잃게 된다는 뜻이라고 한다.

그 이유는 예수와 성령이 옴으로 구약의 말씀이 빛을 잃듯 예수가 재림함으로(문선명의 출현) 초림 때에 주신 말씀이 그 빛을 잃게 된다고 주장한다.

이상에서 살펴 본 대로 성경말씀의 충족성, 완전성을 부인하고 아전인수격으로 해석하는 그들은 이단의 특색을 가장 잘 드러내고 있다. 그러므로 이들의 부흥과 발전은 그만큼 많은 생명들을 멸망의 길로 인도하는 것인바 그들을 견제하고 또 거기에 빠진 자들을 적극 구해내야 할 것이다.

통일교회에 대해 정리하면:

1. 창시자 문선명씨가 1946년경 예수의 음성을 들었다고 주장하면서 시작되었다. 이단들의 전형적인 직통계시론이다. 그리고 1954년 세계기독교통일신령협회를 창립하였다.
2. 통일교는 문선명을 제2의 메시아로 그가 구원을 완성시킨다고 주장한다.
3. 통일교는 성경과 문선명의 계시를 혼합하여 만든 『원리강론』이라는 경전을 갖고 있다.
4. 통일교는 아담과 하와가 선악과를 먹은 것이 아니라, 하와가 사탄(천사장 루시퍼)과 성적 관계를 맺어 타락했다고 주장한다.
5. 통일교는 출현과 참부모(문선명)의 가르침을 통해 원래의 상태로 복귀해야 한다고 주장한다(복귀섭리론).
6. 통일교는 예수는 영적 구원만 완성했고 육적 구원은 문선명을 통해 완성된다고 주장한다.
7. 재림주 문선명 인류의 구속을 완성한다고 주장한다.

II. 결론

이상에서 살펴 본 대로 성경말씀의 충족성, 완전성을 부인하고 아전인수격으로 해석하는 그들은 이단의 특색을 가장 잘 드러내고 있다. 그러므로 이들의 부흥과 발전은 그만큼 많은 생명들을 멸망의 길로 인도하는 것인 바 그들을 견제하고 또 거기에 빠진 자들을 적극 구해내야 할 것이다.

58. 트레스 디아스(TD)

천주교회에서 만들어진 트레스 디아스(Tres Dias, TD)는 한국 교회에 단기간 내에 빠르게 확산됐다. 오늘날 통계를 낸다는 것이 불가능할 정도다. TD에 참가한 목회자들 가운데는 이에 매료되어 자기 교회에서 곧바로 개설하는 사례도 많았다. 또 TD를 현실에 맞게 변형하고 이름조차 새로 붙여서 시행하기도 한다. 물론 내용이나 형식을 정통교회의 그것처럼 변화시켜 활용하고 있는 상당히 많다.

    TD의 문제점은 크게 두 가지다. 먼저는 프로그램의 천주교적 요소다. 그 다음에는 이단사상과의 혼합이다. TD가 한국에 소개된 경로는 김기동 계열(귀신파)의 김광신 씨, 이명범 씨에 의해서이다. 김광신 씨는 미국을 중심으로 활동하다가 지난 2005년 서울 천호동에 서울은혜교회(www.seoulgrace.co.kr)를 설립 활동하고 있다. 이명범 씨는 서울 양재동을 중심으로 활동하고 있다. 반면에 건전한 목회자들이 가톨릭적 요소를 배제하고 긍정적인 요소들을 수용하여 실시함으로서 신앙훈련에 유익한 프로그램으로 자리 잡은 경우도 있다. 따라서 어느 경로를 통해서든 TD 참여의 권면을 받으면, 먼저 목회자나 전문기관에 문의하는 것이 바람직하다.

I. 트레스 디아스에 대한 총회의 입장[1]

1. 트레스 디아스 연구자료

1) 서언

'트레스 디아스' 또는 '뜨레스 디아스'는 스페인어 'Tres Dias'를 음역(音譯)한 것으로 '사흘'을 뜻한다. 1949년 1월 7일 스페인의 마요르카(Mallorca)에서 시작된 천주교의 평신도 훈련인 꾸르실료(Cursillo)를 미국에서 기독교적으로 변형하여 1972년 11월 2일 미국 뉴버그에서 평신도 훈련을 실시하면서 '트레스 디아스'라는 이름을 붙였는데 이때 이후로 '트레스 디아스'는 '개신교 신자들을 훈련시키는 특별 프로그램'이라는 특수한 뜻으로 사용되고 있다. 한국에서는 '신자들을 위한 영성 훈련 프로그램'으로 더 널리 알려져 있다.

2) 역사와 현황

최초 모임은 상기(上記)한 대로이며 이후 이 운동은 미국 동부 지역을 중심으로 퍼져 나가다가 1980년 7월 11일 같은 이름으로 미국 내 '트레스 디아스' 단체들이 전국 연합체를 구성하게 되었고 전 세계로 이 운동을 확산시켰다. 한국에 이 운동이 들어오게 된 경로는 크게 세 가지로 추적된다.

(1) 1982년 미국 뉴욕에서 있었던 '미드허드슨 트레스 디아스'에 참석했던 이명범이 이것을 레마 선교회의 훈련 프로그램으로 도입한 것이 한국 '트레스 디아스'의 시작이다. 이후 '트레스 디아스'는 급속하게 이단 시비에 휘말렸다. (이곳을 이탈한 목사들이 상당 부분을 수정하여 1989년 1월 '서울 트레스 디아스'를 시작하였고, 이후 부산 트레스 디아스, 대구 트레스 디아스, 경북 트레스 디아스, 대전 트레스 디아스 등으로 확대되었다.)
(2) 1984년 금호제일감리교회의 장광영 목사가 미국 '뉴저지 트레스 디아스'에 참여하고 1989년 LA 은혜교회의 김광신 목사의 지원으로 한국에서 '골

---

1   제91회 총회보고서, 489~495, 539~540.

든 트레스 디아스'를 시작하였다. (김광신 목사가 김기동의 귀신론을 추종하는 것 때문에 미국에서만이 아니라 한국에서도 이단 시비가 일었다.)

(3) 1994년 11월 29일에 천주교 꾸르실료 한국협의회가 개신교 신자들을 위한 꾸르실료를 실시하였는데 30여 명의 개신교 목사들이 함께 참석하였다가 이후 '유니온 트레스 디아스'를 시작하였고, 이후로 많은 참가자들이 다른 이름으로 '트레스 디아스'를 실시하고 있다.

그러나 이러한 사실은 시작에 관한 정보일 뿐, 현재는 정확한 계보를 알 수 없을 정도로 많은 단체가 '트레스 디아스'를 실시하는 주체가 되어 있다. 적지 않은 교회, 기도원, 선교단체, 수도원 등이 예를 들면, '임마누엘 트레스 디아스', '레인보우 트레스 디아스', '죠이 트레스 디아스', '은혜의 동산', '사랑의 동산' 등의 다양한 이름으로 이 훈련을 실시하고 있다. '사랑의 동산'은 통합 측 목사들이 중심이 된 단체로 7개의 지부(서울 동산, 영남 동산, 호남 동산, 광주 동산, 중앙 동산, 중부 동산, 서해 동산)를 구성하고 있다.

3) '트레스 디아스'란?

'사흘'로 상징되는 이 훈련은 훈련을 주관하는 단체의 성격에 따라 그 내용과 방법이 다르지만, 처음부터 다음과 같은 정신 위에서 진행되었다. 미국의 '트레스 디아스' 본부는 '트레스 디아스'를 다음과 같이 소개한다.

(1) 기독교인을 대상으로 한다.
(2) 초교파적으로 진행한다.
(3) 기독교 부흥 운동이다.
(4) '꾸르실료'와 비슷한 운동이다.
(5) 기독교인을 지지하는 단체운동이다.
(6) 기도와 성경 공부와 신앙 활동을 중심으로 하는 소규모 단체운동이다.

이러한 정신 위에서 '트레스 디아스'는 기독교인이 다른 사람들에게 그리스도에 관하여 얘기하도록 자극하고, 기독교인 각자에게 가지신 주님의 사랑을 강조하고, 기독교인들이 그들의 가정 모임에서 일하며 복음을 전하도록 자극하는 것을 목표로 하고 있다. 한국의 '트레스 디아스'도 크게 다르지 않다. 다만 천주교의 냄새를 풍기는 신학적/교리적/언어적 내용이나 순서를 정도는 다르지만 수정하고, 교회를 위하는 훈련/모임임을 강조하는 내용들이 들어온 것에서 차이가 있을 뿐이다.

예를 들어 '대구 트레스 디아스'는 위의 (1)과 (2)는 그대로 수용하지만, 나머지는 변형시켜 사용한다(부산 트레스 디아스, 경북 트레스 디아스, 대전 트레스 디아스, 서울 트레스 디아스도 거의 같다).

① 평신도 운동이다.
② 비영리 운동이다.
③ 한 교파의 역할을 감당해서는 안 된다.
④ 예배를 주관하는 기관이 아니다.
⑤ 봉사기구가 아니다.

이러한 수정은 '트레스 디아스'가 교회를 대신하거나 파괴할 수도 있다는 기존 교회의 우려와 비판을 의식한 때문으로 보인다.

요약하면, 개 교회 또는 선교단체, 기도원, 독립 트레스 디아스는 자신들의 목적에 맞추어 신자들을 교육하여 보다 열심히 신자답게 살아가도록 자극하는 방법으로 이 훈련 프로그램을 사용하고 있다. 이것은 신자들에게 보다 열심/능력 있는 삶을 강조하기 위하여 중생 이후의 과정에 제2의 은혜를 삽입하려던 것과 같은 시도로 볼 수 있다. 따라서 이것이 회개나 중생, 믿음과 같은 경험은 아니라는 것을 강하게 가르치는 것으로 보인다.

4) 훈련 과정

'트레스 디아스'는 '꾸르실료'에 들어 있던 천주교적 요소를 수정했다고 하지만 이는 중요한 교리적 부분에 관한 말일 뿐, 그 중요 골격은 여전히 천주교 평신도 훈련 프로그램인 '꾸르실료'를 따르고 있어서 특정 순서나 용어를 말만 바꾸었다는 인상을 풍긴다.

그 훈련 과정은 다음의 세 부분으로 나누어져 있고 그 내용은 대략 다음과 같다. (다음은 주로 한소망교회를 목회하고 있고 은혜의 동산을 운영하고 있는 류영모 목사의 프로그램을 따른 것이다).

1) '사흘 이전'(Pre-weekend라고 부르기도 한다)
2) '사흘'(Weekend라고 부르기도 한다.)
3) '넷째 날'

(1) 첫 단계인 '사흘 이전'은 약 8주 정도의 기간인데 후보자들의 추천을 받고 추진하며 주 1회 정도 모여 기도회를 가지고, 프로그램을 점검하고 준비하는 기간이다. 훈련 참가자를 20세 이상의 신자로서, 인정할 수 있는 사람들의 추천을 받고 한 번도 '트레스 디아스'를 경험한 적이 없는 사람으로 제한하고 있다(훈련 대상으로는 두 번 참가할 수 없지만 돕는 사람으로는 가능하다).

(2) 둘째 단계인 '사흘'은 훈련의 본 단계인데 완전히 격리된 곳에서 참가자와 도우미가 함께하는 5개 정도의 명상과 15개의 강의, 묵상, 관상, 침묵, 자기성찰, 토론, 기도, 찬양, 세족식, 성찬식 등으로 진행된다. 이 장소에 미리 준비되어 있는 특이한 소품들이나 장식들도 훈련에 의미 있는 주요 자료로 사용된다. 격리된 장소에 도착한 날은 그다음 날(첫째 날) 아침 예배가 끝날 때까지 침묵(묵상)시간을 갖는다. 성직자에 의해서 '자신을 알라', '방탕한 아들'이란 명상 시간이 제공된다.

첫째 날에는 성직자에 의해 '그리스도의 세 가지 광채'란 명상 시간이 있고, '목적', '은혜', '교회', '성령', '경건'에 대한 다섯 개의 강의가 성직자 또는 평신도에 의해 주어진다.

둘째 날에는 성직자에 의해 '그리스도의 형상'이란 명상 시간이 주어지고, '공부', '성례', '사도적 행위', '은혜를 가로막음', '지도자들'에 대한 다섯 개의 강의가 성직자 또는 평신도에 의해 주어진다.

셋째 날에는 성직자에 의해 '어부('사흘'을 마친 사람)에 대한 그리스도의 명령'이란 명상 시간이 있고 '환경', '신자의 삶', '기독교 공동체', '재회 모임',

'넷째 날'이란 강의가 성직자 또는 평신도에 의해 주어진다. 성례전은 매일 행하고 전체 행사는 '사도적 시간'이란 이름으로 끝난다.

(3) 셋째 단계인 '넷째 날'이란 '사흘' 이후의 모든 날을 지시하는 것으로 가정과 사회 속에서 신자로 바르게 살아가는 것을 뜻하며 이를 주기적으로 점검하기 위한 '재회의 시간', '전체모임' 등과 같은 특별한 모임을 갖는다.

2. 문제점

'트레스 디아스'의 문제점은 이미 다른 경로를 통해 어느 정도 확인된 바 있으므로 중복되는 것은 간략하게 인용하고 이때까지 제기된 적이 없는 문제점들을 아래에 자세하게 설명해 본다.

1) '트레스 디아스'에 대하여 1993년의 제78회 총회는 "우리 총회와 관계가 없으므로 엄히 경계하여 제지하도록 하다"라고 결정하였다. ('트레스 디아스'가 한국에 들어온 지 26년, 총회의 결정이 있은 지 13년이 지나서 상황이 적지 않게 변한 것으로 보인다. '트레스 디아스'를 모르는 기독교인이 거의 없을 정도인 지금, 본 교단에 속한 교인들, 목회자들 이전 세계 개신교에 나타나고 있는 이 현상을 경계만 하고 있을 리는 없을 것이다. 그뿐만 아니라 목회자나 신자들 중 더러는 '트레스 디아스'를 경험하거나 교회적으로 실시하고 있다는 징후가 여기저기서 포착된다. 그렇다면 총회의 이 결정은 충분한 이유 제시가 되기 어려울 것이다.)

2) '트레스 디아스'에 대한 통합 측 총회의 결의는 1995년에 있었다. 그때 총회에서 채택된 연구 보고서는 이 운동의 '천주교적 요소', '이단 또는 불건전한 사람들이 사용하는 경우', '인위적 요소', '교회 내외의 파당 형성'을 문제점으로 지적하였지만 이에 대한 구체적인 설명은 없었다. [이를 근거로 통합 측은 이단이나 불건전한 단체(교회)에 의하여 운영되는 '트레스 디아스'에만 참여하는 것을 철저히 금하고, 남녀가 함께 참여하거나, 리유니온(즉 재회의 모임)을 시정 또는 금할 것을 권고하도록, 또 건전한 '트레스 디아스'에 교인들이 참가할지의 여부는 각 교회 목회자의 판단에 맡기도록 결정했는데, 그 결과 통합 측 목사들이 주도하는 사랑의 동산이 전국적으로 활발하게 활동하고 있다. 또 지적된 요소들을 수정하여 이제

는 같은 원리에 입각한 '영성훈련' 또는 '트레스 디아스'가 더 이상 '꾸르실료'와 같은 선위에 있지 않음을 주장하기도 한다.]

3) 어떤 '트레스 디아스' 지도자는 '꾸르실료'(1세대)에서 가톨릭적 요소를 대폭 없애고 '트레스 디아스'(2세대)가 나왔으며 이것이 이제 '기독교 영성운동'(3세대)으로 진화해 왔기 때문에 지금은 교회가 받아들이고 사용하기에 아무런 문제가 없다는 식으로 말하지만, 이런 운동이 천주교에서 발생한 '꾸르실료'에서 본질적으로 떠나지 않는 한 아직도 똑같은 문제점들이 남아 있다. 천주교적 특성을 다음과 같이 정리해 본다.

첫째, '트레스 디아스'는 성령과 성경에 의지하여 살아가야 할 신자의 삶을 가시적이고 의식적이며 형식적인 것으로, 또는 이와 관련된 경험이나 분위기, 장소 등에 의존하도록 되돌려놓을 위험이 있다. 참가자들에게 영적 감화력을 끼치거나 묵상, 관상 등에 도움을 주기 위하여 기획된 소품, 장식, 집회 시에 사용하는 촛불, 분위기, 시청각적 자료, 이 훈련을 경험한 사람들에게 주어지는 그림이나 상징물 등은 이것이 단순히 은혜로웠던 '사흘'을 회상케 하는 도구가 된다 하더라도 개혁자들이 고의로 피하려 했던 로마 가톨릭교회의 잔재에 속한다고 아니할 수 없다. 최근에 '사흘'을 경험했던 시간이나 모임의 장소, 또는 그 경험을 '천국의 모형'으로 과도하게 표현하는 것도 가시적인 분위기나 상징, 장소와 무관하다고 할 수 없을 것이다.

둘째, '트레스 디아스'가 사용하는 순서들과 그 자료, 내용들이 철저하게 비밀스럽게 관리하고 되는데 기본적으로 로마 가톨릭에서 만들어진 것이며, 모임에 따라서는 '기독교 영성'이라는 이름으로 거의 그대로 사용하는 경우도 있어서 개신교를 천주교에 의존하게 만들 위험이 있다. '사도적 시간', '사도적 명령', '사도적 사명' 등의 표현도 이러한 범주에 속한다.

셋째, '트레스 디아스'가 중요 방법으로 사용하는 다양한 이름의 방법인 침묵, 묵상, 명상, 관상은 중세에 수도원, 또는 격리된 장소에서 하나님께 가까이 가는 방법으로 발전한 것인데 성도들과 그들의 삶을 개혁 교회가 그렇게도 강조했던 '성경만으로', '은혜만으로'라는 구호를 떠나게 하고 인위적인 방법으로 되돌려놓을 위험이 있다. 이러한 인위적 방법들은 하나님의 은혜를 직접 찾아내기보다는 자신이 배우고 사용하는 언어, 사고방식, 논리 등을 이리저리 짜맞추어서 자신만의 새로운 체계를 만들어내는 것이어서 성경만을 근거로 하는 개신교 신학과 신앙에는 치명적으로 해가 된다.

4) 교회론과 관련된 문제점이 발생하는 것을 피하고 방지하기 위하여 '트레스 디아스'를 초교파적, 또는 교파와는 관련이 없는 운동으로 정의하고 몰아가는 것은 이 자체가 개신교를 파괴할 위험이 된다. 전 세계의 모든 국가, 지역교회를 한 체제로 관할하고 있는 로마 가톨릭교회의 입장에서는 '꾸르실료'를 모든 평신도들이 참가할 수 있는 운동으로 보급하는 것은 가능한 일이다. 그러나 개신교의 입장에서는 - 정치적인 이유는 빼고 - 이런저런 교파로 갈라질 충분한 신학적, 역사적 이유가 있었기 때문에 이러한 것에 침묵하고 초교파적으로 평신도를 훈련시키고 하나님의 은혜를 경험케 한다는 명분은 이들을 교회 평신도 지도자로 키우는 것이 아니라, 오히려 신자들을 하향교육하는 것이며, 교회에 반발하는 평신도를 키워내거나 개신교 역사와 신학을 부정하는 위험에 빠트릴 수밖에 없다. 각 교파 간의 교리적, 신학적, 제도적 차이는 무시하거나 뛰어넘음으로써 극복되지 않고 개혁자들이 주장한 개혁 원칙에 따라 각 교단의 차이를 적나라하게 비교, 검토한 후 성경대로 수정해 감으로 해결되어야 하는 것이다. 이런 의미에서 모든 교회의 신자들이 참여할 수 있는 '사흘의 단순 체험'에 성도들을 맡기거나 목회자가 가는 것은 교회/교단/개신교 전체를 파괴할 위험을 자초하는 일이 되고 말 것이다.

5) 교회 속의 진정한 교회가 만들어질 위험은 다른 보고서를 통해 이미 알려진바 있는데, 지금은 이것이 실제로 가시적으로 나타나고 있다. '사흘'을 경험한 사람들은 그 사흘 동안 함께 있었던 사람들과 같은 기에 속하는 '어부'(뻬스까도르)가 되어 '재회'의 모임을 가지기도 하고 끊이지 않는 관계를 지속한다. 또 작은 모임의 한계를 넘어 '전체 모임'을 가지기도 하고, 이것은 지역적, 국가적 '트레스 디아스' 공동체를 형성하기도 한다. '사흘'

을 경험한 사람들은 그들만의 표시를 사용하며 진한 유대감을 느끼며 전 세계적 공동체로 서서히 그러나 눈에 보이지 않게 자라나고 있다. 지도자들이 의식하지 않더라도 보이는 교회 안에 보이지 않는 진정한 교회로 발전하고 있는 것이다. 개혁신학에서 이 비슷한 무형교회를 인정하는 것은 '트레스 디아스'와 같이 거미줄로 얽히는, 실제적으로는 유형의 공동체가 아니라 성령이 지배하시는 영적 공동체이다. 이것을 전혀 다른 원리, 즉 사흘의 경험을 근거로 만들어가는 것은 결국은 교회의 결속을 해치는 결과로 나타날 것이 틀림없다.

6) '트레스 디아스' 경험자들이 교회 안에서 이질적 요소로 존재할 수밖에 없는 이유는 그들만의 독특한 용어를 사용하는 데 있다. '트레스 디아스'는 그 표제에서 이미 보이듯이 중요 용어들을 모두 스페인어 그대로 사용하고 있다. 훈련을 받는 '사흘'에는 이것이 신비하고 이색적으로 보여서 정말 새로운 어떤 것을 하고 있는 것같이 보이지만 사실은 같은 것을 다른 언어를 사용하여 지시하는 것일 뿐이다. 그러나 다른 말을 쓴다는 것은 기독교 신앙과 생활을 한국인에게 심기보다는 이미 존재하는 교회에 새로운 존재로 나타나게 됨을 뜻하게 될 것이다.

그러므로 이상의 여러 문제점으로 볼 때, 1993년 제78회에서 교단 내 구성원들이 '트레스 디아스'에 참여하지 못하도록 조치한 것은 정당한 것으로 판단된다.

3. 연구 결론

트레스 디아스는 로마 가톨릭에서 시작된 평신도 훈련을 개신교에서 도입한 것으로 한국에 도입되는 과정에서도 이단 시비가 끊이지 않았을 뿐 아니라, 훈련 과정이나 용어(사도적 시간, 사도적 명령, 사도적 사명 등), 방법 등에서도 천주교적 요소가 농후하다. 교파와 관련 없는 초교파적 운동으로 강조하는 점도 전 세계의 모든 국가 지역교회를 한 체제로 관할하는 로마 가톨릭적 입장을 대변한다 할 수 있으므로 개신교 교단의 교리적, 신학적 요소를 간과 내지는 부정할 위험이 있다.

뿐만 아니라 '교회 속의 진정한 교회'가 만들어질 위험에 대한 보고, 즉 트레스 디아스의 상징인 '사흘'을 경험한 사람들이 '어부'가 되어 재회하는 모임이 작은 모임의 한계를 넘어 전체 모임으로 확대되는 등 트레스 디아스로 거미줄처럼 얽혀서 지역적, 국가적, 전 세계적 공동체로 눈에 보이지 않게 서서히 자라나고 있는 것은 교회가 성령님이 지배하는 유기적, 영적 공동체임을 강조하는 교회론에 도움이 되지 않는다.

또한, 트레스 디아스 경험자들이 사용하는 그들만의 독특한 용어 '트레스 디아스'(사흘) 등은 스페인어를 그대로 사용함으로 신비하고 이색적으로 보일 수는 있으나 기성 교회 안에서 이질적 요소로 존재할 수밖에 없는 등의 문제점이 있다.

따라서 트레스 디아스는 위와 같은 이유로 제78회 총회에서 결의된 바 곧 "우리 총회와 관계가 없으므로 엄히 경계하여 제지하도록 하다"대로 입장을 재확인하였으므로 참가를 제지하여 금함이 옳다.

II. 기타 자료(참고)

다음은 예장통합 측의 연구 발표 내용 요약이다(제80회 총회 1995년, 제87회 총회 2002년).

1. 트레스 디아스의 기원

트레스 디아스(Tres Dias)는 1940년 가톨릭에서 시작된 영성 훈련인 꾸르실료(Cursillo)가 개신교에 들어오면서 붙여진 이름이다. 트레스 디아스(Tres Dias)는 스페인어로 '사흘'의 뜻이다. 3박 4일간 독특하게 짜여진 프로그램에 의해서 실시된다. 3일간 크리스천의 기본이 되는 생활의 체험을 통하여 하나님과 하나가 되어 소명을 깨달아 알고 응답하는 회심의 여정을 체험하게 한다. 그 내용은 신앙의 빛으로 인도되는 하나님 체험의 여정, 새로운 삶으로의 전환을 다짐하는 회심 체험의 여정, 나와 환경을 복음화해야 한다는 소명 체험의 여정이다. 1949년 1월 7-10일까지 3박 4일간 스페인의 마요르까(Mallorca)에서 공식적인 첫 모임이 시작되었다. 다양하게 만들어진 프로그램과 강의는 케리그마에 일치한 교회의 예언적 사명을 수행하는 대안을 구체적으로 제시한다. 가톨릭 내에서도 로마 교황청으로부터 전 세계 가톨릭교회에 참여를 권장하기까지 20년간 내용변경과 실행상의 문제점 등이 수정되고 보완되는 과정을 거쳤다. 현재 전 세계 가톨릭교회 내에서는 특수하고 구체적인 평신도 영성 훈련으로 가장 각광받는 영성 훈련으로 발전되고 있다.[2]

1967년 5월 이 운동은 한국 천주교회에 처음으로 도입되었다. 현재 천주교회에서는 전체 한국 교구에서 신앙의 새로운 시대 적응을 위한 신앙 사고 전환(Paradigm shift)의 한 방법으로 활달하게 활용되어지고 있지만, 한국 기독교에서는 1985년 미 8군 교회와 미국에 있는 한인 교회를 통하여 소개되면서 이 프로그램의 주도권 쟁탈을 놓고 마치 한국의 고질적인 교파 분열을 재현하듯 교단별, 목회자와 목회자, 목회자와 평신도, 평신도와 평신도 그룹 간에 핵분열을 가속화하고 있다.[3]

2. 트레스 디아스 프로그램의 내용

프로그램의 내용은 신학적인 핵심인 메시지의 선포, 회개와 직접적으로 연결되는 호소력 있는 선포, 하나님의 인간 사랑을 체험하는 기쁨, 믿음과 소망과 사랑을 실생활에서 증거하는 삶을 주로 다루고 있다. 가장 큰 특징 중의 하나로 이 프로그램은 3박 4일 동안(청소년을 위한 2박 3일의 과정도 있음) 외부와 완전히 차단된 상태에서 실시된다.[4]

원래 가톨릭에서 처음 전수될 때는 강의, 그룹토의, 찬양, 섬김 훈련과 각종 독특히 구성된 프로그램이 있으나 개신교로 전래되면서 용어는 물론 강의 내용은 물론 프로그램을 자의적으로 변형시켜 실시되고 있다. 롤로(Rollo)라고 하는 15개의 주제별 강의 제목은 1. 삶의 이상, 2. 은혜, 3. 교회, 4. 성령, 5. 경건한 신앙, 6. 성경공부, 7. 성례전, 8. 그리스도 안에서의 행동, 9. 은혜의 방해요소, 10. 지도자, 11. 환경, 12. 은혜 안의 생활, 13. 크리스천의 공동체 생활, 14. 새 공동체 모임, 15. 4th Day이다.[5]

---

[2] "[이단 사이비 총회 주요 결의] 트레스디아스 보고서," https://new.pck.or.kr/bbs/board.php?bo_table=SM04_06&wr_id=37. 2025.06.27. 접속.
[3] 같은 자료.
[4] 같은 자료.
[5] 같은 자료.

주제별 강의 이외에도 현재 한국에서 실시되는 프로그램 중에는 묵상기도, 성찬식, 편지 보내기, 선물 보내기, 특별기도회, 세족식, 회개한 죄목 태우기, 촛불길 걷기, 사랑의 포옹, 아침 만남의 시간, 침묵 훈련, 개인 고백의 시간, 간증 시간 등 실로 다양하다.

3. 연구 결과

1) 트레스 디아스나 이와 유사한 프로그램은 교단으로부터 정식으로 인준된 프로그램이 아니기 때문에 개 교회 목회자는 프로그램을 운영하는 단체와 교회의 성격과 내용을 신중하게 연구하고 분석하여 참가 여부를 목회자 스스로 판단하고 반드시 담임 목회자의 추천을 받고 참가하도록 해야 한다.
2) 이단이나 불건전한 단체와 교회에서 운영하는 프로그램에는 절대로 참석을 금하도록 한다.
3) 이 프로그램은 진행하는 단체나 교회에서도 비밀유지를 통한 성과의 극대화라는 명분에서 탈피하여 목회자들에게는 모든 것을 투명하게 공개하여 목회자와 시행단체 간의 갈등이 발생하지 않게 하려는 노력이 있어야 한다.
4) 이 프로그램을 경험한 성도들의 관리는 재교육이라는 명분으로 프로그램을 주관한 단체가 비공개로 할 것이 아니라, 담임 목회자의 목회 영역 안에서 교회에서 활동할 수 있도록 해야 한다.
5) 이 프로그램이 이단이나 이에 가까운 교회나 단체가 기성 교회와 교인들에게 주는 피해를 막기 위해서 지속적인 주시가 진행되어야 한다.
6) 변혁의 시대에서 이 프로그램을 복음 안에서 긍정적으로 보완·발전시켜 목회자, 중직자, 평신도, 청소년을 위한 기독교 영성 훈련의 돌파구와 새로운 신앙훈련으로 발전될 수 있는 대안 제시를 위해서 긍정적인 연구가 계속되어야 할 필요가 있다.

59. 홍혜선

I. 총회 자료
다음은 총회신학부에서 제101회 총회에 보고한 내용이다.

1. 홍혜선은 누구인가?
홍혜선은 UCLA에서 언어학을 전공했다고 하고 하나님의 계시에 의하여 풀러 신학교(미국)에 입학하여 선교학 과정을 수학했다고 한다. 그러나 2014년 10월 27일에 홍혜선은 미국 풀러 신학교에 입학을 하였으나 학위 과정을 마치지 않아 졸업생이 아니라는 공식 입장을 내놓았다. 홍 씨는 연극, 영화, 시나리오 작가, 배우, 프로듀서도 맡고 있다고 하는데 할아버지 홍 모 씨는 한국 최초의 연극 연출가로 알려져 있다. 그런 홍 씨는 돌연 2010년부터 천국과 지옥을 체험했고, 이것을 세상에 알리라는 영적 존재의 명령을 따라 책과 유튜브를 통해 자신의 체험을 올리고 있는데 그녀가 유튜브에 올린 영상들만 무려 400여 건에 이른다.

2. 홍혜선은 교인들을 혼란에 빠뜨리고 신앙을 미혹시키는 거짓 예언자이다
홍혜선은 주로 한국에 전쟁이 발발할 것이라고 예언한다. 인터넷이나 유튜브에서 홍혜선을 클릭하면 한국 전쟁 발발에 대한 그녀의 메시지와 동영상을 쉽게 접할 수 있다. 2014년 9월 6일 한국 전쟁 예언 메시지를 시작하여 무려 12번 혹은 13번에 걸쳐 한국 전쟁이 발발한다는 것과 전쟁의 원인 등을 말한다. 유튜브에 실린 그녀의 메시지를 요약하면 다음과 같다(1-9번 메시지). 그녀는 주님이 자신에게 주신 메시지를 직접 전달하는 자로 자칭한다. 예를 들면 "주님이 말씀하셨다"는 식으로 표현하고 있다. 직통 예언과 계시를 받았다는 것이다. 간추리면 다음과 같다.

1) 한국 전쟁 메시지 1번(2014년 9월 6일: 동영상에 올린 날짜)

2014년 3월 26일에 한국의 많은 사람이 죽을 것이다. 한국 교회의 주의 종들이 75~85%는 회개하지 않으면 지옥 갈 것이다. 주님이 한국의 전쟁을 취소하지 아니하시는 이유 중 하나는 우리가 성령을 훼방한 죄요 즉 성령을 탄압한 죄 때문이다. 자신의 예언은 하나님의 마음인데 듣지 아니하는 자는 성령을 훼방하는 자다. 노인들과 군인들을 위해 기도하라고 하셨다. 하나님은 한국의 전쟁을 취소하지 아니하셨고 한국의 교회에 화가 많이 나 있다. 특히 목자들에 대해 화가 많이 나 있다. 전쟁은 12월에 일어난다. 하나님이 화가 나서 더 이상 봐줄 수 없다. 소돔과 고모라 때 롯의 말을 사위들이 농담으로 여긴 것처럼 비웃는 분들도 있을 것이다. 그러나 선지자가 예언하지 아니하면 핏값을 받는다. 그래서 예언한다. 노인과 군인, 십 대 아이들에 대해 기도하라. 취소가 없다. 대한민국을 위해 기도해야 할 것이다. 하나님 앞에 많이 교만했다.

2) 한국 전쟁 메시지 2번(2014년 9월 26일)

박근혜 대통령 밑에 연세 드신 분이 박근혜 대통령을 잘 모실 수 있도록 중보기도해야 한다. 대한민국 전쟁 시나리오는 예전과 다르다. 6.25 전쟁도 주님이 가르쳐 주시는데 이익을 위해 짜고 치는 프리메이슨의 작품이었다. 입신해서 가르쳐 주신다. 이번 전쟁은 정부가 생각하는 것처럼 전쟁 후 평화가 오는 것과는 다르다. 이번 전쟁은 프리메이슨이 이익을 위해 전쟁을 서로 하게 하는 그런 시나리오와는 다르다는 것을 가르쳐 주셨다. 오바마 대통령보다 더 높은 지위의 어떤 사람은 한국에 전쟁이 나서 더 많은 사망자가 나오길 바란다. 오바마도 어쩔 수 없는, 위에 어떤 세력이 있다. 땅굴을 빨리 막으라고 주님이 말씀하신다. 정부에서 하지 아니하면 국민들이라도 나서서 하라고 하셨다. 땅굴을 통해 여인들이 납치하는 모습이 보인다. 여자들이 술집 여자들처럼 보인다. 하루 전쟁이 아니고 긴 전쟁이다. 한국 정부가 안 하면 국민들이 나서서 땅굴 막아라. 김정은이 피신하고 있는데 주님이 김정은 밑에 있는 세력이 붕괴되도록 기도하라 하셨다. 어떤 분들이 12월에 전쟁이 난다는 주장의 날짜와 다르다. 전면전이다. 북한을 믿지 말라. 대한민국은 대한민국을 지켜라. 국지전과 전면전이 있는데 전면전이다.

3) 한국 전쟁 메시지 3번 (2014년 9월 29일)

땅굴이 전국에 15군데 있다. 국방부에 종북 세력이 있다. 북군이 해군으로 공격한다. 종북 세력을 제거하라고 하신다. 연예인 가운데 프리메이슨이 있다고 경고하신다. 땅굴을 막는 프로젝트를 만들라. 김정은 뉴스는 거짓이 없다. 박근혜 위해 기도해야 한다. 생화학 없도록 기도하라. 미국 아닌 다른 나라에 기도를 요청하라. 방송국 중에 종북 세력은 전쟁 때 피해가 많다. 승리하려면 더 기도하라. 레위기 26장 1~4절처럼, 12월 전쟁 막을 수 있도록 기도해야 한다.

4) 한국 전쟁 4번 (2014년 10월 2일)

전쟁은 적어도 5개월 이상이다. 땅굴 막는 것을 하지 않고 종북세력을 제거하지 아니하면 안 된다. 지금 청와대 부근에 땅굴이 있다. 국방부 높은 분 중에 종북세력이 많다. 세월호 사건처럼 박근혜는 허수아비가 된다. 전면전인데 종로와 은행이며 청와대 파괴된다(청와대가 종로에 있다?). 땅굴을 묵인하는 자는 예수 믿어도 천국에 갈 수 없다. 종북세력은 적화통일되어도 북으로부터 처형당한다. 땅굴 막는 데 도와준 기독교 기업이 구원받는다. 미국만으로 안 된다. 박근혜 선택이 중요하니 기도해라. 군목들이 죽음을 준비하라. 땅굴을 연구하는 분들을 도와주라. 방해하는 자들은 핏값을 묻는다. 전쟁이 지속되면 아무리 적어도 5개월 이상이다. 주의 종들 중에 종북 세력이 있다. 양떼들은 교회에서 나오라. 종북 세력의 교회는 많이 공격받는다.

5) 한국 메시지 5번 (2014년 10월 7일)

한국과 북한의 평화스러운 보도는 사실이 아니고 땅굴은 치밀하게 준비되고 있다. 땅굴 조사, 파는 자 등은 계속하라고 말하라. 박근혜 대통령이 땅굴 막도록 하지 않으면 상상치 못할 사망자가 생긴다. 해군 쪽으로 공격하는 것이다. 방어 준비하라. 전면전인데 일산이다. WCC에 가입된 교회는 지금이라도 탈퇴하라. 피해가 크다. 군대 목사님들 회개시키지 않으면 나중에 죗값을 묻는다. 여의도 국회의사당 주변에도 땅굴 있다. 정부에서 예산을 쓰고 기업으로부터 지원받아 땅굴을 막아라. 북한이 이슬람 나라의 도움을 받는 전쟁이다.

6) 한국 메시지 6번(2014년 10월 9일)

12월 청와대 침입하여 박 대통령 납치하고 전쟁하려 한다. 청와대 주변 땅굴 막아라. 박근혜는 종북 세력에 휩싸여 있어 어쩔 수 없다. 국민과 의사소통하는 길을 마련하라. 전쟁 시 북한은 남한 아이들을 북으로 납치한다. 인육으로 쓸 것이다. 3차 전쟁이 되지 않도록 하나님이 하신다. 11월 말까지 땅굴을 막아야 사망을 25%로 줄일 수 있다. 남한의 북한 연구기관들은 내용 중 북한의 강한 점에 대해 잘 모른다. 한국의 쇼핑센터, 백화점 등을 종북 세력들이 정보를 주어 파괴가 있다. 가톨릭 신부, 수녀들이 있는 장소도 공격한다. 왜냐하면 교역자들의 말살 정책 때문이다. 북한이 전쟁의 승리를 위해 큰 병원을 공격하여 치료하기 힘들게 한다. 국회의사당을 집중 공격해서 민주주의가 다시 서지 못하게 하기 위해 폭탄이나 미사일 공격을 할 것이라고 보여주었다.

7) 한국 메시지 7번(2014년 10월 14일)

박근혜 대통령을 납치할 계획이라고 했는데 청와대 밑에 땅굴을 이용해서 데리고 가서 대한민국 정부를 포기하라고 사인하게 한다. 국방부에 지휘하는 자가 없어서 쉽게 이루어진다. 중요한 건물 파괴한다. 종로, 청와대, 대학로, 여의도 국회의사당, 큰 대학병원 주변 땅굴을 막아라. 천주교를 북한으로 하여금 치게 하신다. 하나님이 화가 났기 때문이다. 천주교는 666교육을 시키지 않기 때문이다. 이에 대해 주님이 화가 나셨다. 전쟁 발발 시 미국이 도와준다 해도 땅굴의 반을 막지 못하면 베트남 전쟁처럼 패한다. 대한민국 교육자들의 주소들을 알고 있다. 교육자들에 대한 말살 정책을 북한이 갖고 있다. 한국의 큰 기업들을 무너뜨리기 때문에 그 자금으로 빨리 정부와 함께 땅굴을 막아라. 아니면 자금을 다 빼앗기게 된다. 종북 세력은 국민의 45%다. 전쟁으로 한국 인구의 반이 죽는다. 국가의 중요기관이 있는 주위에 살고 있는 자는 피난 가라. 인천 공항 피해가 세 번째로 큰 피해가 된다. 종북 세력들은 다 사형당한다. 북한 돕지 말라고 경고한다.

8) 한국 메시지 8번(2014년 10월 20일)

한국의 큰 기업의 주차장과 땅굴이 연결되어 있다. 종북 세력이다. 한국의 종북 세력 기업은 일본의 정치에도 관계된다. WCC 교회는 파괴된다. 북의 프리메이슨은 가톨릭의 프리메이슨에 대항한다. 전쟁 통해 가짜 선지자들이 멸망한다. 항구에 큰 배들이 폭파된다. 잠수함으로 공격을 시작한다. 한국은 역부족이다. 군대의 중간 위치에 있는 간부들이 돈으로 매수되어 땅굴 신고를 감추고 있다. 수많은 아이들이 산 채로 납치될 것이다. 아이들과 유아들의 부모들은 12월 전쟁 전에 해외로 피신 가라. 한국의 땅굴을 묵인하는 자는 모두 영원한 지옥에 간다.

9) 한국 전쟁 메시지 9번(2014년 10월 25일)

한국 전쟁은 생화학전이다. 이 전쟁은 김정은의 가문과 모든 것을 건 처음이자 마지막 큰 잔악한 전쟁이다. 지금, 이 상태로 전쟁에 대비 못한다. 한국 내의 이슬람 종교 세력이 북한과 함께 대한민국을 공격하고 북한은 이슬람 국가의 자금을 갖고 있다. 미국이 선제 공격할 입장 아니다. 미국을 의존치 말라. 북한은 땅굴을 적화 통일의 길이라고 한다. 상상할 수 없는 땅굴이 있다. 기업과 국민들이 앞장서서 막고 종북 세력을 압제하라. 프리메이슨과 손잡은 대기업들은 큰 피해 본다. 하나님이 가톨릭교회 성도들이 악에서 돌아서서 … 종북 세력 두려워하지 말고 박근혜가 종북 세력을 막도록 해야 한다. 중요 방송국 중에 종북 세력이 적은 방송국이 있다. 이 방송국들이 땅굴 소식을 보도하여 땅굴을 막도록 하라. 땅굴 세력 막는 데 방해하면 생명을 지키지 못한다. 진실된 자료들을 묵인하는 기자도 지옥행이다. 전쟁을 막지 못하면 경제적으로 어렵게 되고 적화 통일 이후에 후진국이 된다. 히로시마 원폭 이후와 같은 비참한 결과를 초래한다.

10) 홍 씨는 칼빈의 예정론을 비판하면서 칼빈이 지옥에 있다고 주장하였다

그녀는 칼빈의 예정론을 비판하며 칼빈이 지옥에 있다고 주장했다. 이는 교회 전통과 성경 해석에 정면으로 대치되는 발언으로, 많은 신학자들과 교회 지도자들의 비판을 받았다. 또한, 그녀는 귀신론에 사로잡혀 모든 부정적인 행동이 귀신의 영향 때문이라고 주장했다. 예를 들어, 부부 싸움, 짜증, 심지어 부부 관계조차도 악령의 개입으로 설명하며 이를 방지하기 위해 기도가 필요하다고 말했다. 심지어 부부 관계 중에도 악한 영이 전염될 수 있다고 주장하며 기도 없이는 깨끗하지 않다고 강조했다. 그녀의 가르침은 단순히 신학적 오류를 넘어 비성경적인 내용으로 가득 차 있다. 그녀는 자신이 귀신을 물리칠 수 있고, 특정 지역의 영적 문제를 해결할 수 있다는 식의 극단적인 신비주의를 주장하며, 이를 "비밀 역사"라고 포장했다. 그녀의 이러한 행보는 기독교 공동체에 심각한 피해를 주고 있다. 홍혜선의 예언과 주장은 교회와 성도들 사이에 두려움과 혼란을 조장하며, 기독교 전체의 신뢰를 훼손하고 있다. 그녀의 말을 믿고 행동한 이들은 경제적, 사회적으로 큰 피해를 입었고, 신앙적으로도 깊은 상처를 입었다.[1]

우리는 이러한 거짓 가르침을 분별해야 한다. 성경은 직통 계시와 거짓 예언에 대해 분명히 경고하고 있다. 성경 속에서도 거짓 선지자들이 하나님의 이름을 빙자해 백성을 혼란에 빠뜨린 사례가 많다. 하나님은 그들을 심판하셨고, 그들의 행위가 진리가 아니었음을 드러내셨다.

3. 결론

홍혜선은 거짓 예언과 직통 계시의 극치를 이룬다. 한국 전쟁에 대한 예언에서 시작하여 진행된 사이비 메시지는 "천국과 지옥을 볼 수 있다"(2015년 12월 13일 전주 예수 선교회)는 등 다양한 예언과 직통계시를 말한다. 예를 들면 2015년 12월 12일, 전주 성령집회에서 전라도에 획기적인 변화가 온다고 예언한다. 그녀는 이 일에 대해 비밀을 전한다고 하면서 지역 담당 귀신 물러가라

---

[1] "기독교 이단: 홍혜선의 예언: 칼빈이 지옥에 있다고? 한국 전쟁 공포 예언? 거짓 예언의 끝판왕!" https://blog.naver.com/medbible/223847455765. 2025.07.08. 접속.

고 기도하면 지역 담당 귀신들이 실제로 물러나게 되고 비밀 역사가 나타난 다는 것이다. 그녀는 귀신론에 사로잡혀 있다. 2016년 6월 12일, 예수생명교회(부천: 베뉴메네 웨딩홀)에서 전한 메시지는 그녀의 귀신론의 정수를 이룬다. 그녀는 사람 안에 귀신의 영들이 들어 있고 그 귀신들이 사람들의 악한 생각을 조정한다고 가르친다. 부부 싸움에서 말꼬리를 물게 하는 것은 귀신의 작업이다. 우리 안에는 말 많은 영(쓸데없이 말 많은 사람), 싸움의 영(마귀), 짜증의 영(마귀) 등이 들어 있고 술 취한 자는 마귀가 그를 점령해서 컨트롤하고 있다는 것이다. 부부 관계를 할 때도 남편이 깨끗하지 못하면 남편 안에 더러운 영이 부부관계 하는 동안에 부인의 영혼에 들어온다는 것이다. 부인이 깨끗하지 못할 때도 마찬가지다. 그래서 부부관계하기 전에 깨끗하도록 기도해야 한다는 것이다. 자신은 부부관계하기 전에 "예수님의 보혈로 내 영혼을 깨끗이 씻어 주세요"라고 기도한다는 것이다. 홍혜선은 지속적으로 거짓 방언과 거짓 계시를 받고 그것을 사람들에게 예언하면서 신자들을 미혹하고 있다. 미국은 물론이고 한국 교회 속에 깊이 침투되어 있다.

따라서 "홍혜선 씨의 비상식적이고도 비성경적 거짓 예언은 교회와 성도들을 혼란하게 하고 있다. 홍 씨의 잘못된 예언으로 말미암아 일부 사람들이 미국, 태국, 필리핀 등의 피난처를 찾아가는 등의 비상식적 행위로 인하여 기독교 자체가 세상의 조롱거리가 되기도 하였다. 따라서 홍 씨의 극단적 신비주의 형태의 직통계시를 추종하거나, 그 집회에 참석하거나, 어떤 형태의 동조나 도움을 주는 일이 없도록 엄격하게 금해야 할 것으로 사료된다."[2]

---

[2] "예장합동 신학부의 연구 보고서," https://www.amennews.com/news/articleView.html?idxno=14762, 2025.07.08. 접속.

60. 황규학

총회는 2016년 9월 26~30일 서울 충현교회에서 진행한 101회 총회(총회장 김선규 목사)에서 황규학 씨에 대해 "한국 교회의 이단 판정을 비판하고, 도리어 이단들을 옹호하는 입장을 유지하는 것으로 보고," "인터넷 신문(「로앤처치」, 구 「에클레시안」, 대표: 황규학)에 기고, 구독, 광고 및 후원하는 것을 일절 금하고 합동 교단 산하 교회와 언론매체에서 황 씨의 글을 게재, 인용하는 것을 금해야 할 것이다."라고 결의했다.[1]

I. 총회 자료

다음은 총회신학부에서 제101회 총회에 보고한 전문 내용이다.[2]

1. 서론

황규학은 현재 「법과 교회」(「로앤처치」) 대표로 활동하고 있다. 황 씨는 한국 교회의 교단이 공적으로 이단이라고 규정한 판단을 잘못이라고 주장하는 대표적인 언론인 역할을 하고 있다. 그는 특히 대한예수교장로회 통합 측에서 이단 사이비 대책위원장을 역임했던 최삼경 목사와 '세계 한인 기독교 이단 대책연합회'(세이연) 대표 진용식 목사를 비롯하여 이인규 권사(평신도 이단 대책연합 대표), 정동섭 목사(종교 피해자 연맹 총재), 박형택 목사(예장합신 이단 상담연구소장), 정윤석 기자(기독교 포털 뉴스 대표), 신현욱 목사(구리 이단상담소장) 등

---

[1] "황규학 씨에 대한 예장합동 규정," 「기독교 포털 뉴스」 2016.10.14. https://www.kportalnews.co.kr/news/articleView.html?idxno=13712. 2025.6.25. 접속.

[2] 같은 자료. cf. 예장통합 측(총회장 김동엽 목사)이 2013년 9월 9일~12일 서울 명성교회에서 열린 제98회 총회에서 「법과교회」(구 「로앤처치」, 구. 「에클레시안」)에 대해 "상습적인 이단 옹호 언론"으로 규정하고, 발행인 황규학 씨에 대해서도 "상습적인 이단 옹호자"라고 결의했다(세이연, "황규학에 대한 이단 연구 보고서," 2015.07.31. https://jncwk.tistory.com/m/13749476. 황규학(법과교회)에 대한 이단 연구 보고서).

을 비판하면서 그들의 주장을 반대하고 있다. 그러나 '세이연'을 비롯한 황 씨 반대자들은 황 씨를 "상습적 이단 옹호자"로 규정하고 있다.[3] 황 씨는 이단 규정자들이 이단 판단의 기준을 무시하고 이단을 정죄하는 잘못을 범하고 있다는 것이다. 특히 이들은 이단들의 주장에 대해 편견을 가지고 있으며, 심지어 조작하기도 한다는 것이다. 황 씨는 자신은 이단 옹호자는 아니며 이단 규정의 잘못에 대해 비판하는 입장이라는 것이다. 그리고 세이연 단체 같은 교단이 아닌 사설 기관에서 이단을 정죄하는 것은 옳지 않다는 것이다. 황 씨가 말하는 이단 판단 기준은 신앙고백, 교단 헌법이 기준이 되어야 한다는 것이다. 그런데 최삼경 목사는 주로 신학적인 문제인 종말론, 계시론, 인간론, 병 고침, 마귀론, 신인 동역설, 신인 합일주의 등을 기준으로 이단을 정죄하고 있다는 것이다. 이것은 이단 정죄의 비본질적인 접근이라는 것이다. 최삼경 목사는 합동 측 출신으로 근본주의 신학 시각으로 이단을 정죄하여 이단 판정의 신학적 한계를 갖고 있다는 것이다.[4]

황규학은 또한 이단 정죄에 있어서 객관적인 검토와 방법이 중요함을 역설한다. "한국 교회의 이단 정죄는 교리적으로는 본질적인 것을 중점으로 해야 하고, 교회사적으로는 에큐메니칼 공의회처럼 최고의 학자들이 연합 공의회를 만들어서 수개월간의 토론 끝에 정죄해야 하고, 법적으로는 반드시 상대방에게 토론할 기회를 주어야 하고, 논리학적으로는 권위의 오류를 범하지 않도록 해야 하고, 상습성과 고의성이 없어야 하고, 신관이나 기독론에 있어서 이론적 체계가 있어야 한다"는 것이다.[5]

황 씨의 이러한 주장들은 무분별한 이단 정죄를 막고 객관적인 이단 규정을 위해 필요한 제언들이다. 그러나 황 씨의 이러한 주장들이 지금까지 한국 교회의 주류 교단들이 정죄한 이단들에게 면죄부를 주는 식으로 악용되어서는 안 될 것이다. 황 씨의 사례를 검토하고 결론을 내릴 것이다.

---

[3] 세이연, 「로앤처치」 대표 '상습 이단 옹호' 규정 2015.08.01, 「기독교 한국 신문」.

[4] 이단의 시각, 총신 출신의 최삼경 vs. 장신출 신의 교수들 2016/04/18 [17:06] 최종편집: ⓒ lawn church.

[5] 세이연, 「로앤처치」 대표 '상습 이단 옹호' 규정, 2015.08.01., 「기독교 한국 신문」.

2. 본론

황규학은 한국 교회 교단에서 이단으로 규정한 박윤식, 박철수, 장재형, 김기동, 이명범, 이태화, 윤석전, 류광수, 서달석, 권신찬 등은 이단이 아니라고 주장한다. 다음은 황규학이 이단이 아니라고 주장하는 주요한 내용들이다.

1) 「로앤처치」 자료

「로앤처치」에 게재된 황규학의 이단 옹호 기사들이다. 수백 회 이상의 이단 옹호 발언 중 대표적인 예이다(출처: 황규학(「법과교회」)에 대한 이단 연구 보고서, 2014년 7월 31일, 서울 대학로 한국 교회100주년기념관, 세계 한인 기독교 이단 대책연합회).

- △ "박윤식 목사는 이단이 아니다"(2011년 2월 26일).
- △ "박철수가 이단이라면 서울 장신 송 교수도 이단이다"(2011년 4월 14일).
- △ "한교연의 이단 정죄는 한국 교회를 기만하는 행위이다. 장재형 목사 이단 만들기: 증거도 없는 사람을 이단으로 정죄"(2012년 10월 9일).
- △ "이단 감별사들, 대부분 이단 조작 – 조용기, 이태화, 윤석전, 류광수, 박윤식, 장재형, 서달석은 대표적인 희생자들"(2013년 3월 28일).
- △ "김기동 목사, 재평가해야 한다 – 성령의 역사와 경험 강조하다 보니 표현상 빌미 잡혀 … 신앙고백으로 재평가해야"(2013년 4월 17일).
- △ "레마 이명범도 이단 아니다 – 속속히 드러나는 이단 조작자들의 행태 … 신앙고백 하자 없어"(2013년 6월 28일).

2) 2013년 통합 측 연구자료

황규학은 통합 측 서남 노회 무임 목사 3년 후에 자동 면직된 자이다. 그는 목사직 유지를 위해 서울북노회로 옮겨 '국제 사랑의 아카데미'란 단체의 전도부 목사로 신청했으나 거절당했다. 그 후 그는 서남 노회 '인디안 선교회'에서 전도목사로 재신청했지만, 거절당하여 결국 목사직이 자동적으로 면직당한 자이다. 그는 교단으로부터 이단으로 정죄된 자들을 수없이 옹호하는 발언을 하고 있다.

"박윤식 옹호 기사"

△ 박윤식은 회개하고 사과 성명 발표하면 받아들여야 한다(2010-01-20, 개신대학원 vs. 총신대학원, 박윤식 이단 논쟁).

△ 탁명환과 최삼경 목사에 의해 이단 조작 이루어져(2010-04-15, 예장통합, 박윤식 목사를 재검증해야).

△ 타락 이전 무월경 잉태설이 오히려 칼빈주의적, 월경 잉태설은 비성서적(2011-02-26, 박윤식 목사는 이단이 아니다).

△ 최삼경 목사의 법정 증언, 단지 전후 문맥과 해석으로 이단 정죄(2011-03-02, 박윤식 목사는 '하와 뱀 동침설' 직접 설교한 적 없어).

△ 법원은 양심과 교리규명 할 수 없어 … 평강제일교회 누명 벗겨져야(2011-06-02, 사법정에서 승리하고 그리스도 법정에서 패배한 총신대 교수들).

△ 조용기, 이태화, 윤석전, 류광수, 박윤식, 장재형, 서달석은 대표적인 희생자들(2013-03-28, 이단 감별사들, 대부분 이단 조작).

"박철수 목사 옹호 기사"

△ 결국 심재평 장로를 아웃시키기 위하여 박철수를 이용(2011-04-14, 박철수가 이단이라면 서울장신 송 교수도 이단).

△ 자신도 우울증으로 통원 치료 받고 있어 … 대형 교단의 횡포(2011-04-20, 이단 정죄로 아내까지 잃은 박철수 목사).

△ 이단 정죄, 특별심판위원회에서 풀어(2011-07-29, 총회 특별심판위원회, 박철수 목사 결의무효 청원 받아들여).

"장재형 옹호 기사"

△ 장재형 목사 이단 만들기 : "증거도 없는 사람을 이단으로 정죄"(이정환). (2012-10-09, 한교연의 이단 정죄는 한국 교회를 기만하는 행위이다)

△ 장재형 목사 이단 만들기 "증거도 없는 사람을 이단으로 정죄"(이정환). (2012-10-09, 한교연, 출발부터 이단 선포)

△ 한기총, 이단 흔적 없어 … 증거불충분(이정환). (2012-10-11, 한교연의 장재형 이단 만들기)

△ 나는 재림 예수도 아니고 통일교와는 아무런 상관이 없다(황규학). (2012-10-20, 장재형 목사, 재림 예수는 날조)

"신천지 옹호 기사"

△ 이단 감별사들에 이어 이대위 서기, 장로, 부목사, 집사들까지 가세(황규학). (2012-12-13, 예장통합 교단의 신천지 조작 열풍)
△ 총회 이대위의 전형적인 마녀사냥 이단 재판(황규학). (2013-01-29, 증거는 없다, 그러나 신천지다)
△ 강사모, 신천지 개입 구체적 물증을 내놓아라(황규학). (2013-01-31, 최기학 목사, 전문증거만 있다)

"김기동 옹호 기사"

△ 매달 수천만 원씩 이단 대책비로 금품 갈취 … 김기동, 권신찬도 희생양(「로앤처치」). (2013-03-29, 직업적 이단 감별사들 돈 때문에 이단 조작)
△ 성령의 역사와 경험 강조하다 보니 표현상 빌미 잡혀 … 신앙고백으로 재평가해야(「로앤처치」). (2013-04-17, 김기동 목사, 재평가해야 한다)
△ 죽은 사람을 고친 것도 이단인가? … 김기동 목사 재평가해야(「로앤처치」). (2013-04-26, 이단이 소경을 고칠 수 있나?)

"이명범 옹호 기사"

△ 속속히 드러나는 이단 조작자들의 행태 … 신앙고백 하자 없어(「로앤처치」). (2013-06-28, 레마 이명범도 이단 아니다)

"이단 조작 기사"

△ 조용기, 이태화, 윤석전, 류광수, 박윤식, 장재형, 서달석은 대표적인 희생자들(「로앤처치」). (2013-03-28, 이단감별사들, 대부분 이단 조작)
△ 이단 조작의 효시는 탁명환, 최삼경 … 이단 조작은 영적인 살인(「로앤처치」). (2013-05-08, 이제 이단 조작 멈추어야 한다)
△ 근거나 원칙 없는 이단 조작은 영적 살인(「로앤처치」). (2013-05-14, 이제

이단 조작은 멈추어야 한다)

통합 측 이단대책연구위원회는 자신의 교단 출신 황규학의 「로앤처치」에 게재된 기사들(2010-01-20~2013-07-08)을 충분히 조사하여 위와 같은 내용들을 공개하고 다음과 같은 결론을 내렸다.

"운영 지침에 따라 조사하고 연구한 결과, 한편으로 이단을 옹호하고, 본 교단 인사는 물론 교계 인사들을 비난하는 언론이다. 위 언론의 대표자 황규학 목사는 본 교단 결의에 반하는 행동을 행하고, 목사로서 수천만 원의 벌금형을 받은 점과 지하철에서 절도미수, 성추행으로 유죄를 받은 자임을 감안할 때 목사로서 자격이 근본적으로 의심되는 자이다. 따라서 본 교단 산하 교회와 목회자는 위 언론은 물론 황 목사가 관여한 인터넷 신문 「로앤처치」(구 「에클레시안」, 대표: 황규학)에 어떤 언론이든 기고, 구독, 광고 및 후원하는 것을 금해야 할 것이며, 황 목사 소속 서울 서남노회는 이를 철저히 조사하고 엄중하게 처리해야 할 것으로 사료된다."[6]

3. 결론

황규학은 자신의 언론매체인 「로앤처치」를 통해 수많은 이단 옹호 기사를 쏟아내었다. 그리고 이단 연구가들을 공격하였다. 황규학은 무분별하게 이단을 정죄하는 자들에 대해 경고할 뿐 아니라 정치적으로 이단으로 몰리는 사례에 대해 신중을 기해야 한다는 교훈을 준다. 그러나 그의 주장은 다음과 같은 오류를 범하고 있다.

1. 황규학은 이단 판단 기준이 공적인 신앙고백이 되어야 한다고 주장하지만, 이단들은 기존 교회와 동일하게 신앙고백을 하면서도 비성경적인 해석과 계시 체험 등으로 잘못된 신앙을 가르치고 있다는 것을 지적해야 한

---

[6] 황규학(「법과교회」)에 대한 이단 연구 보고서, 2014년 7월 31일, 서울 대학로 한국 교회100주년기념관, 세계 한인 기독교 이단 대책연합회.

다. 최근의 대표적인 예는 홍혜선과 같은 경우이다.

2. 교회사적으로 이단 판단 기준은 반드시 신앙고백 차원에서 이루어진 것은 아니다. 초대교회의 마르시온이나 근대 미국의 대표적인 이단들이었던 안식교, 몰몬교, 여호와의 증인 등이 대표적인 사례이다.

3. 이단들은 대부분 잘못된 주관적인 영적 체험이나 직통계시를 절대화하여 기존 교회와 충돌하고 성경을 잘못 해석해서 무리를 일으킨다. 한국의 대표적인 이단들, 즉 황규학이 옹호하는 대부분의 이단들은 이러한 범주에 속한다.

4. 황규학은 이단에 관한 판단은 사설 이단 연구가들에 의해 결정되어서는 안 되고 교단의 판단에 의해 이루어져야 한다는 주장한다. 그러나 자신은 정작 교단에서 연구하고 이단으로 정죄한 자들을 옹호하고 있다.

5. 황규학은 종말론, 계시론, 인간론, 병 고침, 마귀론, 신인 동역설, 신인 합일주의 등은 이단 정죄의 비본질적인 접근이라고 주장한다. 그러나 한국의 이단들이 범하는 가장 심각한 신학적 문제가 주로 종말론, 계시론, 병 고침, 그리고 마귀론 등이다. 이 신학적 주제들은 기독교의 성령론, 역사관, 성경관에서 중요한 주제들이다.

6. 황규학은 이단들에게 그들의 주장을 변호할 기회를 주지 않는 한국 교회의 이단 판단에 대해 지적한다. 그의 주장은 옳다. 교회사적으로 이단을 직접 심문하면서 그들에게 변론 기회를 주었다. 그때는 이단들의 주장을 직접 알 수 있는 자료들이 부족해서 이단들의 주장을 정확하게 알 수 없는 경우들이 많았다. 그러나 지금은 이단들의 주장을 그들의 저서, 설교, 동영상 등을 통해 명백하게 파악할 수 있다.

7. 황규학은 기독교 언론인으로서 이단 연구가들이나 한국 교회가 객관적으

로 이단을 판단하도록 도와야 할 것이다. 그러나 지금까지 그의 기사들은 대부분 이단 연구가들이나 한국 교회의 이단 판정을 비판하고 이단들을 도리어 옹호하는 입장에 서 있다. 그러므로 본 교단 산하 교회와 목회자는 황규학 씨가 관여하는 인터넷 신문 「로앤처치」(구 「에클레시안」, 대표: 황규학)에 기고, 구독, 광고 및 후원하는 것을 금해야 할 것으로 사료된다.[7]

---

[7] 현재까지 황규학에 대하여 문제 있다고 결의한 교단과 내용은 다음과 같다. 합신(2017/102 이단옹호자, 신천지 옹호, 이단 연구가 비난) 통합(2012,2013 상습적인 이단옹호자 및 이단 옹호언론) 합동(2015 이단 옹호자 및 이단 옹호 언론) 세이연(2015 이단옹호자). 개혁(2024/109 이단 옹호 및 사이비)이단 옹호 언론 규정 받자, 「로앤처치」, 「법과 교회」, 「통합기독공보」 등 10여 회 제호를 바꾸어 운영해 오다 최근에는 뉴스와 논단(개혁/사이비언론)("이단 리스트, 이단 목록 2025년02월 최신," 2025.02.06 https://blog.naver.com/chbs-kr/223750388536. 2025.06.25. 접속).

 61. 회심준비론(이동우, 이동훈)

1. 서론

회심준비론이란 회중파 청교도 목사들이 목회에 적용하였던 청교도 신학의 실천신학이다. 예배에 나오는 신자들을 구원받지 못한 상태로 간주하고, 신자들이 스스로 자신의 구원을 위해 고민하고 노력하게 만드는 목회 방법론이라 할 수 있다. 그리스도의 죄 용서의 복음보다 죄를 지적하는 율법을 신자들에게 먼저 선포하고 적용해야 한다고 강조하는 것이 그 핵심이다.

> "하나님은 택 자들이 복음으로 회심하기 전 율법을 통해 참된 회개를 이루도록 정해놓으셨다. 이것을 체계적으로 정립한 것이 청교도 준비론이다"(조엘 비키 & 폴 스몰리 2018, 17-18).

장로교회주의 청교도들과 회중교회주의 청교도들의 신앙과 신학은 유사성이 많고 서로 영향을 주고받으면서 점차 같아진 부분들도 많았다. 그러나 1) 태초의 아담의 상태, 2) 아담의 원죄의 내용, 3) 구원을 위한 하나님의 원죄의 해결 방식, 4) 구원을 주는 복음전파의 방법과 원리 등에서 회중파 청교도들은 칼빈의 신학과 다른 내용들을 발전시켰다. 그 대표적인 것이 회심준비론이다. 회심준비론은 리차드 그림햄, 윌리엄 퍼킨스, 윌리엄 에임스, 리차드 십스, 존 프레스톤 등 회중교회 신학을 정립한 영국의 초기 청교도들과 토마스 후커, 토마스 세퍼드, 조나단 에드워즈 등 신대륙의 회중교회 청교도들에 의해 집중적으로 발전되었다(조엘 비키&폴 스몰리 2018, 82-156).

정성우 목사는 가족과 함께 일찍 미국으로 이민하여 Jericho Christian College(B.A., M.Div)에서 공부했다고 한다(정성우 2021, 표지). '청교도 개혁주의' 목회를 위해 귀국하여 인천에서 '예수 안에 하나교회'를 개척하여 담임하고 있고, '청교도 개혁주의'를 전파하기 위해 '마르투스 선교회'를 설립하였다. 이동훈 목사는 안양대 신대원을 졸업한 대신 측 목사이며, '마르투스 출판사'의 대표이고, '예수 안에 하나교회'의 교육목사이다. 정성우-이동훈 목사는 '청교도 개혁주의'를 전파하기 위해 '마르투스 출판사'를 만들었고(정성우 2021, 표지), 회심준비론을 전파하는 미국의 조엘 비키의 책 『은혜로 말미암는 준비』을 번역하여 국내에 보급했다. 정성우 목사는 자신의 책 『청교도 준비교리란 무엇인가』를 2021년에 출판하였다.

2. 본론

정성우-이동훈 목사는 회심준비론(준비교리)이 성경의 가르침에 합당한 내용이라고 주장한다. 자신의 신학을 '청교도 개혁주의'라고 표현을 자주 표현함으로 회심준비론이 정통 개혁신학인 것처럼 오도하고, 특히 칼빈의 신학과 일치하는 이론이라고 주장한다.

> "본서를 통해 존 칼빈의 『기독교 강요』와 그의 주석들 곳곳에서 준비 교리를 언급하는 것을 확인해 볼 수 있다"(정성우 2021, 8).

> "이렇듯 청교도 준비교리에 대한 씨앗들은 존 칼빈의 신학에서 발견되고 역사적으로 보면 아구스티누스를 비롯한 교부들에게서도 발견된다"(정성우 2021, 9).

정성우 목사는 『기독교강요』 2권 7장 6-8, 10-13절에서 칼빈이 율법의 용도를 설명한 내용이 사실상 회심준비론(준비교리)를 가르친 내용이라고 주장한다(정성우 2021, 74-85). 그러나 자세히 보면, 칼빈은 이미 구원받은 하나님 백성의 삶과 구약 시대에 주어진 율법의 관계를 말하였을 뿐이다.

> "12: 믿는 자라 할지라도 율법이 필요하다(소제목). 셋째 용도는 가장 중요한 것이며, 율법의 본래의 목적에 더욱 가까운 것이다. 이 용도는 하나님의 영이 이미 그 영혼 속에 사시며 주관하시는 신자들 사이에서 발견된다. 그들의 마

음속에는 하나님의 손가락으로 율법이 기록되고 새겨져 있지만(렘 31:33; 히 10:16), 다시 말하면 그들은 하나님의 영의 감동과 격려로 하나님께 복종하겠다는 열심이 있지만, 역시 두 가지 방면에서 율법의 혜택을 입는다"(『기독교강요』, 2.7.12).

이처럼 정성우 목사는 자주 칼빈의 말을 자의적으로 해석하며 자신의 회심준비론 사상이 칼빈주의 개혁신학의 이론인 것처럼 혼란을 일으키고 있다. 이들의 사상이 왜 개혁신학에 속하지 못하는지에 대해 살펴보자.

1) 회심준비론은 회중교회의 신학이다

회심준비론(준비교리)은 칼빈이 주장한 것도 아니고 장로교 개혁신학에서 발전시키고 가르친 신학도 아니다. 리차드 그림햄, 윌리엄 퍼킨스, 윌리엄 에임스, 리차드 십스, 존 프레스톤 등 영국의 회중교회 신학의 조상들이 그 기초를 수립했고, 신대륙에서 회중교회 신학을 발전시킨 토마스 후커, 토마스 세퍼드, 조나단 에드워즈 등을 통해 회심준비론이 적극적으로 목회에 적용되었다. 간단히 말해, 회심준비론은 회중교회 청교도 목사들이 중시했던 목회 실천신학이었다.

최근 회심준비론을 다시 주목받게 만드는 데 크게 공헌한『은혜로 말미암는 준비』의 저자 조엘 비키 목사(미시간주, 청교도 신학교 학장)도 스스로 회중교회 청교도들의 신앙 유산을 중시하고 계승하는 교단(Heritage Reformed Congregations)을 주도적으로 설립(1993년)한 인물이다. 그러나 정성우-이동훈 목사는 '청교도 개혁주의'라는 명칭을 앞세우면서 회심준비론(준비교리)이 정통 개혁신학의 이론인 것처럼 오도하고 있다.

2) 중생 이전의 인간이 구원을 사모하게 된다는 주장

정성우 목사는 중생되지 못한 죄인에게 율법을 선포하면 성령이 역사하여 죄를 자각하고, 스스로 구원을 추구하고 그리스도의 은혜를 갈망하게 되는 변화가 일어난다고 주장한다.

"회심 준비론에는 상반된 두 가지 견해가 있다. 하나는 가톨릭과 아르미니안주의자들이 주장하는 것으로 인간 스스로 구원을 준비시킬 수가 있다는 견해이며, 다른 하나는 인간 스스로 구원을 절대 준비시킬 수가 없고 성령께서 율법의 기능을 통하여 죄인들에게 죄의 각성을 일으키시고 자신들의 비참함을 깨달아 주님께 달려 나갈 수 있도록 인도하신다는 견해이다. 필자는 가톨릭과 아르미니안주의자들의 첫 번째 견해를 부인하며, 역사적으로 인정해온 두 번째 견해를 지지한다"(정성우 2021, 16).

정성우 목사의 주장은 본 교단의 개혁신학이 경계하는 로마 가톨릭교회, 웨슬리안, 아르미니안 신학이 가르치는 '도움의 은총', '선행은혜', '깨우치시는 은혜' 개념과 같은 내용이다. 개혁신학은 그리스도의 십자가의 구속을 적용하는 성령의 중생 사역 이전의 인간은 자신의 구원에 대하여 완전히 무능력하다고 가르치는 신학이다. 정성우 목사의 주장은 아르미니안 계열의 신학이지 개혁신학의 가르침이 아니다.

3) 율법의 기능에 의해 죄에 대한 애통이 먼저 일어나야 한다는 주장

정성우 목사는 그리스도의 죄 용서의 복음을 전하기 전에 먼저 죄를 지적하는 율법을 선포함으로 죄 자각, 죄에 대한 슬픔과 애통, 구원받을 수 없는 상태에 대한 절망이 죄인에게서 나타나게 된다고 주장한다.

"죄인들에게 중생의 은혜를 주시기 전에 죄의 각성을 통하여 자신의 내면이 악으로 가득함을 보게 하시면, 죄에 짓눌려 마음이 가난해지도록 하시면, 애통을 일으키시고, 지독한 자기 교만과 자신의 모든 존재가 무너지도록 인도하신다"(정성우 2021, 39).

"준비교리는 위의 과정 가운데 율법의 기능, 즉 죄의 각성으로 인하여 자신의 비참함을 깨닫고 통회로 나오기 전 죄로 인해 짓눌리는 상태까지를 지칭한다"(정성우 2021, 40).

"준비론은 성도들이 죄를 미워하며 죄를 수치스럽게 여기도록 가르치며 인도할 수 있다. 그 이유는 율법적 원리를 통해 죄의 각성으로 인도하여 자신의 비참함을 볼 수 있게 하고, 중생의 역사 안에서 복음적 겸비를 통하여 그리스도의 아름다움을 보면서 죄의 수치를 더욱 알게 되기 때문이다"(조엘 비키 & 폴 스몰리 2018, 28).

이동훈 목사도 다음과 같이 같은 내용을 주장한다.

"구원의 순서에 있어서 그리스도와의 연합으로 회심을 위한 준비가 필요한데, 즉 성령께서 율법을 통해 죄를 깨닫게 하시고, 마음을 겸비하게 하고, 기경하여 통회하게 하여 믿음을 일으켜 그리스도를 찾게 만드는 것이다. … 현대 교회의 대부분은 단지 믿기만 하면 구원받는다는 값싼 복음을 받아들인다"(조엘 비키 & 폴 스몰리 2018, 15).

그러나 그리스도의 은혜가 나타나기 전에 율법의 기능으로 불신자에게서 구원이 준비된다는 근거를 성경에서 전혀 찾을 수 없다. 교회는 신약의 사도들이 보여준 복음전파의 본을 따라야 한다. 베드로와 바울 등 신약의 사도들은 그리스도의 죄 용서 복음을 최우선적으로 전하였다.

"내가 달려갈 길과 주 예수께 받은 사명 곧 하나님의 은혜의 복음을 증언하는 일을 마치려 함에는 나의 생명조차 조금도 귀한 것으로 여기지 아니하노라" (행 20:24).

만일 사도들이 구원을 위해 그리스도의 죄 용서의 복음보다 죄를 깨닫게 하는 율법의 기능을 먼저 이용하고자 시도했다면, 율법주의 유대인들로부터 그처럼 핍박을 받았을 이유가 없다. 칼빈은 믿음으로 구원을 얻기 전에 먼저 (율법의 기능에 의해) 회개가 있다는 이론을 다음과 같이 반박하였다.

"그러나 어떤 사람들은 믿음보다 회개가 선행한다고 하며, 회개가 믿음을 따르거나, 나무의 열매같이 믿음에서 생긴다는 것을 부정한다. 이런 사람들은 회개의 능력을 깨달은 일이 없고 사소한 이유로 이런 생각을 한다"(『기독교강요』, 3.3.1).

개혁신학자 서철원 박사도 죄 용서의 복음과 성령으로 말미암는 믿음 고백으로 즉시 칭의가 일어난다고 가르친다.

"사람으로 회개하게 하려면 복음을 선포해야 한다. 복음을 선포함으로 자기가 하나님 앞에 큰 죄인인 줄을 깨닫고 회개하여 믿고 의에 이른다(롬 4:13-16). 율법은 이미 믿는 자들에게 죄를 알게 하고 피하게 하기 위해서 선포된다"(서철원 2018, 98).

4) 갈라디아서 3:24이 복음보다 율법을 먼저 선포해야 하는 근거라는 주장

정성우 목사는 구원을 위해 죄에 대한 각성과 비통과 회개를 유도하기 위해 먼저 율법을 전파해야 한다는 자신의 주장의 근거가 갈라디아서 3:24이라고 주장한다.

"바울은 갈라디아서 3장 24절에서 율법이 우리를 그리스도에게로 이끄는 초등 교사라고 증거한다. 율법을 통해서 죄를 깨닫게 하시는 것은 회심으로 인도하시는 하나님의 역사임을 분명히 말하고 있는 것이다"(정성우, 청교도 준비교리란 무엇인가, 2021, 39).

그러나 갈라디아서 3장의 몽학선생 이야기는 하나님께서 우리에게 구원의 복음을 주신 역사적 과정에 대한 설명이다. 먼저 율법을 보내어 타락한 아담의 모든 후손들이 죄 속에 있다고 규정하신 후 대신 죗값을 지불하시기 위해 보내신 그리스도를 믿게 하셨다는 구원의 역사를 설명하는 내용이다. 서철원 박사는 갈라디아서 3:24을 구원 서정적으로 이해하지 말고 구원사적으로 이해해야 한다고 가르친다.

"종교개혁 이후 지금까지 400여 년 이상을 개신교회가 바울의 중심 과제의 하나인 복음과 율법의 관계를 구원 서정의 도식에 넣어서 이해하였다. 그러나 바울이 로마서와 갈라디아서에서 전개한 복음과 율법의 관계는 구원 서정(ordo salitis) 혹은 순서의 도식에서 이해될 것이 아니고 구원사(historia salutis)적 관점에서 개진되었다. 왜냐하면 바울의 모든 관심은 하나님께서 예수 그리스도의 죽음과 부활에서 종말론적 구원을 성취하셨다는 데 집중되어 있기 때문이다"(서철원, 복음과 율법의 관계, 1992, 14).

5) 준비교리를 무시하여 교회의 거룩성이 사라졌다는 주장

정성우 목사는 자신이 주장하는 준비교리를 수용하지 않았으므로 거룩성이 없는 교회들이 양산되고 있다고 주장한다.

"준비교리는 이 시대에 꼭 있어야 하는 교리이다. 오늘날 교회가 세상으로부터 부정적인 평가를 받고 있는 가운데 교회가 거룩성을 회복하기 위해서는 죄의 각성을 통하여 참된 겸손으로 주님의 형상을 닮는 것이 필요하기 때문이다"(정성우, 청교도 준비교리란 무엇인가, 2021, 17).

정성우 목사의 이런 주장은 그리스도의 십자가의 피의 능력과 그것을 신자들에게 적용하여 죄에 포로 된 옛사람을 죽이고 새사람을 살리는 성령의 사역을 무시하는 사상이다. 교회의 거룩성은 율법의 권세로 이루어지는 것이 아니다. 그리스도의 피의 권세를 적용하는 성령의 사역으로 이루어진다. 정성우 목사의 주장은 율법의 기능으로 먼저 성화된 사람들로 교회를 구성할 때 거룩한 교회가 이루어진다는 심각한 주장이다.

기독교는 먼저 죄인이 은혜를 따라 그리스도를 믿어 의인으로 변화되게 하는 종교이다. 먼저 율법의 기능을 통해 회개하여 의인으로 고쳐진 사람이 예수 믿고 교회로 나오게 만드는 종교가 아니다. 정성우 목사는 그리스도를 믿어 성령받은 사람이 죄에서 해방되고 거룩해진다는 기독교의 진리를 이해하지 못하거나 부정하고 있다.

"이는 그리스도 예수 안에 있는 생명의 성령의 법이 죄와 사망의 법에서 너를 해방하였음이라"(롬 8:2).

6) 믿음으로 단번에 영구하게 완성되는 구원과 다른 '회심' 주장

성경은 그리스도를 믿음으로 단번에, 그리고 영원하게 이루어지는 구원을 가르친다. 그리스도와 함께 십자가에 달렸던 한 강도의 구원이 그 증거이다. 그 강도에게는 율법을 통한 준비 과정이 없었으나 오직 은혜를 따라 십자가에 달리신 그리스도를 믿었고, 그 즉시 완전하고 영원한 구원을 받았다. 그러나 정성우 목사는 평생에 걸쳐 점진적으로 이루어지는 '회심' 개념으로 구원을 설명한다.

> "청교도들은 회심(conversion)을 순간적 또는 단번의 사건으로 보지 않았다. 대신 청교도들은 회심을 은혜 언약 가운데 하나님께서 죄인을 변화시켜 거듭나게 하시는 전체의 과정으로 보았다"(정성우 2021, 31).

> "오늘날 많은 사람들이 회심을 순간적 또는 단번의 사건으로 보아 이분법으로 나누는 경향이 있다. 이 부분에 대해 청교도의 시각을 가지고 있지 못한다면 항상 이분법에 빠져 '인간이 스스로 준비할 수 있느냐?'라는 질문에서 헤어 나오지 못할 것이다. 회심은 전 과정으로 보아야 한다"(정성우 2021, 32).

그러나 개혁신학의 뼈대를 완성한 칼빈은 단번에 완전한 중생을 이루어 내는 회개로 구원을 설명하였다.

> "그러므로 나는 회개를 한 마디로 중생이라고 해석하는데 회개의 유일한 목적은 아담의 범죄로 말미암아 일그러지고 거의 말살된 하나님의 형상을 우리 안에 회복시키는 것이다"(『기독교강요』, 3.3.9).

웨스트민스터 신앙고백도 구원 얻는 것을 생명에 이르는 회개라고 가르친다.

"생명에 이르는 회개는 복음적 은혜이며, 그 교리는 그리스도께 대한 믿음의 교리와 마찬가지로 모든 복음 사역자들에 의해 전파되어야 한다"(WCF, 15:1).

개혁신학자 서철원 박사도 구원을 회심이라고 말하는 것이 바르지 않고 회개라고 해야 맞다고 가르치고, 구원은 성령의 역사로 단번에 일어나는 사건이라고 가르친다.

"하나님에로 돌이킴을 통상적으로 개종 혹은 회심이라고 이름하였다. 그러나 이 사건은 회심이라고 말할 것이 아니고 회개라고 해야 한다. 다른 종교를 갖고 있다가 주 예수에게로 돌이킨 경우에도 회심 내지 개종으로 말할 것이 전혀 아니다"(서철원 2018, 71).

7) 정성우 씨의 노골적인 회중교회 신학 전파

정성우 목사(2018, 17)는 "이 책을 통해 회중교회 청교도들의 가르침이 교회 안에서 가르쳐지며, 성도들의 참된 각성을 통하여 교회가 더욱 거룩해지길 간절히 기도한다"라고 노골적으로 말함으로 회심준비론(준비교리)이 회중교회 교리임을 밝혔고 자신이 장로교회의 개혁신학을 따르지 않고 스스로 '청교도 개혁주의'라고 오도하는 회중교회의 신학을 전파하고 있다는 것을 자인한 것이다.

3. 연구 결론

정성우 목사와 이동훈 목사가 가르치는 회심준비론(준비교리)은 회중교회 파청교도들이 발전시킨 회중교회의 신학이지, 결코 장로교회(개혁교회)의 칼빈주의 개혁신학이 아니다. 『은혜로 말미암는 준비』의 저자 조엘 비키 목사(미시간주, 청교도 신학교 학장)는 장로교 목사가 아니며 조나단 에드워즈도 회중교회 목사이다. 그러나 정성우-이동운 목사는 회심 준비론이 올바른 개혁신학이라고 계속 주장한다. 특히 '청교도 개혁주의'라는 명칭을 앞세우면서 본 교단의 목회자들에게 혼란을 주고 있다.

정성우-이동훈 목사의 회심준비론(준비교리)은 개혁신학이 아니고, 개혁신학과 상반되는 내용이 많은 사상이다. 그러므로 우리 교단은 이들과의 신앙적 교류를 금지하여야 한다. 우리 교단 산하의 모든 목사들과 신자들이 정성우-이동훈 목사의 강의, 집회, 예배 등에 참여하지 않도록 주의해야 하고, 특히 이들이 보급하는 책자들도 매우 경계해야 한다.

참고 자료

서철원. 『구원론』. 쿰란. 2018.
_____. 『교회론』. 쿰란. 2018.
_____. 『복음과 율법의 관계』. 엠마오. 1992.
_____. 『웨스트민스터 신앙고백』.
조엘 비키 & 폴 스몰리. 『은혜로 말미암는 준비』. 마르투스 역. 마르투스 출판사. 2018.
정성우. 『청교도 준비교리란 무엇인가』. 마르투스. 2021.
존 칼빈. 『기독교강요』.

# III부

이단에서 복음으로
(구원 및 회심 간증)

1. 신천지 회심 간증

김충일

저는 2005년부터 2010년까지 약 6년간 신천지에서 활동하다가 상록교회를 통해 회심한 김충일이라고 합니다. 많은 사람들이 이단에 빠졌다고 하면 제대로 된 신앙교육을 받지 않았을 것이라고 생각합니다. 하지만 저는 장로교 합동 교단에서 목회하시는 부모님을 통해 모태신앙으로 살아왔고, 학창 시절에는 큐티 동아리 회장으로 활동하는 등 나름대로 신앙에 열심이 있었습니다. 그리고 수능 시험을 마친 2004년 12월경 입학 예정이던 한동대학교의 선배를 소개받아 성경공부를 시작하게 되었습니다. 시작할 때는 정통 교회의 성경공부로 소개받았으나 나중에 알고 보니 이 성경공부는 신천지의 교리를 가르치는 성경공부였습니다. 나름대로 열심 있는 신앙생활을 해오던 저였지만 처음 신천지의 성경공부를 접하게 되었을 때 이를 분별하기는 매우 어려웠습니다. 오히려 체계적이고 성경적인 성경공부라는 생각을 가지며 배움을 이어 나갔고 그렇게 수개월이 지나자 저는 어느새 신천지 사람이 되어 있었습니다.

이후 저는 진리를 찾았다는 감격에 젖어 신천지에서 활동하던 6년간 매우 열심 있는 모습으로 살았습니다. 신천지에서 요구하는 모든 모임과 예배와 봉사 및 전도 활동에 참여하였고, 이를 삶의 최우선순위로 두었습니다. 당연히 학생으로서 마땅히 해야 할 학업과는 멀어져 갔고 휴학도 많이 하였습니다. 부모님께는 학교를 다니고 있다고 속이며 신천지 활동에 열중하기도 하였고 몇몇 학기는 수업도 제대로 참석하지 않고 신천지 활동을 하여 전 과목 F학점을 맞기도 하였습니다. 그럼에도 신천지에 진리가 있다는 생각에 전혀 개의

치 않았고 오히려 나의 중요한 것을 신천지를 위해 희생했다는 생각에 만족감을 느끼기도 했습니다. 특전대 팀장으로 활동하던 때는 수개월간 하루 평균 3시간 정도만 자고 활동하기도 하였고, 신천지에서 탈퇴하던 날까지 포항 지역 청년부 전도 교육 및 업무를 책임지는 복음방 교관으로 지내며 최소한의 수면으로 신천지 활동을 하는 것을 매우 당연하게 여기며 살았습니다.

보통 하루 일과는 오전 6시에 새벽예배로 시작했습니다. 이후 전일 활동자를 대상으로 한 전도 교육 및 모임을 가지고 바로 활동에 나갑니다. 오전부터 저녁까지의 시간을 모두 복음방과 섭외 활동으로 보낸 후 오후 7-8시쯤 다시 모여 당일 활동 결과를 보고받고 피드백합니다. 저녁 9-10시경에는 다시 복음방 교사 교육을 하고 이후 각 부서 전도책임자들이 모여 당일 활동 결과를 교회 담임에게 보고하고 피드백을 받습니다. 이때는 "그딴 식으로 해서 천국 갈 수 있겠어?"라는 소리와 함께 욕을 먹기 일쑤였습니다. 매일매일 달성하기 어려운 목표를 설정해놓고 달성하지 못하면 격려보다는 책망을 하며 결과를 내도록 쥐어짜는 것이 그들의 방식이었기 때문입니다. 이 시간이 끝나고 나면 보통 자정이 넘습니다. 이후에 복음방 교사들의 보고서를 보며 피드백을 하고, 청년부 전도전략 회의를 하고, 일일 전도활동 보고서를 작성하고 나면 보통 새벽 1-2시가 됩니다. 여기에 교회 건축이나 신천지 교육 장소인 센터 설립 등 건축 관련 업무가 추가되면 하루 종일 전도 업무 이외에는 공사 일에 투입되어 늦게까지 막노동을 하기도 합니다. 지금 생각해보면 돈 한 푼 받지 않고 노예보다도 못한 생활을 이어갔던 것 같습니다. 그럼에도 불평 없이 오히려 보람을 느끼며 하루하루를 보낸 까닭은 그것이 하나님을 섬기는 올바른 도리라고 믿었기 때문입니다.

신천지에서는 전도열매를 채우고, 교리 시험에서 100점을 맞고, 예배, 헌금, 모임, 봉사 등의 항목에서 꾸준한 실적을 쌓아야 하나님께 인정받고 구원받을 수 있다고 가르쳤습니다. 심지어 몸이 다치거나 아프면 그것마저 죄로 여겼습니다. 실제로 신천지에서 "아픈 것도 죄다"라는 말들을 많이 들었고 또 같은 말로 가르치기도 많이 하였습니다. 왜냐하면 아프면 하나님의 일을 할 수 없기 때문입니다. 실제로 2010년 3월의 어느 날 신천지 활동을 하던 중에 교통사고로 몸이 다쳐 입원을 해야 하는 상황에 처했던 적이 있었습니다. 새벽까지 신천지 업무를 보다가 늦게 오토바이를 타고 집으로 돌아가는 길에 사고를 입어 왼쪽 다리에 커다란 타박상을 입고 반 깁스를 하였고, 헬맷을 쓴 채로 얼굴이 땅에 쓸려 얼굴이 타박상과 함께 퉁퉁 부어 있었습니다. 그러나 의사의 만류에도 불구하고 다음 날부터 바로 목발을 짚고 전도활동을 다녔습니다. 매일같이 아픈 것이 죄라고 가르쳤던 제가 다쳤다는 이유로 병원에 입원한다는 것이 스스로 도저히 용납되지 않았기 때문이며, 전도책임자로써 임무를 다하지 못하고 병원에 입원해 있으면 담임강사로부터 듣게 될 질책의 말들이 두려웠기 때문입니다. 하지만 무엇보다도 하나님께 인정받지 못한다는 두려움이 더 컸던 것 같습니다. 당시의 저에겐 열매 맺지 않는 나무는 찍어 버려질 것이라는 두려움과 하나님께 인정받고자 하는 목마름이 매일매일의 삶을 살아가는 동력이었습니다.

그러다가 우려하던 일이 벌어졌습니다. 학교 교목실에서 신천지 활동을 하던 저의 정체를 인지하고 부모님께 연락을 드린 것입니다. 그렇게 학교를 휴학하고 부모님이 계시는 시골로 내려가 신천지 믿음을 지키기 위한 저와, 아들을 다시 찾아오기 위한 부모님과의 싸움이 시작되었습니다. 당시의 저는 신천지를 버리는 것보다 부모님과의 관계를 끊는 것을 선택할 만큼 신천지에 미혹되어 있었고, 이러한 저를 부모님은 어떤 방법을 통해서도 돌이킬 수 없었습니다. 그렇게 계절이 두 번 바뀔 만큼의 시간이 흘렀고 여섯 차례에 이르는 가출과 저의 완악함은 부모님의 심신을 지치게 만들어 갔습니다.

이 기간은 부모님에게뿐만 아니라 저에게도 역시 끔찍하고 답답한 시간이었습니다. 부모님과의 갈등이 힘들었던 것이 아니라 부모님께 매여 신천지에서 활동할 수 없는 상황이 무엇보다 답답했습니다. 때문에 매일 이 상황에서 벗어나 신천지 활동에 전심전력할 수 있게 해달라며 기도했습니다. 그러던 어느 날 다대오 지파의 섭외부장을 통해 한 가지 특명을 받게 되었습니다. 내용은 "네가 지금 신천지 활동을 해야 하는데 상황이 좋지 않아 하지 못하고 있으니 차라리 지금 상황을 이용하여 자연스럽게 상록교회에 찾아가 진용식 목사님을 폭행하여 테러하고 상담사역을 하지 못하도록 하라"는 명령이었습니다. 폭행으로 인한 법적인 처벌을 받은들 하나님의 일을 위한 것인데 더 큰 복이 있지 않겠느냐는 설명을 덧붙였습니다. 지금은 시간이 많이 흘러 명확히 기억나지는 않지만 당시 섭외부장은 지파 차원이 아니라 신천지 본부 총회의 지시임을 강조하며 말했던 것으로 기억합니다. 당시의 저는 폭행을 해야 한다는 것은 내키지 않았지만 지금 상황에서도 신천지를 위해 일할 수 있도록 하나님께서 기도응답을 해 주셨다고 착각을 하며 감사했습니다.

그리고 실제로 수차례에 걸쳐 상록교회에 찾아가기도 하고 목사님의 세미나에 찾아가 난동을 부리기도 하며 테러를 시도하였습니다. 그러나 다행스럽고 신기하게도 저의 시도는 매번 실패하였습니다. 한번은 테러를 목적으로 상록교회에 찾아가 목사님과 면담을 요청한 적이 있었습니다. 당시 목사님은 식사 중이셨고 저는 식사하는 중에 테러를 시도할까 고민하다가, 식사 이후 면담 시간에 테러를 하기로 마음먹었다가 실패했던 적이 있습니다. 당시 목사님께서 식사가 마치자마자 면담은 해주지 않고 바쁘게 다른 교회에 집회를 인도하러 가셨기 때문입니다. 그때 식사 끝나기를 기다린 이유는 함께 식사하는 사람들이 많아 실패할 가능성을 염두한 것도 있었지만, 한편으로 알 수 없는 측은지심이 들었기 때문이었습니다. 밥 먹다가 맞으면 너무 불쌍할 것 같다는 생각이 문득 들었던 것입니다. 이는 당시 제가 진용식 목사님을 사탄의 종이자 원수로 생각하고 적개심을 가지고 있었던 것을 생각할 때 이해할 수 없는 일이었습니다. 아마 하나님께서 목사님뿐 아니라 저를 보호하고 건지시고자 인도하신 일이 아닌가 생각합니다. 그때 제가 테러까지 감행했었다면, 원활히 상담교육을 받고 회심하기는 어려운 일이 되었을 것이기 때문입니다.

한 가지 사례를 더 말씀드리자면 저의 모교인 한동대학교에 이단 세미나를 인도하러 오셨을 때의 일입니다. 당시 목사님께서 세미나를 인도하러 오신다는 정보를 입수한 뒤, 부모님을 속이고 가출하여 신천지 사람들과 함께 곧장 세미나 장소로 갔습니다. 그리고 다대오 지파 섭외부장과 함께 목사님을 어떻게 테러할 것인지 작전을 세웠습니다. 원래 계획은 곧장 공개적인 자리에서 폭행하여 창피를 주자는 것이었습니다. 그런데 작전을 실행하기 직전 5분여를 남겨두고 섭외부장이 갑자기 계획을 변경하였습니다. 바로 폭행하는 것은 계획적인 범행으로 여겨져 처벌이 무거울 수 있으니, 세미나 자리에서 자신이 신천지 사람임을 밝히며 당사자와 공개토론을 하자며 분위기를 유도하고, 언쟁 중에 우발적으로 폭행하는 그림이 좋겠다는 것이었습니다. 그리고 들어가서 공개적으로 신천지 사람임을 밝히며 토론해보자고 했으나 토론은커녕 사람들에게 가로막혀 질질 끌려 나가게 되었습니다. 사람들이 막고 있음에도 불구하고 힘껏 뿌리치고 달려 나가 주먹과 발길질을 하였지만 다행스럽게도 가까이 있던 사람들의 도움으로 실패하게 되었습니다. 당시 섭외부장이 계획을 바꾸지 않았더라면 목사님께서도 큰 상처를 입으시고, 저 역시 집회 방해는 물론 폭행죄로 법적인 처벌을 피할 수 없었을 것입니다. 또한 상담소에서 원활히 교육받기는 더 어려웠을 것입니다. 물론 그때 일로 학교에서 제적을 당하기는 하였지만 당시 경찰서에서 조사를 받을 때에 사건을 조사하던 경찰관에게 진용식 목사님께서 처벌을 원하지 않으며 선처를 해달라고 부탁하셔서 벌금도 물지 않고 풀려나게 되었습니다. 그때는 눈앞에서 목사님의 전화를 받고 있는 경찰을 보며 "사탄의 자식이 왜 저런데?"라는 의아한 마음을 품는 것으로 그쳤지만, 돌아보면 이 일이 차후에 목사님에 대한 잘못된 인식을 달리하는 작은 시발점이 되었던 것 같습니다.

  위에서 기록한 사건들뿐 아니라 몇 차례의 테러 시도가 있었으나 목사님께서 계시지 않아 헛걸음을 하는 등 모두 실패하고 부모님과 시골집에서 끝이 날 것 같지 않은 싸움이 이어졌습니다. 당시 부모님께서 어떤 방법도 통하지 않자 답답한 마음에 위협해서라도 못하게 해야겠다고 생각하셨는지 눈앞에서 칼을 들고 위협하신 적도 있었습니다. 신천지에서는 이 이야기를 듣자 다음번에 또 그러시면 칼을 들고 있는 아버지의 손을 붙잡고 칼에 스스로 찔리라고 조언했습니다. 칼에 찔리면 부모님이 병원에 데려갈 것이고 칼에 찔린 상처는 의사가 의무적으로 경찰에 신고하게 되어 있으니 이를 빌미로 부모님과 법적으로 접근금지 처분을 받아 부모님의 방해 없이 신천지 활동을 하자는 것이었습니다. 당시 저는 실제로 칼에 찔리리라 다짐하였지만 다행스럽게도 그런 일은 발생하지 않았습니다. 그 이후로 아버지께서 칼로 위협하는 일이 없었기 때문이기도 하지만 스스로 마음을 접은 것은 칼에 찔리면 치사율이 60%에 달한다는 이야기를 듣고 육체영생을 위해 죽으면 안 되는데라는 생각이 들었기 때문입니다. 그리고 돌아보면 이 사건은 신천지에서 저를 한 사람으로써 귀하게 여기기보다 신천지 일을 위한 도구로 여기고 있었음을 보여주는 사건이었던 것 같습니다.

이후로도 부모님께서는 심신이 지쳐가면서도 절대 포기하지 않으셨고 마지막으로 상담소에서 상담교육만 받는다면 그 이후는 너의 원대로 해주겠다며 저를 설득하셨습니다. 속절없이 시간만 흐르는 것을 지켜보던 다대오 지파의 지파장은 부모님의 요구대로 상담소에서 상담을 받고 오도록 허락하였고, 상담소에 가서 말씀으로 싸워 이기고 가는 김에 상담하는 목사들까지 신천지로 데려오라는 지시를 받아 상담소에 오게 되었습니다.

고집불통이고 듣기에 둔하고 교만했던 저는 몇 주가 지나가도 신천지가 틀렸다는 것을 인정하지 않은 채 버텼습니다. 오히려 상담하시는 분들 앞에서 왜 신천지가 옳은지 내가 가르쳐 주겠다면서 펜을 빼앗아 신천지 강의를 하기도 했습니다. 그러나 시간이 흐르면서 스스로 억지스러운 변명을 늘어놓고 있다는 것이 느껴지기 시작했습니다. 그러자 "신천지 말씀에 일점일획의 오류라도 있다면 내 목을 걸겠다"고 자신하던 저도 "신천지가 틀렸을 수도 있겠구나"라는 생각을 가지게 되었습니다. 그리고 그다음 날 고대하던 진용식 목사님께서 반증교육을 위해 오셨습니다. 원래 계획은 상담을 받으러 가더라도 혹시 진용식 목사님을 만나면 가까이 있는 머그컵 등을 이용해 폭행을 하는 것이었습니다. 그런데 바로 전날 강의를 통해 신천지가 틀렸을 수도 있겠다는 생각을 가지게 되니 목사님을 폭행하는 것이 갑자기 두려워졌습니다. 신천지가 틀렸다면 저의 행동은 하나님의 일이 아니라 그저 흉악한 범죄에 불과했기 때문입니다. 한참을 고민한 저는 일단 당분간은 목사님께서 교육하실 것 같으니 들어보고 신천지가 옳으면 테러를 하고 틀렸으면 하지 말자로 결론을 내린 채 교육을 듣기 시작했습니다. 그리고 신천지가 틀렸을 수 있다는 조금은 열린 자세로 교육을 듣게 되자 저의 잘못된 신념은 산산이 조각나버렸고 그렇게 목사님을 테러하려던 시도도 끝나게 되었습니다. 목사님께서 하루만 먼저 교육을 오셨거나, 그날 말씀을 통해 제가 회심하지 않았더라면 저는 폭행죄로 구속되고 목사님께서도 크게 다치셨을 것입니다. 잘못된 믿음으로 하나님을 대적하던 때조차 저를 보호하신 하나님께 영광을 돌립니다.

이후 교육은 일사천리로 진행되었습니다. 다만 신천지가 틀렸다는 것을 깨닫고 복음의 말씀을 들은 후에도 저는 다시 믿음을 가질 용기가 생기지 않았습니다. 어떻게 구원을 그렇게 쉽게 받느냐며 말도 안 된다고 생각했고 오히려 신앙을 버리고 내 마음대로 살아야겠다고 마음먹었습니다. 아마도 한번 잘못된 믿음으로 크게 데고 나니 다시 무언가를 믿고 신앙을 가진다는 것 자체가 두려웠던 것 같습니다. 그뿐만 아니라 그때까지도 신천지에서 믿던 하나님에 대한 오해가 풀리지 않아서 하나님께 다가가기 두려웠습니다. 왜냐하면 만약 상록교회에서 배우고 있는 하나님이 참하나님이라면 저는 하나님의 일을 하는 사람들에게 폭력을 행사하려 하고 침을 뱉고 욕을 한 나쁜 사람이기 때문입니다. 또한 하나님을 믿는 성도들을 많이 신천지로 미혹해 간 대적자이기 때문입니다. 잠깐이라도 상록교회에서 역사하시는 하나님이 맞다고 생각해보면, 저는 저의 과거 행위에 대한 대가를 요구하실 하나님이 너무너무 두려웠습니다. 신천지에서 배운 하나님은 두려운 하나님이며 행한 대로 심판하는 하나님이었기 때문입니다.

그렇게 수개월을 방황하며 지냈던 것 같습니다. 교회에 가더라도 상담해주신 분들과 마주치기를 꺼려했습니다. 상담해주신 분들에게 신천지에 있을 때 얼굴에 물도 뿌리고 소리도 지르고 반말도 하는 등 워낙 버릇없이 대했었기에 마주하기가 여간 어려운 것이 아니었습니다. 이제 신천지가 틀린 것을 인정하였으니 과거의 행위에 대해 사과를 요구할 것 같다는 생각에 내가 먼저 찾아가 사과해야 할까 고민하기도 했습니다.

그러나 이런 저와는 달리 교회에 갈 때마다 상록교회의 사람들은 저를 매우 따뜻하게 맞아주셨습니다. 특히 제가 버릇없이 반말하고 힘들게 했던 배경숙 권사님께서는 제가 신천지에서 이탈한 것만으로 너무 기뻐하시며 볼 때마다 따뜻하게 안아주셨습니다. 저는 아무것도 해준 것이 없고 힘들게만 하였는데 작은 것이라도 주고 싶어 하셨습니다. 아직도 자주 손에 쥐여주시던 어린이용 영양 캐러멜이 생각이 납니다. 그리고 시간이 지나도 변함없는 모습에 이분들은 진심으로 내가 나온 것을 기뻐하고 계신다는 것이 느껴졌고, 나의 과거 행위에 대해 나에게 사과를 받을 생각도, 받고 싶은 마음도 가지고 있지 않다는 것이 어느 순간 느껴졌습니다. 그리고 그때 적어도 이분들이 믿는 하나님이라면 나의 과거 잘못들을 무작정 벌하시지는 않겠구나라는 마음이 생겨났습니다. 그리고 이 마음은 하나님께 나아갈 작은 용기가 되었습니다. 들었던 복음의 말씀을 기억하며, 작은 용기를 가지고 하나님께 회개하며 기도하는 순간 눈물이 막을 수 없을 만큼 쏟아져 내렸습니다. 그리고 하나님께서 "내가 이미 다 용서하고 기다리고 있었단다"라고 말씀하시는 것 같았습니다. 누가복음 15장의 잃어버린 두 번째 아들 이야기가 저에 대한 말씀처럼 느껴졌습니다. 그동안 들었던 구원론의 말씀들이 생각나고 그 말씀들이 모두 믿어졌습니다. 그중에서도 로마서 4장 4-5절의 말씀은 저에게 커다란 위안이 되었습니다. "일하는 자에게는 그 삯이 은혜로 여겨지지 아니하고 보수로 여겨지거니와 일을 아니할지라도 경건하지 아니한 자를 의롭다 하시는 이를 믿는 자에게는 그의 믿음을 의로 여기시나니." 저는 신천지에서 일을 열심히 해서 하나님께 인정받고자 최선을 다했었습니다. 또한 신천지에서는 행위로써 거룩해질 수 있고 거룩해져야만 구원받는 것이라 배웠었기에 행위로 거룩해지고자 노력했습니다. 그러나 겉으로 보이는 행위를 다 갖추더라도 마음속에 있는 교만, 시기, 질투, 미움, 음란 등은 사라지지 않는 것을 보며 매일매일 기도했었습니다. 하지만 일을 하지 않아도, 경건하지 않아도 믿음만으로 의롭게 여기신다는 말씀은 수년간 지고 다니던 커다란 짐을 벗어버린 듯 자유해지는 경험을 하게 하였습니다. 나에게 직면해 있던 삶의 모든 문제들이 하나님의 사랑 앞에서 아무것도 아닌 것처럼 느껴졌습니다. 그리고 그렇게 수개월간 이어졌던 저의 방황은 끝이 났습니다.

이제 어느덧 하나님께서 저를 흉악한 신천지에서 건지신 지도 9년이 되어갑니다. 그리고 지금은 한때 흉악한 대적자였던 저를 하나님께서 부르셔서 신학을 공부하게 하시고 상록교회에서 사역하게 하셨습니다. 지금 저는 벌써 3년째 상록교회 이단상담소에서 과거 저와 같은 처지의 사람들을 회심시키고 있습니다. 또한 상록교회의 귀한 청소년들과, 이단에서 회심한 새신자들을 맡아 섬기고 있습니다. 누가 예상할 수 있었을까요? 신천지에서 하나님을 대적하던 자가 신학을 공부하고 전도사가 될 줄을…. 누가 감히 상상이나 했겠습니까? 목사님을 테러하려 했던 테러범이 목사님의 동역자가 될 줄을…. 아무도 몰랐지만 오직 하나님만 아셨습니다. 태초부터 저를 택하셔서 흉악한 죄인을 구원하시고 지금까지 인도하셨으며 앞으로도 인도하실 하나님께 찬송과 영광을 올려 드립니다. 그리고 하나님께서 저를 인도하시는 길에 사용하신 상록교회의 모든 분들께 진심으로 감사의 말씀을 전합니다. 저는 여러분들의 사랑을 통해 하나님을 알았고 여러분을 통해 구원받았습니다. 평생 사랑의 빚진 자임을 기억하며 살아가겠습니다.

2. 안상홍 하나님의 교회 회심 간증

정인자

제가 이 글을 쓰게 된 동기는 저의 무지함과 믿음 생활이 부끄럽지만 저와 같은 희생자가 생기지 않게 하기 위해서입니다.

저는 모태신앙인이었지만 구원의 확신이 없이 습관처럼 신앙생활을 해왔습니다. 결혼 후에는 더더욱 신앙생활을 제대로 하지 못했습니다. 마음속에는 하나님을 사모하고 있었지만 행함이 없는 믿음이었지요.

그러던 어느 날 어떤 아주머니가 가게로 들어왔습니다. 같은 건물에 살고 있다면서 친하게 말을 걸어 왔습니다. 장사 잘되느냐고 물어보면서 성경 책을 보더니 교회에 다니냐고 물어 보았습니다. 지금은 쉬고 있지만 앞으로 다닐 거라고 했더니 하나님의 법에 대해 알고 있느냐고 했습니다.

그러면서 일반 기성 교회의 잘못된 점을 지적하며 일요일 예배, 크리스마스, 십자가 등이 우상이라고 하면서 성경에는 없는 내용이라는 것이었습니다. 저는 처음 듣는 내용이라 화가 나면서도 아주머니의 말을 귀담아 듣게 되었습니다. 성경에는 일요일이 아닌 안식일, 크리스마스가 아닌 유월절이 있다고 했습니다, 며칠 동안 그들의 가르침을 들었습니다. 예수님과 사도들이 안식일과 유월절을 지킨 성경 구절을 찾아주면서, 사람의 계명으로 교훈을 삼아 가르친다는 구절도 보여주면서 예언이 성취된 부분이라고도 말했습니다. 저는 이제 진리를 만났다고 생각했습니다.

너무도 새로운 것이 많이 있었습니다. 성경에는 새 이름이 있고, 재림예수도 육하원칙에 의해 재림한다는 내용, 또한 성경에 어머니가 있다고도 했습니다. 말로만 하는 것이 아니고 성경 구절을 찾아서 보여주는 것이었습니다.

때론 정말일까 의심도 했지만 만약에 사실이라면 나만 구원 못 받고 지옥 가는 건 아닐까 하는 생각에 저는 그들의 가르침대로 따르기로 했습니다. 다른 책도 아닌 성경에 확실히 있는 것을 확인했으므로 믿지 않을 수 없게 되었습니다. 안상홍증인회 하나님의 교회에 가서 침례를 받고 떡, 포도주를 먹은 후에 목사님께서 목 매어 죽인 짐승 고기와 생피는 먹지 말라고 했습니다. 또 우상의 제물도 절대 먹으면 안 된다고 했습니다. 그것은 귀신과 교제한다고 했습니다. 안상홍증인회 하나님의 교회에서는 남편에게는 말하지 말고 다니라고 했습니다. 지혜롭지 못해서 괜히 핍박받지 않도록 하기 위해서라고 했습니다.

교회 식구들의 모습도 아름다워 보였습니다. 겸손하고 예의 바른 모습이 너무 어색해 보이기까지 하였습니다. 기도할 때도 예수님의 이름으로 기도하지 않았습니다. 누군가의 이름을 부르긴 했는데 귀에 익숙지 않은 이름이었습니다. 저는 목사님께 물어 보았습니다. 성부, 성자, 성령 마지막 누구 이름으로 기도하셨냐고 하니까 그냥 웃기만 하였습니다.

나중에 집사님에게 물어보니까 계시록에 보면 예수님의 새 이름이 있는데 그분 이름이라고 했습니다. 그 이름이 뭐냐고 물어보니 '안상홍'이라고 했습니다. 성경에 있다면서 계시록을 보여주었습니다. 그분이 재림예수라고 했는데도 저는 별다른 문제를 삼지 않았습니다. 육하원칙에 의해 이미 성경에서 확인한 부분이기 때문이었습니다.

37년 재림하시고 올리워 가셨고 육적인 아버지와 어머니가 계시듯 하나님도 아버지, 어머니가 계시다고 하면서 창세기를 펴주었습니다. 이상하게 느끼시겠지만 이 모든 것이 다 믿어지는 것이었습니다.

안상홍 씨가 여호와이며, 성령 하나님이라고 했습니다. 예수님 생각만 하면 눈물이 났던 저는 정말 그분이 이분(안상홍)이었구나 하면서 이 죄인 때문에 십자가에 못 박히시고 37년 예언을 이루시려고 다시 오신 분이었구나 하면서 이제부터는 진정 그리스도인처럼 살아 보리라 다짐했습니다. 아이들도 침례받게 하고 예수님 이름 대신 안상홍 님 이름으로 기도했습니다. 크리스마스 때마다 트리 만들고 선물 주고받고 했던 것들을 모두 한꺼번에 다 버렸습니다.

안식일도 지키고 삼일예배도 지키고 첫 번째 유월절을 지킬 때에는 너무도 엄숙하고 경건했습니다. 유월절의 떡과 포도주를 먹으면 모든 재앙을 면케 하시고 그날에 먹는 떡과 포도주만이 영생을 주신다는 요한복음 6장 53절 말씀을 믿고 또 믿었습니다. 남편 몰래 다니기가 힘들었지만 아르바이트 학생을 몰래 써가면서 거짓말하면서 지키게 되었습니다.

남편 몰래 다니는 자매들도 많이 있었습니다. 나중에 들켜서 두들겨 맞아서 퍼렇게 멍이 든 사람도 있고 교회에 와서 때리고 머리채 잡아 흔들고 질질 끌고 가는 사람도 있었지만 당사자들은 당연한 것처럼 여기고 있는 것 같았습니다.

그럴 때마다 성도들은 울면서 하나님(안상홍, 장길자)께 기도했습니다. 마귀들을 물리쳐 달라고 말입니다. 어떤 집사님 남편도 교회에 와서 행패를 부린 후에 교통사고가 났는데 하나님(안상홍, 장길자)께서 치셨다고 했습니다. 하나님(장길자)의 자녀를 괴롭히면 온전할 수 없다고 했습니다. 그런 말이 나올 때마다 이런 말을 믿어야 하나, 말아야 되나 하면서도 눈에 보이는 하나님(장길자) 때문에 두렵기도 했습니다.

저에게도 어느덧 핍박이 다가왔습니다. 남편이 제 가방을 뒤져 새 노래 책을 보았던 모양입니다. "무슨 사람이 하나님이냐"고 "안상홍이 누구냐"고 "도대체 네가 제정신이냐"고 "정신 차리라"고 소리를 지르고 했지만 저는 처음엔 두려웠지만 나중엔 이해시키려고 했습니다. 성경에는 재림 예수님이 계신다, 하나님의 교회(안상홍증인회)는 성경대로 하는 교회라고 다윗의 위로 오신 분이 바로 그분이라고, 성경에는 안식일, 유월절이 있다고 마구 떠들어 댔습니다.

남편이 교회에(안상홍증인회 하나님의 교회) 불을 질러 버린다고 그랬더니 당회장님은 그런 일은 당연한 이치라고 초림예수도 핍박받고 이단이라고 했다면서 오히려 편안하게 생각하시는 것이었습니다. 괜찮다고 걱정할 것 없다면서 오히려 저를 위로하는 것이었습니다.

저는 집사님 남편처럼 교통사고라도 날까 봐 그게 제일 걱정되었습니다. 저는 남편을 무척 사랑했거든요. 진리 때문에 저를 때리고 협박해도 날마다 눈물로 살아가고 있지만 그렇게 되는 것은 바라지 않았거든요. 남편과 같이 신앙생활 열심히 해서 같이 천국 가고 싶은 생각에 아무리 힘든 핍박도 당하면 당할수록 참고 견디어야 된다는 것을 배웠거든요. 교회(안상홍증인회)에서도 핍박받는 식구들이 있으면 위로해주고 같이 울고 어머니(장길자)께서도 가슴 아파하신다면서 용기를 주고 조금만 참고 견디고 이기자고 말입니다.

절기가 되면 더욱더 절실해집니다. 성전건축해야 된다면서 성도들에게 헌금을 바치도록 유도합니다. 그러면서 한편으론 하나님(장길자)께서 돈을 바라시는 것이 아니고 우리의 마음, 믿음을 보신다고 말입니다. 모든 성도들은 하나님(장길자)이 주시는 말씀대로 로봇처럼 따라합니다.

신문, 방송을 통해 모든 재해, 재난, Y2K 등 이 세상이 종말시대라는 것을 부각시켰습니다. Y2K가 성경에 나오는 살육기계라고 말하면서 컴퓨터 오작동으로 핵전쟁이 날 것이라고 했습니다. 그러므로 세상 것에 욕심 내지 말고 불타 없어지기 전에 하나님께 많이 드려야 된다고 말합니다. 성경엔 2000년이 없다고 하면서 종말을 외치고 있습니다. 너무 어처구니없는 일이지요.

어떤 자매는 남편 몰래 500만 원을 빌려서 바치고, 어떤 자매는 전셋집에서 월세로 바꾸고 나머지는 교회에 모두 바치고, 또 어떤 집사님은 몇 년 전에 모든 재산을 교회(안상홍증인회 하나님의 교회)에 전부 바치고 교회(안상홍증인회 하나님의 교회)로 들어와서 생활하고 있습니다. 따로 방이 있긴 한데 그 집사님 내외분만이 쓰는 방이 아니고 성도들, 아이들 모두 함께 사용합니다. 잠잘 때만 부부 방이 되는 것 같습니다.

열악한 환경, 비위생적인 환경인데도 별 문제 없이 살아가고 있는 것처럼 보입니다. 그것도 행복한 모습으로 말입니다. 그리고 목사님, 집사님들을 보면 아이 없는 분들이 많습니다. 복음생활에 불편하다는 것 때문에 아이도 낳지 않고 지내는 신혼 부부도 있습니다. 2000년이 없다는 이유로 아이를 낳으면 힘이 든다 하여 낳지 않고 있습니다.

사람이 하나님이라 하여 믿지 않는 남편에게 버림받은 사람, 돌아오면 받아주겠다며 지금도 재혼하지 않고 아이들과 살아가는 남편도 있습니다. 날마다 교회에 가서 살다시피 하는 집사님의 남편은 술로 생활하고 힘들어합니다. 어느 날은 부인이 늦게까지 저희 가게에 있었는데 술 취한 모습으로 벌거벗은 모양으로 식칼을 들고 나와 죽인다고 협박까지 했습니다. 남편 몰래 보험 해약하고 친정 엄마에게 대출해 달라고 해서 갖다 바치고 믿음이 연약해서 하지 못하는 사람에겐 개인적으로 상담도 합니다. 종이에 총 재산을 써서 언제까지 납기일을 적고 그때까지 약속을 지킬 것을 다짐받습니다.

그렇게 약속을 지켜야만 하나님(안상홍, 장길자)께 복을 받는다고 했습니다. 어머니(장길자)께서 총 재산을 적은 사람은 큰 복을 받을 것이라고까지 하셨다고 집사님을 통해 들었습니다. 할 수 있는 한도액을 적어서 내고 그 액수대로 드린 사람은 복받는다고 하셨다고 했습니다.

몇 달 지나서 총 재산 적어 낸 사람, 즉 저 같은 사람은 그 약속을 지킬 수가 없었습니다. 얼마 되진 않지만 전세 보증금, 가게 보증금으로 묶여 있었기 때문에 할 수 없어서 저는 날마다 울며 기도했습니다. 상담도 했습니다. 안타깝게 생각하는 분도 있었습니다. 그런데 어느 날 어머니(장길자)께서 말씀하셨대요. 사르밧 과부와 엘리야 내용을 말하면서 사르밧 과부의 밀가루통은 달라고 하지 않았다면서 앞으로 조금씩 되는 대로 갚아 나가라고 기회를 주셨다고 했습니다.

성도들은 어머니(장길자)께 감사하다고 눈물을 흘렸습니다. 저도 앞으로 전도 많이 해서 하나님(장길자)께 기쁨드리겠다고 다짐했습니다. 죄인 하나를 회개시키면 하나님(안상홍, 장길자)께서 기뻐하신다고 했으니까요. 그동안 남편은 남편대로 괴로워하고 어떨 땐 잘해주고, 협박하고 화장품 사주고 하면서 마음을 바꿔 보려고 무던히 애를 썼지만 그런 것으로는 역부족이었습니다. 하나님의 교회만 나가지 않으면 다른 일반 교회에 같이 가겠다고 약속했지만 저는 성경대로 하지 않는 교회, 내가 싫어하는 교회는 가라고 하고 내가 가겠다는 교회는 왜 못 가게 하느냐고 서로 언성을 높여 날마다 싸우다시피 했습니다.

1999년 마지막 유월절을 지키고 나면 어떤 일들이 일어날 거라면서 하나님(안상홍, 장길자)의 능력을 보게 될 것이라며 '죽도록 충성'하지 못하면 천국엔 가지 못한다 하였습니다. 저는 더 열심히 해야겠다는 생각을 했습니다. 어떤 집사님은 저에게 아침에 전도 나오지 않으면 이제는 큰일 난다면서 제가 열심히 전도해야만 불쌍한 남편도 구원받게 된다고 했습니다. 어머니(장길자)께서 말씀하셨다고 하면서 남편이 하나님(장길자)보다 무서우면 남편과 같이 지옥에 간다고 했습니다. 이 시대의 구원자(장길자)가 말씀하는 것이 법이요, 진리요, 생명을 얻는 길이라 했습니다.

전 그날부터 아침에 남편 가게 가서 도와주던 것을 하지 않겠다고 했습니다. 천국 가려면 하나님(장길자) 말씀대로 해야 한다면서 교회(안상홍증인회)로 가겠다고 했더니 남편은 기가 막힌 모양이었습니다. 그날부터 우리는 서로 마주치는 것조차 힘든 관계가 되어 버렸습니다. 서로 책임감으로 의무감으로 지내게 되었습니다. 남편은 이렇게 살 바엔 집을 나가라고 했습니다. 필요 없다는 이유로 말입니다. 전 절대 집을 나가지 않겠다고 했습니다. 그럴 때마다 남편은 그럼 내가 나가겠다고 짐을 쌌습니다. 남편은 가게로 갔습니다. 괴로운 뒷모습을 볼 때 정말 눈물이 나왔습니다. 하나님(안상홍)을 믿고 천국 가려고 하는 것이 뭐가 그리 나쁜 것인지 정말 남편이 원망스럽기까지 했습니다. 부인 말 잘 들으면 자다가도 떡이 생긴다는데….

며칠 뒤에 제가 남편에게 가서 같이 집에 가자고 했더니 조용히 따라와 주었습니다. 저는 하나님(장길자)께 감사를 드렸습니다. 그날 밤 남편은 이제부터는 아이들 앞에서도 나쁜 아빠가 되지 않고 저에게도 다시는 소리 지르지도 않고 때리지도 않겠다고 했습니다.

그렇지만 그 약속이 이루어질 줄은 몰랐습니다. 집사님께 그 얘기를 하니까 그래도 고삐를 늦추면 안 된다고 하면서 이제는 콘스탄틴 방법을 쓰는 거니까 다 된 밥에 코 빠트리지 말고 정신 차리라고 하셨습니다.

모처럼 전도하게 된 저는 열심히 전도했습니다. 목사님께서 성가대원으로 뽑아주셨는데도 열매 맺을 날도 얼마 남지 않았다 하는 생각에 노래 못한다는 핑계도 하지 않고 전도를 열심히 했습니다.

남편은 어떻게 지내고 있는지 궁금했습니다. 작은 애를 시켜 전화하면 아빠는 한숨만 쉬고 계신다면서 울먹입니다. 정말 어떤 땐 생지옥이 따로 없었습니다. 결혼 16년 동안 이렇게 괴로운 날은 없었습니다. 천국 가기가 이렇게 힘든 줄은 몰랐습니다. 아이들도 아빠 눈치 봐야 되고 항상 불안해했습니다. 그럴 때마다 "아빠의 마음을 잡아주세요" 하고 하나님께 기도드렸습니다. 아빠도 꼭 천국 가게 해달라고 말입니다.

작은 아이는 아빠 걱정에 식사 때마다 안부전화를 했습니다. 식사 때마다 제가 차려 드렸는데 전도한다고 가게를 가지 않게 되니까 작은 아이가 울먹입니다. 아빠는 조금만 배고파도 못 참는데…. 그럼 저는 또 아이에게 뭐 하러 전화하냐고 하면서 또 눈물 흘리고 그러면서 또 기도하고….

며칠 동안 남편은 술도 먹지 않고 밝은 얼굴은 아니지만 일찍 퇴근해서 제가 준비한 저녁을 드시고 곧바로 방에 가서 잠을 청합니다. 제가 기분이 어떤가 해서 방에 들어가니깐 따로 방을 쓰자고 했습니다. 제 얼굴을 보기가 너무 힘들다고 하면서 진지하게 말했습니다. 정말 남편이 이해하기 힘들었습니다. 저도 남편 위해 힘든 것 참고 있는데 말입니다. 그냥 포기하고 부인의 말을 믿고 인정하면 되는데 웬 고집이 그렇게 센지 도무지 알 수가 없었습니다. 천국에 갈 수 있다는데 말입니다.

그러던 어느 날 시댁에서 전화가 왔습니다. 시아버님께서 시어머니가 쓰러지셔서 내려와야겠다고 하셨습니다. 그래서 전 내려가겠다고 했습니다. 일요일 새벽, 남편과 불편한 관계였지만 그 불편함이 저 때문에 일어난 것이었기 때문에 저는 감수하고 아이들과 같이 군산에 내려갔습니다. 저는 기분 전환하려고 남편에게 자꾸 말을 걸었지만 남편은 대꾸하는 것조차도 힘들어 하는 것 같았습니다. 이상한 생각이 들었지만 피곤해서 그러나 보다 하면서 눈치만 보면서 그냥 앉아만 있었습니다.

시댁에 도착해서는 아무 일도 없는 양 저는 호들갑을 떨었습니다. 원래 성격대로 하려고 더 노력했습니다. 느낌은 이상했지만 별로 이상한 점은 보이지 않았습니다. 시어머님은 크게 편찮으시지 않으셨습니다.

7시에 아침을 먹고 집 안을 치우고 좀 자려고 누웠습니다. 남편이 조금 달라진 모습으로 말을 걸어 왔습니다. 무슨 일이 있어도 놀라지 말라고 했습니다. 무슨 일이냐고 물어보니까 저만 모르게 계획이 있었던 것이었어요. 친정 아버님도 조금 있으니까 오시고 양쪽 집안 어른께 저 모르게 다 말씀드렸던 것이었습니다. 마지막에는 이혼할 생각하고 이혼하기 전에 부모님께 말씀드리고 한 가지 방법을 쓰기로 했다는 것입니다.

전에 남편이 이런 물음을 했었거든요. 안식일, 유월절 깨는 사람이 있으면 어쩔 거냐고. 그래서 저는 안식일, 유월절 깨는 목사님이 있으면 그 교회에 나가겠다고 했었는데 혼자서 여기저기 알아보았나 봅니다.

TV에 나온 안상홍증인회 하나님의 교회에 대해서 더욱더 알아보고 왜 이단인가 하는 것들이나 안식일, 유월절만 깨뜨리는 분이 있으면 제가 나온다고 했기 때문에 그런 분을 찾았었던 것입니다. 그래서 마지막으로 부모님과 함께 갈 곳이 있다고 했습니다. 유월절, 안식일을 깰 수 있는 분이 있으니까 만나러 가자고 하기에 저는 가지 않겠다고 했습니다만 나중에 굳이 가지 않을 이유가 없다고 생각했습니다. 그래서 같이 갔습니다. 2시간 소요 끝에 전주성산교회(안산상록교회에서 사역하기 이전의 교회)에 도착했습니다. 진용식 목사님이라고 소개하셨지만 저는 별로 관심이 없었습니다. 기성 교회 목사님을 전도할 때 만나 보았지만 별로 아는 것이 없다고 생각했습니다. 왜냐면 성경에는 안식일이 예배일이라고 제가 말씀을 드리니까 그 목사님은 일요일 예배가 성경에 있다고 하셨습니다. 그래서 제가 어디 있느냐면서 몇 장, 몇 절을 알려 달라고 하니까 히브리서 4장에서 '다른 날'이 바로 안식일이 아니라 일요일 예배라고 했습니다. 너무 어이없는 대답이었습니다. 그 내용은 우리가 천국 갈 그런 날이 있다는 내용인데 말입니다.

그래서 저는 안식일, 유월절 깰 테면 깨보라지 하는 마음으로 앉아 있었습니다. 진 목사님은 안식일은 유대인에게만 허락되었다고 하셨습니다. 저는 그렇지 않다면서 화를 냈습니다. 누가복음 4장에서 예수님도 지키고 제자들도 지켰다고 했습니다. 세상 끝날까지 지키라는 내용이 생각이 나지 않아서 교회(안상홍증인회 하나님의 교회)에 전화를 했습니다.

"집사님, 저 정인자예요. 군산교회(안상홍증인회) 전화번호 좀 알려 주세요"라고 했더니 전화번호는 모른다고 하셨습니다. 목사님만 알고 계신다고 말했습니다.

그러면 마지막까지 지키라는 안식일 내용이 어느 구절이냐고 물으니까 누구 만나고 있냐고 물어왔습니다. 전주에서 진용식 목사님을 만나고 있다고 하니까 그 사람 진리를 훔쳐간 사람이라면서 서로 싸움만 되니까 그냥 집에 가라고 했습니다. 저는 그 말에 화가 났습니다. 가까운 교회라도 알려줄 것이지 왜 피하자는 건지, 자존심도 상했습니다. 전화를 끊고 기가 약간 죽었습니다. 목사님께서 비교분석을 해주셨습니다. 시간이 흐르면 흐를수록 목이 수그러지고 힘이 빠져 버렸습니다. 가르침을 받은 모든 것이 하나씩 하나씩 껍질이 벗겨져 속이 보이기 시작했습니다. 허망함, 허탈함을 인정하기 싫었습니다. 그동안 열심히 전했던 사람들 결과가 이단이라고 결정 나면 나는 어떻게 될 것인가? 그래도 하나님의 말씀은 인정해야 했습니다.

헉! 하고 참았던 눈물이 나왔습니다. 그 이상은 울지도 못했습니다. 아직도 풀리지 않은 것이 많았으니까요. 내일 만날 것을 남편이 약속하고 밤늦게 돌아왔습니다. 애들 학교 때문에 서울에 가야 된다고 저는 말했지만 남편은 가정이 파탄될 지경인데 학교가 무슨 소용이냐면서 약속 지킬 것을 요구했습니다. 아침에 일어나니 머리가 너무 아팠습니다. 그래서 진 목사님을 만나지 않겠다고 했습니다.

어제의 마음보다 완악해 있었기 때문이었습니다. 시부모님과 남편이 사정사정해서 집에 가는 길에 만나자고 했습니다. 목사님을 다시 만나 말씀을 듣고 나왔지만, 더 깨진 것은 아니었기 때문에 갈팡질팡하였습니다. 남편은 돌아온 줄 알고 너무 좋아서 맛있는 음식, 옷도 사주고 오랜만에 네 식구가 편안한 시간을 가졌습니다. 집에 돌아오는 길에도 많은 이야기를 했습니다. 그동안의 괴로운 일들에 관해서…. 집에 도착해서도 너무 편안했고 어떤 때는 불안하고 잠만 자고 나면 마음이 변해 있었습니다. 그날 오후에 진 목사님을 성산교회에서 만나기로 했는데 제가 또 가지 않겠다고 하니까 남편은 포기한 듯 화가 나서 밖으로 나가버리는 것이었습니다. 저는 유월절을 다시 살펴보기로 했습니다. 마태, 마가, 누가복음을 통해서 예수님께서 지키셨다고 하는 유월절을 살펴보았습니다. 그리고 예수님께서 돌아가신 날이 유월절 예비일이라고 기록된 것을 보게 되었습니다.

'아! 그랬구나!' 하고 모든 의문이 풀렸습니다. 확실히 유월절이 되기 전에 돌아가셨으니 '1. 14를 지키신 것이 아니다' 하는 것을 알게 되었습니다.

안상홍증인회 하나님의 교회에서 1. 14인 유월절 날에 먹는 떡, 포도주만이 영원한 생명을 가질 수 있다고 가르칩니다. 그래서 그날 먹지 않으면 영생을 얻지 못한다고 말입니다. 이젠 확신이 되었습니다. 예수님께서 1. 14의 유월절을 지키지 않았기 때문에 나도 지킬 필요가 없게 되었습니다. 이제서야 참으로 편안해졌습니다. 하나님의 교회에서 가르치는 모든 가르침이 진리였다고 생각하고 받아들였지만 이젠 분명해졌습니다. 첫 단추가 잘못 채워지면 다 잘못된다는 것을….

남편에게 흥분된 목소리로 성산교회에 가겠다고 했습니다. 남편은 말을 잊지 못했습니다. 목이 메어 오는 듯 들렸습니다. 이제 한마음이 되어 목사님을 만났습니다. 늦게 도착했지만 저희들을 위해 목사님의 깊은 배려로 말씀을 들을 수 있었습니다. 이제야 구원이 어떻게 이루어지는지 알았습니다. 율법을 지켜야, 행해야 구원받는 것이 아니고 이미 하나님께서 우리, 아니 저를 긍휼히 여기셔서 은혜로 주셨다는 것을….

하나님께서 구원해 주시는 방법을 알게 해주셔서 감사합니다. 아버지의 뜻이 계명을 지키는 것인 줄 알고 율법을 지켰는데 분명히 내 아버지의 뜻은 아들을 보고 믿는 자마다 영생을 얻는다 하였습니다.

안산교회 목사님 감사합니다. 진리의 길이 어떤 것인지 알려주시고 또 한 영혼이라도 귀하게 여기셔서 깨닫게 해주시니 참 감사합니다. 점도 흠도 없는 성도들 교훈하시는 데도 힘드실 텐데 점과 흠투성이인 저를 싫다 하지 않으시고 끝까지 이기게 해주셔서 감사합니다. 만약에 진 목사님을 만나지 못했더라면 저와 저희 가정은 과연 어떻게 되었을까요? 목사님 더욱더 영육 간에 강건하시어서 이단에 미혹된 많은 불쌍한 영혼들을 사망에서 생명으로 인도해 주십시오.

저도 이제 새로운 모습으로 거듭났습니다. 예수님의 그 십자가의 피로써 정결케 되었으니까요. 이제는 이단에 빠져 유리, 방황하는 저와 같은 사람들을 열심히 도와서 성경은 오직 예수님만을 증거한다는 것을 알리는 복음의 일꾼이 되겠습니다.

남편은 이렇게 말합니다. "믿지 않는 나를 하나님을 믿게 하기 위해 당신을 이단에 빠지게 하셨나 보다"라고 말입니다.

(월간 「교회와 신앙」 99년 7월호)

3. JMS 회심 간증

전혜숙 (가명)

5년 전 일이었습니다. 결혼을 코앞에 둔 시기에 맞물린 삶의 슬럼프가 깊게 찾아왔을 때였습니다. 그 당시에 요가 강사로 활동하던 시기여서 제 수업에 참여하는 회원들과 친분이 두터웠던 때였고, 그중 한 회원이 수업이 마친 뒤 저에게 찾아와서 사적인 질문들을 하고, 그뿐만 아니라 식사 자리를 마련하여 저에게 많은 호감을 표했습니다. 그 회원은 저보다 스무 살 가까이 차이나는 분이지만 얼굴이 너무나 예쁘고 인성 또한 착하기로 소문난 회원이었기에 그 호의가 반가웠고 언니, 동생으로 칭하며 급속도로 친해지게 되었습니다.

며칠이 지난 후에 언니가 요새 듣는 강의가 있다며 같이 들으러 가자고 제안을 받았고 무슨 강의냐고 물어봤더니 인생에서 놓치기 쉬운 여러 가지들을 배우게 될 거라고 하였습니다. 평소에도 유명 강사 강의를 종종 들었기에 별다른 의심 없이 함께 가게 되었습니다. 도착 장소는 인천에 간판도 제대로 붙어 있지 않은 교회였습니다. 그곳이 JMS 집단이라는 건 한참 후에 알게 되었지만 당시 목사라는 사람은 굉장히 친절했고 심리학 교수직을 맡고 있다며 간단한 기질 테스트를 통해 제 성격과 기질을 풀어주며 현재 갖고 있는 고민들과 생각들을 성경 말씀을 인용하며 마음을 위로해 주었습니다. 그러면서 자연스럽게 JMS 교리를 접하게 되었습니다. 성경에 대해서는 전혀 무지했던 저였기에 그 당시에 접했던 내용들은 너무나 충격적이었고 신기했습니다. 점점 그 교리에 빠져들었던 저는 자연스럽게 정명석을 다시 오신 성자라고 믿게 되었지요. 30개 중 8개 교리를 듣던 도중 결혼 준비와 요가 강의 섭외가 많아지면서 JMS 교리공부에 참석하지 못하였습니다.

결혼 후에 얼마 지나지 않아 임신을 하게 되며 강사 생활을 접고 출산 후 온전히 육아에 매진하던 중 육체적으로, 정신적으로 힘든 시기가 찾아왔을 때, 수료를 하지 못한 JMS 교리가 생각이 났고 저를 전도한 그 언니라는 사람의 안부 또한 궁금하여 스스로 연락을 하게 되었습니다. 그 후로부터는 그 언니뿐만 아니라 제 아이와 비슷한 연령의 아이를 가진 엄마와 함께 교육을 듣게 되면서 조금 편하게 들을 수 있었고 더 열심히 활동할 수 있었습니다. 그러면서 꿈에서 환상도 보게 되고 생활 속에서 신비한 경험도 하게 되면서 '정말 정명석이 다시 오신 성자가 맞구나. 정말 세상의 죄를 대신 짊어지고 가는 주님이 맞구나' 했지요. 하지만 동전의 양면처럼 빠져들수록 뭔지 모를 죄책감과 불안함, 두려움들이 저를 힘들게 하였습니다. 이유는 영화나 TV 같은 미디어를 보는 것, 117기도(새벽 1시, 오후 1시, 저녁 7시 기도) 조건을 세우는 것, 회개 기도를 해야 하는 것 등 지켜야 할 것들이 많았고 남편과의 갈등 또한 힘들었기 때문입니다.

그렇게 하루하루를 살던 중, 드디어 저에게 하나님의 구속의 경륜! 예정됨이 찾아왔습니다. 옆에서 지켜보던 제 남편이 그간의 저의 행동과 말들, 그리고 저를 전도한 그 여자의 과잉 친절이 좀 이상하다는 느낌을 가지면서 조금씩 수소문 끝에 제가 다니고 있는 교회가 JMS 이단교회라는 걸 알게 되었고, 저를 살리고자 하는 마음 하나로 다니던 직장을 그만두고 여러 피해자들을 직접 만나고 이단 전문 기자를 만나 질문도 해가며 정보를 수집한 끝에 안산상록교회 이단상담소를 알게 되면서 김경천 목사님을 만나게 되었습니다. 남편은 눈물로 호소하며 상담요청을 했고 그 정성이 하늘을 감동시켜 목사님과 저는 힘겹게 만날 수 있게 되었습니다.

사실 저는 안산상록교회에 첫발을 내딛고 김경천 목사님을 뵈는 그 순간까지도 JMS에서 세뇌받은 김경천 목사님에 대한 말들로 인해 온몸이 떨렸었고, 갖은 상상으로 너무나 견디기 힘든 공포감에 휩싸였습니다. 하지만 그 거짓된 상상과 의심들은 오래가지 않았습니다. 제가 너무나 확신하고 있었던 JMS 교리 중 창조목적과 타락론, 한때 두때 반때에 대한 반증과 수차례 JMS 교리 책들이 수정되어지고 표절을 한 것을 제 눈과 귀로 들으면서 고개를 차마 들지 못할 정도로 수치스러웠습니다. JMS에 대한 분노와 사람에 대한 배신감으로 너무 힘들었습니다. 그렇게 계속되어진 목사님을 통한 반증과 몇몇 분들의 간증, 그리고 정말 중요한 구원론을 들으며 JMS 교리에서 빠져나올 수 있었습니다.

구원론 강의 중 회개에 대해 교육을 받던 날이었습니다. 교육 중에 꾹꾹 눌러놓은 눈물이 삐질삐질 흘러나오면서 이게 진정한 구원이구나 싶었고 너무나 감사한 마음이 들었습니다. 진정한 회개는 내 행위를 통해서가 아니라 예수님의 십자가 보혈을 믿고 하나님의 사랑과 진정한 말씀을 깨닫는 것이라는 걸 알게 되었습니다. 그냥 그 순간이 너무 감사하다는 마음뿐이었습니다. 그러면서 숨어서 많이 울었을 우리 남편이 서서히 보였고 저를 위해서 직장도 그만두면서까지 JMS에 대해, 아니 이단에 대해 깊게 조사해 가며 크나큰 충격을 입었을 저희 남편에게 너무나 미안함과 더불어 큰 감사와 사랑이 느껴졌습니다. 또한 하나님의 사랑의 역사하심이 없었다면 무신론자였던 제 남편도, 이단에 빠졌던 저에게도 진정한 복음을 듣지 못했기에 구원은 남의 집 얘기가 되었을 것입니다. 이 자리를 빌려 구원의 확신을 갖게 해주신 안산상록교회의 진용식 목사님과 강사님들, 권사님, 집사님들께 진심으로 감사를 드립니다.

4. JMS 회심 간증, 하나님의 은혜로 구원을 받다

강수경 (가명)

이곳에 오기 전 저는 약 7년간 JMS 교회를 다녔습니다. 제가 JMS를 처음 만나게 된 것은 2009년, 제가 대학교에 갓 입학하던 입학식 날이었습니다. 그 당시 저는 대학교에 입학하면서 설레는 마음과 함께 두려움도 함께 있었습니다.

저희 학교는 개인주의가 강하기로 유명한 학교로 잘못하면 4년 내내 친구를 한 명도 못 사귄다, 선배에게 밥 얻어먹기가 힘들다고 소문이 자자했습니다. 저는 원체 성격이 낯도 가리고 은근히 소심해서 적극적으로 누군가에게 다가가지 못합니다. 그리고 대학교 합격 후 OT나 MT를 참여하지 않아 아는 사람이 한 명도 없었기 때문에 진짜 4년 내내 친구 한 명도 못 사귀고 졸업하는 것이 아닐까 걱정을 많이 했습니다.

그런데 입학식 날 어떤 선배가 제게 말을 걸어줬고, 동아리에 가입할 것을 권유하면서 동아리를 하지 않더라도 선배로서 만나 주겠다고 했습니다. 저는 선배가 제게 말을 걸어준 것만으로도 너무 기뻐서 좋아하면서 번호를 알려줬고 다시 만날 약속을 잡았습니다.

학기가 시작하고 그 선배를 다시 만나면서 선배는 제게 대학교에 와서 마냥 놀지만 말고 인생을 생각하면서 살라는 등의 좋은 이야기를 해주었고, 몇 번의 만남 후에 성경이 얼마나 좋은 책인지 가르쳐 주며 성경을 공부하자고 했습니다.

저는 원래 무교에다가 기독교 자체를 썩 좋아하지 않았습니다. 기독교 교리 중에 도저히 믿을 수 없는 것들이 많았고 제가 커오면서 봐왔던 기독교인들의 삶이 별로 본이 될 만하지 못했기 때문입니다. 하지만 저희 학교가 기독교 학교이기도 했고, 종교를 가지지 않더라도 대학생이 됐으니 인문학적으로라도 성경 한 번은 읽어 봐야겠다는 생각을 했었고 그 선배에 대해서 좋은 인상을 가지고 있었기 때문에 성경을 배워 보기로 결심했습니다.

그 후 그 선배는 저희 과 선배를 소개해 주며 그 선배에게 성경을 배우도록 했고, 저희는 1주일에 한 번씩 만나서 맛있는 밥도 얻어먹고 성경공부도 했습니다. 그 선배는 저와 성격도 잘 맞았고, 대학 생활에 적응하거나 수업 과제를 하는 것도 잘 도와주기도 하고 맛있는 것도 많이 사줬기 때문에 저는 그 선배를 엄청 좋아하게 됐습니다. 처음에는 성경에 대한 거부감도 있고, 귀찮기는 하지만 그 선배를 좋아하는 마음에 성경을 배우다 보니 그런대로 들을 만했고 제가 성경에 대해서 부정적으로 생각했던 부분에 대해서 납득이 가도록 설명해 주었습니다.

예를 들어 학교에서는 진화론을 배웠는데 성경에서 아담과 하와가 최초의 인류라고 하니까 성경은 맞지 않다고 생각했는데 아담과 하와는 최초의 인류가 아니라 종교의 조상이라고 했고, 천지창조가 7일 만에 일어난 것이 아니라 하나님이 모세에게 모든 과정을 다 과학적으로 설명할 수 없으니 7일이라고 대략적으로 설명한 것이라고 말했습니다. 또 저는 누구나 믿는 것만으로 모든 죄를 용서받고 구원을 받는다면 불공평하다고 생각했는데 사람이 자기 책임을 다해야 구원받을 수 있다고 설명해 줬습니다. 그런 이야기를 들으니 제가 그동안 기독교에 대해 가지고 있던 인본주의적인 의문들이 속 시원하게 풀리는 것을 느꼈습니다.

그 성경 강의를 배우면서 제가 기독교에 대해서 오해하고 있었다고 느끼게 됐고, 그렇게 10개월쯤 배우니 어느새 저는 하나님의 존재에 대해서도 믿게 되었고 2009년 12월 말에는 예배에도 참석하게 되었고, 수료도 하게 되었습니다.

제가 다니게 된 교회는 JMS 교회 중에서도 특수하게 저희 학교 학생들로만 이루어진 작은 교회였고 그 속에서 같은 학교 친구와 선배들을 만나게 됐습니다. 대학교라는 공통점을 가진 사람들이 모인 작은 집단이다 보니 금세 사람들과 친해지게 되었고 처음 학교에 입학했을 때 가지게 됐던 고민들도 해결됐다고 좋아하며 더 적극적으로 교회에 다니게 됐습니다.

제가 처음 교회를 다니게 됐던 2009-2010년에는 JMS의 교주가 실형을 선고받으면서 교주를 숨기고 예수님을 전면에 드러내던 때였습니다. 이곳은 예수님을 진짜 사랑하는 곳이라고 생각하였고, 악평이나 교주의 상황에 대해서도 들었지만 그냥 억울하게 오해받고 있는 것이라고 생각하고 넘기게 되었습니다. 그곳에서 이상적으로 생각하는 삶이 너무나 깨끗하고 건전한 삶을 추구했고, 그런 삶을 굳이 거부할 이유도 없고, 그들이 원하는 이상적인 세계도 평화롭고 사랑이 넘치는 곳이었기 때문에 이곳이 이상한 곳이라고 생각되지가 않았습니다. 돌이켜보면 참으로 순진했던 것 같습니다. 저도 모르게 홀리듯 신앙생활에 재미를 붙이고 JMS의 사상에 젖어들게 되면서 이제 그곳이 이단이 아닐까 하는 생각을 할 수조차 없게 되었습니다.

JMS에 더 깊이 빠져들수록 예수님과 교주를 더 동일시하고, 심지어는 예수님을 넘어서는 위치에까지 교주를 높여 버렸지만 이미 저는 그 집단에 대한 비판적인 생각을 할 수 없는 상태로 빠져 있었고, 그들과 같이 교주를 높이고, 사랑하고, 찬양했습니다.

그리고 교주의 말에 따라서 제 삶을 다 바쳐서 구원, 곧 휴거라는 목표 한 가지를 위해서 살아야 한다고 스스로를 채찍질하기 시작했습니다. 그곳에서의 구원은 자신의 삶을 통해서 이루는 것이기 때문에 어떻게 사느냐가 굉장히 중요합니다. 새벽 1시에 일어나서 기도하고, 매년 1명 이상씩 전도하고, TV나 인터넷 등의 미디어를 봐서는 안 되고, 특히 이성과 허락받지 못한 교제는 절대 하면 안 되었습니다. 그 삶은 성취감과 만족감을 주는 동시에 불안과 죄책감을 주었습니다. 어떻게 해도 완벽하게 되는 날이 매우 드물었기 때문입니다.

저는 남에게 무언가를 강요하는 것을 잘 못해서 전도를 한 명도 못했고, 새벽에는 잠만 잤고, 미디어를 끊는 것도 힘들었습니다. 그런 삶을 살던 중 부모님께서 제가 이단에 다니게 됐다는 사실을 알게 되었습니다. 부모님은 제게 내색하지 않고 있다가 아버지 생신날 먼 곳에서 외식한다고 하면서 저를 이곳 안산에 데려오셨고, 이곳에서 반증을 듣도록 저를 설득하셨습니다.

이곳에 오기 전에 저와 친한 학교 회원들 중 몇 명이 이미 안산교회에서 회심을 한 사례가 있기 때문에 저도 언젠가 이곳에 올 것이라고 예상을 했고, 그 때는 들어도 나는 절대 변하지 않을 것이라고 확신하고 있었기 때문에 빨리 끝내고 나가겠다는 생각으로 알겠다고 하고 반증을 듣기 시작했습니다.

처음에는 반증 내용들이 인정되지 않았습니다. 이미 그곳에서 반증의 반증에 대한 교육도 들었고, 내가 그동안 믿었던 것들이 전부 아니라고 부정당하는 것이 그냥 기분이 나빴습니다. 하지만 그 와중에도 제 귀에는 어쩔 수 없이 반증 내용들이 들려왔고, 조금씩 제가 믿었던 것들이 아니었다는 사실이 쌓이기 시작하자 겁도 나고 마냥 싫었습니다. 그래서 화도 내보고, 울면서 싫다고 떼도 써봤는데 부모님이 먼저 이런저런 얘기를 하며 진심을 내놓자 저도 이래서는 안 되겠다는 생각이 들었고, 진심으로 이 얘기를 들어봐야겠다고 생각하게 됐습니다.

처음에는 그곳에서 배운 말씀 외에는 다 싫고, 그 방법이 아니면 하나님을 믿을 수 없다고 생각했지만 구원론을 듣게 되면서 그것이 아니라는 것을 깨닫게 됐습니다.

저는 다른 내용들은 다 그렇다고 쳐도, 기성 기독교의 구원에 관한 부분을 가장 받아들이기 힘들었는데, 믿음만으로 이루는 구원이 불공평하다고 생각됐고 도저히 이해할 수가 없었습니다. 하지만 제가 노력으로 이루는 구원의 삶을 살다 보니 그게 얼마나 불가능한 삶인지 실제로 체험하게 됐고, 구원론을 통해서 믿음을 통한 구원의 확신의 근본은 신이신 예수님의 피와 살을 내어준 희생에 있다는 것을 배우게 되면서 제 생각이 정말 땅에 붙어 있는 수준이었다는 것을 알게 됐습니다. 그 수준에서 하나님의 구원의 은혜에 대해서 이해하려 하니 이해할 수가 없었던 것이었습니다. 그리고 제가 열심히 신앙생활을 한다고 했던 지난 7년간 사람을 하나님으로 모시고 살았던 것을 깨닫게 되었습니다.

구원이 무엇인지 알게 되면서 저의 남아 있던 고집들도 다 꺾이게 되었고, 다시 예수님을 다른 누구의 얼굴이 아니라 예수님의 얼굴로서 다시 뵐 수 있게 되었습니다.

회심하고 진짜 주님 품으로 돌아온 지금, 그들에게 속아 오랜 시간을 그곳에서 보냈던 것이 억울하기도 하고, 속은 제게 화가 나기도 합니다. 하지만 한편으로 생각해 보면 과연 내가 그 과정이 없었으면 하나님의 은혜에 대해서 깨달을 수 있었을까 생각이 듭니다. 확실한 구원을 받아 놓고 하나님께서 행하신 여정을 돌이켜 놓고 보니 은혜를 믿을 수 없던 저의 그 강력한 고집을 꺾기 위해서 이단은 이단대로 악역으로 사용하셔서 결국은 다시 제대로 믿게 하신 것은 아닌가 하는 생각이 듭니다.

더불어 신앙생활을 하지 않으시던 저희 부모님들까지 교회에 다니게 되면서 함께 구원을 이루어 주셨으니 오히려 값을 셀 수 없이 많은 복으로 갚아 주시기까지 하셨습니다.

어리석고 교만한 저의 고집을 꺾어 저를 가르치시고 구원해 주신 하나님께 정말 감사드립니다. 그리고 제가 이곳에 오기까지 기도해 주시고 도와주신 모든 분들께 감사드립니다. 그곳에서 아직도 진짜 구원이 무엇인지 모르고 그렇게 열심히 살고 있을 사람들이 속히 진짜 주님 품으로 돌아오기를 기도합니다.

5. 안식교 회심 간증, 안식교 간판을 내리다

한상신 목사·벧엘교회

저는 안식일 교회를 다니시는 부친에 의하여 어려서부터 20여년 동안 안식일 교회를 다니게 되었고 안식일 교회의 교리를 어려서부터 배워 율법을 준수한 철저한 안식일 교인이었습니다.

완벽한 품성으로 변화되어야만 천국에 들어갈 수 있다는 교리에 따라 철저하게 채식을 하였고 화이트 부인의 책과 안식교에서 칭하는 대쟁투 총서와 그 외 모든 책을 철저히 읽었으며 그대로 순종하여 살기 위해 최선의 노력을 다하던 사람이었습니다. 또한 안식일 교회는 남은 무리, 남은 교회라 하여 자부와 긍지를 가졌으며 자랑으로 삼았습니다.

그러나 몇몇 지도층 인사들이 화이트 부인의 교훈대로 살지 않는 것을 보고 실망하여 안식교보다 화이트 부인의 교리에 더 철저하게 하는 "안식일 교회 개혁운동"(안식교의 분파)에 참가하여 활동하기도 하였습니다. 저는 부친과 함께 완주군 소양면에 안식일 교회를 세우고 전도하여 성도들을 인도하였습니다.

1980년 12월 27일 저에게도 복음의 소식이 전달되었는데 다름 아닌 안식일 교회 내에서도 복음을 깨닫고 가르치던 현재의 진용식 목사님을 만나게 된 것입니다. 진 목사님을 만나서 성경을 연구하던 중 그렇게 철석같이 믿었던 2천 3백 주의 교리(성경 중 재림신앙의 기초가 되는 것이요 한 큰 기둥과 주초가 되는 구절이다-대쟁투 합본, p. 456)가 성경이 말씀하시는 바와 거리가 너무 멀다는 것을 깨닫고 성경을 계속 연구하던 중 참복음이란 예수 그리스도와 성경에 기록된 대로 우리의 죄를 위해 죽으시고 무덤에 묻히셨다는 것과 또 예언자들이 말한 대로 사흘 만에 무덤에서 다시 살아나셨다는 사실을 깨닫고(고전 15:3~4) 과연 나 같은 죄인을 위해 죽으시기까지 사랑하신 주님의 은총을 마음 깊이 모셔 들이게 되었으며 얼마나 율법주의 속에서 구원을 얻기 위해 노력했던가요!

"하나님의 의를 모르고 자기의 의를 세우려고 힘써 하나님의 의를 복종치 아니했던(롬 10:1~3) 유대인들과 같은 오류를 범하게 되었습니다."

참진리 안에서 참된 복음의 자유를 누리며 제가 인도하고 있던 완주군 소양면 해월리의 안식일 교회는 진 목사님을 초청하여 한 주간 동안의 사경회를 개최한 후에 감격의 눈물로 복음을 받아들여 전 성도들의 만장일치로 안식일 교회 간판을 내리고 개명하여 벧엘교회 간판으로 바꿔 달게 되었습니다.

부족한 이 사람에게도 신학의 학문을 연구하여 하나님의 크신 사랑 안에서 오늘도 내일도 내 인생이 살아 숨 쉬는 동안 이 귀한 복음을 전하는 기쁨 안에 살고 있습니다.

바라옵기는 아직도 안식일 교회에서 복음의 참된 자유를 모르고 방황하는 모든 사랑하는 이들이 예수 그리스도의 죽음과 부활의 위대한 복음의 진리를 받아들이는 이들이 되기를 간절히 원하는 바입니다.

"내가 그리스도 안에서 참 말을 하고 거짓말을 아니 하노라 내게 큰 근심이 있는 것과 마음에 그치지 않는 고통이 있는 것을 내 양심이 성령 안에서 나로 더불어 증거하노니 나의 형제 곧 골육의 친척을 위하여 내 자신이 저주를 받아 그리스도에게서 끊어질지라도 원하는 바로다 저희는 이스라엘 사람이라"(롬 9:1~3).

6. 여호와의 증인 회심 간증

조인숙

저는 신앙이 전혀 없는 가정에서 자라나 초등학교 시절 친구 따라 교회를 잠시 다닌 적이 있으나 신앙이 없는 불신자였습니다. 제가 중학교 3학년 되던 해 어느 날이었습니다. 집으로 여호와의 증인들이 찾아왔습니다. 여호와의 증인들은 중학교 3학년이었던 저에게 간절하게 성경공부를 권하였습니다. 남의 부탁을 잘 거절하지 못하는 성격이었던 저는 여호와의 증인의 집요한 권유에 거절을 못하고 성경공부를 하게 되었습니다. 이것이 제가 여호와의 증인에 첫발을 디디게 된 과정이었습니다.

부모님 몰래 성경공부를 하기 시작했고, 여호와의 증인의 교리 책 한 권을 마칠 때쯤 왕국회관이라는 곳에 가서 집회도 참석했습니다. 성경에 무지했던 저는 그들의 교리를 그대로 흡수하고 받아들이게 되었고 여호와의 증인의 교리에 세뇌되어 여호와의 증인 신도가 되었습니다.

여호와의 증인의 교리는 철저하게 율법을 지켜야 구원받는다는 율법주의, 행위주의의 구원론이었습니다. 여호와의 증인 신도들은 구원받기 위해서 율법을 준수하고 철저히 헌신하는 삶을 살게 됩니다. 여호와의 증인에서는 자신들의 교리적인 행위에 벗어나게 되면 제명을 하기도 했습니다.

당시 여호와의 증인들은 1914년 제1차 세계대전을 본 세대가 다 죽기 전에 아마겟돈 전쟁이 일어나 많은 사람들이 죽게 될 것이며, 세상의 모든 정부는 없어지고 이 세상은 여호와의 증인의 왕국으로 통일될 것이라고 하였습니다.

이 세상은 아마겟돈 전쟁으로 여호와의 증인만이 살아남아 이 땅이 지상

낙원이 되어 젊음을 유지하며 늙지 않고 영원히 살게 된다는 교리를 배웠습니다. 여호와의 증인의 이러한 교리를 배운 저는 이 세상이 이제 얼마 남지 않았다고 생각하고 여호와의 증인 신앙에 열심하였습니다. 그리고 특히 새롭게 느끼며 배웠던 교리는 사람이 죽으면 영혼도 함께 죽는다는 교리이며 영혼이 죽고 없기 때문에 지옥도 없다는 교리였습니다. 사랑의 하나님이 영혼들을 지옥에서 영원히 고통받게 하시겠느냐는 것입니다.

이러한 교리들을 배운 저는 여호와의 증인 교리만이 진리임을 확신하였습니다. 1년여의 시간이 흐르던 중 부모님에게 발각되어 심한 반대에 부딪혔습니다. 어린 나이였던 저는 부모님의 반대를 이기지 못하고 어쩔 수 없이 도중에 포기하고 여호와의 증인 모임에 가지 못했습니다. 그러나 여호와의 증인에서 배운 교리들은 그대로 가지고 있었던 것입니다. 이것이 저의 여호와의 증인 1차 신앙생활이었습니다.

그 후 시간이 흘러 저는 결혼을 하게 되고 남편의 권유로 교회에 나가게 되었습니다. 교회에 다니면서도 바른 신앙을 가지지 못하고 여호와의 증인의 교리가 옳은 것으로 생각하고 있었습니다. 교회에 다니면서 은혜를 받지 못하며 십일조 생활에도 부담을 느끼게 되었습니다.

첫째 딸이 백일이 지날 무렵 여호와의 증인이 저의 집으로 전도를 오게 됐습니다. 제 마음속에 여호와의 증인만이 참종교라는 생각이 있어서인지 그들과 대화를 하게 됐고, 다시 성경공부를 시작하게 됐습니다. 특히 십일조 제도는 폐지되었기 때문에 십일조를 드릴 필요가 없다는 여호와의 증인의 말에 더 마음이 끌렸습니다. 남편 모르게 여호와의 증인의 집회도 나가기 시작했고, 전도도 함께 따라다니기도 했습니다. 이제는 확실한 여호와의 증인이 다시 된 것입니다.

여호와의 증인들은 전도하는 시간 양에 따라서 직급처럼 명칭이 붙습니다. 직급이 높을수록 시간을 채워야 하는 양이 많아질 수밖에 없습니다. 전도를 잘하기 위해서 각자 준비를 해오면 집회 시간에 앞에 나가 실전처럼 대사 연기를 하며 철저하게 훈련을 합니다.

저는 앞으로 세상이 얼마 남지 않았다는 생각으로 지상낙원을 기대하며 열심히 활동하였습니다. 여호와의 증인으로 전도 활동을 열심히 하던 중 남편이 알게 되었습니다. 남편은 철저하게 반대하였습니다. 그러나 이제는 여호와의 증인을 포기할 수가 없었습니다. 남편과 계속 싸울 수밖에 없었습니다. 남편은 불신자이지만 여호와의 증인을 반대하였고 저는 여호와의 증인을 포기하지 않았습니다. 그렇게 싸우며 힘겨운 날들을 보내던 중, 남편은 이단 상담을 하는 상록교회를 알게 되었습니다. 남편이 상록교회 이단 상담소에 이단 상담을 신청했고 저는 이단 상담을 받게 되었습니다.

이단 상담을 통해 여호와의 증인의 교리를 차근차근 배우기 시작했습니다. 하나하나 배울 때 여호와의 증인의 교리들이 무너져 내렸습니다. 삼위일체, 재림, 왕국, 피 문제 등 여호와의 증인 교리가 터무니없는 그들만의 어리석은 주장이라는 것을 깨닫게 되었습니다. 여호와의 증인들이 주장하는 원어들을 잘못 해석한 것을 확인할 수가 있었습니다. 그리고 성경을 한 부분 한 구절만 보는 게 아니라 그 장과 전체적인 내용을 보게 되니 여호와의 증인의 교리가 잘못된 것임을 확실하게 알게 되었습니다.

특히 이단 상담을 통하여 복음을 듣게 되었고 예수님께서 나의 죄를 속죄하시기 위하여 나를 위해 죽으셨다는 사실을 믿게 되었습니다. 저는 십자가의 구속을 나의 것으로 받아들이고 구원을 받게 되었습니다. 오직 나의 유일한 구원자 되시는 예수님을 나의 구주로 영접한 것입니다. 저는 여호와의 증인에서 구원받은 그리스도인이 된 것입니다. 철저하게 율법을 지키고 실적을 쌓아야 구원을 받는다는 여호와의 증인들은 구원의 은혜를 알지 못합니다. 행위주의자, 율법주의자였던 저를 은혜로 구원해 주신 하나님을 찬양합니다.

저의 어리석은 선택으로 인해 부모님 가슴에 못을 박았고, 남편에게도 너무 마음을 아프게 해 정말 미안하고, 포기하지 않고 견뎌줘서 고마운 마음을 전합니다. 구원은 나의 행위가 아닌 예수 그리스도를 믿음으로써, 전적인 하나님의 은혜로 받는다는 복음을 깨닫게 해주신 하나님께 감사와 영광을 돌립니다.

7. 구원파 회심 간증

이민수 (가명)

저는 구원파에서 회심한 이민수(가명) 전도사입니다. 구원파는 오늘날 많은 성장을 하면서 정통 교회에 위협을 주고 있습니다. 저는 박옥수 씨의 구원파에 미혹되어 약 2년간 있으면서 구원파에서 운영하는 기쁜소식선교회의 영업부장으로 활동하였습니다. 구원파에서 충성하다 보니 박옥수 씨에게 인정받아서 구원파의 목회자를 길러내는 구원파 신학교인 선교학교에 입학하라는 특별 배려도 받아놓은 상태에 있었습니다.

그러나 구원파가 비진리이며 이단 집단이라는 것을 깨닫고 구원파에서 나오게 되었고, 진용식 목사님을 만나서 바른 복음을 배우고 국제신원에서 M.Div 과정을 졸업하고 상록교회 전도사로 섬기고 있습니다.

저는 어려서부터 교회 생활을 하다가 아내와 1987년 4월부터 1988년 9월까지 구원파라 부르는 대한예수교침례회에서 신앙생활을 하게 되었습니다. 그들은 상담과정에서 저에게 구원받았느냐고 물었습니다. 구원을 받았다고 답변하자 죄를 지으면 어떻게 하느냐고 다시 물었습니다. 저는 믿음으로 말미암아 하나님의 자녀가 되었지만 이제 자녀로서 죄를 지은 것이므로 하나님 앞에 용서를 비는 기도를 드린다고 했습니다.

그러자 그분은 저에게 구원을 받지 못했다고 하면서 죄가 있으면 지옥에 간다고 했습니다. 저는 석연치 않은 점이 있었으나 계속 그 교회에 출석하게 되었는데, 나중에 알고 보니 그 교회는 잘못된 교리를 갖고 있는 구원파였습니다.

그곳에서는 우리 인간이 얼마나 죄인인가를 성경을 통해서 설득하기 위해

주로 다음 말씀을 자주 인용합니다. "여호와께서 사람의 죄악이 세상에 관영함과 그 마음의 생각의 모든 계획이 항상 악할 뿐임을 보시고"(창 6:5). "속에서 곧 사람의 마음에서 나오는 것은 악한 생각 곧 음란과 도적질과 살인과 간음과 탐욕과 악독과 속임과 음탕과 흘기는 눈과 훼방과 교만과 광패니 이 모든 악한 것이 속에서 나와서 사람을 더럽게 하느니라"(막 7:21).

그 외에도 구원파에서는 요한복음 4장에 나오는 사마리아 여인이나 나아만 장군 이야기 등으로 먼저 자신이 죄인이라고 인식하게 하고 바로 예수 그리스도의 은혜로 죄 사함 받았다고 증거한 뒤 이제는 죄가 없다고 가르칩니다. 그리고 나서 자신이 의인이 된 것을 시인하게 한 뒤 죄인이라는 용어조차 평생 동안 사용하지 않습니다. 그들은 어떤 죄를 범하고 나서 "나는 이번에 이러한 잘못을 했는데 나는 이럴 수밖에 없는 사람이다"라는 식으로 자신의 잘못을 드러내는 것이 전부이며, 그 죄를 뉘우치고 회개하고 눈물 흘리는 경우가 없습니다.

그곳에서 증거하는 구원은 죄 사함을 깨닫는 하나의 공식과 같이 통용되었고, 자신이 진정한 죄인임을 인식하고 인격적으로 주님을 만나는 과정이 아님을 느꼈습니다. 하나님의 자녀가 되고 구원받은 사람도 죄를 지을 수 있으므로 지은 죄에 대하여 하나님께 자백하거나 회개해야 한다는 가르침 자체가 없습니다.

그리고 이제 구원받은 하나님의 자녀가 되었으니 주님을 닮아가야 하고 하나님의 말씀과 법을 지켜야 한다고 하는 말씀이 없기 때문에 처음에는 구원받았다고 기뻐하고 좋아하는데, 조금 지나면 방종에 빠지는 이상한 형태의 사람이 되어 갑니다. 그리고 구원을 받으면 이제 성령의 인도를 받도록 해야 하는데, 그곳 목사나 전도사가 시키는 대로 생활하고, 지도자들이 지나치게 성도의 생활에 간섭하고 있습니다.

그리고 제가 경험한 바로는 구원파에서는 다른 교회에서 받은 구원은 일체 인정하지 않고 있습니다. 그들은 어떻게 해서든 정통 교회에서 구원받았다는 사람들의 마음을 흔들어서 자기 입으로 구원받지 못했다고 시인하게 만듭니다. 그리고 다시 자기들이 주로 사용하는 말씀을 전해서 구원받게 하고 있습니다.

그곳에 빠진 사람들 100퍼센트가 한결같이 하는 간증은 "내가 장로교회, 감리교회, 성결교회, 침례교회 등에서 10년 혹은 20년 신앙생활을 하고, 집사, 혹은 장로가 되기까지 한 번도 구원을 받아야 한다거나 구원을 받았느냐고 질문하는 사람도 없었고 가르쳐 주는 사람도 없었는데, 이 교회에 와서 복음을 듣고 구원을 받았다"고 합니다.

제가 그곳에 있을 때 일어났던 일들을 몇 가지 더 말씀드리면, 그들은 친지나 이웃의 결혼식이나 잔치 같은 경조사에 가지 못하게 합니다. 그런 경조사에 가는 사람은 육신적인 사람이라고 매도했습니다. 어떤 성도가 병이 들어 집에 있다는 이야기를 듣고 성도가 병문안을 가려 하면 가지 못하게 하고, 하나님 앞에 깨닫게 놔두라면서 아주 냉정한 태도를 보였습니다. 사역자 부부, 교인들끼리 싸움을 자주 하는 편인데 그들은 쌍방을 지적해 주는 것이 사랑이라고 생각하고 있습니다.

박옥수 씨의 구원파에서는 헌금을 지나칠 정도로 많이 강조를 하는데 그 이유를 알게 되었습니다. 처음에는 자기에게 있는 돈을 가지고 헌금하지만 계속 내다보면 돈이 바닥이 나게 되는데, 그래도 헌금을 계속 강조하면 그때는 하나님께 기도하게 된다는 것입니다. 그럴 듯해 보이지만 결국 성도들은 헌금하느라 지치게 됩니다.

대전에 있는 도마동 수양관을 지을 때, 적금을 들어 한두 달 불입하면 그 전체 금액을 대출해 주는 제도가 있었는데 어떤 자매가 라면을 끓여 먹으면서 절약해 그런 방법으로 헌금했다고 간증했습니다. 그 간증을 듣고 모두 대단하다고 박수를 쳐줬는데 얼마 안 가서 그 자매는 교회에 출석하지 않았습니다.

시집가지 않은 자매들이 자신을 위한 저축은 거의 못하면서 헌금하고 있습니다. 제 조카는 지금도 그곳에 다니고 있는데 직장 생활을 하면서 집에 월급을 한 번도 가져오지 않았고, 시집갈 때가 되었는데 저축한 돈이 한 푼도 없어서 결국 부모님의 도움으로 혼수 비용을 마련해 결혼했습니다.

그렇게 헌금을 강조할 수밖에 없는 이유는 선교 학생이 6개월이나 1년이면 배출되는데, '한 교회 개척하기 운동'을 하여 헌금을 지속적으로 작정하게 만들기 때문입니다. 수양관을 짓는다든지 대형 프로젝트를 꾸준히 개발하여 헌금을 작정하게 하기 때문에 그곳 교인들의 주머니는 항상 비어 있을 수밖에 없습니다.

그 교회는 구원 일변도로만 말씀을 증거하고 일상생활에 관해서나 성도의 변화와 성장에 관한 말씀을 거의 전하지 않아서 오랫동안 신앙생활을 해도 야생마와 같이 절제와 성장이 없는 편입니다. 그리고 그곳은 박옥수 목사 한 사람의 일인 집권체제로 운영되고 있습니다. 사역하고 있는 목사나 전도사가 교회와 본인의 의사와 상관없이 2, 3일의 여유를 주고 어느 교회로 가라고 하면 아무 말 없이 떠나는 광경을 보았습니다.

거기는 선교학교라고 불리는 신학교가 있는데 그곳에 들어가려면 우선 지역 교회 사역자의 추천이 있어야 합니다. 일단 추천을 받아서 선교학교에 가게 되면 앞서 자기의 재산을 다 정리하고 온 가족이 함께 선교 훈련을 받는데 거의 다 헌금으로 바치고 선교학교에 들어옵니다.

그런데 훈련 과정에서 은사가 없는 것으로 드러나면 결국 그곳에서 나오게 됩니다. 헌금한 돈을 돌려 받지 못하고 빈손으로 나와서 어렵게 생활하는 것을 보았는데 제 생각에 다 주지는 못하더라도 헌금액의 반이라도 돌려줘서 생활을 꾸려 나가도록 하는 것이 도리라고 봅니다.

그리고 그 교회에 다니다가 안 다니면 다른 교회는 거의 나가지 않는 게 현실입니다. 잘못된 구원이지만, 그곳에서 받은 구원만이 확실하다고 믿고 있기 때문에 다른 교회에 나갈 생각을 하지 못하는 것이지요. 이요한, 유병언 씨의 구원파 출신들도 구원파를 떠나게 되면 교회를 등지고 다른 교회에 나가지 않고 다른 이단을 전전하든지, 아니면 집에서 혼자 생활을 하고 있는 것으로 알고 있습니다.

구원파 교회에서는 해마다 여름 수양회를 열고 있습니다. 그때는 무슨 일이 있어도 모든 교인이 가야 한다고 강조하기 때문에 지하철공사에 다니던 어떤 형제는 회사에 사표를 내고 여름 수양회에 참석했습니다. 그 형제는 나중에 직업이 없어져서 전전긍긍하다가 결국 영업용 택시를 하더니 교회에 안 나오더군요. 어느 날 그를 만나 구원의 확신에 대해서 물어봤더니 답을 못했습니다.

그리고 제가 그 교회에 있을 때 50명 정도 출석했는데, 1년이 지나니 5명

정도 남고 모두 떠나서 새로운 사람으로 채워지는 것을 보았습니다. 거기서는 조금 오래되면 '골동분자'라는 말을 사용하며 깨져야 한다는 식으로 표현합니다. 먼저 된 성도에 대해 존경하는 일은 거의 찾아보기 어려웠습니다.

제가 그곳에서 나오게 된 것은 구원파 지도자들에게 크게 실망했기 때문입니다. 그들은 교인들에게 "하나님의 말씀을 너희에게 이르고 너희를 인도하던 자들을 생각하며 저희 행실의 종말을 주의하여 보고 저희 믿음을 본 받으라"(히 13:7)고 권면하고 있습니다.

그런데 사랑이 없고 신앙의 본을 보이지 못하는 그들의 모습을 보고 의심하던 중 결국 그들의 구원관에 문제가 있다는 사실을 알게 되었고, 우리 내외는 더 이상 유익이 없는 신앙생활을 할 수 없어 그곳을 떠나기로 결심했습니다. 우리가 거기서 나올 때 그들은 여러 가지 말로 그곳에 머물도록 설득했습니다. 심지어 거기서 나오면 우리가 저주를 받을 수 있다고 말했습니다. 그러나 저는 그 말에 개의치 않고 나왔습니다. 박옥수 목사가 저는 원래 구원받지 못한 사람이라고 했다는 소식을 들었습니다.

간증을 마치면서 정통 교회 목회자님들께 감히 한말씀드리고 싶습니다. 주님의 분명한 복음을 공적으로, 개인적으로 자주 전하시고, 성도들에게 구원의 확신이 있느냐고 개인적으로 꼭 점검해 보시고 분명한 구원의 확신을 심어 주시기 바랍니다. 하나님과의 관계를 분명히 해주신다면, 구원파에 빠진다고 할지라도 더 분명하고 밝은 복음과 구원의 확신이 있기 때문에 흔들리지 않는 신앙생활을 할 것으로 생각합니다.

그곳 사람들은 상상을 초월할 정도로 조금만 틈이 있으면 기존 교회에 침투하여 성도들을 흔들어 놓을 것입니다. 큰 병에 걸린 후 치료하려면 힘들고 후유증이 크기에 예방이 무엇보다 중요하다는 말씀을 드리고 싶습니다.

8. 대순진리회 회심 간증

김혜진

대순진리회는 1871년에 전라도에서 태어난 강증산이라는 사람을 구천상제 님으로 믿고, 그 뒤로 종통을 이어받았다고 하는 조철제라는 사람을 옥황상 제로, 또 그 뒤에 정통성을 이어받았다고 하는 박한경을 도전님으로 믿으며 자신과 집안의 모든 전생의 업보를 다 풀고 후천에 가기 위해서 도법을 지키 고 수도하는 민족종교단체이다. 정확히는 모르겠지만 전국적으로 상당히 많 은 도인들이 있고 여주에 본부도장이 있고 전국 각지에 방면 회관이 있고, 지역마다 촘촘하게 연락소라고 하는 공부방이 있다. 음양오행을 진리로 가 르치고 윤리도덕을 숭상한다는 점에서 동양철학, 유교사상이 배어 있고 인 과응보와 전생, 윤회, 공덕을 강조하고 석가모니를 굉장히 받든다는 점에서 불교와도 비슷한 점이 많다. 또한 어디에나 신이 깃들어 있다고 믿는 범신 론, 다신론주의이다.

나는 대학교 2학년 때 그곳을 알게 되었다. 모태신앙이었지만 당시에는 교회와도 멀어져 있었고 오히려 반감 같은 것을 가지고 있었다. 겉으로는 평 범한 학생이었지만 나에겐 너무 어렵고 풀 길이 없어 보였던 삶의 문제들과 여러 상처들 때문에 갈피를 잡지 못하고 방황하고 있었다. 깊은 죄책감과 원 망, 두려움들을 회피하려고 방탕한 삶을 살며 더 큰 허무함과 자책, 우울함 에 빠지곤 했다. 내 무의식 속에서는 그런 나를 바꿔줄 수 있는 무언가, 내 삶을 새롭게 해줄 무언가 정답 같은 것을 찾고 있었던 것 같다. 어느 날 학 교 가던 길에 나에게 다가온 두 여학생과 얘기를 나누게 되었고, 그들은 내 맘을 들여다보는 것 같은 말들을 하며 해도 해도 풀리지 않는 그런 문제들을 풀 수 있는 방법이 있다고 너무나도 간절한 눈빛으로 이야기를 했다. 나도 간절한 뭔가가 있었기 때문에 이끌리듯 그들을 따라가서 시운치성이라는 하늘에 올리는 제사 같은 것을 드리고 주기적으로 공부방에 가서 얘기를 듣게 되었다. 올바른 이치, 지금의 때에 대해서 가르쳐 주었고, 가족보다도 친구보다도 나를 더 잘 알아주었기 때문에 더 마음을 열게 되었다. 나도 뭔가 달라질 수 있을 것 같다는 확신에 찬 희망에 점점 더 전념하게 되었다. 결국 3학년으로 올라갈 때 휴학을 하고 정말 열심히 길거리 포덕(전도)을 해서 1년 후에 선무라는 직을 갖게 되었다. 포덕은 업보를 가장 빨리 풀고 도를 깨달을 수 있는 방법이다. 선무는 자기가 데려와서 치성을 모신 사람이 36명 이상 되어야 하고 그중에 매월 성금을 모시는 사람이 2~3명 이상 나와야 될 수 있다.

보통은 공부방에서 단체생활을 하는데 아침 7시에 기도를 모시고 나서 청소나 빨래 등을 하고, 9시에는 공식이라고 해서 아침조회 같은 것을 1-2시간 정도 하고 밥을 먹고 밖으로 나가서 계속 전도를 한다. 사람을 데려올 때까지 계속 돌아다니거나, 대화하다가 사람을 데려오면 교화를 해서 치성을 모시게 하고 그 사람이 치성을 안 모시고 가면 또 나가서 전도를 한다. 밥은 안 먹고 돌아다닐 때도 많았고 정 배고프면 초코바 같은 걸 사 먹거나 편의점에서 간단하게 때우거나 한다. 새벽 1시에 기도 모시는 시간까지 계속 돌아다니거나, 포덕을 많이 못하면 새벽 3-4시, 거의 동이 틀 때까지 돌아다닌 적도 있다. 한번은 서강대 원룸촌 근처에서 거의 자정이 다 된 시간에 포덕을 하고 있었는데 민원이 들어가서 순찰 중이던 경찰에 걸려서 조사를 받은 적도 있었다. 새벽 1시에 기도를 모시고 나서도 정성을 드린다고 전경을 읽거나 교화를 하거나 하면 거의 3시쯤 자게 된다. 요즘에는 채팅이나 여러 가지 방법을 동원해서 포덕을 한다. 오랫동안 포덕을 하면서 선무 이상의 역할도 했었지만 사실 시간이 점차 지나고 많은 걸 알게 될수록 포덕을 해야 된다는 부담감, 물질적인 부담감을 비롯해서 육체적으로도 심적으로도 힘든 것들이 많았다. 포기하고 싶고, 이게 맞나 싶은 적도 많았지만 돌아오기엔 이미 너무 많이 가 있었다. 그냥 앞으로 계속 가는 길밖엔 없었다. 졸업 후 직장을 가지고 나서도 사실 나의 모든 인간관계와 생활의 중심은 그곳이었다. 직장생활과 수도생활을 병행하는 것은 정신적으로나 육체적으로나 모든 걸 쏟아 부어야 하는 일이다. 정말 무한 체력과 무한 정신력이 필요하다. 잠을 쪼개고, 투잡을 뛰는 것처럼 쉽지 않은 일이었지만 내가 이 도를 만나지 않았다면, 분명히 방탕하고 방황하던 내 삶을 청산하지 못했을 것이라고 계속 합리화를 하며 매달릴 수밖에 없었다. 근데 신기한 것은 계속 받아들이려고 안간힘을 쓰다 보면 그 상황을 어떻게든 버티게 되고 좋다고 느끼게 된다는 것이다.

그러다가 올해 초에 내가 무리하게 큰 헌금을 해서 아빠가 내가 그곳에 다닌다는 것을 확실히 알게 되셨고 오랫동안 기독교인으로서 신앙생활을 해오셨기 때문에 수소문을 하셔서 상록교회로 나를 데려가야겠다고 결정하셨다. 당연히 처음엔 거길 내가 왜 가냐고 안 가겠다고 버티고 밥도 안 먹고 모든 게 단절된 상황에 너무 스트레스를 받아서 쓰러지기까지 했지만 어쨌든 우여곡절 끝에 상록교회에서 강의를 들어 보겠다고 했다. 가족들의 간절한 노력도 있었고, 나는 대순진리회가 진리라고 생각했고 나 자신도 많이 달라진 부분이 있기 때문에 그렇게 믿어왔는데 과연 기독교에서 말하는 진리란 무엇인가? 진리가 둘일 수 있는가? 결국에 정말 하나님은 어느 곳에 있단 말인가? 하는 여러 의문이 들었기 때문이다. 상록교회에 왔을 때는 대순진리회는 말 그대로 타 종교이고 성경도 안 보기 때문에 마땅히 반증이라고 들을 수 있는 게 없어서 바로 구원론을 들었다. 사실 거의 폐인 같은 상태였고 상담도 제대로 되지 않았다. 그곳의 신관이나 사상들이 성경과 많이 다르기 때문에 갑자기 구원론을 들었을 때는 이해도 안 되고 이게 무슨 말도 안 되는 소리인가 싶었다. 기독교에서 말하는 하나님이란 너무나 일방적이고 나의 의사나 자유는 존중하지 않는 것 같았다. 결론부터 말하자면 그건 나의 오해였다. 지금도 다 안다고 할 수는 없지만 내가 오해했던 이유는 진정 하나님이 어떤 분이신지 제대로 알지 못했기 때문이었다. 적어도 지금 내가 알게 된 하나님은 사랑의 하나님, 전지전능하시면서도 인격적인 하나님, 소통하시는 하나님이다.

나에게 반증의 역할을 해준 것은 어느 날 목사님께서 주신 대순진리회에 대한 책 몇 권이었는데, 그 책들은 한마디로 충격적이었다. 아이러니하게도 그 책은 증산도에서 쓴 것인데, 대순진리회의 종통이 잘못되었으며 조작된 것이고, 이 단체가 어디에서부터 시작되었고 어떤 비리가 있는지를 폭로한 책이다. 내가 듣고 배운 것과는 전혀 다른 사실들이 적혀져 있었고, 신격화되고 신비스럽게만 믿어왔던 존재들은 사실상 이단 단체에서 후발 교주들이 계속 새끼 쳐 나오는 것과 마찬가지로 그 숨겨진 모습은 똑같았다. 이 책이 정말인가 사실인가 읽고 또 읽고 했지만 분명 출판되고 판매되는 책이었고 많은 신문 기사들과 신도들의 증언, 역사적 기록물 등 증거가 많았다. 또한 상록교회에서 다른 이단에 대해서도 듣다 보면 내부구조나 돌아가는 것들, 시한부적 종말론 등 얘기하는 것들이 서로 비슷하다는 것을 알게 되었다. 또한 단순히 기적이나 신기한 일들이 결코 믿음의 근거가 될 수 없다는 것도 깨달았다.

그 안에 있을 때는 생각지 못했던 것들이, 당연히 그래야 한다고 믿었던 것들이 과연 정말 그러한가, 달리 보였다. 그렇게 하루 종일 밖에서 포덕하고 쥐어짜듯이 헌금하는 게 정말 하늘이 원하는 바일까? 해원상생을 말하고 마음을 속이지 말라고 하면서 부모에게, 남에게 거짓을 말하는 것은 그 의도가 남을 위하는 것이라고 해도 정말 정당화될 수 있는 것인가? 인륜지도덕을 숭상하고 은혜를 갚아야 한다고 하면서 대의를 위해서 부모가 나를 포기하도록 경찰에 신고하라고 하고, 한두 푼도 아니고 수천만 원씩 공덕 지으라고 부모를 속이는 수를 쓰는 것들이 정말 앞뒤가 맞는 말인가? 나는 어떤 하나님을 믿고 있었던 것인가? 그분과 어떤 관계를 맺고 있었던 것인가? 그들이 하느님을 말하고는 있지만, 너무나도 생명을 사랑하는 하느님의 마음을 내세우고는 있지만 거기서는 하나님을 만날 수 없다. 하나님께로 나아갈 수가 없다. 하나님과 관계를 맺을 수 없다. 결국엔 눈앞에 보이는 사람, 최고임원의 말이 곧 법이다. 결국은 사람을 통하지 않으면 안 되고, 사람을 믿는 것이다.

그리고 창조과학 강의도 많은 도움이 되었다. 내게 창조주 하나님을 상기시켜 주었고 진화론의 허구성, 창조를 설명하는 여러 근거들이 기존의 가치관과 세계관에 큰 전환을 가져다 주었다. 아무리 자연의 이치를 잘 설명하고 맞힌다 한들, 아무리 우주 만물의 신비로운 조화에 대해 그럴싸하게 이야기

한들, 그 모든 것을 지으신 이가 하나님이신데 사람의 지혜와 지식이 얼마나 대단하겠으며 세상이치를 다 안다고 하는 것이 얼마나 허황되고, 나의 이치에 다 맞아야지만 하나님이라고 인정하는 것 역시 얼마나 교만한 것인가, 하는 생각이 들었다. 시간과 공간, 우주의 모든 만물, 그리고 그분의 형상을 닮은 나를 지으신 분이 바로 하나님이심을 깨닫고 인정하는 순간 내 마음속에서 자유함이 얻어지고 내가 정말 의지해야 할 곳, 나의 근원, 참된 부모님을 찾은 기분이었다. 다른 모든 것들, 지금까지 내가 믿어왔던 것, 옳다고 생각했던 것, 행해왔던 것, 그 모든 것들은 별로 중요하지 않게 되었다. 나의 구원도 하나님께 있는 것이고 내 모든 것이 그분께 있는 것이라는 마음의 고백을 하게 되었다.

이러한 과정을 거치면서 구원론도 점점 와닿게 되었다. 성경말씀이 다르게 보이기 시작했고 어렸을 때 보았던 그 구절이 이런 의미였나, 새롭게 느껴졌다. 말로 다 표현할 수 없지만 사랑의 하나님, 약속을 지키시는 신실하신 하나님, 은혜의 하나님을 알아가게 되었다. 어느 순간 일방적이고 강권적인 그 사랑에 복종할 수밖에 없었다. 하나님께서 먼저 나를 사랑하셨기 때문에 나도 하나님을 볼 수 있게 되었고 사랑할 수 있게 되었다. 무엇보다 감사한 것은 후속교육을 받고 쉬고 있는 지금 시간들이 그냥 낭비되는 시간이 아니라 지난날의 나의 후회와 상처들까지도 회복되고 가족들의 사랑과 소중함을 깊이 알게 되고 진리 안에서 내가 더욱 온전케 되는 것을 경험하는, 정말 인생에서 소중하고 값진 선물이 되게 하셨다는 것이다. 이제 나는 예수님을 나의 죄를 위하여 죽으신 구세주로 고백하며, 아무 조건 없이 나를 죽기까지 사랑하신 하나님의 은혜에 감사드린다. 그리고 매 순간 내 마음을 움직이시고 믿음을 살아나게 하신 성령님이 함께하심과 모든 것이 합력하여 선을 이루게 하심도 믿는다. 끝까지 나를 믿어준 가족들에게 감사하고 상록교회에 감사한다. 진정 새 생명을 얻게 되어 감사하다. 진리의 말씀, 그 영원하신 사랑을 항상 잊지 않고 또 나와 같이 연약한 어떤 영혼이 있다면 그들에게 이 사랑을 전할 수 있는 삶을 살고 싶다.

9. 다락방 회심 간증

김지영

대학 졸업 후 첫 직장을 서울로 오게 되면서 처음 집을 떠났고, 타지 생활이 시작되었습니다. 1년 6개월 동안 서울과 전주를 매주 오가며 신앙생활을 하던 중 경제적, 육체적으로 힘듦으로 인해 서울에서 정착할 교회를 알아보게 되었습니다. 여기저기 다녀봤으나 딱히 정하지 못하고 방황하던 중 학교 선배를 통해 다락방을 알게 되었습니다. 불신자였던 그가 신앙을 하게 된 모습을 통해 그 교회에 관심을 갖고 주일 예배에 참석하게 되었는데 그 어디에도 다락방이라는 말은 없었기에 일반적인 장로교회인 줄로만 알았습니다. 그 당시 직장생활의 어려움과 개인적인 여러 가지 문제들로 고민도 많고 힘들던 내게 죄에서의 해방과 그리스도의 선포는 자유함을 주었습니다. 이전에는 들어보지 못했던 말씀들이었고 특히나 죄에 대해 눌려 있던 내게 '과거, 현재, 미래에 대한 모든 죄를 그리스도께서 십자가에서 완전히 해결하셨다'는 메시지는 나를 해방시키고 살아나게 하며 하루하루가 의미 있는 삶으로 바뀌어 가는 경험을 하게 해주었습니다.

다락방에 깊이 빠졌을 때쯤 가끔 전주에 내려가 부모님과 신앙에 대해 얘기하게 되었고 내가 사용하는 단어들이 생소하며 기존 교회에 대한 강한 반감이 걱정을 불러일으켜 결국 부모님의 의심으로 내가 다락방이라는 이단에 빠지게 된 것을 가족들이 알게 되었습니다. 이후로는 더욱 사탄결박, 천사동원권을 사용하는 기도를 하며 내 신앙을 지키기 위해 몇 년을 힘들게 버티었습니다. 한편 부모님, 가족들과의 갈등이 점점 커지는 것을 볼 때 내가 이렇게 전도를 열심히 하는데, 내가 하나님의 일을 하면 내 문제는 하나님이 해결해 주신다는데 왜 해결이 안 되지?, 라는 의문이 많이 들었습니다.

결국 부모님과 가족들의 도움으로 안산교회로 강제 연행되어 오게 되었고 부모님 말씀대로 며칠만 있으며 얘기라도 들어보자, 부모님이 틀리면 다락방으로 가기로 약속을 받고 그렇게 버틸 생각이었습니다. 그런데 며칠 지나지 않아 생각이 많이 흔들렸습니다. 상담과 몇 주간 예배를 통해 정말 내 신앙이 우물 안 개구리였음을 알았고, 기존 교회에 대한 반감과 다락방만이 참복음을 가졌다는 우월함에서 벗어날 수 있었습니다.

모태신앙이라고 하면서 성경에 대한 지식과 하나님에 대한 지식이 없었기에 그저 죄에 대한 해방에 내 입맛에 맞는 신앙생활을 했었고 말도 안 되는 천사동원권을 써가며, 사탄결박을 해가며 그렇게 기도하면 전도가 되고 가족들이 변화될 거라는 막연한 생각으로 버텼던 지난날이 몹시 후회가 되고 또 후회가 됐습니다.

어떤 메시지를 하든 결국 전도로 끝이 나고 내 사명은 전도라는 결론에 매여서 정작 나의 신앙은 살펴보지 못했습니다. 그리스도 안에서 하나님에 대해 잘 알아가며 성장해 가는지 모른 채, 내 영혼이 죽은 상태인지는 전혀 의심도 안 한 채 다른 사람의 영혼 구원을 위해서만 모든 시간과 물질을 썼습니다.

여러 목사님과 여러 사역자분들의 도움으로 다락방이 이단이라는 확실한 생각을 하게 되었고 결국 올바른 신앙을 시작하게 되면서 정말 중요한 내 영혼구원을 생각하며 기도하게 되었습니다.

어리석은 생각과 선택으로 하나님을 멀리하였지만 모든 것을 합력하여 선한 결과로 인도해 가시며 한 사람 한 사람의 구원을 이루어 가시는 하나님을 배우며 알아가는 지금은 너무 행복하고 감사할 뿐입니다.

10. 만민중앙교회 회심 간증

이진국 (가명)

삶의 허무함과 살아가는 가치를 잃어갈 때쯤 만민중앙교회를 우연히 알게 되었고 그곳에서 일어나는 신비적인 일들과 말씀, 그리고 너무 착하고 좋은 많은 사람들로 인해 이곳에서 신앙생활이라는 것을 해야겠다는 결심을 하게 되었습니다.

그곳에서의 신앙생활은 흔히 알고 있는 교회의 모습과는 많이 달랐습니다. 어떤 사람들은 하나님 앞에 믿음의 모습을 보이기 위해 병원과 약을 의존하지 않고 믿음으로 오직 이재록 목사의 치료기도로 치료를 받길 원했고, 무언가 신비적인 환상들과 신비적인 일들을 사모하는 사람들…, 이재록 목사가 있는 만민중앙교회만이 천국에 갈 수 있으며 더 좋은 새 예루살렘에 갈 수 있다는 설교와 나눔들…. 이재록 목사를 생각하고 사랑하는 것이 믿음이 좋은 것이라고, 그렇게 하는 것만이 믿음이라고 생각이 드는 분위기였습니다.

남들이 그렇게 하고 신앙 좋다는 사람들이 그렇게 하니까 또 그렇게 가르치니까 나도 그렇게 해야겠다는 생각이 들었습니다. 그렇게 그곳에서 2년 정도의 신앙생활을 하다 보니 예수님보다 이재록이란 사람이 더 마음을 많이 차지하게 되었던 것 같습니다. 나중에는 심지어 이재록 목사가 성령님이라는 말까지 듣게 되었습니다.

이건 아닌데, 이건 아닌 것 같은데 의심이 들었던 차에 가족들은 저에게 신앙상담을 권유했습니다. 처음에는 절대로 안 된다는 생각으로 거부를 했었습니다. 만민중앙교회에서는 어떤 곳에서든지 만민중앙교회를 비판하거나 이재록 목사를 정죄하는 내용들을 듣지도 말고 보지도 말라고 했습니다. 저는 이런 이야기가 떠올라 듣지 않고 보지 않으려고 했었습니다. 하지만 끊임없는 가족들의 권유와 이단 상담사님들의 권유로 진용식 목사님과 상담사들에게 상담을 받게 되었습니다.

여러 가지 자료들을 보고 듣고 또한 바른 성경공부를 들음으로 만민중앙교회가 잘못되었고 이재록 목사가 잘못되었다는 것을 깨닫게 되었고 만민중앙교회에서 이탈하게 되었습니다. 하나님의 은혜로 이단 상담을 통해 만민중앙교회가 잘못된 곳임을 알게 해주셨고 이후 후속조치를 통해 하나님의 구원론을 공부하게 되었고 복음의 말씀을 듣고 구원을 받게 되었습니다.

10년이라는 세월이 지났지만 다시 한번 가족과 같은 사랑으로 상담해 주신 이단 상담사님들에게 감사의 말씀을 전하고 싶습니다. 무엇보다 아무것도 한 것 없고 우상을 섬기는 그곳에서 이 죄인을 택하시고 구원의 복음의 말씀을 듣게 하신 하나님의 은혜를 감사드립니다.

부록

이단(사이비)피해대책조사연구위원회 사역 소개

총회 이단(사이비)피해대책조사연구위원회(이하 이대위)에서는 전국적으로 이단대책세미나를 개최하여, 총회 소속 목회자들과 평신도 지도자들에게 이단들이 미혹하려는 작전과 술수를 교육하고 적극적으로 알려서 교회와 성도들이 미혹되지 않도록 지키는 일에 힘쓰고 있습니다. 이대위는 이단들의 정보와 자료들을 제공받고 세미나와 교육을 통해 목회 현장의 사역자들에게 공유하며, 효과적으로 예방하는 일을 감당하고 있습니다. 이대위는 개혁신학의 토대를 세우는 일에 협력하면서, 복음의 순수성을 통해 교회와 한 영혼, 가정과 사회를 지키기 위한 이단 예방과 상담, 교육과 회복을 위한 사역에 최선을 다하고 있습니다.

1) 총회는 이단대책위원회를 상설화하였다
이단을 효과적으로 대처하기 위하여 91회 총회 때 "이단(사이비)피해대책조사연구위원회"로 상설 기구화 되어 운영하고 있다.

2) 본회는 본 교단 이단 대책의 총 지휘소 역할을 한다
교단 산하의 신학교와 기관과 교회를 보살피고 이단 대책을 지도한다.

3) 본회는 전문 사역 기관으로 변신하였다
이단 대책 전문 사역 기관으로서 이단(사이비)에 대한 전문가들로 위원들을 구성하고 총신대학교 및 칼빈, 대신, 광신 교수들을 전문 연구위원으로 두고 있으며, 상담 전문가들을 상담위원으로 구성한다.

4) 본회에서는 이단 대책 사역을 총괄하여 전문화한다
총회 헌의안 연구보고 및 결의, 이단대책세미나, 상담소, 홈페이지, 자료집, 이단 상담 교재, 신흥 이단 연구 등 이단들에 대한 전문 사역을 한다.

5) 공청회를 개최한다
새롭게 나타나는 신흥 이단에 대해서는 공청회를 개최하여 연구하고 총회에 보고하여 사전에 전국 교회에 알린다.

6) 발 빠른 예방과 교육을 실시한다
이단 예방 교육을 통하여 교회와 전국 각 지역에 지속적으로 세미나를 실시하고 주요 이단의 교리와 접근 방법을 알리고 이단 자료집을 통해 교육과 홍보를 한다.

7) 총회의 직통 홈페이지를 개설한다
이단 관련 자료와 동영상 정보를 제공하여 개 교회적으로도 이단 대책 사역을 할 수 있게 한다.

8) 이단 자료집 책자를 발간한다
이단을 좀 더 체계적으로 알고 대처하도록 하기 위하여 이단에 대한 서적들을 발간한다.

『기독교 정통과 이단 무엇이 다른가?』는 개혁주의 신앙과 이단에 대한 이론을, 『2007 이단(사이비) 자료 연구』는 한국에서 활동하는 여러 이단을, 『주요 이단 대책 종합자료집』은 본 교단에서 연구하고 총회에 보고하여 결의된 주요 이단에 대하여 알렸다. 『기독교 정통과 이단 무엇이 다른가?』 증보판은 이단에 대한 이론과 실제를 핸드북으로 발간하여, 목회자나 평신도들이 손쉽게 이단에 대하여 이해할 수 있도록 하였다. 『2010 이단(사이비)자료 연구』는 지식적으로도 대처할 수 있도록 했으며, 『2020 이단백서』를 통해 이단 대처를 위한 디딤돌을 삼았고 이단 관련 정보를 공유했다. 앞으로도 총회에서 실시한 공청회의 연구 자료집을 발간하여 계속하여 이단에 대한 보고와 함께 정보를 제공할 것이다. 또한 『이단 상담 교재』 등의 책자를 통해 회심자들을 체계적으로 치유할 수 있는 성경 공부 교재를 발간하려 한다.

9) 전국에 상담소를 개설한다

적극적으로는 이단에 빠진 자들을 회심시키고 치유하기 위하여 전국 7개 지역에 상담소를 설립하여 운영하고 있다. 총회 내에 본부 상담소와 지방에 상담분소를 설립하여 헌신적인 전문 사역자들로 사역하고 있으며, 상담 훈련을 수료한 본회의 위원들을 지도위원으로 두었다. 상담소 본부에 사무실을 설치하고 간사를 두어 이단의 활동 상황과 피해 사례와 신고를 수시로 접수한다. 회심자들로부터 이단들의 정보나 자료나 전략들을 수집하여 이단 대책을 마련하도록 한다.

10) 이단 경계 주일을 지킨다

매년 신 학년과 학기를 앞둔 2월 첫째 주와 9월 첫째 주를 이단 경계 주일로 지키고 경각심을 가지도록 한다. 이단 예방 설교와 헌신 예배 및 세미나 등을 개최하도록 권고한다. 이단 자료를 제공하며 강사를 지원한다.

11) 신학생들에게 세미나를 개최한다

학교의 목사 후보생 및 예비 지도자들에게 이단 대책 특별세미나를 개최하여 영적 무장을 시킨다.

12) 총회 산하 기관에 세미나를 개최한다

총회 기관들의 세미나 및 수련회 시에 이단 예방 교육을 실시한다.

13) 특수 기관에도 세미나를 개최한다

군목이나 경목 등 특수 사역 지역에 특별 세미나를 개최하여 이단 예방 교육을 실시한다.

14) 선교사들에게도 세미나를 개최한다

GMS 선교사 후보생 및 field 선교사들을 위해 특별 세미나를 개최한다. 이단은 국내뿐만 아니라 국외 선교 지역에도 무차별 공격을 하고 있으며, 이단 대책이 전혀 무방비 상태에 놓여 있는 실정이다. 이 부분에서도 총회 세계선교회와 합력하여 이단 대책을 실시한다.

15) 전국 주일학교에도 세미나를 개최한다
주일학교 학생 및 청년 대학생들에게 특별 세미나를 개최한다. 건전한 동아리 모임을 알려 주며 설문 조사 등에 개인 신상을 함부로 노출하지 말아야 할 것을 당부한다.

16) 선교 지역에도 세미나를 실시한다
이단 대책의 불모지인 선교 지역과 외국 한인 교회에도 세미나를 확대 실시하여 국외적으로도 이단을 대처해 나간다.

17) 언론에 대한 이단 대책 사역을 실시한다
이단이 경영하는 언론과 옹호 언론을 알린다. 이단도 중요하지만 이단 옹호 언론은 이단의 날개가 되고 있기 때문이다.

18) 이단이 경영하는 사업체를 알린다
이단이 경제적 부담을 위하여 경영하는 사업체나 제품들을 조사하여 알린다.

19) 교회 성장 프로그램에 대한 이단 대책 사역을 실시한다
신학적인 조명 없이 사용되는 교회 성장 프로그램에 대하여서는 선한 지도 방향으로 이단대책 사역을 한다.

20) 총회 인준 신학교에 이단 연구 학과를 개설한다
이단 관련 과목을 개설하여 이단 대책 능력을 배양하고 이단 대책 전문가 양성에 힘을 기울인다. 이단 대책에 사명감이 있고 은사를 가진 자들을 철저하게 훈련시켜 양성해나간다.

21) 연합의 공동 대책을 한다
지금은 국내에서 발생한 이단과 국외에서 들어온 이단으로 가득하여 그 규모

가 방대해졌다. 교회와 학교, 교단들과 언론이 연합하여 공동 대처를 해나가야 한다. 지역에서는 교회 및 지역 연합으로, 교단뿐만 아니라 더 나아가 한국 기독교 총연합회와도 연대하여 정보를 함께 공유하며, 협력하여 공동으로 대처한다.

22) 언론과도 협력 체제를 구축하여 수시로 매스컴을 통하여 이단에 대한 정보와 대처를 해나간다

언론의 적극적인 협력이 필요하다. 언론은 기성 교회의 잘못으로 이단 종파가 발생하지 않도록 기성 교회에 대하여 건전한 비판 세력이 되어야 한다. 고유의 큰 힘을 발휘하여 이단 대책 사역을 격려하고 홍보하며 함께 사역할 수 있어야 한다. 이단도 언론을 통하여 총 공세를 펼치고 있는 만큼 언론의 견제와 정보와 대책을 함께 사역할 수 있어야 한다.

23) 이단대책 연구소를 개설한다

이단은 전문성을 띠고 조직적이고 적극적으로 발전하며 성장하고 있다. 전문 신학원을 설립하여 목표를 세워 새로운 연구와 전략을 수립하여 적극적인 활동을 펼치고 있으며, 그 세력들이 물밀듯이 밀려오고 있다. 이러한 활동을 미리 파악하고 대책을 세우기 위해서 교단 산하 교수들로 구성된 전문 연구 기구가 설립되어 체계적이고 지속적인 연구 활동이 필요하다. 이단 대책에 대한 사명감이 투철한 교수들로 이단 대책 연구소를 설립하여 이단에 대해 체계적으로 연구하고 대처해야 한다. 성경적이고 신학적이고 논리적인 대처를 할 수 있는 성경학자나 신학자들이 함께 모여 이단 대책 연구사역에 힘써야 한다. 성경 신학과 조직 신학과 역사 신학과 목회 신학 등 연구 분야에서 이단을 체계적으로 연구하고 비판하도록 해야 한다. 총회교육전도팀과도 연계하여 이단 문제에 대해 전문적으로 연구하고 비판하여 대책을 마련한다. 한국 교회 일선 목회자와 성도들이 이단 대책을 할 수 있도록 실질적인 도움을 줄 수 있어야 한다. 신흥 이단을 미리 연구하여 보고함으로 교회가 피해를 입기 전에 먼저 대책을 마련할 수 있어야 한다.

24) 이단 대책 법률 자문회를 설립한다

이단 대책 사역은 이단으로부터 자유롭지 못하다. 사역자들이 그들로부터 많은 고소와 공격을 당한다. 법적인 전문가들이 후견인이 되어 억울하게 어려움을 당하지 않도록 안전 대책을 마련하여 소신껏 사역을 할 수 있도록 법적인 보호 장치가 있어야 한다.

25) 진정하게 회심한 이단은 회복하도록 돕는다

성령의 역사로 회개한 경우에 주의 깊게 살펴보고 공적인 적법 절차를 거쳐 올바로 세워주는 일도 필요하다.

총회 이단·사이비 규정 지침서

제1장 총 칙

제1조(명칭) 본 지침서는 대한예수교장로회총회 이단(사이비)규정지침서라고 한다.

제2조(목적) 본 지침서는 이단(사이비)에 대한 규정을 명확하게 함으로 총회 산하 교회와 성도들을 그릇된 교리와 가르침으로부터 보호하고 정통 기독교 진리를 수호함을 그 목적으로 한다.

제3조(범위) 본 지침서는 이단(사이비)에 대한 규정 지침으로서 이단(사이비)에 대한 규정 및 해제에 관한 총회적 차원의 기준을 제시한다.

제4조(정의)

1. 이단 : 성경과 역사적 정통교회가 믿는 교리를 변질시키고 바꾼 다른 복음을 말한다.
2. 사이비 : 이단적 사상에 뿌리를 두고 반사회적, 반윤리적 행위를 하는 유사 기독교를 말한다.
3. 이단성 : 이단적, 사이비적 요소가 많아 "정도(程度)의 측면"에서 사용할 경우 "이단성"이라는 용어로 대체할 수 있다.

제2장 이단규정 및 해제 지침

제5조(규정 지침)
1. 성경을 기준으로 한다.
   성경을 기준으로 해서 규정하며 사람의 생각을 잣대로 해서는 안 된다.

2. 개혁주의 정통 기독교 교리를 기준으로 한다.
    정통 보수적인 역사성을 가진 건전한 기독교 교리와 개혁주의 신학 및 신앙에 의거해야 하며 개인의 체험이나 신앙에서 나온 교리나 신학과 신앙은 배제한다.
3. 거룩한 공회인 본 총회가 주체가 되어 규정한다.
    역사적으로 신학적 권위와 공신력을 인정받는 공회가 규정하여야 하며 개인이나 사사로운 단체가 규정해서는 안 된다.
4. 본 교단의 건전한 신학자가 연구자가 되어야 한다.
    연구자는 본 교단의 신학교 조직 신학, 구약학, 신약학, 역사학, 실천 신학 교수 및 현장 목회자들로 구성되어야 하며 특별한 경우에는 충원될 수 있다.
5. 피해 상황이 있어야 한다.
    교회와 가정과 사회 안팎의 피해를 종합적으로 검토하여야 한다.
6. 과거, 현재의 활동을 사실하여야 한다.
    이단적인 요소가 있는 교리나 주장의 과거와 현재의 활동이 종합적으로 검토되어야 하며 과거에 가르쳤거나 현재도 가르치며 목회하는지의 여부를 확인한다.
7. 명백한 자료를 근거로 한다.
    교리서, 설교, 성경공부, 강의, 영상, 기사, 서적, 증인 등의 자료를 기초로 한다. 잘못된 정보에 의한 자료가 없는지 엄밀하게 검토하며 타 교단의 자료를 참고한다.
8. 전문가의 포괄적 연구를 참고로 한다.
    전문가의 성경적, 교리적, 신학적, 역사적, 교회적, 윤리적, 사회적 조명을 참고로 한다.
9. 본인의 소명이 있어야 한다.
    아주 명백하고 특별한 경우를 제외한 여러 자료에 대하여는 본인의 소명 기회가 주어져 확인을 할 수 있어야 한다.
10. 본 교단 총회의 결의가 있어야 한다.
    본 교단 총회의 적법 절차에 따른 결의가 있어야 한다. 자료집은 타 교단의 자료도 참고한다.
11. 하회는 총회의 결의를 따른다.

노회나 교회는 총회의 결의를 준수하여야 한다. 총회가 정한 적법 절차에 따라 조사 및 해당 여부를 결정하되 대한예수교장로회 헌법을 따른다.

제6조(해제 지침)

잘못된 보고와 자료에 의한 규정은 재심될 수 있으며, 진정으로 회심한 이단은 회복시켜줄 수 있어야 한다. 성령의 역사로 회개한 경우에는 주의 깊게 살펴보고 공적인 사죄와 신앙고백으로 적법 절차에 따라 해제할 수 있어야 한다.

1. 공인된 상담소의 상담을 통한 치유를 받고 정상적인 신앙교육을 반드시 받아야 한다.
2. 공적인 사죄가 있어야 하며, 공회 앞에서나 언론 매체를 통한 공적인 고백이 있어야 한다.
3. 일시적이거나 형식적인 회심이 되지 않도록 하기 위하여 상당한 회복 기간이 있어야 한다.
4. 평신도는 회심 교육을, 현 이단의 교주나 목회자의 경우는 본 교단의 총신에서 규정에 따라 신학 교육을 다시 받아야 한다.
5. 공회 앞에서 변증을 하되 합법적인 절차를 따라야 한다.
6. 본 교단 총회에서 결의한 이단(사이비)에 대한 해제는 반드시 거룩한 공회인 본 교단 총회의 헌의와 결의로만 한다. 본 교단 총회에서 결의한 이단(사이비) 규정은 그 어떤 경우에도 타 교단이나 기관, 언론, 연합체 등에서도 절대 해제할 수 없다.
7. 하회는 총회 결의를 따라야 한다. 노회나 교회는 총회의 결의를 준수하여야 한다. 하회는 총회에 준하는 적법 절차에 따라 조사 및 해당 여부를 결정하되 본 지침서와 대한예수교장로회 헌법을 따른다.

제3장 이단규정 기준 및 시행세칙

제7조(이단 규정 기준)

1. 성경 : 성경의 가르침을 표준으로 판단하여야 한다. 한 개인의 판단이나 신학적 견해가 이단을 정의하는 기준이 되어서는 안 된다.

2. 교리와 신학 : 이단(사이비)은 본질적으로 교리적인 문제로서 성경과 역사적 정통 교회가 믿는 교리를 변질시키고 다른 복음을 믿는 것을 말한다. 근본적으로는 성경 66권이 이단의 판단 기준이며 근거이지만, 더 구체적으로는 사도신경에 의존하며 신학적으로는 기독교 신앙의 정통 교리를 판단 기준으로 삼아야 한다. 그리고 우리 총회가 따르는 웨스트민스터 신앙고백서와 하이델베르그 신앙문답서 등 또한 이단을 판단하는 기준의 근거로 삼는다.

3. 기독교의 근본원리 : 하나님은 한 분이시요, 그리스도는 하나님이시며 하나님의 아들이시라는 것, 하나님의 긍휼 안에만 구원이 있다.

   1) 성경관에 대하여 : 성경은 정확무오한 하나님의 말씀으로써, 신자의 삶의 규범이며 동시에 삶의 법칙이다. 그리고 신앙의 근거는 개인 체험이나 특별한 예언에 의하지 않고 오직 하나님의 말씀인 성경에 둔다.
   2) 하나님의 계시 사상에 대하여 : 자연 계시와 초자연 계시로 구분하고 초자연 계시는 그의 아들 예수 그리스도를 통하여 구원의 은혜를 베푼 역사적 사건을 뜻한다.
   3) 신관에 대하여 : 성부, 성자, 성령이신 삼위일체 하나님을 믿는다. 그리고 하나님은 본체와 능력과 영원성에 있어서 불변하시며 동일하신 삼위일체 하나님이시다. 그는 인류 역사의 주권자이시며 창조주요, 섭리의 주요, 구원의 주요, 심판의 주이시다.
   4) 인간 이해에 대하여 : 본래 하나님의 형상으로 지음 받았으나 아담의 불순종으로 인한 타락이 원죄로 그 후손들에게 전가되어, 본질상 전적으로 부패

하여 영적으로 무능력한 자가 된 것이다. 그러나 인간은 예수 그리스도 안에서 성령으로 말미암아 하나님의 형상을 회복하는 은혜를 입게 되었다. 하나님의 거룩에 참여하는 자녀가 되었으나 아직 온전한 모습이 된 것은 아니다.

5) 예수 그리스도에 대하여 : 예수 그리스도는 신성과 인성 양성을 가지고 있다. 초대교회 영지주의자들처럼 그리스도의 인성을 간과하고 신성만을 강조하거나 반대로 인성만 강조하는 것도 올바르지 않다. 또한 예수의 동정녀 탄생을 확실히 믿는다.

6) 예수 그리스도의 부활에 대하여 : 그리스도의 육체적 부활을 믿는 것 또한 중요한 기준이다. 고전 15장은 그리스도의 육체의 부활을 확증해 준다.

7) 예수 그리스도의 유일성에 대하여 : 예수 그리스도는 하나님이 약속하신 인류의 유일한 구세주이시다. 예수 외에는 구원받을 만한 그 어떤 이름도 없다 (요 3:16 ; 행 4:10-12 ; 행 16:31).

8) 예수 그리스도의 중보에 대하여 : 예수 그리스도는 인간과 하나님 사이의 중보자로서 속죄제물이 되셨음을 믿는다(요 14:6 ; 히 4:14-16 ; 히 9:23-28).

9) 구원에 대하여 : 기독교의 구원은 하나님의 은혜를 믿음으로 얻는 것이지 인간의 행위로 얻는 것이 아니다 (롬 1:17 ; 롬 3:19-31).

10) 교회에 대하여 : 교회는 그리스도의 몸이며 성도들은 그 몸의 각 지체로 공동체를 이룬다. 신자는 지상에 세워진 교회에 속하며 교회가 제시하는 복음적인 사역에 헌신 봉사해야 한다.

11) 종말에 대하여 : 종말론과 천국 사상은 지상의 천국이 아니라 영원한 천국과 지옥이 있음을 믿는다. 예수님의 재림과 심판을 믿으며, 그리스도가 오셔서 심판할 때까지 성도들은 신실한 삶을 살도록 힘써야 한다.

12) 성도의 신앙과 삶에 대하여 : 하나님은 우리에게 그의 아들 예수 그리스도를 통하여 모든 것을 언약으로 계시하셨고 성취하셨으며, 미래의 것들에 대하여 성취해 가신다. 기독교인들은 하나님의 아들이신 예수 그리스도를 통하여 약속하신 것들을 신뢰하며, 성취하실 때까지 소망하여 인내하고, 서로 사랑하라고 하신 그 명령을 따라 하나님과 이웃을 섬기는 삶을 살아야 한다.

제8조 (규제와 해제에 대한 시행세칙)

1. 이단 사이비 규정 및 해제 규칙에 따른다.

    1) 이단대책위원회에 안건을 접수한다. 단, 해제는 반드시 본 교단 총회에 헌의가 되어서 재심 허락 및 요청이 있어야만 한다.
    2) 조사를 한다.
    3) 연구를 한다.
    4) 결론을 정리한다.
    5) 대책을 마련한다.
    6) 이단의 교주나 이단 집단의 목회자의 경우 본 교단의 총신에서 규정에 따른 신학 교육을 받은 후 목회를 한다.
    7) 공회 앞에서 변증을 한다.
    8) 총회에 보고서를 작성하여 헌의한다.

2. 총회에서 최종 결의를 한다.

    이대위 전체회의에서 이단(사이비) 조사 및 연구보고서에 대한 최종 결론을 제안하여 총회에 보고함으로 총회 결의를 한다.

3. 하회는 총회의 규정 세칙을 따른다.

    1) 안건을 접수한다.
    2) 본 교단 총회의 결의를 기준으로 한다
    3) 조사를 한다.
    4) 결론을 정리한다.
    5) 대책을 마련한다.
    6) 이단의 교주나 이단 집단의 목회자의 경우 본 교단의 총신에서 충분히 신학 교육을 받은 후 목회를 한다.

7) 공회 앞에서 변증을 한다.
8) 노회에 보고서를 작성한다.
9) 노회에서 이대위로 헌의한다.
10) 이대위에서 총회 결의를 기준으로 연구한 후 결론을 정하여 총회에 보고한다.

제4장 총회 이단 규정 및 재심 규칙

제9조(총회 규정 규칙)

1. 조사 대상자 결정

   1) 이대위에서 안건을 접수한다.
   2) 적법 절차에 따라 헌의된 안건을 위주로 다룬다.
   3) 본 교단 안에서 헌의된 안건을 다룬다.
      (1) 본 교단 총회에서 헌의된 안건
      (2) 본 교단 소속 노회에서 헌의된 안건
      (3) 본 교단 소속 기관에서 헌의된 안건
      (4) 본 교단의 선교 지역에서 헌의된 안건
      (5) 본 교단 각 위원회에서 헌의된 안건

2. 조사 대상자 조사

   1) 이대위에서 조사 대상자를 결정한다.
   2) 이대위 조사 분과에서 서적, 설교, 녹취록, 강의안, 제보 자료, 영상, 피해 상황 등을 조사한다.
      (1) 조사 대상자가 본 교단 소속인 경우
         ① 준비된 자료를 근거로 조사를 한다.
         ② 본인이나 대표의 소명 기회를 부여한다. 단 서적 및 유인물 자료는

서면 답변서로 하고 본인을 소환하여 답변서를 작성하며 이때 공적인 모임에서 하도록 하고 필요한 경우에는 2인 이상이 방문하여 답변서를 작성한다.

③ 특정인의 진술서 및 녹취록이 제시된 경우 확인한 후 조사 대상자의 서면 답변서를 받는다.

④ 상기 조사에는(필요한 경우) 전문위원 1인이 배석하여 쟁점 사항을 확인한다.

(2) 조사 대상자가 타 교단인 경우

① 본인이나 대표의 소명 기회를 부여한다. 단 이때 공적인 모임에서 하도록 하고 서적 및 유인물 자료는 서면 답변서로 한다.

② 필요한 경우에는 본인에게 자료 요청 및 방문 조사를 한다.

③ 타 교단의 권위를 존중하여 질의서와 관련 자료를 첨부하여 해당 교단에 공식적인 답변을 의뢰한다.

(3) 조사 대상자가 기타인 경우 : 현장 조사나 답변서 요청이 어려우므로 현장 피해 사례를 조사하고 충분한 문서 자료나 녹취 자료, 영상 자료 등을 확보한다. 단 명백하거나 특정한 경우는 충분한 자료 및 피해를 바탕으로 한다.

(4) 이단(사이비) 옹호 언론 기관(발행인)

① 본 교단에서 규정한 이단(사이비)에 대한 개인의 글과 인터뷰 기사와 해당 집단의 집회 활동을 기사, 홍보, 광고를 하는 이단(사이비) 옹호 언론 기관(발행인)에 대하여는 조사 분과에서 해당 자료를 모두 취합하여 조사한다. 단 본 교단 및 연합기관에서 규정된 이단(사이비)의 글, 인터뷰, 집회, 활동, 도서 등을 홍보하는 이단(사이비) 옹호 언론에 대하여 조사 헌의 및 필요성이 인정될 때이며 이때 해당 기사 및 광고를 근거로 한다.

② 취합된 자료가 제시된 경우 주요 쟁점 사항에 대한 조사 대상자의 서면 답변서를 받는다.

③ 본인이나 대표의 소명 기회를 부여한다. 단 이때 공적인 모임에서 하도록 한다.

3. 조사보고서 작성 : 이대위 조사 분과에서 보고서를 작성한다.

   1) 조사 보고서 작성 지침
      (1) 조사를 시행한 후 보고서 작성자를 선정하여 조사 보고서를 작성한다.
      (2) 조사 보고서의 주요내용은 다음과 같다.
         ① 조사 경위
         ② 조사 내용(주요 쟁점사항)
         ③ 조사 보고서
         ④ 참고 자료(조사 자료 조사 대상자 답변서, 관련자 진술서 또는 녹취록, 기타)
      (3) 조사 보고서 작성자가 작성한 초안은 이대위 임원회에 제출하여 이를 연구 분과에 이송함을 원칙으로 한다. 단 작성된 보고서는 모든 조사위원들의 모임에서 신중히 검토한 후 의견을 수렴하여 정리한 후에 보고한다.

4. 조사연구 : 이대위 연구 분과에서 연구를 의뢰한다.

   1) 교단 신학교 전문 신학자와 현장 목회자 및 이단 전문가에게 연구를 의뢰한다.
      단 성경적, 교리적, 신학적, 역사적, 교회적, 윤리적, 사회적으로 포괄적 연구를 한다.

   2) 연구 결과를 보고받는다. 단 가급적 총회 회기 전에 보고를 받고 지연이 될 경우는 계속해서 연구토록 한다.

   3) 공청회를 개최하여 연구 발표를 한다. 조사 대상자가 대표나 단체일 경우에는 공청회를 개최하여 공적인 연구 보고를 하며 시급하거나 피해가 심각할 경우에는 공청회를 통하여 우선적으로 공적인 판단을 하도록 한다.

4) 연구의 주요 내용은 다음과 같다.
　　(1) 성경과 관계성
　　(2) 교리와 관계성
　　(3) 정통개혁신학과 관계성
　　(4) 신조와 관계성 : 단 특별한 전문성이 요구될 경우에는 교단의 전문가 및 타 교단의 전문가로 보완한다.

5. 연구보고 : 이대위 연구 분과에서 보고서를 작성한다.

　1) 연구보고서 작성 지침
　　(1) 연구를 시행한 후 보고서 작성자를 선정하여 연구보고서를 작성한다. 단 이대위의 서기와 연구 분과 위원들이 함께 작성하도록 한다.
　　(2) 보고서의 주요 내용은 다음과 같다.
　　　① 연구 경위 ② 연구 내용 ③ 연구 결론 ④ 참고 자료
　　(3) 이대위 연구 분과에서 연구위원 전원이 축자 심의한 후 의견을 수렴하고 정리한 후에 연구보고서를 작성하여 전체 위원회에 회부한다. 단 연구보고서 작성자가 작성한 초안은 모든 연구위원이 검토한 후 모든 의견을 수렴하여 연구보고서를 확정하고 이대위 임원회에 제출하여 이를 전체회의에 이송함을 원칙으로 하되 작성된 보고서는 모든 연구위원들의 모임에서 신중히 검토한 후 보고한다.
　　(4) 이대위 전체회의에서 보고서를 총 정리하여 총회에 보고한다. 단 과거 본 교단의 이단(사이비) 규정 관련 자료를 참고하여 이단(사이비)에 대한 최종 결론을 제안한다.
　　(5) 단 조사나 연구가 지체되는 경우에는 다음 총회로 연기될 수 있다.
　　(6) 반드시 본 교단 총회의 결의를 득한 후에 그 효력이 발생된다.

6. 결의 : 본 교단 총회에서 최종 결의를 한다.

7. 대책

   1) 이대위 대책분과에서 대책을 수립하여 총회의 결의를 득한 후 시행한다.
      (1) 전국 교회에 알린다.
      (2) 이단(사이비) 세미나를 실시한다. 순회 세미나, 서적 발간, 홈페이지 운영, 상담, 공청회, 방송, 신문, 언론, 자료집, 서적 발간, 경계 주일, 강사 후원, 강의, 상담 훈련, 회심자 수련회, 이단 연구, 보고서 등으로 이단 대책 사역을 한다.
      (3) 상담소를 통하여 치유를 한다.

   2) 결과는 대한예수교장로회 헌법에 따른다.

8. 기타 : 조사 대상자나 관련자와의 비공식적인 토론, 반론, 취재 요청 등에 대하여 이대위 위원은 개인적으로 일체 대응하지 않는다.

제10조(총회 재심 규칙)

1. 재심 대상자 결정

   1) 관련자의 공식적인 재심 요청 경우
      (1) 본 교단과 소속 기관에서 요청된 안건, 본 교단과 소속 노회, 기관에서 총회에 헌의되어 이첩된 안건
      (2) 본 교단 이대위에서 논의된 안건
      (3) 본 교단 이대위에서 필요하여 총회에 헌의함으로 이첩된 안건 : 본 교단과 소속 노회, 기관에 속하지 않은 특별한 경우이며 해 기관의 소명이 있어야 한다. 이대위 전체회의에서 총회에 재심 헌의 여부를 결정한다.

2. 재심 요건 : 재심 요건을 갖추어야 한다.

1) 본인이나 대표자 명의의 재심 요청 공문서가 있어야 한다(구두가 아닌 재심 요청의 공문서를 적법 절차에 따라 접수한 경우이다).
2) 본 교단 결의에 대한 해명이나 변화된 입장을 구체적으로 명시한다. 단 규정 사항에 대한 해명과 변화를 상세히 명시한다.
3) 객관적으로 증명할 수 있는 자료가 첨부되어야 한다. 단 최근의 객관적인 자료를 제시하며 요구 양식에 따라 자필 각서를 제출한다.
4) 본 교단 상담소의 치유를 소정의 기간 동안 받아야 한다.
5) 본 교단의 지정 언론에 공적인 보도를 하여야 한다.
6) 헌의한 기관과 협의가 있어야 한다(해 노회나 기관에서 재심 결과를 받아들일 수 있어야 한다).
7) 1년 이상 계속 정통 교리의 교육을 받도록 해야 한다. 단 이단의 교주나 이단 집단의 목회자의 경우 본 교단의 총신에서 충분히 신학 교육을 받은 후 목회를 하도록 한다.
8) 공회에서 변증을 할 수 있어야 한다.
9) 총회의 결의로 한다. 단 반드시 본 교단 총회의 결의로만 하되 총회에서 결의한 이단 (사이비)의 해제는 거룩한 공회인 본 교단 총회의 헌의를 통한 결의로만 한다.
   본 교단 총회에서 결의한 이단(사이비) 규정에 대하여 반드시 존중을 받아야 하며 본 교단 총회와 합법적인 협의 없이는 그 어떤 경우에도 타 교단이나 기관, 언론, 연합체 등에서 절대 해제할 수 없다. 본 교단 총회의 소명이 있어야 하는 이유는 본 교단 총회가 결의를 한 사항이기 때문이다.
10) 이단 옹호 언론은 다음의 요건을 갖추어야 한다.
    (1) 발행인의 재심 요청 공문이 있어야 한다. 단 대표의 공식적인 재심 요청 공문서를 제출한다.
    (2) 아래 사항이 명시된 편집 책임자의 해명서가 첨부되어야 한다. 다년간 옹호 사실이 없음을 입증할 수 있는 자료를 제출하고 옹호 기사 및 광고를 게재하지 않겠다는 각서를 제출한다.
    (3) 본 교단 지정 언론에 공식적인 보도를 한다.
        ① 과거에 이단 옹호 기사 게재 사실을 인정 명시

② 다년 간 이단 옹호 기사 게재 사실이 없음을 명시
③ 향후 이단 옹호 기사를 게재하지 않도록 주의할 것을 명시
④ 재심 후에도 철회가 반려된 경우 다시 재심 청구할 수 있다.

3. 재심자 조사

1) 이대위에서 접수를 하고 서류 및 자료를 검토한다.
2) 이대위 조사분과에서 조사를 한다.
3) 조사 보고를 한다.

4. 재심자 연구

1) 이대위 연구 분과에서 연구를 의뢰한다. 단 교단 신학교 전문 신학자에게 연구를 의뢰하며 이때 본 교단이 인정하는 공적 기관의 전문 신학자에게 의뢰한다.
2) 연구 결과를 보고 받는다.

5. 재심자 연구 보고

1) 연구 보고를 한다.
2) 이단(사이비) 옹호 언론에 대한 철회 요청의 경우 : 철회 요청일을 기준하여 다년간의 이단 옹호 기사 개재 사실의 여부를 조사하여 보고서를 작성한다.
3) 이대위 전체회의에 회부 이단 사이비에 대한 최종 결론을 제안하여 총회에 보고한다.

6. 결의

   1) 반드시 본 교단 총회에서만 결의를 한다.
   2) 본 교단 총회의 결의를 득한 후에 그 효력이 발생된다. 단 본 교단 총회에서 결의한 이단(사이비)의 해제는 반드시 거룩한 공회인 본 교단 총회의 헌의와 결의로만 한다. 본 교단 총회에서 결의한 이단(사이비) 규정 및 해제는 반드시 존중을 받아야 하며 본 교단 총회와 합법적인 협의 없이는 그 어떤 경우에도 타 교단이나 기관, 언론, 연합체 등에서 절대 해제할 수 없다.
   3) 총회에서 철회가 결의된 후 해당자는 본 교단 지정 언론 매체를 통해 해명서를 공표하여야 철회가 최종 완결된다.
   4) 결과는 대한예수교장로회 헌법에 따른다.

제5장 노회 이단 규정 및 재심 규칙

제11조(노회 규정 규칙)

1. 조사 대상자 결정

   1) 본 노회 소속 교회에서 헌의된 안건
   2) 본 노회 소속 기관에서 헌의된 안건
   3) 본 노회 소속 위원회에서 헌의된 안건

2. 총회에 확인 : 본 교단 총회에 안건에 대한 이단(사이비) 여부를 확인 및 질의한다.

3. 조사대상자 조사

   1) 노회 이대위에서 조사를 한다.
   2) 조사는 노회의 조사 절차에 준한다.

3) 노회 이대위에서 자료를 준비한다.
4) 서적, 설교, 녹취록, 강의안, 제보, 영상, 피해 상황 등을 조사한다.
   (1) 조사 대상자가 해 노회 소속인 경우
      ① 준비된 자료를 근거로 조사를 한다.
      ② 본인이나 대표의 소명 기회를 부여한다. 단 서적 및 유인물 자료는 서면 답변서로 하며 본인을 소환하여 답변서를 작성하고 이때 공적인 모임에서 하도록 하며 필요한 경우에는 2인 이상이 방문하여 답변서를 작성한다.
      ③ 특정인의 진술서 및 녹취록이 제시된 경우 확인한 후 조사 대상자의 서면 답변서를 받는다.
      ④ 상기 조사에는 전문위원 1인이 배석하여 쟁점 사항을 확인한다.
   (2) 조사 대상자가 타 노회인 경우
      ① 본인이나 대표의 소명 기회를 부여한다. 단 이때 공적인 모임에서 하도록 하고 서적 및 유인물 자료는 서면 답변서로 한다.
      ② 필요한 경우에는 본인에게 자료 요청 및 방문 조사를 한다.
      ③ 타 노회의 권위를 존중하여 질의서와 관련 자료를 첨부하여 해당 노회의 공식적인 답변을 의뢰한다.
   (3) 조사 대상자가 기타인 경우 : 현장 조사나 답변서 요청이 어려우므로 현장 피해 사례를 조사하고 충분한 문서 자료나 녹취 자료, 영상 자료 등을 확보한다. 단 명백하거나 특정한 경우는 충분한 자료 및 피해를 바탕으로 한다.
   (4) 이단(사이비) 옹호 언론 기관(발행인)
      ① 본 교단에서 규정한 이단(사이비)에 대한 개인의 글과 인터뷰 기사와 해당 집단의 집회 활동을 기사, 홍보, 광고를 하는 이단(사이비) 옹호 언론 기관(발행인)은 조사분과에서 해당 자료를 모두 취합하여 조사한다. 단 본 교단 및 연합 기관에서 규정된 이단(사이비)의 글, 인터뷰, 집회, 활동, 도서 등을 홍보하는 이단(사이비) 옹호 언론으로 조사 헌의 및 필요성이 인정될 때이며, 이때 해당 기사 및 광고를 근거로 한다.

② 취합된 자료가 제시된 경우 주요 쟁점 사항에 대한 조사 대상자의 서면 답변서를 받는다.

③ 본인이나 대표의 소명 기회를 부여한다. 단 이때 공적인 모임에서 하도록 한다.

4. 조사 보고서 작성 : 노회 이대위에서 보고서를 작성한다.

   1) 조사 보고서 작성 지침
      (1) 조사를 시행한 후 보고서 작성자를 선정하여 조사 보고서를 작성한다.
      (2) 조사 보고서의 주요 내용은 다음과 같다.
         ① 조사 경위
         ② 조사 내용(주요 쟁점사항)
         ③ 조사 보고서
         ④ 참고 자료(조사 자료 조사 대상자 답변서, 관련자 진술서 또는 녹취록, 기타)
      (3) 조사보고서 작성자가 작성한 초안은 이대위 임원회에 제출하여 이를 연구 분과에 이송함을 원칙으로 한다. 단 작성된 보고서는 모든 조사위원들의 모임에서 신중히 검토한 후 의견을 수렴하여 정리한 후에 보고한다.

5. 결정

   1) 노회에서 조사 대상자에 대한 보고를 결정한 후 이대위로 보고한다.
   2) 총회 이대위에서는 노회에서 보고된 자료를 검토한 후 총회에 보고한다.

6. 대책

   1) 노회 이대위에서는 총회 이대위의 결정을 통보받은 후 대책을 수립한다.
      (1) 노회 소속교회에 알린다.

2) 이단(사이비) 세미나를 실시한다. 순회 세미나, 서적 발간, 홈페이지 운영, 상담, 공청회, 방송, 신문, 언론, 자료집, 서적 발간, 경계 주일, 강사 후원, 강의, 상담 훈련, 회심자 수련회, 이단 연구, 보고서 등으로 이단 대책 사역을 한다.

3) 상담소를 통하여 치유를 한다.
   (1) 본 교단 산하의 상담소에 의뢰를 하여 소정의 기간 동안 치유를 받도록 한다.
   (2) 본 교단에서 실시한 이단(사이비) 상담 훈련자에게 의뢰를 하여 치유를 받는다.
   (3) 이단의 교주나 이단 집단의 목회자의 경우 본 교단의 총신에서 충분히 신학 교육을 받은 후 목회할 수 있도록 해야 한다.
   (4) 이단들의 협박과 법률 문제가 발생할 때 전문가에게 도움을 받도록 해준다.
   (5) 이단(사이비) 대책 전문가로 양성할 수도 있다.

7. 기타

조사 대상자나 관련자와의 비공식적인 반론, 토론, 취재 요청 등에 대해 이대위 위원은 개인적으로 일체 대응하지 않는다.

8. 적용 결과는 대한예수교장로회 헌법에 따른다.

1) 노회 : 이단(사이비)에 대한 총회의 결정을 기준으로 하여 적용을 한다(정치 제 10장 6조 2항 참조).
   (1) 목사(권징 조례 제 6장 38조, 42조)
      ① 단순 가담자 : 지식이 부족한 중에 가담한 자로 교회에 많은 해를 끼치지 않은 사람이다.
      ② 적극 가담자 : 교리를 방해하며 전심 전력으로 다른 사람을 권유한

사람이다.

(2) 교회

① 장로 및 집사(권징 조례 제 6장 47조, 예배모범 제 19장)

위의 본 장 각 조에 해당한 대로 조치한다.

② 평신도

위의 본 장 각 조에 해당한 대로 조치한다.

제12조(노회 재심 규칙)

1. 재심 대상자 결정 : 관련자의 공식적인 재심 요청 경우이다.

    1) 해 노회와 소속 기관에서 요청된 안건 : 해 노회와 소속기관에서 노회에 헌의되어 이첩된 안건이다.
    2) 해 노회 이대위에서 요청된 안건 : 해 노회 이대위에서 필요로 하여 노회에 헌의함으로 이첩된 안건이다. 단 해 노회 기관에 속하지 않은 특별한 경우이며, 해 기관의 소명이 있어야 하며 노회 이대위 전체회의에서 노회에 재심 헌의 여부를 결정하고 반드시 해 노회에 헌의가 되어 재심 허락 및 요청이 있어야만 한다.

2. 총회에 확인

    본 교단 총회에 안건에 대한 이단(사이비) 여부를 질의 확인한다.

3. 재심요건

재심 요건을 갖추어야 한다.

    1) 본인이나 대표 명의의 재심 요청 공문서가 있어야 한다. 단 구두가 아닌 재

심 요청의 공문서를 적법 절차에 따라 접수한 경우이다.
2) 해 노회 결의에 대한 해명이나 변화된 입장을 구체적으로 명시한다. 단 규정 사항에 대한 해명과 변화를 상세히 명시한다.
3) 객관적으로 증명할 수 있는 자료가 첨부되어야 한다. 단 최근의 객관적인 자료를 제시하고 요구 양식에 따라 자필 각서를 제출한다.
4) 본 교단 상담소의 치유를 소정의 기간 동안 받아야 한다.
5) 본 교단의 지정 언론에 공적인 보도를 한다.
6) 헌의한 기관과 협의가 있어야 한다. 단 해 기관에서 재심 결과를 받아들일 수 있어야 한다.
7) 1년 이상 계속 정통 교리의 교육을 받도록 해야 한다. 단 이단의 교주나 이단 집단의 목회자의 경우 본 교단의 총신에서 충분히 신학 교육을 받은 후 목회를 하도록 한다.
8) 공회에서 변증을 할 수 있어야 한다.
9) 노회의 헌의를 통하여 총회 이대위 연구와 총회 결의를 한다. 단 반드시 총회의 결의로만 한다. 총회의 결의는 반드시 존중되어야 하며, 본 총회 외에 타 교단, 기관, 언론, 연합체 등의 영향을 일체 받지 않는 본 총회의 독자적인 결의를 따라야 한다. 본 총회의 소명이 있어야 하는 이유는 본 총회가 결의를 한 사항이기 때문이다. 반드시 본 총회, 노회 소속 기관, 이대위에서 총회에 헌의가 되어 재심 허락 및 요청이 있어야만 하며, 본 총회의 소명이 있어야 하는 이유는 본 총회가 결의를 한 사항이기 때문이다.

4. 이단 옹호 언론의 재심

1) 다음의 요건을 갖추어야 한다.
   (1) 발행인의 재심 요청 공문이 있어야 한다. 단 대표의 공식적인 재심 요청 공문서를 제출한다.
   (2) 아래 사항이 명시된 편집 책임자의 해명서가 첨부되어야 한다. 단 옹호 사유서를 제출하며 다년 간 옹호 사실이 없음을 입증할 수 있는 자료를 제출하고 옹호 기사 및 광고를 게재하지 않겠다는 각서를 제출한다.

2) 본 교단 지정 언론에 공적인 보도가 있어야 한다.
  (1) 과거에 이단 옹호 기사 게재 사실 인정을 명시
  (2) 다년 간 이단 옹호 기사 게재 사실이 없음을 명시
  (3) 향후 이단 옹호 기사를 게재하지 않도록 주의할 것을 명시
3) 재심 후에도 철회가 반려된 경우 다시 재심 청구할 수 있다.

5. 재심 조사

1) 노회 이대위에서 접수를 한다. 단 서류 및 자료를 검토한다.
2) 노회 이대위에서 조사를 한다.
3) 조사 보고를 한다.
4) 이단(사이비) 옹호 언론의 철회의 경우 : 철회 요청 일을 기준하여 다년 간의 이단 옹호 기사 개재 사실의 여부를 조사하여 보고서를 작성한다.

6. 재심 보고

노회에 보고한다. 단 이대위 전체회의에 회부 이단(사이비)에 대한 최종 결론을 제안한다.

7. 결정

1) 반드시 본 총회에서 결정한다.
2) 본 총회의 결정을 득한 후에 그 효력이 발생된다. 단 총회의 결정은 반드시 존중되어야 하며 본 교단과 노회 외에 타 노회, 기관, 언론, 연합체 등의 영향을 일체 받지 않는 본 총회의 독자적인 결정이다. 본 총회의 소명이 있어야 하는 이유는 본 총회가 결정을 한 사항이기 때문이다.
3) 본 총회에서 철회가 결의된 후 해당자는 본 교단 지정 언론 매체를 통해 해명서를 공표하여야 철회가 최종 완결된다.
4) 결과는 대한예수교장로회 헌법에 따른다.

제6장 당회 이단 규정 및 해제 규칙

제13조(당회 규정 규칙)

1. 조사 대상자 신고 : 교인들이 교회 내에 교인 중에서나 교인을 대상으로 이단성이 있는 가르침, 모임, 행동 등으로 담임 목사나 당회에 엄정히 신고 및 보고를 한다.

2. 조사 위원회 선정 : 당회에 접수 혹은 보고된 이단 관련 문제를 조사할 위원회를 구성한다. 조사 위원회를 구성하여 활동 목적, 내용, 기간, 방법 등을 논의한다.

3. 조사 대상자 결정

    1) 본 교회에서 신고된 안건
    2) 본 교회 소속 기관에서 헌의된 안건
    3) 본 교회 소속 위원회에서 헌의된 안건
    4) 본 교회 교인이 신고한 안건

4. 노회, 총회에 확인 : 본 교단 노회나 총회에 해 안건에 대한 이단(사이비) 여부를 질의 확인한다.

5. 조사 대상자 조사

    1) 조사 방법 : 이단 관련자 혹은 내용에 대하여 육하원칙(5W1H)으로 조사하되 충분한 증거 확보에 힘써야 한다.
        (1) 교회 조사위원회에서 조사를 한다.
        (2) 조사는 교회의 조사 절차에 준한다.
        (3) 교회 조사위원회에서 자료를 준비한다.

(4) 집회 참석, 성경공부, 활동, 강의안, 제보, 피해 상황 등을 조사한다.

2) 조사 대상자가 본 교회 소속인 경우
   (1) 준비된 자료를 근거로 조사를 한다.
   (2) 본인의 소명 기회를 부여한다. 단 본인을 소환하여 답변서를 작성한다. 이때 공적인 모임에서 하도록 한다. 필요한 경우에는 2인 이상이 방문하여 답변서를 작성한다.
   (3) 특정인의 진술서 및 녹취록이 제시된 경우는 확인한 후 조사 대상자의 서면 답변서를 받는다.
   (4) 상기 조사에는 전문위원 1인이 배석하여 쟁점 사항을 확인한다.

3) 조사 대상자가 타 교회인 경우 : 타 교회의 권위를 존중하여 질의서와 관련 자료를 첨부하여 해당 교회의 공식적인 회신을 의뢰한다.

4) 조사 대상자가 기타인 경우
   (1) 현장 조사나 답변서 요청이 어려우므로 현장 피해 사례를 조사하고 충분한 문서자료나 녹취 자료, 영상 자료 등을 확보한다. 단 명백하거나 특정한 경우는 충분한 자료 및 피해를 바탕으로 한다.
   (2) 본인이나 대표의 소명 기회를 부여한다. 단 이때 공적인 모임에서 하도록 한다.

6. 조사 보고서 작성 : 조사 위원회는 현장 조사나 서면 조사를 통하여 보고서를 상세히 작성한다. 결정적 증거나 단서를 확보하기 위하여 집중하여야 한다. 보고서 작성 시 다음 사항을 중점으로 살펴야 한다. 조사 경위, 조사 내용, 조사 대상자 진술서 및 녹취록, 조사 위원회의 1차 결론 등이다.

   1) 조사 보고서 작성 지침
      (1) 조사를 시행한 후 보고서 작성자를 선정하여 조사 보고서를 작성한다.
      (2) 조사 보고서의 주요내용은 다음과 같다.

① 조사 경위
② 조사 내용(주요 쟁점사항)
③ 조사 보고서
④ 참고 자료(조사 자료 조사대상자 답변서, 관련자 진술서 또는 녹취록, 기타)

7. 조사 위원회의 당회 보고 : 조사 위원회의 보고와 기타 관련 자료를 첨부하여 당회에 보고함으로 당회에서는 이단성 여부에 대하여 신중히 판단하되 권위 있는 기관 즉 노회 및 총회에 심의를 요청한다. 조사 보고서 작성자가 작성한 초안은 위원회에 제출하여 이를 당회에 이송함을 원칙으로 한다. 단 작성된 보고서는 모든 조사 위원들의 모임에서 신중히 검토한 후 의견을 수렴하여 정리한 후에 보고한다.

8. 결정 : 교회에서 조사 대상자에 대한 보고를 심의한 후 노회를 거쳐 총회에 헌의함으로 총회 이대위의 연구와 심의를 거친 후 총회 결의로 결정된다.

9. 대책

1) 교회 조사 위원회에서 대책을 수립한다. 총회 이대위에서 결과 통보를 받은 후 대책을 마련한다.
  (1) 교회 소속 교인들에게 알린다.
  (2) 이단(사이비) 세미나를 실시한다. 세미나, 서적 발간, 홈페이지 운영, 상담, 자료집, 서적 발간, 경계 주일, 상담 훈련 등으로 이단 대책 사역을 한다.
  (3) 상담소를 통하여 치유를 한다. 본 교단 산하의 상담소에 의뢰를 하여 소정의 기간 동안 치유를 받도록 한다. 본 교단에서 실시한 이단(사이비) 상담 훈련자에게 의뢰를 하여 치유를 받는다. 이단들의 협박과 법률 문제가 발생할 때 전문가에게 도움을 받도록 해준다.

10. 기타 : 조사 대상자나 관련자와의 비공식적인 반론, 토론, 등에 대해 본위

원회 위원은 개인적으로 일체 대응하지 않는다.

11. 징계 : 총회 결정에 따라 이단 관련자에 대한 당회 치리회(재판국)를 구성하여 먼저 당사자가 모든 혐의를 인정하고 회개할 자세가 되어 있는 자인지, 자신의 혐의 사실을 부인하거나 옳다고 주장하는 자인지를 구분하여 교단 헌법 절차에 따라 징계한다.

   1) 단순 가담자 : 지식이 부족한 중에 가담한 자로 교회 내에 많은 해를 끼치지 않은 사람이다.
   2) 적극 가담자 교리를 방해하며 전심전력으로 다른 사람을 권유한 사람이다.
      (1) 장로 및 집사(권징조례 제 6장 47조, 예배모범 제19장)
          위의 본 장 각 조에 해당한 대로 조치할 것이다.
      (2) 평신도
          위의 본 장 각 조에 해당한 대로 조치할 것이다.

제14조(당회 해제 규칙)

1. 이단 관련자 해벌 요청 : 이단 관련자로 시벌 중 회개하거나 이단 관련자로 스스로 양심을 회복하고 회개하고 돌아온 자의 요청을 접수하거나 신고를 받는다.

2. 해벌위원회 선정 : 이단 관련 회개자가 당회에 접수 혹은 보고된 이단 관련 문제를 조사할 위원회를 구성한다. 조사위원회를 구성하여 활동목적, 내용, 기간, 방법 등을 의논한다.

3. 재심 대상자 결정

   1) 관련자의 공식적인 재심 요청 경우이다.
   2) 본 교회와 소속 기관에서 요청된 안건

3) 본 교회와 소속 기관에서 교회에 헌의되어 이첩된 안건

4. 재심 요건

   1) 본인의 재심문서로 한다. 단 구두가 아닌 재심 요청의 문서를 적법 절차에 따라 접수한 경우이다.
   2) 본 교회 결의에 대한 해명이나 변화된 입장을 구체적으로 명시한다. 단 규정 사항에 대한 해명과 변화를 상세히 명시한다.
   3) 객관적으로 증명할 수 있는 자료가 첨부되어야 한다. 단 최근의 객관적인 자료를 제시하고 요구 양식에 따라 자필 각서를 제출한다.
   4) 본 교단 상담소의 치유를 소정의 기간 동안 받아야 한다.
   5) 본 교단의 지정 언론에 공적인 보도를 할 수 있다.
   6) 헌의한 교인이나 기관과 협의가 있어야 한다. 단 해 교인이나 기관에서 재심 결과를 받아들일 수 있어야 한다.
   7) 공회에서 변증을 할 수 있어야 한다.
   8) 총회의 결의에 의거한 교회의 자료를 따른다.
   9) 재심 후에도 철회가 반려된 경우 다시 재심 청구할 수 있다.

5. 재심 조사 : 이단 관련자 혹은 내용에 대하여 육하원칙(5W1H)으로 조사하되 충분한 증거 확보에 힘을 써야 한다.

   1) 당회나 재심 위원회에서 접수를 한다.
   2) 서류 및 자료를 검토한다.
   3) 당회나 재심 위원회에서 조사를 한다.

6. 재심 보고서 작성 : 당회나 재심 조사위원회 현장 조사나 서면 조사를 통하여 보고서를 상세히 작성한다. 결정적 증거나 단서를 확보하기 위하여 집중하여야 한다. 보고서 작성 시 다음 사항을 중점으로 살펴야 한다. 재심 경위, 재심 내용, 재심 대상자 진술서 및 녹취록, 재심 위원회의 1차 결론 등

이다.

7. 재심 결과 당회 보고 : 당회나 재심 조사 위원회 보고와 기타 관련 자료를 첨부하여 공식 당회에 보고함으로 당회 자체에서 이단성 여부에 대하여 재심하거나 외부의 권위 있는 기관 즉 노회, 총회에 심의를 요청한다.

8. 해벌 : 이단 관련자에 대한 당회 치리회(재판국)를 구성하여 먼저 당사자가 모든 혐의를 인정하고 회개할 자세가 되어 있는 자인지, 자신의 혐의 사실을 부인하거나 옳다고 주장하는 자인지를 구분하여 교단 헌법 절차에 따라 해벌한다.

   1) 반드시 총회 결의를 바탕으로 본 교회에서 결정한다.
   2) 본 교회의 결정이 있은 후에 그 효력이 발생된다.
   3) 교회에서 철회가 결의된 후 해당자는 본 교단 지정 언론 매체를 통해 해명서를 발표하거나 총회 상담소에서 일정 기간 교육 받아야 철회가 최종 완결된다.
   4) 결과는 대한예수교장로회 헌법에 따른다.

9. 이단 회심자를 위한 교육 과정 : 이단 회심자를 위한 기본 교육과정 다음과 같다.

   1) 개혁교회의 신조인 웨스트민스터 신앙고백서
   2) 총회 발간 세례문답서
   3) 새신자 교육 교재
   4) 사도신경
   5) 주기도
   6) 십계명 등

10. 이단 상담소 의뢰 : 특별한 경우에는 총회 교단 산하의 전문 상담소에 의뢰하고 확인서 발행을 의뢰한다.

부 칙

1. 시행일 : 본 지침서는 총회에서 결의된 날부터 효력이 발생한다.

2. 개정 : 본 지침서를 개정하기 위해서는 이대위의 건의와 총회 규칙부의 심의를 거쳐 총회에서 결의해야 한다.

3. 재정(비용) : 이대위 활동과 관련하여 비용이 발생하는 경우 총회에서 발행하면 총회가 지원하고, 노회에서 발생하면 노회가 지원하고, 교회(당회)에서 발생하면 교회(당회)가 지원한다. 단 총회·노회·교회(당회)의 활동이 중첩되는 경우에는 협의하여 지원한다.

2011. 9. 21 제정

이단(사이비)피해대책조사연구위원회 운영 규칙

제1장 총칙

제1조(명칭) 본 위원회는 대한예수교장로회총회 이단(사이비)피해대책조사연구위원회라 한다.

제2조(목적) 본 위원회는 이단(사이비)에 대한 제반 연구와 대책활동을 통하여 총회 산하 교회와 성도들을 그릇된 교리와 가르침으로부터 보호하고 기독교 진리를 수호함을 목적으로 한다.

제3조(설치) 본 위원회는 총회 산하에 둔다.

제4조(사무소) 본 위원회는 서울특별시 강남구 영동대로 330 총회회관에 둔다.

제2장 조직

제5조(위원) ① 본 위원회는 12인의 총대로 구성하고, 임기는 3년으로 하고 연임할 수 있다.
② 본 위원회의 추천을 받아 총회의 인준을 받는다.

제6조(임원)

1. 조직 : 본 위원회의 임원은 위원장 1인, 부위원장 1인, 서기 1인, 회계 1인, 총무 1인으로 하고, 위원회에서 선임하며, 임기는 1년으로 하되 연임할 수 있다.

2. 임무

　　1) 위원장 : 본 위원회를 대표하며 업무를 총괄한다.
　　2) 부위원장 : 위원장을 도와 업무를 총괄한다.
　　3) 서기 : 위원회의 회의록을 작성하고, 제반 서류를 비치, 보관하며, 제반 문건을 발송, 접수하고 분류하여 위원회에 상정한다.
　　4) 회계 : 본 위원회의 재정 업무를 총괄한다.
　　5) 총무 : 본 위원회의 사업을 총괄한다.

제7조(분과) 본 위원회 산하에 연구분과와 조사분과 그리고 피해대책분과를 두며, 그 조직과 임무는 다음과 같다.

1. 조직

　　1) 각 분과 본회 임원회가 배정한 위원으로 구성한다.
　　2) 분과의 임원은 분과장 1인, 위원 1-2인으로 하고, 각 분과에서 선임하며, 임기는 1년으로 하되, 연임할 수 있다.

2. 임무

　　1) 연구분과 : 총회로부터 수임받거나 총회 결의사항 그리고 노회로부터 질의받은 사항 또는 본 위원회가 문제점이 있다고 여기는 개인이나 단체에 대한 이단(사이비) 여부를 연구한다.
　　2) 조사분과 : 총회로부터 수임받거나 총회 결의사항 그리고 노회로부터 질의받은 사항 또는 본 위원회가 문제점이 있다고 여기는 개인이나 단체에 대한 이단(사이비) 여부를 연구한다.
　　3) 피해대책분과 : 이단 피해사항을 파악하여 대책을 수립한다.

제8조(전문위원) 본 위원회에 전문위원을 위촉할 수 있다.

제9조(회의) 본 위원회는 위원장이 소집하고, 각 분과는 분과장이 소집한다.

제10조(상담소) 본 위원회는 활성화를 위하여 각 지역에 이단 상담소를 설치 운영할 수 있다.

제3장 재정

제11조(재정) 본 위원회의 재정은 총회의 예산과 교회의 헌금 및 기타 수입으로 한다.

제12조(감사) 회계는 총회가 정한 제 규정 및 일반 회계 관례에 따라 총회의 감사를 받는다.

부 칙

제1조(효력발생) 본 규정은 총회의 인준을 받는 날로부터 효력을 발생한다.

제2조(창립위원) 본 규정의 발효 당시 위원회 위원은 본 규정에 의해 선정된 것으로 인정한다.

제3조(통상관례) 본 규정의 정해지지 않은 사항은 통상관례에 준한다.

2007. 9. 11 제정
2024. 9. 23 개정

109회기 이단(사이비)피해대책조사연구위원회 조직

임 원	위원장 설안선 목사 서기 진용식 목사 총무 이상돈 목사	부위원장 한창호 목사 회계 박수갑 장로
연구분과	분과장 소재열 목사	위원 강성수 목사
조사분과	분과장 이정권 목사	위원 문미식 목사
피해대책분과	분과장 정래환 목사	위원 류춘식 목사 최병도 장로
전문위원	안인섭 교수(총신대) 양진영 교수(광신대) 김상신 목사(광주성은교회) 박주석 목사(새언약교회)	김지호 교수(칼빈대) 이병일 교수(대신대) 김선웅 목사(안성안디옥교회) 김대훈 변호사
간 사	총회교육전도팀 조만준 목사	

후원교회 및 단체

2025 이단백서 『주의하라 분별하라』 출판을 위해 귀한 물질과 기도로 후원해주신 전국 교회와 성도님들께 진심으로 감사드립니다. 여러분의 사랑과 격려가 한국 교회를 지키는 큰 힘이 되었습니다. 주님의 은혜와 축복이 늘 함께 하시길 기도드립니다.

갈담교회(최철기)	목포효성교회(김세광)	열린교회(이득균)	중동교회(황세광)
강림교회(박상규)	배월교회(이주백)	열린교회(진용길)	중인교회(조무영)
과천약수교회(설동주)	백수읍교회(이용률)	예본교회(여성현)	참좋은반석교회(박희준)
광주양림교회(조성용)	복된교회(신안식)	예빛교회(김길호)	창조교회(박태휘)
광주중앙교회(한원석)	분당오륜교회(강도형)	예수마을교회(박정권)	추동교회(이민종)
구리성광교회(김희수)	빛과소금교회(배광수)	예수소망교회(방종인)	큰빛교회(주성득)
국제응답기도원(홍수현)	사랑과섬김교회(현덕환)	예수제일교회(김만주)	풍성한교회(문미식)
군포서부교회(홍광무)	사랑하며섬기는교회(박상필)	예영교회(김문석)	하늘소망교회(홍의식)
금산교회(이선행)	삼천동부교회(유재선)	예인교회(김홍재)	한무리교회(김종묵)
김제도장교회(김동규)	새로남교회(오정호)	예찬교회(이성수)	한소망교회(류영모)
김준석	새백성교회(설안선)	오천교회(김경윤)	함께하는교회(오명현)
남원남부교회(오창욱)	새벽별교회(김주호)	온사랑교회(한창호)	해피드리머스교회(송은섭)
남원주사랑교회(박영기)	새벽을여는교회(최성은)	운주동부교회(최금성)	행복한교회(오진구)
남원중부교회(박귀선)	새언약교회(박주석)	은샘교회(조승호)	행복한우리교회(김형래)
늘푸른교회(변충진)	서울새빛교회(이하봉)	은성교회(권능)	호남문교회(정승원)
대덕교회(신재웅)	선교교회(문성하)	은평교회(강성수)	
동산제일교회(김광술)	성심교회(이경남)	이서교회(김용)	대구노회
두레교회(이강석)	성현교회(조보섭)	익산명성교회(송호성)	수경노회
두암중앙교회(박성수)	세우리교회(김창수)	장교교회(서상진)	수경노회 동부시찰
드림교회(박환규)	세향교회(김경철)	전주복된교회(김해식)	의산노회
마산교회(김병기)	소금과빛교회(정채석)	전주인후중앙교회(강신관)	전북제일노회
모자이크교회(정갑준)	송산교회(이정철)	전주전원교회(이영규)	충북동노회
목양교회(허지욱)	시향교회(김재주)	전주초원교회(진두석)	한국기독교이단상담소
목양교회(황남길)	아중동부교회(김양곤)	전주한동교회(김동하)	
목포미래로교회(정래환)	양무리교회(신경식)	전주흰돌교회(백선웅)	
목포시온성교회(김훈)	어울림교회(김종민)	주바울교회(이철규)	

한국기독교 이단상담소 협회

대표회장 진용식 목사(상록교회 담임목사)

주 소 경기 화성시 봉담읍 수영리 693 (상리3길 159) | 전화 031-297-3334
http://www.jesus114.net   https://jesus112.net

전국상담소

상담소	전화	상담소	전화
본부상담소	031-297-3334	대전한빛상담소	010-7451-5015
강남상담소	010-3716-7196	목포상담소	010-2895-1551
강북상담소	010-3017-8291	부산상담소	010-2553-0691
경인상담소	010-7511-8523	서울상담소	010-8907-9191
고창상담소	010-2410-1525	순천상담소	061-727-0150
공주상담소	041-857-0691	안산상담소	031-480-5964
광주1상담소	062-573-1638	안양상담소	010-3662-2762
광주2상담소	010-8611-7741	오산상담소	010-5207-5262
광주3상담소	010-9770-2468	인천상담소	010-6321-0691
구리상담소	0505-369-3391	전주상담소	010-8646-8293
군산상담소	010-2200-5544	제주상담소	010-3955-5818
금천상담소	010-2512-3004	청주상담소	010-9882-8353
대전상담소	010-8001-3281	일본동경상담소	080-9150-0691
대전중부상담소	010-4410-3928	※ 유사(위장) 상담소 주의	

❋ 이단상담사 전문교육원 이단상담사 자격증 과정 ❋

이단 상담 전문가 양성과정을 통해 한국의 거의 모든 이단사이비의 교리적 문제점과 상담법을 배우게 되며 국내에서 유일하게 공인된 기독교교리상담사 자격증(민간자격증 등록번호 제2015-003619호)을 취득할 수 있다.

교육내용 구원론, 이단상담학, 가족 상담, 구령 상담, 신천지 상담, 안증회 상담, JMS 상담, 구원파 상담, 인터콥 상담, 신사도운동 상담, 여호와의증인 상담, 안식교 상담, 이단연구, 창조과학 등

문의전화
수도권   031-475-9758   호남권   010-7715-9125
중부권Ⅰ 010-8001-3281   중부권Ⅱ 010-9415-5073
온라인   해외거주 및 현장참여 불가능시 문의 가능

특 전
• 수료증서 및 기독교 교리상담사 자격증 취득시험 응시자격 부여
• 한국기독교 이단상담소협회 소속 상담 소장 및 강사로 활동할 수 있음
• 한국 교회 이단 전문 사역자로 활동할 수 있음

자녀들아 너희는 하나님께 속하였고
또 그들을 이기었나니
이는 너희 안에 계신 이가
세상에 있는 자보다 크심이라

요한일서 4장 4절

이단백서 출판위원회

이단(사이비)피해대책조사연구위원회 위원장 설안선
출판위원장 이정권
출판위원 정래환 박수갑 진용식 소재열
집필위원 안인섭 김지호 박주석 박재은 이풍인 조만준 한창호 소재열 진용식
감수위원 김지호 심창섭
편집위원 이정권 조만준

이단·사이비 백서
주의하라 분별하라

초판 인쇄 2025년 9월 1일
초판 발행 2025년 9월 10일

발 행 대한예수교장로회총회
기 획 총회이단(사이비)피해대책조사연구위원회
편집·제작 대한예수교장로회총회 출판부

주 소 서울 강남구 영동대로 330
전 화 (02)559-5655~6
팩 스 (02)6940-9384
인터넷서점 www.holyonebook.com

출판등록 제1977-000003호, 1977. 7. 18.
ISBN 979-11-94388-42-5

ⓒ2025, 대한예수교장로회총회

이 출판물은 저작권법에 의해 보호를 받는 저작물이므로
무단 전재와 복제, 내용 및 형식을 변형하여 사용하는 것을 금합니다.